suhrkamp taschenbuch
wissenschaft 592

Über dieses Buch

Was wollten wir wissen? könnte die Frage lauten, die sich in den zwei Jahrhunderten seit Kants »Kritik der reinen Vernunft« an die Stelle seiner Grundfrage geschoben hat: *Was können wir wissen?*
Die Weisheit des Sokrates, daß wir nichts wissen, hatte sich nicht durchhalten lassen, als es voranging mit dem Wissen und die Erkenntniserfolge unverkennbar geworden waren. Zu wissen, was wir nicht wissen können, wurde zur Sache der kritischen Vernunft. Seither hat sich der Verdacht erhoben und läßt sich nicht leicht loswerden, wir wüßten vielleicht schon zu viel oder jedenfalls das gerade nicht, was wir hatten wissen wollen, als es noch etwas zu wollen gab: als Neugierde noch das unmittelbare Motiv des Erkennens war.
Von der Frage, was es denn gewesen war, was wir hatten wissen wollen, darf man sich nicht durch die Einsicht abschrecken lassen, die Ansprüche würden in der Geschichte allemal durch die Resultate unterboten. Es ist zu vermuten, daß auch die Enttäuschungen des Studiums wert sind, weil ihre bohrende Unbestimmtheit ein Moment geschichtlicher Grundstimmungen auf der Skala von der Resignation bis zum Weltzorn ist. Was war es, was das Wissen zu bieten schien, als Verheißung vorstellte? Wie mußte, wie sollte die Welt sich darbieten, wenn die Ungewißheit nicht mehr Unbehagen bereiten sollte, woran man mit ihr wäre?
Die Fragen, die sich derart reihen ließen, muten an wie etwas, was wir fast vergessen hätten. Sie laufen allen Maßstäben des Wißbaren und Wissenswerten zuwider und sind in allen Resultaten der Wissenschaft tief versenkt als das, worauf es nun nicht mehr ankommen kann, wenn man einmal so weit gekommen ist. ›Metaphorologie‹ ist ein Verfahren, die Spuren solcher Wünsche und Ansprüche aufzufinden, die man durchaus nicht als ›verdrängt‹ etikettieren muß, um sie interessant zu finden.
Auch Erwartungen, die nicht erfüllt worden sind und kaum jemals erfüllt werden können, sind geschichtliche Fakten und Faktoren, Ansätze für immer wieder sich aufbauende Verlockungen und Verführungen bis zum wahnhaften *Vogliamo tutto!* Das Ungesättigte untergründiger Wünsche nach intensiver Erfahrung der Welt schafft sich exotische Lehrmeister, Werbungen für Einweihung ins Unsagbare, Trainer für Levitationen im weitesten, auch metaphorischen

Sinne. Die Spuren führen dorthin, wo die Wünsche sich gebildet und eingenistet haben, und von da durch die Vermummungen ihrer Traditionen hindurch. Hat einmal ein einziges Buch alle Wahrheit zu enthalten versprochen, bleibt diese Grundform des Wahrheitsbesitzes nahezu unverzichtbar – rivalisierend gerade dann, wenn andere Formen nur mit dem Vorbehalt der ›unendlichen Arbeit‹ auftreten können.

Unter dem Titel »Lesbarkeit der Welt« lassen sich nur Episoden behandeln. Doch indizieren sie eine Kontinuität des Begehrens, die nicht die seiner Äußerungen, seines Pathos und seiner Rhetorik ist. Daß etwas Episode bleibt, gibt ihm noch nicht unrecht. Die Mehrheit der Jahre oder Jahrhunderte macht nicht die Dichte der Geschichte aus. Die Hartnäckigkeit, mit der manches wiederkehrt und sich seine Metamorphosen erfindet, gibt nachdrücklicher zu denken als die Ständigkeit, mit der anderes einfach dableibt. Aber auch Wahngefährdung durch das, was wiederkehrt und seine Wunschenergie für den günstigen Geschichtsaugenblick bereithält, ist im Spiel: als greifbare Zukunft erscheint, was doch nur Korrektiv von Gegenwarten sein kann.

Deshalb ist der metaphorische Komplex ›Lesbarkeit der Welt‹ auch ein Leitfaden zur Nüchternheit. Der Sprung in die Utopie läßt sich in allen Phasen der Vergeblichkeit studieren: auf die Beherrschung der Natur zu verzichten, um ihre Vertraulichkeit zu gewinnen, die wahren Namen der Dinge zu kennen statt nur die exakten Formeln für ihre Herstellung, die hieroglyphische Erinnerung zu erneuern, statt sich dem Vergessen der Prognosen hinzugeben, den Ausdruck statt des Chemismus zu erfahren, den Sinn statt der Faktoren zu kennen – das alles sind Wünsche, die auch dadurch nicht sinnlos werden, daß sie nicht als Verheißungen für Erfüllungen genommen werden dürfen.

Der Begriff der Erfahrung hat langfristige Abmagerungen durchgemacht. Von ihrem Endpunkt her läßt sich nur schwer nachvollziehen, daß Lesbarkeit eine Metapher für Erfahrung sein konnte, noch oder wieder sein könnte. Erfahrung gilt als diszipliniertste Form von Weltumgang, weil sie auf geradem Weg zum Urteil und damit zu jenen vorläufigen Endgültigkeiten führt, aus denen die Geschichte von Theorien und Wissenschaften besteht. Vielleicht hat erst die Diskreditierung von ›Lebenserfahrung‹ in den Jugendbewegungen seit dem »Sturm und Drang« – zur Verfallsform alles dessen, was das Leben zu bieten hat, geworden – zum Verlust der

bloßen Vermutung geführt, Erfahrung könne reicher sein als die
bloße Gesamtheit von Bestätigungs- oder Widerlegungsverfahren,
die in Methoden vorgegeben sind oder aus Theorien folgen. Der
Erfahrene, wie immer er zu seinem Besitz gekommen sein mag, ist
eine anachronistische Figur.
Sprachliches Nachsinnen, wie der Vielbefahrene schließlich zum Erfahrenen werden konnte, hilft wenig, wenn alles auf Fremderfahrung hinausläuft, die den mediengebundenen Zeitgenossen auf
Heerscharen von Erfahrungsfunktionären angewiesen macht. Lesbarkeit ist da suspekt: Erfahrung wird angelesen, aber gerade
nicht die eigene. Um so nachdenklicher macht, wenn die Metaphorik der Lesbarkeit gegenwärtig hält, was in Verlust geraten
sein kann oder was niemals übers Erwünschtsein hinausgekommen,
aber geblieben ist als Figur der Vertrautheit mit einem Sinn, der
sich verweigern mag, als Verweigerter zu empfinden bleibt.
Spätestens seit der Phänomenologie ist Erfahrung wieder, was zwar
das Urteil trägt und rechtfertigt, aber nicht in ihm aufgeht. Anschauung wird zum Titel für Erfüllungen, denen kein Aufwand der
Beschreibung adäquat werden kann. Es geht nicht mehr nur um
›Gegenstände‹, wie präpariert für Urteilsmäßigkeit, sondern um
Horizonte, Sinnstrukturen, Typik von Erwartung, Ausdruck und
Welt. Die Lebensphilosophie hat das ›Erlebnis‹ dem überkommenen
Begriff von Erfahrung als mögliche Ursprünglichkeit entgegengestellt; und bemerkenswert ist, daß der Positivismus mit seinen
›unverarbeiteten Erlebnissen‹ durchaus um das Elementare, das
Asynthetische, konkurrieren wollte. Unter dem Titel der ›Lesbarkeit‹ wird bestritten, daß nur die vielberedete ›Praxis‹ den Reichtum der Erfahrung jenseits ihrer Abmagerung liefert. Auch und
schon der bloße Weltgenuß, auch das Zuschauertum, die nutzungsungewillte Offenheit der Weltansicht enthält davon.
Geht es dann noch um Wesentliches? Auf die Gefahr hin, Anstoß
zu erregen, muß auch beim Wesentlichen zurückgefragt werden: für
wen? Denn nicht nur unsere *Einsichten* sind wesentlich, weil sie es
bleiben könnten, sondern auch unsere *Ansichten* sind es, obwohl sie
es nicht bleiben mögen. Der Mensch ist ein Wesen der Ansichten
mindestens ebenso, wie er eines der Einsichten sein oder werden
mag. Wo er eine Welt hat oder sich gibt, hat er sich mit ›Weltansicht‹ begnügt und ›Welteinsicht‹ auch ohne Skepsis nicht in Aussicht. Erforschung der Metaphern hält inne im Vorfeld der Einsichten, um den Ansichten ihr Recht widerfahren zu lassen.

Hans Blumenberg
Die Lesbarkeit der Welt

Suhrkamp

Bibliografische Information Der Deutschen Bibliothek
Die Deutsche Bibliothek verzeichnet diese Publikation in der
Deutschen Nationalbibliografie
http://dnb.ddb.de

suhrkamp taschenbuch wissenschaft 592
Erste Auflage 1986
© Suhrkamp Verlag Frankfurt am Main 1981
Die vorliegende Taschenbuchausgabe ist text- und seitenidentisch mit der
zweiten durchgesehenen Auflage der gebundenen Ausgabe von 1983
Suhrkamp Taschenbuch Verlag
Alle Rechte vorbehalten, insbesondere das
der Übersetzung, des öffentlichen Vortrags sowie
der Übertragung durch Rundfunk und Fernsehen,
auch einzelner Teile.
Kein Teil des Werkes darf in irgendeiner Form
(durch Fotografie, Mikrofilm oder andere Verfahren)
ohne schriftliche Genehmigung des Verlages reproduziert
oder unter Verwendung elektronischer Systeme
verarbeitet, vervielfältigt oder verbreitet werden.
Druck: Nomos Verlagsgesellschaft, Baden-Baden
Printed in Germany
Umschlag nach Entwürfen von
Willy Fleckhaus und Rolf Staudt
ISBN 3-518-28192-5

6 7 8 9 10 11 – 08 07 06 05 04 03

Liber scriptus proferetur,
In quo totum continetur.
Unde mundus judicetur.
   »Dies irae«

Inhalt

I	Eine Metapher für das Ganze der Erfahrbarkeit	9
II	Bücherwelt und Weltbuch	17
III	Der Himmel als Buch, das Buch im Himmel	22
IV	Buchstabengleichnisse	36
V	Aufkommen und Verzögerung des zweiten der beiden Bücher	47
VI	Der illiterate Laie als Leser des Weltbuches	58
VII	Gottes Bücher stimmen überein	68
VIII	Asymmetrien der Lesbarkeit	86
IX	Verschlüsselung und Entzifferung der Menschenwelt	108
X	Weltchronik oder Weltformel	121
XI	Eine Robinson-Welt gegen die Newton-Welt	150
XII	Tendenzen bei Annäherung an das neunzehnte Jahrhundert	162
XIII	Das Hamburger Buch der Natur und sein Königsberger Reflex	180
XIV	Zeichen an Stirnen, Zeichen am Himmel	199
XV	»Wie lesbar mir das Buch der Natur wird...«	214
XVI	»Die Welt muß romantisirt werden«	233
XVII	Die Idee des absoluten Buches	267
XVIII	Ein Buch von der Natur wie ein Buch der Natur	281
XIX	Das leere Weltbuch	300
XX	Vorbereitung auf die Traumdeutung	325
XXI	Die Lesbarmachung der Träume	337
XXII	Der genetische Code und seine Leser	372

Namenregister   411

I
Eine Metapher für das Ganze der Erfahrbarkeit

Bringt man die gängigen kulturkritischen Phrasen auf eine, so kommt heraus, das Unbehagen in der Kultur sei beherrscht von einer Enttäuschung, für die niemand angeben kann, welche Erwartungen es denn gewesen waren, die enttäuscht worden sind. Daß elementare Ansprüche des Menschen an die Welt entstehen, bestehen, verletzt werden, mag leichthin zugestanden werden, zumal wenn man von dem lakonischen Satz des Naturrechts ausgeht, alles stehe allen zu und offen. Wenn es außerdem für Verletzungen noch ein Subjekt von höchst unbestimmter Identität geben sollte, dem man anlasten kann, wofür sich sonst niemand als Urheber findet, werden alle entlastet, die es sonst gewesen sein könnten. Für diesmal beiseite gelassen, wer immer verhindert haben mag, daß Erwartungen sich erfüllten – welche waren es überhaupt gewesen?

Hält man sich an Kants Katalog der letzten großen Fragen, so bleibt es nicht vordringlich bei dem: *Was können wir wissen?* Enttäuschung gerade an dem, was sich als gekonntes Wissen herausgestellt hat, erfordert zu fragen: *Was war es, was wir wissen wollten?* Das gibt auch der anderen Hauptfrage des Kanons: *Was dürfen wir hoffen?* eine Abwandlung, die zu fragen unausweichlich macht: *Was war es, was wir erhoffen durften?*

Eine derart auf Nichterfüllungen des Bewußtseins gerichtete Fragestellung hat Schwierigkeiten, sich ihrer Quellen zu versichern. Wo versteckt sich, was Erwartung gewesen war, vielleicht noch ist oder gar werden könnte? Man darf sich dabei nicht an den Tagesstandard dessen halten, was schon als Anachronismus vom Zulässigen ausgeschlossen worden ist oder gerade noch als Vorstufe des letzthin Akzeptierten einer nachsichtigen Erinnerung für würdig erklärt werden kann. Erfahrung hat im lebensweltlichen Umgang mit Realität seit je ihre heimlichen Ideale; doch gegenüber späteren andersartigen Erfolgen und Überlegenheiten verfallen sie dem Verdacht der Obsoleszenz, der Obskurität, der Lächerlichkeit. Die Verhältnisse des Menschen mit der Welt dürfen sich des einstigen Vertrauens auf den *Horror vacui* oder auf die universale Zweckmäßigkeit (mit oder ohne Anthropozentrik) nicht mehr erfreuen, weil gerade solche Annahmen die Vollstreckung empirischer Vorschriften behindert hatten und mit Recht aus aller Theorie verstoßen worden waren. Allerdings nur, um durch allerlei Hintertüren in allerlei Verkleidungen und Umbenennungen wiederzukehren.

Wie schädlich auch jede Wissenschaftsgeschichte solche Weltvermutungen einschätzen muß, ändert nichts an der Affinität, die sie zu den clandestinen Erwartungen des Menschen gegenüber der Wirklichkeit haben und zum Ausdruck bringen. Die rigorose Unterdrückung jener ›Vorurteile‹ hat die Zuständigkeit der hochgemuten Erwartungen nur verschoben, die großen Sprüche aber weder seltener noch bescheidener werden lassen.

Zu fragen, ob unsere Welt die Welt sei, die wir wollen, gehört zur politischen Rhetorik. Sie muß mit ihrem eigenen Recht den Eindruck erwecken, es gebe Welten zum Aussuchen oder habe sie gegeben; dabei könne man sich in der Wahl vergriffen haben, was Korrekturen erfordere und legitimiere. Doch was so in den großen Gestus der Weltverwaltung eingeht, läßt sich tatsächlich als Fragestellung an jede geschichtliche Epoche herantragen: *Welches war die Welt, die man haben zu können glaubte?*

Der Wunsch, die Welt möge sich in anderer Weise als der der bloßen Wahrnehmung und sogar der exakten Vorhersagbarkeit ihrer Erscheinungen zugänglich erweisen: im Aggregatzustand der ›Lesbarkeit‹ als ein Ganzes von Natur, Leben und Geschichte sinnspendend sich erschließen, ist gewiß kein naturwüchsiges Bedürfnis, wie es das der Magie ist, über unbeherrschte Gewalten Macht zu gewinnen. Dennoch gehört dieser Wunsch zum Inbegriff des Sinnverlangens an die Realität, gerichtet auf ihre vollkommenste und nicht mehr gewaltsame Verfügbarkeit. Darin läßt er sich nur dem einen anderen Wunsch nach unmittelbarer Intimität vergleichen, der Gott selbst möge sich als eßbar erweisen, so daß zugleich von ihm nichts bliebe und er doch ganz einverleibt würde: die Inkarnation als Ritual.

Von der Welt Erfahrung zu machen, wie man sie einem Buch oder einem Brief verdanken kann, setzt nicht nur Alphabetismus, nicht nur die Vorprägung der Wünsche auf Sinnzugang durch Schrift und Buch voraus, sondern auch die kulturelle Idee des Buches selbst, insofern es nicht mehr bloßes Instrument des Zuganges zu anderem

ist. Ist es aber zu einer eigenen Erfahrung von Totalität autonomisiert, wie exemplarisch im frühgriechischen Epos oder im Buch der Bücher, tritt die Bucherfahrung in Rivalität zur Welterfahrung.
Die den Primat eines bestimmten Buches virtuell anfechtende, ablösende, seine Stelle besetzende Erfahrung ist folglich ein Phänomen kultureller Spätzeit. In der sprachlichen Selbstpräsentation dessen, was absorbiert wurde und was die in vielen Formeln verwahrte Einstellungsweise übernimmt, verheißt sich Ergebenheit vor dem Wissenwollen, tieferer Einblick in das, was dem bloßen Hinsehen immer entzogen gewesen sein sollte. Sogar die wissenschaftlich formierte Erfahrung der Neuzeit hat sich weitgehend gegen die Herrschaft des einen Buches oder der Sanktion weniger Bücher einer Autorität proklamiert, ja aus der metaphorischen Buchmäßigkeit ihrer theoretischen Erfüllungen legitimiert. Nur wer glaubt, die theoretische Empirie der Neuzeit sei so etwas wie die ›natürlichste Sache von der Welt‹, die nur freizulegende und endlich zugelassene Unmittelbarkeit zu den Dingen, kann es für rhetorische Redundanz halten, wenn dieses Angebot in der Sprache der Rivalität mit dem Buch, der Überbietung aller vorherigen Lesbarkeiten erfolgte.
Wenn, wie in diesem ausgehenden Jahrtausend, so viel von Sinnverlust und Sinnverlangen, von Verführung durch Sinnangebote und Verdruß an deren Versagen geredet wird, ohne doch je Schlüsse vom Verlorenen aufs Verlangte einzuleiten und wenigstens im Umriß den Entzug zu beschreiben, muß es eine der unverächtlichen Orientierungen für solche Hilflosigkeit sein, sich die Typologie von Sinnbesitz zu vergegenwärtigen, dessen Formen je realisiert oder entworfen oder schon vormals entbehrt worden sind. Nicht darum kann es gehen, die Welt als Lesbarkeit freundlicher oder unwilliger, drohender oder günstiger Mitteilungen an den Menschen zu restituieren. Aber doch darum, die Auszeichnung einer bestimmten, unter dem Aspekt von Zwecken nicht der Weltvertrautheit, sondern der Weltverfügung einzigen Art der Erfahrung, wenn nicht zu vermeiden, so doch als das nicht Selbstverständliche, als das geschichtlich Kontingente erkennbar zu machen. Ich werde das nicht einen Ansatz zur ›Wissenschaftskritik‹ nennen, weil mir jede Verkennung des unüberbietbaren Lebensdienstes der neuzeitlichen Wissenschaft nicht nur fernliegt, sondern ungeheuerlich erscheint,

folglich Kokettieren mit deren Verachtung verächtlich ist. Daß sie nicht alles ist, was sein kann, ist freilich auch mehr als eine Trivialität.

Deshalb erscheint es mir als unentbehrlich, den Eindruck von Begehrungen nach Welterfahrung lebendig zu machen, die sich als konkurrierend mit der des großen und lebensbegleitenden Buches gesehen wissen wollten. Sie haben einen Anspruch auf Sinnhaltigkeit der Welt artikuliert, die als Offenheit der Wirklichkeit für den Menschen einen Grenzwert seines Weltverhältnisses ausmacht. Vergessen wird dabei leicht und soll daher sogleich vermerkt werden, welche Qualen die Auslegung gerade jener ›lebensbegleitenden‹ Bücher, kanonischer Texte, für ganze Kulturen im Areal ihrer Geltung nicht nur intellektuell bereiten kann. Wo die Wahrheit nahe geglaubt wird, ist es auch der Schmerz.

Es wäre Unfug, aus der Metaphorik der Lesbarkeit der Welt eine Utopie zu machen. Die Formen der Entmächtigung jenes Sinnanspruchs, aber auch die des Widerstands gegen seine Nivellierung sowie die der Empfindungen seines Verlustes, sind über diesen geschichtlich lang hin erstreckten Vorgang darzustellen. Ob es der Aufmerksamkeit wert ist, die triumphierenden oder verstohlenen Äußerungen, es könne an der Realität etwas von der Zugänglichkeit des Lesbaren sein, der Vergessenheit vorzuenthalten, wird sich nicht vollends objektivieren lassen. Es genügt nicht, die Befunde historisch zu sichern. So geht es auch um die ›Lesbarkeit‹ dessen, was über sie zu sagen ist.

Deshalb mag eine Reminiszenz des Autors an dieser Stelle die Nachsicht des Lesers finden. Erich Rothacker, einer der Pioniere der nach der Jahrhundertmitte aufkommenden Begriffsgeschichte und dazu der mit den weitest gespannten Zielen einer terminologischen Enzyklopädie der ›Kulturwissenschaften‹, hatte 1950 in der seinen Studien zur Anthropologie und Wissenschaftsgeschichte »Mensch und Geschichte« hinzugefügten Selbstbibliographie eine Mine gelegt: Für das Jahr 1946 und mit dem Vermerk ›ungedruckt‹ enthält sie den Titel »Das Buch der Natur«. Als ich 1958 der von Gadamer geleiteten Senatskommission der Deutschen Forschungsgemeinschaft für begriffsgeschichtliche Forschung die Skizze einer ›Metaphorologie‹ vortrug, stellte ich den mechanischen und organischen ›Hintergrundmetaphern‹ die von Schrift, Brief und Buch an die Seite. Rothacker, der an der Tagung teilnahm, gab keinen Hinweis auf die ungedruckte Abhandlung, und er tat es auch nicht, als er zwei Jahre später meine »Paradigmen zu einer Metaphorologie« in sein »Archiv für Begriffsgeschichte« aufnahm. Da für mich nicht zu klären war, ob und wann diese Arbeit zutage treten würde, verwies ich auf sie in einer Anmerkung und erklärte den Verzicht: *Ich behandle diese Metapher hier nicht erneut, sondern verwende sie nur als Kontrastfolie für die Heraushebung der Eigenart der mechanischen Metaphorik . . .*[1]

Als ich Rothacker in der Mainzer Akademie 1966 den Nachruf hielt, habe ich zwar den halb schmerzlichen, halb ironischen Punkt unserer Rivalität um dieses Thema nicht berührt, doch zugleich Respekt und Erwartung gegenüber seiner Affinität zu gerade dieser Metaphorik mit seinem Ungenügen am Weltbegriff der Naturwissenschaften begründet. Ich suchte die gelassene Heiterkeit zu beschreiben, mit der Rothacker den Naturwissenschaftlern der Akademie ihre exakte Unfähigkeit zur Wahrnehmung einer Natur der Menschenfreundlichkeit, des Angebots von Liebesnestern und Räuberschlupfwinkeln, lächelnd vorzuhalten pflegte: *Die Wiederherstellung des Paradieses interessierte ihn nicht, weil er die Vertreibung als noch nicht ganz gelungen ansah; die Melancholie angesichts des schwindenden Restes war vielleicht eine Voraussetzung für die Intensität seiner Genußfähigkeit.*[2] Rothacker war von einem Begriff lebensweltlicher Erfahrung ausgegangen, die keine indifferente Gleichmäßigkeit einer Gegenstandswelt kennt, sondern den *Scheinwerfer des lebendigen Interesses* auf den insgesamt dunklen Hintergrund der Welt richtet. Mit diesem technisierten Spätling der Lichtmetaphorik steht in Zusammenhang, was

---

1 Archiv für Begriffsgeschichte VI, 1960, 77. Schon 1958 hat K. Gründer in seinem Hamann-Buch einen anderen Nachweis für Rothackers »Buch der Natur« erbracht, wenigstens von Fußnote zu Fußnote an ein Versprechen erinnernd: *Eine weitere Arbeit dazu von Erich Rothacker ist seit längerem angekündigt (DVj., Umschlag).* (Figur und Geschichte. Freiburg 1958, 161 Anm. 7.) Da Rothacker Mitbegründer und -herausgeber der »Deutschen Vierteljahrsschrift« war, ist dieser Fundnachweis nicht ohne Profil, schon im Hinblick darauf, daß 1942 in eben diesem Organ Ernst Robert Curtius' Studie »Schrift- und Buchmetaphorik in der Weltliteratur« erschienen war (Deutsche Vierteljahrsschrift XX, 1942, 359 ff.).

2 Jahrbuch der Akademie der Wissenschaften und der Literatur Mainz, 1966, 70-75.

Rothacker seinen ›Satz der Bedeutsamkeit‹ nannte: ein lebensweltliches Prinzip der Auswahl und Wertbesetzung der Erfahrung als des Stils ihrer Gegebenheit. Für das, was ›Bedeutsamkeit‹ heißen konnte, war nüchterne Vorgabe am ehesten, was in der Theorie der Wahrnehmung als Ablösung von Sensualismus und Assoziationsmechanik ›Gestalt‹ hieß: *Erst der Satz der Bedeutsamkeit macht verständlich, weshalb Anschauungen nicht nur anschaulich, sondern auch sinnvoll sind.*[3] Wenn der Urheber dieses Satzes die Metaphorik des Buchs der Natur darzustellen unternommen hatte, durfte man ›Bedeutsames‹ erwarten und mußte es abwarten. Aber hatte er wirklich oder hatte er nur geplant? Der enzyklopädisch gesinnte Herausgeber und Planer großer Dinge konnte Beabsichtigtes so deutlich vor sich sehen, daß es ihm fast schon realisiert erschien.

Als ich im Wintersemester 1978/79 das Konzept einer ›Metaphorologie‹ als Vorlesung wieder aufnahm und der Metaphorik von Schrift und Buch breiten Raum in der methodischen Demonstration gab, hatte sich meine Zurückhaltung gegenüber Rothackers Thema, fast anderthalb Jahrzehnte nach seinem Tod, eher in den Antrieb verwandelt, es auf das Schicksal eines Nachlasses meinerseits nicht ankommen zu lassen. Wenn ich jedoch meinen Hörern sagte, es werde jenes Manuskript nicht gegeben haben und der Merkposten in der Bibliographie könne uns nur als Hinweis darauf dienen, wie wichtig es Rothacker gewesen wäre, dies zu schreiben – ihm nicht weniger als uns, es zu lesen –, so war ich rundweg im Irrtum. Noch im Laufe des Jahres 1979 erschienen »Materialien und Grundsätzliches zur Metapherngeschichte«, herausgegeben und bearbeitet von W. Perpeet, mit dem Titel »Das ›Buch der Natur‹«. Ohne die bedeutende Anreicherung der Materialien aus Rothackers Nachlaß durch den Herausgeber wäre dies freilich kaum jemals ein Buch geworden. Schon gar nicht hätte es seine Distanz zu der Pionierleistung von Ernst Robert Curtius' »Schrift- und Buchmetaphorik in der Weltliteratur« gerechtfertigt, die Rothacker 1942 in die eigene Zeitschrift aufgenommen hatte und die 1948 in Curtius' »Europäische Literatur und lateinisches Mittelalter« aufgegangen war.

---

[3] E. Rothacker, Zur Genealogie des menschlichen Bewußtseins. Bonn 1966, 44-52: »Satz der Bedeutsamkeit«.

Curtius hatte sein Material sehr eng geschnitten, ganz auf das technische Bildfeld von Schrift und Buch sowie deren Produktion bezogen. Dabei blieb der ganze Reichtum an Konnotationen von in Schriften und Büchern investierten Gehalten und Leistungen, Angeboten und Zurückhaltungen, Erwartungen und Enttäuschungen ausgeblendet. Im Nachlaßwerk des bissigen Rothacker liest sich die Beanstandung der Vorenthaltungen so: *Es ist, als sei die Arbeit für das Jubiläum einer Druckerei oder einer Füllfederhalterfabrik geschrieben.* Der Herausgeber einer Zeitschrift sollte so den einstigen Autor, dessen Arbeit er schließlich den Weg an die Öffentlichkeit freigegeben hatte, wohl nicht behandelt haben. Andererseits zeigt sich, wie weitgehend Rothacker eingenommen war von der Beweispflicht gegenüber dem Bonner Kollegen, aus der literarischen Metaphorik des Buches die monumentale philosophische Aufgabe des Titels *Welt als hermeneutisches Problem* herauszuholen und als lösbar vorzuführen. Dabei ist er aber dem Anspruch seiner Belege und ihrer Autoren nicht minder ausgewichen als Curtius, indem er sie als bloße Funde gesammelt, aus ihren Kontexten aber gänzlich isoliert hatte. Den entscheidenden Nachweis, daß auch und zumal diese Metaphern keine beliebigen und zufälligen Ab- oder Ausschweifungen ihrer Autoren waren, ließ der Meister der ›Bedeutsamkeit‹ auf sich beruhen.

Doch gerade bei einer Metaphorik der Totalität von Natur und Welt kommt es auf das Maß der Stimmigkeit an, mit der die Aussagemittel eines Autors ineinandergreifen, sich gegenseitig stützen und erhellen oder auch stören. Nur so ist der notgedrungen blassen Begrifflichkeit eines solchen großen Ganzen die Hilfe seiner weniger fundamentalen als hintergründigen Anschaulichkeit hinzuzugewinnen. Nur so wird die Frage: Wie bietet sich Wirkliches uns dar? wie hat es sich einer Epoche, einem Autor dargeboten oder darbieten sollen? deskriptiven Antworten entgegengeführt werden können – oder auch nur Verschärfungen der Fragestellung.

Ist Wirklichkeit, wenn die Sphäre des Wünschens und Imaginierens verlassen wird, das befremdlich Exotische, das nur staunend begafft, in seiner Zudringlichkeit abgesperrt werden muß, im übrigen auf sich beruhen zu lassen ist? Oder zeigt sich Wirklichkeit als die plastische Masse einer Gesamtheit von Verfügungen, die den demiurgischen Zugriff auf sich zieht und zuerst und zuletzt an die

Energie denken läßt, die sie erfordert, verformt zu werden? Oder ist sie die Vorhalle des ästhetischen Museums, in dem ausgewählte Stücke dem Verfahren des Genusses und seiner Verfeinerung bereitgehalten werden? Oder ist sie schließlich die Schrift auf der Wand des Nichts, die auf den Weg um die Ecke herum verweist, hinter der das unbekannte Endgültige sich verbirgt oder durch weitere Schriften wiederum nur auf sich verweist?

In diesen Metaphern geht es nicht um letzte Wahrheiten, um Ontologien oder Seinsgeschichten oder Metaphysik. Vielmehr hätten wir es in ihnen mit Auslegbarem zu tun, das anderem vorausgeht, andere Sachverhalte koordiniert und verfärbt, diesseits gegenständlicher Bestimmtheit dennoch nicht die völlige Unbestimmtheit des Ganzen und seiner immer ausstehenden Möglichkeiten zuläßt. Keine Erfahrung bewegt sich je in einem Raum völliger Unbestimmtheit, so wenig wie im bloßen linearen Nachvollzug der kausalen Zusammenhänge ihrer Gegenstände. Mit dieser bestimmten Unbestimmtheit hat es die Metaphorik zur Erfahrbarkeit der Welt zu tun, für die das Paradigma der ›Lesbarkeit‹ steht.

II
Bücherwelt und Weltbuch

Zwischen den Büchern und der Wirklichkeit ist eine alte Feindschaft gesetzt. Das Geschriebene schob sich an die Stelle der Wirklichkeit, in der Funktion, sie als das endgültig Rubrizierte und Gesicherte überflüssig zu machen. Die geschriebene und schließlich gedruckte Tradition ist immer wieder zur Schwächung von Authentizität der Erfahrung geworden. Es gibt so etwas wie die Arroganz der Bücher durch ihre bloße Quantität, die schon nach einer gewissen Zeit schreibender Kultur den überwältigenden Eindruck erzeugt, hier müsse alles stehen und es sei sinnlos, in der Spanne des ohnehin allzu kurzen Lebens noch einmal hinzusehen und wahrzunehmen, was einmal zur Kenntnis genommen und gebracht worden war.

Die Macht dieses Eindrucks bestimmt die Kraft der Rückschläge gegen ihn. Dann wird mit einem Mal der Staub auf den Büchern sichtbar. Sie sind alt, stockfleckig, riechen moderig, sind eines vom anderen abgeschrieben, weil sie die Lust genommen haben, in anderem als in Büchern nachzusehen. Die Luft in Bibliotheken ist stickig, der Überdruß, in ihr zu atmen, ein Leben zu verbringen, ist unausbleiblich. Bücher machen kurzsichtig und lahmärschig, ersetzen, was nicht ersetzbar ist. So entsteht aus Stickluft, Halbdunkel, Staub und Kurzsichtigkeit, aus der Unterwerfung unter die Surrogatfunktion, die Bücherwelt als Unnatur. Und gegen Unnatur sind allemal Jugendbewegungen gerichtet. Bis dann die Natur wieder in deren Büchern steht.

Um so erstaunlicher, wenn das Buch doch zur Metapher der Natur selbst werden konnte, seiner antipodischen Feindin, die zu derealisieren es bestimmt zu sein schien. Desto gewichtiger, desto zwingender müssen die Antriebe sein, die diese Verbindung von Buch und Natur hergestellt haben.

Es sind vielleicht nur zwei. Einmal Konkurrenz mit dem *einen* Buch, seiner Autorität, seiner Ausschließlichkeit, seinem Bestehen auf Inspiration. Zum anderen Faszination durch die Macht, die das Buch in sich selbst dadurch aufbringt, daß es Herstellung von Totalität leistet. Die Kraft, Disparates, weit Auseinanderliegendes,

Widerstrebendes, Fremdes und Vertrautes am Ende als Einheit zu begreifen oder zumindest als einheitlich begriffen vorzugeben, ist dem Buch, woran auch immer es sie exekutiert, wesentlich. So konnten die großen Verführungen zur Totalität, die es nur in der Neuzeit gegeben hat, von Büchern ausgehen – zumeist solchen, die ohne Anschauung von Realitäten schon Ausgeburten großer Bibliotheken waren.

Die Natur, einmal als Buch verbildlicht, soll eben diese Qualität eines Ganzen aus *einem* Wurf schon haben und sich darin bewähren, die im Begriff vorweg erzwungene Einheit unter Gesetzen als auch nachvollziehbare, erwerbbare Einsicht zu begründen. Den Vorgriff der Vertraulichkeit dann wieder zu ernüchtern, erfordert einen so ärgerlichen Zusatz wie den, ein Buch sei die Natur zwar, aber ein in Hieroglyphen, in Chiffren, in mathematischen Formeln geschriebenes – das Paradox eines Buches, das sich dagegen verwahrt, Leser zu haben. Von hier führt ein Weg zum Serenus Zeitblom im »Doktor Faustus« Thomas Manns, der schon als Knabe deutlich begriffen haben will, daß *die außerhumane Natur von Grund aus illiterat* sei, was in seinen Augen *eben gerade ihre Unheimlichkeit ausmacht.*

Das Spannende an diesem Kapitel einer Metaphorologie ist, daß es immer von dem ersten Eindruck des hoffnungslosen Anachronismus ausgehen wird. Denn nicht nur zwischen den Büchern und der Wirklichkeit besteht eine alte Feindschaft, sondern auch zwischen den Büchern und der Naturwissenschaft eine jüngere. Das Pathos des Experiments ist gegen den Hort der Bibliotheken gerichtet, insistiert auf der Frische der Erfahrung im Blick durch Fernrohr und Mikroskop, auf Thermometer und Barometer. Diese Erfahrung ist oder erscheint unabgeschlossen und unabschließbar; sie gestattet Steigerung der Genauigkeit, des Auflösungsgrades, der Zeitstrecken. Geschlossenheit und Abgeschlossenheit, wie Bücher sie prätendieren, sind schon der Form des Anspruchs nach falsch. Es hat deshalb seine eigene Ironie, daß sich die Sprache der frühen Naturwissenschaft metaphorisch wieder auf das Buch bezieht. Es ist die Konkurrenz nicht nur zur Autorität der Bibel, sondern auch zu Aristoteles, die in der Metaphorik der ›beiden Bücher‹ und ihrer Gleichrangigkeit angesagt wird. Die Frage, wie denn in diesem Buch der Natur gelesen werden könne, in welcher Sprache es geschrieben sei und wie man ihre Grammatik herauszufinden hätte, schiebt sich erst über die metaphorische Grundschicht der Bücherkonkurrenz, in der primär Buch *neben* Buch, sekundär Buch *gegen* Buch steht.

Doch dann, sollte man denken, beim Heraustreten aus dieser Situation der frühen Schwäche, brauchte nicht mehr an das Buch gedacht zu werden. Aber es bleibt nicht nur die Figur der heimlichen Sehnsucht nach einer vertrauteren Begreiflichkeit als der der Fremdsprachen theoretischer Spezialisierung, sondern auch zur Veranschaulichung struktureller Prozesse der wissenschaftlichen Theorie selbst. Unvergleichliches Beispiel für eine unerkannte Buchmetapher, deren Entfaltung blockiert war und jedenfalls ausgeschlagen worden wäre, hätte man sie wahrgenommen, ist die Vorherrschaft, die der Entwicklungsbegriff über die Vorstellungen von der Natur gewonnen hat. Dabei blieb unbemerkt, daß ›Ent-wicklung‹ ihrem lateinischen Ursprung ›*evolutio*‹ folgt, womit das Entrollen der Buchrolle, der Schriftrolle, bezeichnet worden war. Einer gegen alle Klassizismen unwillig gewordenen Wissenschaft entging dieser Bezug ihres liebsten Begriffs, da man allenfalls Bücher vor sich sah, die aufgeschlagen oder zugeklappt werden konnten. Aber auch wegen einer Begünstigung, die in der Buchrollenmetaphorik für die Präformationsthese vorgegeben war. So lag, was sprachlich ganz nahe war, in der Sache ungeheuer fern. Erst die Genetik hat diese für das neunzehnte Jahrhundert typischen Sperren weggeschwemmt und eine neue ›Leselust‹ in die Natur hineingelesen.

Vielleicht ist noch ein anderes modernes Beispiel geeignet, die unverwüstliche Beanspruchbarkeit der alten Metapher vorgreifend zu exemplifizieren. Die Abkehr vom sensualistischen Atomismus in der Wahrnehmungstheorie des vorigen Jahrhunderts durch Gestaltpsychologie und Phänomenologie hat an die Stelle der assoziativen und dissoziativen Mechanismen eine ganz andersartige Gegebenheitsstruktur unserer Wahrnehmung gesetzt. Wer diese Änderung beschreiben will, verfällt fast zwangsläufig in die Metaphorik der Sprache und des Lesens. Der Aufbau unserer Erfahrungswelt vollzieht sich in der Sättigung der Inhalte mit Sinnfunktionen, die systematische Verbund- und Verweisungsstrukturen tragen. Durch sie wird das Bewußtsein instand gesetzt, *Erscheinungen zu buchstabieren, um sie als Erfahrungen lesen zu können.*

Dadurch ist jedes Einzelphänomen *nur noch Buchstabe, der nicht um seiner selbst willen erfaßt, der nicht etwa nach seinen eigenen sinnlichen Bestandteilen oder nach der Gesamtheit seines sinnlichen Aspekts betrachtet wird, sondern über den der Blick hinweg und durch welchen er hindurchgeht, um sich die Bedeutung des Wortes, dem der Buchstabe angehört, und den Sinn des Satzes, in welchem dieses Wort steht, zu vergegenwärtigen.*[4] Von jedem Moment her ist der Übergang zum Ganzen möglich, *weil die Verfassung dieses Ganzen in jedem Moment darstellbar und dargestellt ist.* Der Akzent liegt hier nicht mehr auf dem Buch und seinem Inhalt, sondern auf der Handlung und Leistung des Lesens. Wenn es vom Inhalt heißt, daß er ›zum Bewußtsein spricht‹, liegt darin: *Seine gesamte Existenz hat sich gewissermaßen in reine Form verwandelt; sie dient nur noch der Aufgabe, eine bestimmte Bedeutung zu vermitteln und sie mit anderen zu Bedeutungsgefügen, zu Sinnkomplexen zusammenzufassen.*

Wo liegt die Grenze zum Anachronismus? Ich frage mich das, wenn ich einen Satz lese wie: *Sein, das verstanden werden kann, ist Sprache.* So etwas führt zu den dunklen Verwechslungen, denen nicht zu entgehen es geschrieben sein muß. Ist Sprache die Bedingung dafür, daß ›Sein‹ verstanden werden kann? Oder kann ausschließlich solches ›Sein‹ verstanden werden, das schon die Gestalt der Sprache hat, also Literarisches im weitesten Sinne, wenigstens als Ausdruck Gemeintes und Gewolltes?

Die Metaphorik der Sprache ist nicht selbstverständlich von derselben Art wie die des Buches. Die metaphorische Versprachlichung des Seins ist ästhetisch; und was das heißt, läßt sich seit dem Verfall der alten Definition des Schönen am ehesten als Exklusion bestimmen: Zweck-Mittel-Beziehungen sind ausgeschlossen. Das ist auch gegen Aspekte der Buchmetaphorik gerichtet, insofern sie nicht nur, aber auch den Bezugskern ›Anweisung zur Naturgemäßheit‹ umspielte.

Das Prädikat der Verstehbarkeit ist zunehmend ästhetisch orientiert und okkupiert. Vom Selbstverständnis der Kunst mitgeführt, ist es antithetisch den alten Ansprüchen der Natur entgegengetreten, als Inbegriff von Normen auch in Menschenwerken nach-

---

4 E. Cassirer, Philosophie der symbolischen Formen III. ¹Berlin 1929; ²Darmstadt 1954, 222 f.

geahmt und nachgeschrieben zu werden. Je ›verstehbarer‹ Kunst geworden ist oder zu sein vorgab, um so weniger konnte die Natur ›verstehbar‹ bleiben, was sie im auf den gemeinen Menschenverstand bezogenen Sinne schon aufgehört hatte zu sein, seit das Buch der Natur in einer Zeichensprache geschrieben sein mußte, die anderes als ›Hermeneutik‹ zur Entschlüsselung erforderte. Das ›Buch der Geschichte‹ wird das erste, das der Mensch in seiner eigenen Sprache geschrieben hat. Über das Prinzip der ausschließlichen Zugänglichkeit des Selbstgemachten und über den Zweifel daran, ob die Geschichte wirklich dazu gehöre, wanderte die hermeneutische Generalklausel ganz in den ästhetischen Tempelbezirk ab, um von hier erst wieder auf späteste Seinssinngebungen auszustrahlen.

Was ist dadurch gewonnen oder verloren? Hermeneutik, dies vor allem, geht nicht auf Eindeutigkeit dessen, was sie ihrer Auslegungskunst unterzieht, also nicht auf die ›Qualität‹, die einer Mitteilung oder gar einer Offenbarung auch dann eigen sein muß, wenn der faktische Umgang damit die Prämisse nicht bestätigt, Übermittlung sei die Absicht gewesen. Hermeneutik geht auf das, was nicht nur je einen Sinn haben und preisgeben soll und für alle Zeiten behalten kann, sondern was gerade wegen seiner Vieldeutigkeit seine Auslegungen in seine Bedeutung aufnimmt. Sie unterstellt ihrem Gegenstand, sich durch ständig neue Auslegung anzureichern, so daß er seine geschichtliche Wirklichkeit geradezu darin hat, neue Lesarten anzunehmen, neue Interpretationen zu tragen. Nur durch die Zeit und in geschichtlichen Horizonten wird realisiert, was gar nicht auf einmal in simultaner Eindeutigkeit da sein und gehabt werden kann. Die Metapher der Versprachlichung dient ganz einem gegen das Ideal wissenschaftlicher Objektivierung gerichteten Konzept von ›Sein‹.

III
Der Himmel als Buch, das Buch im Himmel

Die Sicherung des historischen Aufschlußwertes einer Metapher von dieser Reichweite muß vor allem herausarbeiten, daß sie nicht selbstverständlich entsteht, nicht jederzeit plausibel wäre. So ist der platonische Kosmos der Ideen alles andere als ein Buch, das gedachte Verhältnis zu ihm wie zur Welt der Erscheinungen alles andere als Einstellung und Leistung von der Art des Lesens. Viel eher wäre hier der Vorgang der Erfassung aller gegenständlichen Verhältnisse mit dem Aufnehmen von Bildern vergleichbar. Begrifflichkeit entsteht durch deren Vereinfachung auf den Umriß, auf das, was Wiedererkennen ermöglicht. Das gilt nicht nur für den Platonismus. Es steckt schon in der Atomistik des Demokrit, dann in der Formenmetaphysik des Aristoteles, schließlich fast karikiert in der Erkenntnistheorie des Epikur, die von den Gegenständen dünnhäutige Bildchen sich ablösen und von den Sinnesorganen aufnehmen läßt.

Wichtiger ist, daß in der griechischen Kosmogonie nicht gesprochen wird. Weder der Menschentöpfer Prometheus noch der Demiurg im platonischen Kunstmythos verlieren bei der Kunstfertigkeit ihres Werkes Worte. Rhetorik ist allerdings nötig zur Durchsetzung und Absicherung des Werkes gegen die blinde Macht der Notwendigkeit: *Anake* muß überredet werden. Aber nur dazu, dem demiurgischen Verfahren keinen Widerstand zu leisten. Davon geht nichts in das Werk ein, kann nichts eingehen, da seine Beschaffenheit in der vorbildlichen Ordnungsform der Ideen seit jeher festliegt. Hinzublicken auf die Urbilder – nicht auszusprechen, was sein soll –, ist konstitutive Bedingung des Vorgangs der Weltwerdung. Was im Verhältnis von Urbildlichkeit und Abbildlichkeit steht, muß allem anderen voraus in seiner Bildlichkeit erfaßbar sein. Es ist nicht das, was in Büchern steht.

Dem gegenüber hat der biblische Schöpfungsgedanke nicht demiurgische, sondern imperative Orientierung. Der Herr befiehlt, und es geschieht. Er muß sagen, *was* geschehen soll, aber nicht, *wie* es zu geschehen hat. *Ich habe die Erde, die Menschen und die Tiere, die es auf der ganzen Welt gibt, durch meine große Kraft und mei-*

nen ausgestreckten Arm geschaffen und gebe sie, wem ich will.[5] Dem gebietenden Gestus entspricht, daß der Schöpfer hinterdrein nachsieht, ob der Befehl befolgt wurde und wie gut alles geworden ist. Die Weisheits- und Logosspekulation hypostasiert nicht nur diese Worthaftigkeit des Schöpfungsaktes, sondern erhebt den Inhalt des Befehls zur einsichtigen Handlung. So wird die Machttat die dem hellenistischen Kosmos gleichrangige Selbstdarstellung.

Auf eine Mitteilung, die verstanden oder befolgt werden muß, kommt es bei der Schöpfung nicht an; dafür steht ganz und ausschließlich die heterogene Offenbarungsform des Gesetzes. Sie ist erstmals im Paradies durch das Verbot, vom Baum der Erkenntnis zu essen, in seiner Unbegründbarkeit präfiguriert. An der Natur hingegen demonstriert der Schöpfer seine Macht zur Begründung des Geschichtsvertrauens. Der Schöpfergott wird der Bündnisgott, der seine Übermacht über alle Fremdgötter am Anfang aller Dinge und mit deren Anfang erwiesen hatte. Der Naturbegriff dieser Machtdemonstration eignet sich so wenig für die Metaphorik von Schrift und Buch, wie es das isolierende Stammesgesetz für jede Annäherung an ein Naturrecht tut.

Der Kollektivsingular des heiligen Buches, als Einheit aus den auch erst spät mit dem ägyptischen Fremdwort *biblos* bezeichneten ›heiligen Büchern‹, ist sprachliche Voraussetzung für alles Spätere: für *das* Buch als Metapher einer Totalität, sei es die der Natur oder die der Geschichte. Diese Einheit stellt sich primär in einem göttlichen Buch dar, das eher dem späteren ›Buch der Geschichte‹ als dem der Natur vorgreift: dem ›Buch des Lebens‹. Seine Einheit dokumentiert die Ausschließlichkeit des Heilsinteresses in der Phase akuter apokalyptischer Erwartung: Wer nicht drinsteht, wird wie nicht gewesen sein. Mehr als einen Hauch von der himmlischen Buchführung werden Kirchenbücher, Melderegister und Paßämter verspüren lassen: Nur wer registriert ist, lebt oder hat gelebt. In Fontanes »Stechlin« bringt die alte Domina ihre Mißachtung der Engländer auf die Formel, diese *stehen in keinem Buch und haben auch nicht einmal das, was wir Einwohnermeldeamt nennen, so daß man beinah sagen kann, sie sind so gut wie gar nicht da.* Die

---

[5] Jeremias 27,5 nennt W. Foerster *die erste deutliche und umfassende Schöpfungsaussage* im AT (Theologisches Wörterbuch zum Neuen Testament, ed. G. Kittel, III 1005).

reine Idee des Bündnisses von Schriftwerk und Bürokratie ist das Descartes nachempfundene: *Inscriptus ergo sum.* Aber auch die Kultur der *Memoria* lebt davon.

Im ›Buch des Lebens‹ sind die zur Fortexistenz Bestimmten verzeichnet, was der im Evangelium des Johannes faßbaren Form eines Auferstehungsglaubens entspricht, der nur die Gerechten das Heilsgut des Lebens erlangen, die Bösen in den Gräbern bleiben läßt.[6] Dieses Buch braucht nur *eines* zu sein, weil in ihm außer den Namen nichts verzeichnet steht. *Freut euch, daß eure Namen im Himmel angeschrieben sind*, sagt Jesus im Lukasevangelium zu den Siebzig, als sie zurückkehren und von der Unterwerfung der Dämonen unter den Namen Jesu berichten. Sie sollten sich nicht über die Botmäßigkeit der Geister freuen, sondern über die Verwahrung ihrer Namen in den Himmeln. Der Vergleich mit der Eintragung in die alten Geschlechts- und Herkunftsregister mag nahegelegen haben; mit dem orientalischen Erbgut himmlischer Schicksalstafeln hat das kaum etwas zu tun.[7]

Diesen steht näher das prophetische und apokalyptische Himmelsbuch, das aber keine Schrifttafel wie in Babylon sein darf, sondern eine Schriftrolle sein muß. In der Sprache des Jesaja geht sie ein in die Vision von der Empörung Gottes über die Heiden. Der Prophet sieht die Verwerfung der Völker in der messianischen Zeit: Der Leichendunst ihrer Heere steigt empor, und die Berge triefen von ihrem Blut. Von diesem Anblick wendet sich der Himmel gleichsam ab, entzieht sich dem Greuel: Die Heerschar der Himmel entschwindet, und der Himmel selbst rollt sich zusammen wie ein Buch: *et complicabuntur sicut liber caeli.*

Die Metapher geht nicht auf Zeichen am Himmel, auf das an ihm Ablesbare, sondern ausschließlich auf den Vorgang des Aufrollens, des Weltentzuges. Weil der Himmel als plane Folie zwischen dem Reich Gottes und dem der Erde gedacht wird, die jede Berührung

---

[6] Eine anders formulierte Ambivalenz beim ›Buch des Lebens‹, die von Schicksalsbuch und Bürgerliste der endzeitlichen Gemeinde, bei G. von Rad, Artikel »Leben und Tod im AT« in: Theologisches Wörterbuch zum Neuen Testament, ed. G. Kittel, II 846 Anm. 89, zu den Belegen 2. Mos. 32,32; Mal. 3,16; Ps. 69,29; Is. 4,3. Dazu: R. Bultmann, Artikel »Der Lebensbegriff des Judentums«, a. a. O. II 856-862.
[7] G. Schrenk, Artikel *biblos, biblion*, in: Theologisches Wörterbuch zum Neuen Testament, I 619.

zwischen beiden verhindert, kann das apokalyptische Ereignis darin bestehen, daß der Prospekt mit seiner der Erde zugewandten Gestirnseite eingerollt wird. Dabei mag ein Moment orientalischen Sternglaubens hereingewirkt haben, doch gerade in der Weise, daß mit dem Aufrollen des Himmels astrale Vorzeichen nicht mehr gelten konnten. Erst die Umkehrung der Metapher in der Apokalypse des Johannes zeigt deterministischen Einschlag: Wenn das Buch aufgeschlagen wird, treten die Ereignisse ein, die es voraussagt.[8]

Die Johannesapokalypse nimmt auch das Bild des Propheten wieder auf. Nach der Lösung des sechsten Siegels des Buches der göttlichen Ratschlüsse über die Zukunft der Welt und der Gemeinde erbebt die Erde, die Sonne verfinstert sich, der Mond rötet sich blutig, die Sterne fallen vom Himmel wie beim Sturm die Feigen von den Bäumen. Und wieder heißt es, der Vergleichbarkeit halber in der Vulgata-Sprache: *et caelum recessit sicut liber involutus*.[9] Man sieht, wie das offenkundige Zitat, nun als Hinzufügung zur Schilderung der Katastrophe, einer metaphorischen Verwendung des Buches näher kommt. Die himmlische Schriftrolle läßt im geöffneten Zustand die Welt bestehen und ihre Geschichte ablaufen; die eschatologische Umkehrung besteht im Einrollen, nachdem zuvor die Sterne herabgefallen sind und es auf der Schreibfläche nichts Lesbares mehr gibt.[10] In beiden Visionen vom Himmelsbuch ist die Einheit des metaphorischen Buches am solidesten gesichert, weil das, was Weltlauf und Weltende darstellt, der umfassenden Einheit des Himmelsanblicks entspricht.

Der Tendenz zur Einheit des ›heiligen Buches‹ entgegengesetzt ist die zur Vermehrung der ›himmlischen Bücher‹. Der Psalmist ebenso wie der Evangelist kannten nur das eine ›Buch des Lebens‹, das von Gott selbst geführt wird und deshalb auch ›Buch Gottes‹ und schließlich ›das Buch‹ schlechthin heißt. Alternative ist, in dieses Buch entweder eingeschrieben zu sein oder aus ihm ausgelöscht zu

---

8 Is. 34,4. Apok. Joh. 5,1 ff.
9 Apok. Joh. 6,14. Auf diese Stelle bezieht sich auch Kant im »Ende aller Dinge« (1794), wenn er dem *Einsturz* des Himmels *das Entweichen desselben als eines eingewickelten Buchs* als Untergangstypus gegenüberstellt.
10 Zum Stellenvergleich schon E. R. Curtius, Europäische Literatur und lateinisches Mittelalter. Bern 1948, 313. Das Kapitel bei Curtius »Das Buch als Symbol« (a. a. O. 304-351) hat für dieses Thema Pionierrang.

werden. Eingeschriebener zu sein im Buch des Lebens, ist der Heilsentscheid.[11] Mit der Durchsetzung substantiell verbürgter Unsterblichkeit aus hellenistischer Metaphysik wird die Funktion des Gerichtstages umfassender: auf Gute und Böse ausgedehnt, also eine doppelte Buchführung benötigend, wo vorher Eintragung oder Löschung des Namens genügte. Dies scheint in Zusammenhang mit der Ausbildung einer himmlischen Funktionärshierarchie zu stehen, denn die Tafeln seiner Freunde und die seiner Feinde führen an Stelle Gottes Buchhalterengel.

Sobald das System dualistisch zu werden droht, ergibt sich das Bedürfnis nach einer mittleren und noch nicht endgültig entscheidenden Sortierung: *Drei Schreibtafeln gibt es*, heißt es nach Rabbi Jochanan im dritten Jahrhundert, bezogen auf den Gerichtsbeschluß am Neujahrstage, *eine für die völlig Gerechten und eine für die völlig Gottlosen und eine für die Mittelmäßigen*. Diesen werden zwischen Neujahrstag und Versöhnungstag zehn Tage der Buße gewährt; danach sind sie für das eine oder das andere Buch fällig.

Die Vorstellung von himmlischen Büchern dient entweder dem Gedanken der Vorherbestimmung der Schicksale oder dem der Abrechnung über die Taten der Menschen. Dabei scheint sich Symmetrie zwischen Vorbestimmung und Rechenschaftsabnahme auszubilden: Bloße Namenregister der Heilsentscheide genügen nicht mehr; statt dessen entstehen ganze Aufzeichnungen aller Taten der Menschen in Büchern für das Gericht. Jede Sünde wird im Himmel vor den Augen des Höchsten aufgeschrieben, jeden Tag bis zum Tag des Gerichts, ebenso wie die Verdienste der Frommen um die Sache Gottes. Die Detaillierung dieser Weltchronik geht weit, bis zur Aufzeichnung des alltäglichsten Gesprächs. Das alles wird in der Todesstunde dem Sterbenden vorgelesen: *Wenn ein Mensch von der Welt scheidet, kommen alle seine Werke und werden einzeln vor ihm angeführt. Gott sagt zu ihm: So hast du getan an dem und dem Tage; oder glaubst du nicht an diese Worte? Wenn er dann sagt: Ja, ja! So spricht Gott zu ihm: Untersiegle!* Dahinter steht die Vorstellung von der Unterfertigung eines Protokolls.

---

11 Das pseudepigraphische und rabbinische Material bei Strack-Billerbeck, Kommentar zum Neuen Testament aus Talmud und Midrasch. München 1924, II 169-176; III 230 f., 840.

Der biblische Gottesbegriff hat auch eine deterministische Seite, ohne die schließlich der Gedanke der Prädestination nicht hätte Fuß fassen können. Die schicksalhafte Vorherbestimmung hat sich im Bild eines besonderen Buches formiert, das Gott dem Adam nach der Erschaffung zeigt und das den gesamten Weltinhalt nach Generationen derart im voraus beschreibt, daß ohne die Erfüllung jeder Vorschrift Ende und Heil nicht kommen können: *Nimmer kommt der König, der Messias, bevor nicht alle Seelen erschaffen sind, die in den Gedanken Gottes aufgestiegen sind, um erschaffen zu werden, und das sind die Seelen, die im Buche Adams gesagt sind.* Da der auf himmlischen Tafeln verzeichnete Weltplan durch die in der Tora verzeichneten Ereignisse nur ›erfüllt‹ werden kann, ist es naheliegend, daß die Tora mit dem Weltplan verschmilzt. Für die rabbinischen Texte ist die Tora der präexistente Weltplan selbst geworden. Plan und Erfüllung – *ein* Buch.

Es scheint, daß die Ideen von Vorherbestimmung und Gericht, von Weltplanbuch und Lebensbuch also, einander ausschließen, zumindest einander schwächen. Auch dieses Dilemma ist, nach einem Andrang von metaphorischen Kandidaten, schließlich in der Sprache der Buchmetapher ausgehandelt worden: *Rabbi Elieser, der Sohn Jose des Galiläers, sprach: Alles was geschieht, ist im voraus geschaut und gesehen worden; dennoch hängt es von dem Tun des Menschen ab. Ein Netz ist über den Lebenden ausgebreitet, und die Ahndung ist immer gerecht. Die Welt ist wie ein Laden, der offensteht, und wie ein Tisch, der stets gedeckt ist, aber ein Buch liegt aufgeschlagen da, und eine Hand trägt alles ein. Der Kaufherr borgt, aber der Einforderer lebt und ist mächtig.*[12] Der Orientalist Mark Lidzbarsky, Entdecker der Hauptquelle zur mandäischen Gnosis, erzählt in seinen Erinnerungen, daß der Gedanke vom großen Kontobuch im Judentum seiner Kindheit noch lebendig gewesen sei. *Die Vorstellung besteht, daß das ganze Jahr hindurch die Werke eines jeden im Himmel verzeichnet, daß das Soll und Haben jedes einzelnen in ein großes Kontobuch eingetragen und daß zu Beginn des Jahres das Fazit daraus gezogen und das Schicksal eines jeden bestimmt werde. Es geht also auf Tod und Leben ...*[13]

---

12 M. J. bin Gorion (Hrsg.), Der Born Judas. ²Leipzig 1918, II 296.
13 M. Lidzbarsky, Auf rauhem Wege. Jugenderinnerungen eines deutschen Professors. Gießen 1927, 51-54.

Während auf der einen Seite die Vermehrung der ›himmlischen Bücher‹ einer differenzierten Handhabung der eschatologischen Gerechtigkeit dient, vollzieht sich auf der anderen Seite in der präexistenten Tora die Einheit von Weltplan und Weltgeschichte, ohne daß die Natur an dieser Einheit Anteil bekäme. Die Beziehung zwischen dem heiligen Text und der Welt wird mehr als metaphorisch, sie wird magisch. Was dem Text geschieht an traditorischer Sorgfalt oder Nachlässigkeit, geschieht der Welt, nicht umgekehrt. Rabbi Jehuda erzählt, wie er zu Rabbi Jischmael kommt und dieser ihn nach seiner Beschäftigung fragt. Er erwidert, er sei Toraschreiber. Da habe jener zu ihm gesagt: *Mein Sohn, sei vorsichtig bei deiner Arbeit, denn sie ist eine Gottesarbeit; wenn du nur einen Buchstaben auslassest oder einen Buchstaben zu viel schreibst, zerstörst du die ganze Welt.*[14] Die Kontingenz der Welt ist als Beziehung auf das eine Buch ausgesprochen: Ihre Existenz hängt von der Existenz des Buches ab. Auf Grund dieses Buches und um dieses Buches willen ist die Welt da, und sie verliert ihre Daseinsberechtigung, wenn sie ihre Funktion nicht erfüllt. Sie ist keine andere, als das Buch zu hüten und unversehrt zu bewahren, in jedem seiner Exemplare, nachdem das ursprüngliche Dokument bei der Zerstörung des ersten Tempels verloren gegangen war.

Die Schriftreligion kann sich nicht genug darin tun, die erscheinende Natur zur bloßen Kulisse der Vorgänge zu machen, die über ihre Existenz entscheiden. Es ist Bewahrung, nicht Erkenntnis der Welt, was durch die Strenge der Hütung des Buches erreicht wird. Obwohl ihre Existenz von der Treue in der Tradierung des Textes abhängt, hat die Welt doch nichts an sich von einem Text. Mag immerhin Rabbi Jehuda im Namen Rabhs gesagt haben: *Becalél verstand die Buchstaben zusammenzusetzen, mit denen Himmel und Erde erschaffen wurden* . . .[15] So ist dies keine Annäherung an die Vorliebe der griechischen Atomistik für den Vergleich, der Aufbau der Natur aus ihren letzten Bestandteilen entspreche der Leistung der Buchstabenschrift für die Sprache. Daß die Welt durch Worte erschaffen worden ist, gibt keine Gewähr, sie könne auch in Buchstaben aufgelöst und dadurch ›verstanden‹ werden.

---

14 Babylonischer Talmud, dt. v. L. Goldschmidt, II 35 (Schreibungen vereinfacht).
15 Babylonischer Talmud, ed. cit. I 240 f.

In der christlichen Tradition hat sich Augustin der Thematik von Einheit und Vielheit der Bücher genähert. Im zwanzigsten Buch des »Gottesstaat« behandelt er die Letzten Dinge, darunter die Prozedur des Gerichts. Nach deren Beendigung würden Himmel und Erde, wie sie jetzt sind, zu existieren aufhören und durch den neuen Himmel und die neue Erde ersetzt werden. Er folgt den Visionen der Johannesapokalypse, obwohl sie ihm Schwierigkeiten bereiten. Denn da sind Einheit und Vielheit der Bücher in einen einzigen Satz gezwungen: Der Visionär sieht die Toten, Große und Kleine, es werden Bücher geöffnet, und noch ein anderes Buch wird aufgeschlagen, welches Buch des Lebens heißt. Doch während der Leser schon das ihm altvertraute ›Buch des Lebens‹ erkannt zu haben glaubt, verändert Augustin den Text, wie ihn die Vulgata gemeinsam hat mit den griechischen Handschriften, durch eine Erweiterung: *vitae uniuscuiusque*. So kann es nicht das Buch des Lebens sein, welches diejenigen inventarisiert, die des Heilsgutes teilhaftig werden sollen, sondern wird zum Buch der Aufzeichnung aller Einzelleben, nach dem Gericht gehalten werden soll – obwohl doch der Apokalyptiker fortfährt, die Toten würden gerichtet nach den Aufzeichnungen der Bücher, von deren Plural zuerst die Rede gewesen war, entsprechend ihren Taten.[16] Während also die Apokalypse offenkundig meint, die vielen Bücher seien die Aufzeichnungen über die vielen Leben der vor dem Gericht Stehenden, das eine Buch des Lebens aber diene der Einschreibung der vom Gericht dafür gut Befundenen, macht Augustin durch einen anderen Text das ›Buch *des* Lebens‹ zum ›Buch *der* Leben‹, nach dessen Eintragungen gerichtet wird. Er muß folglich für die zuerst genannten Bücher eine andere Bedeutung finden. Die Lösung ist verblüffend: Während das eine Buch des Lebens die ›Tatbestände‹ enthält, sind die Bücher im Plural die des Alten und Neuen Testaments, nach denen gerichtet wird. Doch wohl, da sie die Gebote enthalten, nach denen gelebt werden sollte.

---

16 Augustin, De civitate dei XX 14 zu Apokalypse Joh. 20,12. Um Augustins entscheidende Textänderung ganz deutlich zu machen, setze ich das Stück in der Vulgatafassung hierher, Augustins Zutat in Klammern: *Et vidi mortuos magnos, et pusillos stantes in conspectu throni, et libri aperti sunt: et alius liber apertus est qui est vitae (A: uniuscuiusque): et iudicati sunt mortui ex his, quae scripta erant in libris (A: ex ipsis scripturis librorum) secundum opera ipsorum (A: secundum facta sua)*.

Der Lateiner hat zwingender als der Apokalyptiker das Bild des Prozesses vor Augen: den Richter, der auf der einen Seite die Gesetzbücher hat, auf der anderen Seite die Akten des Tatbestands, die Protokolle. Um dieses Bild forensischer Strenge durchhalten zu können, muß Augustin das ihm ohnehin gleichgültigere ›Buch des Lebens‹ opfern und, wie beschwörend, nicht weniger als dreimal in den wenigen Sätzen vom *liber vitae uniuscuiusque* sprechen. An ein handgreifliches Buch (*carnaliter*) sei ohnehin nicht zu denken. Denn von welcher Größe müßte es sein und wieviel Zeit würde es erfordern, ein solches Buch zu lesen, worin das Leben aller Menschen verzeichnet wäre? Oder doch nicht: Ließen sich nicht Engel in so großer Zahl wie Menschen einführen, daß jeder von ihnen jedem einzelnen das eigene Leben unmittelbar zu Gehör verlesen könnte?

Spätestens da müssen Augustin Zweifel an seiner Verteilung der Bücher in der Gerichtsszene gekommen sein: *Non ergo unus liber erit omnium, sed singuli singulorum*. Er hilft sich durch Allegorisierung heraus und denkt nicht daran, die beiden Testamente aus dem Tribunal wieder zurückzuziehen. Vielmehr ist im Hintersinn der Worte das eine Buch nun nichts anderes als die *vis divina* selbst, deren Wirkung jedem einzelnen im Gericht begegnet und ihm seine Taten ins Gedächtnis zurückruft, ihn in wunderbarer Schnelligkeit mit dem Blick des Geistes sehen läßt, was ihn beschuldigt und was ihn entschuldigt. Allein dadurch werden in einem einzigen Augenblick alle zugleich und jeder einzelne gerichtet werden.

Und da ist die Allegorese der Bücher am Ziel: Nicht mehr beliebig viele Engel lesen aus beliebig vielen Büchern den vors letzte Tribunal Gebrachten ihre Lebensbilanzen vor, sondern jeder liest selbst und für sich durch die Gotteskraft oder sogar in ihr: *Quae nimirum vis divina, libri nomen accepit. In ea quippe quodammodo legitur, quidquid ea faciente recolitur.*

Die tiefe Verbindung, die Augustin zwischen seinem Gott und der menschlichen Erinnerung hergestellt hat, bekommt durch die apokalyptische Metaphorik des Gerichts einen eigenen Zug, der nur nicht bis zum letzten ausgezogen ist: Durch die Erinnerung wird jeder sein eigener Richter, liest in sich sowohl das Buch des Gesetzes als auch die Chronik seiner Handlungen. Die *Memoria* ist das Gericht, wie es dereinst die Weltgeschichte werden sollte.

Der biblische Gott ist, seit den eigenhändigen Tafeln vom Sinai, ein schreibender Gott. Zumindest einer, der schreiben läßt; aber auch, wie sich aus dem Aspekt Augustins zeigt, lesen lassen könnte. Das Verfahren der Bewirkung von Schuldanerkenntnis in der *Memoria* durch Gotteskraft, das Augustin ersonnen hat, zerstört mit theologischer Lust die ganze Diskursivität solcher Bilderwelt. Alles kommt ihm darauf an zu versichern, auf seine Weise fände Gewissen durch Wissen (*scientia conscientiam*) in einem einzigen Augenblick und für alle auf einen Schlag statt – schönste Symmetrie des Gerichts zur Schöpfung, für die Augustin gegen sinnfälligere Bilder den Gründungsstoß (*ictus condendi*) erfunden hatte, um allen Emanationen und Hypostasen ein Ende zu machen. Mit dem großen Schauspiel des Gerichts und seinen Entzündungen apokalyptischer Phantasie ist es dann nichts mehr.

Eine Parodie auf den schreibenden Gott, den Richter mit Büchern, hat man vor sich in einer der Versfabeln des griechisch dichtenden Römers Babrius an der Wende vom ersten zum zweiten Jahrhundert: Zeus läßt den Hermes die Verfehlungen der Menschen auf Tonscherben schreiben und verwahrt diese ›Aktenstücke‹ in einer Kiste bei sich, um jeden Missetäter zu verfolgen und zu bestrafen. Wenn er nun zu Gericht sitzt, kommen ihm die Scherben zur Hand, wie sie durcheinander in der Kiste liegen; infolge dieser göttlich sorglosen Aktenführung kann es nicht verwundern, daß es einem, der schon lange straffällig geworden ist, erst viel später angemessen schlecht ergeht.

Der pedantischen Ordentlichkeit, mit der in der Apokalypse Buch geführt und Buchführung zur Bilanz gebracht wird, steht mythische Schlampigkeit gegenüber, die den Gott dazu noch mit der Unzulänglichkeit seiner Mittel verteidigt. Auch eine Theodizee, denn irgendwann kommt jede Scherbe daran. Aber man sieht auch, wie die Theodizee ›Geschichte‹ im nachmaligen Sinne verhindert: Zwar sollen alle Taten ihre Folgen auf derselben Ebene des Geschehens haben, aber ohne notwendige Verbindung dieser zu jenen. Dagegen hat das apokalyptische Gericht die Geschichte mit Taten und Folgen als etwas in sich Abgeschlossenes vor sich, was nun in einer anderen Dimension von Verantwortung abgeurteilt wird.

Die fast bürokratische Ordentlichkeit der forensischen Buchführung im Himmel findet einen ihrer erstaunlichsten Reflexe, wenn eines

Tages einer darauf besteht, für ihn dürfe das Buch seines Lebens nicht im Himmel, sondern müsse von ihm selbst geführt werden, und sich mit dem Buch seines Lebens in der Hand (*ce livre à la main*) vor den göttlichen Richter treten sieht: Rousseau am Anfang der »Confessions«. Für dieses Buch beansprucht er dieselbe Wahrheit, die dem göttlichen Buch zugeschrieben worden war: ... *voilà ce que j'ai fait, ce que j'ai pensé, ce que je fus.* Denn inzwischen ist die Selbsterkenntnis zur sichersten Gewißheit, zur einzigen der göttlichen Erkenntnis adäquaten erhoben worden. Kein Punkt in der Geschichte, von dem wir uns weiter entfernt hätten.

Die großen Umkehrungen, wie die des Rousseau, hätten keine Ausdrucksmittel, wenn sie nicht stabilisierte ikonische Institutionen vorfänden, an denen sie sich vergreifen können.

Sich selbst vor dem Weltgericht zu vertreten, mit dem Buch des Lebens in der Hand – das könnte man als die mitten in der Neuzeit entstandene Idee der Ungeschichtlichkeit bezeichnen, nicht weniger folgenreich und geschichtlich als die ihr streng korrespondierende der Geschichtlichkeit. Der Anteil dieser Idee am geistig-literarischen Leben der beiden Jahrhunderte seit Rousseau ist, wenn nicht alles täuscht, immer noch im Wachsen.

Ein anderes, das entgegengesetzte, Schicksal des Gerichtsbuches ist in den »Memoiren« Heines ausgedacht. Es steht für die Verstrickung und Verschuldung der Menschheit, ihrer Generationen und Völker miteinander, über die Zeit. Da ist die träumende Identifikation des Knaben mit dem geheimnisvollen ›Morgenländer‹, dem Bruder des Großvaters, einer Figur des Abenteuers und der Scharlatanerie. Eine Art Doppelleben in der Gegenwart und in der Vergangenheit, in der Wirklichkeit und im Traum findet statt, und dies läßt sich in der Metapher der Zeitung fassen: *Mein Leben glich damals einem großen Journal, wo die obere Abteilung die Gegenwart, den Tag mit seinen Tagesberichten und Tagesdebatten, enthielt, während in der unteren Abteilung die poetische Vergangenheit in fortlaufenden Nachtträumen wie eine Reihenfolge von Romanfeuilletons sich phantastisch kundgab.* Schließlich redet sich der Knabe sogar auf den Großoheim heraus, wenn ihm selbst ein Versehen angelastet wird, und der Vater weiß das scherzhaft zu parieren: Hoffentlich habe der Großoheim keine Wechsel unterschrieben, die nun wieder dem Sohn eines Tages zur Bezahlung präsentiert werden könnten. Das gibt die Wendung von der Erinnerung zur Verallgemeinerung: Uns sind schlimmere Schulden als Geldschulden hinterlassen, und jede Generation verantwortet die Taten derjenigen mit, deren Fortsetzung sie ist. Da tritt man nicht mit dem Buch des Lebens in der Hand vor das Gericht, sondern falliert allenfalls gemeinsam. Die Generationen, die aufeinander folgen, die Völker, die nacheinander in die Arena der Geschichte treten, verbindet Solidarität, *und die ganze Menschheit liquidiert am Ende die große Hinterlassenschaft der Vergangenheit.*

Noch zögert man zu entscheiden, ob es das Ende ist, das alle diese Schuldverhältnisse liquidiert, oder ob es deren entschlossene Liquidation ist, die das Ende bedeuten würde. Auch Heine läßt sich da einen Ausschlupf offen: *Im Tale Josaphat wird das große Schuldbuch vernichtet werden oder vielleicht vorher noch durch einen Universalbankrott.*[17] Nie ist eine Gerichtsszene von schönerer Undeutlichkeit gewesen als diese, wo niemand auftritt, das Buch zu zerreißen, niemand sagt, ob das Löschung der Schuld oder bloß die Einleitung ihrer Tilgung ist, und auch nicht, ob der vorherige Bankrott der Menschheit diese vor dem noch schlimmeren Ende bewahren könnte.

Doch nicht, wie die Geschichte endet, sondern wie sie ist und was sie an Anerkenntnis auferlegt, ist in den Metaphern von Büchern und Wechselschulden bis zur Verzweiflung des Tiefsinns gesagt und ungesagt. Die Liquidation der Geschichte setzt die ganze intensive Größe ihrer Vorherigkeit voraus. Das Buch der Geschichte ist ein Schuldbuch, nicht im Sinne der Erbschuld und der Sündigkeit, sondern in dem des nicht beliebigen Anfangs eines jeden am Nullpunkt seiner Existenz, auf der ersten Seite *seines* Buches des Lebens, wie in dem des Jean-Jacques.

Wenn Ernst Robert Curtius das, was er die ›Symbolik‹ des Buches nennt, trotz antiker Wurzeln letztlich darauf zurückführt, daß das Christentum eine Religion des heiligen Buches sei und Christus der einzige Gott, den die antike Kunst je mit einer Buchrolle dargestellt habe, so kann man entgegenhalten, das Christentum habe gerade für das Weltverständnis die metaphorische Disposition des Buches zurückgenommen. Das Übergewicht einer historischen Gottesoffenbarung in Buchgestalt dementiert die Möglichkeit, Gott

17 Heine, Memoiren (Sämtliche Schriften, ed. Brieglieb, VI/1, 573-575).

könne sich schon in der Natur zureichend verständlich und überzeugend ausgesprochen haben. Es ist derselbe Grundkonflikt, der im dogmatischen System zwischen dem Schöpfungssatz und dem Erlösungssatz entstehen muß: Je dringender die Erlösung, um so fraglicher die Qualität der Schöpfung. Wenn in einer Religionswelt so viel auf Tafeln und in Büchern geschrieben wird, wie in der des Alten Testaments, der Pseudepigraphen und des Talmud, verblaßt vor dem, was in diesen Büchern steht oder für diese Bücher entscheidend ist, die Bedeutung der Natur. Sie verschwindet hinter dem Übergewicht dieser Mitteilungen und wird zum bloßen Schauplatz, auf dem die buchwürdigen Taten und Untaten allererst vollbracht werden. In ihr gibt es nichts zu lesen. Ein ›Buch der Natur‹ hätte schon hier ein Antibuch sein müssen und doch nicht sein dürfen.

Der Absolutismus des Buches verhindert dessen metaphorischen Gebrauch für die Welt. Wie kann es dennoch je zur Weltmetapher werden? Die Abwehr der Gnosis nicht nur als einer frühen, sondern als einer dauernden Gefahr für das Christentum ist verbunden mit der Aufwertung der Natur in ihrer Konkurrenz zum Heilsvorgang. Wenn Schöpfer und Heilbringer nicht feindselig getrennt sein durften, dann mußte die Erlösung als Konsequenz der Schöpfung erscheinen. Die historische Offenbarung durfte nur Verdeutlichung einer Uroffenbarung sein. Also konnte die Welt nicht stumm und irreführend, nicht Kerker und Irrgarten gewesen sein, bevor die Heilsmitteilung geschah, wenn das theologische System die Einheit des Weltgottes mit dem Heilsgott wahren sollte. Dies führt zwar noch nicht dazu, die Natur als Buch sehen zu lassen, aber doch zur Abwehr der dualistischen Unterstellung, die Welt sei das Gegenteil eines göttlichen Leitfadens: Illusion, Verführung, Verdunklung des unwelthaften Hintergrundes. Es durfte dann auch nicht alles mehr ankommen auf die eschatologischen Ereignisse, auf die Eröffnung der im Himmel geführten Bücher, der Register des Heils und Unheils.

Insofern ist, ganz unabhängig von Zusammenhängen ihrer Herkunft, die Metapher vom Buch der Natur ihrer dogmengeschichtlichen Zuordnung nach pelagianisch. Sobald es auf Abwehr von Dualismen nicht mehr ankam und die Natur die ganze Qualität der Gottheit in ihrer Selbstausschüttung zu absorbieren begann, mußte sie antichristlich werden und wurde es. Jeder Pelagianismus tendiert, wie weit der Weg auch sein mag, darauf, die Qualität der Schöpfung unlimitiert zu steigern, und damit auf einen Pantheismus wie den der Giordano Bruno und Spinoza. Hier freilich muß sich die Metapher wieder aufheben. Es gibt nichts mehr zu lesen, wenn Bedeutung und Bedeutetes identisch werden. Vielmehr muß, wieder der Tendenz nach, die Natur unmittelbar physiognomisch werden. Wie ›in Gesichtern lesen‹ schon Metapher ist, wird nun ›Lesbarkeit‹ als Idee der Erfahrung eine Metapher zweiten Grades.

Trotz der Tendenz auf die Vervielfältigung der ›himmlischen Bücher‹ bleibt es ein Befund aus der biblischen und der nachbiblisch-jüdischen Begriffsgeschichte, daß für die Ausbildung der Buchmetaphorik die spezifische Singularität des Buches ausschlaggebend war und in der Anwendung auf die Singularität der Natur nur dieser Provenienz sein konnte. Alle anderen Traditionen der Buchstaben- und Schriftmetaphorik hätten allenfalls zu dem Bildstatus gereicht, der bei Dante vorliegt, wenn er in der Welt getrennt nach Bänden und Heften vor uns stehen läßt, was in Gott vereinigt ist: *legato con amore in un volume*.[18] Das eine Buch ist auch hier ein himmlisches Buch geblieben, zugehörig der anderen Seite, wie einst das ›Buch des Lebens‹. Die Kraft seiner idealen Einheit ist nicht stark genug, um für die Welt ein anderes Bild als das einer Bibliothek übrig zu lassen. Das ist wieder der platonische *Chorismos*; er wäre nicht ohne die Implikation einer Schwäche der Gottheit auf das Christentum übertragbar. Die Welt eine Bibliothek in Bänden und Heften – eine Bibliothek aber wird, im Pathos einer kommenden Metaphorik, geradezu der buchgelehrtenhafte und pedantische Gegentypus zum einen ›Buch der Natur‹ werden.

---

18 Dante, Divina Commedia, Paradiso 33, 86 f. – Wenn die Himmelssphären als ›Bände‹, jede für sich also als ein Buch, vorgestellt werden sollen, so ist die imaginative Differenz zum *liber involutus* der Apokalypse bedingt durch den mittelalterlichen Bedeutungswandel von *volumen*. Dazu: E. R. Curtius, Europäische Literatur und lateinisches Mittelalter. Bern 1948, 333. Der Dichter hat seinen Stand auf der Fixsternsphäre und blickt auf die Planetensphären herab, durch diese hindurch auf die Erde, die im Buch des Universums nur der ›Heftblock‹ ist (Paradiso 17, 37-39).

IV
Buchstabengleichnisse

Mit dem griechischen Denken scheint die Vorstellung von einem ›Buch des Lebens‹, in dem die Handlungen der Menschen verzeichnet wären, nicht vereinbar. Das Totengericht, wie es uns vom platonischen Kunstmythos vorgestellt wird, erfolgt nicht anhand einer Aufzeichnung über die Vergangenheit der vor Gericht Stehenden, sondern mittels einer Besichtigung ihres gegenwärtigen nackten Zustands durch die Totenrichter, die keine Götter sind, auch nicht zu sein brauchen, weil der justitiable Zustand als sichtbar vorgestellt ist – das macht ein Buch überflüssig. Die olympische Götterwelt kann keine Beziehung auf ein solches Gericht haben. Nicht nur, daß diese Götter zu richten nicht qualifiziert wären, sie würden zwangsläufig dem Mythos und seiner Gewaltenteilung entzogen und ihrerseits zur Gerechtigkeit ›verurteilt‹. Im Mythos dürfen sie parteilich und ungerecht sein, weil sie ständige Gegenspieler haben.

Erst der tragische Dichter kann sagen, daß ein Weltgericht ganz nutzlos wäre, weil es mit der Masse der Schuld nicht fertig werden könnte. In einem Fragment des Euripides, von Stobaeus überliefert, ist dies ausgesprochen. Schopenhauer wird sich darauf berufen. *Glaubt ihr, daß die Verbrechen zu den Göttern sich / Auf Flügeln schwingen und daß weiter jemand sie / Dort in des Zeus Schreibtafel aufzuzeichnen hat / Und Zeus, auf sie hinblickend, Recht den Menschen spricht? / Auch nicht der ganze Himmel wäre groß genug, / Der Menschen Sünden, wenn sie Zeus dort schriebe auf, / Zu fassen, noch auch er, zu überschauen sie / Und jedem seine Strafe zuzuteilen. Nein! / Die Strafe ist schon hier, wenn ihr nur sehen wollt.*[19]

Die Buchmetapher für Welt und Natur, die synthetische Leistung der Darstellung einer Sinneinheit vorstellend, setzt eine analytische Leistung voraus. Nicht zufällig haben die Griechen die analytische Bedingung der Metapher erfüllt, ohne deren synthetische Konsequenz auszuschöpfen. Sie haben die Buchstabenschrift nicht erfunden, aber sie haben das darin steckende Prinzip generalisiert. Die

---

19 Euripides bei Stobaeus, Florilegium I 4,14 (ed. Heeren p. 108). Zitat bei Schopenhauer, Die Welt als Wille und Vorstellung IV § 63.

Atomistik hatte eine der Anschauung gegebene Einheit aufzulösen in letzte, gedachte Größen, die die Eigenschaften des Gegebenen erklären. Es ist sicher nicht gleichgültig, daß die gedachten Größen genauso anschaulich vorgestellt werden mußten wie Ideen und Formen, nämlich als Gestalten. Darin liegt die Leistungsgrenze der antiken Atomistik, aber zugleich ihre Analogie zur konstitutiven Leistung von Buchstaben. Richard Harder hat auf die andere große Parallele, die Erfindung der Landkarte durch Anaximander, hingewiesen. Es sei mehr als eine geistreiche Metapher, mit dem Ausdruck für ›Buchstaben‹ auch die Atome zu benennen; denn die Wirklichkeit auf wenige letzte Einheiten zurückzuführen und aus ihnen wieder zusammenzusetzen, sei *ein echtes Alphabet-Verfahren, ein richtiges Buchstabieren der Welt*.[20]

Das griechische *stoicheion* bezeichnet ursprünglich den Laut und den Buchstaben als unselbständige Teile eines Zusammenhangs, als Glieder einer Reihe (*stoichos*), metaphorisch dann das, wovon man für einen Zusammenhang ausgehen muß, auch die Grundlagen eines Beweisgangs und die letzten allgemeinen Begriffe einer Wissenschaft, deren ›Elementarlehre‹.[21] Was hier vor allem interessiert, ist der Grund dafür, daß die naheliegende Erweiterung der Metapher auf Wort, Satz und Buch, aber vor allem die auf Lesbarkeit, nicht in Reichweite lag. Die Verwendung des Ausdrucks bleibt fixiert auf die Operation der Analyse, auf die Umsetzung des sprachlichen Lautkontinuums in ein optisches Diskretum, und das, obwohl mit dem Gebrauch der Metaphorik des Lesens, mit der Gleichsetzung von Wort und Vernunft im Logos, dieser Zusammenhang greifbar gewesen wäre.

Wenn ein moderner Autor, welcher sich die Wiederherstellung des antiken Begriffs von Natur als Kosmos zum Ziel gesetzt hat, die Rehabilitierung der Metapher vom Buch der Natur betreibt, so ist das nicht nur ein Anachronismus, der mit der Opposition gegen die Begriffe von Geschichte und Geschichtlichkeit abgestützt wird,

---

20 R. Harder, Die Meisterung der Schrift durch die Griechen. In: Das neue Bild der Antike. Leipzig 1942, I 99 f.: *Lautschrift und Atomistik stammen aus der gleichen Sehart, einer ausgliedernden Kraft von radikaler Systematik.*
21 A. Lumpe, Artikel »Element« in: Historisches Wörterbuch der Philosophie II 439-441. – H. Diels, Elementum. Leipzig 1899, 5 ff.; 13 ff.; 83 ff. – Lukrez hat zuerst *stoicheion* durch *elementum* übersetzt, aber den Begriff des Atoms damit gemeint.

sondern auch ein hermeneutisches Mißverständnis.[22] In der Metapher vergreift sich, wer vergißt, daß das Buch ein Surrogat ist: Man liest *über* etwas, weil man es *selbst* nicht haben und anschauen kann. Insofern paßt die Buchmetapher in das christliche Umfeld, denn sie impliziert Vorläufigkeit. Erst unter den Bedingungen der neuzeitlichen Subjektivität hört Lesen auf, etwas Vorläufiges zu sein, und steht nicht mehr anstelle des Unmittelbaren und Definitiven oder im Hinblick, in Vorbereitung auf dieses.

Die christliche Eschatologie hat am meisten von dem bewahrt, was für die Griechen in der Verbindung von Theorie und Eudämonie bestand: das Wohlbefinden des Zuschauers der Dinge und Vorgänge, der diese selbst vor sich hatte – nicht den Text über sie – und doch nicht in sie verwickelt, von ihnen betroffen, ihnen ausgeliefert war. Insofern ist die Tragödie ein Grenzwert; sie ist das Letzte, was noch ausgehalten werden kann, wenn man Zuschauer bleiben will, trotz Furcht und Mitleid oder gerade weil diese die Beteiligung des Zuschauers zugleich ausmachen und zurücknehmen.

Die christliche Eschatologie verbürgt eine Seligkeit des bloßen Zuschauens, im Grunde die Sicherheit dessen, der nicht mehr mit seinem Heil zur Disposition steht. Und eben dieses Endgültige ist nun kein Buch mehr: die *visio beatifica* fern von jedem Modus des Lesens, der Mittelbarkeit, der Auslegungsbedürftigkeit. Die Wahrheit der Seligen ist kein Text; sie ist das, was die Griechen durch Theorie für erreichbar gehalten hatten. Dies alles soll deutlich machen, welche Sperre für die Antike bestand, zur Metapher ›Buch der Natur‹ vorzudringen – oder in sie zurückzufallen.

Will man sich vergegenwärtigen, weshalb es etwa Plato unmöglich sein mußte, von der Natur als einem Buch zu sprechen, muß man sich einen Text ansehen wie den Bericht des Sokrates von seinem philosophischen Werdegang im »Phaidon«. Der Blick auf die Natur wird nicht zum Lesen von Bedeutungen, sondern zur Blendung und Erblindung durch die Phänomene, die nicht umgesetzt werden

---

22 K. Löwith, Philosophie der Vernunft und Religion der Offenbarung in H. Cohens Religionsphilosophie. Heidelberg 1968, 34: *Die Welt der Geschichte bezeugt sich in historischen Dokumenten, die Welt der Natur bezeugt sich unmittelbar selbst... Das ›Buch der Natur‹, wie es noch Kepler in Analogie zur Bibel nannte, hat den großen Vorzug, daß es kein vom Menschen erdachtes oder von Gott inspiriertes Buch ist, sondern Natur und doch keineswegs geistlos.*

können in Begriffe. So kann erst die Abkehr von ihnen zur Hinwendung auf die *Logoi* werden: Wenn es ein Buch gäbe, wäre es das der Erinnerung, des inneren Logosbesitzes. Aber nicht so, wie viel später der Historiker bedauern wird, derjenige sein zu müssen, der nicht dabeigewesen sein konnte – weil nur so Geschichte sein Objekt wird –, enthält die Abkehr von der Unmittelbarkeit zur Natur eine Spur des Bedauerns, ein Bewußtsein des Verlustes. Man sieht von hier, daß die Metapher vom Buch der Natur die Anschauung der Welt durch Mittelbarkeit rechtfertigen wird, während der platonische Sokrates sie nicht einmal durch diese gerechtfertigt sein läßt. Es kann deshalb nicht zu den vermeintlich platonischen Zügen der Begründer neuzeitlicher Wissenschaft, des Galilei oder des Johannes Kepler etwa, gehören, wenn diese in der Metapher vom Buch der Natur ihr neues Wirklichkeitsverständnis ausgedrückt sehen werden.

Es bedeutet wenig, daß der platonische Sokrates sich selbst mißversteht: als Anschauung nimmt, was auch nur Gehörtes und Gelesenes, Gelehrtes also, war. Wodurch befürchtet er, an seiner Seele geblendet zu werden? Durch das Hinsehen auf die Gegenstände selbst und den Versuch, mit jedem der Sinne sie zu erfassen. War er also ein Empiriker, bevor er sich den *Logoi*, den Ideen, den Gedankendingen zuwandte? Gerade dies nicht, denn er schildert sich als einen vormaligen Naturphilosophen, der es gar nicht mit der Natur selbst zu tun hatte, sondern mit den Büchern über sie, zumal denen des Anaxagoras. Von ihm hatte er zum ersten Mal gehört, als einer aus einem seiner Bücher vorlas; und was er dann tat, war, die Bücher des so gefundenen Lehrers selbst zu lesen. Was er vorfand, war ein System aus der Prämisse, alle Dinge müßten sich verhalten, wie es das beste sei, um so das für alle insgesamt Gute, die beste der möglichen Welten (wenn es diese Formel schon hätte geben können) zustande zu bringen. Der Eifer des Sokrates läßt ihn also nach den Büchern greifen; und er selbst sagt, er habe sie so schnell wie möglich gelesen, um nur in kürzester Frist das Beste vom Schlechteren unterscheiden zu lernen.

Auch die Enttäuschung dieser Erwartung trat nicht durch Hinblick auf die Natur ein, sondern im Fortschritt der Lektüre des Anaxagoras. Sie bringt ihn zu der Feststellung, dieser Mann habe von dem Geist, den er zum Prinzip der Dinge mache, selbst keinen

Gebrauch gemacht. Mit der Wendung des Sokrates von der Natur zu den Begriffen ist es so ähnlich wie mit den erklärten Konvertiten von der Theorie zur Praxis: sie wenden sich nur von einer Sorte der Bücher zu einer anderen. Auch der Naturphilosoph Sokrates hatte nichts anderes getan als in Büchern zu lesen, und keineswegs in dem der Natur. Für diese Metapher gab es also keinen Ansatz.[23]

Die Buchstabenmetapher veranschaulicht zwar die reduktive Verfahrensweise der atomistischen Theorie, aber sie leistet nichts zu ihrer Begründung. Wie sich zeigen sollte, ließ sich der Vergleich sogar gegen die Atomistik wenden. Die hochgradige Unwahrscheinlichkeit der Entstehung eines Textes aus zufälliger Verbindung von Buchstaben konnte als Argument gegen eine zufällige Entstehung der Welt herangezogen werden. Das Buchstabengleichnis ließ sich gegen die Atomistik verwenden, weil diese etwas ausschließt, was die Verwendung von Buchstaben schon voraussetzt: die sinnhaltige Komplexion und Verständlichkeit eines Ganzen von differenziertem Aufbau. Im Vergleich zu einem Textgebilde muß die von der alten Atomistik angenommene Welt als ein relativ einfacher, nur für unsere Sinnlichkeit vielfältiger und demiurgisch unerreichbarer Zusammenhang erscheinen. Deshalb ist auch der Buchstabenvergleich in synthetischer Richtung immer dann besonders einleuchtend, wenn das Vorhandensein hochgradig strukturierter, ästhetischer Textgebilde vorausgesetzt wird, wie die der homerischen Epen oder der Annalen des Ennius.

Die Stoiker haben für ihren Weltbegriff den Vorrang des Ganzen vor jedem seiner Teile und vor der bloßen Summe seiner Teile eingeführt; insbesondere im Hinblick auf die Vernunft des Menschen, die in ihrer anerkannten Vollkommenheit doch nicht vollkommener sein dürfe als die Welt selbst, die zu erkennen die Aufgabe dieser Vernunft sei. Erstmals für die Stoiker war dies Ganze nicht nur ein Werk der Götter, sondern auch ein an die denkenden und vernünftigen Wesen in ihr gerichtetes, für sie bestimmtes Werk. Was immer sogleich die Frage nahelegt, ob dies mehr bedeutet als die Versorgung mit lebensnotwendigen Gütern, mit Anlässen zur

---

23 Phaidon 97 B-100 A. Die »Wolken« des Aristophanes verlangen genausowenig eine Änderung dieses Sokratesbildes wie die Anwendung der Thales-Anekdote vom Brunnensturz des Astronomen im platonischen »Theaetet«.

Freude und zum Genuß, mit Voraussetzungen der Glückseligkeit – mehr nämlich im Hinblick darauf, daß diese Wesen denkend, also etwas zu verstehen imstande sind.

Im Lehrvortrag des Stoikers Balbus bei Cicero ist die Verbindung zwischen dem Buchstabengleichnis und der anthropozentrischen Teleologie der Welt nicht hergestellt. Der entscheidende Unterschied zu jedem griechischen Teleologismus ist, daß der Mensch nicht zur Betrachtung des Universums gemacht ist, als hätte diesem zu seiner Vollendung nur noch der Zuschauer und Beifallspender gefehlt, vielmehr das Universum zugunsten des Menschen, auch als diesem angebotenes Schauspiel: er als Zuschauer ist der Zweck, nicht das Mittel, der einzige verständige Adressat, an den sich alles wenden konnte.[24] Zwar ist durch den Anblick des Himmels dem Menschen die Erkenntnis der Götter erschlossen, aber nichts *über* diese oder *von* diesen mitgeteilt, was zu verstehen oder zu beherzigen wäre. Das Buchstabengleichnis enthält deshalb nur den negativen Aufschluß, daß eine so ausgezeichnete und schöne Sache wie die Welt nicht durch den zufälligen Zusammenschluß der Atome stattfinden könne; das wäre so, als ob aus den einundzwanzig Buchstaben des lateinischen Alphabets, selbst wenn sie aus Gold wären, durch Schütteln und Ausschütten das Epos des Ennius oder auch nur ein einziger Vers daraus zustande kommen könnte.[25]

Es ist naheliegend, daß von den Autoren, die zuerst die Verbindung zwischen der biblischen und der hellenistischen Weltansicht herzustellen versuchten oder gar herzustellen genötigt waren, Philo von Alexandrien das Problem zu lösen hatte, wie die überall auf Anschauung beruhende oder zu ihr tendierende Philosophie der Griechen dieselben Grundwahrheiten erreicht haben sollte wie die auf das Hören des göttlichen Gebots und der göttlichen Offenbarung beruhende Religionswelt des Alten Testaments. Philo hat

---

24 De natura deorum II 56, 140: *... quasi spectatores superarum rerum atque caelestium, quarum spectaculum ad nullum aliud genus animantium pertinet.*
25 Cicero, De natura deorum II 37, 93: *Hoc qui existimat fieri potuisse, non intelligo cur non idem putet, si innumerabiles unius et viginti formae litterarum, vel aureae vel qualeslibet, aliquo coniiciantur, posse ex his in terram excussis annales Ennii, ut deinceps legi possint, effici; quod nescio an ne in uno quidem versu possit tantum valere fortuna.* – Das Gleichnis ist oft wiederholt worden. Hermann Samuel Reimarus hat es auf die Aeneis bezogen: Abhandlungen von den vornehmsten Wahrheiten der natürlichen Religion. 6Hamburg 1791, II § 8, 95 f.

deshalb den Bildungsgang des Geistes als Verwandlung der niederen Form des Hörens in die höhere des Sehens figuralisiert.[26] Aber mag auch das Sehen eine höhere Form der Gewißheit bieten, so ist es doch nicht die Erschließung einer inhaltlich eigenen und erweiterten Sphäre. Aus der Exklusivität des Buches für die Mitteilung des Gesetzes und der Prophetie ist auch Philo nicht ausgebrochen. Beim Übergang vom Hören zum Sehen denkt er nicht an das lesende Sehen, weil dieses okkupiert ist durch das ganz und gar unmetaphorische Lesen des heiligen Textes. Als optische Erfahrungen liegen ihm nahe solche des Lichtes, des Glanzes, sogar der Blendung, wie sie *auch* das Alte Testament exemplarisch zur Verfügung stellte. An die Stelle des göttlichen Eingebens in den bestellten Sprecher ist die Erleuchtung getreten, die die Augen der Seele öffnet und sie über das Hören hinaushebt. Aber was nun ›gesehen‹ wird, sind nur wieder die Worte des Gottes. Philo führt das Verfahren selbst vor: die Annäherung an den griechischen Typus des Wirklichkeitszugangs erfolgt bevorzugt durch Etymologie der biblischen Namen. Hellsicht heißt, genauer hinzusehen, was sie bedeuten. Zum Lesen in einem ›Buch der Natur‹ konnte es so nicht kommen.

Das Buchstabengleichnis hat Plotin aufgenommen mit der Frage nach der astrologischen Lesbarkeit der Himmelszeichen, die er in den größeren Zusammenhang einbettet, der unter dem Stichwort ›Schicksal‹ (*heimarmene*) steht.[27] Bedenkt man, daß die kosmologische Geozentrik das klassische Argument zugunsten der Astrologie geliefert hat, sie stelle die Erde in den genauen Bezugspunkt aller astralen Einflüsse, so ist es überraschend, wenn Plotin diesen Gedankengang umkehrt. Die wechselnden Konstellationen der Sterne am Himmel der Erde, ihre Auf- und Untergänge, ihre Zenitstellungen sind nur irdisch bedingte Erscheinungen. Von den Himmelskörpern her, denen die an sie gebundene Wirkungsmacht zugeschrieben wird, gibt es keine Auf- und Untergänge, keine Zenitstellung. Was das Schicksal bestimmen soll, hat keine Reali-

---

26 H. Jonas, Gnosis und spätantiker Geist II 1. Göttingen 1954, 94-97: *In diesem Sinne kann die ›Verwandlung der Ohren in Augen‹ als unbeabsichtigtes Symbol allerersten Ranges angesehen werden.* – Die Belege aus der Migratio Abrahami: H. Blumenberg, Die Legitimität der Neuzeit. Frankfurt 1966, 262-267.
27 Plotin, Enneaden III 1,6 (edd. Henry–Schwyzer I 262 sq.).

tät. Selbst wenn es sie hätte, würden die Unterschiede der gleichzeitig entstehenden Arten und Individuen, ihrer Eigenschaften und Schicksale, gegen den Einfluß der für alle identischen Konstellation sprechen. Nicht das menschliche Einzelschicksal also kann in der Konstellation beschlossen sein, nichts von den individuellen seelischen und geistigen Bedingtheiten, sondern nur der eine und einzige Weltlauf selbst, unter dessen Einfluß alle Schicksale sich gestalten. Daraus folgt, daß stellare Konstellationen nicht Faktoren sein können, sondern nur Zeichen. An ihnen kann Künftiges abgelesen werden, soweit es unter den Titel ›Weltlauf‹ fällt. Die Bewegung der Gestirne diene der Erhaltung der Welt, sagt Plotin; gerade deshalb kann sie auch den Nutzen gewähren, daß man jeden ihrer Zustände als Zeichen für den weiteren Gang des Ganzen nehmen kann. Die Sterne sind wie Buchstaben zu lesen, wenn man die ›Grammatik‹ ihres Zusammenhangs beherrscht. Wie das von Plotin angebrachte Beispiel belegt, ist diese Art der Grammatik die der primitiven Analogie: Fliegt der Vogel hoch, deutet das auf Handlungen hohen Sinnes. Daß die Gestirne überhaupt etwas ›bedeuten‹, hängt nicht mehr an der Voraussetzung, daß sie bestimmen, was sie bedeuten.

Es gibt kosmische Kausalität, aber sie ist nicht im strengen Sinne ›schicksalhaft‹. Sie hat mit Gut und Böse nichts zu tun, und nichts mit der Besonderheit des Einzelnen. Worauf aber beruht dann das Recht zur Methode der Deutung, die Plotin empfiehlt? Es gibt einen anderen Zusammenhang der Dinge in der Welt als den von Ursache und Wirkung, den der organischen Interdependenz. Für diese wird nicht unmittelbar die Weltseele in Anspruch genommen, sondern der Ursprung von allem aus dem Einen. Den Gestirnen alles anheimzugeben, hieße *die Natur des Kosmos aufzulösen und zu verkennen, der doch einen Ursprung und folglich eine erste Ursache hat, die auf alles sich auswirkt.* Daß Weltdinge als Zeichen für andere Weltdinge stehen können, beruht auf einer Art ›prästabilierter Harmonie‹, in der *jedem Einzelwesen gegeben ist, gemäß seiner Naturanlage sich zu vollenden und in der Ausübung des Seinigen wiederum die Zuordnung zum Anderen zu vollziehen.*[28]
Auf diesem Vorverständnis beruhen Verhältnisse, die wir mit dem

---

28 Enneaden II 3, 6-7 (edd. Henry–Schwyzer I 168-170).

Ausdruck ›symbolisch‹ bezeichnen würden. Heterogenes kann für einander stehen, einander zum Ausdruck bringen, vorstellig machen, präsentieren. Am Leitfaden der organischen Hintergrundmetaphorik gilt ein Begriff der Repräsentation, für den man schon in der antiken Medizin den Ausdruck ›Symptom‹ gebildet hatte: Ein empirisch zugänglicher Sachverhalt verweist auf einen anderen, den eigentlich pathologischen, der sich der Wahrnehmung entzieht, ohne daß der letztere kausal für den ersteren haftbar gemacht werden könnte. Nur weil beide Sachverhalte gesetzmäßig aus einem gemeinsamen Ursprung hervorgehen, ihn diachron ›entwickeln‹, kann synchron der eine zur Anzeige des anderen werden. So sind die Sterne *gleichsam Schriftzeichen, welche ständig am Himmel geschrieben werden oder geschrieben stehen* und, während sie auch anderes besorgen, ihre Anzeigung (*semasia*) abgeben. *Das Eine durch das Andere* – das ist ein so umfassendes Weltprinzip wie etwa die noch älteren der Sätze *Alles in Einem* oder *Gleiches durch Gleiches*. Am Ende der antiken Philosophie steht Plotins Satz, alles sei voll von Zeichen, wie an ihrem Anfang der Satz des Thales gestanden hatte, alles sei voll von Göttern.[29]

Wohl unter Rückgriff auf diese Texte seines Lehrers hat Porphyrios den Kunstmythos ausgelegt, den Plato im zehnten Buch seines »Staates« über die Wahl der Lebenslose durch die präexistenten Seelen vorgetragen hatte. Dieser Mythos des von den Toten zurückgekehrten Pamphyliers Er – der die erste Kurzformel jeder künftigen Theodizee darstellt: *Gott ist schuldlos, wenn wir frei sind* – läßt erkennen, wie Plato sich die Wahlmöglichkeit der Schicksale vor der Geburt vorgestellt hatte. Aus dem Schoß der Schicksalsgöttin nimmt der mythische Sprecher Lose und Musterbilder der Lebensgänge (*biōn paradeigmata*). Die Seelen dürfen in der Reihenfolge der Auslosung Lebensgänge wählen, und um der Freiheit willen gibt es ein größeres Angebot als Nachfragende. Plato hatte also in seinem Mythos dieselbe eidetische Vorgegebenheit von Lebensgängen angenommen wie in der Ideenlehre für die Erscheinungen. Hier vollzieht Porphyrios die entscheidende Umbesetzung. Er läßt den Seelen ihre Schicksalsmöglichkeiten als Gestirnkonstellationen vorführen. Die Auslosung bringt zunächst nur die eidetische Ent-

---

29 Es ist geradezu Bestimmung des Weisen, daß er das Prinzip *alla allois* anzuwenden versteht (a. a. O. II 3,7; p. 169, 11-13).

scheidung, ob Tier oder Mensch. Die *gleichsam in Gestalt von Schrift auf einer Tafel in die Himmelskugel eingeschriebenen* Schicksalswege bedeuten die Wahlmöglichkeiten nach jener Vorentscheidung: *Also andeuten läßt Plato durch die verschiedenen Konstellationen die Lebenslose, nicht Zwang stattfinden; aber den Seelen, die ein Leben gewählt haben, wie es eine Konstellation andeutet, fällt dann mit Notwendigkeit auch die ganze Reihe dessen zu, was am Himmel geschrieben ist.*[30] Wie haben wir diese Lösung des Dilemmas von Determinismus und Freiheit – griechisch: von Kosmos und Ethos – zu verstehen? Die Wahl einer Konstellation muß die des Zeitpunkts sein, zu dem die Seele in den Weltlauf eintritt oder zurückkehrt; alles Folgende ist Bestimmung. Der Lebensgang wird ›dargestellt‹ durch die ihn beherrschende Konstellation seines Anfangs, der nur der Anfang eines Durchgangs durch den Weltlauf ist. Die Zeichen am Himmel beschreiben ein Angebot, dessen Annahme keine weitere Freiheit läßt. Die wahren Möglichkeiten des Menschen liegen außerhalb dessen, was durch den vermeintlichen astrologischen Determinismus sein einziges Verhängnis zu sein scheint. Sie liegen im rechtzeitigen Lesen der Zeichen des gestirnten Himmels beschlossen. ›Rechtzeitig‹ aber, das ist immer schon gewesen.

Organische Metaphorik verwendet schließlich Synesios von Kyrene um das Jahr 400 in seinem »Traumbuch«. Die Mantik kann nur deshalb alles durch alles ankündigt finden, weil in dem einen Lebewesen Kosmos alles miteinander verbunden ist. Es ist, von einer kleinen, aber nicht unwichtigen Erweiterung abgesehen, fast Zitat aus Plotin, wenn Synesios sagt, der Weise müsse die Vorzeichen lesen können, da sich all dies *gewissermaßen wie Buchstaben verschiedener Art verhält, phönizische, ägyptische und assyrische, wie wir sie in Büchern finden.* Die Vielsprachigkeit der gelehrten Welt von Alexandria wirkt auf das Buchstabengleichnis herein. In einem unerwarteten metaphorischen Sinne allerdings, wenn die Pluralität der Sprachen verschiedene Zuständigkeiten der Weisen begründet, so daß der eine dies, der andere jenes zu lesen vermag. Man denkt an die Differenzierung der gelehrten Disziplinen in

---

30 Porphyrios, Über das was an uns liegt (Perì toû eph' hēmîn), bei Stobaeus, Ecloge II 8,42 (ed. Wachsmuth II 171). Dt. b. Fr. Boll, Studien zu Claudius Ptolemäus. In: Jahrbuch für Klassische Philologie, Supplement XXI, 1894, 114-116.

der Spätantike; aber Synesios biegt von dieser Richtung ab, wenn er fortfährt, der eine Leser jener Zeichen könne mehr, der andere weniger dabei herausbekommen, *wie zum Beispiel der eine nur die Silben, der andere ganze Worte, der dritte noch den Sinn dazu erfaßt*.[31] An die Einheit eines Buches ist also gerade nicht gedacht. Es sind verschiedene Bücher, in denen Kenner zu lesen verstehen, und verschiedene Grade der Kennerschaft, die in die Metapher eingehen. Man wird an Schüler beim Erlernen des Lesens denken dürfen, um mit der Zuständigkeit für die Silben, für die Worte und schließlich für den Sinn eher eine Steigerung als eine Einteilung verbinden zu können.

Aber vielleicht ist die ganze Metaphorik des Lesens bei Synesios eine der Defizienz: Buchstaben sind nur Surrogate für Bilder. Und Bilder empfängt die Seele vom Geist, um sie in sich zu tragen und dann, wenn sie allein und abgekehrt von äußeren Eindrücken ist, als Inhalte des Göttlichen preiszugeben. Das ist die im Traum freigesetzte Rolle der Phantasie und deren Verbindung mit dem *Pneuma*. Die alte Philosophie sage, der Geist (*Nus*) beschließe in sich die Bilder des Seienden; dem sei hinzuzufügen, daß die Seele die Bilder des Werdenden in sich trägt, da sich der *Nus* zur Seele verhalte wie das Sein zum Werden.[32] Was hier interessiert, ist der niedere Rang des kosmischen Lesens gegenüber dem inneren Phantasiebesitz jener immer noch platonischen Bilder, zu denen nach der Abwertung des Kosmos nun der innere Zugang, und sei es durch den Traum, gesucht wird. Diese Rangordnung kommt in der Schwierigkeit zum Ausdruck, ein Traumgesicht anderen mit Worten zu beschreiben: *Wenn aber durch die Phantasie das Seiende aus dem Sein gestoßen wird und in ein Sein eingeführt wird, was nie und nimmer ein Seiendes ist und auch nicht die natürliche Anlage des Seins besitzt, wie soll man dann dem von Hause aus Unverständigen diese kaum benennbare Natur erklären?*[33]

---

31 Synesios von Kyrene, De somniis. Ed. Krabinger, 132 AB (dt. v. W. Lang, Das Traumbuch des Synesius von Kyrene. Tübingen 1926, 4 f.).
32 De somniis 134 AB.
33 De somniis 153 C. Synesios nahm für seine Schrift göttliche Autorisation in Anspruch. In dem Begleitschreiben an seine Lehrerin Hypatia sagt er, Gott habe ihn zu der Abhandlung veranlaßt und sie gutgeheißen (Hercher, Epistolographi Graeci 737). Für den späteren Bischof von Ptolemais eine ungewöhnliche Umgehung des institutionellen Offenbarungsweges.

V

Aufkommen und Verzögerung des zweiten der beiden Bücher

Die Umwandlung der platonischen Ideen aus einem selbständigen Kosmos, der nur Gegenstand eines ihn von außen betrachtenden Geistes – gleichgültig ob Demiurg oder Gott genannt – sein kann, in die Innenwelt des weltbegründenden Wesens, ist im Hinblick auf den Gottesbegriff vielfältig untersucht worden. Offen scheint mir die Frage geblieben zu sein, wie sich die Ideen ihrem Gehalt und ihrer Funktion nach verändern mußten, um so etwas wie das Denken selbst, statt des Denkbaren, zu werden.

Wie mühsam die Differenzierung zwischen Denkbarkeit und Denken immer gewesen sein mag und wie langfristig dieser Prozeß nur sein konnte, die Tendenz darauf, die Welt erdacht und nicht im Prototyp vorgefunden sein zu lassen, setzt ein mit der Preisgabe der Selbständigkeit und autonomen Verbindlichkeit des noetischen Kosmos der platonischen Ideen. Auch wenn damit noch lange nicht ausgesprochen ist, daß die erst durch Denken wirklich gewordene Welt eine Auswahl aus den denkbaren Welten bleibt, wird die Vergedanklichung der Ideen Voraussetzung und Antrieb zu ihrer Entbildlichung. Die Welt kann erst ›Ausdruck‹ werden, wenn die Sichtbarkeit des Unsichtbaren nicht mehr Abbildung eines Urbilds ist. Das wird erst am Ende des Mittelalters durch das Paradox der *coincidentia oppositorum* vollends ausgeschlossen, war aber nur durch die Befreiung des Begriffs von seiner Erklärung als Nachbildlichkeit möglich geworden.

Nicht gangbar wäre dieser Weg geworden ohne den Nachdruck des theologischen Satzes, Bild und Gleichnis Gottes sei der Mensch und nur dieser. Das erzwang für die übrige Welt ein andersartiges Darstellungsverhältnis der göttlichen Selbstmitteilung, wenn nicht die Sonderstellung des Menschen nivelliert werden sollte. Das Buch der Natur wäre zwangsläufig ein Bilderbuch geworden, mit der Ausschließlichkeit morphologischer Verfahren für alle seine Gegenstände, wenn es nicht gelungen wäre, die Metaphysik der Nachbildlichkeit der Erscheinungen und der Begriffe abzubrechen und solchen Relationen Vorrang für das Verständnis der Natur und ihres Ursprungs zu geben, die wir als ›symbolische‹ bezeichnen würden.

Anders ausgedrückt: Die Welt ist durch Denken, nicht durch Anschauung entstanden. Darin liegt, daß die Natur erfaßbar wird für die Metaphorik des Buches, indem sie nicht durch Anschauung, sondern durch Denken verstanden, nämlich ›gelesen‹ werden kann. Nachträglich und spät wird systemgemäß, daß die Welt nach der biblischen Vorgabe durch Befehle und nicht durch technomorphe Handlungen entstanden sein sollte.

Wenn es richtig ist, daß die Metapher vom Buch der Welt oder der Natur etwas zu tun hat mit der Rechtfertigung der Schöpfung angesichts der Erlösung, also mit der Abwehr des gnostischen Dualismus und seiner einen und einzigen absoluten Heilsquelle, dann müßte die Metapher fast naturwüchsig aus der Rhetorik Augustins zu erwarten sein. Und dem ist so.

Es ist überaus aufschlußreich, daß sich bei Augustin in der Allegorese des 45. Psalms die Buchmetapher mit der Differenz von Hören und Sehen verbindet. Der Psalmist besingt Gott als die Quelle seiner Zuversicht, als die leicht zu findende Hilfe in der Not. Im dritten Vers des Psalms heißt es: *Deshalb werden wir uns nicht fürchten, wenn die Erde erbeben wird und die Berge in das Herz des Meeres versetzt werden.* Augustin zieht dazu unmittelbar das Herrenwort von der Versetzung der Berge durch den Befehl des Glaubenden heran. Das Bild von der Versetzung der Berge ins Meer hat aber auch, wenn nicht vor allem, eschatologische Bedeutung: Am Ende der Zeiten tritt der Berg des Herrn über allen anderen Bergen zutage – Ausdruck der Unzweifelhaftigkeit. Alle Berge der Welt verheißen diesen Berg, und das Meer bezeichnet diese Welt und ihr Zeitalter, aus dessen Flut nur das feste Land der *gens Judaeorum* hervorragte, als Fels in der Flut der Idolatrie. Von diesem Festland wird der neue Fels in das Meer des Heidentums versetzt: *translatus est de terra ad mare.* Das Bergeversetzen ist die Mission der Apostel. Es ist nicht so sehr der Glaube, der die Berge ins Herz des Meeres versetzt, als vielmehr der Berg des Glaubens, der ins Herz der heidnischen Fluten gesenkt wird. Die Metapher für das Unmögliche, das der Glaube vermag, wird zur Allegorie für den Übergang des Heilsgutes von den Juden auf die Heiden. Man habe das nicht erkennen können, bevor es geschehen sei. Jetzt aber, da es geschehen sei, könne es nicht mehr verkannt werden. *Zum Buch werde dir die göttliche Schrift, damit du dies hörst. Zum Buch werde dir der Weltkreis, damit du dies siehst. In jenen Schriften lesen nur die, die die Buchstaben kennen; auf dem Ganzen der Welt soll auch der Unkundige lesen.*[34] Dann wird das Bild wieder eschatologisch. Erschüttert sind die Berge; und das bedeute die Gewalten dieser Welt. Zweifach nämlich, so dichotomiert Augustin, seien die Berge, von denen da die Rede ist: die Berge Gottes und die Berge dieser Welt, Gipfel der letzteren der Teufel, Gipfel der anderen Christus. Erschüttert würden die einen durch die anderen: *et montes sunt turbati, et factus est magnus terrae motus cum motu aquae.* Es ist also, wie man schließen muß, nicht der Anblick der alltäglichen Natur, der den Unkundigen sehen läßt, sondern die apokalyptische Bewegung, die die Natur erfaßt und auch denen keinen Zweifel übrigläßt, die im Buch der Offenbarung zu lesen nicht imstande oder gewillt waren. Insofern ist dieser erregte Text, der zugleich die Wirkung des Evangeliums und die Erfüllung seiner Verheißungen darstellt, noch weit entfernt von der Metaphorik der beiden Bücher, die wie dauerhafte Monumente des göttlichen Wirkens und Heilswillens den Menschen dargeboten werden.

Augustins große Auslegung des Schöpfungswerkes, in der die viel häufiger zitierte Stelle von den beiden Büchern vorkommt[35], sucht trotz der allegorischen Form der Exegese die philosophische Verbindung zu den antiken Kosmologien ebenso herzustellen wie die Distanz zum neuplatonischen Emanatismus und zu den gnostischen Mythologemen. Der Genesiskommentar ist schon der Gattung nach gegen die Gnosis gerichtet. Er enthält die funktionsgemäße Erinnerung, Gott habe nicht nur das eine Buch der Offenbarung, sondern zuvor das andere der Natur geschrieben; auf das *unum esse auctorem* kommt es an, sowohl für die beiden Testamente als auch für die beiden Bücher.[36] Dennoch ist die Formel vom Buch der Natur

---

34 Augustinus, Enarratio in Psalmum XLV 6-7 (ed. Gaume IV 571): *Liber tibi sit pagina divina, ut haec audias; liber tibi sit orbis terrarum, ut haec videas. In istis codicibus non ea legunt, nisi qui litteras noverunt; in toto mundo legat et idiota.*
35 H. Nobis, Art. Buch der Natur, in: Historisches Wörterbuch der Philosophie I 957.
36 *Unum esse auctorem:* Die Formel des 2. Konzils von Lyon 1274 (Denzinger-Umberg, Enchiridion Symbolorum 464).

noch keine Ermunterung zur Erforschung der physischen Welt auf anderem Wege als eben im Licht des Sechstagewerks. Statt die Selbständigkeit der beiden Bücher auszuwerten, werden ständig die Fragen abgewehrt, die sich nicht im Lichte der biblischen Offenbarung beantworten lassen.

Wenn es für Augustin keine authentisch menschliche Erkenntnis der Natur gibt, so ist auch dies eine Nebenfolge seiner Abwehr der Gnosis. Denn von den gnostischen Systemen läßt sich sagen, daß sie wenigstens *eine* platonische Voraussetzung aufrecht erhalten: die der objektiven Einsichtigkeit des Kosmos. Mit den Augen des christlichen Denkers gesehen, wäre der platonische Ideenkosmos das entäußerte Weltgeheimnis des göttlichen Schöpfers gewesen. Die Selbständigkeit des Ideenkosmos, seine Objektivität, bedeutete jetzt, daß in den Bauplan der Welt von Unbefugten Einblick genommen werden konnte. Auch ein Dämon konnte so zum Welturheber werden und aus der vorgegebenen Materie das machen, was durch seine falsche Vollkommenheit die darin gefangenen Menschenseelen als Kosmos zu blenden vermochte.

Diese platonische Prämisse der Allzugänglichkeit der Ideen war mit dem Schöpfungsdogma unvereinbar, wenn Gott die Welt in der Tiefe seines Geistes *erfunden* hatte und sie ihm kein niederes Wesen rivalisierend streitig machen sollte. Absolut sicher war das nur dann, wenn die Welt aus dem Nichts heraufbefohlen war, worin kein dämonischer Demiurg konkurrieren konnte, weil der immer auf eine vorgegebene Materie angewiesen war. Mit der Definition dessen, was absolute Urheberschaft an der Welt bedeutete, – mit der konsequenten Ausfeilung der *creatio ex nihilo* also, deren letzte Subtilitäten noch das ganze Mittelalter beschäftigen sollten – würde dem gnostischen Weltprinzip seine metaphysische Chance genommen werden. Zugleich damit ist aber auch der Mensch als Erforscher der Natur auf das eingeschränkt, was der als eifersüchtig gedachte Schöpfer von seinem Geheimnis preisgeben wollte. Sobald es für die Handlung der Schöpfung keine Vorlage mehr gibt, ihr Erdenken und Erschaffen eins geworden sind, ist die Welt im Prinzip zum nicht mehr von außen einsehbaren Faktum gemacht. Der Mensch ist mitbetroffen von einem Gegenzug, der ursprünglich dem erbittertsten Feind seines Heils gelten sollte; aber zugleich entsteht dabei die Formel, deren geschichtliche Auslegung ihm das Feld seiner Wißbegierde eröffnen und legitimieren, seiner eigenen Demiurgik den Boden bereiten sollte.[37]

Im 12. Jahrhundert findet sich die Buchmetaphorik bei zwei eher begeisterten als gelehrten Autoren, bei Alanus de Insulis und bei Hugo von St. Viktor. Bei Alanus ist darauf zu achten, daß er in die Metapher nicht das Merkmal der Einheit und Einzigkeit einbringt, durch das die Schöpfung mit der Einheit des Offenbarungsbuches konkurrieren könnte. Jedes Geschöpf ist vielmehr ein Buch für sich, zugleich und gleichbedeutend damit Bild und Spiegel für den Menschen: *Omnis mundi creatura / Quasi liber et pictura / Nobis est et speculum.*[38] Der Platonismus von Bild und Spiegel nimmt der Metaphorik des Buches ihre spezifische Besonderheit. Ohnehin ist dieser Text mit voller Betonung auf dem ›Nobis‹ zu lesen, denn die Natur wird nicht so sehr als Buch, Bild und Spiegel göttlicher Geheimnisse angesehen, als vielmehr unter dem Aspekt der Gleichnishaftigkeit für das menschliche Leben, seine Flüchtigkeit und Hinfälligkeit: *Nostrae vitae, nostrae mortis, / Nostri status, nostrae sortis / Fidele signaculum.* Die Metaphern von Bild und Schrift, von Anschauung und Lesung sind gleichwertig über den Text verteilt. Die Rose in ihrem Aufblühen und Verblühen gibt zugleich das Bild unseres Zustandes, wie Glosse und Lektion dazu. Will man also das literarische Genus dieses dem Menschen aufgeschlagenen Buches charakterisieren, so gerät man am ehesten auf eine Predigt, die dem seiner Endlichkeit vergessenen Menschen zur Erbauung und Mahnung gehalten wird: *Ergo clausum sub hac lege, / Statum tuum, homo, lege, / Tuum esse respice.*

Der Viktoriner aus Sachsen, der nach 1125 als Lehrer in Paris wirkte und dort 1141 starb, gehört zu den meistzitierten Autoren des 12. Jahrhunderts. In seiner »Eruditio didascalica« hat Hugo eine Geschichte seiner Bildung gegeben und dabei gegen die Verdammung der weltlichen Disziplinen als überflüssiger Abwendungen des Geistes von der Heilsaufgabe die Formel gefunden, man

---

37 Zu diesem Zusammenhang: H. Blumenberg, Der Prozeß der theoretischen Neugierde. Frankfurt 1973, 98; 113.

38 Alanus de Insulis, Rhythmus alter quo graphice natura hominis fluxa et caduca depingitur (Opera omnia, ed. Migne, Patrologia Latina CCX 579 sq.). Der Titel bezieht sich auf den vorausgehenden ›Rhythmus perelegans‹ *De Incarnatione Christi.*

solle alles lernen und werde dann sehen, daß nichts überflüssig sei (*nihil esse superfluum*). Diese wissensfreundliche Formel ist für das Mittelalter in den Steigerungen der göttlichen Transzendenz wieder verlorengegangen. Auf ihr beruht aber die Aussage des mystischen Scholastikers über die Gleichrangigkeit der göttlichen Bücher, wenn auch das siebte und letzte Buch des »Didascalicon« vielleicht nicht von Hugo selbst stammt. Für die mittelalterliche Wirkungsgeschichte ist diese Frage von geringer Bedeutung.

Dieser Text ist ein Anhang zum Ganzen, ein Traktat über die Meditation, die den Aufstieg von der Erkenntnis der sichtbaren Dinge zur Anerkennung der göttlichen Trinität vollzieht, die gleichbedeutend mit dem Ternar Macht, Weisheit, Güte ist.[39] Die schon von Augustin versuchte und in seiner Tradition fortwirkende *Analogia Trinitatis* ist zwar der Schlüssel zum Buch der Natur, aber ein nicht erst aus der Offenbarung zu erhebender, sondern in der Dreiheit der Seelenvermögen und der wesentlichen Eigenschaften der gesamten Natur bereitliegender Schlüssel. Das Analogieverfahren ist insofern das eines ›Lesens‹, als es sich vom bloßen Beweis der Ursächlichkeit Gottes für die Welt entfernt und die Erschließung der Handschrift des Urhebers an seinem Werk für möglich hält. Die ganze Erscheinungswelt, heißt es bei Hugo, sei ein Buch, vom Finger Gottes geschrieben, und die einzelnen Geschöpfe seien wie Zeichen oder Wörter in diesem Buch, die nicht nach menschlichem Belieben erfunden, sondern durch göttlichen Entscheid festgelegt, zur Kundgabe des Unsichtbaren der göttlichen Weisheit bestimmt seien. Wenn ein des Lesens Unkundiger das Buch vor sich liegen habe, erblicke er zwar die Zeichen, erkenne aber diese nicht als Buchstaben. So töricht sei der ungeistige Mensch, der in den sichtbaren Geschöpfen nicht den Anteil Gottes wahrnimmt, weil er zwar ihre Gestalt von außen sieht, ihren inneren Sinn jedoch nicht erkennt. Der geistige Mensch hingegen, der über alles urteilen kann, erblicke in der äußeren Schönheit des Werkes die innere bewunderungswürdige Weisheit seines Schöpfers. *Und so ist niemand, dem die Werke Gottes nicht wunderbar erscheinen, auch wenn der Törichte in ihnen nur die äußere Gestalt bestaunt, während der*

---

39 Hugo de S. Victore, Eruditio didascalica VII 1 (Opera omnia II, ed. Migne, Patrologia Latina CLXXVI 811): *Potentia creat, sapientia gubernat, benignitas conservat.*

Weise an dem, was er von außen sieht, den tiefen Gedanken der göttlichen Weisheit erwägt, so als wenn an ein und demselben Buch der eine die Farbe und Gestalt der Schriftzeichen hervorhebt, während der andere deren Sinn und Bedeutung lobt.[40]

In der augustinischen Tradition der frühen Franziskanerschule steht Bonaventura mit seinem letzten und unvollendeten Werk, dem »Hexaemeron«. Dieser Kommentar zum ersten Buch der Bibel bezieht die geschaffene Welt ganz in die Auffassung als Stufensystem des Aufstiegs zur Gottheit ein. Zugleich damit bildet er die symmetrische Entsprechung des anderen Stufensystems, das zumal die Mystik für den Abstieg der Seele bei der Vertiefung in sich selbst entworfen hatte.

Die biblische Offenbarung erscheint dabei als die Wiederherstellung derjenigen Funktion, die die Schöpfung vor dem Sündenfall gehabt hatte: das Geschöpf zu seinem Schöpfer hinzuführen. Erst der Fall des Menschen brachte ihm den Verlust dieser Erkenntnisquelle und damit jeder Orientierung, zu Gott zurückzufinden. *Daher war dieses Buch Welt gleichsam erstorben und ausgelöscht, und es war ein anderes Buch nötig, wodurch jenes erleuchtet würde, den Sinn der Dinge zu empfangen* (ut acciperet metaphoras rerum). *Das aber ist das Buch der Schrift, das die Ähnlichkeiten, die Besonderheiten und den Sinn der Dinge darlegt, wie sie im Buch der Welt geschrieben stehen* (similitudines, proprietates et metaphoras rerum in libro mundi scriptarum). *Denn das Buch der Schrift stellt die ganze Welt dazu wieder her, Gott zu erkennen, zu loben und zu*

---

40 Eruditio didascalica VII 4 (loc. cit. 814): *Universus enim mundus iste sensibilis quasi quidam liber est scriptus digito Dei, hoc est virtute divina creatus, et singulae creaturae quasi figurae quaedam sunt non humano placito inventae, sed divino arbitrio institutae ad manifestandam invisibilium Dei sapientiam. Quemadmodum autem si illiteratus quis apertum librum videat, figuras aspicit, litteras non cognoscit: ita stultus et animalis homo, qui non percipit ea quae Dei sunt in visibilibus istis creaturis foris videt speciem, sed intus non intelligit rationem. Qui autem spiritualis est et omnia dijudicare potest, in eo quidem quod foris considerat pulchritudinem operis, intus concipit quam miranda sit sapientia Creatoris. Et ideo nemo est cui opera Dei mirabilia non sint, dum insipiens in eis solam miratur speciem; sapiens autem per id quod foris videt profundam rimatur divinae sapientiae cogitationem, velut si in una eademque Scriptura alter colorem seu formationem figurarum commendet; alter vero laudet sensum et significationem.* Zur slawischen Rezeption dieses Textes: D. Tschižewskij, Das Buch als Symbol des Kosmos. In: Ders., Aus zwei Welten. Beiträge zur Geschichte der slavisch-westlichen literarischen Beziehungen. 's-Gravenhage 1956, 85-114.

*lieben.*⁴¹ Wenn Gott zum Autor zweier Bücher geworden ist, so hat ihn der Mensch in diese Verlegenheit gebracht, da er die Zeichen der Natur, mit denen sie auf ihren Schöpfer zurückweist, nicht mehr zu lesen vermochte wie in seinem paradiesischen Urzustand, in welchem er den Dingen ihre wahren Namen gegeben hatte. Es ist so etwas wie die Verderbnis der ursprünglichen Optik für die Welt.

Die Allegorese des mittelalterlichen Kommentators der Genesis wird so zu einem Hilfsmittel zweiter Stufe: Sie läßt durch den offenbarten Text hindurch den ursprünglichen Sinn der Natur wieder zugänglich werden, der nur undeutliche Spuren und Zeichen hinterlassen hatte. Unverkennbar konkurriert aber mit dem biblischen Text bei der Lesbarmachung der Natur ein anderer: der der inneren Erfahrung bei der mystischen Selbstfindung des Menschen. Bonaventura spricht denn auch davon, daß das Buch der Welt doppelt zu lesen sei, innerlich und äußerlich.⁴²

Der Rückgang der Scholastik auf die metaphysischen und naturphilosophischen Schriften des Aristoteles brachte neben den Vorzügen der dogmatischen Systematisierung unter anderen Schwierigkeiten auch die, daß mit der Lehre von den substantiellen Formen ein immanenter Platonismus Platz griff, der die bestehende Natur als die einzig mögliche gleichsam kanonisierte. Es wurde schwieriger, die Welt aus dem Gedanken Gottes hervorgehen zu lassen. Es lag daher dem scholastischen Aristotelismus immer nahe, die Ewigkeit der Welt als den Ausdruck ihrer intelligiblen Einzigkeit, gleichbedeutend der Unnötigkeit ihres Ausgedachtwerdens, anzuerkennen. Damit war die Metapher vom Buch der Natur wieder entrückt.

Nicht zufällig taucht sie auf einer Vorstufe der aristotelischen Scholastik, bei Robert Grosseteste, dem ersten Rektor der Universität Oxford und späteren Bischof von Lincoln, noch einmal auf. Diesem

---

41 Bonaventura, Collationes in Hexaemeron (ed. W. Nyssen) XIII 12. E. R. Curtius verweist auf eine andere Stelle, an der sich die Buchmetapher mit der trinitarischen Analogie verbindet: *creatura mundi est quasi quidam liber in quo relucet... Trinitas fabricatrix* (Breviloquium II 12; b. Curtius, Europäische Literatur und lateinisches Mittelalter. Bern 1948, 323).
42 Breviloquium II 11: *duplex est liber, unus scilicet scriptus intus, qui est Dei aeterna ars et sapientia, et alius scriptus foris, scilicet mundus sensibilis.* Für diese Doppelung des Weltbuches in *liber scriptus intus et foris* verweist Curtius auf Ezechiel 2,9 und Apokalypse Johannis 5,1.

Übersetzer und Kommentator des Aristoteles, der ihn erstmals in seinen sämtlichen Schriften präsent machte, war keineswegs ein gebundener Aristoteliker; er war vor allem mit der neuplatonischen Tradition der Pseudo-Dionysius und Johannes Damascenus aufs engste vertraut. Ihm sagt daher sein Schüler Roger Bacon nach, er habe sich statt an die Bücher des Aristoteles an die eigene Erfahrung und an andere Autoren gehalten. Das wird zur stehenden Formel werden.

Es ist vor allem die Spekulation über das Licht als das Agens der Selbstentfaltung des Kosmos, die in Verbindung mit seiner Erforschung der Optik steht, welche ihn zu einem wichtigen Vorläufer vieler Formeln der mittelalterlichen Mystik macht. Dieses spekulative Formular setzt ihn instand, der aristotelischen Formenvielfalt die ursprüngliche Einheit der Form aller Dinge vorzuschalten und diese, in seiner Schrift »De unica forma omnium«, mit Gott zu identifizieren. Das aber hat zur Folge, daß das Hervorgehen aller in der Welt bekannten Wesensformen aus jener einen und einzigen Urform begriffen sein will. Für diesen Vorgang nun hat Grosseteste in seinem Physikkommentar die Metapher der schreibenden Hand verwendet, in deren Schreibfähigkeit alle jeweils realisierten Zeichen der Schrift formal vorgegeben sein müssen. Die Beziehung zwischen *natura naturans* und *natura naturata* ist der zwischen dem schreibenden Organ und seinem Schriftwerk zu vergleichen. Das belegt Widerstand gegen die aristotelische Formenlehre, insofern sie das Schema der Vervielfältigung einer vorgeformten und ausgebildeten Matrix zugrunde legt, in welchem nur die für sich selbst wesenlose Materie das einheitliche Prinzip der konkreten Realisierung der Form darstellt. Es ist die Natur, die verfährt, wie die Hand schreibt, wenn sie die Einheit ihres Könnens in der Vielfalt ihrer Formen ausbreitet.

Aber es gibt in dieser Metapher offenbar keinen Anlaß, an ›Lesbarkeit‹ zu denken oder auch nur das Ganze als die Einheit eines Buches zu begreifen.[43] Es wird erkennbar, in welchem Maße

---

43 Robert Grosseteste, Physikkommentar, zit. n. A. C. Crombie, Grosseteste and the Origin of Modern Science. Oxford 1961, 55 f.: *Perfecta autem opera naturae in ipsa natura descriptionem habent expressiorem formae quam partes perfectorum ... utpote in motu manus scribentis est figura litterae scribendae et expressior est in ipso motu manus tota litterae figuratio quam partiales figurationes ...*

die aristotelische Metaphysik der prägenden Form eine Unterbrechung der Entfaltungsmöglichkeit der Buchmetaphorik bedeuten mußte. Man könnte dies eine Sackgasse der Metapherngeschichte nennen, denn die sich ausschreibende Natur hat als solche mit dem, was sie vor sich hinstellt, nichts weiteres und niemandem etwas zu sagen.

Den Welturheber als die einzige Form aller Formen der Weltgeschöpfe und diese damit als die Selbstentfaltung ihres Ursprungs aufzufassen, konnte die in die Pflicht der Rationalisierung des Dogmas genommene Hochscholastik nicht mehr mitmachen. Die Festlegung des Schöpfers auf das Universum der Dinge, *wie* es da ist, und die Beschränkung seiner Freiheit auf die Kontingenz des Faktums, *daß* es da ist, waren ohnehin schwer zu überwinden. Schon Augustin hatte vergeblich versucht, zwischen dem *creatum* und dem *creabile* zu unterscheiden, war dabei aber nur am störrischen Problem der Materie hängen geblieben, das er mit dem globalen Bekenntnis integrierte: *tu fecisti ex quo sunt omnia*.[44] Erst Bonaventura, der Aristoteles schlichtweg dafür lobt, daß er in der Frage der Ewigkeit der Welt seinen eigenen Prinzipien konsequent gefolgt sei, hat den Gedanken formuliert, die wirkliche Welt erschöpfe nicht alle Möglichkeiten. Obwohl sie Darstellung der Unermeßlichkeit des göttlichen Könnens sei, könne keine Wirkung der Mächtigkeit dieser Ursache gleichkommen.[45] Damit erst kann sich ein Ausdruckswille bekunden, der eben nicht alles Mögliche, sondern etwas Bestimmtes zu verstehen geben will. Dieser noch gemäßigte Voluntarismus der Differenz von Möglichkeit und Wirklichkeit wird sich alsbald so verschärfen, daß das Wirkliche zu einer Partikel der Unendlichkeit des Möglichen wird. Dieser Hiatus gibt der Metapher vom Buch der Natur ihren Spielraum.

In der Gegenprobe zeigt sich, daß die Metapher bei einem Thomas von Aquino keinen Platz hat. Die Bezeugung Gottes an der Natur ist deren Bestand und Bewegung, und jede Ausweitung dieses für strikt beweisbar gehaltenen Sachverhalts, etwa in Richtung auf die trinitarische Analogie, müßte die Strenge der argumentativen

---

44 Augustin, Confessiones XII 19, 28.
45 Bonaventura, Sentenzenkommentar II d. 1 q. 2 a. 1 (ed. Quaracchi II 39 sq.). Hierzu: H. Blumenberg, ›Nachahmung der Natur‹. Zur Vorgeschichte der Idee des schöpferischen Menschen. In: Studium Generale 10, 1957, 278-280.

Systematik aufweichen zu jener Art von Meditation, wie sie der Viktoriner vorgebildet hatte.

Statt dessen darf das ›Buch des Lebens‹ als Metapher für die Unverbrüchlichkeit des göttlichen Prädestinationsbeschlusses seinen theologisch qualifizierten Platz einnehmen.[46] Es ist die Metapher für die Zuverlässigkeit der göttlichen *Memoria*, zu der es freilich nicht das Gegenstück eines *liber mortis* gibt. Insofern nun dieses Buch des Lebens von der Registrierung der Taten der Menschen absieht und ausschließlich auf deren vorweggenommenes Heilsschicksal abgestellt ist, hat sich die Metapher weit davon entfernt, auf so etwas wie das ›Buch der Geschichte‹ zuzulaufen, in dem alles das seinen Platz hätte finden können, was im Buch der Natur als Individualität und Handlung ausgeschlossen wäre.

Wenn dieses Buch des Lebens den uranfänglichen Beschluß Gottes über seine Erwählten enthält, dann ist es in seiner durch die Apokalypse bezeichneten Rolle unverändert das Dokument des Gerichts. Folglich ist es nicht nur keineswegs das Buch der Geschichte, sondern geradezu das Manifest des Ausschlusses jeder Möglichkeit, daß zwischen Anfang und Ende der Geschichte Entscheidendes für den Menschen und mit dem Menschen geschehen könnte. Thomas hat es sehr schwer, diese rigide Fassung der Metapher mit der biblischen Sprechweise zu harmonisieren, diese oder jene Untäter seien aus dem Buch des Lebens getilgt worden. Woraufhin anders als auf Grund ihrer Taten und damit der Geschichte? Also in Abänderung der vermeintlichen Endgültigkeit eines Heilsbeschlusses, der zwischen Anfang und Ende der Welt von nichts Notiz zu nehmen hätte? Gerade in seiner Nichtachtung der Menschengeschichte wirft das ›Buch des Lebens‹ eben die Fragen auf, die Geschichte thematisieren werden.

---

46 Thomas von Aquino, Summa Theologiae I q. 24 De libro vitae, q. 1: *Dicitur autem metaphorice aliquid conscriptum in intellectu alicuius, quod firmiter in memoria tenet ... Unde ipsa Dei notitia, qua firmiter retinet se aliquos praedestinasse ad vitam aeternam, dicitur liber vitae ...*

VI
Der illiterate Laie als Leser des Weltbuches

Die Metapher vom Buch der Natur enthüllt ihren rhetorischen Gehalt erst als Paradox in der Stoßrichtung gegen die Scholastik. Der nach der Zerstörung der antiken Bibliotheken in Jahrhunderten mönchischen Fleißes beängstigend wieder angewachsene Buchbestand, diese Welt von Handschriften, wird mit dem Hinweis auf ein Buch, auf das eine Buch der Natur, polemisch zur Seite gewiesen. Dabei spielt eine neue Rolle der Gegensatz zwischen dem Personal jener Bücherwelt, den Klerikern und Mönchen, und der zum Bewußtsein ihrer Tüchtigkeit kommenden Laienwelt der Stadtbürger, die, des Lesens unkundig und den Folianten abhold, ihre Weltklugheit gleichrangig formuliert sehen wollen.

Die Sprache für diesen Gegensatz bezieht ihre Kraft wie ihre Bilder aus der mystisch-meditativen Tradition, in der auch die Rede vom Buch der Natur anerkannt war. Mit dem Programm der Autarkie, mit Figuren der Unbedürftigkeit stoischer und kynischer Herkunft, mit der Lebensform der Askese oder wenigstens der Sparsamkeit als neuer Tugend (Sombart) hatte sich auch die Demutsformel verbinden lassen, mehr als dieses einen Buches bedürfe man nicht. Schon auf den Byzantiner Sokrates Scholastikus, der im 5. Jahrhundert die Kirchengeschichte des Eusebius fortgesetzt hatte, geht die Anekdote von dem heiligen Eremiten Antonius zurück, der einem Philosophen auf die Frage, wie er es in der Einsamkeit ohne Buch aushalten könne, geantwortet habe, die Welt sei sein Buch und er könne von dieser Lektüre nicht genug bekommen.[47] Nur

---

47 Die Anekdote findet sich bei Guillaume Du Vair (1556-1621), dem Moralisten und Erneuerer der Stoa, späteren Bischof von Lisieux, in seinem Traktat »De la Sainte Philosophie« (anonym 1585; ed. G. Michaut, Paris 1945, 54). Sie ist eingebettet in den Kontext der Welt-Buch-Metapher: was sei die Welt anderes als *un livre ouvert pour y lire la grandeur et toute-puissance de Dieu, qui y est si richement imprimée*, und darin sollen wir Tag und Nacht studieren, *et ne nous pas contenter de voir la couverture du livre, mais peser diligemment les périodes, voir éplucher les syllabes et moindres points, qui contiennent de beaux et saints secrets.* Und das dient dem Neustoiker zur Erinnerung an die Autarkie des Eremiten, in der sich antike Theoria und christliche Askese mühelos vereinigen: *Ce fut, à mon avis, une belle réponse que Socrates écrit avoir été faite par ce bon ermite, saint Antoine, à un philosophe qui lui demandait comme il*

ein Buch – das ist also auch eine Formel der Unbedürftigkeit und Enthaltsamkeit von jedem unbekömmlichen Überfluß. Sie hat ihren Anteil noch an der Gestalt des *Idiota* bei Nikolaus von Cues.
In seinem neuen kunstvollen Idiom hat der Cusaner die beiden Sprachwelten, die der mönchischen Scholastik und die der meditativen Weltfrömmigkeit, zu vereinigen und dem alten Gegensatz einen versöhnlichen Ausdruck zu verschaffen gesucht. Der Laie, der nicht lesen kann, ist der unbefangene Leser des Buchs der Natur. Er antwortet dem gelehrten Redner auf die Frage, woher er denn seine Wissenschaft der Unwissenheit (*scientia ignorantiae*) habe: *Nicht aus deinen Büchern, sondern aus Gottes Büchern, die er mit eigener Hand geschrieben hat.*[48] Das ist noch nicht die Formel von den beiden Büchern, Bibel und Welt, sondern die Vorstellung zweier Bibliotheken, der des Humanisten dort, der des Idiota hier. Aber Nikolaus wird die Metapher von den beiden Büchern gekannt haben, die sich in der verbreiteten »Theologia Naturalis« des katalanischen Humanisten Raymund von Sabunde aus dem Jahre 1436 fand, wie sie durch Montaignes französische Übersetzung von 1568 weltgängig wurde.[49] Raymund hatte die Metapher so erweitert, daß in dem Buch des Alls der Geschöpfe (*liber universitatis creaturarum*) jedes Geschöpf einen Buchstaben ausmacht: *... quaelibet creatura non est nisi quaedam littera digito Dei scripta.*
Dem Konzil von Trient sollte sich Raymund von Sabunde durch die Akzentverschiebung suspekt gemacht haben, die er an den beiden Büchern vornahm: die Heilige Schrift ließe sich leicht durch unfromme Auslegung umstürzen, aber kein Ketzer sei imstande, das Buch der Natur zu verfälschen.[50] Bei Raymund von Sabunde

---

pouvait demeurer en solitude sans livre: ›Je n'ai, dit-il, pas faute de livres; mon livre, c'est le monde; mon étude, c'est la contemplation de la nature; j'y lis jour et nuit la gloire de mon Dieu; mais je n'en puis trouver le bout.‹ Eine Kurzfassung der Antwort des Antonius hat Henry St. John Lord Bolingbroke (Philosophical Works, ed. D. Mallet, London 1777, V 99 f.): *Meus liber, o philosophe, est natura rerum, quae quidam praesto est quoties Dei verba legere libueris ...*
48 Idiota de sapientia I: *Non ex tuis, sed Dei libris ... Quos suo digito scripsit.*
49 Amos Comenius hat die »Theologia Naturalis« noch 1661 erneut lateinisch unter dem Titel »Oculus Fidei« herausgegeben; auf dem Titelblatt dieser Ausgabe, das D. Tschižewskij, Das Buch als Symbol des Kosmos (Anm. 40), abbildet, liest ein Adler im Buch der Bibel, eine Eule im Buch der Welt, eine Taube im Buch des Menschenherzens.
50 *Scripturas sacras facile quis impia interpretatione subruere potest, sed nemo*

hatte sich vorbereitet, daß der Laie eine Figur der ›Unmittelbarkeit‹ zur Quelle der Weisheit sein wird, noch bevor solche Unmittelbarkeit auch für den Zugang zur Glaubensquelle in Anspruch genommen ist. Da sich Raymund aber noch mit dem Averroismus und seiner Freigabe der ›doppelten Wahrheit‹ auseinanderzusetzen hat, ist es ganz konsequent, daß er am Buch der Natur nicht die Eigenheit des Inhalts, sondern die Unverfälschbarkeit durch menschlichen Eingriff betont.

Was der Laie beim Cusaner als Weisheit gegen Wissenschaft stellt, wird in einem seiner Aspekte Jahrhunderte später ›Selbstdenken‹ heißen. Die Unvermitteltheit von außen durch Lehre und Buch, die Nikolaus in seinen Dialogen betont, wurzelt in der platonischen Tradition und wohl schließlich in jenem unwissenden Knaben des Dialogs »Menon«, dem Sokrates die Anfangsgründe der Geometrie entlockt. Der *Idiota* allerdings benötigt keine sokratische Hebammenkunst mehr. Es ist erkennbar, worauf diese Verselbständigung beruht: Der Erfahrungsraum des avancierten Laien bietet neue Metaphern in Fülle, die zu Auslösern seiner natürlichen Mitgift an Wahrheitsbesitz werden, wie die aller Nachahmung der Natur enthobene Kunstfertigkeit des Löffelschnitzers oder die auf dem Markt geläufigen Reglemente von Zahl, Maß und Gewicht. Das Buch der Welt besteht nicht primär aus Sternen, Bäumen und Menschen, sondern aus jener eigentümlichen Zwischenwelt der Instrumentarien, mit denen sich die Vernunft alsbald Zugang zur Natur erzwingen wird.

Als Buch bietet die Welt einen doppelten Aspekt: den des Inhalts und den der Rückverweise auf den Autor. Die mittelalterliche Verwendung der Metapher steht im Dienst der Verweisung auf den Autor, seine Größe und Unerreichlichkeit, und auf den Sachverhalt, daß er selbst – im Gegensatz zur erhaltenden Tätigkeit der Weltbewegung durch vermittelnde Ursachen – mit eigener Hand dieses Buch geschrieben habe. Das ist angesichts der Fülle von Spekulation über Mittelbarkeit in allem und jedem, die die Transzendenz des äußersten Bezugspols zu steigern gestattet hatte, nicht gleichgültig. Es ist aber auch brisant für die Amplifikation der

est tam execrandi dogmatis hereticus, qui naturae librum falsificare possit. (Zit. n. E. R. Curtius, Europäische Literatur und lateinisches Mittelalter. Bern 1948, 322.)

Metapher: Je mehr die Authentizität des Buchs der Natur angehoben wird, um so näher legt sich das Argument, man könne doch dann auch mit *einem* der beiden Bücher, nämlich mit diesem, zureichend versorgt und zur Weisheit angeleitet sein.

Aber die Erhabenheit und Eigentätigkeit des Autors kommt nicht von selbst der Verständlichkeit seines Werks zugute. Die Tradition, die sich in der Annahme mannigfacher Übersetzung und Verschlüsselung des Textes ergehen wird, rettet auf diese Weise den Beleg der Transzendenz trotz Unmittelbarkeit. Der Cusaner vergleicht das Buch der Natur zeitgemäß mit einem griechischen Codex des Plato, der einem Deutschen vorgehalten wird, damit dieser sich von der Mächtigkeit des platonischen Geistes überzeugen solle.[51] Die Situation ist seit dem frühen Humanismus allvertraut: Petrarca bewies seine Bewunderung für den platonischen Geist durch den Besitz eines griechischen Codex mit Dialogen Platos, ohne Kenntnis der Sprache, die ihm darin zu lesen erlaubt hätte. Der Cusaner steht in einer gründlich gewandelten Situation. Er hatte an der Delegation nach Byzanz zur Vorbereitung des Unionskonzils von Ferrara und Florenz teilgenommen und die mit ihren Codices anreisenden Griechen als Lehrmeister des authentischen Platonismus kennengelernt. Er konnte nicht wissen, daß dies nur die Ankündigung der großen Traditionsströme war, die nach dem Fall von Byzanz am Ende des Jahrhunderts in den lateinischen Westen fließen sollten.

Jetzt erst wurden Codices in fremden Schriftzeichen, nach den griechischen auch die hebräischen, überall herumgereicht – und wenn die Welt nach der vertraut werdenden Metapher ein Buch sein sollte, dann mußte sie nicht das eine allgemeine und öffentliche Buch sein, in dem jeder Laie zu lesen imstande sein sollte. Es war nicht mehr von vornherein ausgemacht, in welcher Sprache und in welchen Zeichen Gott geschrieben hatte. Der philologische Pluralismus, den die Gelehrtenwelt des Mittelalters nicht gekannt hatte, multiplizierte die Vieldeutigkeit der Metapher.

In welchem Maße und mit welchen Mitteln die Metaphysik der

---

51 Nikolaus von Cues, De Genesi (ed. Basil. p. 133): *Mihi apta satis configuratio ad mundum scriptus liber videtur, cuius et signa et characteres ignorantur, quasi Alemanno Graecus quidam Platonis liber praesentaretur, in quo Plato intellectus sui vires descripserit.*

Hochscholastik die Metaphorik vom Buch der Natur mit ihren Implikationen beiseite gedrängt hatte, wird beim Cusaner gerade deshalb deutlich, weil er die Gefährlichkeit des Nominalismus und des hinter ihm stehenden Voluntarismus für das mittelalterliche System erkannt hat und zurückzudrängen sucht. Wenn sich in der Schöpfung kein anderer personaler Wille als der zu ihrer bloßen Existenz bekundet – weil, was diese Existenz enthält und ausmacht, noch immer die vorgegebene Fraglosigkeit des antiken Kosmos umschließt –, kann nach dem, was sich etwa in Gestalt und Wesen der Natur ›ausdrücken‹ mag, nicht gefragt werden. Das All ist alles, es ist der Inbegriff der Vollständigkeit und damit der Einzigkeit. Von Welten – in diesem Plural – zu reden, ging an die Substanz. Daß, wenn überhaupt etwas wird, sogleich alles wird, ist die im Begriff der *creatio ex nihilo* gelegene ›Wahrscheinlichkeit‹. Denn der Sprung vom Nichts zum Etwas ist der entscheidende Hiatus, nicht die Differenz zwischen dieser Welt und irgendeiner anderen, der für die Theodizee vom Leibniz-Typ alles bedeuten wird. Diese Metaphysik des Kosmos hatte gegen den biblischen Schöpfungsgedanken standgehalten, indem sie dessen mögliche Implikation ausschaltete, der Urheber eines Werkes müsse in diesem und durch dieses ›sich ausdrücken‹ – also nicht nur seine absolute Macht über das Nichts demonstrieren. In dieser Differenz liegt alles an Information vorgeprägt, was die Wiederkehr der Metapher vom Buch der Natur zunächst leisten konnte. Die Probe auf die Richtigkeit dieser Feststellung ließ sich schon bei Bonaventura machen: Er hatte nicht nur die Buchmetapher, sondern auch die dazugehörige Metaphysich der Welt als ›Ausdruck‹, wie sie nur möglich ist, wenn nicht alles wirklich wird, was möglich ist.[52]

---

[52] Bonaventura, II Sent. d. 1 p. 2 a. 1 concl. 2: *Propter ergo immensitatem infinita potest, sed propter immensitatis manifestationem multa de suis thesauris profert, non omnia, quia effectus non potest aequari virtuti ipsius primae causae.* Die anschließenden Erläuterungen enthalten eine aufschlußreiche Inkonsistenz: Gott ist das *simplicissimum,* deshalb von größter Mächtigkeit (*maximae potentiae*); das *spiritualissimum,* deshalb von höchster Weisheit (*maximae sapientiae*); das *perfectissimum,* deshalb von unübertrefflicher Güte (*summae bonitatis*). Aber dann bricht die Reihe der Superlative auf der Folgeseite unerwartet ab und wird durch eine Reihe von ›viel‹ (*multa*) ersetzt, deren wichtigstes Element ist, daß die ›größte Mächtigkeit‹ ausschließt, er mache auch Gebrauch von ihr. Das wäre unvermeidlich der Pantheismus: *quia maximae potentiae, multa potest; quia maximae sapientiae, multa novit; quia summae bonitatis, multa*

Die Welt als ›Ausdruck‹, wovon auch immer – im Sinne des Cusaners: der ›Weisheit‹ –, kann nur aus der Selbstbeschränkung der absoluten Macht gegenüber der Allheit ihrer Möglichkeiten hervorgegangen sein. Die derart sich selbst beschränkende Macht erscheint unter dem Titel des Willens. *Warum der Himmel Himmel und die Erde Erde und der Mensch Mensch ist, dafür gibt es keinen anderen Grund als den, daß der es so gewollt hat, der sie geschaffen hat.* Was wir an der Welt in sinnlicher Erfahrung erfassen können, ist daher auch ohne Rückgriff auf die biblische Logosspekulation so etwas wie das Wort des Schöpfers, in dem er seine Absicht mit der Welt manifestiert.[53] Insofern sich in der Erscheinungsweise der Weltwesen unendliche Vernunft und unendliche Macht zu endlichen Werken kontrahieren, ist zwar vom Willen, aber nicht von Willkür zu reden. Was als solche erscheint, ist gerade deren Gegenteil als Beschränkung des absoluten Umfangs der Macht. Es ist der Anfang des Weges zu Leibniz und zu seinem Widerspruch gegen Samuel Clarkes *decret absolument absolu*.

Der Laie ist der Sprecher der Weisheit, die nicht nur das Pathos der größeren Tiefe gegenüber der Wissenschaft vom scholastischen Typus angenommen hat, sondern in Steigerung bis hin zu Charrons »De la sagesse« sich einen skeptischen, sogar polemischen Ton gegenüber allem zulegt, was Wissenschaft heißen will. Das hat immer zwei Seiten: Es moniert die Erfahrungsdistanz der scholastischen Begriffsspekulation, und es rekurriert auf den theologischen Hintergrund in den Formen einer schlicht gewordenen Mystik, für deren Typus die *Devotio moderna* steht. Dieser Laie, der beim Cusaner zur Figur eines zu rettenden Mittelalters wird, bildet noch den Empfänger solcher Botschaften wie der Luthers von der Absage an die Vernunft der aristotelischen Scholastik und von der Möglichkeit unmittelbarer Heilsgewißheit über dem Buch der Offenbarung. Denn der *Idiota* in den Dialogen des Nikolaus von Cues ist ein Typus der Unmittelbarkeit: Weil die schöpferische Weisheit sich den Partner ihrer Manifestation in der Welt selbst geschaffen

---

vult producere et se communicare. Nur vieles, nicht alles – das wird zum unverkennbar letzten Vorbehalt, Gott nicht sich selbst noch einmal als Welt schaffen zu lassen.

53 De beryllo cap. 31: *ut sensibile sit quasi verbum conditoris, in quo continetur ipsius intentio ... Est autem intentionis gratia manifestatio. intendit enim se sic manifestare ipse loquens seu conditor intellectus.*

hat, ist er in seiner unverstellten Natürlichkeit für sie ohne Beihilfe verständnisfähig.[54] Das wird zum Stilmerkmal; wie der Laie in seiner alltäglich-handwerklichen Metaphernsprache der Gegentyp zum kunstvollen Berufsredner humanistischer Prägung wird, so ist das Buch der Welt ausdrücklich nicht im Stil der Rhetorik geschrieben.

Gegen das Buch als den Inbegriff steriler Gelehrsamkeit entsteht eine Polemik mittels der Metapher des Buches und ihrer paradoxierenden Überspitzungen. Das mag noch aus der Phase des entstehenden Platonismus der Renaissance belegt werden. Marsilio Ficino, dem der Florentiner Platonismus und alle seine vornehmlich ästhetisch eingestimmten Nachfolger bis hin zu Goethe den Zugang zu Plotin verdanken, scheute sich nicht, von seinem Landhaus her, das er mit der Schar seiner Jünger zur ›Akademie‹ stilisiert hatte, das Menschengeschlecht zu einem der Adressaten seiner brieflichen Manifeste zu machen. Auch dem Kunstredner und Lehrer der Redekunst Lorenzo Lippi schickte er ein solches Manifest ins Haus, das diesem die Alternative ›Bücher oder Schüler‹ stellte. Ein Dilemma, das niemals seine Aktualität verlieren sollte. Lippi nun, so mutet ihm Ficino zu, solle gefälligst unentgeltlich an seine Schüler weitergeben, was er von dem Lehrer aller Wahrheit unentgeltlich empfangen habe. *Den Pythagoras und den Sokrates, göttliche Lehrmeister, haben keine Bücher, sondern ihre Schüler zum Glanz gebracht. Oder doch Bücher, aber lebendige – denn wenn ein Buch ein Schüler ohne Leben ist, so ist ein Schüler ein lebendiges Buch.*[55]

Der Mann also, der den ganzen Plato und den ganzen Plotin dem lateinischen Humanismus erschlossen und diesen dadurch erst zur Bewegung gegen den scholastischen Aristotelismus innerviert hatte,

---

54 Nikolaus von Cues, Predigt ›Verbum caro factum est‹ (1454). In: Cusanus-Texte I. Predigten 2./5. Vier Predigten im Geiste Eckharts. Ed. J. Koch, Heidelberg 1937 (Sitzungsberichte der Heidelberger Akademie der Wissenschaften, Phil.-hist. Kl. 1936/37, Nr. 2, 75-83): *Mundus est ut liber artis aeternae seu Sapientiae. Unde adhuc Sapientia creavit aliqua capacia Sapientiae, quae habent similitudinem eius magis propriam, et sunt intellectuales naturae, sicut liber demonstrative procedens clarius ostendit sapientiam quam rhetorice.*
55 Marsilio Ficino, Epistolarium I. (Opera omnia, Basel 1576, Ndr. Turin 1959, I/2, 659): *Pythagoram Socratemque praeceptores divinos non libri, sed discipuli illustrarunt. Imo vero libri, sed vivi, liber est discipulus carens anima, discipulus est liber vivens.*

stellt sich gegen die Ausweitung der Bücherwelt. Ficinos Attitüde ist nicht die des *Idiota*, die Unmittelbarkeit der Erfahrung von Wirklichkeit sei allem Lesbaren über sie vorzuziehen. Aber die Anerkennung des Vorrangs der Antike, deren Tradition im Umfang jetzt erahnbar wird, vollendet sich in der Annahme, sie habe alles geleistet und hinterlassen, was von Belang sei. Neues wäre dann nicht zu sagen gewesen, und was dennoch gesagt worden ist, entblößt sich als überflüssig. Mehr noch: der Philologe greift gerade auf die Vorbilder zurück, die ihm keine Bücher hinterlassen haben, auf Pythagoras und Sokrates. In ihnen wird noch nicht erfaßt, aber doch präformiert gefunden, was diesem und dem folgenden Jahrhundert als Wirklichkeitsverhältnis vorschwebte: die Unmittelbarkeit in allen Relationen. Wie zwischen Gott und der Welt die Mittlerwesen und sekundären Beweger überflüssig zu werden begannen, zwischen dem Menschen und seinem Erlöser die heilsverwaltenden Institutionen, zwischen dem Frommen und der Heiligen Schrift das Lehramt, so schließlich zwischen dem Lehrer und seinen Schülern die Bücher.

Der skeptische Zug, der in der Typisierung des *Idiota* und seiner ›Weisheit‹ angelegt ist, läßt sich als frühe Ausprägung einer literarischen Gattung begreifen, die unter der Rubrik ›Moralistik‹ geführt wird. Wie sie sich in Montaigne in ihrer ganzen Mächtigkeit darstellt, hat sie allen Widerstand gegen Scholastik und Rhetorik bereits verarbeitet in der Wendung von der äußeren zur inneren Erfahrung, von der Begriffskonstruktion zur Beschreibung, von der Autorität der Antike zu ihrer Dienstbarmachung. Der skeptische Zug steht nicht unter der Nötigung neuer Gewißheitsbegründung im Subjekt, wie es im folgenden Jahrhundert bei Descartes sein wird, sondern eher unter der Signatur der Gleichgültigkeit äußerer Erfahrung für die innere, der souveränen Entschärfung aller Evidenznöte am Objekt durch die Ausschließlichkeit, mit der das Subjekt sich selbst entdeckt und von dieser neuen inneren Landschaft überwältigt ist.

Wie der Cusaner hat auch Montaigne die Weltbuchmetapher bei Raymund von Sabunde gefunden[56], aber keineswegs den ursprüng-

---

56 In seiner Übersetzung des Vorworts zur »Theologia Naturalis« (Œuvres compl., ed. A. Armaingaud, vol. IX p. XI) heißt es von der *intelligence divine: A cette cause bastit elle ce monde visible et nous le donna comme un livre propre.*

lichen Gebrauch davon gemacht, die Welt sei als Buch einer göttlichen Mitteilung an uns zu lesen. In dem großen Essay über die Kindererziehung wünscht er sich die Welt als das Lehrbuch seines Schülers. Es ist aber nur beiläufig und in anderer Metaphorik die Natur, die sich da präsentiert: als unsere Mutter, die sich in ihrer ganzen Majestät wie in einem Gemälde darbietet, während die große Welt – von der einige sagen, davon gebe es noch einmal eine Welt von Welten – eher der Spiegel ist, in den wir hineinsehen müssen, um uns selbst erst richtig zu erkennen.[57] So steht da eine Metaphernfolge, in der die Anstrengung des wechselnden Griffs verrät, daß jeweils das Gelingen verfehlt wurde: das Gemälde, der Spiegel, das Buch. Montaignes Begriff der Welt steht den Erscheinungen des Menschen näher als denen der Natur, und die Menschenwelt ist Repertoire der Reflexion, der Selbstentdeckung des Subjekts. Man wird sagen dürfen, der Spiegel habe nur deshalb dem metaphorischen Griff noch nicht genügt, weil von Erziehung und Belehrung die Rede ist und diese der Tradition nach des Buches bedürfen. Die Metaphorik steht für das, wofür in demselben Zusammenhang der Name Sokrates genannt ist, der doch die Wendung von der Philosophie der Natur zu der des Menschen vollzogen hatte, aber gerade in dieser Wendung nicht zum Autor von Büchern geworden war.

Aber dann wird aus dem, was nur in der Selbstspiegelung an der Welt erfahren und erkannt worden war, wiederum ein Buch. Das wäre nicht bedeutsam, wenn es nicht prototypisch für eine ganze neue Bücherwelt der folgenden Jahrhunderte stände. Für seinen Verfasser ist es noch das in seiner Art einzige Buch in der Welt nach einem wilden und ausschweifenden Plane[58]; aber diese Ein-

---

57 Essais I 25 (ed. Didot 68 A): *Ce grand monde, que les uns multiplient encores comme especes soubs un genre, c'est le mirouer où il nous fault regarder, pour nous cognoistre de bon biais. Somme, ie veulx que ce soit le livre de mon escholier.*

58 Essais II 8 (ed. Didot 191 B): Es sei erst die Einsamkeit gewesen, die ihn zum Schreiben gebracht habe (*cette resverie de me mesler d'escrire*), dann der Mangel an anderem Stoff dazu, sich selbst zum Gegenstand zu nehmen (*ie me suis presenté moy mesme à moy pour argument et pour suiect*). Nicht skeptische Konsequenz der Außenungewißheit also, sondern die Leere der äußeren Situation habe das Unternehmen der »Essais« ingangesetzt, dessen Einzigkeit nicht aus dem Überschuß kommt, sondern aus der Not, die erfinderisch macht: *C'est le seul livre au monde de son espece, d'un desseing farouche et extravagant.*

zigkeit ist selbst metaphorisch. Sie bezieht sich auf das Lesen eines Textes, den es für jeden Leser nur einmal auf der Welt in dieser Unmittelbarkeit des Zugangs gibt. Es wäre kein Einwand für Montaigne gewesen, hätte man ihn auf die Uferlosigkeit der Erzeugnisse hingewiesen, die es ihm nachtun würden.

VII
Gottes Bücher stimmen überein

Die entstehende Wissenschaft der Neuzeit hat ihre eigene Rhetorik. Sie bezieht sich vor allem auf zwei Aspekte: auf die Zulässigkeit der Erweiterung des gegenständlichen Horizonts und auf ihr Verhältnis zur Vergangenheit des menschlichen Wissens als einer nun weithin diskreditierten Vorgeschichte. In dieser Rhetorik spielen Metaphern wie die der Seefahrt und Entdeckung unbekannten Landes, der überschrittenen Grenzen und durchbrochenen Mauern, der mikroskopischen und der teleskopischen Optik eine bevorzugte Rolle. Sie zeigen die Problematik der Orientierung in einer Wirklichkeit an, für die standardisierte Maße, Umfangs- und Richtungsvorstellungen fast völlig gefehlt hatten.

Auch die Metaphorik des Buches dient jetzt sowohl der Abgrenzung in der Zeit, zwischen den Epochen, als auch der Teilung der Zuständigkeiten zwischen jener Welt und dieser Welt. Die wegen ihres ausschließlichen Verhältnisses zu Büchern von der Berufung auf eine neue ›Weisheit‹ betroffene Wissenschaft fängt sich mit der Metaphorik des einen ihr vorbehaltenen Buchs der Natur und seiner unbestreitbaren Letztinstanzlichkeit für die Erkenntnis. Wichtig jedoch wird nun nicht, wer dieses Buch vor *den* anderen oder *dem* anderen bevorzugt, sondern wie in diesem Buch überhaupt gelesen werden kann. Solange alles auf den Verfasser beider Bücher und seinen Mitteilungswillen ankam, konnte im Buch der Natur jedes einzelne Element ein für sich sinnleerer, nur dem Ganzen dienender ›Buchstabe‹ sein; die Dienstbarkeit der Elemente für das Ganze als Einheit des schöpferischen Entwurfs war fraglos. Die neue Eigenwertigkeit der Welt ist aber vor allem eine solche ihrer Gegenstände je für sich, und der Vorbehalt wird unaufhebbar, daß jedes Faktum die Theorie des Ganzen verändern kann. Dennoch bleibt der Vorgriff auf das Ganze, bis hin zum Blick in das gelobte Land der ›Einheit der Natur‹ und der ›Finalisierung‹ der Wissenschaft, die nie preisgegebene Erwartung noch in den ridikülen Atomisierungen der Wissenschaftswelt.

Aber die geheime Sehnsucht nach dem Ganzen durfte nie den Eifer am Detail gefährden. Schwanken und Widersprüche waren unausbleiblich. Paracelsus hat in der ersten seiner »Sieben Definitionen« von 1537/38 die Empfehlung der empirischen Wanderschaft ausgesprochen. Die Bücher der Natur müsse man, um sie zu durchforschen, mit den Füßen treten. Wie ein Text in der Folge seiner Buchstaben lesbar wird, so die Natur von Land zu Land: *als oft ein lant als oft ein blat. also ist codex naturae, also muß man ire bletter umbkehren.*[59] Im Unterschied zu den beliebig vielen *codices scribentium* gebe es das eine Buch, *das Gott selbst gegeben, geschrieben, diktiert und gesetzt hat.* Zugleich sei die Natur aber auch eine Sammlung von Büchern, die Gott *selbst geschrieben, gemacht, eingebunden und an die Kette seiner Bücherei gehängt hat.* Deren Lektüre wird dazu noch im Licht der Natur möglich, *ohne welche Erleuchtung kein Philosoph und Naturkundiger sein mag.* Die Verbindung der alten Licht- und Erleuchtungsmetaphorik mit der des Buches reklamiert für den säkularen Gegenstand eben die Voraussetzungen, die bis dahin für den sakralen gegolten hatten. Es wäre jedoch falsch, das eine ›Säkularisierung‹ des heiligen Buches zum weltlichen zu nennen; vielmehr bezeichnen die Attribute des einen nur den Rang, den fortan das andere in der Beachtung des Menschen einnehmen soll. Dazu bedarf es einer Rhetorik der ›übertragenen‹ Rangabzeichen.

Der Einfluß des spekulativen Arztes Paracelsus auf den spekulativen Arzt Joachim Rhetikus in Krakau, der in seiner Jugend der einzige Schüler des Nikolaus Kopernikus gewesen war, wird auch und sehr prägnant an seiner ›literarischen‹ Metaphorik für die Natur faßbar.[60] Daß wir die Gestirne sehen und ihre Bahnen beobachten, beruhe auf einem Geschenk Gottes (*Dei munere factum*). Der Himmel spreche zu uns durch die Astronomie: *Coelum per astronomiam loquitur nobiscum...* Was aber ist der Inhalt seiner Mitteilung? Himmel und Erde sind historische Bücher, in denen alles von Anfang an verzeichnet steht und zu lesen ist, was in den

---

59 Theophrast von Hohenheim (Paracelsus), Sämtliche Werke, Abt. I, ed. K. Sudhoff, XI 145 f.: *dan das wil ich bezeugen mit der natur: der sie durchforschen wil, der muß mit den füßen ire bücher treten.* – E. R. Curtius, Europäische Literatur und lateinisches Mittelalter. Bern 1948, 323: *Im Denken des Paracelsus haben Buchvergleiche eine tragende Funktion.* Dort die weiteren Belege nach W. E. Peuckert, Paracelsus-Lesebuch (1941).
60 Über Joachim Rhetikus: H. Blumenberg, Die Genesis der kopernikanischen Welt. Frankfurt 1975, 396-415.

Büchern der Geschichtsschreiber erst als Nachschrift geschrieben steht. Der Himmel, und was in ihm enthalten ist, sind die wahren naturwissenschaftlichen Bücher, die uns die Geheimnisse der Natur vor Augen führen.[61] Nicht erst und nur der christliche Laie kann lesen, was an diesem Himmel geschrieben steht, sondern schon die Augen des Julius Caesar wurden dorthin gerichtet, damit er in seiner Rivalität mit Alexander dem Großen, der doch von Aristoteles in der Kenntnis der Natur unterwiesen worden war, nicht zurückbleibe. Caesar hat diesen überlebensgroßen Rivalen sogar darin übertroffen, daß er nicht nur den Text am Himmel lesen konnte, sondern auch dessen Bestätigung durch die eigenen Taten als sein eigener Historiker notifizieren durfte.

Symmetrisch um das historische Ereignis sind die Vorschrift des Himmels und die Nachschrift des Chronisten gruppiert. Der Stand der Gestirne determiniert nicht diese Ereignisse, sondern zeigt sie nur an. Was diese Differenz möglich macht, ist die Identität, die zwischen dem Autor der Himmelsniederschrift und dem letzten Urheber aller Ereignisse in der Welt besteht. Sie sind Ausdruck seines Willens, wie er dem Josua die Sonne am Himmel stillstehen ließ. Es scheint, daß die Sprache des himmlischen Buches vor allem die Machthaber der Welt zu Lesern haben soll. So kann der gelehrte Autor dem König Ferdinand I. in diesem Jahr 1557 das Ende der Türkenkriege mit dem Untergang des Türkischen Reiches verheißen. Wenn die Anomalie der dritten scheinbaren Bewegung des Fixsternhimmels ihren äußersten Wert erreicht habe und sich umkehre, sei die Zeit für das Gericht des Schöpfers über die Natur gekommen, durch welches die Mächtigen entthront und die Schwachen erhoben würden.[62]

Dies zusammengenommen, ist die Geschichte das Ablesen eines schon formulierten Textes und damit das Buch der Natur zugleich

---

61 Joachim Rhetikus, Widmungsvorrede an König Ferdinand I. zur Ausgabe der Werke des Johannes Werner. Krakau 1557. In: Rhetikus, Briefe, ed. K. H. Burmeister, 134 f.: *Coelum et terram ab initio historicos potius libros, quis dixerit, mutationem imperiorum, si quis recte haec, hoc est non concutientibus oculis inspexerit, non surdis auribus praeterierit. Quae omnia postea scriptae historiae testantur, tantum ita acta sicut coelum praemonstraverat et ordinaverat. Coelum et quae suo circumplexu tegit, veri sunt physici libri, qui naturae secreta nobis ob oculos ponunt ...*
62 Rhetikus, a. a. O. 147: *Ac sub idem tempus naturae conditorem Deum sua exercuisse iudicia.*

das Buch der Geschichte. Aber nicht weil jenes dieses nach einer ihm fremden Gesetzlichkeit bestimmt, sondern wegen der Abkunft beider Bücher aus derselben Quelle. Zugleich gibt dieser Sachverhalt dem Fachmann die Legitimation der politischen Mitsprache, da wohl nicht jeder König ein selbst lesender, selbst handelnder und selbst die Chronik führender Caesar sein kann. Die Frage dieser Übereinstimmung drängt die andere in den Hintergrund, wie denn das Buch der Natur zum Buch der Bücher, der Text der Schöpfung zu dem der Heilsgeschichte stände.

Fast in demselben geschichtlichen Augenblick, in dem die identische Autorschaft für das Buch der Natur und das Buch der Offenbarung ähnlich zweifelhaft wurde wie die von Altem und Neuem Testament durch die Gnosis Markions, geriet auch die Lesbarkeit des Weltbuchs für den *Idiota* ins Zwielicht. Dabei darf man nicht vergessen, daß der neue Vorbehalt, die Chiffrenschrift der Natur bedürfe der Lesekunst von Gelehrten, der Verdeckung jener Unstimmigkeiten zwischen den beiden Büchern diente oder dienstbar gemacht werden konnte, die jetzt ärgerlich zu werden beginnen. Das wird deutlich im Bestehen auf dem hypothetischen Charakter der mathematischen Modelle der Astronomie, unter dessen Bedingung sogar das Heilige Officium dem Galilei seine Kopernikanismen durchgehen zu lassen bereit war. Das hieß eben auch: Für die Mitteilungen der Natur brauchte die menschliche Vernunft nicht adäquates Organ zu sein, wenn sie damit ihre Beweisnot gegenüber der Wirklichkeit der Offenbarung auf sich nahm. Mochte das Tridentinum gegen die Reformatoren den Ausgleich von Natur und Gnade wieder herzustellen gesucht haben, die Gleichrangigkeit der beiden Bücher von Schöpfung und Offenbarung mußte preisgegeben werden, wenn sich der Schriftsinn der empirischen ›Lektüre‹ zu widersetzen schien. Insofern ist die Rede von den ›beiden Büchern‹ als solche schon ungefügig, indem sie Äquivalenz der ›Autoritäten‹ unterstellt und nicht vorentscheidet, auf welcher Seite die Kunstgriffe der Exegese stattfinden müssen.

Vor dem Ausbruch des Konflikts mit der Auslegungsautorität für die Bibel hat Galilei die Metapher vom Buch der Natur ganz auf die Antithese gegen die Bücher einer erstarrten Gelehrsamkeit eingestellt. Man wird nicht übersehen dürfen, daß die gegnerische Bücherwelt durch die Erfindung des Buchdrucks noch dauerhafter auf die Verfestigung von Meinungen und Schulsystemen bezogen war. Am 19. August 1610 berichtet Galilei an Kepler über den Widerstand gegen seine Entdeckungen mit dem Fernrohr, zumal gegen die der Jupitermonde. Kepler sei der erste und fast der einzige, der Scharfsinn und Offenherzigkeit genug besessen habe, diesen Feststellungen Glauben zu schenken, obwohl er nicht durch ein gleichwertiges Instrument habe sehen können. Seine Kollegen aber, die Philosophen am Gymnasium von Padua, hätten sich dem Augenschein aufs äußerste widersetzt und, wie Odysseus die Ohren gegen die Sirenen, ihre Augen gegen das Licht der Wahrheit (*contra veritatis lucem*) verschlossen. Diese Art Menschen halte die Philosophie für ein Buch wie »Aeneis« oder »Odyssee«; die Wahrheit sei *nicht in der Welt oder in der Natur, sondern in dem Vergleich der Texte (dies ihre eigenen Worte) zu erforsche*n.[63] Seine Gegner sind es also, die die Welt unter die Metapher des Buches zwingen, indem sie alles Erkennbare – für das der Gesamttitel der ›Philosophie‹ steht – ihrem Verfahren der Behandlung autoritativer Texte unterwerfen.

Es lag nahe, wurde hier aber von Galilei noch nicht rhetorisch erprobt, auf diese Homogenisierung seinerseits einzugehen und die Natur zu dem Buch zu erklären, das im ›Textvergleich‹ einzigartige Autorität beanspruchen könne. Das Buch der Natur gegen die Bücher des Aristoteles und der Aristoteliker – das wäre durchaus erlaubte Rhetorik gewesen, die mit der Rivalität der ›beiden Bücher‹ und deren Gefährlichkeit noch nichts zu tun gehabt hätte.

Erst die Erörterungen über die Widerspruchsfreiheit zwischen Offenbarung und Naturerkenntnis, die ihren Ausdruck fanden in dem Brief Galileis vom 21. Dezember 1613 an seinen Schüler und Freund, den Benediktiner und Professor der Mathematik in Pisa, Castelli, sowie in dem Traktat an die Großherzogin Christine von Toscana, führten Galilei dazu, um der Vergleichbarkeit willen auch die Natur nach der Art eines Textes zu behandeln und so die polemische Metapher für sich in Dienst zu nehmen. Wenn er nun das Buch der Natur in einer der gemeinen Erfahrung unzugänglichen

---

[63] Galilei an Kepler, 19. August 1610 (Opere, ed. naz. X 421-423): *Putat enim hoc hominum genus, philosophiam esse librum quendam velut Eneida et Odissea; vera autem non in mundo aut in natura, sed in confrontatione textuum (utor illorum verbis), esse quaerenda.*

Sprache geschrieben sein läßt, so gewinnt er im Vergleich der ›beiden Bücher‹ den Vorteil der Unterstellung, auch das andere Buch könne nicht einfach so gelesen werden, wie es dem schlichten Leser vorliege. Es bedürfe gewisser Reduktionen auf den Zeitgeist der Verfasser und die auf den Heilszweck konzentrierten Absichten des Inspirators, um die leichtfertige Aufstellung von Widersprüchen zur Naturerkenntnis zu vermeiden.

Galilei muß aber auch daran gedacht haben, daß er bei der versuchten Überwindung des Widerstands gegen das Fernrohr der bloßen Anschauung und ihrer Beschreibung in der Sprache des Alltags ein unbegründetes Vertrauen entgegengebracht hatte. Hätte er zunächst die Umläufe der Jupitermonde mit exakten Daten zu erfassen und darzustellen versucht, wäre ihm zwar die Bezwingung seiner Gegner nicht mit der optischen Evidenz in einer einzigen Nacht möglich gewesen, wohl aber mit dem Angebot der längerfristigen Überprüfung der von ihm errechneten Regelmäßigkeiten. Diese wären dann schwerlich als Illusionen des Instruments zu disqualifizieren gewesen. Insofern ist die These, das Buch der Natur sei durchweg in der mathematischen Sprache geschrieben, auch Korrektur eines eigenen Irrtums – nicht hinsichtlich der Qualität seiner Entdeckungen, sondern mangels der adäquaten Mittel ihrer Darstellung zur Erbringung ihrer Evidenz.

Als 1618 drei Kometen am Himmel erscheinen und eine erregte Auseinandersetzung über ihre Bedeutung und Natur entsteht, begeht Galilei seinerseits den Fehler der einstigen Gegner seines Fernrohrs. Unter Festhalten an der traditionellen These von der Kreisförmigkeit der Bahnen aller Himmelskörper und unter Nichtbeachtung von Keplers kühner Durchbrechung dieser Tradition bestreitet er die kosmische Realität der Kometen, um sie als atmosphärische Phänomene im Sinne der antiken *Meteora* zu klassifizieren. Es genügte also noch nicht, die Sprache angeben zu können, in der das Buch der Natur geschrieben wäre; auch in dieser Sprache waren entscheidende Verständnisfehler möglich. So die Verkennung des Sachverhalts, daß der Kreis als Grenzfall einer Vielfalt von Kurven um zwei Brennpunkte anzusehen war und unter dieser Betrachtungsweise nicht die Norm, sondern die Ausnahme der Bahnbewegungen darstellen mußte. Das hätte sofort die exzentrischen Bahnen der Kometen als annehmbar erscheinen lassen.

Als Galilei in diesem Streit gegen Horazio Grassi seinem Schüler und Freund Mario Guiducci mit dem »Saggiatore«, der »Goldwaage«, beisprang, entwickelte er Schärfe und Ironie zu einer Wissenschaftstheorie weit über den Anlaß hinaus, dem er doch nicht zu genügen vermochte. Es läßt die Ironie auf ihren Autor zurückfallen, wenn er schreibt, sein Gegner denke vielleicht, die Philosophie sei ein Buch der Dichtung, von einem Menschen verfaßt wie die »Ilias« oder der »Orlando Furioso«, Bücher, bei denen es am wenigsten darauf ankomme, ob in ihnen Wahres geschrieben stehe; die Philosophie jedoch sei in dem großen Buch aufgeschrieben (*scritta in questo grandissimo libro*), das immerwährend vor unseren Augen geöffnet liegt und das Weltall ist. *Aber wir können es erst lesen, wenn wir die Sprache gelernt haben und die Zeichen kennen, in denen es geschrieben ist.* Es sei geschrieben in der Sprache der Mathematik (*scritto in lingua matematica*), und die Zeichen seiner Schrift seien Dreiecke, Kreise und andere geometrische Figuren, ohne deren Kenntnis es nicht menschenmöglich sei, ein einziges Wort davon zu verstehen. Ohne diese Kenntnis irre man in einem dunklen Labyrinth umher.[64]

Die eigentümliche geschichtliche Rolle von wissenschaftstheoretischen Programmschriften und Methodentraktaten wird am »Saggiatore« exemplarisch greifbar. Sie behindern ihren Autor im Wust der Polemik gegen ohnehin sterile scholastische Verfahren, diejenigen Erkenntnisse wahrzunehmen und anzuwenden, die anderswo schon gewonnen worden sind; so hier die Errungenschaft der elliptischen Bahnen von Himmelskörpern. Um Galilei nicht Unrecht zu tun, muß man sich vergegenwärtigen, über welches unvergleichliche Beobachtungsmaterial Kepler aus dem Erbe des Tycho Brahe verfügte. Dessen Genauigkeit zwang ihm ein Zugeständnis ab, das gegen alle Voraussetzungen zu stehen schien, die auch seine eigenen frühen geometrischen Spekulationen über die Proportionen des Sonnensystems ausgeschlossen hätten.

Was Kepler und Galilei verbindet, ist die fundamentale Annahme, die Sprache der Mathematik sei nicht nur Hilfsmittel des menschlichen Geistes, die Verhältnisse der Natur darzustellen, sondern die

---

[64] Il Saggiatore (Rom 1623) VI (Opere, ediz. naz. VI 197-372; hier: 232). Hierzu: S. Drake, C. D. O'Malley, edd., The Controversy on the Comets of 1618. Philadelphia 1960.

Sprache des geometrisierenden Gottes selbst. Der Gedanke ihrer geziemenden Vollkommenheit ist das Kriterium, in dem schaffender und erkennender Intellekt einander treffen. Dabei ist nicht einmal sicher, vielmehr eher unwahrscheinlich, daß Galilei die Art der mathematischen Sprache, die er selbst für die Entwicklung der Mechanik bis zu den »Discorsi« verwendet – etwa für das Verhältnis von Wegen und Zeiten beim freien Fall –, diesem Kriterium genügen läßt.

Es ist auffällig, daß er noch in der spätesten Verwendung der Metapher vom Buch der Natur, in dem Brief an Fortunio Liceti vom Januar 1641, bei der vollständigsten Aufzählung der verwendeten ›Zeichen‹ zwar außer Dreiecken und Kreisen ausdrücklich Quadrate, Kugeln, Kegel und Pyramiden nennt, aber arithmetische Verhältnisse und Mittel nicht einschließt. Die Bindung der Astronomie an die platonische Vollkommenheit des Kreises ist das Paradigma, auf das die Sprache des Buchs der Natur bezogen bleibt. Gerade deshalb fällt seine metaphorische Rhetorik hinter das von ihm für eine homogene Physik der Natur tatsächlich Geleistete zurück. Wie er nicht imstande war, Keplers erstes Gesetz über die Elliptizität der Himmelsbahnen anzunehmen oder auch nur zu beachten, weil seine Grammatik für das Buch der Natur die geometrische Synthesis der »Elemente« des Euklid war und nicht einmal die »Kegelschnitte« des Apollonius von Perge einbezog, so vermochte er auch nicht, den Übergang von der eidetischen zur transformativen Auffassung der Bahnfiguren auf das Kometenproblem anzuwenden.

Ganz so, wie es die Metapher vom Buch der Natur suggeriert, verläuft der Prozeß seiner lesenden Aneignung eben nicht; man müsse zuerst die Zeichen kennen und die Sprache verstehen, in der es geschrieben sei, um die Mitteilungen, die es enthält, entgegenzunehmen. Der faktische Verlauf ist, daß der Leser nicht bei seiner ursprünglichen Interpretation der Sprache bleiben kann, wenn er im Verständnis der Mitteilungen voranschreitet, sondern ständig Rückschlüsse auf Teile der Grammatik ziehen muß, die er bis dahin auf sich beruhen ließ. So hatte Kepler, von Galilei unbeachtet, vorgeführt, daß die Geometrie des »Mysterium Cosmographicum« nicht zureiche, die vermeintliche Unförmigkeit der Bahn des Planeten Mars noch darzustellen. Nicht anders ging es Galilei, als er den Begriff der Geschwindigkeit zu präzisieren und darstellbar zu machen suchte. *Im Verhältnis von Mathematik und Physik ergibt sich jetzt eine derart enge Wechselbeziehung, daß das logische Rangverhältnis beider darüber bisweilen wie verkehrt erscheint. Es sind nicht lediglich die mathematischen Begriffe, die in selbständiger immanenter Fortbildung bis zu den Anfängen der Mechanik sich entwickeln: es ist ebensosehr das System der physikalischen Grundbegriffe, das rückwirkend die Gestalt der Mathematik bestimmt.*[65]

Galileis Brief an Liceti vom Januar 1641 ist nicht nur die Beendigung einer Kontroverse über das aschgraue Mondlicht, das der phantasiereiche Enzyklopädist in Analogie zu dem gerade entdeckten Lichtstein von Bologna zu bringen und diesen damit zum ›handgreiflichen‹ Beweisstück gegen Galileis frühen »Sidereus Nuncius« zu machen suchte, sondern die letzte wissenschaftliche Äußerung, die wir von Galilei haben. Es ist auch ein Zeugnis der Vergeblichkeit dieses letzten wie aller vorhergehenden Versuche, der Leichtfertigkeit (*leggerezza*) in spekulativen Weltdeutungen entgegenzutreten.

Diese Resignation hat sich nun unmittelbar mit der Metapher vom großen Buch verbunden und seine wichtigste Qualität, die der Öffentlichkeit, fragwürdig gemacht. Wenn die Philosophie das in den Büchern des Aristoteles Enthaltene ist, wäre Liceti der größte Philosoph der Welt; er aber, Galilei, glaube, das Buch der Philosophie sei das, was uns ständig offen vor Augen steht, wenn es auch, da mit anderen Buchstaben als denen unserer Schrift geschrieben, *nicht von allen gelesen werden kann.*[66]

Der Typus dieses Widersachers ist nicht mehr dem der Gegner des Fernrohrs und der Leugner der neuen Sterne vergleichbar, denen Galilei Verstocktheit gegenüber der Evidenz der offen daliegenden Natur vorgeworfen hatte. Dieser ist ein Analphabet der Natur, der gar nicht wahrnehmen *kann*, was vorliegt. Der Erforscher des neuen Stils der wissenschaftlichen Publizistik, wie er bei Galilei ›erfunden‹ wird, Leonardo Olschki, hat mit Recht in dieser letzten

---

65 E. Cassirer, Das Erkenntnisproblem in der Philosophie und Wissenschaft der neueren Zeit I. ²Berlin 1911, 419.
66 Galilei an Fortunio Liceti, Januar 1641 (Opere, XVIII 295). Zur Kontroverse mit Liceti: L. Olschki, Galilei und seine Zeit. Halle 1927, 454-465.

Verwendung der Weltbuchmetapher die Absage an die frühe Illusion: Durchsetzung der Naturerkenntnis als des für alle Zugänglichen, gesehen: *Hier aber, wenige Monate vor dem Tode, gibt er den exklusiven Charakter der Naturforschung und der Welteniträtselung zu. Nur wenige sind geeignet, im aufgeschlagenen Buche der Natur zu lesen und seine Sprache zu verstehen* ... *Diese späte Überzeugung bedeutet die Erkenntnis des Zusammenbruchs seiner auf Gemeinverständlichkeit bedachten wissenschaftlichen Publizistik.*

Es ist nur eine leichte Veränderung des Akzents, der Olschki eine so schwerwiegende Deutung gibt. Denn schon im »Saggiatore« von 1623 war ja das vor den Augen stets aufgeschlagene Buch auch nur unter der Bedingung der Kenntnis seiner Schrift zu lesen und denen, die Sprache und Buchstaben nicht kennen, das Herumirren im dunklen Labyrinth angedroht. Da war es noch eher die Angabe einer Bedingung als die Feststellung einer Situation gewesen, mit der man sich wohl abzufinden hätte, wie es jetzt in der Formel steckt, daß dieses Buch *nicht von allen gelesen werden kann.*

Galileis später Schüler und Biograph, Vincenzio Viviani, hat am Schluß seiner Lebensbeschreibung uns noch eine weitere und höchst aufschlußreiche Verbindung der Metapher vom Buch der Natur mit der Einschätzung der theoretischen Chancen – sicher nicht ohne Rückgriff auf eine Äußerung des Greises – überliefert. Danach ist Galilei vielleicht der erste gewesen, der die Realitätsferne der Stadt erkannt und seine Lebensweise in der Abgeschiedenheit von Arcetri als Unmittelbarkeit zum Buch der Natur ausgesprochen hat: *Im übrigen hielt er für die größte Ergötzung seines Gemüts und für das beste Mittel, die Gesundheit zu behalten, den Genuß der freien Luft. Daher wohnte er nach seiner Wiederkunft von Padua fast allezeit ferne von dem Getümmel der Stadt Florenz, entweder auf den Gütern seiner Freunde oder auf einem von den benachbarten Gütern Bellosguardo oder Arcetri, woselbst er um desto lieber sich aufhielt, weil ihm deuchte, die Stadt sei gleichsam ein Gefängnis spekulativischer Gemüter, hingegen das freie Landleben sei ein Buch der Natur, so einem jeden immerdar geöffnet vor Augen liege, der mit den Augen seines Verstandes darin zu lesen und zu studieren beliebe. Wie er denn zu sagen pflegte, die Characteres und das Alphabet, womit dieses Buch beschrieben, seien die geometrischen Propositionen, Figuren und Schlüsse, durch welches einzige Mittel man in die unendlichen Geheimnisse der Natur eindringen könne.*[67]

Es ist kein Zufall, daß die erste große Verteidigung Galileis von einem der meistbelegbaren Liebhaber und Propagatoren dieser Metapher geschrieben wurde: 1616 entstand in einem neapolitanischen Kerker die »Apologia pro Galileo« des Tommaso Campanella, die 1622, also noch ein Jahr vor seiner Utopie vom Sonnenstaat, in Frankfurt gedruckt werden konnte. Ursprünglich war dies ein Gutachten des Dominikaners für den Kardinal Bonifazio Gaetani, ob Galileis kopernikanische Weltansicht mit der Bibel vereinbar sei. Campanellas Hauptthese zu diesem Problem ist in der Metaphorik der beiden Bücher ausgesprochen: *Die Bücher Gottes stimmen miteinander überein.*[68] Mit ihr unterbindet er die Möglichkeit, von der Bibel her gegen die naturwissenschaftliche Erkenntnis Autorität aufzubauen. Das hindert Campanella aber nicht daran, die Geltung des Buchs der Natur nicht nur auf die Schöpfungsidee zu gründen; umgekehrt sucht er die Autorität der Bibel dafür heranzuziehen, daß die Natur als Prospekt für die Zeichen der Gottheit vorgesehen und verbürgt sei. Mit anderen Worten: Die Bibel würde sich selbst widersprechen, wenn sie einerseits Autorität *für* das Buch der Natur, andererseits Autorität *gegen* dieses sein könnte.

Dieses Beglaubigungsverhältnis kann allerdings auch ein hermeneutisches werden. Die Zeichen an Sonne, Mond und Sternen, von denen der Evangelist Lukas spricht, hätten von den antiken Astronomen zwar wahrgenommen, aber in ihrer apokalyptischen Verweisung nicht verstanden werden können. Zeichen beruhen darauf, daß der normale Lauf der Welt durch und durch bekannt ist, damit das Ungewöhnliche überhaupt bemerkt werden kann. In einer eigentümlichen Abwandlung des biblischen Wortes sagt Campanella, daß diejenigen, die die rückhaltlose Erforschung der Phäno-

---

67 Viviani, Racconto istorico della vita del Signor Galileo Galilei (1654; zuerst publ. 1717; hier zit. nach der ersten deutschen Übersetzung in den »Acta Philosophorum« III (Halle 1723/26), ed. F. Klemm, 1964).
68 Apologia pro Galilaeo Mathematico Florentino, ubi disquiritur, utrum ratio philosophandi, quam Galilaeus celebrat, faveat Sacris Scripturis an adversetur. Kommentar und engl. Übersetzung von Grant McColley in: Smith College Studies in History XXII, Northampton 1937, 3/4.

mene des Himmels beschränken wollen, im Grunde wünschen, daß der Tag des Herrn über uns kommt wie der Dieb in der Nacht, der nur die überrascht, die nicht wachsam sind. Wir hätten daher die Apostel auf unserer Seite, wenn wir vor allem anderen an das glaubten, was *in dem ersten Buch der Natur geschrieben steht.*

Man kann den Text nicht lesen, ohne die Betonung der apokalyptischen Zeichenfunktion der Natur nach den biblischen Belegen auf die Verteidigung Galileis zu beziehen. Seine Entdeckungen *sind* ›Veränderungen‹ an Sonne, Mond und Sternen, als solche nicht nur zugelassen, sondern vorhergesagt und legitimiert durch das zweite Buch Gottes. Hier verdeutlicht sich an der Art ihrer Behebung erst ganz die Schwierigkeit, die am Ende des Mittelalters durch die neuen Entdeckungen entstehen mußte. Sollte die Natur als das ›erste Buch Gottes‹ Geltung behalten, bedurfte es nicht nur der Kenntnis seiner Sprache, sondern der Erfindung listiger Hilfsmittel, sie deutlich zu lesen; etwa vom Typus des Fernrohrs. Damit wurden nachträglich die natürlichen Organe des Menschen als des bestimmungsgemäßen Adressaten dieses Textes für unzureichend und ihrer Bestimmung ungemäß erklärt.

Campanella vermeidet diesen Schöpfungstadel durch eine Wendung, die die Funktion des Neuen der Heilsgeschichte zuordnet. Nimmt man die Entdeckungen als zugehörig zur Spätzeit dieser Geschichte, als apokalyptische Vorzeichen, so wird verständlich, weshalb sie nicht immer schon dem Weltbetrachter zugänglich gewesen sein konnten. Obwohl die Natur das ältere der beiden Bücher ist, darf darin noch Neues gefunden werden, weil die Welt selbst eine Geschichte hat und Veränderungen erfährt, die ihr Eintreten in die Endzeit ankündigen.

Das bestimmt Ton und Pathos, mit denen der Mönch im Kerker von Neapel Galileis »Sternenboten« von 1610 als eine Figur der Verheißung begrüßt. Er übersetzt den »Sidereus Nuncius« als Boten, nicht als Botschaft. Die Rhetorik seines Briefes vom 13. Januar 1611 an Galilei erreicht ihren Höhepunkt in der Anwendung der eschatologischen Formel des Propheten und des Verfassers der Apokalypse von der Vision eines neuen Himmels und einer neuen Erde auf die Entdeckungen mit dem Teleskop. Als Jesaja und Johannes jenes Wort gesagt hätten, seien die Menschen noch wie blind gewesen; Galilei habe sie zum Sehen gebracht und ihnen eben den neuen Himmel und die neue Erde gezeigt: auf dem Monde![69] Der nicht nur in seiner Utopie vom Sonnenstaat durch die ganz großen Hoffnungen Gespannte verweist Galilei auf seinen Traktat »Die Symptome für einen Feueruntergang der Welt«; es werde freilich nicht das biblische endgültige Ende, sondern eher die stoische Erneuerung nach der *Ekpyrosis* sein.[70] Die Botschaft des Himmelsboten überlagert das Buch der Natur, akzentuiert und aktualisiert seinen Inhalt auf die Endlastigkeit des ›letzten Worts‹ – das alsbald das ›jeweils letzte‹ sein wird –; denn sie verkündet nicht nur neue Erscheinungen am Himmel, sondern verheißt eine aus dem Untergang hervorgehende neue Welt.

Zugleich bringt diese Erwartung die ›beiden Bücher‹ einander näher. Unter dem Eindruck der Entdeckungen Galileis wird die subjektive Neuheit des Entdeckten zur objektiven Veränderung der Natur selbst, zum Symptom der Nicht-Ewigkeit ihres Bestands. Nicht nur in der Heilsgeschichte gab es entscheidende Änderungen gegenüber dem Ausgangsstatus der Welt durch die Offenbarung; das Buch der Natur behauptete seinen Rang gerade dadurch, daß es die Verheißungen des anderen Buches erfüllte. Daraufhin erst ließ sich die Verteidigung Galileis zu dem Grundsatz steigern, daß *jedes Gesetz oder jede menschliche Lehre, die ihren Anhängern die Erforschung der Natur verbietet, selbst der Fehlerhaftigkeit verdächtig sei.* Wenn das geschaffene Buch der Weisheit Gottes dem geoffenbarten Buch seiner Weisheit nicht widersprechen kann, dann müsse, *wer Widerspruch von den Erscheinungen der Natur befürchtet, sich seiner eigenen Verfehlung der Wahrheit bewußt sein.*

Unversehens hat sich für Campanella das Verhältnis der ›beiden

---

69 Le Opere di Galilei. Ediz. naz. XI 23: *Et vidi caelum novum et terram novam, ait Apostolus et Isaias: illi dixerunt, nos caecutiebamus; tu purgasti oculos hominum, et novum ostendis caelum, et novam terram in luna.*
70 Campanellas eschatologischer Traktat hatte den Titel: *Arcanorum astronomicorum libri 4, et simul De symptomatibus mundi per ignem interituri secundum naturam et Scripturam.* Dazu heißt es im Brief an Galilei vom 13. Januar 1611: ...*non tamen interitu totali, sed quadam renovatione, quam nova phaenomena ostendunt: utinam liceret mihi de his conferre tecum!* Dazu gehört auch, wie Campanella den Adressaten seines Briefes an eine astrologische Prognose erinnert, die er selbst 1603 für das Jahrhundert gestellt habe, bevor noch die neue Optik sie wahrscheinlich machen konnte: ...*novas scientias caelestes, praeter alia multa, in hoc seculo propalandas fore praedixi*... (a. a. O. XI 26).

Bücher‹ rein quantitativ verschoben. Mehr als ein Jahrtausend lang hatte darin kein Problem gelegen: Der endliche Kosmos und der durch die Antike vertretene endliche Bestand der Kenntnisse und Erkenntnisse über ihn auf der einen Seite, das Buch der Offenbarung in seinem kanonischen Umfang und mit dem Supplement seiner Interpretationen durch Väter und Lehramt auf der anderen Seite hatten je für sich einen endlichen Horizont der dem Menschen zugänglichen Wahrheit hergestellt. Die neuen Entdeckungen im Buch der Natur verlangten zuzugestehen, daß in dem einen der Bücher geschehen konnte, was für das andere ganz und gar ausgeschlossen war: das Recht der unbegrenzten Erweiterung des Textes vor den Augen des Menschen und für ihn. Dafür galt jetzt, daß *die Weisheit Gottes über alles Maß weit und anders als die enge Fassungskraft eines Menschen* sei.

Wenn aber nicht mehr jeder Mensch – wie jener Gelehrte, der alles wußte, was im Aristoteles steht – Leser des ganzen Buches der Welt sein konnte, weil es zu groß geworden und womöglich noch voll an künftigen Entdeckungen war, dann mußte ein neuer Adressat dieser Kundmachungen auf die Szene treten. Ihr Bezugssubjekt hatte die Anstrengungen aller in der Zeit zu vereinigen: die Menschheit im Zusammenhang ihrer Geschichte als einer Einheit der theoretischen Leistungen. Das hatte es nicht geben können, solange der Mensch auf einem zentralen Standort gegenüber allen Teilen der Wirklichkeit gleichermaßen wahrnehmungsfähig war, jeder einzelne also potentiell fassungskräftig genug für die Gesamtheit der überhaupt erreichbaren Erfahrung. Es war ein einziges Buch, und niemand hatte der Metapher mißtraut, daß auch jeder einzelne sein Leser sein könnte.

Nichts an der neuen Idee der Wissenschaftlichkeit am Anfang der Neuzeit war folgenreicher als die Ahnung von dem Aufwand, der auf der Seite des Subjekts nötig werden würde, um den Erweiterungen des Horizonts auf der Seite der Objekte mit den Instrumentarien der Erfahrung und ihrer Verarbeitung nachzukommen. Die Parität der ›beiden Bücher‹ ist ein für allemal zerstört. Der einsame Leser über dem biblischen Buch war gerade gegen die Institution von dessen Verwaltung inauguriert worden; er bleibt möglich und gestalthaft vorstellbar, bis die neue Verwaltungsinstanz der theologischen Philologie auch ihn aufgibt und auflöst. Der

Adressat des Buchs der Natur war schon undeutlich geworden, nachdem die Differenz zwischen göttlicher Macht und menschlicher Fassungskraft allzu stark betont, allzu hoffnungslos erweitert worden war. In diesem von Campanella prognostisch verheißenen Jahrhundert der neuen Wissenschaften – und erstmals durch Pascal formuliert – hört das Bezugssubjekt des Buchs der Natur auf, eine ›natürliche Person‹ zu sein. Es nimmt die Züge einer fiktiven Gestalt an, wie sie in der physikalischen Überintelligenz des Laplace fast zwei Jahrhunderte später zwar einen Titel angenommen, aber kein Gesicht mehr haben wird.

Die mit der »Verteidigung Galileis« ungefähr gleichzeitige »Metaphysik« Campanellas[71] beginnt mit dem durch Aristoteles verbindlich gemachten ersten Satz seiner Metaphysik, der Mensch strebe von Natur nach Erkenntnis. Nur, wo er sie findet, ist strittig. Der einzige vertrauenswürdige Lehrer der Wahrheit sei Gott, und er spreche zu uns entweder in der Sprache der Dinge oder in der Sprache der Offenbarung. Die Menschen, soweit es auf sie ankommt, seien allesamt Lügner, weil sie sich fürchten oder weil sie unwissend sind oder weil sie es nicht anders wollen. Glaubwürdig seien sie nur dann, wenn sie als Zeugen für die Dinge sprechen, die sie im Buche Gottes, welches die Welt ist, gelesen haben, oder wenn sie es aus dem Munde Gottes als von ihm bestellte Schreiber besitzen.[72]

Nur als Organ der Wahrheit also, nur als Vermittler einer der beiden Quellen ist der Mensch glaubwürdig. In der Welt schreibt Gott alle seine Begriffe nieder und drückt sich im Wort aus; deshalb schafft er ein lebendiges Buch, wenn er die Dinge schafft: *Cum Deus res facit, codicem vivum facit* ... Es gibt daher nichts in der Welt, was nicht etwas im Geiste Gottes verborgen Liegendes aus-

---

71 Nach dem Katalog der Schriften Campanellas von D. Berti ist die »Metaphysik« in ihrer ersten Fassung schon 1603, also im Jahr der astrologischen Jahrhundertprognose, entstanden, 1610 neu gefaßt und erst 1638 erstmals veröffentlicht worden. Die »Universalis Philosophiae seu Metaphysicarum rerum libri« werden hier nach der Ausgabe von Luigi Firpo zitiert.
72 Campanella, Universalis Philosophia I 1 Summa (ed. cit., p. 1): *Veritatis doctorem indubitata fide dignum solum esse Deum, qui loquitur nobis, aut res facto exprimendo, aut voce relevando. Homines vero omnes mendaces, vel quia timent, vel quia ignorant, vel quia sic volunt: nec esse fide dignos, nisi ubi loquuntur tanquam testes rerum lectarum in libro Dei, qui est Mundus, vel ab ore Dei, ut divini scriptores* ...

drückt. Von seinem ›Schreiben‹ zu reden, heiße zu sagen, daß er etwas selbst macht (*facere realiter*), wie unsere Art der Darstellung der Dinge darin besteht, daß wir sie begrifflich machen (*facere intentionaliter*). Wären wir Gott gleich, so würden die Geschichten, die wir uns ausdenken, selbst zu Wirklichkeiten, in denen wir uns ausdrücken.[73] Da unser Fassungsvermögen nach Raum und Zeit für das Lesen im Buch der Welt zu gering ist, müssen wir uns auf die verlassen, die in der Vergangenheit darin gelesen haben oder als Zeitgenossen sehen konnten, was wir nicht sehen werden.[74] Daß auch die Menschen der Zukunft noch nötig sein werden, um das Weltbuch zu lesen, kommt hier nicht gleicherweise zum Ausdruck wie in der Apologie für Galilei. Da liegt der Sprung der neuen Erwartung, die der »Sternenbote« erweckt und die der astrologischen Unbestimmtheit des neuen Jahrhunderts erst den Inhalt der erweiterten und erweiterungsfähigen Realität verschafft.

Dem sensualistischen Erfahrungsbegriff in der Metaphysik Campanellas verschwimmt freilich der Sinn der Schriftmetaphorik. Kein Sensualismus vermag zu begreifen, was ›Bedeutung‹ bedeutet. Der Vergleich mit den Geschichten, die Menschen sich ausdenken, kehrt sich dann um: Wie eine Geschichte keine andere Realität hat als die ihres Erzähltwerdens, so haben die Dinge keine andere Realität und Bedeutung als die ihrer Selbstdarbietung in unseren Sinnen. In der Apologie für Galilei legt Campanella, wegen der Differenz zu den Aussagen der Bibel, großen Wert auf die Feststellung, daß die Monde der Planeten für deren Bewohner eben die Größe ›haben‹, in der sie ihnen erscheinen. Die mediceischen Planeten werden also den Bewohnern des Jupiter so erscheinen wie den Bewohnern der Erde der Mond, so daß die Frage nach ihrer reellen Größe dahinter als ›bedeutungslos‹ zurücktritt. Das Buch der Natur nimmt unter dieser Rahmenbedingung eine Qualität an, die viel später ›ästhetisch‹ heißen wird.

73 Campanella, Universalis Philosophia I 1 Prooemium (ed. cit. p. 2 sq.): *Propterea nil est in Mundo, quod non aliquid in mente Dei latens idealiter exprimat. Dicere autem Dei ac scribere est ipsum facere realiter, sicut nostrum est declarare facta, vel facere intentionaliter, ut cum fabulas fingimus, quas realiter exprimeremus si Deo aequivalentes essemus.*
74 Campanella, Prooemium, p. 3: *propterea cum nos librum Dei totum legere non possimus, credendum est legentibus, qui nobis testificantur... Si enim ita non fieret, scientia nostra esset truncam modica et exilis.* Columbus ist ein solcher *testis per sensum ex libro Dei.*

Jeder Sensualismus macht den Begriff der Wahrheit so einfach, daß sich die ganze Schwierigkeit darauf verlagert zu begreifen, was dann noch Irrtum sei. Campanella hat auch das in der Sprache der Buchmetaphorik verständlich zu machen gewußt. Die Menschen irren, indem sie ihre Bücher von dem Buch Gottes abschreiben wie die mittelalterlichen Mönche die antiken Texte, nämlich mit Fehlern. Oder sie gehen nicht auf das Autograph, den Urtext, zurück, sondern benutzen das Werk ihres jeweiligen Schulmeisters, als sei dies der Urtext und nicht schon dessen Abschrift.[75] Campanella benutzt also die vertrauten Erfahrungen mit den Verfälschungen der handschriftlichen Überlieferung seit der Antike, um die Entstehung und Verbreitung der Vorurteile und Irrtümer der Menschen noch mit den Mitteln der Buchmetaphorik darzustellen. Die Metapher hat sich zu einem Gleichnissystem ausgeweitet.

Auch poetisch hat Campanella den Grundgedanken *Il mondo è il libro...* aufgenommen. Herder hat das Gedicht als »Die Welt und die Bücher«[76] nachgeformt:

> Die Welt, ein Buch, darinn der ewige
> Verstand selbst-eigene Gedanken schrieb,
> Ist ein lebendger Tempel, worinn Er
> Gesinnungen und Handlung, droben, drunten,
> Worinn sein Vorbild Er uns selbst gemahlt.
> Les' und betrachte Jeder diese Kunst
> Lebendig, göttlich, daß er sagen dürfe:
> ›Ich bins, der sie vollendet und vollführt.‹
> Ach aber unsre Seelen sind an Bücher
> Geheftet und an todte Tempel. Diese
> Kopieen des Lebendigen, mit viel
> Irrthümern abgenommen; sie,

---

75 Campanella, Prooemium: *Inveni enim plurimos homines errare, et transscribere libros suos ex libro Dei cum falsitate... non legunt autographum codicem Dei... legunt librum suorum Magistrorum, tanquam autographum, non tanquam exemplatum...*
76 Modo di Filosofare. In: Scritti Letterari, ed. L. Firpo, I. Hierzu: F. Schalk, in: Romanische Forschungen 57, 1943, 138 f. (mit weiteren Belegen zur Buchmetaphorik bei Campanella). – Herders Version: Sämtliche Werke, ed. Suphan, XXVII 334. Nach Campanella (1802). – Ernst Bloch hat an Campanellas Buchmetapher noch ein wenig weitergesponnen: Vorlesungen zur Philosophie der Renaissance. Frankfurt 1972, 51-53.

Sie ziehn wir Gottes hohem Lehrstuhl vor.
Deßhalb die Strafen, die von jener Irrung
Uns unvermerkt ereilen. Zänkereien,
Unwissenheit und Schmerz. O kehrt zurück,
Zu eurem Urbild, Menschen, und zum Glück.

VIII
Asymmetrien der Lesbarkeit

Es ist die Grundidee des Empirismus, die Natur würde von sich aus ihre Geschichte erzählen, wenn man sie nur ließe, sich nicht ihr aufdrängte und vordrängte, sie nicht durch Vorwissen und Vorurteile an ihrer Selbstkundgabe hinderte.

Eine der sprachlichen Voraussetzungen für diese Grundvorstellung ist, daß die Naturwissenschaft eben nicht ›Naturwissenschaft‹ hieß, sondern ›Naturgeschichte‹, *historia naturalis*. Es ist eine Umdeutung des Sinnes, daß der Mensch diese Geschichte erzählt, wenn der frühe Empirismus mit dem Gedanken spielt, man müsse die Natur selbst sie zwanglos preisgeben lassen. Wenn Francis Bacon nach einer Metapher für das Verhältnis des theoretischen Subjekts zur Natur als seinem Objekt sucht, erscheint ihm noch prägnanter als die des Buches und seines Lesers die des Schreibenden nach Diktat. Dies ist gewiß, in der Auslegung des alten Mythos von Pan als Allegorese der Natur, eine äußerste Zuspitzung der Vorstellung von der möglichen Wahrheit der Philosophie. Aber eben keine willkürliche, denn alles kommt hier darauf an, daß die Philosophie Echo, Spiegel, selbstlose Mittlerin ist, die nichts aus Eigenem hinzufügt: *nihil aliud est quam ejusdem simulacrum et reflexio, neque addit quicquam de proprio, sed tantum iterat et resonat.*[77] Und nichts anderes tut diese wahre Philosophie, als daß sie aufs getreulichste wiedergibt, was die Natur verlautet, so als ob es nach dem Diktat der Welt niedergeschrieben wäre (*veluti dictante mundo conscripta est*).

In dieser Metaphorik steckt eine Vorentscheidung. Man kann sie sich verdeutlichen, wenn man die nicht weniger verbreitete, aber im Grundentwurf ganz andersartige Metaphorik vom theoretischen Subjekt als der inquisitorischen Gerichtsinstanz über die Natur, als dem Tribunal und Gerichtsstuhl ihrer peinlichen Befragung auch mit den Verhörmitteln der Tortur, zum Vergleich heranzieht. Bacon, der ein großes Instrumentarium an Verfahren für Erfah-

---

[77] Bacon, De sapientia veterum VI. Pan sive Natura (The Works, edd. Spedding, Ellis, Heath, VI 640). Fast wörtlich identisch: De augmentis scientiarum II 13; ed. cit. I 530.

rung aufbietet, aber kaum Instrumente dafür zuläßt – optische Geräte nicht einmal in Erwägung zieht –, verfährt im Grunde immer noch literarisch: Er ordnet Materialien, stellt sie gegeneinander und zueinander, schreibt nochmals und anders auf, was schon irgendwo aufgeschrieben gewesen ist. Insofern ist das Bild von der die wahre Philosophie diktierenden Welt und dem theoretischen Subjekt als ihrem Schriftführer seine zentrale Imagination. Aus ihr leitet sich fast zwanglos ab, daß der Standard einer *experientia literata* erreicht sein muß, soll die Idee der *interpretatio naturae* erreichbar werden. Es muß geschrieben sein, ehe ausgelegt werden kann.

Aber was ist das Resultat, das Bacon von dieser Art von Theorie erwartet? Was ist es, was die Natur derart zwanglos preisgibt, wenn der Mensch auf sein Vorwissen verzichtet? Die Naturgeschichte, die sie erzählt, enthält vor allem Namen. Namen, die seit Adam vergessen worden oder verlorengegangen sind und die wieder aufzufinden die Hauptaufgabe der Wissenschaft ist. Nur mit ihrer Hilfe ist jene Situation des Menschen gegenüber den anderen Naturgeschöpfen wiederherzustellen, die den Titel des Paradieses trägt und eben darin besteht, daß die Dinge, bei ihrem Namen genannt, durch ihn natürlicherweise und zwanglos in die Botmäßigkeit des Menschen kommen.

Es ist also nicht eine Geschichte, die sich nur übergangsweise, wie aus Verlegenheit in der Sprache abspielt, aber von den Sachen her kommt und sich ständig in Sachen, Ereignisse, Prozesse umsetzt, sondern eine wesentlich aus Wörtern bestehende Geschichte. Darin liegt, daß die Lösung aller Probleme nicht die Beschreibung, sondern die Nennung ist. Sonst wäre sie Sache der Verfahren zur Abbildung der Gegenstände der Natur gewesen. Aber gerade das ist nicht der Fall. Denn Bacon hat im Hintergrund seiner Erinnerung die Schöpfungsgeschichte, die nichts anderes ist als die Summe der Befehle an die bei Namen genannten Wesen: zu sein. Der paradiesische Mensch wiederholt also die Namen, die im Schöpfungsbefehl Gottes vorgekommen waren. Diese sind die wahren Namen der Dinge, bei denen sie zu rufen bedeutet, daß sie genauso gehorchen, wie sie im Schöpfungsakt gehorcht haben, aus dem Nichts hervorzutreten.

Es bedeutet wenig zu sagen, dies sei nichts anderes als die Grundvorstellung schon der Magie gewesen. Ohne Zweifel ist Bacons Idee der Wissenschaft eine Art überhöhter Umsetzung der Grundidee der Magie. Im Gegensatz zu anderen Verlaufsrichtungen der Wissenschaft, von denen man sagen könnte, ihr Ideal, auf das hin sie jahrhundertelang tendieren, sei die Abbildung, ist bei Bacon das Ideal des theoretischen Besitzes die Kenntnis der Namen. Sie ist ein schwacher Abglanz jener sakralen Erkenntnis, die in nichts anderem kulminiert als darin, den Namen des Gottes zu wissen, den die anderen ringsum, die falschen Göttern dienen, nicht kennen. Es besteht eine tiefe Rivalität zwischen der Orientierung der Theorie am Ideal der Abbildung und der am Ideal des Namens. Denn der Name einer Sache ist eben das, was an ihrem Bild oder an der Summe ihrer Bilder schlechthin nicht feststellbar ist, aber Herrschaft selbst über das gewährt, was nicht vergegenwärtigt werden kann.

Wenn Bacon dennoch die Metaphorik der ›beiden Bücher‹ verwendet, so vor allem wegen einer Unterscheidung, auf die ihm alles ankommt: der zwischen dem Willen und der Macht Gottes. In seiner Frühschrift »Valerius Terminus« heißt es, vor uns lägen zwei Bücher mit verschiedenen, aber genau definierbaren Funktionen. Das eine offenbare den Willen Gottes, das andere drücke seine Macht aus. In diesem zweiten läge auch noch, daß es uns zumindest versichert, nichts sei unmöglich, was in dem ersten Buch gelehrt werde.[78] Die Metapher trägt die Legitimation der Naturwissenschaft als das ausdrücklich erklärte Interesse der Religion an der Erweiterung des Wissens von der Natur. Indem das eine Buch alles zusammenfaßt, was den Gehorsam und die Unterwerfung des Menschen erfordert, umfaßt das andere alles, was umgekehrt der Unterwerfung durch den Menschen fähig und zugänglich ist. Die Funktion der Metapher der ›beiden Bücher‹ bei Bacon läßt sich auch als Vermeidung der Rivalität des Menschen mit Gott bestimmen: Indem reine Erkenntnis um der Erkenntnis willen ausgeschlossen, Erkenntnis um der bloßen Macht willen zur Sache des Menschen erklärt wird, beugt er sich vor der Grenzziehung zu

---

78 Valerius Terminus (1603/4) I 1 (Works III 221): ... *laying before us two books or volumes to study if we will be secured from error; first the Scriptures revealing the will of God, and then the creatures expressing his power; for that latter book will certify us that nothing which the first teacheth shall be thought impossible.*

einem Wesen, das in der metaphysischen Tradition durch reine Anschauung, beseligende Theorie definiert ist. Die neue Rechtfertigung der menschlichen Theorie ist gerade ihre ›Unreinheit‹ als ihr konstitutives Verhältnis zur Macht, ihr impliziter ›Wille zur Macht‹.

Die Demonstration der absoluten Macht hat erstaunlicherweise ihren Schrecken verloren. Sie wird übersetzt in die Lizenz, unter Wahrung des Gehorsams gegenüber dem göttlichen Willen, also der Moral, selbst ein über die Natur mächtiges Wesen zu sein oder sein zu können, eine Macht auszuüben, die die Schrecken der fremden Macht kompensiert. Das aber geschieht mit den Mitteln, die diese fremde Macht selbst in ihre Demonstration gelegt hat. Das Geheimnis der neuen Wissenschaft besteht also darin, der Natur die Mittel zu entnehmen, mit denen Macht über sie ausgeübt wird, so wie sie von allem Anfang an ein Produkt der Macht gewesen war.

Weil das Buch der Natur ein Manifest der Macht ist, dient es nicht dazu, lesend bei ihm zu verweilen. Aus ihm sind vielmehr die Namen zu nehmen, bei denen die Dinge gerufen werden, zu rufen sind, die wahren Namen ihres Wesens. Wissen darf daher nicht bloßes Vergnügen der Neugierde (*pleasure of curiosity*) oder Erhebung des Geistes oder Triumph des Witzes oder Befriedigung des Bedürfnisses sein, sondern ist Wiedereinsetzung des Menschen in seine ursprüngliche Hoheit und Macht, die Dinge bei ihrem wahren Namen zu rufen und dadurch wieder über sie zu herrschen.[79]

Das Buch der Worte Gottes und das Buch der Werke Gottes[80] – diese Dualisierung ist für Bacon nicht mehr strikt symmetrisch. Die Worte Gottes werden zwar in einem festen und nicht zu erweiternden Bestand verwahrt, seine Werke jedoch – so weit sie noch davon entfernt sein mögen, Entwicklungsprozessen kosmologischer, geologischer oder biologischer Art zu unterliegen – werden ständig

---

[79] Valerius Terminus I 1 (Works III 222): *And therefore it is not the pleasure of curiosity... but it is a restitution and reinvesting (in great parts) of man to the sovereignty and power (for whensoever he shall be able to call the creatures by their true names he shall again command them) which he had in his first state of creation.*
[80] Advancement of Learning I (Works III 268): *...in the book of God's word or in the book of God's works... let men endeavour an endless progress or proficience in both...*

fortgeführt, indem eines dieser Werke, der Mensch, seinerseits zum Werksetzen installiert und legitimiert ist. Insofern die Naturerkenntnis ihn instand setzt, dieser Weltrolle oder – dem Staatsbeamten Bacon angemessener formuliert – diesem Weltamt zu genügen, ist sie nicht nur Behelfsverfahren in Situationen der Bedürftigkeit und Notwendigkeit, sondern unmittelbare Umsetzung der Fähigkeiten und Möglichkeiten, die dem Menschen ursprünglich mitgegeben waren und die er beim Verlust des Paradieses eingebüßt, bei der Erneuerung des Paradieses, nach Bacons Programm, zurückzugewinnen hatte.

Vorzustellen, daß die Werke des Menschen, als auf Naturerkenntnis beruhend und durch sie ermöglicht, zerstörerisch in die Werke Gottes eingreifen könnten, wäre für Bacon ausgeschlossen gewesen. Die Werktendenz des Menschen kann der göttlichen nicht entgegengesetzt sein, weil noch das Neue, sogar der Gattung nach, aus dem alten und vorgegebenen Text heraus entwickelt werden muß.[81] Wie Bacon sich das gedacht hat, ist nur zu erraten. Die Lektüre des alten Textes übt in die Fähigkeit ein, ihn zu erweitern und durch Neues anzureichern.

Daß Neues sein und gefunden werden könne, hatte ja nicht nur der Aristotelismus mit seinem Prinzip der Vollständigkeit und Ewigkeit der Welt – daraus folgend der Nachahmung als Wesen aller menschlichen Kunstfertigkeit – ablehnen müssen, sondern würde auch der die Neuzeit so angemessen ausdrückende Pantheismus zu negieren haben. Gerade wegen der Vergöttlichung des Menschen und der ganzen Natur besaß dieser keine Basis mehr für die Ausdrucksqualität der Welt und mußte die Vollständigkeit der Realisierung ihres Prinzips in ihrer Erscheinung annehmen. Der *deus sive natura* als letzte Wirklichkeit selbst, wenn auch zugänglich nur in seinen Attributen Ausdehnung und Denken, kann keine verweisende Funktion haben, sich aber auch nicht vorenthalten, verbergen oder entbergen. Wenn es immer das letzte Selbst ist, was sich zeigt, wird die Buchmetaphorik gegenstandslos, wie schon bei Giordano Bruno.[82]

81 Novum Organum. Widmung an Jacob I. (Works I 123): *Sunt certe prorsus nova: etiam toto genere: sed descripta ex veteri admodum exemplari, mundo scilicet ipso, et natura rerum et mentis.*
82 H. Blumenberg, Die Legitimität der Neuzeit. Frankfurt 1966, 549 f. – Wenn Bruno doch für den *ordo cognoscendi*, wie er *a confuso ad distinctum* voran-

So ist die Folge der Anreicherungsfähigkeit des Welttextes durch den Menschen bei Bacon, daß das ›Buch der Natur‹ nicht einfachhin Machtausdruck bleibt, sondern sich im Maße der Selbstermächtigung des Menschen in deren Manifest verwandelt, letztlich zum Buch seiner Geschichte wird. Die Natur tritt zurück hinter dem, was eines ihrer Wesen hervorbringt; es ist darauf angelegt, daß sie dahinter verschwindet. Auch wenn der Weg von hier bis zu Hamann, der aus der Zweizahl der großen Bücher die Dreizahl gemacht hat – Buch der Natur, Buch der Offenbarung und Buch der Geschichte – noch weit ist, so gehört doch Bacons Metapherngebrauch zum faßbaren Ausgangsbestand.

Begriffsgeschichtlich wichtigster Schritt auf diesem Weg mußte sein, den Ausdruck ›Welt‹ vom Übergewicht der Orientierung an der Natur zu lösen und ihm das Universum des Menschen, seiner Ausdrucks- und Kulturleistungen, zu integrieren. Dazu hatte vor allem Montaigne beigetragen. Wenn Descartes dann sagt, man könne auch auf einer Kavaliersreise *le grand livre du monde* lesen lernen, ist der Vorrang der Natur nicht mehr erkennbar. Bei der Beschreibung seines Bildungsganges läßt er auf die Stufe der *étude de lettres* den Entschluß folgen, keine andere Wissenschaft als die in ihm selbst oder im großen Buch der Welt (*ou bien dans le grand livre du monde*) liegende zu studieren.[83] Daraus wird die Phasenfolge, zunächst Welterfahrung zu sammeln, dann zur Selbsterfahrung überzugehen.

Während jedoch die Abkehr von den ›Vorurteilen‹ des Studiums in La Flèche motiviert wird mit dem Überdruß an den Widersprüchen der scholastischen Bücherwelt, ist die Wendung von außen nach innen, von der Welt auf das Selbst eigentümlich unbegründet, voluntaristisch beschrieben. Sie scheint einem tradierten Schema Genüge zu tun, das sich am ehesten mit dem vergleichen läßt, das

---

schreitet, auch jenes Gleichnis hat: eben so gehe man von der Kenntnis des Titels oder der Vorrede eines Traktats voran zu dessen voller Kenntnisnahme, dann steht das nur parallel zu dem anderen Vergleich, man erfasse an einem Haus oder einem Menschen zuerst vage das Ganze, dann dessen Teile, beim Begriff zuerst das Genus, dann die Species (Summa Terminorum Metaphysicorum XXX; Opera lat. I 4, 53). Ausdrücklich abgelehnt ist bei Bruno die Buchstabenmetapher für das Element: Opera lat. I 1, 101. Nicht mit Konsequenz, denn analytisches und synthetisches Verfahren der Naturphilosophie werden von ihm selbst exemplifiziert an der *ratio litterarum et syllabarum* (Opera lat. III 286).
83 Discours de la Méthode I 14-15.

Petrarca auf dem Gipfel des Mont Ventoux praktiziert hatte, als er, statt in die Weite der Aussicht zu sehen, die »Confessiones« des Augustin aus der Tasche zieht und aufschlägt. Es ist nicht einmal angedeutet, daß Descartes am großen Buch der Welt ein solches Ungenügen gefunden hätte, daß es ihn bestimmen mußte, ›in sich zu gehen‹. Eher wird man von der Vervollständigung eines Pensums des Bildungsgangs zu sprechen haben, mit der Sequenz: Bücher, Welt, Selbst. Die Welt stößt nicht zurück auf das Selbst und seine intimste Heilsbesorgnis, sondern beginnt dieses Selbst so zu reflektieren, daß es an ihr immer mitgegeben ist. Gerade darin ist die ›Welt‹ nicht ›Natur‹ als Ausdruck einer fremden Subjektivität. Es kommt darauf an, metaphorologisch die Schwierigkeiten zu erfassen, die es macht, das zur Sprache zu bringen.

Das große Buch der Welt enthält also mehr und anderes als das, was Descartes unter dem Titel »Le Monde« geplant und erst aufgegeben hatte, als er 1633 von der Verurteilung des »Dialogs über die Weltsysteme« von Galilei erfuhr. Die obligate Wendung von der Welt zum Selbst ist seit Montaigne nicht mehr die große Konversion, weil die Welterfahrung durchaus Anlässe und Anreize zur Selbsterfahrung bietet. Nach der eigenen Aufzählung des Descartes eröffnet das Weltbuch dem reisenden Kavalier den Anblick von Fürstenhöfen und Armeen, Völkerschaften verschiedenen Naturells und unterschiedlicher Staatsordnung; in der Begegnung mit ihnen erprobt der Reisende, was sich ihm erschließt oder verschließt, welches Maß an sachgemäßem Verhalten er aufzubringen vermag. Das Selbst wird im Maße der Welt erfahren, als ›Verträglichkeit‹ mit ihren wechselnden Bedingungen. Man wird mit E. Gilson unterstellen dürfen, daß Descartes im Hinweis auf das große Buch der Welt Montaignes Essay »De l'institution des enfants« folgt.[84]

Doch wird man sich hüten müssen, Gilson auch darin zu folgen, daß die Reflexion auf die Selbstgewißheit im Zweifelsversuch schon bei dem Zusammenhang von Welterfahrung und Selbstzuwendung anzusetzen sei. Zweifellos wünscht Descartes gerade dies zu suggerieren. Die Lektüre im großen Buch der Welt soll zu ähnlicher Unsicherheit und Ungewißheit der Realitätsbeziehung Anlaß ge-

---

84 E. Gilson, Kommentar zum »Discours de la Méthode«. Paris 1947, 142 (zu »Discours« I 26).

geben haben, wie zuvor die Lektüre in den Büchern von La Flèche angesichts ihrer Widersprüchlichkeit Resignation bewirkt hatte. Dann hätte diese Phase seiner Bildung bereits den nach dem Traum von 1619 ansetzenden Entwurf zu einer neuen Begründung der Wissenschaft vorgebildet.

Jeder hat Anspruch darauf, in seinem Lebensgang die Spuren von Sinngebung zu entdecken; aber man muß deshalb seinen Mitteilungen darüber nicht allzu nachgiebig folgen. Was bleibt, ist die Charakteristik der neuen Gewißheit nach der Begründung der wissenschaftlichen Methode als einer von allen Büchern, den realen und den metaphorischen, freigesetzten, vom Subjekt nur sich selbst verdankten Sicherheit. An die Stelle der Buchmetaphorik tritt die von Bau und Vorrichtung, von Fundament und Gestell, von Mechanismus und Stadtplan.

Am Ende seiner »Prinzipien der Philosophie« von 1644 reflektiert Descartes auf die theoretische Gewißheit der Naturerklärung. Sein Ergebnis ist, daß die Hypothese der Leistung einer Maschine gleiche, die mit bestimmten Vorrichtungen bestimmte Wirkungen hervorbringt. Vergleichbar sind Maschine und Hypothese darin, daß ihre Konstruktionen nicht erkennen lassen, nur sie seien und nicht auch beliebige andere wären gleichermaßen leistungsfähig. Im strengen Sinne sehe nur der Konstrukteur an der Zweckmäßigkeit seiner Maschine, welchen Zusammenhang zwischen Konstruktion und Ergebnis er gewählt hat. Jeder andere Betrachter müsse ihn erschließen und könne dabei zu Lösungen gelangen, die mit der des Urhebers nur äquivalent, nicht aber identisch sind. Wer die Leistung einer Maschine zu erklären sucht, hat im Grunde keine ausschließlich theoretische Absicht; er will sich nur die Bewirkbarkeit des gleichen Effekts aneignen.

Das Maschinenmodell der Erkenntnis bietet einer rein theoretischen Einstellung, die wissen will, wie die Dinge *revera facta* sind, keine Position. Der Mensch ist dieser reine Theoretiker nicht; er hat darauf verzichtet, wenn man es so sagen will, dem Konstrukteur des Weltmechanismus auf die Finger zu sehen, und begnügt sich mit solchen Problemlösungen, deren gleichwertige Resultate ihm zu leben gestatten. Deshalb kann für die Hypothese moralische Gewißheit genügen, wie sie *ad usum vitae* zureicht. Bezogen auf die absolute göttliche Macht, bliebe die Natur eine *black box* – es sei denn, man könnte sie als Ganzes unter die allgemeine metaphysische Prämisse der Vollkommenheit Gottes und seiner daraus folgenden Wahrhaftigkeit gegenüber dem Menschen stellen. Aber Aufrichtigkeit des Gottes ist eben nur dort erforderlich und ableitbar, wo das Interesse des Menschen an ihr unzweifelhaft ist. Er ist ›frei‹, wo seine Gültigkeit nicht in Frage steht. Es ist eine Erweiterung des nominalistischen Schemas, Gottes Majestät beschränke sich nur zugunsten der Heilsgewißheit.

Deshalb bedeutet es auch bei Descartes etwas ganz und gar anderes als bei Galilei zu sagen, der Text des göttlichen Werkes sei ein chiffrierter. Galilei hatte niemals sagen wollen, die Ausfertigung des Buchs der Natur in mathematischen Zeichen und Figuren diene, durch ihre Abweichung von der Sprache des Alltags und der Öffentlichkeit, einer künstlichen und auf Vorbehalt ausgehenden Verschleierung oder gar Irreführung. Vielmehr ist die mathematische Sprache für ihn gerade und ausschließlich diejenige, durch die der Mensch in den Stand gesetzt wird, am Gewißheitsbesitz der Gottheit mit deren eigenen Mitteln, also vollgültig und in derselben Qualität, wenn auch nicht im selben Umfang, teilzunehmen. Auch darauf hatte ja die Weigerung Galileis beruht, das kopernikanische System lediglich hypothetisch gelten zu lassen, womit er dem kirchlichen Anspruch voll hätte genügen können.

Bedenkt man, daß Descartes sich aus dem Abgrund seines Zweifels gerade mit dem Argument wieder heraus zieht, die erwiesene *veracitas* Gottes habe den Menschen unmöglich täuschen können, dann ist es eine erstaunliche erkenntnistheoretische Nachgiebigkeit, wenn er das Ableitungsprinzip aus der göttlichen Vollkommenheit wiederum für zu schwach hält, um die von der menschlichen Vernunft bevorzugbare Problemlösung als die in der Realität selbst gewählte auszuweisen. Descartes weicht zurück, weil er sich des Ausmaßes der Vorbehalte Gottes gegenüber dem Menschen nicht sicher ist.

Wenn er am Schluß der »Prinzipien« die Metapher vom chiffrierten Brief verwendet, läßt er im Gegensatz zu Galilei alles doch auf Verrätselung und Verhehlung angelegt sein. Wäre ein solcher Brief etwa in der Weise zu entschlüsseln, daß der jeweils nächste Buchstabe im Alphabet eingesetzt werden müßte und diese Vermutung einen lesbaren Text ergäbe, so wäre es immer noch möglich, daß bei einem Dekodierverfahren nach einem anderen Ersetzungsschlüssel wiederum ein lesbarer Text anderen Inhalts herauskäme. Erstaunlicherweise zählt das Kriterium des Inhalts, als eines im Verhältnis zur göttlichen Vollkommenheit bewertbaren, nicht. Vielmehr ist es nur der Konsistenzgrad des Textes, der auf seine Zuverlässigkeit zu schließen und den Hinterhalt einer mehrfachen Lesbarkeit auszuschließen gestattet: *vix potuisse contingere, ut tam multa simul cohaererent, si falsa essent.*[85] Es ist ein rein immanenter Wirklichkeitsbegriff der formalen Konsistenz, der sich auch *vor* jedem Zweifelsakt hätte anwenden lassen.

Descartes hat keinen nennenswerten Aufwand getrieben, um sich analytisch mit den ›Vorurteilen‹ zu beschäftigen, deren Übergewicht und Vorherrschaft aus der Tradition der Schulen er biographisch den Ursprung seiner Zweifel zuschreibt. Bacon hatte ungleich mehr Scharfsinn daran gewendet, die Voreingenommenheiten der Vernunft zu klassifizieren und genetisch zuzuordnen. Dennoch wird das Scheitern der Aufklärung weitgehend daran liegen, daß die Exstirpation der Vorurteile als einmaliger und zweifelsfreier Schnitt ins Leben der Geschichte allzu leicht genommen und den neuen Evidenzen anstelle der alten zu viel zugetraut wurde. Descartes und Bacon hielten die neuen Anstrengungen, die die Erkenntnis würde machen müssen, für geringer als den vergeblichen Aufwand, den sie im Laufe ihrer langen Geschichte schon gemacht hatte. Vorurteilslosigkeit war Befreiung für die authentische Macht der Wahrheit.

Eine Art Synthese von Descartes und Bacon hat in England Joseph Glanvill in der zweiten Hälfte des 17. Jahrhunderts mit seinem »Plus ultra« von 1668 versucht, und man möchte gern glauben, daß seine späte Neigung zu Okkultismus und Hexenglauben, die der postume »Sadducismus triumphans« belegt, nicht die Konsequenz seiner philosophischen Jahre war. Aber ein Zeugnis für die unbewältigte Problematik der Vorurteile war es gewiß.[86]

Glanvill hat die Metapher vom Buch der Natur wieder mit der von der Einfalt des Lesers vor diesem Buch verbunden. Er soll, wenn er an das Buch herantritt, den Kopf noch nicht voll haben

---

85 Principia Philosophiae IV 205.
86 A. Godet, Hexenglaube, Rationalität und Aufklärung: Joseph Glanvill und Johann Moriz Schwager. In: Deutsche Vierteljahresschrift für Literaturwissenschaft und Geistesgeschichte 52, 1978, 581-603.

von Vorwissen und damit von Vorurteilen. Es verbindet sich die Normativität der Natur mit der der Natürlichkeit im Gegensatz zu einer Künstlichkeit, die die Unmittelbarkeit des Zugangs verstellt. Alles konzentriert sich auf die Dichte des großen Hindernisses, das wegzuräumen ist, als eröffnete sich dahinter für den alten *Idiota* der freie Blick auf die Wirklichkeit.[87] Aber ein des Lesens unkundiger ›Leser‹ des Buchs der Welt wie der Laie des Cusaners – daran hätte Glanvill nicht mehr gedacht. Denn inzwischen bedurfte es nicht nur des Abwerfens der Vorurteile, sondern der von Bacon gezeigten methodischen Aufarbeitung des Erfahrungsstoffes, um ihn ›lesbar‹ zu machen.

Nur auf den ersten Blick ist verwunderlich, daß das zunehmende Übergewicht der Methodenidee von dem Ideal der schlichten Unbefangenheit des *Idiota* abwendet. Ihm bleibt der Genuß des Schönen als letztes Privileg, und er verteidigt es noch in den umhegten Reservaten der Natur. Das Buch der Natur wird zur Lektüre des Fachmanns, und diesem kann allgemein die Vorsicht auferlegt werden, die in der Wissenschaftstradition seit der Antike der Astronomie vorbehalten gewesen war. Zwar suchen, nach Glanvill, die wahren Philosophen die Wahrheit im großen Buch der Natur; aber die Form ihrer Resultate einer mit Aufmerksamkeit und Umsicht ohne Hast betriebenen Forschung tragen sie nur als Hypothesen vor.[88]

Das liegt schon begründet in der Zeitform der neuen Wissenschaft, die als ein über die Generationen sich erstreckender Prozeß niemals

---

87 Plus ultra or the Progress and Advancement of Knowledge since the days of Aristotle. London 1668 (Repr. Gainesville 1958), ch. XVII (p. 126): *Thus the great impediment was removed, and the prejudice of Education overcome, when I thought further. That useful Knowledge was to be look'd for in God's great Book the Universe, and among those generous Men that had convers't with real Nature, undisquised with Art and Notion.*
88 Scepsis Scientifica. London 1661; ²1665, 44 (zit. n. Laurens Laudan, The Nature and Sources of Locke's views on Hypothesis. In: Journal of the History of Ideas 28, 1967, 219 f.): (Wahre Philosophen) *seek truth in the great book of nature, and in that search ... proceed with wariness and circumspection without too much forwardness in establishing maxims and positive doctrines ... propose their opinions as hypotheses, that may probably be true accounts, without peremptorily affirming that they are ... But yet the greatest certainty, advanced from supposal, is still hypothetical ... But we strangely forget ourselves, when we plead a necessity of their being so in nature, and an impossibility of their being otherwise.*

das letzte Wort beanspruchen kann. Zwar führt das Buch der Natur seinen Leser nicht in die Irre, aber er könnte nur erwarten, daß es als ein Ganzes ihm die abgeschlossene Wahrheit dargeboten haben wird. Die bedingte Modalität, der sich der Philosoph beugen muß, ist noch nicht die Resignationsform des unendlichen Fortschritts. Glanvills ›wahre Philosophen‹ als Leser in dem großen Buch der Natur vertreten nicht den individuellen Leser vor seinem Buch, sondern sind Teilnehmer an einer jeden einzelnen überfordernden menschheitlichen Lektüre. Die Zeitdehnung läßt die Metapher verfließen. Die Figur des Lesers wird undeutlich, wenn sie den Zug der Generationen vertritt. Aber eben darin wird das Buch der Natur auf das der Geschichte bezogen – oder: Der Vorgang der methodisch regulierten Erkenntnis nimmt die Geschichtsform an, wird selbst ein Stück Geschichte, auch wenn es noch nicht ›Wissenschaftsgeschichte‹ heißt.

In immer neuen Ausgaben ist seit 1642, durch das 17. Jahrhundert hindurch und darüber hinaus, die »Religio Medici« des Thomas Browne verbreitet. Im Gegensatz zum Buch seiner Offenbarung, das Gott selbst geschrieben hat, ist Autor des anderen Buches *His servant Nature* als Hilfsinstanz, um auch für die Heiden Einsicht in ein allgemeines und öffentliches Schriftstück (*that universal and publick Manuscript*) auszubreiten. Die beiden Bücher sind nicht Quellen für dasselbe Publikum, was sich schon daraus ergibt, daß die Heiden sich besser auf die Lektüre der geheimnisvollen Schriftzüge der Natur verstanden als die Christen.[89] Vergessen ist der Gedanke Augustins, die Offenbarung habe auch für das Verständnis der Schöpfung die wichtigsten Aufschlüsse gebracht. Verständlicherweise sucht Browne nach einem Grund dafür, daß die aufkommende Wissenschaft seines Jahrhunderts so große Entdeckungen so lange nach der zweiten Offenbarung Gottes machen konnte; ein Gedanke, der Augustin und dem Mittelalter angesichts der Stagnation ihrer Naturkenntnis seit der Antike nicht zu kommen brauchte. Umgekehrt scheint Browne zu unterstellen, daß der Besitz einer besonderen Offenbarung die Christen gleichgültig gegenüber der allgemeinen gemacht habe.

---

89 Religio Medici I 16 (ed. W. A. Greenhill, London 1889, 27): *Surely the Heathens knew better how to joyn and read these mystical Letters than we Christians, who cast a more careless Eye on these common Hieroglyphicks . . .*

Wichtiger ist Brownes Gedanke von der nur mittelbaren Authentizität des Buchs der Natur. Er dient ihm dazu, die für das Selbstbewußtsein der beginnenden Epoche entscheidende Gleichstellung von Natur und Technik, von Vorgegebenem und Gemachtem, Wuchs und Konstruktion einzuführen. Beide, Natur und Kunstfertigkeit, ständen im Dienst der Vorsehung. Die Technik sei die Vollendung der Natur; denn wäre die Welt geblieben, was sie nach dem göttlichen Schöpfungswerk war, gäbe es noch das Chaos. Zwar hat die Natur eine Welt, die Kunstfertigkeit eine andere gemacht, aber die Natur selbst ist ein Werk der Kunstfertigkeit.[90] Das hört sich wortspielig an, liegt aber im Zuge der Aufwertung des menschlich-geschichtlichen Anteils am Bestand der Wirklichkeit. Wenig fehlt an der Konsequenz des Gedankens, aus dem Buch der Natur das Buch der Geschichte werden zu lassen. Diese wäre dann der Inbegriff der Verhinderungen des Rückfalls ins Chaos gewesen.

Indem Thomas Browne die Natur als Verfasserin des öffentlichen Manuskripts eine Stufe unter den Autor des Heilsbuches setzt, vermeidet er eine Konsequenz, auf die der Bischof Josef Butler in seiner »Analogy of Religion« von 1736 geraten mußte: Wenn Natur und Offenbarung Bücher desselben Autors sind, muß sich seine Identität durch Merkmale *eines* Stils erweisen. Für den Bischof ist Gott vor allem ein dunkler Autor. Diese Stileinheit ermöglicht, dem Buch der Natur Vorrang zu geben und ihm das Buch der Offenbarung als Teil *eines* Gesamtwerkes zu integrieren; der dunkle Autor hat an seinem Werk nur weitergeschrieben.[91]

Dunkelheit der Bücher macht ihre ›Philologie‹ zur Sache des Fachmanns. Aber auch der Umfang wirkt in dieselbe Richtung. Das Buch der Natur kann einem breiteren Publikum nicht so überlassen werden, wie es sich selbst in seiner Weitschweifigkeit darbietet. Es entstehen neue Hilfsmittel der Aufbereitung des Stoffes. Der »Polyhistor Literarius Philosophicus et Practicus« des in Rostock und Kiel amtierenden Daniel Georg Morhof hat eine der zeitge-

---

90 Browne, Religio Medici I 16 (ed. cit. 29): *Now Nature is not at variance with Art, nor Art with Nature, they being both servants of His Providence. Art is the perfection of Nature. Were the World now as it was the sixth day, there were yet a Chaos. Nature hath made one World, and Art another. In brief, all things are artificial; for Nature is the Art of God.*
91 B. Willey, The Eighteenth Century Background. Studies on the Idea of Nature in the Thought of the Period. London 1950, 77 ff.

nössischen Ideen zur Kurzfassung des Buches der Natur innerhalb der Gesamtheit der gelehrten Gegenstände ausgesprochen: *Wie wir zur Erlangung von Kenntnissen in den Wissenschaften Bücher benötigen, so brauchen wir für die empirische Naturwissenschaft dieses eine Buch, dessen Epitome uns in Gestalt eines Museum rerum naturalium bereitgestellt werden kann.*[92]

Den Übergang von der Mechanik zur Medizin, der Descartes als Schlußstein der neuen Wissenschaft neben der ›definitiven Moral‹ vorgeschwebt hatte, vollzieht Johann Alfons Borelli 1679 mit seiner Schrift »Über die Bewegung der Lebewesen«, der Gründungsschrift einer sich als ›iatromathematisch‹ bezeichnenden Schule der Medizin. Borelli war einer der großen Neapolitaner, hatte in Florenz die Tradition Galileis fortgeführt, indem er eine physikalische Theorie für die Bahnen der Jupitermonde und danach der Planeten lieferte. Er hatte dann in Messina eine Beschreibung und Erklärung des Ätna-Ausbruchs verfaßt und schließlich sein Lebenswerk in Rom mit der großen Bewegungstheorie der Organismen im Jahr seines Todes 1679 abgeschlossen. Borelli wollte seine Grundidee, die der Gleichartigkeit mechanischer und organischer Elementarvorgänge, vor allem durch die gegenseitig sich steigernde Übertragbarkeit bestätigt wissen: von der Mechanik und insbesondere der Hydrostatik auf die Bewegungsleistungen der Tiere, von deren höherem Komplikationsgrad wiederum auf die Lösung technischer Probleme. Diese Methode sollte die Unzugänglichkeit des lebenden Organismus durchdringen und so eine Dimension der Wirklichkeit öffnen, deren Verborgenheit für den Menschen allein mit der der Himmelsmechanik verglichen werden konnte. Zwar auf andere Weise, aber doch mit demselben Effekt, war das Innere der lebend bewegten Körper der Theorie entzogen gewesen wie die Gestirnbewegungen in der Tiefe des Weltraums – in beiden Fällen das, was die Tradition mit dem Stichwort ›Seele‹ auf sich beruhen ließ.

In der Widmungsvorrede an die in Rom lebende Königin Christine von Schweden schreibt Borelli, die allerhöchste Güte habe sich

---

92 Der »Polyhistor« Morhofs ist zuerst und noch unvollständig 1688 erschienen, die vierte und letzte Auflage Lübeck 1747. Das Zitat nach der dritten Auflage von 1732 bei Ph. P. Wiener, Leibniz' Project of a Public Exhibition of Scientific Inventions. In: Journal of the History of Ideas 1, 1940, 232-240. Zu D. G. Morhof: A. Steiner, A Mirror for Scholars of the Baroque. Ebd. 1, 320-334.

dem Menschen geoffenbart, indem sie *die Schätze ihrer unendlichen Weisheit vor uns ausgebreitet hat wie in einem Buch.*[93] Doch schwankt er, ob es bei dem einen Buch bleiben soll; denn alsbald spricht er von einem kleinen und besonderen Bande, aus welchem die Wunder der Schöpfung besonders hell hervorleuchten. Es ist der, in dem die Bildung der Lebewesen dargestellt ist. Bei diesem speziellen Buch erst erhebt sich die inzwischen obligate Frage, ob alle Menschen zur Lektüre darin befähigt seien. Nach dem Vorbild, das Aristoteles und Plinius für die Darstellung der Lebewesen gegeben hatten, lag die Vermutung ferner als bei anderen Disziplinen, es könne sich um eine dem Laien ganz entzogene Materie handeln; dazu gab es zu viel Unterhaltsames beim Lehrreichen. Aber die Qualität des ›Interessanten‹ schwindet, die der Mühsamkeit nimmt zu. Das bestimmt die Veränderung im Umgang mit dem Buch der Natur.

Borelli überträgt die metaphorische Rede, daß zwar alle Menschen berufen seien, in dem göttlichen Buch zu lesen, nicht allen jedoch die Fähigkeit gegeben sei, dies zu tun, auf die neue Physiologie. Unklar bleibt aber, wie er deren Rätselhaftigkeit rechtfertigt. Eher scheint die Buchmetapher nur noch ornamentale Verwendung zu finden, um die Aura einer Arkandisziplin zu schaffen, indem Elemente von der Rhetorik des anderen der beiden Bücher entliehen werden: *Wenn auch alle Menschen berufen sind, dieses göttliche Buch zu lesen und zu betrachten, so ist dennoch nicht allen die Gnade gegeben, in dieses Heiligtum einzudringen. Denn nicht ein jeder vermag die verborgenen Weisheiten zu lesen und zu verstehen, die in der lebendigen Aufzeichnung dieses Buches aufgeschrieben sind ...* Es bleibt unerwogen, ob der Mangel an Öffentlichkeit auf dem Vorbehaltswillen Gottes oder auf der Schwierigkeit der sachlichen Voraussetzungen beruht. Wenn dem großen Satz, Gott schaffe die Welt, indem er Geometrie treibe, nun auch für die Organismen einsichtige Geltung verschafft werden soll, wird die

---

93 De motu animalium. Dt. v. M. Mengeringhausen. Leipzig 1927 (Ostwalds Klassiker der exakten Wissenschaft): *Also werden auch die Kunstwerke (machinae), welche sich die Menschen ausdenken, ohne Zweifel dann am besten gelingen, wenn sie sich an die Schöpfungen der Natur anlehnen und ihnen nachgebildet werden, so weit es möglich ist.* Die ›Anwendung‹ zeigt, wie die Metapher vom Buch der Natur ihren Boden verloren hat und nur noch rechtfertigenden und abgrenzenden Gestus enthält.

Geometrie zur *einzigen und passenden Wissenschaft, wenn man die göttliche Schrift in der Tierwelt lesen und verstehen will*. Dann gilt für dieses Buch der Anspruch, den schon Plato über seinen Eingang gesetzt und Kopernikus seinen »Revolutionen« vorangestellt hatte: es dürfe kein Geometrieunkundiger eintreten. Bei Galilei hatte der Satz, das Buch der Natur sei in den Zeichen der Geometrie geschrieben und nicht alle könnten es lesen, nicht die Implikation der Esoterik eines Heiligtums und der nur gnadenhaften Zulassung; es erinnerte vielmehr an die platonische Anamnesis und den von Sokrates seiner natürlichen Mitgift entbundenen Sklaven des Menon. Diese Denkfigur macht noch keinen Platoniker; das zeigt sich an der Art, wie sie im jugendlichen ›Selbstdenker‹ der Aufklärung wiederkehrt.

Ohne platonischen Hintergrund wird es zu den geläufigen Topoi der Autobiographie im Jahrhundert der Aufklärung gehören, daß man sich schon im frühen Lebensalter ohne äußere Anleitung die Grundkenntnisse der Mathematik durch Selbstfindung aneignen könne. Der Selbstdenker findet daran seine erste Selbstbestätigung. Gerade gegen Gelehrsamkeit und Pedanterie wendet sich damit die Metapher vom Buch der Natur in einer neuen Variante, wenn dessen Text nicht in einer fremden Sprache geschrieben ist, die man nur äußerlich, weil empirisch erlernen kann, sondern in einer Zeichenschrift, die prinzipiell von jedermann und an jedem Ort weniger erlernt als vielmehr erfunden zu werden vermag. Darauf beruht, daß Gott nicht mehr ebenso in einer fremden Sprache spricht, wie er es in den Offenbarungsurkunden getan hatte, also in einer immer den Schriftgelehrten vorbehaltenen und nur durch sie erschließbaren Sprache, sondern in einem Medium, dessen der Mensch von Natur gleicherweise mächtig ist.

Zwei Entdeckungen Spinozas haben die Basis der Buchmetaphorik verändert: einmal seine Wiederauflösung der so mühsam hergestellten und noch mühsamer bewahrten Einheit der Bibel, und dann seine Feststellung des Bedarfs an Lesbarmachung auch solcher Texte, die weder chiffriert noch von subtilen Abstraktionsgraden sind. Beide Entdeckungen hängen zusammen, denn die Pluralisierung der Bibel ist ihre Historisierung, die Zuweisung ihrer einzelnen Teile an chronologisch fixierbare Zeitstellen und damit auf erheblich differente Abstände nicht nur zwischen den Ereignissen, deren Geschichte sie darstellen, und deren Chronisten, sondern auch zwischen Autor und Leser. Der Autor – und sei er wirklich der göttlich beeinflußte Prophet, dessen Möglichkeit zumindest Spinoza nicht leugnet – wird das, was er zu sagen hat, nur unter dem besonderen Zwang der Deutlichkeit seiner zeitbedingten Vorstellungen und in seiner Sprache sagen können. Es gibt keine Sprache für alle Zeiten und für jede Zeit, obwohl Spinoza noch relativ hohe Ansprüche an die Konstanz der hebräischen Sprache stellt. Aber es ist nicht Gott, der eine solche Sprache spricht, sondern der Prophet. Es würde nicht einmal etwas nützen, sich im günstigsten Fall einen von Gott den Menschen vom Himmel herab gesandten Brief zu denken, weil er die Voraussetzung nicht außer Kraft setzen könnte, von den Adressaten zwar zu deren Zeit verstanden zu werden, doch damit noch nicht schon für indirekte Adressaten zu jeder anderen Zeit verständlich zu sein.

Spinozas Metaphorik muß im Zusammenhang damit gesehen werden, daß das hebräische Wort *Sepher* auch ›Brief‹ oder ›Urkunde‹ bedeutet; darauf beruft er sich bei der Frage nach der Authentizität der im zweiten Buch der Bibel erwähnten »Bundesschrift« ausdrücklich.[94] Der Brief als Offenbarungsurkunde würde so etwas wie den Grenzwert der denkbaren Unmittelbarkeit und Zuverlässigkeit darstellen; zugleich aber, und darauf kommt es argumentativ an, die Absurdifizierung des Offenbarungsgedankens selbst. Der Besitz eines solchen Briefes vom Himmel wäre nämlich ganz und gar nutzlos, weil er jedem seiner Übersetzer und Ausdeuter überliefert wäre und keiner seiner Adressaten solchen Mittlern ins Handwerk leuchten könnte. Ganz nebenher liefert die Grenzvorstellung von der Offenbarungsurkunde als Himmelsbrief noch ein Argument gegen die in der Bibel literarisch-faktisch vorkommenden Apostelbriefe: Sollten in einem Brief nochmals Briefe eingeschachtelt sein? und könnten sie die ihnen zugesprochene kanonische Autorität ebenso wie die als Gottesaufträge stilisierten Reden der Propheten haben? Wenn aber dies nicht, gäbe es in der Bibel so etwas wie eine Rhetorik zweiter Stufe, für deren Typik Spinoza

---

94 Tractatus Theologico-Politicus VIII (Spinoza, Opera I, edd. G. Gawlick/ F. Niewöhner, 290). Abweichend: A. Schrenk, Art. *graphō, graphē*, in: Theologisches Wörterbuch zum Neuen Testament I 749: in der LXX sei ›Sepher‹ niemals *graphē*, sondern *biblion, biblos*.

vor allem der Römerbrief des Paulus steht. Von dieser reflektiert der Verdacht auf den Sprachmodus der ersten Stufe, auch dort könnte es nur rhetorisches Mittel der lebhaftesten prophetischen Vergegenwärtigung sein, Gott selbst reden zu lassen. Es ist dies ein Stück der immanenten Hermeneutik Spinozas, mit der er, unter der These der aufgehobenen Einheit des Buches, methodisch die Konsequenzen dieser Einheit gerade gegen sie kehrt.

Spinozas Hauptgedanke läßt sich ganz aus der bibelkritischen und religionspolitischen Okkasionalität herauslösen und in seiner nackten Konsequenz aussprechen. Dann behauptet er nicht nur die faktische Uneinheit des einen der beiden Bücher, sondern dessen Unmöglichkeit überhaupt und als solche. Keine Offenbarung könnte dem Menschen mitteilen, was ihm ganz und gar unbekannt wäre, und keine sich anderswo als in den Köpfen der Zeit- und Sprachgenossen unter deren Bedingungen abspielen. Was mit Engelszungen geredet wäre, bedeutete Menschen schlechthin gar nichts. Ein Gott, der sich offenbaren wollte, müßte sich gerade darin als der, der er wäre, verbergen. Er hätte folglich nichts mitzuteilen, und jenes Buch bliebe leer. Nicht nur, daß die faktischen heiligen Schriften nichts zum Lesbarmachen des Buches der Natur beitragen, sie selbst können vielmehr nur vom Besitz des Buches der Natur her, aus dem Fundus der vertrauten natürlichen Vorstellungen, lesbar gemacht werden. Was auf der Ebene der metaphysischen Spekulation der *deus sive natura*-Gedanke ist, reflektiert sich in Spinozas »Theologisch-politischem Traktat« als das Aufgehen der beiden Bücher in einem. Was bleibt, ist ein historischer Befund: das Verhältnis von Gesetz und Gehorsam in einem längst untergegangenen theokratischen Reich.

Der Gott eines heiligen Buches erweist sich als eine Macht der Verlegenheit. Wenn er sprechen oder schreiben wollte – in welcher Sprache dann? Wenn in der seinen – dann ohne Chance für uns, sie je zu verstehen. Wenn in der unseren – was könnte er uns da eröffnen, was nicht schon das Unsere wäre, schon im Buch der Natur steht oder nur ein Stückchen mehr von dessen Art und Typus wäre? Wer Gott sieht, muß sterben; selbst Moses durfte ihn nur vom Rücken her sehen – das ist auch die Antwort auf die Frage nach dem heiligen Buch. Besäßen wir es, wir müßten es fallen lassen wie einen glühenden Stein – mit anderen Worten: Ein Buch wäre es am wenigsten, ein Inbegriff von Unlesbarkeit am ehesten. Dann aber ist daran zurückzudenken, wie die Lesbarkeit des einen Buches die des anderen induziert hatte, und die Unausweichlichkeit zu gewärtigen, die Unlesbarkeit des einen Buches könnte die des anderen infizieren.

Faktisch ist Spinoza so weit nicht gegangen. Er behält den von Fall zu Fall offenen oder möglichen prophetischen Charakter biblischer Texte bei. Er wird Modell für seinen Begriff vom absoluten Staat, dessen Anspruch auf den Gehorsam der Bürger genau dem einzigen Willen entspricht, den er noch der Bibel als homogenes Merkmal zuschreibt: das Gottesrecht auf Gehorsam geltend zu machen. Als Rechte und Satzungen erscheinen die biblischen Befehle freilich nur so lange, als ihre Notwendigkeit nicht anders begründbar, was wie Befehl aussieht, nicht als ewige Wahrheit eingesehen ist – denn dann geht der Gehorsam über in Liebe, die aus Erkenntnis entspringt wie das Licht aus der Sonne.[95] Das freilich steht nur in einer Fußnote, die den »Traktat« subkutan mit der »Ethik« verbindet, und es widerspricht noch einmal jeder Hinneigung zu dem Gedanken, diese wahre Erkenntnis, aus der die Gottesliebe so natürlich hervorgehen soll wie das Licht aus der Sonne, könnte ihre Quelle in demselben Instrument haben, das historisch-faktisch den Anspruch auf Gehorsam manifestiert hatte. So gerade ist es nicht. Der Preis dafür, daß es keinen Konflikt der Vernunft mit der Bibel mehr geben könnte, wäre eben der Befund, daß die Vernunft aus ihr auch nichts mehr zu gewinnen hätte.

Die Metapher von Buch oder Brief ist damit jedoch nicht endgültig aus der Welt. Sie taucht an einer neuen und unerwarteten Stelle wieder auf, die Paulus im Römerbrief mit der Absicht vorbereitet hatte, die Heiden nicht weniger der Erlösung und des Freispruchs bedürftig erscheinen zu lassen als die Juden. Jenen sei das Gesetz, obwohl nicht aufgeschrieben, dennoch in die Herzen eingeschrieben, um ihnen jede Ausflucht vor dem Gericht abzuschneiden. Hier war im biblischen Text noch einmal ›geschrieben‹ worden, und auf diese Metapher läßt sich Spinoza willig erweiternd ein. Daß Gott auch für die Heiden geschrieben hat, und zwar zusätzlich zu den Spuren seiner Erkennbarkeit in der Natur ein Äquivalent des von ihm eigenhändig geschriebenen Sinai-Gesetzes, wird jetzt zur Voraus-

95 Tractatus Theologico-Politicus XVI Adnotatio XXXIV.

setzung des Angebots der Rechtfertigung als eines menschheitlich erweiterten, zu ihrer Herausnahme aus der provinziellen Gebundenheit an das pharisäische Erlebnis der Unerfüllbarkeit des kodifizierten Gesetzes. Doch hatte Paulus auch keinen Grund, mit der Schuldfähigkeit der Heiden als Bedingung für das Missionsangebot ihrer Freisprechung die Besonderheit des den Juden gegebenen Gesetzes abzuschwächen, indem er die Metapher vom herzeingeschriebenen Gesetz zu der einer spezifisch moralischen ›Literatur‹ erweitert hätte.

Genau das aber holt Spinoza nach. Er hat die Stelle für dieses Schriftwerk schon freigemacht, zur ›Umbesetzung‹ vorbereitet. Das zu seinem ursprünglichen Plural zurückgekehrte Geschriebene gewinnt eine neue, geschichtlich nicht bedingte, historisch nicht antastbare Einheit: nicht die des vermeintlichen Briefes vom Himmel, sondern die der verlorenen Urschrift (*syngraphum*) des Vertrages, in dem Gott mit den Juden die Rechtsordnung eines irdischen Reiches begründet hatte. Dies liefert die Metapher: Was Gott dem menschlichen Verstand eingeschrieben hat, ist die *wirkliche* Urschrift, die er sogar mit seinem Siegel, nämlich der Idee seiner selbst, gleichsam dem Bildnis seiner Göttlichkeit, ausgefertigt hat.[96] Wer diese Urkunde besitzt, die schon Moses und Jeremias für eine künftige Zeit verheißen hatten, dem ziemt es nicht mehr, für ein auf Tafeln geschriebenes Gesetz zu streiten, das der Behandlung eines noch kindlichen Zustands der Menschen angemessen gewesen war.

Nicht übersehen werden darf, daß die Metapher von der dem Verstand des Menschen eingeschriebenen und gesiegelten Urkunde zugleich die Vermeidung eines anderen Gedankens ist: dessen der Gottabbildlichkeit des Menschen. Gott hat seine im Geist des Menschen niedergelegte Urkunde mit der Idee seiner selbst beglaubigt, so als ob das Siegel das Bild seiner Göttlichkeit trüge; aber gerade dieses ›*tanquam imagine*‹ wehrt jeden Gedanken an Abbildlichkeit des Menschen selbst oder auch nur seinen Bildbesitz von Gott ab.

---

96 Tractatus Theologico-Politicus XII (edd. Gawlick/Niewöhner, 392): ... *verum esse Dei syngraphum, quod ipse suo sigillo, nempe sui idea, tanquam imagine suae divinitatis consignavit.* (Die Übersetzung dieser Ausgabe trifft den technischen Sinn von ›consignavit‹ nicht mit dem blassen ›bezeichnet hat‹; gemeint ist die rechtsgültige Ausfertigung der Urkunde durch das sie beglaubigende Siegel.)

Das ist sehr wichtig; es erschließt den Zugang zu dem Befund, daß die Metaphorik der Schriftlichkeit und der durch sie etablierten Rechtsverhältnisse die der Bildlichkeit zumindest nicht begünstigt, wenn nicht sogar ausschließt.

Man wird dagegen auf Genesis 1,26 verweisen, wo man gern die Substanz einer biblisch-christlichen Anthropologie wahrnehmen möchte. Sollte daran auch nur ein Gran Richtiges sein, so müßte die völlige Isolierung dieser Formel der »Priesterschrift« sehr verwundern. Da ist doch etwas vom biblischen Gott vorausgesetzt, was in aller Folge mit ängstlicher Scheu von ihm ferngehalten wird: Es kann und darf von ihm kein Bild geben, weil er gar nicht die Merkmale des Abbildbaren hat, jedes Bild von ihm in die Irre führt. Jenes Wort ist also mit Recht als ein mythischer Fremdkörper in der alttestamentlichen Theologie isoliert worden.

Spinozas Metapher wirkt wie eine Ablenkung des Blicks von jener suspekten Formel der göttlichen Selbstentschließung zur Erschaffung des Menschen; statt dessen als Insistenz auf beglaubigter Schriftform für ein Rechtsverhältnis. Das Bild der Gottheit hat auf dem Schriftstück des dem Menschengeist eingeschriebenen Gotteswillens die Funktion des Hoheitszeichens. Der Mensch *ist* nicht das Bild, sondern er *hat* das Bild, und auch dies nur metaphorisch für den Begriff. Es ist dieser, der ihn allererst verstehen läßt, wovon die Rede ist, wenn ihm Propheten oder Apostel von diesem Gott sprechen und für seine Befehle Gehorsam verlangen.

Gottes Urheberschaft an der inneren Urkunde erklärt erst, in welchem Sinn er auch als Autor der biblischen Schriften zu verstehen ist: Weil in ihnen seine Wahrheit wiedererkannt werden kann, nicht, weil er den Menschen eine bestimmte Anzahl von Büchern hätte zukommen lassen wollen. In dieser letzteren Absicht hätte ihn und seine Macht der Verlust jener Urschrift des Bundes und anderer verlorener heiliger Schriften auf peinliche Weise widerlegt. Es ist die andersher vertraute Wahrheit, die den Gott ausweist, nicht der Gott, der allererst die Wahrheit mitzuteilen hätte.

Spinozas innere Urkunde ist zwar natürlich, aber nicht so etwas wie eine Kurzfassung des ›Buchs der Natur‹. Sie ist der Inbegriff der Voraussetzungen, die gegeben sein müssen, damit etwas vom Typus der Prophetie, der göttlichen Gesetzgebung, des Gebotes der Liebe, der positiven Religion überhaupt, verstanden werden kann. In dieser einen Hinsicht ist es zulässig zu sagen, Spinoza habe eher die Akzentsetzung der Gegenreformation als die der Reformatoren mitgemacht. Denn die Reformation hatte das heilsgeschichtliche Funktionsverhältnis der beiden Bücher aus dem Gleichgewicht gebracht, indem sie das der Natur als gänzlich ungeeignet disqualifizierte, um an dem der Offenbarung auch nur irgend etwas als Wahrheit erkennen oder gar glauben zu lassen. Die Gegenreformation verlagerte den Akzent zur anderen Seite: Nach der tridentinischen Definition ist die Natur die in der Substanz durch die Sünde unangetastete Voraussetzung der Gnade. Dann wäre aber auch das Buch der Natur der keiner Berichtigung bedürftige Zugang zu dem der Offenbarung.

IX
Verschlüsselung und Entzifferung der Menschenwelt

Zum Barock als Inbegriff des aus der Gegenreformation entspringenden Pathos zugunsten des Buchs der Natur, gehört eine hypertrophe Rhetorik: Welt ist die unverfehlbare Hinweisung auf Unendlichkeit und Gott. Doch führt sie nicht mehr zur Weltbetrachtung des ruhenden Zuschauers, der aus dem Staunen über das Universum nicht herauskommt und nur noch einer winzigen Schlußfolgerung bedarf, um dies alles zugunsten seines Urhebers hinter sich zu lassen; vielmehr ist der Standort des Weltbetrachters in Bewegung geraten, wie die Erde im Sonnensystem durch Kopernikus und Galilei. Dadurch wird Erfahrung zum weiträumigen Prozeß, der durchlaufen sein will und Verkürzungen nicht verträgt. Man darf sagen: Dem, was die Welt ist, wird das Grundverhalten der Reise zum angemessenen Typus, zum Muster, unter dem ›das Leben‹ selbst und als ganzes begriffen werden kann. Der mittelalterlichen *Peregrinatio* gleicht die ›Welt‹reise nur äußerlich.

Für diese Zusammenhänge ist der gewaltigste Beleg das zwischen 1651 und 1657 erschienene Werk des spanischen Jesuiten Baltasar Gracián »El Criticón«.[97] Diesen metaphysisch-satirischen Reiseroman hat Karl Vossler als die *größte Prosadichtung des Zeitalters* bezeichnet, deren Thema die *Selbstbehauptung innerhalb der Welt, und zwar der europäischen Zivilisationswelt* sei.[98] So eindeutig die weitläufig ausgeführten wie die episodisch eingeschobenen Allegorien dem Repertoire des Barock angehören, so unverkennbar nimmt der didaktische Realismus Merkmale künftiger exotischer und utopischer Reiseromane des ausgehenden und des folgenden Jahrhunderts vorweg. Darauf beruht das Recht Vosslers, Graciáns Werk als *die erste Aufklärungsdichtung mit antipoetischem Vorzeichen, ein großes Poème en prose* zu beschreiben und das, was Voltaire am Stil Graciáns ›harlekinhaft‹ fand, also den Sprachgestus des *Conceptismo*, nicht anders als ›Expressionismus‹ zu nennen.

---

97 El Criticón. Ed. M. Romera-Navarro. Philadelphia 1938. Dt. (teilw.) v. H. Studniczka, Hamburg 1957.
98 K. Vossler, Poesie der Einsamkeit in Spanien. München 1940, 331-338.

Ein Roman? Ein solcher ist das Ganze schon durch die Einheit der lebens- und weltweiten Handlung, die den vor der Insel St. Helena Schiffbruch erleidenden Critilo von dem Naturzögling Andrenio gerettet werden läßt, der zum Dank dafür von jenem Einführung und Einweihung in die doppelte Wahrheit der Welt erhält, um am Ende die Konvergenz der Geheimnisse zu erfahren. Sie besteht darin, daß der Gerettete sein Vater, die von diesem gesuchte und idealisierte einstige Geliebte, Felicinda, seine verstorbene und verklärte Mutter ist. Eine Allegorie der Vergeblichkeit ist die Wanderung von Vater und Sohn, weil Felicinda unerreichbar geworden ist; eine Allegorie der Sinnfindung ist sie, weil sich das Ziel ihrer Wanderung als ein unvermutet höheres, durch andere Mittel als den Realismus gegenüber der Welt dennoch unerreichbares erweist. Was selbst nicht mehr Menschenkenntnis, Selbstbehauptung und Moralistik ist, wäre doch ohne den mit Realität gesättigten ›Umweg‹ der Welterfahrung nur eine unsolide Spekulation – etwa vom Typus der beinahe gleichzeitigen Wette Pascals.

Darin liegt die eigentümliche Bedeutung der Entzifferungsmetaphorik des Werkes: Der Text der Welt will angestrengt, im Gegenspiel von Skepsis und Unbefangenheit zwischen Vater und Sohn, bis zum Ende gelesen sein. Das Pensum der Welt läßt sich nicht durch fromme Entschlüsse überschlagen.

Critilo wird aus dem Schiffbruch an den Strand geworfen, Andrenio tritt aus seiner Höhle auf der Insel heraus: zwei als exemplarisch langher vertraute und unerschöpfte Prägungen für Ausgangssituationen der Selbst- und Welterfahrung, überfällig zu der Konjunktion, in die sie hier treten. Für den tumben Andrenio führt der lange Weg zur Metaphysik der unwirklich-unerreichbaren Felicinda über zahllose Stationen der Enttäuschung, der Ernüchterung, des *desengaño*. Diese Lehrerfahrung gipfelt im Entschwinden der holden Gestalt, die irdische Daseinserfüllung personifiziert hatte, und im Anblick des alles umwälzenden und relativierenden Rades der Zeit, der den beiden von einem der Hügel Roms aus zuteil wird. Das Ineinander von Vergeblichkeit und Unendlichkeit ist die letzte Antwort des Werkes auf seine ersten Fragen.

Schopenhauer sollte der bittere Ton der Satire gefallen. Wo er sich am galligsten über seine Zurücksetzung gegenüber den philosophischen Größen seiner Zeit ausläßt, über die Verschmähung einer seiner Preisschriften durch die dänische Akademie der Wissenschaften, zitiert er eine Stelle aus seinem *spanischen Favoritautor,* eben dem »Criticón« des Gracián, diesem *vortrefflichen, in Deutschland so gut wie unbekannten Buche.*[99] Die *spanische Rhapsodie,* mit der er seine Vorrede beschließen wolle, lese sich nicht, als sei sie 1640 geschrieben, sondern eher 1840. Zu dem Zeitpunkt also, da ein Schopenhauer von einer Akademie getadelt werden kann, weil er Fichte und Hegel den Respekt versagt hatte: *Welche Zeit aber hätte ein so planmäßiges und gewaltsames In-Kurs-Bringen des ganz Schlechten erlebt wie diese zwanzig Jahre in Deutschland? Welche andere hätte eine ähnliche Apotheose des Unsinns und Aberwitzes aufzuweisen?* Es folgt in eigener Übersetzung, was Schopenhauer ausdrücklich *zum heitern Schluß* der Vorrede anbietet; er qualifiziert die Übertragung selbst als ›treu‹.[100]

Doch um Schopenhauer geht es hier nur, insofern er den einsamen Rang des »Criticón« reflektiert, der geläufigen Verächtlichkeit des Allegorischen entgegensteht, selbst vielleicht durch und durch ein Denker in der Formation der Allegorie. Auch deshalb lenkt er den Blick auf Graciáns ›Entzifferer‹, der als Dragoman seine beiden Reisenden vor die Schaubude eines Gauklers führt, um zu sehen, wie dieser mit den Gaffern sein Spiel treibt. Der *Descifrador* ist ein Sohn der Wahrheit und erweist sich als solcher dadurch, daß er den Mechanismus des Irrtums enthüllt. Alle wollen gesehen und verstanden haben, was der Scharlatan ihnen zu sehen und zu verstehen vorspiegelt, weil sie die hohe Meinung von ihrer eigenen Einsichtsfähigkeit festhalten wollen. Es ist eine Überspitzung des platonischen Höhlengleichnisses: Die allein vom Konformitätsdruck, ohne Wände, Mauern und Fesseln, in der Gefangenschaft nur des Wortes – *bei den Ohren angekettet* – zusammengehaltene Menge sieht, was sie sehen soll: den sprechenden Vogel, den Adler des Zeus selbst, der tiefe und scharfsinnige Aussprüche von sich gibt. Ein einziger ehrlicher Mann nimmt das Märchen von des Kaisers neuen Kleidern vorweg und schwört bei allen Heiligen, er sehe gar keinen Adler. Er bekommt es mit der ›Schweigespirale‹ der Demo-

---

99 Schopenhauer, Die beiden Grundprobleme der Ethik. Vorrede zur ersten Auflage 1840 (Sämtliche Werke, ed. W. v. Löhneysen, III 505 f.).
100 Die Randnotizen zur übersetzten Stelle in der zweibändigen Antwerpener Ausgabe des Gracián aus der Bibliothek Schopenhauers sind zugänglich in: Der handschriftliche Nachlaß, ed. A. Hübscher, V 492 f.

skopie zu tun: *Willst du von allen ausgelacht werden? Du darfst nicht anders sagen als daß es ein Adler sei, dächtest du auch ganz das Gegenteil: so machen wir's ja alle.* Schon hat sich auch ein windiger Gelehrter, ein Bakkalaureus gefunden, der die Hermeneutik der Aussprüche des Zeusvogels betreibt.

Die beiden Bildungsreisenden lassen sich von dem *Descifrador* damit trösten, die Zeit werde die Wahrheit zutage bringen, wie sie es immer tue, wenn man nur Geduld habe. Noch dieser Trost wird zur Erfahrung: Kaum hat der Gaukler seinem Publikum den Rücken gekehrt, fängt schon der erste an einzugestehen, der Adler sei in Wirklichkeit ein schreiender Esel gewesen. Schopenhauer mochte seinem Leser versprechen, die Zeitgeistverführung sei nicht ausweglos; doch erst zwanzig Jahre später kann er zur zweiten Auflage eine Vorrede schreiben, um diesmal nur mit höhnischer Verachtung seinen Gegnern, zumal Hegel, den Ausgang der Allegorie Graciáns bei der Nachwelt zu bescheinigen. Seit dieser Einbringung in die deutsche philosophische Landschaft ist das »Criticón« wenigstens nicht mehr ganz vergeßbar geworden.

Entschlüsselung der Welt ist in Graciáns Werk Gelassenheit gegenüber der Wahrheit, die den Weltmann qualifiziert. Es geht nicht um Offenbarungen und transzendente Geheimnisse, sondern um das Mitlesen des hintergründigen Sinnes am vordergründigen Text. Vor allem ist das Buch der Welt nicht das der Natur, nicht einmal das der Menschennatur. Mag also die Quelle für das Kapitel über die Entzifferung des Weltbuches Luis de Granada sein, so wäre ihr nur die traditionelle Vorgabe entnommen, das Buch der Natur sei in Chiffren geschrieben und für deren Entschlüsselung gebe es das Instrument des Glaubens. Der Erfahrungsbestand dieses Bildungsromans ist eben nicht die Natur, sondern Antrieb und Verhalten der Menschen auf Märkten und an Höfen, als Massen und als einzelne.

Nur als Hintergrund ist das Buch der Natur herangezogen, weil sich vor ihm abhebt, wie schwierig das Buch der Menschenwelt in seiner moralischen Verschlüsselung zu lesen ist. Nicht mehr die Gottheit verbirgt sich vor ihren Geschöpfen in der Natur, sondern diese verbergen sich voreinander in ihrer Kultur. Derjenige habe gut gesprochen, der als das beste Buch von der Welt die Welt selbst bezeichnet habe: *que el mejor libro del mundo era el mismo mundo.*

Dieses Buch sei in leuchtenden Schriftzeichen (*brillantes caracteres*) geschrieben und leicht zu lesen, obwohl sich einige schwer zu lösende Rätsel darin fänden. Tatsächlich läge die ganze Schwierigkeit unter den Dächern der Menschen; da sei alles verschlüsselt, und die Herzen versiegelt und so unerforschlich, daß noch der kundigste Leser sich darin verliere. Die Adepten der Weltweisheit müßten schon eine gut eingeübte Decodierung (*contracifra*) besitzen, sonst würden sie nicht einen Buchstaben oder auch nur einen Federzug daran herausbekommen.[101]

Was der neuzeitlichen Wissenschaftsidee die Rechtfertigung theoretischer Professionalität eingebracht hatte: die Begründung ihrer Schwierigkeit mit der mathematischen Verschlüsselung ihrer Sachverhalte und deren Auflösbarkeit allein durch Sachverstand, das findet in Graciáns ›Entzifferung‹ der Welt seine Anwendung auf eine Sphäre der Realität, die bis dahin überhaupt nicht im Verdacht exklusiver theoretischer Bedürfnisse gestanden hatte, nun aber den ›Weltmann‹ als einen eigens eingeweihten Professional der Moralistik zu erfordern scheint. Was allemal zuerst zum Fachmann gehört: die asketische Konzentration auf seine Sache, wird an dem lebenslangen Exerzitium der beiden Reisenden gut erkennbar, die alles andere als Weltgenuß betreiben. Dieser Typus von ›Lebenskunst‹ hat seine eigene Strenge, sein Ritual gesteigerter Ernüchterungen bis hin zur Höhle des Nichts und zum Weltrad der Zeit.

Die wissenschaftsförmig gewordene Erfahrung liest den Text der Erscheinungen an der Menschenwelt auf ihre wahren Triebkräfte und deren sie umsetzende Mechanismen hin, wie der Philologe einen Text daraufhin lesen wird, was Absicht und Verstand des Verfassers gewesen sein mag, der hinter der Verschanzung der literarischen Techniken und Formen fast ungreifbar geworden zu sein scheint. Einige unserer Zeitgenossen, hätten sie nur dem Gracián mit Rat schon zur Seite stehen können, hätten ihn gewiß gedrängt, seine Entzifferung der Welt doch als deren ›Hermeneutik‹ zu betiteln. Aber Gracián wollte nicht auf Distanz zur Natur-

---

[101] El Criticón III 4: El Mundo descifrado (ed. cit. III 118): *Y otra cosa, que si no lleváis bien estudiada y bien sabida la contracifra de todo, os avréis de hallar perdidos, sin acertar a leer palabra ni conocer letra, ni un rasgo ni un tilde.*

wissenschaft gehen; schon gar nicht so dezidiert auf weite Distanz, wie es unter jenem Titel geraten erscheint.

Er wollte die Entschlüsselung des Scheins der Welt in der Nähe der Differenz von ›Erscheinung‹ und ›Gegenstand‹, von sekundärer Qualität und Meßbarkeit halten. Deshalb sind seine Allegorien nicht so freischwebend wie bloße figurale Träger von Begriffen, gleichsam nur an ihren Spruchbändern erkennbar. Sie sind zumeist aus einem metaphorischen Kern entwickelt und um diesen gruppiert. Die ›Höhle des Nichts‹ (*cueva de la Nada*) ist der reinste Ausdruck dieses Verfahrens. Denn unweigerlich ist eine Höhle als der bloße Hohlraum in der solidesten Massivität der Erde mit Ausschluß aller ihrer sichtbaren Eigenschaften und des von ihr getragenen Lebens die reinste Metapher für eben jenes Nichts. ›Entziffern‹ heißt dann das Durchdringen der Bildhülle am Leitfaden ihrer möglichen metaphorischen Verweisungen, der Vorstoß auf den Kondensationskern der Konfigurationen, ohne dabei den scholastischen Realismus der abstrakten Begriffe zu Hilfe zu nehmen. Was hinter den Bildern steckt, ist vielmehr das Wirkliche selbst in seiner allen Realismus erfordernden Gestalt: der des Menschen.

Bleibt die Frage, *weshalb* die Welt verschlüsselt ist und der Decodierung bedarf. Dahinter steckt nicht mehr der Gott, der dem Menschen den Einblick in die Vorbehaltsgüter der höchsten Majestät verwehren oder ihn durch die Schwierigkeit des Umgangs mit der Welt auf die höhere Notwendigkeit seiner Sorge für das Heil stoßen will. Der *genius malignus* müßte in den Plural transformiert werden: Die Menschen entfalten in der Summe ihrer gesellschaftlichen Kunstgriffe einen Weltprospekt, der nicht unvergleichbar ist mit dem, was der Verdacht auf den *Dieu trompeur* gefürchtet hatte. Mit *einem* gewichtigen Unterschied: Weil die Verschlüsselung Menschenwerk ist, aus dem Mechanismus der Selbsttäuschungen und Vortäuschungen herausgesponnen wird, gibt es immer den, der die Meisterschaft der *Ent*schlüsselung erreicht, weil er selbst ein Stück jenes Mechanismus ist. Über den Menschen bedarf es keiner Offenbarung, keines zweiten Buches.

Man braucht auch nicht von der schieren Bosheit als dem Antrieb zu den Verschlüsselungen im Text der Menschenwelt auszugehen. Es gibt noch einen anderen Ansatz dafür, daß auf die Epoche des

›verborgenen Gottes‹ der Theologie nun die des ›verborgenen Menschen‹ der Anthropologie folgt. Gracián deutet das nur in dem einen Zusammenhang an, daß der Erstgeborene der Wahrheit der Haß ist. Die Menschen ertragen den Realismus ihrer Gegenseitigkeit nicht. Sie machen sich füreinander unleserlich, um dieser Unerträglichkeit abzuhelfen. Die Mittel der Vorenthaltenheit mögen zu Mitteln der Hinterhältigkeit werden, liegen unvermeidlich für diese bereit; im Ursprung sind alle Verkleidungen die Bekleidungen einer Blöße, die unentschuldbar wäre. Eben die Umstellbarkeit solcher bloßen Ermöglichungen des Lebens: Vermeidungen des Hasses als der Ausgeburt der Wahrheit, auf Raffinessen des Selbstnutzes macht das Gegenmittel einer eigenen Disziplin nötig, wie sie in der Allegorie des *Descifrador* auftritt. Der Hauptsatz dieser ›Lebenskunst‹ als Wissenschaft verallgemeinert die Erfahrung am Menschen, indem er besagt, die meisten Dinge seien nicht das, als was man sie liest. Wenn sogar die Elemente in den Naturerscheinungen nur verschlüsselt enthalten sind – *wie mag es da erst mit den Menschen stehen!* Der Jammer der Welt beruht nicht nur darauf, daß der Mangel an Kunst des Lesens verstellter und entstellter Schriften den hilflos macht, der durch keine Schule der Weltweisheit gegangen ist, sondern Bedingung für den möglichen Erfolg all derer ist, die sich in den Vieldeutigkeiten der kulturellen Ausdruckssysteme verbergen und diese zum Organ ihrer Weltnutzung machen. Deshalb ist die *neue Entschlüsselungskunst* als Moralistik nicht nur individuelle Gegenwehr, sondern Entkräftung des Mißbrauchs der anthropologisch unvermeidlichen Selbstdarstellung und Selbstverbergung. Umgekehrt sind die schlechten Leser, die *weder über die Chiffren vollkommen unterrichtet sind, noch sie verstehen, auch die Materie der Gesinnungen nicht studiert haben, welche von allen die allerschwierigste ist,* beteiligt am Fortbestand des trügerischen Erfolgs der Artefakte. Der durchaus sittsam-naive Andrenio ist nicht nur selbst gefährdet durch die Enttäuschungen und Rückschläge seiner Verlesungen des Erfahrungstextes; er wird auch als Repräsentant des illusionsbereiten Publikums, das den Jahrmarkt der Scharlatane überläuft, durch die Handlung geführt – nur daß er das Glück genießt, von Critilo und dem allegorischen Hilfspersonal vor dem jeweiligen Abgrund zurückgehalten zu werden.

Verschlüsselung und Entzifferung der Menschenwelt

Wenn der Jüngling aus der Höhle den *Descifrador* fragt, ob nicht von denen, die auf der ganzen Welt anzutreffen sind, die einen Menschen und die anderen Bestien seien, so erwidert ihm der überlegene Klartextleser mit Gelächter. Seine Antwort lenkt auf die hintergründige Metaphorik des Ganzen zurück: *Beachte, daß die meisten, die wie Menschen aussehen, keine sind, sondern Diphthonge.* Der Mensch ist eine Unsubstanz; seine ganze Anstrengung, sich selbst zu definieren, läuft auf die Doppeldeutigkeit hinaus, die sich in der Metapher des Doppellauts darstellt: *Die schlimmsten sind die sittsam Scheinenden, zusammengesetzt aus Tugend und Laster; die setzen die Welt in Brand, gibt es doch keinen größeren Feind der Wahrheit als die Wahrscheinlichkeit...*

Auf die Frage, in wievielen solcher Chiffren sich die Welt darstelle, antwortet der *Descifrador*, es gebe unendlich viele und es sei unmöglich, sie alle zu kennen. Doch wird, wie so oft, die sich andeutende Unendlichkeit durch die Ironie einer den ganzen Aufwand ins Groteske rückenden Einfachheit widerrufen: Es genüge auch, die umfassendste unter den Chiffren zu kennen, an der die halbe Welt hänge; es sei das Kürzel für ›et cetera‹. Gemeint ist auch der Umgang mit vagen Bezeichnungen der Gegenstände, der Benennung eines Menschen als des Soundso, von Handlungen als des ›Duweißtschonwas‹. Immer gehe es darum, daß man verstanden sein wolle, ohne sich deutlich auszudrücken, um dem anderen die ganze Zweideutigkeit der Auswertung einer Andeutung zu überlassen, sie ihm anzulasten. Der *Descifrador* habe, so sagt er, einen gekannt, den man den ›Etcetera-Lizentiaten‹ nannte. Man darf sich, ist die Weisheit, nicht in den Strudel der Vieldeutigkeit durch Unbestimmtheit hineinziehen lassen, wie Andrenio mit Begeisterung auf eben angedeutete und sich hinter jedem solcher Kürzel verbergende Geschichten hereinfällt. Die Chiffre des ›Undsoweiter‹ ist ein gefährliches Passepartout für die Doppeldeutigkeit der Welt: *An wie viele Geschichten rührt sie doch, sämtlich von seltsamer Art.*

An die Begegnung mit dem *Descifrador* schließt sich die Jahrmarktszene an, die Schopenhauer für seine Invektive gegen die Hegelei verwenden sollte. Die Höhenlage der verspotteten Spekulation, die dort als Schaugeschäft vorgeführt worden war, bietet

den Paradefall für die Kunst der Decodierung. Aber auch der Stil des *Conceptismo*, in dem Gracián sein Werk geschrieben hat, kann und soll sich dem Verdacht der artistischen Prätention nicht entziehen. Gracián bezieht ihn in einer seiner Szenen in die große Weltverspottung ein: Er läßt sich selbst ironisieren, was wie eine späte ästhetische Abart von scholastischem Begriffsrealismus aussieht.
Sollte Vossler recht haben mit der Behauptung, Graciáns allegorischer Reiseroman sei das erste Stück Aufklärung – und dazu aus spanischem Geist – gewesen, so ließe sich hinzunehmen, daß seine Metaphorik von der Lesbarkeit der Welt die indirekte moralistische Intention hätte, eben diese Welt könne, sofern nur ihr Text mit der Kunst des Weltmanns gelesen werde, nicht mühelos so bleiben, wie sie ist. Doch wie in allen Systemen der Ver- und Entschlüsselung schaukeln sich die beiden Seiten auf, die Verfeinerung des Decoders treibt das Raffinement der Änigmatisierung voran. So wird Gracián wohl nicht geglaubt haben, die lebenslang getriebene Theorie der Lebenskunst könne einen Vorsprung gewinnen, der den Künsten von Hof und Jahrmarkt das Nachsehen lasse. Der Mann der Gesellschaft Jesu würde keiner Aufklärung den endgültigen Durchbruch der Vernunft zugetraut haben.
Ernst Robert Curtius hat, um das Avancement der Metapher durch Gracián zu veranschaulichen, daneben gestellt, wie konventionell Calderón sie behandelt: Der Kosmos ist das Buch und die Sphären sind seine Seiten. Graciáns Eigentümlichkeit in der Behandlung der Metapher hat Curtius darin gesehen, wie er die Natur gegenüber der Menschenwelt abwertet: Das Buch der Natur enthält eben nur ›Blätter‹, während die Erfahrung der Menschenwelt ›Früchte‹ bringt, wobei der kunstvoll gekürzte Hintergrund der eines Baumes ist, der seinen Zweck verfehlt hat, wenn er nur Blätter, aber keine Früchte trägt. *Gracián hat einen abgenutzten topos überboten.*[102] Natürlich, Überbietungen gehören in die Geschichte der ästhetischen Mittel als rein formale Antriebe von Neuerung; aufschlußreich sind sie erst, wenn man unterstellt, daß Überbietungen nicht ein beliebiges Zulegen sind, sondern gerade aus der Verlegenheit um das, was noch getan werden könnte, ins Blickfeld rücken, daß bis dahin nicht alles getan worden war. Aber hat das bei

102 E. R. Curtius, Europäische Literatur und lateinisches Mittelalter. Bern 1948, 348; 333.

Gracián die Richtung hin zur Aufklärung? Alles hängt davon ab, wie man das Phänomen ›Moralistik‹ einer Geschichte der Aufklärung zuordnet.

Vorsicht gegenüber dem gedachten ›Frühaufklärer‹ Gracián ist geboten. Das bis an die Grenze des Zynismus gehende Mißtrauen in die Qualität der Welt, bei dem die Menschenwelt sich fast undurchdringlich vor die Naturwelt stellt, ist nicht schon *eo ipso* die Gegenkraft, sondern potentiell immer auch das Organ endlicher Resignation zugunsten der Unendlichkeit.

Die Wirkungsgeschichte Graciáns hat denn auch ihren Schwerpunkt jenseits der Aufklärung. Vor allem in Schopenhauers größtem Bucherfolg, seiner Übersetzung der aus Graciáns Werken 1653 ausgezogenen Sentenzensammlung des »Oráculo manual«. Bei der Suche nach einem Verleger, die zu Lebzeiten erfolglos geblieben ist, hat Schopenhauer in werbender Beschreibung des »Handorakels« gesagt, es sei *durchaus das Einzige seiner Art und nie ein andres über denselben Gegenstand geschrieben worden: denn nur ein Individuum aus der feinsten aller Nationen, der Spanischen, konnte es versuchen.*[103]

Angesichts des den Erfolg der Sammlung beherrschenden Stichworts ›Weltklugheit‹ darf man nicht übersehen, daß erst die letzte, nämlich dreihundertste Sentenz wirklich die barocke Pointe freigibt: *Mit Einem Wort, ein Heiliger seyn, und damit ist Alles auf ein Mal gesagt.*[104] Den Schluß vorweggenommen, liest man das Lebenskunstwerk anders, nämlich als Handreichung für das Arrangement mit der Vorläufigkeit aller Dinge. Da taucht die Metapher der Verschlüsselung als eine der ›Kriegslisten‹ im Kampf gegen die Bosheit wieder auf: Sogar die Verstellung muß, da jeder vor jedem ihrer schon verdächtig ist, ihre List potenzieren, indem sie sich unversehens der Wahrheit selbst mit dem Vorteil bedient, gerade dieser nicht verdächtig zu sein – um sich nur wiederum derjenigen Klugheit auszusetzen, welche auch dieses Verfahren ›entziffert‹, welches *je aufrichtiger, desto trügerischer* gewesen war.[105]

---

103 Litterarische Notiz für den Verleger (Handschriftlicher Nachlaß IV/2, p. XV).
104 Balthazar Gracian's Hand-Orakel und Kunst der Weltklugheit ... treu und sorgfältig übersetzt (ed. A. Hübscher, in: Handschriftl. Nachlaß IV/2, 259).
105 Handorakel § 13 (Nachlaß IV/2, 139). – Noch härter in der ersten Übersetzung aus der Berliner Zeit: Nachlaß IV/2, 271 f.

Wir blicken in dieser Anweisung zum Machiavellismus der Lebenskunst gleichsam von der Rückseite auf die Szene, die im »Criticón« aus der Perspektive des bildungsreisenden Zuschauers ansichtig war. Wurde dort die Kunst eingeübt, den Prospekt zu durchschauen, so hier die andere, ihn undurchdringlich zu machen – mit der die Verschlüsselung allererst erzeugenden Maxime: *Sein Wollen nur in Ziffernschrift.*[106] Denn die Leidenschaften seien die Pforten zur Seele und deshalb das praktischste Wissen die Kunst der Verstellung; sogar den Geschmack dürfe man nicht zugänglich machen, man biete sonst Anreiz entweder zur Schmeichelei oder zur Provokation.

Descartes hatte die Drohung des *genius malignus* aus der Welt schaffen zu können geglaubt, indem er einen Beweis für die notwendige Wahrhaftigkeit (*veracitas*) des vollkommensten Wesens zu besitzen glaubte. Für Gracián, angesichts der Verrätselungen der Menschenwelt, ist die Lage schwieriger. Sein Rezept lautet: *Gegen die List ist die beste Vormauer die Aufmerksamkeit.* Sie macht: *Für feine Schliche, eine feine Nase.* Denn *ohne den Schlüssel zur Zifferschrift* der Absichten anderer gerät man allzu schnell und unversehens in den Dienst dieser fremden Absichten.[107] Wahrhaftigkeit kann nicht das Gegenmittel gegen die Täuschungen der Welt sein. Der Umgang mit der Wahrheit erfordert äußerste Behutsamkeit. Zwar darf man dem eigenen Herzen glauben, denn: *Es ist ein Haus-Orakel*; doch zugleich ist eine *Brust ohne Geheimniß ein offener Brief*, und die Wahrheit *ein Aderlaß des Herzens*.[108] Wenn mehrfach bei Gracián gesagt ist, die Lebensklugheit sei im Grunde Nachahmung Gottes – noch in der Fähigkeit zum Einsamsein –, so gilt dies auch für die Zurückhaltung der Wahrheit, die Vorsicht in der Wahrhaftigkeit, die Ausbreitung von Ungewißheit um sich. Es ist kaum noch erstaunlich, daß gerade hierfür die Nachahmung Gottes in Anspruch genommen ist: *Bei Allem lasse man etwas Geheimnißvolles durchblicken und errege, durch seine Verschlossenheit selbst, Ehrfurcht... Man ahme daher dem gött-*

---

106 Handorakel § 98 (Nachlaß IV/2, 174).
107 Handorakel § 193 (Nachlaß IV/2, 216). Auch physiognomische Entschlüsselung: § 273. ›Gegenlist‹ gegen die ›Dieteriche der Seelen‹: den Schlüssel inwendig stecken lassen: § 279.
108 Handorakel §§ 178, 179, 181 (Nachlaß IV/2, 210 f.).

lichen Walten nach, indem man die Leute in Vermuthungen und Unruhe erhält.[109]

Unter den dreihundert Regeln des »Oráculo manual« haben nur zwei einen Bezug auf das Verhältnis von Lebenskunst und Religion, also im Hintergrund auf das der beiden Bücher. Herausgehoben ist durch ihre Stellung die letzte der Regeln, die die überraschende Gleichsetzung von Lebenskunst und Heiligkeit bringt und alles vorherige darin aufgehen läßt, indem sie beansprucht, mit dieser Maxime sei *alles auf ein Mal gesagt*. Eine andere einschlägige Regel ist gleichfalls durch Lakonik herausgehoben, indem sie kontrastierend zu allen übrigen jede Erläuterung verschmäht; ausdrücklich ist vermerkt, sie sei keines Kommentars bedürftig.

Ihre ganze, und freilich einzigartige, Auszeichnung besteht darin, daß sie als die *Große Meisterregel* bezeichnet wird: *Man wende die menschlichen Mittel an, als ob es keine göttliche, und die göttlichen, als ob es keine menschliche gäbe.*[110] Das sieht aus wie Reindarstellung der ›doppelten Wahrheit‹ – und damit wie Einwilligung in die Unversöhnlichkeit der beiden Bücher. Es wird aber durch die letzte aller Regeln dahin interpretiert und in seiner dissoziierenden Schärfe aufgelöst, daß getrost eine letztendliche Konvergenz jener und dieser Mittel, also auch jenes und dieses Buches, unterstellt werden darf. So wird sich den beiden Bildungswanderern des »Criticón« mit der Erschöpfung der erlernbaren endlichen Weisheit der Ausblick auf Felicindas transzendente Entrücktheit als Vorenthaltenheit und Verheißung zugleich eröffnen.

Die ›Große Meisterregel‹ nimmt sich auf den ersten Blick aus wie eines der Stücke jenes hypothetischen Atheismus, mit dem sich die beginnende Neuzeit fast experimentell ihre Weltautonomie sichert und versichert – etwa in den Formeln des Naturrechts, dessen Geltung auch dann gewährleistet sein soll, wenn es keinen Gott gäbe. Aber Graciáns ›Meisterregel‹ muß als nachtridentinische Formel gelesen werden: Die Natur, als Schöpfung keiner substantiellen Verderbnis fähig, ist Voraussetzung der Gnade nicht nur in einer vertikalen Betrachtungsweise des Aufsetzens von *gratia* auf *natura*, sondern auch in einer sehr typischen horizontalen Auslegung, indem

---

109 Handorakel § 3. In der ersten Fassung der Übersetzung: ... *indem man die Menschen in Ungewißheit und Erwartung hält* (Nachlaß IV/2, 269).
110 Handorakel § 251 (Nachlaß IV/2, 240).

sie im zeitlichen Vollzug aller Möglichkeiten der Natur die Unverfehlbarkeit des Treffens auf den dann schon eschatologischen Gnadenakt zusichert.

X
Weltchronik oder Weltformel

Leibniz, der Erfinder der ›besten der möglichen Welten‹ und der daran hängenden Halbjahrhundertidee der »Theodizee«, ist entgegen seiner Herkunft und Konfession nach Lebensgefühl, Weltsinn und Grundstimmung ein gegenreformatorischer, nachtridentinischer Kopf. Was ich gern nach seiner eigenen Formel die ›Generalmaxime‹ seiner All-Einstellung nennen würde, ist die nicht nur auf das physische Universum, sondern auch auf den Ertrag der menschlichen Geschichte bezogene Annahme, daß nicht ›Vergeblichkeit‹ das letzte Wort sein kann. Darin steht er, trotz abgründiger Verschiedenheit der persönlichen, nationalen und institutionell bedingten Stimmungen, dem Gracián um einige Ecken herum nahe: Der monströse Aufwand der Welten, auch und zumal der Menschenwelten, kann nicht vertan sein. Auch nicht, und im engeren Sinne, der der philosophischen Richtungen und Schulen; hier sei mehr Vernunft, als man glaubt. Man müsse nur der elementaren Selbstverständlichkeit der räumlichen Perspektivität die weniger zugängliche der temporalen Optik hinzufügen. Deshalb auch weicht Leibniz von der neuzeitlichen Vorentscheidung ab, in der Philosophie müsse man alles *ab ovo* beginnen. Es mag strittig sein, ob man ihn mit Friedrich Meinecke an die Anfänge eines sehr global gefaßten ›Historismus‹ setzen darf; aber den wichtigsten und erfolgreichsten Widerspruch gegen die Denker eines absoluten Anfangs im Verzicht auf alles Bisherige, wie Descartes und Francis Bacon, hat sicher er erhoben und in die Metapher gefaßt, man müsse *die Arbeiten aller Zeiten und Völker in einer öffentlichen Schatzkammer vereinigen*.[111] Lichtenberg konnte nach all diesem

---

111 D. Mahnke, Leibnizens Synthese von Universalmathematik und Individualmetaphysik. Halle 1925 (nicht zufällig in Husserls »Jahrbuch für Philosophie und phänomenologische Forschung« VII, 1925, 305-602, zuerst erschienen), nennt Leibniz den *harmonischen* Synthetiker – im Gegensatz nicht so sehr gegen Descartes' Neuanfangspathos als *zu Kants Kritik und Hegels Dialektik* (a. a. O. 305-309) – und belegt seine ›Konziliatorik‹ als Forschungsmethode vielfach. (a. a. O. 315 f.) Hinzuzufügen ist vor allem der Brief an Pierre Coste vom 4. Juli 1706, weil hier Leibniz selbst von seiner ›Generalmaxime‹ spricht: *J'ay cette Maxime generale de mepriser bien peu de choses et de profiter de ce qu'il y a de bon par tout.* (Philosophische Schriften, ed. C. J. Gerhardt, III 384.) In

Leibniz als einen Mann charakterisieren, *der wenig Festes hatte*.[112]
Um so erstaunlicher, wie viel Schulgeist in der Leibniz-Nachfolge aufkommen konnte.

Nichts ist wichtiger für das immer noch desolate Leibniz-Verständnis als die Erfassung dieser vor dem Hintergrund des neuzeitlichen Weltmißtrauens ganz singulären und von den Epigonen nur karikierbar imitierten Weltzuversicht. Nun sollte man im nächsten Schritt vermuten, dies müsse auch für die Unterstellung der Lesbarkeit der Welt positiv ausschlagen, solcher Ausschlag sich dann auch metaphorisch belegen lassen. Die Erwartung wird verstärkt durch ein Element, das man als Verhinderung der Indifferenz des Unendlichen bezeichnen könnte: In der späten Kontroverse mit Samuel Clarke hat Leibniz die Realität des Raumes und der Zeit preisgegeben, um nicht eine Verletzung des Satzes vom zureichenden Grund in Kauf nehmen zu müssen. Denn im unendlichen Raum und in der unendlichen Zeit sind alle ›Stellen‹ für die Lage einer endlichen Welt äquivalent. Sinnvoll ist Unendlichkeit nur dort, wo sie den Rahmen für einen Sinnzuwachs, als Entwicklung, Annäherung oder Fortschritt, vorgibt. Das Prinzip des zureichenden Grundes, identisch mit dem des Weltgrundes als *ens perfectissimum*, fordert nicht nur, daß die bestehende Wirklichkeit identisch sei mit der besten aus allem Möglichen, sondern darüber hinaus noch, daß die beste der möglichen Welten dies nur sei, wenn sie in ihrem raumzeitlichen Prozeß ›immer besser‹ werden kann, also ein Inbegriff von Entwicklung ist.

So schön, ja erhaben diese Grundvorstellung sich ausnimmt, so destruktiv ist sie in bezug auf den Fortbestand aller Metaphorik der Lesbarkeit. Denn diese setzt das Verhältnis einer Person in

---

der ausgereiften Form der »Nouveaux Essais« (IV 20; Schriften V 500) wird die ›Generalmaxime‹ zur Analogie dessen, was die Juristen *presomption* nennen: Nichts verpflichtet, langher Angenommenes ohne Beweise zu akzeptieren, aber ebenso berechtigt nichts, es ohne Beweise zu zerstören. Es erweist sich als Anwendung des Satzes vom zureichenden Grund auf geschichtlich-positive Verhältnisse: *C'est qu'il n'est point permis de rien changer sans raison*. Einschlägig ist die Schatzkammer-Metaphorik: Schriften II 52; III 625; IV 436; VI 53; VII 130; aber auch eine Metapher der ›Fruchtbarkeit‹, von Verbindungen der *genera veritatum* einseitiger und für obsolet erklärter Gelehrsamkeit, denn nur in deren *connubium* entstehe Neues (Spongia Exprobationum, seu quod nullum doctrinae verae genus sit contemnendum [ca. 1690/96], ed. D. Mahnke, 99 f.).
112 Lichtenberg, Sudelbücher F 348 (Schriften und Briefe, ed. W. Promies, I 509).

ihrem möglichen Ausdrucksverhalten zu anderen Personen voraus, den Weltgrund also als extrovers und expressiv, beide Seiten als geeinigt oder zu vereinigen in ihrem Bedürfnis nach Kenntnis voneinander, Verkehr miteinander. Das Weltprinzip von Leibniz ist der *deus calculans*, der zwar aus der Unendlichkeit möglicher Welten eben die beste auszuwählen vermag, aber diese optimale Qualität als objektiv vorgegebene nur vom Idealen ins Reale transformiert. Er ist eine Instanz der Garantie; in dieser Hinsicht nicht anders als schon bei Descartes für den Ausschluß des *genius malignus*. Daraus aber folgt die Unbedürftigkeit beider Seiten nach Mitteilung. Jede der Wahrheiten dieser Welt ist im Prinzip eine ableitbare, auch wenn sie im endlichen Intellekt nur den Status einer *vérité de fait* haben kann. Dadurch ist zwar das Faktische das Ärgerliche, dieses jedoch nur vorläufig und nicht seiner annäherungsfähigen Natur nach. Wie auch immer: Als *Deduktion* ist es prinzipiell nicht *Expression*.

Will man es pointiert formulieren, so hat Leibniz die Gegenreformation bis an die Grenze der Restitution antiker Metaphysik getrieben. Dem scheint entgegenzustehen, daß seine beste der möglichen Welten nur eine aus deren Unendlichkeit ist; aber zugleich ist doch die eine die einzige aus den möglichen. Nur sie konnte und durfte nach jenem Prinzip wirklich werden. Einzig aber war auch der antike Kosmos, und zwar dieser, weil er identisch war mit dem Fundus der Möglichkeiten und insofern Faktum und Einzigkeit vereinigte. Es war eine Konsequenz, nicht ein Inhalt des biblischen Schöpfungsbegriffs, daß der Befehl Gottes zum Werden der Welt die Unbefragbarkeit eines Befehls nach Gründen hatte. Was es jedoch bedeutete, die Welt sei das absolute Dekret des absoluten Willens, das trat erst allmählich und unter Anstrengungen der Formulierung zutage. Nicht zuletzt deshalb, weil das ursprüngliche Interesse im Christentum mehr auf den Untergang der Welt als auf ihre Entstehung gerichtet war, wie man am Desinteresse des ganzen Neuen Testaments an der biblischen Kreation ablesen kann. Mit dem unvorhergesehenen Fortbestand aber wurde wichtig, was es mit dieser Welt auf sich hatte und was aus ihrer unverhofften Solidität zu folgern war. Hätte Gott alles gemacht, was er kraft seiner Allmacht überhaupt machen konnte, wäre die Welt ein bloßes Naturereignis gewesen; gefährlicher noch, sie hätte die Selbstdarstellung der unendlichen Macht als Unendlichkeit sein müssen. Damit wäre sie zur Absorption des göttlichen Wesens geworden, wie sie es im frühen Pantheismus der nachkopernikanischen Unendlichkeitswelt tatsächlich geworden ist.

Das alles liegt schon weit zurück, wenn Leibniz sich entschließt, die Unendlichkeit der möglichen Welten und die Qualität der einen wirklichen Welt in ein rationales Verhältnis zu setzen. Dafür gab es nur die Konsequenz, auf die Herstellung des Universums eine neue Systematik von Möglichkeit und Wirklichkeit anzuwenden.

Daß die wirkliche Welt den Horizont der Möglichkeiten nicht ausschöpft, wäre Voraussetzung für ihren Ausdruckswert gewesen, hätte ihr das Charakteristische einer Machart, den Spurenwert auf ihren Urheber, dessen Stil und Handschrift hin geben können. Doch als beste der möglichen Welten hat sie dafür den Spielraum der Variation verloren. Das rationale Auswahlprinzip ist deterministisch: Es gibt nur eine Welt, die die Bedingung erfüllt. Die Vernunft hinter der wirklichen unter den möglichen Welten ist nicht mehr die eines ›Subjekts‹, das sich ›eigenhändig‹ mitteilen könnte, sondern die einer Ableitung, deren Unfehlbarkeit zu verbürgen ist. Wenn die beste Welt dennoch nicht die Erfüllung aller Wünsche zu sein scheint, so nur deshalb, weil ihre Wirklichkeit zwar unter dem Prinzip der Begründung jedes *einzelnen* Gegenstandes steht, zusätzlich aber unter dem der raumzeitlichen Kompatibilität *aller* ihrer Gegenstände. Die Vernunftwelt erwies sich als widerlegbar durch Lissabon 1755, obwohl kein Einzelfaktum sie sollte widerlegen können. Ihr Mangel an Resistenz aber war ihr Verlust an Gesicht, an Abdrücken von einer Hand – denn die Vernunft hinterläßt keine Spur. Stillschweigend war mitverstanden, daß die beste der möglichen Welten nicht nur rechtfertigt, *wie* sie beschaffen ist, sondern auch, *daß* sie besteht. Dies versteht sich nicht von selbst. Noch die beste der Welten könnte so beschaffen sein, daß selbst ihre Existenz nicht zu vertreten gewesen wäre. Verträglichkeit ihrer Elemente untereinander muß noch nicht Zuträglichkeit für eines derselben sein; etwa in Ansehung des Menschen. Insofern sie also dennoch und überhaupt existiert, behält sie auch als beste der möglichen ihre Kontingenz. Als einziges ihrer Prädikate bleibt Existenz nicht-rational. Doch kann sie eben darin nicht Aspekt eines Willens sein, der das Faktum zum Ausdruck machte und an ihm eine Qualität der ›Lesbarkeit‹ zuließe. Die ›verteidigungsfähige‹ Welt ist stumm, gerade weil sie ein All der Vernünftigkeit geworden ist. Sie ist angewiesen auf die großen metaphysischen ›Systeme‹, denen soll nicht mehr widersprochen werden können.

Diese Sachlage bestimmt den Wahrheitsbegriff. Im höchsten Rang bezieht er sich nicht auf die durch Existenz ausgezeichnete Welt, sondern auf die Unendlichkeit möglicher Welten. Sie gibt das letzte Kriterium für die *vérités éternelles*: Notwendig wahr ist, was in jeder der möglichen Welten gilt. Im selben Augenblick, da er entsteht, hat dieser Wahrheitsbegriff sein alarmierendes Lebensinteresse schon eingebüßt, weil mit keiner der anderen und nur möglichen Welten irgendwo und irgendwann ernsthaft gerechnet zu werden braucht. So ausschließlich begünstigt die Vernunft, was existiert.

Es ist eigentümlich, wie eine Wahrheit dadurch an Gewicht verliert, daß von ihr Gültigkeit in allen möglichen Welten behauptet werden kann. Der Grund ist, daß an ihr jeder Rest möglicher Ausdrucksqualität getilgt ist, was immer bedeutet, auf sich brauche man nicht zu beziehen, was sich derart von selbst verstehe. Daß und wo andererseits äußerste metaphysische Zuverlässigkeit für alle Welten erforderlich sein kann, lehrt das Beispiel von Kants Auszeichnung der Moral als einer Gesetzlichkeit der *reinen* Vernunft, was immer auch bedeutet, daß sie in jeder möglichen Welt gilt. Dadurch nämlich brauchte die wirkliche Welt nicht mehr den Ansprüchen des bis dahin obsolet gewordenen metaphysischen Optimismus zu genügen, weil nicht nur in ihr und bezogen auf sie jene Gesetzlichkeit galt, also auch nicht die Herstellung eines angemessenen Verhältnisses von Glückswürdigkeit und Glückswirklichkeit beansprucht und erwartet werden mußte. Das konnte Sache einer gleichsam anderen Dimension und anderer Garantien als solcher der bloßen Wirklichkeit werden. Das konnte Sache anderer ›Welten‹ werden – dieser Plural hatte wieder einen Sinn oder Hintersinn bekommen –, auf anderen Gestirnen oder hinter allen Gestirnen, wo deutlicher und leichter würde, was hier nur die innere und verzweifelt gegen die Welt gebietende Gesetzesstimme befahl.

Die Metaphorik der Lesbarkeit müßte, das ist von vornherein absehbar, ganz und gar verändert werden, um von ihr in einer

Leibniz-Welt noch Ansätze oder Reste zu finden. Diese sperrt sich kraft ihrer Über-Qualität gegen jede literale Funktionalisierung: Sie *ist* zu viel, um auch noch etwas zu *bedeuten*. Das hat Folgen dafür, was Gottes Rechenkunst den Menschen angehen kann. Ist in ihr auf ihn Rücksicht genommen?

Der Mathematikergott ist ein zweifelhaftes Geschenk der Metaphysik an die Mathematiker. Voltaire sollte es sich ins Unreine notieren: *Dieu est l'éternel géomètre, mais les géomètres n'aiment point.*[113] Verständlicherweise, denn der kalkulierende Gott gibt der Mathematik zwar die Weihe der allerhöchsten Ewigkeitsbeschäftigung, doch auch die Problematik einer Evidenzbasis, die erst durch dieses ernsthafte Spiel oder diesen spielerischen Ernst zustande gekommen sein könnte. Hat Gott bei der Erschaffung der Welt die Mathematik gleich miterfunden oder hat er das Universum nur im Hinblick auf die Mathematik mit entsprechender Sorgfalt eingerichtet? Leibniz hat sie diesem alten Dilemma entzogen, indem er Gottes Erkenntnis mit der Theorie der *möglichen* Welten als einer *Mathesis universalis* identifizierte. Wenn es aber Sache des göttlichen Denkens ist, die Unendlichkeit möglicher Welten so vorzustellen, daß sie in eine Rangordnung ihrer Qualitäten gebracht werden können, überschreitet das noch jeden Kalkül. Auch Gott muß sich ›ansehen‹, was herauskommt, wenn diese oder jene Welt gewählt würde. Er muß, mit welchem Maß an Vorherwissen auch immer, eine Art Erfahrung von ihr gewinnen, sie sich gleichsam ›vorspielen‹ lassen.

Eben das hat Leibniz im »Discours de Métaphysique« von 1686, also in der ersten systematischen Darstellung der Philosophie des Vierzigjährigen, auf eine eindrucksvolle Metapher gebracht. Sie veranschaulicht, wie Gott die Welt gemacht hat, oder besser: in jedem Augenblick macht, weil sie wegen ihrer kontingenten Hinfälligkeit nur mittels *creatio continua* erhalten werden kann. *Gott dreht, um es so zu sagen, das allgemeine System der Erscheinungen, das er zur Kundmachung seines Ruhmes hervorzubringen für gut befindet, nach allen Seiten und auf alle möglichen Weisen und betrachtet alle Ansichten der Welt auf jede nur mögliche Abwandlung, da keine Einstellung seiner Allwissenheit entgehen kann; aus jedem solchen Blick auf das Universum, auf einen bestimmten*

---

113 Voltaire, Notebooks, ed. Th. Besterman, I 420.

Standort bezogen, geht eine Substanz hervor, die das Universum aus diesem Aspekt getreu zum Ausdruck bringt, sofern es Gott für gut befindet, seinem Gedanken Wirklichkeit zu geben und ihn als diese Substanz hervorzubringen.[114]

Man sieht leicht, daß der letzte einschränkende Nebensatz aus der Konsistenz des Gedankengangs herausfällt. Auch wenn die für gut befundene Welt hier noch nicht die beste der möglichen Welten sein sollte, so wird doch schon durch jeden der göttlichen Blicke auf das System der akzeptierten Welt der jeweils gegebene Weltzustand realisiert; es muß daher ganz überflüssig sein und nur der Ängstlichkeit vor theologischer Inkrimination entspringen zu sagen, es werde nochmals von Fall zu Fall nach Gutdünken entschieden.

Aber das berührt die metaphorische Grundvorstellung nicht mehr. Sie ist bei Leibniz durchgehend geprägt vom Prinzip der Perspektive, sonst vorzugsweise dargestellt an den verschiedenen Außenansichten einer Stadt, um die sich der Betrachter herumbewegt. Nur hat ein Gott nicht nötig, sich zu bewegen; er läßt bewegen. So liest er sein Werk am rotierenden Modell ab; eben nicht ›vom Blatt‹. Aspekt für Aspekt entnimmt er dem Prototyp einen Zustand des Alls nach dem anderen, deren jeder eine vorstellende Substanz und den ihr zukommenden Anteil am Ganzen repräsentiert, dessen temporale Dimension eben *die* Geschichte ausmacht. Als Spiegelung der raumzeitlichen Totalität ist jede Substanz selbst *comme un monde entier et comme un miroir de Dieu ou bien de tout l'univers* ...[115] Die Metapher der perspektivischen Spiegelung konkurriert ausschließend mit der Metaphorik der Lesbarkeit und verdrängt sie ins Chancenlose.

Für diesen Zusammenhang von Totalität und Individualität, von Welt und Subjekt hat Leibniz sich auf die scholastische Lehre, zumal des Thomas von Aquino, über die jeder Individuation unbedürftige, weil spezifische Einzigkeit der Engel berufen. Er hätte so deren einst überirdischen Vorzug ins Weltliche transformiert und

---

114 Leibniz, Discours de Métaphysique XIV (Philosophische Schriften, ed. C. J. Gerhardt, IV 439): *Car Dieu tournant pour ainsi dire de tous costés et de toutes façons le systeme general des phenomenes qu'il trouve bon de produire pour manifester sa gloire* ...
115 Discours de Métaphysique IX (Schriften IV 434).

dadurch zum Ausdruck gebracht, seine neu entworfene Welt habe ihr Recht zu sein kraft der Singularität, die jedes Individuum mit seiner Art identisch und zu deren einzigem Exemplar macht. Dadurch wird zwar verständlich, wie Weltansicht und Subjektivität unlösbar zusammenhängen und jeweils einen unersetzbaren Eigenwert darstellen; zugleich aber wird die Möglichkeit der identischen Beziehung aller auf eine für sie etwa bestimmte Mitteilung ›höherer Herkunft‹ überaus problematisch. Es wird schwierig zu denken, daß etwas an Wohlfahrt und Heil aller von einer ihnen gemeinsam offenbarten Wahrheit abhängen könnte. Ohnehin gibt es keine wesentlich solcher Quelle vorbehaltene Wahrheit mehr, wenn alle Wahrheiten prinzipiell analytisch sind und nur vorläufig und bis auf weiteres als synthetische hingenommen werden müssen: *Alles liegt in allem, nur nicht alles im Modus jederzeitiger Klarheit und Deutlichkeit.* Dann aber ist nur die Zeit und mit ihr die Geschichte die Dimension, in der Gewinn an Wahrheit erlangt werden kann, womöglich im Modus der Beschleunigung der Explikation des Impliziten. Eine ›Offenbarung‹ muß gerade dann und dadurch funktionslos werden, daß sie als die *einer* Wahrheit in *einem* Buch vorliegen sollte.

Wirft man von hier den Blick wieder auf die Möglichkeiten der *Metaphorik* des Buches, so wird die Einheit auch des Buchs der Natur fragwürdig. Es müßte in ebenso vielen Fassungen gedacht werden, wie es individuelle Weltaspekte gibt, und für jeden dieser Aspekte wäre es dann immer zugleich das Buch der Geschichte des Subjekts, das ihn innehat und repräsentiert. Die Individualisierung des Substanzbegriffs bezeichnet die Nahtstelle zwischen ›Buch der Natur‹ und ›Buch der Geschichte‹. Freilich hätte auch das Buch der Geschichte seine Einheit noch nicht gefunden, denn es bestände aus den es konstituierenden Individualgeschichten. Also würde nur die Metapher einer Bibliothek dem metaphysischen Befund gerecht. In dieser Bibliothek könnte nur nachträglich beschrieben sein, was aus der Singularität der Substanzen in Gestalt von ›Ereignissen‹ hervorgegangen ist. Während das ›Buch der Natur‹ für den Inbegriff der Wirklichkeit selbst gestanden hatte, nicht für den der Erlebnisse ihrer Zuschauer und deren Standortbedingtheit, muß die neue Art von Gesamtdarstellung aus Chroniken und Annalen bestehen. Deren Einheit wäre integrierbar, wenn Natur und Geschichte auf die Grenzvorstellung eines Gesamtprotokolls der Welt tendieren. Besäßen wir die Niederschrift des einschlägigen Gedankenexperiments nicht von Leibniz selbst, ließe sich etwas derartiges als imaginärer Handschriftenfund ableiten.

Die griechische Überschrift *Apokatastasis* gibt dem späten Fragment seinen Bezug auf den großen alexandrinischen Häretiker Origenes, der mit diesem Wort die Wiederholbarkeit des Weltlaufs bezeichnet hatte. Leibniz wird es 1715 zum Stichwort, die Idee einer Gesamtdarstellung aller Weltereignisse bis zu der Frage voranzutreiben, ob eine solche Aufzeichnung endlich sein könnte. Damit wäre nämlich der Nachweis der Wiederholbarkeit ihrer Inhalte erbracht.

Dem Typus nach ist dies immer noch ein Thema in der Konsequenz jener *Ars combinatoria*, die Leibniz 1666 in seiner ersten größeren Abhandlung nach der Bakkalaureatsschrift über das Individuationsprinzip dargestellt hatte. Die fast tragische Spannung, die sein ganzes Werk durchzieht, wäre nochmals in das Gedankenexperiment mit der Universalchronik eingegangen. Deren Idee steht zwischen einer Metaphysik der Unendlichkeit – als des Kennzeichens nicht nur der Gottheit, sondern auch ihrer Werke – und dem Programm einer exakten und vollständigen Darstellung aller gedanklichen Möglichkeiten durch *Characteristica universalis* als Kombinatorik innerhalb eines Zeichensystems für eine kleine Anzahl einfacher kompatibler Vorstellungen: *Dadurch alle Notiones compositae der ganzen welt in wenig simplices als deren Alphabet reduciret, und aus solches alphabets combination wiederumb alle dinge, samt ihren theorematibus, und was nur von ihnen zu inventiren müglich, ordinata methodo, mit der zeit zu finden, ein weg gebahnet wird. Welche invention, dafern sie wils Gott zu werck gerichtet, als mater aller inventionen von mir vor das importanteste gehalten wird, ob sie gleich das ansehen noch zur zeit nicht haben mag. Ich habe dadurch alles was erzehlet werden soll, gefunden, und hoffe noch ein mehrers zu wege zu bringen.*[116]

Die frühe Selbstanpreisung des Allesmachers führt zur späten

---

[116] Leibniz an den Herzog Johann Friedrich von Braunschweig-Lüneburg, ohne Ort und Datum, um 1671 (Philosophische Schriften I 57 f.). Nicht überflüssig zu sagen ist, daß diese kleine Programmschrift ein Dokument des intellektuellen Omnipotenzwahns in der *Ars combinatoria* darstellt, den man als Leibniz nicht ganz fremd ansehen darf.

Weltspekulation in der Nachfolge des größten Theologen der christlichen Patristik. Origenes hatte, entgegen dem aus der biblischen Eschatologie durch Fristverlängerung hervorgegangenen linearen Geschichtstypus des Christentums, die Wiederkunft des Gleichen als die wahre theologische Grundform der Geschichte behauptet. Er tat es aus tieferen Gründen der Gerechtigkeit. Die in einem endlichen Weltlauf erworbenen Heils- oder Unheilsqualifikationen erschienen ihm nicht als ausreichende Basis für ein göttliches Gericht über alle Zukunft der Geschöpfe. Die Wiederkehr des Weltlaufs beseitigte die Ewigkeit von Bestrafung wie von Belohnung und ließ für jedes moralische Subjekt die Chancen auf Seligkeit oder Verdammnis neu verteilt werden – nicht nur Mensch und Engel, sogar der Teufel sollte seinen neuen Anfang bekommen. An diese Ketzerei erinnert Leibniz, indem er – nun nicht mehr unter dem Gesichtspunkt der ewigen Gerechtigkeit, sondern unter dem der Erschöpflichkeit der Weltgeschichte – die Frage nach der Wiederkehr des Gleichen stellt und mit den Mitteln der Kombinatorik erörtert.

Bezeichnend ist dabei, daß das Problem der ›Geschichte‹ für ihn von vornherein das der Historie, der Geschichtsschreibung, ist. Nur in dieser Form ist der Geschichtsprozeß, als Folge aufschreibbarer Ereignisse, faßbar. Man muß an das denken, was als exemplarische Geschichtsschreibung vorlag, um den Gedanken der Verendlichung der Geschichte zu einer Kombinatorik von Ereigniselementen überhaupt für sinnvoll halten zu können. Dabei geht es dann um die Frage, wie die ideale Bibliothek eines Universalhistorikers aussehen müßte, in der nicht nur die Aufschreibung faktischer Ereignisabläufe ihren Platz hätte, sondern diese unter allen Darstellungen aller möglichen Ereignisabläufe vorkäme. Im Zeitalter des großen Zugriffs auf die Unendlichkeiten schreckt der Umfang dieser Bibliothek das barocke Gemüt nicht. Unerschrocken einer imaginären Vollständigkeit nachsetzend, geht Leibniz schließlich auf all die denkbaren Bücher zurück, die überhaupt aus beliebigen Kombinationen von Buchstaben zu Wörtern zustande kommen könnten: *ex vocabulis significantibus vel non significantibus.*

Gegeben seien, so setzt er an, zehntausend Seiten zu je hundert Zeilen und die Zeile zu hundert Buchstaben, also ein Werk aus hundert Millionen Buchstaben. Die Zahl aller auf diesen Umfang

Weltchronik oder Weltformel

festgelegten Bücher, die aus dem Material unserer Schrift zufällig zustande kommen könnten, läßt sich angeben. Wir hätten hier die von jenem Verlag belieferte Bibliothek, in dessen Druckerei ein Affe ohne Sinnverstand das Regiment führt, der in einem Gedicht von Daniel Wilhelm Triller besungen wird; es taucht in leutseligen Vorträgen moderner Genetiker gelegentlich auf. Der Affe, der durch bloßes Ausschütten der Lettern aufs Papier zu bewerkstelligen glaubt, daß er *hier mit großem Glücke / und leichter Mühe Bücher drücke*, wird von einem nicht ganz zufällig vorbeigehenden Eremiten zurechtgewiesen: *Soll dieses Bücherdrucken heißen? / Soll so Dein Werk vonstatten gehen? / Die Lettern aufs Papier zu schmeißen, / macht nicht, daß Bücher draus entstehen. / Wo nicht Verstand die Hände leitet, / wird kein gelehrtes Buch bereitet: / wirf hundert Jahr und weiter fort / und doch entspringt kein kluges Wort.*[117] Der Eremit hat nicht die Geduld eines Leibniz und verfügt nicht über dessen *Ars combinatoria*; man erkennt es daran, daß er dem buchdruckenden Affen nur hundert Jahre Zeit geben will, um unter viel Wertlosem auch etwas Lesbares zustande zu bringen. Hätte der Eremit nicht auch ihm die Ewigkeit zugestehen müssen, die seinem Gott freigestanden hatte, um eine Welt zu ent-werfen?

Das Buchstabengleichnis war schon antikes Argument gegen die Atomistik. Aber Leibniz, entschieden genug auch gegen diese, hatte es ein Jahrzehnt vor dem »Apokatastasis«-Fragment in ganz anderem, für die Epoche des ›Leben als Traum‹ nicht weniger bezeichnenden Argumentationskontext verwendet: um die Unwahrscheinlichkeit manifest zu machen, unser Wirklichkeitsbewußtsein könne ein durch kein Erwachen unterbrochener, lebenslänglich in sich konsistenter Traum sein. Man muß, wenn Leibniz diesen Vorhalt mit einem Argument aus seiner Kombinatorik abwehrt, das nur eine hübsche Unwahrscheinlichkeit dagegen erbringt, seine Unerschrockenheit vor den allzu großen Bedrohungen unserer Weltgewißheit im Auge behalten: Jener betrügerische Gott des Descartes, der uns in eine dauerhafte Fiktion von einer nicht bestehenden Welt verwickeln könnte, wäre so lange kein Betrüger und für die

---

117 Daniel Wilhelm Triller (1695-1782), Der Affe, ein seltsamer Buchdrucker, und ein Eremit. Zitiert nach: Gerhard Schramm, Belebte Materie. Pfullingen 1965, 41 f.

Betroffenen nur von unerheblicher Abträglichkeit, wie er sie aus der großen Täuschung nicht erwachen und einer schrecklichen Enttäuschung anheimfallen ließe.[118] Da auch dieser Text erst viel später gedruckt worden ist, konnte seine Warnung nicht den Erfolg hervorbringen, der Gefahr bewußt zu machen, die darin liegen mußte, sich auf die Selbsterschwernisse der Erkenntnissicherung einzulassen. Wer sich solche Zweifel mache, dürfe sich nicht wundern, wenn er sich aus ihnen nicht wieder heraushelfen könne.
Leibniz hat sich also schon 1692 von der Abgründigkeit des cartesischen Verfahrens dispensiert. Zwölf Jahre später läßt er sich doch darauf ein, wenigstens gegen den barocken Verdacht, das Leben könne ein Traum sein, mit dem Instrument der Wahrscheinlichkeit zu argumentieren. Daß die Gesamtheit unserer Erfahrung geträumt sein könnte und wir eines Tages zu einer ›wirklicheren‹ Wirklichkeit oder sogar zu *der* wirklichen erwachen würden, sei so wenig wahrscheinlich wie die Selbstherstellung eines Buches durch bloße Unordnung unter den Satzlettern einer Druckerei. Denn die zuvor geträumte Wirklichkeit müßte dem Zufall einer durch keinen vernünftigen Eingriff entstandenen Sinnstruktur aus dem Alphabet entsprechen. Da er nicht absolut auszuschließen ist, gibt es ohne Rückgriff auf das Prinzip des zureichenden Grundes für die ›Wirklichkeit‹ der Wirklichkeit nur eine Wahrscheinlichkeit. Unter metaphysischen Ansprüchen ließe sich nicht abweisen, daß es jenen ein Menschenleben lang andauernden und in sich schlüssigen Traum gäbe, auch wenn das der Vernunft so zuwider sein muß wie die Fiktion des Buches, das sich durch Zufall von selbst herstellt.[119] Leibniz' Stärke ist, nicht aus dem Auge zu verlieren, wie man auch ohne die obsolet werdenden Rückgriffe auf das Arsenal der metaphysischen Sicherungen und Versicherungen noch erträglich zurecht kommen kann. Er bietet immer auch einen Umweg um den neuzeitlichen Begründungswahn.
Der gegen den Zweifel der Cartesianer gewendete Gedanke, die

---

118 Leibniz, Animadversiones in partem generalem Principiorum Cartesianorum (1692), in I ad 13 (Philos. Schriften, ed. cit. IV 358); in II ad 1 (ed. cit. IV 366 f.).
119 Nouveaux Essais sur l'entendement humain IV § 14: *Car il n'est point impossible, metaphysiquement parlant, qu'il y ait un songe suivi et durable comme la vie d'un homme: mais c'est une chose, aussi contraire à la raison que pourroit estre la fiction d'un livre, qui se formeroit par le hazard en jettant pêle mêle les caracteres d'imprimerie.*

Wirklichkeit und ihre Simulation könnten im Grenzfall für das Bewußtsein dasselbe leisten, sofern die unerkannte Fiktion nur dicht genug wäre, Risse und Ausblicke nicht zuzulassen, hebt die Metaphorik von der Lesbarkeit der Welt auf ein neues Niveau. Wenn Traum und Erfahrung verwechselbar wären, müßte das Wirklichkeitsbewußtsein auch durch einen bloßen Text versorgt und stabilisiert werden können. Prinzipiell wäre ein Bewußtsein denkbar, dessen Einheit durch das Regulativ eines stetig gelesenen und die Vorstellungen auslösenden Textes konstituiert würde, wie ein Film anhand eines Drehbuchs entsteht und im Grenzwert diesem ›entspricht‹. Denkt man so den Duktus der Argumentation von Leibniz ein Stück weiter, wird die eigentümliche Äquivalenz von Ereignis und Beschreibung, von Tatsache und Protokollnotiz, von Ereignisfolge und Historie vorweg erkennbar, die im nochmals ein Jahrzehnt späteren »Apokatastasis«-Fragment vorausgesetzt ist. Aus ihr erst läßt sich verstehen, daß die Frage nach der Erschöpfbarkeit von Ereignisfolgen – als der Voraussetzung für die Wiederkunft des Gleichen – anhand fiktiver Geschichtsdarstellung erörtert wird. Mehr als ein Geschichtsschreiber beschreiben kann ist die Geschichte selbst nicht. Die Form der Chronik ist ihrem Gegenstand gewachsen. Die sprachliche Verwechselbarkeit von ›Geschichte‹ als der, die sich ereignet und abläuft, und der, die gelehrt und gelernt werden kann, wird dadurch ›zureichend‹ begründet.

Die kombinatorische Universalbibliothek hätte keinen Leser. Weshalb sollte sie auch? Die überwältigende Masse ihres Bestandes wäre ganz und gar wertlos; was in einer der natürlichen oder künstlichen Sprachen überhaupt lesbar wäre, müßte immer noch nicht Beziehung zur Weltgeschichte haben. Die Exemplare reeller Historie herauszufinden, setzte einen Benutzer der Bibliothek voraus, der alles schon wüßte, was darin zu stehen hätte – einen jener der Neuzeit vertrauten Dämonen vom Typus der Laplaceschen Intelligenz. Für diesen wären die wahrheitshaltigen Bücher ebenso nutzlos wie die sinnlosen. Selbst ein Gott würde diese Meta- und Megabibliothek nicht genießen können. Er wäre mit dem Aussortieren vollauf beschäftigt – wenn auch, der Voraussetzung nach, keine Ewigkeit lang.

Die Bibliothek des Gedankenexperiments ist aber auch gar nicht für Leser oder Bibliothekare bestimmt. An ihr soll demonstriert werden, daß jede Wirklichkeit nur ein enger Ausschnitt aus dem Universum der Möglichkeiten ist und eben als solcher in der Zeit wiederholbar. Was wirklich geschieht und geschehen kann, was ›Geschichte‹ heißt, liegt eingebettet in immer neue und erschrekkende Horizonte des Möglichen – und gewinnt eben dadurch einen fast anheimelnden Vertrautheitswert. Den Kern der Geschichte lernt man in diesem Prozeß der Fiktion aus zwei Richtungen zu betrachten: von der Unendlichkeit des Möglichen *und* von den Elementen des Privaten her.

Endlich wäre schon die Menge aller durch Kombinatorik entstandenen Bücher in dieser Bibliothek, denn sie bestehen aus dem endlichen Alphabet und sind in ihrem Umfang festgelegt. Erst recht begrenzt wäre die Menge der Bücher, die überhaupt einen lesbaren Inhalt und damit eine prüfbare Beziehung auf faktische Ereignisabläufe hätten. Darf man weiter mit Leibniz voraussetzen, daß in einem dieser Bücher von hundert Millionen Buchstaben die öffentliche Geschichte der ganzen Erde innerhalb eines Jahres zureichend (*sufficienter*) beschrieben werden könnte, so ergibt sich, daß auch die Menge aller *möglichen* öffentlichen Geschichten (*Historiarum Orbis terrae publicarum possibilium*) endlich wäre.[120] Im nächsten Schritt ist anzunehmen, daß die Menschheit lange genug auf der Erde verweilt, um alle in der Universalbibliothek enthaltenen ›Jahresweltgeschichten‹ zu realisieren. Dann würde Wiederholung unvermeidlich und zur Sache der Wahrscheinlichkeit, daß in der Langzeit irgendwann einmal schon eingetretene Vorgangsfolgen öffentlicher Geschichte exakt wiederkehren (*aliquando priores Historias publicas exacte redire*). Die Zahl der Jahre, die den endlichen Vorrat der Kombinationen einer menschlichen Geschichte erschöpft, ist uns unbekannt; aber in einem beliebigen Jahr würde immer entweder noch Neues und bis dahin Unerhörtes eintreten

120 Apokatastasis (pantōn). Wiederherstellung aller Dinge. Das Fragment ist in einem Brief Leibniz' an Adolf Theobald Overbeck vom 17. Juni 1715 als »*Meditatio mea circa revolutionem seu palingenesiam omnium rerum*« erwähnt und zusammen mit einem kürzeren Entwurf im Konvolut des Briefwechsels zwischen Leibniz und Overbeck in der Niedersächsischen Landesbibliothek Hannover (LBr 705, f. 72-74) aufbewahrt. Es wurde zuerst von M. Ettlinger (Leibniz als Geschichtsphilosoph. München 1921) ediert, erneut von H. G. Schmitz (Gießen 1963, ungedr.) mit der Handschrift verglichen und kommentiert.

oder bereits ein Stück vergangener Geschichte sich wiederholen müssen. Man muß nur hartnäckig genug jeden Gedanken natürlicher oder apokalyptischer Beschränkung der Menschheitsdauer ausschalten, um dieses Zugeständnis nicht verweigern zu können.
Oder doch noch etwas mehr? Nämlich den Verzicht auf eben die Metaphysik der absolut individuellen Monade, die Leibniz selbst erfunden hatte? Denn die Metaphysik der aktual unendlichen Individualitäten schließt der Definition nach jede Wiederholbarkeit ihrer Geschichte aus. Sie steht im unversöhnlichen Widerspruch zur rein technischen Voraussetzung der Universalbibliothek, daß ihre Bücher endlichen und dann immer relativ bescheidenen Umfang haben müssen, wie ansehnlich die papierene Realität der Folianten auch immer vorgestellt werden muß. Sofern die Monade in ihrem Begriff sämtliche Prädikate ihres Schicksals enthält und analytisch entfaltet, kann sie in ihrer ›Biographie‹ schlechthin keine Wiederholungen produzieren. Nur sofern ›die Geschichte‹ gar nicht das Resultat der in ihr aufgegangenen privaten ›Geschichten‹ wäre, sondern eine heterogene Realität, ließe sie sich noch als wiederholbar denken.
Damit stellt sich die Frage nach dem ›Übergang‹ von privatbiographischer zu öffentlich-politischer Geschichte. Im Gedankenexperiment der Universalbibliothek ist auch das nur eine Sache der Größenordnung. Zwar würde eine Bibliothek, in der alle Handlungen aller Menschen innerhalb eines Jahres *minutissime* beschrieben wären, ungleich umfangreichere vielbändige Werke erfordern als jene öffentliche Geschichte der Erde; aber auch sie wären doch enthalten in der Universalbibliothek aller durch Kombinatorik erzeugbaren Bücher. Jede *Historia privata* ließe sich aus ihr aussortieren.
Obwohl die Menschheit davon noch weit entfernt sei, gesteht Leibniz ihr die Zahl von einer Milliarde Individuen zu und jedem jährlich eine Lebensbeschreibung vom Umfang der anfangs angenommenen öffentlichen Weltgeschichte für ein einzelnes Jahr. In dem Band von hundert Millionen Buchstaben müsse sich das Jahr eines Menschenlebens *minutatim* beschreiben lassen, und dann ist die Hochrechnung auf eine Jahresgeschichte der privaten Menschheit *ad minutissima* nur eine Sache der Nullen. Es ist aber nicht ohne Reiz zu sehen, wie Leibniz die Geschichte des Individuums

für so viel darstellungswürdiger hält als die politische. Für jede private Lebensstunde, so rechnet er vor, ständen immerhin 10 000 Lettern zur Verfügung. So hoch wertet er die Beschreibung der Individualität, daß er ihr ohne metaphysische Begründung und Wertung, bloß für den Zweck der Fiktion, einen Aufwand zubilligt, nach dem ein Jahr privaten Lebens mindestens ebenso inhaltsreich wäre wie die Geschichte der öffentlichen Angelegenheiten in dem gleichen Zeitraum. Hätte man ähnliche Spekulationen aus anderen Jahrhunderten und Epochen, so ließe sich eine Geschichte der Einschätzung des Reichtums der Individualität gegenüber dem Allgemeinen schreiben – aber so gefällig unseren theoretischen Wünschen ist die Quellenlage nicht.

Unerörtert bleibt, ob die Beschreibung der privaten Lebensjahre einen Unterschied im Raumerfordernis ergäbe, je nachdem sie Selbstbiographie oder Resultat fremder Beobachtung wäre. Leider interessiert im Zusammenhang der Fiktion nur, daß, am Maßstab der Beschreibbarkeit gemessen, die Wiederholung des Gleichen unausweichlich ist. Schließlich werde sich jedes einzelne Jahr mit allen seinen privaten Einzelgeschichten einmal wiederholen, wenn man ›der Geschichte‹ nur genügend Zeit lasse, und ebenso ein ganzes Jahrhundert, schließlich ein ganzes Jahrtausend: *vel etiam integer millio, aut millionio.*

Dann wäre also, in der Konstruktion der fiktiven Universalbibliothek des »Apokatastasis«-Fragments, die öffentliche Geschichte nichts anderes als die Kurzfassung der privaten Geschichten? Das bleibt in der quantitativen Betrachtung unerwogen. Ob die Individuen dadurch, daß sie öffentlich handeln, eine andere Formation als bei ihren privaten Handlungen bilden – etwa auch sich dabei repräsentieren lassen oder dem Uniformitätsdruck des Zeitgeistes folgen – oder ob erst der Geschichtsschreiber dem Gewühl der individuellen Regungen seine Ordnungskategorie der ›Handlung‹ aufprägt, braucht im Zusammenhang des Gedankenexperiments nicht entschieden zu werden. Dennoch wird deutlich, daß die Beschreibung der Weltgeschichte gerade deshalb nicht auf beliebige Kombinationen ihrer Elemente hinausläuft, weil ihre Ereignisse Handlungen sind und das immer heißt: Nicht alles kann auf alles folgen. Die Betrachtung des Weltlaufs unter dem Gesichtspunkt der Handlung schafft eidetische Komplexe sinnstrukturierter Zusammenhänge. Handlungen sind weniger individualisiert als ihre Subjekte, auch wenn sie bei Leibniz nicht anders als deren ›Eigenschaften‹ Explikate ihrer Begriffe sind. Dadurch hat jede Gegenwart eine begrenzte Typik ihrer möglichen Zukunften: *constat praesens esse gravidum futuro*. Wiederholt sich eine bestimmte Konstellation, steigert sich die Wahrscheinlichkeit für die Wiederholung eines Ganzen, das bereits ein voriges Mal ›Geschichte‹ gewesen war.

Trotz solcher sinnhaltigen Zusammenhänge in der Geschichte kann eine Differenz nicht übersehen werden, die durch Leibniz' Begriff der Individualität zwischen öffentlicher und privater Geschichte bestehen muß: Der ›Determinismus‹ der Monade ist strikt, er ist logisch, nicht kausal, also ihre ›Geschichte‹ die der Evolution ihrer Prädikate. So nahe es der Wortlaut legen mag, die Darstellung der öffentlichen Geschichte in einem Jahresband, als *sufficienter* qualifiziert, geringer einzuschätzen als die viel detailliertere private Jahresbiographie mit ihrem Zusatz des *minutatim*, so klar zwingt zur Vorsicht bei der Abwägung gegeneinander der hohe Rang, den bei Leibniz das Attribut der Zureichendheit (*sufficientia*) als Erfüllung des Prinzips vom Grund hat. Dadurch wird man auf den Verdacht geführt, es könne im Verhältnis zu den Anforderungen der Sache jenes *minutatim* der privaten Geschichte doch weniger sein als das *sufficienter* der öffentlichen Geschichte, die der Metaphysik des unendlichen Gehalts der Monade nicht unterliegt.

Ganz unabhängig vom erforderlichen Volumen: Die öffentliche Geschichte läßt sich zureichend darstellen, die private zwar aufs Kleinlichste, aber eben doch nie ohne unwägbaren Rückstand gegenüber ihrem Gehalt. Darauf wird sogar noch beruhen, daß Leibniz schließlich der realen Geschichte trotz aller kombinatorischen Vorspiele die Wiederholungsfähigkeit abspricht.

An dieser Differenz wird faßbar, weshalb sich die geschichtsphilosophische Überlegung überhaupt des Instruments der imaginären Universalbibliothek bedient. Das Buch repräsentiert den Unterschied von Abbildung und Beschreibung; es markiert den ›Ort‹, an dem die Wirklichkeit einer auswählenden, abwägenden, wertenden und gestaltgebenden Verfahrensweise unterzogen wird, statt sich als Datensumme darzustellen. Leibniz hätte die Imagination der Bibliothek nicht wählen können, wenn seine Theorie der Weltgeschichte identisch wäre mit seiner Logik der Monade.

Daß *zureichende* Darstellung etwas anderes ist als *vollständige*, zeigt sich bei einem Blick ans Ende des Leibniz-Jahrhunderts, auf die Figuration des Ideals physikalischer Weltdarstellung: auf die imaginäre Totalintelligenz von Laplace.

Dieser Genius wird es nicht mehr mit der Menschengeschichte zu tun haben oder mit dieser nur, insofern sie eine mögliche Erscheinungsform des physischen Determinismus wäre. Für den Laplaceschen Dämon wird sich kein Zeitpunkt von einem anderen qualitativ unterscheiden, also die Differenz von Gegenwart, Zukunft und Vergangenheit nicht bestehen. Er kann von jedem beliebigen Gesamtzustand der Welt eines gegebenen Zeitpunkts her den Gesamtzustand zu jedem beliebigen anderen Zeitpunkt, gleichgültig ob in Vergangenheit oder Zukunft zum gegebenen Zeitpunkt liegend, kalkulatorisch bestimmen. Für diese physikalische Allwissenheit gibt es nur eine einzige zwingende Voraussetzung: die der Darstellbarkeit des Weltzustandes zum Ausgangszeitpunkt. Zureichend ist hier allein Vollständigkeit. Daran läßt sich ersehen, daß der Dämon des Laplace keine Instanz für Geschichtsschreibung sein kann; weder braucht er eine Bibliothek noch könnte er sie hervorbringen. Eine Geschichte kommt in seiner Welt schon deshalb gar nicht vor, weil in ihr keine handelnden Wesen vorkommen, auch wenn jedem Molekül, das zum organischen System eines Individuums etwa der Art Mensch gehört, die Verweildauer innerhalb der durch diese Ausgrenzung bestimmten Weltregion exakt abgefragt werden kann. Nicht einmal die Welt im ganzen hat eine Geschichte. Sie wird unter der zwingenden Voraussetzung der in ihr geltenden Konstanzsätze betrachtet, ist also erst als Ganzes dasjenige Gebilde, das nur ›interne‹ Verschiebungen erleidet.

Nicht zufällig gibt es bei Leibniz eine Stelle, wo er dem Dämon des Laplace vorauszudenken scheint. Er wirft die Frage nach der Beschreibbarkeit eines materiellen Systems auf, in welchem jede Bewegung nur relativ zu der anderer Körper bestimmt werden könnte, also ohne Rückgriff auf den absoluten Raum Newtons und einen darin als ruhend auszuzeichnenden Bezugskörper. Auch in diesem System müßte sich der Ort eines jeden Körpers rational angeben lassen; sonst hätte die Vermeidung der Indifferenz des absoluten Raumes noch größere ›metaphysische‹ Mängel als die Raum-Zeit-Vorgaben Newtons. Ein System nur relativer Bewegungen sei prinzipiell vollständig darstellbar, sofern man nur Mittel besäße, alle Veränderungen zu registrieren; der Inbegriff dieser Mittel läßt sich figuralisieren als das Gedächtnis eines Übersubjekts. Auch wenn wir das nicht zuende führen können, bliebe es dennoch in der Wahrheit der Sachverhalte bestimmt. Der Vergleich, den Leibniz zur Nachhilfe einführt, ist exotisch genug: Die Araber könnten während des Reitens und nur aus dem Gedächtnis das Schachspiel betreiben.[121] Für den Grenzbegriff der Relativität aller Bewegungen erscheint die Idee der Vollständigkeit eines Protokolls der Weltvorgänge als an sich mögliche, wenn auch von keinem bekannten oder benennbaren Hirn vollziehbare Leistung. Auch Gott kommt dafür nach den Voraussetzungen von Leibniz nicht in Frage; er befaßt sich nur mit der Wesenserkenntnis der Monaden, nicht aber mit ihrer konfusen Gegebenheit, in der allein sie den Aggregatzustand physischer Körper bilden, die immerhin Voraussetzung für das Phänomen der Bewegung sind.

Der Dämon des Laplace, derart vorausgedacht, wird zugleich als mögliches Subjekt vollkommener Erkenntnis disqualifiziert; er wäre nur eine inferiore Instanz wissenschaftlicher Vorläufigkeiten. Gerade deshalb aber, weil er nur zur konfusen Erfassung der Realität in ihrer ›äußeren‹ Gegebenheit fähig wäre, die einem Gott nicht genügen würde, könnte er das zweitrangige Ideal der Vollständigkeit erreichen, das den Voraussetzungen des Problems entspricht.

Ihrer metaphysisch ableitbaren Beschaffenheit nach ist die Leibniz-Welt eine solche, die in einem Buch oder in einer Bibliothek, selbst in dem Buch des Jüngsten Gerichts oder dem des Lebens, nicht mit letztem Anspruch auf Wahrheit und Vollständigkeit dargestellt werden könnte. Die Geschichtsschreibung bedient sich nicht nur einer gezielten und bedachten, sondern einer ihrer Anschauung unverzichtbaren Ungenauigkeit, einer ›Idealisierung‹ ihres Gegenstandes, die gerade vom ›Wesen‹ wegführt und Handlungen mit Erscheinungen von ›Ereignissen‹ gleichsetzt. Zugleich besteht aber in den historisch vernachlässigungsfähigen Randgrößen solcher Ungenauigkeit der unvermutete Vorrat an Abweichungen und Veränderungen, die der Erwartung Anlaß geben, im großen Weltlauf werde sich für die Bücherschreiber auch dann noch das Gleiche

[121] Nouveaux Essais II 13 § 7.

wiederholen, wenn einer verfeinerten Betrachtungsweise schon Neues sich anzeigen müßte. Denn unterhalb der Erscheinungsebene für den entfeinerten Zugriff der Historie akkumulieren sich die Differenzen schließlich doch zum Fortgang des Ganzen, bis sie auch im Raster der historischen Erscheinung nicht mehr verkannt werden können. Das großzügig bemessene Buch der Weltjahreschronik genügt der Absicht, die Schwelle von beiden Seiten zu beleuchten, an der alle Wiederholbarkeit endet und die Welt ihren Sinn allein daraus zu ziehen beginnt, Inbegriff von Einzigkeiten zu sein.

Das Buch, die imaginäre Bibliothek der Geschichte und der Geschichten, ist Ausdruck des endlichen Vermögens: keine Metapher für die Wirklichkeit selbst, sondern für deren Gegebenheit und Beschreibung. Dagegen erbringt auch der Einwand nichts, daß Leibniz selbst in der Sammlung seiner Metaphern für das höchste und vollkommenste Wesen, insofern es Grund aller Dinge ist, nicht nur den hervorragenden Geometer, den tüchtigen Architekten, den guten Familienvater, den gewandten Mechaniker, sondern auch den gelehrten Autor (*sçavant auteur*) aufführt. Was seinen Gott zum Autor macht, ist freilich die Fähigkeit, möglichst viel Realität auf einem möglichst geringen Raum unterzubringen, wie es sich für gelehrte Schriftstellerei gehört; aber dieses ›Möglichst viel‹ bedeutet eben bei einem Gott, was es bei einem Schriftsteller nie bedeuten kann: Unterbringung von Unendlichkeit. Deshalb ist die Metapher geradezu auf Doppeldeutigkeit angelegt; die Verwendung der Ausdrücke *auteur* und *volume* geht nicht eindeutig auf den imaginativen Komplex von ›Verfasser‹ und ›Buchband‹, da nicht nur Urheberschaft allgemeiner gefaßt werden, sondern auch *volume* ›Raum‹ heißen kann. Zweifellos wird der Leser in eine bestimmte Richtung dirigiert, ihm aber das Zugreifen auf eine bestimmte Interpretation verwehrt.[122]

Leibniz zeigte sich als ein Gegner der Atomistik, der sich doch dem rhetorischen Argument der Gegnerschaft seit der Antike nicht angeschlossen hat, aus einer beliebigen Unordnung unter den Buchstaben des Alphabets könne niemals ein Buch entstehen. Das ist für ihn nur eine Frage der Kombinatorik. Was ihn bei der Metapher vom gelehrten Autor auf dem Grunde aller Dinge interessiert, ist

[122] Discours de Métaphysique V (Schriften IV 430).

die Vermeidung des wichtigsten Begleitdogmas aller Atomistik: des leeren Raums als der Bedingung für die Zufallskombination der Atome zu Welten. Unter dem Diktat des Prinzips vom zureichenden Grund ist in der Welt Redundanz schlechthin unzulässig, umgekehrt also: die äußerste Verdichtung von Realität notwendig. Man wird nach dem Grenzbegriff eines solchen *horror vacui* fragen. Er besteht in der Zulassung der aktualen Unendlichkeit, die unter demselben Prinzip für Raum und Zeit verboten ist, nach der entgegengesetzten Richtung hin: als Teilbarkeit des Kontinuums. Sie bedeutet, daß jeder beliebige Teil der Welt eine Unendlichkeit von Wesen enthält, also in keinem Buch, in keiner Bibliothek beschrieben werden könnte, wie man deren Umfang auch ausweiten wollte. Das metaphorische Weltbuch wird zur reinen Kulturleistung: Es findet eine auf die Maße des Menschen gebrachte Weltansicht statt. Die Metapher steht für die Differenz, indem sie sagt, was gerade nicht mehr geleistet werden kann: die aus der Unzulässigkeit der Leere deduzierte Überfülle und Unmerklichkeit der Unterschiede, die *sich in Büchern nicht mehr beschreiben ließen*.[123]

Die Absicht dieser Feststellung im »Apokatastasis«-Fragment geht nicht auf Nachweis der Unzulänglichkeit des Menschen. Leibniz will den ›subkulturellen‹ Spielraum offenhalten, aus dem heraus sich die Unwiederholbarkeit der Geschichte anbahnt. Es ist dieser ›Untergrund‹ unendlicher Realität und mangelnder eidetischer Bestimmtheit, der der Rede von der Wiederkunft des Gleichen in der Geschichte die präzise Anwendung, der Kombinatorik die objektive Geltung verwehrt. Wenn das Kontinuum in aktuell unendlich viele Teile geteilt werden kann und in jedem Teil der Materie eine Welt von unendlich vielen Geschöpfen existiert, die *in keinem noch so großen Buch beschrieben werden können*[124], entsteht so etwas wie eine Mikrogeschichte der Welt, in der bei unveränderten Erscheinungen dennoch Veränderungen vorbereitet werden, die in die Makrogeschichte eintreten. Dafür gibt es auch unabhängig von den Voraussetzungen der Monadologie Evidenz: Das menschlich

---

123 Apokatastasis: ... *semper enim forent discrimina etsi imperceptibilia et quae nullis libris describi possint.*
124 Apokatastasis: ... *adeoque in quavis parte materiae mundus est infinitarum Creaturarum qui describi nequit libro quantocunque.*

Sensible kann durchaus das historisch Unmerkliche sein; die Seufzer, von denen in keinem Buch die Rede ist, mögen ihren Ausdruck in Ereignissen finden, für die nach Motiven anderer Größenordnung gesucht wird und werden muß. Die subkutane Unbestimmtheit ist als solche nur die Möglichkeit der allmählichen Verbesserung des Weltzustandes in noch nicht ›geschichtsfähigen‹ Vorgängen.[125] Der Beweis für die Qualität der Veränderungen, für ihre Fortschrittsdisposition, kann aus dieser Überlegung nicht kommen. Über sie hinauszugehen, gehört weder in die Kombinatorik noch in das Theorem von der unendlichen Teilbarkeit des Kontinuums, vielmehr in eine Theorie *de eo quod optimum est*: eine aus dem Prinzip vom zureichenden Grund hervorgehende Deduktion dessen, was ist oder, wenn es noch nicht sein kann, sein wird.

Erst innerhalb des metaphysischen Systems der Optimierung gilt der Einwand, es könne der göttlichen Weisheit gar nicht angemessen sein, auch in der Großgeschichte der Welt dieselbe Harmonie noch einmal oder noch öfter erklingen zu lassen. Eine Geschichte nach Prinzipien der Vernunft wäre sie gerade nicht, wenn sie aus Wiederholungen bestände. Leibniz versteht nicht mehr, daß Wiederholbarkeit gerade das Siegel der höchsten Ordnungsqualität des antiken Kosmos gewesen sein konnte, jeder Durchlauf wie die erneute Bestätigung dessen, was schon gewesen war – und langweilig schon deshalb nicht, weil ein Betrachter des Ganzen gar nicht mitgedacht gewesen war. Leibniz billigt Vernünftigkeit nur einer Weltgeschichte zu, von der man glauben dürfe, daß sie nach jedem ihrer Umläufe (*post revolutiones*) ein wenig oder auch gelegentlich durch Sprünge zum Besseren fortzuschreiten *genötigt* sei.[126] Im Hinblick auf die gelegentliche Erwartung sprunghafter Aufbesserungen muß auch gesehen werden, daß sich die zuweilen empfindlich wahrnehmbaren Rückschläge im Weltfortgang mit der Notwendigkeit erklären lassen, ein Stück zurückzugehen, um mit um so größerer Wucht nach vorn springen zu können: *interdum recedimus ut maiore impetu prosiliamus*.

Am Ende nimmt die Spekulation noch eine für das Schicksal der

---

125 Apokatastasis: *Et ob hanc rationem fieri posset, ut res paulatim etsi imperceptibiliter in melius proficerent post revolutiones.*
126 Apokatastasis: *Credendum est vel ex naturalibus congruentiae rationibus res vel paulatim, vel etiam aliquando per saltus in melius proficere debere.*

Universalbibliothek als Figment überraschende Wendung: Evolution und Apokalypse konvergieren. Das Menschengeschlecht, dessen Dauer für die Zwecke der fiktiven Bibliothek über alle zeitgenössisch vorstellbaren Erstreckungen hinaus hatte ausgeweitet werden müssen, erscheint nun dennoch als Episode in der übergreifenden Geschichte einer Monadenwelt. Wenn es jene Evolution der kleinsten Schritte und gelegentlichen Sprünge gibt, sprengt das *evolutum* schließlich das Organ, das ihm in der Spezies Mensch zur Verfügung gestanden hatte.

Darauf beruht die Annahme, das Menschengeschlecht könne in seiner gegenwärtigen Beschaffenheit nicht ewig dauern. Doch würde die Art von Intellekt, wie sie im Menschen realisiert ist, auch über ihn hinaus bestehen und die Fähigkeit zum Erfassen solcher Wahrheiten, die ganz unabhängig von der Größenordnung der für Sinnesorgane zugänglichen Erscheinungen sind, sich freisetzen. Dann aber tritt etwas ein, was die Weltchronik zur schieren Überflüssigkeit absinken ließe.

Nach dem Menschen, nach der Überwindung der Bedingtheit der Vernunft durch ihn, könnte es sein, daß die wenigen Formeln reiner Wissenschaft (*Theoremata purae scientiae*), deren gegenwärtiger Gesamtbestand auf eine einzige Seite Papier geschrieben zu werden vermag, gewaltig anwüchsen und aus ihnen alles abzuleiten sei, was es nach dem Prinzip des zureichenden Grundes in einer Welt geben müsse. Die nachmenschliche Vernunft käme zunehmend in den Besitz jener *vérités éternelles*, die allen beschreibenden Nachvollzug, also alle Geschichtsschreibung zumal, vergessen lassen kann. Die Lösung des Problems wäre der Übergang von der Beschreibung zur Ableitung.

Die Universalbibliothek, in der zwar alles schon steht, aber das Lesbare und erst recht das Zutreffende bis zur Minimalität eingekeilt ist ins Sinnlose und Unzutreffende, wäre durch eine Formelsammlung ersetzt, aus der alles jederzeit gewonnen werden könnte, was zu wissen man bedürftig ist: die *Mathesis universalis portabilis*. Das sieht aus wie die eschatologische Annäherung an den Laplaceschen Dämon, der ja auch nicht alle Weltzustände ständig präsent haben muß, sondern nur deren Ableitungsverfahren aus einem gegebenen Gesamtzustand. Aber es sieht nur so aus.

Denn was Leibniz für seine Formelsammlung der nachmenschlichen

Intelligenz verlangt, ist gerade die Ausschaltung der einen Voraussetzung, die die Intelligenz des Laplace unabweislich erfordern wird: die Kenntnis *eines* vollständigen faktischen Weltzustandes. Die vollkommene *Mathesis* dagegen leitet jeden Weltzustand aus der Begründung für die Existenz der Welt selbst ab. Sie ist, im integrierten Grenzzustand vorgestellt, *die* Weltformel, die alle Bibliotheken über die Welt zu Makulatur macht. Aber sie ist auch die – von Leibniz niemals mitbedachte und unmöglich zugegebene – Überflüssigkeit der Welt selbst für ihre Theorie, insofern diese sich auf den prospektiven Status jenes vorweltlichen *deus calculans* reduzieren ließe, der die unendlichen Möglichkeiten vor sich hat und ihnen die Notwendigkeit *dieser* Welt abliest.

Dies Letzte mag spekulativ versponnen anmuten. Es ist jedoch ein gedankenexperimenteller Einblick in die Struktur des durch theoretische Grenzbegriffe bestimmten Weltverhältnisses in der Neuzeit. Das Ideal der Lesbarkeit der Welt und das ihrer vollendeten Formel schließen sich tendenziell aus.

Um das wahrzunehmen, braucht man nur auf die hochgradige Anschaulichkeit zu achten, die Leibniz diesem Verhältnis gegeben hat. Die Pointe des Fragments steckt nämlich in der haarsträubenden Kontraposition jener imaginären Universalbibliothek einerseits, dieses einen Blattes Papier andererseits, auf dem die ›Theoreme der reinen Wissenschaft‹ – also des exakt durch Vernunftgründe Beweisbaren – niedergeschrieben sind. Jene ›reine Wissenschaft‹ der Weltformel ist ein wahres Exempel dessen, was Leibniz unter einer ›lebendigen Kraft‹ (*vis viva*) gedacht hat: Eine ganze Welt geht hervor aus der bloßen Evidenz ihrer Unüberbietbarkeit als der bestmöglichen. Kein Gott kann dem Prinzip des zureichenden Grundes widerstehen; ihm zu widerstehen, ist nur vorläufig die Schwäche des Menschen, nicht dessen, was nach ihm kommt. Zwischen zwei Unvorstellbarkeiten – der der imaginären Universalbibliothek und der auf einem Zettel zusammengedrängten Weltformel – erscheint noch einmal die alte Feindschaft zwischen den Büchern und dem Selbstdenken in einer monströsen Vergegenwärtigung. Nur Leibniz konnte diese Anschauung der Spannungspole ersinnen, zwischen denen die Neuzeit sich formieren und behaupten mußte.

Doch den der imaginären Universalbibliothek unbedürftig gewordenen Formelbesitzer holt noch sein papierenes Schicksal ein. Gerade weil er die Welt von ihrem zureichenden Grunde her soll erfassen können, als die beste der möglichen, muß er das, was ihre faktische Geschichte rational macht, zugänglich finden. Das hatte jene imaginäre Geschichtsschreibung nicht mehr in ihren Griff bekommen können: die Vermeidung der Wiederkunft des Gleichen durch unmerkliche Veränderungen und gelegentliche Schübe zum besseren Zustand hin. Die Welt wäre nicht die beste der möglichen, wenn sie nicht in der Dimension ihrer Geschichte besser werden könnte. Dies also läßt sich aus dem Prinzip aller Prinzipien gewinnen, und damit tritt zwangsläufig das Problem der historischen Vorhersage auf, wenn man sich von der Geschichtsschreibung der imaginären Folianten entfernt und dem Besitz der Weltformel nähert. Einer solchen Prognose kann Leibniz freilich nur einen gewissen Grad von Wahrscheinlichkeit zubilligen: *ad praevidendum quaedam futura contingentia certo verisimilitudinis gradu* ...

Das Paradox, daß die beste der möglichen Welten muß noch besser werden können, wenn es nicht eine als besser denkbare geben soll, die eben dies könnte, bestimmt die Unzulässigkeit jeder Vorhersage der Wiederkunft des Gleichen. Dieses Konzept hat also gegen sich sowohl die zweifelhafte Unvernünftigkeit der Wiederholung, sofern nämlich diese unter nachantiken Prämissen zu stehen scheint, als auch das Prinzip des zureichenden Grundes, nach welchem nur diejenige Welt zu existieren berechtigt ist, im Vergleich zu der keine bessere angegeben werden kann. Besserwerden wäre nur dann ein Widerspruch zur Definition der besten der möglichen Welten, wenn es die Möglichkeit implizierte, die *gegenwärtige* Welt könne besser sein als sie ist. Insofern sie *geworden* ist, *ist* sie unüberbietbar. Jede Ableitung, zu der es die ›Theoreme der reinen Wissenschaft‹ bringen mögen, kann sich daher nur auf eine jeweils gegenwärtige Welt beziehen. Das wird in der Schlußklausel des »Apokatastasis«-Fragments festgehalten. Das Subjekt steht im Horizont seiner Gegenwart, der seine Fassungskraft abgrenzt und verschließt gegenüber der zukünftigen Geschichte; es kennt seinen eigenen zukünftigen Horizont nicht.[127] Die Monade ist ein prinzipiell perspektivisches Subjekt, definiert durch ihr Verhältnis

---

127 Apokatastasis: *Et quaevis mens horizontem praesentis suae circa scientias capacitatis habet, nullum futurae.*

zu allen anderen Monaden, das sich in den Ordnungsformen von Raum und Zeit auslegt. Und, wie man sieht, im Begriff der Wahrscheinlichkeit für seine Zukunft.

Die Ausschaltung der geschichtlichen Kontingenz durch den Begriff der Wahrscheinlichkeit genügt dem Prinzip des zureichenden Grundes, sofern nur das Wahrscheinliche unter Einbeziehung jener Rückschritte des Anlaufs zum Fortsprung die Tendenz der Verbesserung enthält. Mit den ›Theoremen der reinen Wissenschaft‹ verträgt sich das zwar durch die Rationalisierung des Begriffs der Wahrscheinlichkeit, nicht aber unter dem Kriterium der Vereinfachung. So wird auch diese reine Disziplin von der Genügsamkeit des einen Blattes Papier weggetrieben, und Leibniz räumt ein, daß sie ins Ungemessene anschwillt, indem *die neuen Theoreme, die noch gefunden werden sollen, im Umfange bis ins Unendliche wachsen*... Doch schreckt das den spekulativen Sinn des barocken Philosophen nicht mehr, nachdem er in seinem System der Monaden bereits die Voraussetzung dafür untergebracht hat, daß das Subjekt mit seinen Aufgaben wächst – und sei es um den eschatologischen Preis der Überschreitung der Geschichte als einer menschlichen. Im Text steht das als die schlichte Konzession, *dementsprechend müßten auch die Geister ... an Fassungskraft zunehmen.*

Wie aber auch der Weltkalkül anwachsen mag, die Form des Buches, die Qualität der Lesbarkeit, nimmt er nicht an; vielmehr behält er die einer von Fall zu Fall transportablen Methode, eines Universalwerkzeugs eher als einer Universalbibliothek. Das Entstehen der Figur aus der Formel, die doch von ihr noch nichts enthält, ist das Urbild aller Wünsche, die faktische Welt als Resultat von etwas zu begreifen, was sie selbst nicht ist und was doch zwingend zu ihr hinführt – der Wünsche also, die als Verhältnis von Analysis und Synthesis in aller neuzeitlichen Theorie impliziert sind. Man kann die Formel nicht wie ein Buch ›lesend‹ zur Kenntnis nehmen; man muß sie als Befehl annehmen und befolgen, um zu sehen, was sie auf dem Niveau der Anschauung hervorgehen läßt. Ausdrücklich besteht Leibniz darauf, nach diesem Muster müsse auch die Fliege begriffen werden können: als das Resultat des Vollzugs ihrer Erzeugungsformel, *quae structuram eius (sc. muscae) exhibeat.*

Nimmt man Abstand von dem späten Leibniz-Fragment, so wird

auffällig, daß es in zwei Sprachen geschrieben ist: in der Sprache einer kombinatorischen Erörterung über Geschichtsschreibung mit dem Ergebnis, daß jeder Geschichtsverlauf nach beliebig langen Zeiträumen sich wiederholen müsse; in der Sprache einer metaphysischen Spekulation, deren Ergebnis ist, daß sich im Weltverlauf schlechthin nichts wiederholen dürfe, die Voraussetzung dafür aber unterhalb der Schwelle der Feststellbarkeit durch unbemerklich kleine Veränderungen gegeben sei. Leibniz hat nicht nur hier, sondern auch sonst diese beiden Sprachen gesprochen: die der Monadologie und ihrer Unendlichkeitsmetaphysik einerseits, die seines Phänomenalismus andererseits, wie er den Entwurf des Briefes an Remond vom Juli 1714 beherrscht. Im Gegensatz zu Leibniz' Theorie der wirklichen Geschichte, die ganz auf seinem spekulativen System beruht, kann man die Theorie der Geschichtsschreibung diesem Phänomenalismus zuordnen. Er gibt damit den Grad der Genügsamkeit an, der sich ihm durch frühe Einsicht in die Unwiderlegbarkeit des cartesischen Zweifels und die Unhaltbarkeit seiner vorgeblichen Überwindung herausgestellt hatte.

Die Erscheinungen für Wirklichkeiten zu nehmen, sofern sie konsistent bleiben, also sich nicht selbst widerlegen – auch unter dem Verdacht, sie wären nur sehr genaue und sehr dauerhafte Träume –, ist eine sogar ›vom höheren Standpunkt‹ her wohl begründete Einstellung. Wer mehr verlangt, könnte weniger bekommen, wenngleich Schöneres. Überträgt man dies auf die Geschichtsspekulation, ist der Zusammenhang unübersehbar. Auf dem Niveau der möglichen Solidität und Handwerklichkeit des Historikers – in jenen Folianten der imaginären Bibliothek also – ist die Geschichte ein Komplex von Ereignissen und Handlungen unverkennbarer Typik, der sich unter die Betrachtungsweise der Kombinatorik bringen läßt und sich dabei als das Wiederholbare erweist.

Der Rationalist muß an diesem Sachverhalt Anstoß nehmen, und der Metaphysiker hilft ihm, dem Prinzip des zureichenden Grundes durch unterschwellige und marginale Veränderungen, die dem Historiker entgehen müssen, Geltung zu verschaffen. Wer mehr verlangt, bekommt weniger – das heißt hier: Ihm wird eine mit den Maßstäben des lebensweltlichen Zeitbewußtseins unverträgliche und für dieses unerträgliche Zumutung an Langzeitgeduld gestellt. Er muß auf eine Weltansicht verzichten, die sich als

Anschaulichkeit bezeichnen ließe und nicht zuletzt die Form der bestimmbaren Erwartungen haben kann. Das, worauf gar nicht gewartet werden kann, läßt die Erwartung kalt.

Der Historiker, insofern er noch bei der Zubereitung gewaltiger Folianten unweigerlich ›Phänomenalist‹ bleiben muß, kultiviert die vergleichsweise humaneren Maßstäbe, weil er auf Faßlichkeit des Beschreibbaren besteht; die kombinatorische Betrachtung, auf die er selbst schwerlich kommen würde, verurteilt ihn, schließlich doch die Sinnlosigkeit seines Ganzen im Vergleich zu dem, was der Metaphysiker bereithält, zuzugestehen, die Wiederkehr des Gleichen als die sinntötende Kehrseite seiner Insistenz auf ›Erheblichkeit‹ zu erkennen.

Den Zeitgenossen blieb Leibniz' geschichtsphilosophische Aufzeichnung unbekannt. Anders der große und verschachtelte Schlußmythos der »Essais de Théodicée«, die 1710 zuerst erschienen und rasch weitere Auflagen und Übersetzungen erfuhren. Hier werden die Dialoge des Laurentius Valla über die Willensfreiheit, gerichtet gegen das fünfte Buch der »Consolatio« des Boethius, fortgesetzt, weitergesponnen bis hin zum Tempeltraum des Orakelpriesters von Dodona im athenischen Heiligtum der Tochter des Jupiter. Wenn dieser alles vorbestimmt, wie kann es Freiheit und selbstbestimmtes Schicksal geben? Und wie kann der Gott vom Vorwurf freigehalten werden, selbst der Schuldige dessen zu sein, was er straft? Die Verlegung der Frage ins polytheistische Milieu erleichtert die Trennung der Zuständigkeiten, aber auch die Hinnahme von Minderungen der Gottheitsattribute.

Pallas Athene führt den Träumer ins *Palais de destinées*, dessen Wächterin sie ist: das Arsenal der möglichen Welten. Hierher war der Weltenschöpfer gekommen, um sich für eine der Welten als wirkliche zu entscheiden; und hier überprüft er seine Entscheidung von Zeit zu Zeit. Auch er war nur frei gewesen in bezug auf Welten als ganze, und jede Änderung im einzelnen, zugunsten des Beschwerdeführers im Mythos, hätte eine andere Welt erfordert. Diese unaufbrechbaren Totalitäten sind vergegenwärtigt, vorstellbar gemacht in jeweils einem Raum für eine Welt: *quand il y fut, ce n'étoit plus un appartement, c'étoit un monde.* Wie aber das? Eine Weltausstellung ohne Exponate? Der Erzähler schwankt einen Augenblick in der Bildwahl: eine Theatervorstellung, wegen der

Analogie von *representation*, der scholastischen *repraesentatio*; dann aber *un grand volume d'ecritures*. Es sei die Geschichte der Welt, die man gerade aufgesucht habe, belehrt die Göttin, *le livre de ses destinées*. Auf der Stirn trage der, nach dem man fragt, eine Ziffer; nach ihr finde man den Text im Buch, auf den man nur den Finger zu legen brauche, um die ganze ›Vorstellung‹ zu haben, die er bestimmt. Der Träumer braucht nicht zu lesen; die Beziehung zum Buch ist eher magisch als intellektiv.

Zwar sind dem Träumer die Vorstellungen der möglichen Welten wie die einer wirklichen; was wirklich ist, entscheidet sich eben daran, daß es zu einer Welt gehört, in ihr Konsistenz hat. Dennoch gibt es die Erfahrung einer betäubenden momentanen Evidenz, aus der ihn die Göttin befreien muß: die beste der möglichen und daher wirkliche Welt. Das Ganze hat ein anderes Kriterium von Wirklichkeit als das Einzelne. Daß auch die möglichen Welten nach der Urentscheidung für diese eine in der Bibliothek jenes Palastes verwahrt bleiben, ist mit der Überprüfbarkeit der Wahl des Jupiter begründet: Hier hat er selbst den Rückhalt seiner Gewißheit, weise und gerecht zu sein. Seine eigene ›Theodizee‹ steht in den Büchern. Ironisch hebt der Autor der »Essais de Théodicée« am Schluß die Originalität seines Werkes auf.

XI
Eine Robinson-Welt gegen die Newton-Welt

Von demselben Ausgangspunkt wie Leibniz – dem der Unerfüllbarkeit der cartesischen Beweisforderung für die ›Existenz‹ der Welt – gelangt George Berkeley zu seiner Variante des Phänomenalismus. Als Kurzformel seiner Hauptthese ließe sich herauspräparieren: Wir wissen nicht, was dieses Wort ›Existenz‹ bedeutet. Es hat keine Basis in der Anschauung. Noch einem phänomenologischen Phänomenalisten würde das als ausreichende Begründung erscheinen, darauf bezogene Beweisforderungen als unerfüllbar anzusehen, wenn nicht der Phänomenologe in der Nachfolge Husserls sich zugute halten dürfte, durch Rückführung auf eine erweiterte Basis von Anschauung zu wissen, was der Ausdruck ›Existenz‹ bedeutet.

Dafür steht Berkeley hinsichtlich des anderen Ingrediens der Geschichtsspekulation von Leibniz diesem ganz verständnislos gegenüber: Vom Unmerklichen und seinen marginalen Veränderungswerten weiß er nichts und besteht er darauf, nichts wissen zu können. Das *minimum sensibile* ist auch der Grenzfall der Realität; jenseits davon beginnt das Reich der bloßen Worte.

Kann man es einem solchen Kopf, der darauf besteht, wir könnten gar nicht wissen, was es heißt, etwas existiere, und zwar nicht nur in unserer Vorstellung, abnehmen, wenn er sagt, er sei Realist? Und dies zu dem arrogantesten aller philosophischen Sätze steigert: *Auf Grund meiner Prinzipien gibt es eine Realität . . .*[128]

Wir kennen viele Dinge, schreibt Berkeley, *bei denen uns Worte fehlen, um sie auszudrücken.*[129] Für einen geläufig gewordenen Absolutismus der Sprache ist das eine Überraschung: Welt wäre nicht nur, was uns die Sprache erschließt, vielmehr alles, was sich der Anschauung darbietet. Aber das Umgekehrte ist für Berkeley nicht weniger richtig: Wir haben viele Worte, zu denen uns die Dinge fehlen. Das ›Sein‹ gehört ganz sicher dazu. Daher Berkeleys ausdrücklich so genanntes ›Axiom‹: *Kein Wort werde ohne eine*

---

[128] Berkeley, Philosophical Commentaries (1707/08). Dt. v. W. Breidert, Hamburg 1979, Nr. 305.
[129] Commentaries Nr. 223.

Eine Robinson-Welt gegen die Newton-Welt

Vorstellung verwendet.[130] Nun kann man sagen, Berkeleys ›Realismus‹ bestehe darin, daß er für die Erschaffung der Welt die Beachtung eben dieses Axioms verlangt: Kein Ding ohne eine Vorstellung. In der Natur geschehe nichts vergeblich – und vergeblich wäre alles, was nicht in das Bewußtsein ihres einzigen Adressaten, des Menschen, eingegangen wäre. Es ist die vollendete Zweckmäßigkeit der Schöpfung in bezug auf ihre intellektuellen Mitglieder und folgerichtig die Wiederherstellung des alten Sichtbarkeitspostulats in einer auf die gesamte Sinnlichkeit erweiterten Fassung. Spott ergießt sich auf die Leute, die von der Unendlichkeit, vom Unsichtbaren, vom Unendlich-Kleinen, von der ›Kraft‹ und von den sekundären Qualitäten als etwas sprechen, was ›in Wirklichkeit‹ anders sei als es erscheint: *Wir Iren können zu solchen Wahrheiten nicht gelangen.*[131]

Wie Leibniz glaubt Berkeley, den endgültigen Vorteil gegenüber dem von Descartes in die Welt gesetzten Zweifel gewonnen zu haben: *Ich bin mehr für Realität als irgendwelche anderen Philosophen. Sie hegen tausend Zweifel und wissen nur sicher, daß wir getäuscht werden können. Ich behaupte gerade das Gegenteil.*[132] Das wäre das Ende des *genius malignus*. Es kann nicht betrogen werden, wo nichts behauptet wird. Dieser Realismus ist so massiv, daß er jede Implikation der Erscheinung über das hinaus, als was sie sich gibt, ausschließt.

Die zu Berkeleys Zeit erst mäßig fortgeschrittene Naturwissenschaft mochte viel getan und alles noch zu tun haben, den Menschen der Welt zu erhalten, länger zu erhalten als seiner Hinfälligkeit entsprach – Berkeley wollte etwas anderes und eher Entgegengesetztes: die Welt dem Menschen erhalten als das nicht in der Übermächtigkeit des Unsichtbaren und Unerreichlichen ihm Entzogene, das in Formeln und Gesetzesaussagen sich auflösende Konstrukt seiner eigenen Theorie. Erhalten bleiben sollte die pure und einzige Anschauungswürdigkeit der Welt für die Sinnesnatur des Vernunftwesens: *Ein nicht wahrgenommenes Ding ist ein Widerspruch...*[133]

---

130 Commentaries Nr. 356.
131 Commentaries Nr. 392.
132 Commentaries Nr. 517 a. – Nr. 563: *Von allen Menschen bin ich am weitesten vom Skeptizismus entfernt.*
133 Commentaries Nr. 579.

Deshalb fasziniert ihn eigentümlich die Figur des Robinson – den es doch unter diesem Namen noch gar nicht gibt, literarisch erst ein Jahrzehnt später geben wird –, der auf seiner einsamen Insel am wenigsten in Versuchung kommt, durch das Machen von Worten den Rang der Anschauung zu mindern und Fragen zu erfinden nach etwas, was nicht Anschauung sein kann oder was das Angeschaute sonst sein könnte. Er wenigstens wisse mit dem Begriff ›Existenz‹ nichts anzufangen, der eine Sache der Gelehrten sei.

Der Typus des Robinson und der des sehend gewordenen Blindgeborenen sind die beiden dem Jahrhundert vertraut werdenden Leitfiguren, die im Gedankenexperiment die Ursprünglichkeit des Blicks auf die Welt vor aller Wissenschaft – die anthropologisch reduzierte Lebenswelt also – vorstellig machen sollen. Der Blindgeborene vor allem zeigt, daß Lockes theoretischer Vorzug der primären Sinnesqualitäten mit ihrer Voraussetzung des dreidimensionalen Raumes nur auf der Spezifität des Tastsinns mit seinen konstanten Größen und starren Identitäten von Körpern beruht. Sie bieten sich der wiedergewonnenen Optik in ihren durch Distanz veränderten Größen und durch Perspektive nur indirekt herstellbaren Identitäten in verfremdeter Gestalt dar.

Für Berkeleys Weltansicht entscheidend ist die Leugnung des optischen Erfahrungsraumes. Er bestreitet, unsere Fähigkeit zur Unterscheidung von Entfernungen beruhe auf unausdrücklichen Schlüssen aus der Veränderung des Sehachsenwinkels; vielmehr resultiere sie unmittelbar aus der Selbstwahrnehmung der Veränderung der Augenstellung gegeneinander. In der Sache mag diese Differenz geringfügig erscheinen; sie ist in den Folgerungen so schwerwiegend, weil sie bedeutet, daß in unserer Sinnlichkeit keine implizite Geometrie fungiert. Der Raum ist nicht, wie Kant sagen wird, die ›Form des äußeren Sinnes‹. In der heftigen Abwehr gegen jede Unterstellung von Mechanismen impliziter und unbewußter Schlüsse zugunsten der Unverstelltheit des Bewußtseins für sich selbst wird Berkeley nur noch, zwei Jahrhunderte später, von Husserl übertroffen werden, wenn dieser auch für die Fremdwahrnehmung Unverdecktheit in Anspruch nehmen wird. Berkeley geht es darum, Erfahrung bedeuten zu lassen, was sie ist und was in ihr liegt, und sie nicht zu einem System bloßer Indikationen auf anderes zu machen, seien es Substanzen, Atome, Indivisibilien oder Kräfte.

Die alte ›Rettung der Phänomene‹ ist zur bloßen Rettung der Sichtbarkeit ins Prinzip der Allsichtbarkeit geworden, wenn auch der Tastsinn seinen lebensweltlichen Primat für die Erschließung der Räumlichkeit als der projektiv in die Optik eingeblendeten Ordnungsform behält. Was das bedeutet, sieht man leicht an der Entschärfung des kopernikanischen Eingriffs als eines bloßen Störfalls. Aus der Wahrnehmung ein System zu machen – und dazu noch die Überprägnanz der Lesbarkeit einer Mitteilung über den Menschen und seine Stellung in der Welt –, ist die Wurzel der Irrungen des einen wie des anderen Weltbegriffs. Der Mensch irrt nicht dort, wo er sich immer am meisten mißtraut hatte: in der Sinnlichkeit, sondern im Darüber-hinaus-Wollen, *in the inferences he makes from his present perceptions.*[134] Nicht als Leser, sondern als Exeget des Textes versagt er: als Richter, nicht als Zeuge.

Darauf beruht die Unbefangenheit und Unbeirrtheit, mit der sich die Sprache gegen theoretische Wandlungen behauptet; wer nach Kopernikus die Sonne nicht mehr auf- und untergehen lassen wollte, würde sich lächerlich machen. Die Alltagssprache hat keinen Wahrheitsvorzug, sondern nur den der geringsten Beeinflußbarkeit durch wechselnde Systeme, und darauf beruht die Regel, *to think with the learned, and speak with the vulgar.*[135] Dennoch, diese Regel ist nur eine über das geringste Übel; denn die Sprache ist in jedem Fall die einzige, weil einzig mögliche, Quelle des Irrtums. In ihrer Verbindung mit den Vorstellungen liegt allemal ein Überschuß, ein Zuviel an Behauptung.

Philosophie ist die Fähigkeit, die Vorstellungen ohne den menschengemachten Text zu lesen. Zu lesen als das, was zwischen dem göttlichen und dem menschlichen Geist das wirklich und einzig

---

134 Berkeley, Dialogues between Hylas and Philonous (1713) III (Works, edd. Luce/Jessop, II 238): *We do not here perceive any motion of the earth: but it were erroneous thence to conclude, that in case we were placed at as great a distance from that, as we are now from the other planets, we should not then perceive its motion.* – Für vergleichbare Aussagen müssen gleiche sensorische Bedingungen hergestellt bzw. unterstellt werden. Die Geozentrik wird als Tasterfahrung verstanden; als solche kann sie nicht in ein optisch fundiertes System eingebracht werden. Theorie ist im Kern nichts anderes als die fiktive Anschauung der Gegenstände von einem hypothetischen Standort: *...and be enabled to pass a right judgment of what could have appeared to us, in case we were placed in circumstances very different from those we are in at present.* (Principles of Human Knowledge § 59.)
135 Berkeley, Principles of Human Knowledge (1710) § 51.

Gemeinsame ist – im Gegensatz zur Vermutung Galileis, dies sei die Mathematik. Weil *demgemäß Worte so leicht den Geist zu täuschen vermögen, so werde ich, welche Ideen auch immer ich betrachte, versuchen, sie gleichsam bloß und nackt anzuschauen, indem ich aus meinem Denken, soweit ich es vermag, jene Benennungen entferne, welche eine lange und beständige Gewohnheit so eng mit ihnen verknüpft hat ... Die Objekte meiner Betrachtung kenne ich klar und genau. Ich kann nicht die falsche Meinung hegen, ich hätte eine Idee, die ich nicht habe.*[136] Dieses so nahe an die phänomenologische Evidenz heranführende Verfahren gibt dem späteren Bischof die Kühnheit, auf den paradiesischen Baum der Erkenntnis anzuspielen: *Vergeblich erweitern wir unseren Blick in die himmlischen Räume und erspähen das Innere der Erde; vergeblich ziehen wir die Schriften gelehrter Männer zu Rate und verfolgen die dunklen Spuren des Altertums; wir sollten nur den Vorhang von Worten wegziehen, um klar und rein den Erkenntnisbaum zu erblicken, dessen Frucht vortrefflich und unserer Hand erreichbar ist.*[137]

Der ›Idealismus‹ Berkeleys versteht sich selbst als äußerste Zuspitzung von Realismus, und dies durch die Konvergenz von Erfahrung und Unmittelbarkeit. Darauf auch beruht die hochgradige Begünstigung, die der Hintergrundmetapher der Lesbarkeit zuteil wird. Denn aus dieser ist, so paradox es klingen mag, die Vermittlung der Sprache ausgefallen worden: *Visual Language* ist nicht Medium, sondern Sache selbst in letzter Instanz. Der auf die nackten Vorstellungen gerichtete Blick wird dessen gewahr, daß er den Umweg über das Ganz-Andere der Natur nicht nötig hat, um die Gedanken Gottes zu denken. Berkeley ist hier von bewunderungswürdiger Konsequenz, wenn auch nicht von der letzten. Die letzte wäre, daß die Gedanken Gottes zu denken nichts anderes heißen könne als der diese Gedanken denkende Gott selbst zu sein. Entscheidend aber ist, daß diese Vorstellungen nun nichts anderes mehr bedeuten als sich selbst.

Die Zurückweisung der Mathematik als eines ›Verfahrens‹ der Transformation von Anschaulichkeit in Formalität dient dieser Absicht. Weshalb sollte die Welt in irgend einem anderen Medium

---

136 Berkeley, Principles of Human Knowledge. Introduction § 21-22 (dt. v. F. Ueberweg).
137 Berkeley, Principles of Human Knowledge. Introduction § 24.

wahrgenommen und gedacht werden, wenn sie in ihrer Ursprünglichkeit selbst und unmittelbar erfaßt werden kann? Daher läuft alles auf den Verlust an ›Substanz‹ im alten Naturbegriff hinaus. Statt dessen hat das als äußerlich *verdeutete* Universum der Sichtbarkeit die eine und einzige Funktion, das Subjekt seines Anteils an der Subjektivität Gottes inne werden zu lassen: *Laß nur einen dieser Anstifter zur Gottlosigkeit in seine eigenen Gedanken blicken und dann versuchen, ob er begreifen kann, wie auch nur ein Fels, eine Wüste, ein Chaos oder wirres Atomengewimmel, wie überhaupt irgend etwas Sinnliches oder Erdenkbares, unabhängig von einem Geist bestehen kann, und dies wird genügen, ihn von seiner Narrheit zu überzeugen.*[138]

Der Raum war, seit Newton ihn zum göttlichen Sensorium gemacht hatte, der hartnäckigste Rivale solcher Unmittelbarkeit geworden. Als absolute Basis für die Grundbegriffe der Erfahrung gibt er auch der Distanz zwischen dem unendlichen Subjekt und dem endlichen die absolute Metapher. Als solchen läßt Berkeley ihn verschwinden. Daß der Mensch einen Raumbegriff und eine Geometrie haben kann, beruht nicht darauf, daß er ein Wesen der Anschauung, sondern darauf, daß er eines des Willens und der durch ihn ertastbar innervierten Bewegung ist. Daraus aber das Maß für den Wert seiner Erkenntnis, die verzweifelte Anstrengung der Exaktheit, zu nehmen, scheint eine dämonische Ablenkung von dem zu sein, was der Intellekt vermag. Der Raum ist die Dimension der Selbsterhaltung, nicht die der Selbsterfüllung. Die Ideen liegen in planer Zugänglichkeit vor dem Geist, nur dessen gewärtig, abgelesen zu werden – nicht ›nachgelesen‹, als enthielten sie noch etwas jenseits ihrer selbst.

Berkeleys Wendung gegen die Wissenschaft vom Newton-Typ ist Verteidigung der Unmittelbarkeit. Sollte es bei der Betrachtung der Natur wirklich auf das Maß an Exaktheit ankommen, welches den Mathematikern angesichts der Gebilde vorschwebt, die sie sich selbst erfunden haben? Zwar sollten wir uns die Natur, soweit sie durch Güte und Weisheit ihres Schöpfers dem Menschen zugewiesen ist, nach dieser Bestimmung dienstbar machen, auch zur Erhaltung und Schmückung des Lebens wie zur Ehre Gottes, aber zugleich uns edlere Ziele setzen als das der Zurückführung jeder Erscheinung auf allgemeine und nur in der eigens erfundenen Formalistik

138 Berkeley, Hylas and Philonous II (dt. v. R. Richter).

ausdrückbare Gesetze. Erhebung und Erfrischung des Geistes durch den Blick auf die Fülle, Schönheit und Ordnung der Naturerscheinungen ist nicht identisch mit ihrer theoretischen Bemeisterung, die nur durch den Kunstgriff der Hinzuziehung des Raumbegriffs als einer heterogenen Apparatur zustande kommt. Jene Erhebung ist gerade nicht das verächtliche Nebenprodukt dieser Anstrengung: *Wie bei dem Lesen anderer Bücher ein weiser Mann seine Gedanken viel mehr auf den Sinn richten und denselben sich zu Nutzen zu machen streben, als sie zu grammatischen Beobachtungen über die Sprache verwenden wird, so scheint es bei der Lesung des Buches der Natur unter der Würde des Geistes zu sein, allzu sehr nach Exaktheit in der Zurückführung jeder einzelnen Erscheinung auf allgemeine Gesetze oder in dem Nachweis, wie sie aus denselben folge, zu streben.*[139]

Der Absolutismus der Wahrnehmung ist nicht nur gegen die Entwertung der sekundären Sinnesqualitäten bei Locke gerichtet, sondern auch gegen das technische Instrumentarium der Erfahrung, zumal gegen Fernrohr und Mikroskop. Sie erschließen nicht die Welt, sondern eine Welt *sui generis*, die nicht einfach als Auflösung der natürlichen Minimalquanten der Optik verstanden werden darf. *Ein Mikroskop versetzt uns gewissermaßen in eine andere Welt. Es bietet uns eine Szenerie ganz neuartiger Gegenstände, die ganz verschieden sind von denen, die wir mit bloßem Auge sehen. Der bemerkenswerte Unterschied besteht eben darin, daß die Gegenstände, die allein mit bloßem Auge wahrgenommen werden, in gewissen Beziehungen zu den Gegenständen des Tastsinnes stehen ..., während nun zwischen den Sehobjekten, die mit Hilfe eines guten Mikroskops wahrgenommen werden und den Objekten des Tastsinnes ein solcher Zusammenhang nicht besteht.*[140] Im Grunde ist der Mensch, der durch einen optischen Verstärker blickt, für Berkeley nichts anderes als der in diesem Jahrhundert so oft beschworene Blindgeborene, der bei erstmalig gewonnenem Sehvermögen keine Identifizierungen herzustellen vermag mit den ihm durch Haptik und Akustik vertraut gewordenen Gegenständen, deren Namen er für die neue Vorstellungsreihe nicht unmittel-

---

139 Berkeley, Principles of Human Knowledge § 109.
140 Berkeley, Essay towards a New Theory of Vision (1709) § 85 (dt. v. R. Schmidt).

bar anzuwenden wissen wird. Sein Erlebnis, seine akute Aufgabe besteht gerade darin, zwei heterogene Sinneswelten aufeinander zu beziehen, ohne ihnen eine dritte Sphäre von ›Dingen‹ als gemeinsamer Bezugspole zuzuordnen – ohne zu vergessen, daß die neue Sinneswelt autark ist wie die alte, also der Beziehung auf diese nur ontogenetisch, am Leitfaden des Fortbestands der Namen, bedarf. Der geheilte Blindgeborene wird unvergleichlich vorgeführt bekommen, was eine Metapher ist: Das Sichtbare steht ihm alsbald für das Tastbare, dem mit der ›Zuhandenheit‹ der Primat für die lebenstätige Umgangsrealität bleibt.

Wenn in Berkeleys Texten zur Theorie der Wahrnehmung vielfach die Metapher von der *Visual Language* fällt, so kann keine Analogie zum Sprachbuch der Offenbarung mehr gemeint sein. Sprache ist die optische Wahrnehmung schon durch ihren Bezug auf Lebensdienlichkeit: Die Mauer, die dem Tastsinn noch nicht erreichbar und auf ihre Undurchdringlichkeit prüfbar geworden ist, steht als Zeichen für ein Hindernis, mit dem zu kollidieren ›auf den ersten Blick‹ nicht ratsam erscheint. Da die ins Leben einschneidenden Erfahrungen überwiegend haptische sind, wird das Sichtbare zu einer Zeichensprache der Natur für die Vorwegnahme der nur im Nahbereich möglichen Erfahrung.[141] Die Metapher der Sprachbeziehung von der optischen Mauer auf die haptische soll gerade verhindern, daß beide als bloße Erscheinungsweisen von etwas Drittem genommen werden. Aus dieser morganatischen Verbindung der Sinneswelten miteinander lebt auch die Mathematik, indem sie die Verhältnisse der haptischen Wahrnehmung durch Projektion auf die optische Fläche überträgt und deren Gegebenheiten für die exakte Quantifikation ›erschließt‹.

Trotz der Ähnlichkeit der Wendungen ist die Metaphorik von der Natur als der Sprache Gottes grundlegend anders zu verstehen. Diese *Sprache für unsere Augen* bedeutet nichts anderes, als daß alles für sich selbst steht. Darin liegt eine Art Deutungsverbot, wie es für weitaus spätere ›ästhetische‹ Textgebilde wiederkehren wird. In der Unterstellung, die *Visual Language* verweise auf und belehre über eine andere Realität hinter sich, deren bloßes Medium

---

141 Berkeley, New Theory of Vision § 140; Theory of Vision or Visual Language, shewing the immediate presence and providence of a Deity, vindicated and explained (1732) § 46.

sie sei, liegt wieder – wie bei der geometrischen Perspektive – das Hereindrängen des Raumbegriffs, der Lokalisation anbietet für etwas, was doch seiner Evidenz nach nur im Bewußtsein selbst vorliegt und sich ihm durch keine Distanz entzieht. Die Gegenstände der Gesichtswahrnehmung bilden die *Weltsprache des Schöpfers*.[142] Im Gebrauch dieser Metapher ist Berkeley nicht sogleich sicher. Noch in der »Neuen Theorie der Gesichtswahrnehmung« hatte jene ›Weltsprache‹ dieselbe Funktion, die Descartes der gesamten Theorie der Natur zugeschrieben hatte: die sachgemäße Einrichtung des Lebens in dieser Welt möglich zu machen. Der Anspruch auf Verläßlichkeit der Zuordnung optischer und haptischer Eindrücke besteht zwar nur im Umfang solcher Lebenssicherung, doch gewinnt davon auch die Mathematik: *Daher kommt es, daß die Stimme des Schöpfers, welche gewissermaßen zu unseren Augen spricht, nicht der falschen Auslegung und den vielen Zweideutigkeiten unterworfen zu sein scheint, welchen die Sprachen, wie sie der Mensch erfunden hat, unvermeidlich ausgesetzt sind. Daraus könnten wir uns vielleicht die besondere Beweiskraft und Klarheit der geometrischen Beweise herleiten.*[143]

Die Mathematisierbarkeit der wissenschaftlichen Naturerfahrung ist also nichts anderes als ein Nebenprodukt der metaphorischen Zuordnung von optischer zu haptischer Wahrnehmung. Die Fürsorge Gottes, die darin besteht, daß *die Schriftzüge der Gottheit groß und leserlich in der ganzen Schöpfung für Menschen mit klaren Sinnen und gesundem Verstand dastehen*[144], begründet keine Verallgemeinerung des theoretischen Anspruchs, etwa auf den Gebrauch der optischen Instrumente. Vielmehr erreicht sie ihre reine Selbstdarstellung in der Art des Genusses, die damals noch nicht ›ästhetisch‹ hieß: *Und während sie belehrt, erfreut und unterhält sie gleichzeitig den Verstand durch einzigartiges Wohlgefallen und Entzücken.*[145]

---

142 New Theory of Vision § 147.
143 New Theory of Vision § 152.
144 Berkeley, Theory of Vision or Visual Language ... vindicated and explained § 7; dazu § 38: *Die Gesichtswahrnehmung ist die Sprache des Urhebers der Natur*; ibd. § 40: ... *wo sie den Urheber der Natur zum Urheber hat, eine natürliche Sprache*.
145 Berkeley, Alciphron or the Minute Philosopher (1732) IV § 14 (dt. v. L. u. F. Raab).

Die Mathematik ist für die Erfahrung so etwas wie die Philologie für den Genuß von Dichtung: ein pedantischer Anspruch auf eine Genauigkeit, die den Gehalt nicht zu vermehren vermag, sondern nur ein gewisses Sicherheitsbedürfnis – diesen *Liebling des Jahrhunderts* – befriedigt. Schon in seinem frühen Notizbuch hatte sich Berkeley gefragt: *Worin liegt die Notwendigkeit für die Sicherheit in solchen Lappalien? Daß wir sie in diesen so sehr schätzen, kommt daher, daß wir meinen, sie sonst nirgends erlangen zu können.*[146] In der Einleitung zum Hauptwerk dann hat er die Disposition zur Mathematik, zum algebraischen Formalismus, an der Sprache wahrgenommen. Beim Lesen und Sprechen würden allgemeine Namen *größtenteils so gebraucht wie Buchstaben in der Algebra, wo, obschon durch jeden Buchstaben eine bestimmte Quantität bezeichnet wird, es doch zum Zwecke des richtigen Fortgangs der Rechnung nicht erforderlich ist, daß bei einem jeden Schritt jeder Buchstabe die bestimmte Quantität, zu deren Vertretung er bestimmt war, ins Bewußtsein treten lasse.*[147] Das ist im Kern, was noch mehr als zwei Jahrhunderte später in Husserls letzter Abhandlung die Kritik an der neuzeitlichen Wissenschaft vom Standpunkt der Phänomenologie ausmachen wird: die Tendenz der Sprache auf bloße Vermeinung, auf das Abschneiden der Intentionalität vor ihrer Erfüllung, schließlich auf Formalisierung und Technisierung. Noch Husserl hätte dem schönen Gleichnis zugestimmt, mit dem Berkeley das Verhältnis von Anschauung und Denken verdeutlicht. Diesmal ist es nicht nur ein Blindgeborener, sondern ein ganzes Volk von Blindgeborenen, zu dem ein Fremder kommt, der, als einziger im ganzen Land sehend, den Einwohnern zum ersten Mal ihre Wirklichkeit als Fernwelt zugänglich macht. Indem er jeweils voraussagen kann, was sie antreffen und worauf sie stoßen würden, wenn sie sich in dieser oder jener Richtung so und so lange bewegten, und welche Gefahren sie abwenden könnten, wenn in einer anderen, gibt er ihnen eine Orientierung, die sie unendlich erstaunen läßt, *daß einer, der nie zuvor in ihrem Lande gewesen ist, es so viel besser als sie selbst kennt.*[148] Der Aufschlußwert des

---

146 Berkeley, Commentaries Nr. 336.
147 Berkeley, Principles of Human Knowledge. Introduction § 19.
148 Berkeley, Alciphron IV § 15. Vorform des Gleichnisses: New Theory of Vision § 148.

Gleichnisses eröffnet eine qualitative Differenz: Die Blinden erfahren die Leistung des Sehenden als eine in der Dimension der Zeit erfolgreiche, da ihnen Gegenstände und Fakten vorgestellt und angekündigt werden, auf die sie erst im Verlauf von Handlungen und Bewegungen stoßen werden, während der Sehende nichts anderes tut, als die ihm im Raum sich gleichzeitig darbietende Übersicht zur Lokalisierung möglicher haptischer Erfahrungen auszuwerten. Die Umwandlung reiner Gegenwärtigkeit in Dilatation mit dem notdürftigen Effekt der Vorhersagbarkeit vollzieht sich auf dem Niveau eingeschränkter und zweifellos ›niederer‹ Sinnesleistung – doch ist eben dies nur Gleichnis dafür, wie sich die exakte Wissenschaftlichkeit das Ansehen stupender Verfügung über die Zeit verschafft hatte. Unter Sehenden würde man diesen Effekt nicht gelten lassen. Für sie wäre die Ungleichzeitigkeit von Aussage und Bestätigung nur die Kompensation eines Mangels. Dessen Umdeutung zur höchsten Effizienz der Erfahrung verkennt deren intime Bestimmung, mit der reinen Gegenwärtigkeit Gottes eines Sinnes zu sein.

Diese Intimität wird aufgebrochen, sobald der Tastsinn als absolute Metapher für die Leistung des Bewußtseins eingesetzt wird. Er schafft das Schema von Innen und Außen, das auf die Gesichtswahrnehmungen übergreift und ihrer Gesamtheit den Index einer im Außerhalb des Geistes ›existierenden‹ Welt zuschreibt. Die *Visual Language*, rein und für sich genommen, gibt das nicht her: *Alles, was eigentlich durch das Sehvermögen wahrgenommen wird, sind Farben mit ihren Variationen und ihrem verschiedenen Verhältnis von Licht und Schatten. Jedoch die fortwährende Veränderung und das Fließen jener unmittelbaren Objekte des Sehens machen es unmöglich, sie wie etwa geometrische Figuren zu bändigen ... Was wir eigentlich sehen, sind weder Körper, noch verschieden gefärbte Flächen, es ist nur eine Verschiedenheit der Farben.*[149] Dieser ›Impressionismus‹ ist die genaueste Entsprechung zur Unverfügbarkeit der Welt, ihrer Unhandlichkeit trotz unverstellter Gegebenheit; es ist die letzte Form des göttlichen Vorbehalts über die Welt unter gleichzeitiger Freigabe ihres ›ästhetischen‹ Genusses.

Darauf beruht auch, daß die Welt, obwohl die Sprache des Schöp-

149 Berkeley, New Theory of Vision §§ 156-158.

fers, nicht bloßes ›Mittel‹ von Ausdruck oder Mitteilung sein darf. Für die Fehldeutung ihrer Lesbarkeit muß das Schema der räumlichen Dissoziierung eintreten: Nur wenn *dort* ein unendliches Subjekt, *hier* ein endliches sich wie Fremde gegenüberstehen, liegt der Gedanke an ein Drittes nahe, das zwischen ihnen die Verbindung allererst herstellen und Bekanntschaft stiften müßte. Die Funktion von etwas Mittlerem, wo doch das innerste Ineinander zugrunde lag, erforderte ›Bedeutungsträchtigkeit‹. Es müßte sich, wenn man hingeschaut hätte, etwas ablösen und davontragen lassen, was auch ohne Hinschauen Bestand haben würde. Das Problem von Anschauung und Beschreibung formiert sich. Dabei mag die Beschreibung sich als Resultat und Quintessenz der Anschauung ausgeben, während sie doch nur Anweisung zur je eigenen Anschauung und deren Identifizierung sein kann. Keine Beschreibung leistet, was die Anschauung darbietet; sie hilft nur dazu, selbst zu eben der Anschauung zu gelangen, die in der Beschreibung ›versprochen‹ wird.

Was Berkeley beim Wort genommen wissen wollte: der Impressionismus der Naturanschauung als Unmittelbarkeit zu den ›Gedanken‹ Gottes, wird bei Voltaire zur absoluten Metapher des ›ästhetischen‹ Wirkungszusammenhangs zwischen dem Autor und seinem Publikum. Er müsse die Leichtigkeit und damit Unmerklichkeit des Lichteintritts ins Auge haben – und nicht zufällig bei *diesem* Autor die des Lichtes: *Le pensées d'un auteur doivent entrer dans notre âme comme la lumière dans nos yeux, avec plaisir et sans effort, et les métaphores doivent être comme un verre qui couvre les objects mais qui les laisse voir.*[150] Die als unvermeidlich unterstellte Funktion der Metapher ist aufschlußreich. Sie geht nicht in die Unmittelbarkeit der metaphorischen Optik ein; doch ist deren ›Störung‹ minimalisiert auf die eines Schauglases – das, denkt man zurück an Berkeley, die Berührung der Sachen verhindert, zugleich aber diese auszeichnet als der Betrachtung würdige Exponate.

---

150 Voltaire, Notebooks, ed. Th. Besterman, I 346.

XII
Tendenzen bei Annäherung an das neunzehnte Jahrhundert

Von dem Fragment »Apokatastasis« konnte das Jahrhundert, an dessen Anfang es entsteht, nicht beeinflußt werden, weil es im Archivbestand verschollen war. Dennoch umschreibt es den Spielraum, der sich dem Jahrhundert eröffnete. Vor allem ist es die Differenz von Möglichkeit und Wirklichkeit, die bei der Verfahrensweise der Herstellung jener imaginären Universalbibliothek unversehens thematisch geworden war. Sie mußte auf den Vernunftbegriff selbst durchschlagen: Wie würde universales Wissen aussehen? Genügte es, auf die am Ende des Jahrhunderts von Laplace einzuführende Weltintelligenz vorauszublicken, die aus jedem gegebenen Zustand des Universums für jeden beliebigen Zeitpunkt den zugehörigen Zustand ableiten kann? Oder ist Vernunft erst der Inbegriff derjenigen Aussagen, die in jeder möglichen Welt gelten würden, zugleich aber die wirkliche Welt als die in dieser Gesamtheit evident ausgezeichnete herauszukennen ermöglichen müßte?

Unter diesem Aspekt ist überraschend, daß den möglichen Naturwelten die möglichen Menschengeschichten entsprechen, diese aber ein endliches Ganzes ausmachen und nur in den unterschwelligen Abweichungen von ihren Wiederholungen das Erfordernis der Vernünftigkeit erfüllen, mit der Zeit aus der besten der möglichen Welten die jeweils nächstbessere werden zu lassen. Daß Gott die beste der Welten aus der Unendlichkeit der möglichen ausgewählt und realisiert hätte, erweist sich unter dem Gesichtspunkt ihrer menschlichen Geschichtswerdung als eine Feststellung von statischer Unzulänglichkeit; die Geschichte macht aus der besten der möglichen Welten mehr als die Schöpfung. Deshalb war in jener kombinatorischen Bibliothek alles auf die Geschichte als den Gegenstand angelegt, für den sich der Aufwand der Annalisierung lohnt. Nicht nur die Feststellbarkeit der großen Taten, Dekrete und Verträge macht mit Vorrang öffentlicher Handlungen diese Geschichte aus, sondern die Vielfalt der individuellen Welterfahrung und Weltgeschichte beansprucht sowohl der Quantität als der Qualität nach in ihr eine überwältigende Präsenz. Sie erst macht aus dem ›Buch der Geschichte‹ eine Megabibliothek.

Hinsichtlich der fiktiven Urheberschaft steht diese Bibliothek zwischen dem, was einem Gott möglich wäre – ihn aber nichts angehen würde, weil es nur die kontingenten Folgelasten seiner Schöpfung betrifft –, und dem, was dem Menschen zwar seinem methodischen Prinzip nach einsichtig werden, der Realisierbarkeit nach aber nur den Wert einer absoluten Metapher haben kann. Im Hinblick auf den Vorrang der Geschichte vor der Natur läßt sich sagen, das ›große Buch‹ habe sich von seinem bis dahin einzig denkbaren Autor schon abgelöst, den neuen Autor aber noch nicht gefunden. Es ist ›herrenlos‹, in einem Schwebezustand zwischen göttlicher und menschlicher Zuständigkeit angesiedelt. Als sei es noch zu retten für und zurückzuerstatten an seinen von altersher legitimen Buchführer, aber doch schon das mögliche absolute Buch eines nach Selbstbestätigung drängenden, sich als schöpferisch begreifenden und zum Subjekt der Geschichte avancierenden Intellekts.

Leibniz hatte das unverhältnismäßige Verhältnis von Möglichkeit und Wirklichkeit ausgelegt im Sinn einer Chance für den Menschen, zumindest die in seiner Zuständigkeit stehende Realität zu erweitern – und dies im Grunde durch Erweiterung dieser Zuständigkeit selbst: also nicht nur durch Erfindungen, sondern durch die Systematisierung der Erfindungskunst (*ars inventionis*) als solcher. Die Umlagerung des engen Kerns der Wirklichkeit durch den unendlichen Hof der Möglichkeit bleibt nicht, wie im Ausgang des Mittelalters, Beschreibung der Willensmäßigkeit des Majestätsaktes der Schöpfung, der unergründlichen Souveränität ihres Urhebers, sondern schlägt um in die Beschreibung eines brachliegenden Könnens: einer auf den nächsten Zugriff wartenden Anlage zur Wirklichkeit. Diese Umdeutung der Modalimperien verändert das Jahrhundert oder, wem das lieber ist, beschreibt seine Veränderungsfähigkeit als die einer sich nicht vom Erreichten her formierenden, sondern in Richtung auf das Unerreichte in Gang setzenden Epoche. Nicht nur, daß im Sinne der Gleichung Francis Bacons Wissen schon Können ist; Können ist als beschriebenes die Überschreitbarkeit zu weiterem Können. Das gilt auch für die Auffassung der Geschichte: *Historia magistra vitae* – das ist im Überschwang der Aneignung von Geschichte als des

Selbstgekonnten der Anspruch, Können abhebbar und generalisierbar zu machen.

Die Herstellung von Lesbarkeit ist ein Phänomen, das eng mit der Interpretation des Wirklichen vom Möglichen her zusammenhängt. Ich habe schon darauf hingewiesen, daß die Qualität des Ausdrucks, des Physiognomischen, nur verstanden werden kann aus der Signifikanz der Mittel als ihrer Unwahrscheinlichkeit im Medium ihres Auftretens. Die Welt hatte ihre Ausdrucksqualität gewonnen durch die Annahme des dahinter stehenden Willens zur Selbstmitteilung. Die neue Herstellung von Lesbarkeit folgt dem Zeitalter der Entdeckungen und optischen Instrumente nach; sie ist nicht nur Verfeinerung sprachlicher Mittel, Steigerung ihrer Genauigkeit, sondern dem zuvor schon das Heraustreten der Sache aus dem Umfeld der Selbstverständlichkeit. Das ist es, was ihre Beschreibbarkeit herstellt wie auch den Reiz, sie zur Sprache zu bringen. Man könnte sagen, Leibniz habe den größten Beitrag dazu geleistet, die Ungewöhnlichkeit der Welt zur Voraussetzung ihrer Erfahrung zu machen. Er hat die Topographie bestimmt, in der solche sprunghaften Fortbewegungen der Herstellung von Lesbarkeit lokalisiert werden können, wie die Französische Enzyklopädie sie darstellt. Sie hat einen neuen und vielfacher Metaphorisierung fähigen Typus jenes ›großen Buchs‹ geschaffen, wie es bis dahin nur im Himmel oder für den Anblick der Natur als möglich erschien. Sie bewirkt, daß der Mensch, wie in jenem himmlischen Buch seiner Handlungen und Verfehlungen, die herausragende Rolle spielt – durch Lesbarmachung seiner Verrichtungen und Leistungen.

Auch wenn der Aufklärung und ihrem Rationalismus das Inzitament der Rivalität mit der Bibel genommen ist, bleibt ihr doch der programmatische Gedanke, in einer großen Zusammenfassung alles Wißbaren über die Welt auch das Könnbare zu registrieren. Mehr als das: es erstmals als ein so lange übersehenes Besitztum an unscheinbaren Fertigkeiten überhaupt den Mitteln der Beschreibung zu unterwerfen.

Die Enzyklopädie der französischen Aufklärer wird zwar zum ersten Mal im großen Umfang die menschliche Industrie durch Abbildungen vergegenwärtigen; charakteristischer ist der Umfang ihrer Anstrengungen, die Sprache auf die Aufgaben der Deskription von Technik und Handwerk einzustellen. Fragt man, ob die

Enzyklopädie das menschliche Universum dem der Natur oder das der Natur dem menschlichen Universum integriert habe, wird man keine einheitliche Selbstdefinition der Enzyklopädisten sicherstellen können. Nur in den exponierten Formeln Diderots findet sich unverkennbar, daß für ihn jede Erweiterung an Fassungskraft der Sprache nichts anderes als Integration des derart ihr zugänglich Gewordenen in die menschliche Kultur ist, auch dort, wo schon naturhaft gewachsene menschliche Leistungen erst dadurch den Titel des Kulturbestands erhalten.

Wie ein Nachtrag zur längst erledigten ›Querelle‹ klingt es, wenn er im Artikel »Encyclopédie« der Enzyklopädie[151] den tatsächlichen Fortschritt daran gemessen oder meßbar sehen will, daß der gegenwärtige Stand der Wissenschaft mit den Mitteln der griechischen und lateinischen Sprache unmöglich darzustellen wäre. Insofern soll der Leistungsstand der Sprache anzeigen können, wie weit man in einer Wissenschaft gekommen ist. Aber die Sprache ist nicht schöpferisch, sie ist nur plastisch-nachholend: die Realität in der allmählichen Umformung ihrer Mittel verfolgend, durch *une infinité de révolutions légères* sich den Anforderungen der Beschreibung anpassend. Die Unendlichkeit der minimalen Schwebungen, die die Sprache schließlich verändern, erinnert an die unterschwelligen Varianten, die bei Leibniz die Wiederkünfte der Geschichte verformen; beidemal wird die phänomenale Konstanz durch die subkutane Bewegung unterminiert. Deshalb hält Diderot die unwillkürlichen, beiläufigen, nicht zentral eingesetzten und durchgeformten Elemente der Sprache eines Autors für beachtenswert; die *mots échappés par hasard* in einem Text zu sammeln, lasse für seinen Autor *ses lumières, son exactitude et son indécision* faßbar werden. Das ist fast schon das Programm einer Metaphorologie, die auch dem auf die Spur kommen möchte, was zwischen Absicht und Horizont eines Autors an Differenz besteht. Für den Enzyklopädisten liegt darin durchaus ein Dilemma, denn die Enzyklopädie will nicht zuletzt standardisieren, begriffliche Konstanz schaffen, um das Überdauern eines erreichten Grades der Perfektion gegen Gefährdungen des Verfalls und Niedergangs abzusichern. Sie darf sich dadurch aber nicht die Wahrnehmung des Fortschritts

---

151 Encyclopédie ou Dictionnaire raisonné des Sciences, des Arts et des Métiers (Paris 1751-1780), vol. V (Paris 1755; Ndr. Stuttgart 1966), 637 C-638 D.

gegenüber der Vergangenheit, nicht die Anpassung der Sprache an die Geschwindigkeit des Prozesses verstellen.

Die Chance der Aufklärung wird durch die Rationalität ihrer Festschreibungen gefährdet. Alle Prozessualität konstituiert sich aus so kleinen Elementen und Schritten, daß die Raster der Begrifflichkeit zu grob werden, Bilder, Vergleiche und Metaphern leistungsfähiger erscheinen, die Ebenen von Realität und Sprache einander anzugleichen. Es gibt Eindrücke von Realitäten, ohne daß diese bewußt wahrgenommen werden. Gerade auf diese darf die zentrale und unüberbietbare Metapher der Aufklärung angewendet werden: *Ce sont comme les reflets d'une lumière générale* ... Dagegen steht ausdrücklich die Aufgabe des zentralen Werks der Aufklärung, kraft selbstgegebenen Gesetzes alles zu definieren. Und diese Begriffsbestimmungen können nicht, wie die Realdefinitionen von Leibniz, unendlich sein. Theorie und Praxis der Enzyklopädie stoßen hart aufeinander. Die Aufklärungsfunktion des Begriffs erfordert unerbittlich das Vergessen seiner metaphorischen Vorgeschichte, die Durchsetzung des Neologismus gegen seinen metaphorischen Anfang: *Le sens métaphorique n'étoit pas éloigné du sens propre.*[152]

Nun zeigt sich, daß eines der neuartigen und bis dahin unbegriffenen Phänomene, für das sich der Aufklärer *noch* der Metapher bedienen muß, weil der Begriff es nach seiner Funktion nicht erfassen kann, eben die ›Enzyklopädie‹ selbst ist, für deren Leistungen die Grenzen der Sprache gerade zu bestimmen waren. Die Problematik ist beschlossen in der Entdeckung ihrer Perspektivität: So wie sie das Universum der Naturalien und Artefakte nicht anders als aus bestimmten Aspekten darstellen kann, bietet sie sich ihrerseits in vielfältigen Aspekten dar. Es ist so etwas wie ihre eigene Naturalität, daß sie sich als ›eigenwilliger‹ Gegenstand vorstellt. Aber auch die Konsequenz ihrer Abkoppelung von theologischen Vorgaben: Ein einziges System der Welt würde sie anbieten und zugleich damit Eindeutigkeit herstellen, wenn sie das jede Willkür ausschließende, weil im Willen Gottes selbst begründete System kennen und zu ihrer Grundlage machen könnte. Da würden die Wege der ›Emanation‹ des Universums nachzugehen sein. Diderot vergleicht diese Möglichkeit mit dem Vorzug der astronomischen Hypothese, durch welche sich der Philosoph in das Zentrum der

152 Encyclopédie V 636 D.

Sonne versetzt, um von dort die Phänomene durchzurechnen. Weil er die günstigste Darstellungsposition für die Phänomene ergibt, ›vertritt‹ der zentrale Standort den Aspekt des Weltursprungs. Aber ein System, hervorgeholt aus dem absoluten Prinzip selbst, bliebe abhängig von der Theologie. Das würde die Universalität der Enzyklopädie verletzen. Würde dieser Preis aufgewogen durch den Gewinn? Noch zögert einer erkennbar, mit dem Verzicht auf die ganz große Wahrheit, zumindest auf alle Anwartschaften und Verheißungen, für die Erträglichkeit der Welt zu bezahlen.

Wie sähe das dem absoluten Aspekt äquivalente System aus? Es wäre ein ungeheuerliches Buch (*un volume immense*), nicht zuverlässiger als die Natur, an der es abgelesen wäre, deren ›Geschichte‹ aber nie im ganzen vorliegt. Die vollkommene, nämlich aperspektivische Enzyklopädie wäre die Verdoppelung der Natur selbst, das ›Buch von der Natur‹ in Idealkonkurrenz mit dem ›Buch der Natur‹. Ihr endgültiges Patt. Die Idee des Laplaceschen Intellekts scheint noch in weiter Ferne, weil Diderot die Lösung seines Problems nur so denken kann, dem Ganzen der Wirklichkeit ein adäquat voluminöses, in Eindeutigkeit der Darstellung zugeordnetes Ganzes der Beschreibung entsprechen zu lassen, statt die Formel zu suchen, die jeden beliebigen Weltstatus aus einem einzigen gegebenen ableiten ließe. Statt dessen könnte es mit dem ›großen Buch‹, dessen Faszination in die Romantik führt, nur mit der gleich großen Enttäuschung enden, im Verlust der Lebenszeit doch nichts anderes vor sich gebracht zu haben als die Natur noch einmal im Aggregatzustand unvollziehbarer Lesbarkeit. Die theoretische Neugierde, die das wollen könnte, motiviert zwar den Erkenntnisfortschritt, ließe aber voraussehen, daß sie nicht ertragen würde, wenn er ans Ziel käme. Schon gegenwärtig habe der Ablauf der Jahrhunderte die Masse der Bücher so anwachsen lassen, daß der Augenblick absehbar sei, wo es nahezu ebenso schwierig sein werde, sich eine Auskunft aus einer Bibliothek zu beschaffen, wie an der Welt selbst. Man werde also ebensogut die Wahrheit in der Natur suchen können wie in dem Irrsal einer unermeßlichen Menge von Büchern.[153]

153 Encyclopédie V 644 D: *Tandis que les siècles s'écoulent, la masse des ouvrages s'accroît sans cesse, et l'on prévoit un moment où il seroit presqu'aussi difficile de s'instruire dans une bibliotheque, que dans l'univers, et presqu'aussi court de chercher une vérité subsistante dans la nature, qu'égarée dans une multitude immense de volumes...*

Das ist keine kulturkritische Apostrophe, denn Diderot weiß und sagt, daß in den Büchern die Unumkehrbarkeit der Aufklärung verbürgt sei: *les lumières conservées par l'Imprimerie*.[154] Doch bleibt dieser Garantieeffekt gebunden an die Bedingungen von Zugang an und Übersicht über den Bestand. Eben der Verbindung von Zuwachs und Disziplin hat das Projekt der Enzyklopädie zu dienen. Zwar erklärt Diderot sie zum Buch der Natur, doch aus rationalen und humanen Rücksichten zu einem unvollkommenen. Im Wildwuchs unter der Norm ihrer Vollkommenheit würde schließlich niemand sie beachten können und wollen, sie hätte keine Leser und dürfte keine haben. Halten wir uns, folgert Diderot, an das, was unserer menschlichen Beschaffenheit bekommt.

Darin hat die Enzyklopädie ihrer Zukunftsaspekt über den der statischen Konservierung hinaus: Lesbarkeit und Wegsamkeit zu verbinden. Indem sie ihren Gegenständen Größe und Einfachheit, Klarheit und Leichtigkeit gibt, erschließt sie dem Blick *une grande et vaste avenue*. Ihr ästhetischer Vorzug lenkt den Blick der Zeitgenossen unnd ihres künftigen Publikums davon ab, im Buch der Natur selbst und unmittelbar zu lesen, das als vollständige Ausgabe aller Werke zu umfangreich und zu anspruchsvoll ist, während die Enzyklopädie der Anschauung die Hilfe von Verkürzung und Vereinfachung anbietet.[155]

Der Enzyklopädist führt also den Gedanken des großen und einzigen Buches an Stelle aller Bücher nur ein, um ihn sogleich *ad absurdum* zu führen: nicht mit seiner Unmöglichkeit, sondern mit seiner Unerträglichkeit. Es würde dem Leben den Atem und den Sinn nehmen, alles so zu sehen, wie es sich der höchsten und innersten Absicht nach darbieten müßte. Da ist eine Verrechnung von Anspruch und Verzicht, die angesichts der Übergröße des Enzyklopädie-Projekts nicht selbstverständlich erscheint. Erst die Romantik wird mit ihrem Rückgriff auf die Idee der ›Enzyklopädistik‹ diesen Sachverhalt heraustreiben. Da kommen allerdings noch andere Möglichkeiten ins Spiel, als Diderot der Vernunft hätte zugestehen mögen: andere Wege zu Einsicht und Einweihung, andere Quellen von Anschauung und Überlieferung.

Die Faszination, die vom Schlagwort ›Enzyklopädistik‹ ausging,

---

154 Diderot, Art. Législateur; Encyclopédie IX 362 B.
155 Encyclopédie V 640 D-641 A.

mochte nicht die vorsichtigen Überlegungen gelten lassen, die Diderot über die Leistungsfähigkeit der Sprache angestellt hatte. Sie hätten der Erwartung den Nerv nehmen müssen, das ganz und gar Ungewöhnliche könne irgendwo, aus dieser oder jener Quelle, in diesem oder jenem Buch, unverhofft zutage treten. Damit sich diese Erwartung an den romantischen Absolutismus des großen und einzigen Buches heften kann, müssen neuartige Aussichten auf die menschliche Schöpferkraft, auf den Besitz an intellektuellen Mitteln eröffnet worden sein. Den Anstoß dazu gab nicht nur und erst eine idealistische Anthropologie, sondern vor allem die überraschende Entdeckung zweier Sprachwelten: der höchster Altertümlichkeit verdächtigen heiligen Sprache des Sanskrit und, die Neugierde endgültig bestärkend, die Enträtselung der ägyptischen Hieroglyphen durch Champollion. Ihre Ausstrahlungskraft auf die Zeitgenossen konnte diese spektakuläre Öffnung neuer Zugänge nur als Bestätigung schon anstehender intimer Erwartungen gewinnen.

Immer wird merkwürdig bleiben und für das Verständnis geschichtlicher Zusammenhänge unentbehrlich, wie die von der Aufklärung geweckten Interessen die Voraussetzungen der Romantik schaffen. Auf der Suche nach einem der Vernunft gemäßeren Ausdruck verschaffenden Ersatz für das Volk der alttestamentlichen vermeintlichen Vorzugsgeschichte, hatte die Aufklärung sowohl den illiteraten ›edlen Wilden‹ als auch die hochliterarischen Chinesen auserwählt, das Interesse an Indien und Ägypten intensiviert, wo schon die Griechen ihre Weisheit geholt zu haben im Verdacht standen. Zwar sollte die Vernunft erst, wie Diderot 1765 vorrechnet, ein halbes Jahrhundert recht zum Zuge gekommen sein, doch befand man sich auch nicht recht wohl bei dem Gedanken, daß ein mit der Natur des Menschen unlösbar verbundenes Instrument so lange und so verbreitet ganz ohnmächtig und irrgängig gewesen sein sollte. Diesem Unbehagen an der Kürzlichkeit des Vernunftbeginns abzuhelfen, dadurch dem Selbstbewußtsein der neuen Epoche stärkeren Rückhalt zu verschaffen, war in der Absicht identisch mit dem, was als romantische Gegenwehr gegen die Aufklärung sich formieren sollte. Das substantielle Altertum der Vernunft erwies sich als äquivalent dem zur Versöhnung von Aufklärung und Religion erneuerten Grundgedanken einer Uroffenbarung.

Daß es nach der Vertreibung aus dem Paradies einige Erinnerung an dort noch empfangene göttliche Weisheit geben könnte, gewährte im Zeitalter der Entdeckung neuer Kontinente und Völker Anwartschaft auf Achtung autochthoner Überlieferungen und der den Missionaren gelegentlich ärgerlichen Eigenmoral. Die Annahme einer Uroffenbarung minderte die Überraschung, daß die Wilden nicht so wild waren, wie sie hätten sein müssen, um ihre endliche Auffindung und Missionierung zu rechtfertigen. Aber nicht nur der moralische und religiöse Besitzstand exotischer Kulturen fand so seine Erklärung, sondern auch die Vermutung neue Nahrung, über die Rätsel der Natur hätten die alten Ägypter und andere traditionsfähige Kulturen mehr gewußt, als nach vielen Triumphen der Wissenschaft dem Jahrhundert der Aufklärung zugefallen zu sein schien. Auch das ist ein *Fin de siècle*-Phänomen der Enttäuschung, das sich ein Jahrhundert später wiederholen sollte und vielleicht zum festen Bestand des kalendarischen Zeiterlebens werden wird.

Jedenfalls erschien der vermutete Besitz eines Systems von Schlüsseln für die Lesbarmachung der Natur bei Indern und Ägyptern als neuer Reiz. Aus dem Motiv einer gemäßigten Aufwertung nicht-klassischer Literaturen wird in der frühen Romantik das zur ungemäßigt modischen Begeisterung für die jeweils zuletzt übersetzbar gewordene exotische Literatur. Statt für die Dechiffrierung des Buches der Natur nur die mathematische Sprache zur Verfügung zu haben, die trotz ihrer Leistungsfähigkeit viele tiefsinnige Erwartungen unbefriedigt gelassen hatte, bekam man nun Schlüssel für alte und älteste Urkunden des Menschengeschlechts in die Hand. Zwischen dem Buch der Natur und dem der Offenbarung bildete sich ein drittes literarisches Genus heraus, das eines nahen oder fernen Tages zu einem weiteren Buch werden konnte oder gar mußte – und dann wiederum zum einzigen und absoluten Buch, zur neuen Bibel.

Der Auszeichnung des Anfangs der Menschengeschichte durch Uroffenbarung entspricht die Bestimmung ihres Verlaufs durch Regression, Verdunkelung und Erinnerungsverlust. Das muß dem Selbstbewußtsein der Aufklärung nicht widersprechen, erst im allerletzten Augenblick der selbstverschuldeten Unmündigkeit gewahr geworden zu sein und den Anfang einer immer bevorstehenden Selbsterhebung der Vernunft gesetzt zu haben. Doch erweist sich diese Variante nur dann als stabil, wenn es keine Chance für die Wiederauffindung jenes Schlüssels zum Buch der Natur gibt – und eben dies ist die neu aufgekommene Erwartung. Deren Kredit sollte allen Arten von undatierten und der Urheberschaft nach unbestimmbaren, archaischer Zuordnung verdächtigen Gebilden zugute kommen: dem Märchen wie dem Mythos, dem frühen Epos wie dem Volksgesang, sogar einer mit den Augen von Literaten wiederentdeckten und neuerdings gelesenen Bibel. Dort fand man auch die einfachste Erklärung für den Teilverlust oder die Unkenntlichkeit der ältesten Überlieferung: die babylonische Sprachverwirrung. Von dieser Erklärung wiederum ging der Anreiz zur Rückgewinnung der verlorenen Menschheitssprache und zur Spekulation über ihre Ursprünge aus.

Entscheidend für die Stiftung des Zusammenhangs zwischen der Idee von Uroffenbarung und der vom Buch der Natur war die aller Romantik vorarbeitende These des Giambattista Vico, der Anfang der Weisheit sei Dichtung gewesen und die Erfinder der Sprache hätten *in poetischen Charakteren* gesprochen. Sie konnten das nur, indem sie die Natur selbst als Sprache verstanden: als die *Sprache Jupiters*. Die vom Mythos schlecht und recht verwahrte ›Theologie‹ müsse im Wortsinne als Wissen von der Sprache der Götter genommen werden.[156] Doch durfte Vico nicht wagen, die Vertreibung aus dem Paradies zur Bagatelle zu machen. Daher hütet er sich, die Sprache der mythischen Dichter als ein Sprechen nach dem wahren Wesen der Dinge zu bezeichnen, wie es Adams Sprechen im Paradies gewesen sein muß, nachdem ihm Gott die Namengebung der Dinge übertragen hatte. Die theologische Dichtung der Frühzeit spricht in einer phantastischen, nicht in einer heiligen Sprache.[157]

Auch wenn die im Mythos verwahrte ›Theologie‹ ein Wissen von der Sprache der Götter ist, bedeutet dies doch nicht, daß die mythische Dichtung in dieser Sprache die Wahrheit der Urzeit noch

---

156 Vico, Principi di una Scienza Nuova d'intorno alla commune natura delle Nazioni. Neapel 1725; ²1730; ³1744; II 1,1 (dt. nach der Ausgabe von 1744 von E. Auerbach, 156). Das Motto der Erstausgabe ist nicht festgehalten worden, obwohl es die Idee des Werks auf die kürzeste Formel gebracht hatte: *A Jove principium Musae*.
157 Vico, Scienza Nuova II 2,1; Auerbach, 168.

enthalte. Die Pointe von Vicos These ist eher polemisch; sie soll den Irrtum der Grammatiker treffen, die eigentliche Sprache könne nur die prosaische sein, die poetische deren bloße Verfeinerung, folglich das Sprachmittel der Metapher der Wahrheit ferner als das der Benennung von Begriffen.[158] Zumindest die Aufgabe, ein Wörterbuch der Urbedeutungen menschlicher Sprache herzustellen, ließ sich aus diesem Sachverhalt ableiten und dafür die Methode angeben, die verborgenen Reste der theologischen und der heroischen Epoche der Menschheit durch Vergleichung der rezenten Vulgärsprachen aufzufinden.[159] Man sieht leicht, daß ein bißchen weniger Vorsicht, als die von Vico im Milieu einer Rhetorik-Professur in Neapel geübte, die obligate Verlorenheit des Paradieses, seiner Sprache und des Zugangs zum Buch der Natur vergessen lassen konnte. Waren nicht gerade die für die mythische Theologie verantwortlichen sakralen Institutionen überall in der pedantischen Sorgfalt ihrer Überlieferungen bewährt?

Die Quelle für viele und vieles in diesem Jahrhundert ist auch die Vicos für seine Erweiterung der Geschichte in die Tiefe der Zeit und Vorzeit: der monumentale Historiograph der Philosophie Jakob Brucker; allerdings nur mit seiner frühen »Historia de Ideis« von 1723. Brucker hat, um die Fessel der schriftlichen Quellen zu sprengen, der Philosophie der Griechen eine durch kultische Institutionen gehütete *Philosophia traditiva* vorgeschaltet, deren Merkmal er dadurch gewinnt, daß er den griechischen Selbstdarstellungen von der Bestaunung der Natur als Ursprung der Philosophie folgt. Nur, daß er dieser behaupteten Unmittelbarkeit der Theorie noch eine angenommene Mittelbarkeit der Tradition vorausgehen läßt, deren Quelle göttliche Uroffenbarung oder poetische Phantasie sein konnte, jedenfalls nicht der authentisch befragte Anblick der Welt selbst.

Dem Fragen geht nach gut platonischer Manier der Besitz der Antworten voraus. Bevor die Philosophie Bücher bekommt oder erzeugt, hat sie schon einen sprachlich verfaßten Lehrbestand nach Art des epischen Repertoires der wandernden Sänger, in dessen Licht sich eines Tages der Aufblick des Protophilosophen zum Himmel als staunend wiedererkennende Erfahrung artikuliert.

---

158 Scienza Nuova II 2,2; Auerbach, 175.
159 Scienza Nuova II 2,4; Auerbach, 191 f.

Nur der Verfall der hieratischen Überlieferung läßt es geschehen, daß die Philosophie alsbald in ihre literarisch faßbaren ›Sekten‹ zerfällt. Sie hat selbst zum Evidenzschwund beigetragen, indem sie den Boden und die Institute der Tradition, Götter und Kulte, zum Gegenstand ihres Zweifels machte. Virtuell ist mit diesem Geschichtsbild schon die Philologie, als Disziplin der Bewahrung der Quellen und der Abwehr ihrer Verunreinigungen, zur schlechthin ›wesensgemäßen‹ Wissenschaft geworden. Von ihr hängen alle anderen auch insofern ab, als sie ihnen, nach dem Muster der Anfänge hellenischer Philosophie, die ›Ideen‹ zu aller Art von Erkenntnis aus dem Vergessen zurückzuholen vermag. Die Verbindung des Platonismus mit der Mythologie ist der Archetyp für die Lesbarmachung sowohl der Natur als auch der Quellen.

In den Rivalitäten um den Titel einer ›neuen Wissenschaft‹ ist Vicos »Scienza Nuova« nur noch ein Nachhutgefecht; er hatte keine Chance, *die* neue Wissenschaft zu begründen. Auch nicht dadurch, daß er der bereits etablierten Naturwissenschaft einen entscheidenden erkenntnistheoretischen Einwand vorhielt, dem sie noch in seinem Jahrhundert durch Kant gerecht werden sollte: Man könne nur erkennen, was man selbst gemacht habe oder machen konnte.[160] Unter dieser Prämisse überschreitet die Philologie die Schwelle des Thesaurus der alten Wahrheit. Sie wird zur Theorie der Geschichte selbst. Denn diese ist es nun, worin der Mensch sich inmitten einer Natur ihm verborgener Bestimmung und Wahrheit seine Wahrheit schafft.

Nach dem Grundsatz von der Vertauschbarkeit des Wahren und des Selbstgemachten schließt sich das Buch der Natur. Das Verhältnis von Schreiben und Lesen wird zur Orientierung für *alle* Erkenntnis ihrer Möglichkeit nach: Wir können nur lesen, weil wir schreiben können und insoweit wir hätten schreiben können, was wir lesen. Dies wird, phylogenetisch betrachtet, die irrigste der Annahmen von Vico sein; zugleich dennoch die dem Jahrhundert gefälligste. Tatsächlich lernt das Individuum wie die Gattung zuerst das Lesen, indem die Rezeption von Ausdruck und Bedeutung

---

160 K. Löwith, Vicos Grundsatz: verum et factum convertuntur. Seine theologische Prämisse und deren säkulare Konsequenzen. Heidelberg 1968 (SB der Heidelberger Akademie der Wissenschaften, Phil.-hist. Kl. 1968/1); F. Fellmann, Das Vico-Axiom: Der Mensch macht die Geschichte. Freiburg 1976.

der Wahrnehmung von Daten und Fakten substruiert ist: das ›Lesen‹ auf Gesichtern, von Gesten, von Spuren der Taten und Untaten, von Zeichen und Anzeichen für Befinden und Behagen, von Vorzeichen für Wetter und Schicksal. Vico sieht es anders. Die Darstellung einer Sprache durch eine Schrift ist die vollkommenste analytische Leistung. So etwas wie der nachträgliche Beleg dafür, daß auch die Sprache von diesem Subjekt erfunden sein kann, das sie derart elementar abzubilden und aus der Schrift wiederum anschaulich ihre Synthesis abzulesen vermag.

Vico verwendet die Metapher des Schreibens für das Verhältnis von anschaulich-synthetischer und formal-analytischer Geometrie. Wie der Schreibende mit verwunderlicher Schnelligkeit die Zeichen des Alphabets zu durchlaufen vermag, verfügt die synthetische Geometrie über das Repertoire ihrer Figuren. Doch ist gerade dies nicht das Zeichensystem des Schöpfers, durch dessen Kenntnis sich die Natur lesbar machen ließe: In der Natur können wir nichts der Anwendung der Mathematik Vergleichbares erreichen, weil sie nicht unser Werk ist; wie uns die Geometrie eben deshalb beweisfähig macht, weil wir ebenso Urheber ihrer Gegenstände wie der der Philologie sind.[161]

Die andere Fassung der Metapher steht in Vicos Abhandlung über die italischen Ursprünge der lateinischen Sprache. Idealistische Deutungen Vicos, zumal die lange maßgebende Benedetto Croces, haben vergessen lassen, daß die Erneuerung der Antike keine Theorie der ästhetischen Erfindung zutage gefördert hatte; zum Ersatz für deren Mangel hatte die auf Redefiguren beschränkte Erfindungskunst der Rhetorik einspringen müssen. Folgerichtig sieht der Jurist und Professor für Rhetorik in der Metapher den Ursprung wie das Glanzstück der menschlichen Phantasietaten.

161 Vico, De nostri temporis studiorum ratione IV 40; V 46. Der umfangreiche Exkurs dieser Universitätsrede von 1708 über das Römische Recht zeigt als weiteres Hintergrundmoment der Geschichtstheorie Vicos, der Rechtstradition den Zeitanschluß an die Weisheit der frühen Epochen und damit dieselbe Legitimität zu verschaffen, die die Philosophie der Griechen durch den Anschluß an die mythische Urzeit bekommen sollte: *Quare eadem definitione Romani iurisprudentiam, qua Graeci sapientiam, »divinarum humanarumque rerum notitiam« definiebant.* (XI 3) An der römischen Rechtstradition hat Vico sein Muster einer sakral gehüteten Tradition schon vor Kenntnis der *Philosophia traditiva* Bruckers formuliert: *uni patricii iurisprudentiam veluti mysteria quaedam custodiebant... tamquam sacra tradebatur... verba legum sanctissime custodiebant...* (XI 4).

An der Einschätzung der Metapher scheiden sich ohnehin in diesem Jahrhundert die Geister. Gefährlich erscheint sie ihren philosophischen Gegnern, weil sie nicht Phantasie im großen Stil, nicht Aufgebot neuer und eigener Gegenstände und Welten ist, sondern Stifterin vielfältig ungeahnter, eben auch unzulässiger Beziehungen zwischen Vertrautem und Unvertrautem. Für Vico ist die Erschließung des Beziehungsreichtums der Welt gerade die positive Wendung, die die metaphorische Phantasie der Nüchternheit, Blindheit oder Furchtsamkeit der Erfahrung gewährt: Herstellung der vollkommenen Perspektivität der Gegenstände, Durchlaufen aller Momente ihrer Ansichtigkeit und Vergleichbarkeit. Die Verbindung zu seiner Fassung der scholastischen Konvertibilitätssätze über Transzendentalien stellt sich ihm zwanglos her: Wir verstehen nur, was wir gemacht haben, und wir verstehen anderes, was wir nicht gemacht haben, eben nur auf dem Umweg über das, was wir gemacht haben. Die Metapher, woher auch immer genommen, ist kraft ihrer ›Künstlichkeit‹ dieser Umweg über das Selbstgemachte. Insofern ist sie doch, bei aller nötigen Vorsicht gegen idealistische Früherkennung, ein ›transzendentales‹ Element. Denn sie schafft Erfahrung, ohne aus der Erfahrung zu stammen. Dieser Funktion sei Aristoteles mit seiner Topik nicht gerecht geworden; wer sich ihr zur Erfindung von Wahrheiten anvertraue, mache es wie einer, *der die Buchstaben des Alphabets kennt, aus ihnen aber nicht die Wörter bilden kann, die ihn instand setzen, im großen Buch der Natur zu lesen.*[162] Es ist Vicos Metapher für *die* Metapher.

Seine metaphorische Potenz bietet dem Menschen die Möglichkeit, aus einer Fremdnatur eine Eigenwelt zu machen – Handlung eines Wesens, welches Vico ohnehin für die lebendigsten Phasen seiner Geschichtsumläufe mit dem Attribut des Heroischen versehen hat. Leben mit dem, was wir nicht gemacht haben und nicht machen konnten, ist *unsere* Kunst und ist alsbald *die* Kunst. Dies ist der

---

162 Vico, De antiquissima Italorum sapientia ex linguae latinae originibus eruenda I 7 (1710; die beiden weiteren Teile sind nicht erschienen); Opere, edd. Gentile/Nicolini, I 182: *Itaque Praedicamenta Aristotelis, et Topica, si quis in iis quid novi invenire velit, inutillima sunt; et Lullianus aut Kirkerianus evadat, et similis eius fiat, qui scit quidem literas, sed eas non colligit, ut magnum librum naturae legat. At, si tamquam indices et alphabeta habeantur quaerendorum de re proposita, ut eam plane perspectam habeamus, nihil ad inveniendum feracius: ut ex iisdem fontibus, ex quibus copiosi oratores et observatores etiam maximi provenire possint.*

neue Sinn der Metapher vom Buch der Natur; denn, sofern sie überhaupt Buch ist, haben wir dieses in unserer Sprache geschrieben, weniger durch unsere Erkenntnis, als durch unsere Einbildungskraft.

Auch wenn man sagt, Kant habe das Problem gelöst, das Vico gestellt hatte, wird man doch die Wirkungsgeschichte Vicos nicht über Kant führen wollen. Die wichtigste Differenz folgt aus Vicos entschiedenem Anticartesianismus, während für Kant immer noch die Selbstgewißheit und Einheit des Ich-denke der Quellpunkt des Philosophierens ist. Ebenso zerschneidet Vicos Ablehnung des erkenntnistheoretischen Primats der Physik den Zusammenhang einer gedachten transzendentalphilosophischen Genealogie, obwohl Kants ›Ding an sich‹ sehr wohl der Platzhalter der ganz und gar fremdartigen Naturwelt Vicos sein könnte. Die entscheidende Differenz aber liegt in dem, was man viel später Geschichtsbewußtsein genannt hätte: Kant teilt die Voraussetzung des Descartes und der gesamten Aufklärung, die Vergangenheiten der Gegenwart seien der Vernunft nicht gut bekommen und hätten eine Welt von Vorurteilen ihr in den Weg gesetzt, während Vico die Geschichte als den Raum allmählichen Verdämmerns ursprünglicher Geistesfrische und Imaginationskraft sieht, so daß die ›Vorurteile‹ der Aufklärung für ihn zu verkannten und funktionslos gewordenen Relikten einer gloriosen Welterhellung geworden waren.

Die erstaunliche Gleichzeitigkeit, ganz sicher nicht irgendein Einfluß, lenkt den Blick auf Leibniz und seine Erwägung der geschichtlichen Wiederkünfte. Denn auch Vico hat an den antiken Geschichtsbegriff der kosmischen Periodik, des Kreislaufes der Verfassungen, anzuknüpfen gesucht; er hat wie Leibniz den Sinn eines Ganzen aller Geschichten in der Anhebung des Niveaus der wiederkehrenden Grundmuster gesehen. Dazu ist allemal nötig, daß nicht völlig zugrunde gehen kann, was einmal gewesen ist. Die Spuren der Vergangenheiten dürfen nicht als Gerümpel der Vorurteile ausgekehrt werden, und nicht alles kann von der Zukunft erwartet werden.

Was für Leibniz noch die perspektivisch bedingte Verständniswürdigkeit der großen metaphysischen Schulpositionen gewesen war, wird durch Herder zum Programm der Rettung der ›Vorurteile‹ gegen das Vorurteil ihrer Vernichtungswürdigkeit. Sie seien, obwohl die Kindheitseindrücke der Menschheit, doch die *Grundsäulen alles dessen, was später über sie gebaut werden soll, oder vielmehr schon ganz und gar Keime, aus denen sich alles Spätere und Schwächere, es heiße so glorwürdig als es wolle (jeder vernünftelt doch nur nach seiner Empfindung), entwickelt – also die stärksten, ewigen, fast göttlichen Züge, die unser ganzes Leben beseligen oder verderben; mit denen, wenn sie uns verlassen, uns alles verläßt.*[163] Mit der Frage aber, wie die Weisheit in den kindlichen Sinn der Menschheit gekommen sein kann, verbindet sich immer wieder die Hintergrundvorstellung von der Lesbarkeit der Welt für den unverstellten, unverzogenen Sinn, dem alle Bücher nur Surrogate seiner Unmittelbarkeit sein können. Die Attitüde des Sturm und Drang ist wieder eine gegen die Bücher: die einer Jugendbewegung. Was Herder damit sagen wollte und auch zu sagen hatte, war schon im Bericht über seine Bekehrung auf der Seereise von Riga nach Bordeaux enthalten gewesen: die Gegnerschaft gegen die in der »Enzyklopädie« verkörperte Eschatologie des Buches.

Herder sah in der »Enzyklopädie« den großen Irrtum: die Verführung, das Resultat der Vernunft festzumachen, um ihre Endgültigkeit zu besiegeln. Aus dem Mittel aller Mittel wäre das Ziel aller Ziele geworden. Dagegen Herder im Jahr seiner Bekehrung auf See: *Der Weise geht auf seinem Wege fort, die menschliche Vernunft aufzuklären, und zuckt nur denn die Achseln, wenn andre Narren von dieser Aufklärung als einem letzten Zwecke, als einer Ewigkeit reden ... Alle Aufklärung ist nie Zweck, sondern immer Mittel; wird sie jenes, so ist's Zeichen, daß sie aufgehört hat, dieses zu sein ...*[164] Herder hat der Romantisierung der Enzyklopädie nicht vorgearbeitet. Endgültigkeit war ihm das schlechthinnige Hindernis für Ursprünglichkeit: *... und eben dies Buch, was den Franzosen ihr Triumph ist, ist für mich das erste Zeichen*

---

163 Herder, Auch eine Philosophie der Geschichte zur Bildung der Menschheit (1774), ed. H. G. Gadamer, 13. – *Das Vorurteil ist gut, zu seiner Zeit: denn es macht glücklich. Es drängt Völker zu ihrem Mittelpunkte zusammen ...* (46) Trotz eines brieflichen Hinweises von Hamann 1777 wird Herder erst auf seiner Italienreise 1789 Näheres von Vico erfahren haben, vielleicht nur Ungefähres.
164 Herder, Journal meiner Reise im Jahr 1769, ed. E. Loewenthal, 352 f. – Ferner: *Der Geschmack an Enzyklopädien, an Wörterbüchern, an Auszügen, an Geist der Schriften zeigt den Mangel an Originalwerken ...*

zu ihrem Verfall. Sie haben nichts zu schreiben ... Die Originalwerke fallen weg. Und eben darin, Originalität noch zuzulassen, unausgeschöpfte Ursprünglichkeit, liegt der Vorrang des Buchs der Geschichte vor dem der Natur. In der Geschichte allein gibt es immer diesen freien Ausblick auf das Ungewesene und Unentdeckte als Totalität, wie erstmals der Untergang des Römischen Imperiums gezeigt hatte: *Völlig neue Welt von Sprachen, Sitten, Neigungen und Völkern – es beginnet eine andere Zeit – Anblick, wie aufs weite offenbare Meer neuer Nationen.*[165] Die Natur ist zur Metapher für die Geschichte geworden.

Der Vorzug, den das Buch der Menschengeschichte erfährt, reflektiert sich vielleicht am eindrucksvollsten daran, daß das Buch der Natur paradox wird. Es zerspringt an dem Widerspruch, daß der Mensch einerseits die große Figur der Bestimmung dieses Buches sein müßte, andererseits selbst in diesem Buch vorkommt, als beiläufiges Element, *kleines Komma oder Strichlein im Buche aller Welten! Was ich auch sei! Ruf von Himmel zur Erde, daß wie alles, so auch ich an meiner Stelle etwas bedeute.*[166] Das ist der eine Aspekt: des Menschen mühsame Selbstbehauptung im Kontext der Natur.

Der andere Aspekt ist das *Tolle lege!*, bezogen auf die Geschichte, und zwar nicht nur die literarisch dokumentierte, gerichtet an einen professionellen Leser: *Philosoph, willt du den Stand deines Jahrhunderts ehren und nutzen: das Buch der Vorgeschichte liegt vor dir! Mit sieben Siegeln verschlossen; ein Wunderbuch voll Weissagung: auf dich ist das Ende der Tage kommen! lies!* Man darf sich nicht wundern, wenn das auf die »Älteste Urkunde des Menschengeschlechts« geht, die im selben Jahr 1774 zu erscheinen beginnt und die Bibel eben nicht mehr als theologische Quelle, sondern als prähistorisches Dokument zu lesen anleitet, wie es in der »Abhandlung über den Ursprung der Sprache« von 1772 sich angekündigt hatte.

Erst 1792, im siebzehnten seiner »Briefe zur Beförderung der Humanität«, spricht Herder von der Einheit des überwältigend gewordenen der beiden Bücher, indem er die benachbarte Revolution als eine Lehre *im Buch Gottes, der großen Weltgeschichte,* erschei-

---

165 Herder, Auch eine Philosophie der Geschichte, 35.
166 Auch eine Philosophie der Geschichte, 106 f.

nen läßt, dessen lernender Leser der deutsche Landsmann nur deshalb sein kann, weil er die Begünstigung des unbetroffenen Zuschauers hat.[167] Es ist spürbar geworden, daß auch im Buch der Geschichte nicht ohne weiteres und nicht ohne höhere Gunst gelesen werden kann, weil es in ihm auch betroffene Personen, handelnde und leidende, gibt – was beidenfalls am Lesen hindert.

Alle Wege führen in diesem Jahrhundert nach Königsberg, zumindest die philosophischen; auch die der Metaphorik von der lesbaren Welt. Doch muß die Spezifität der jeweiligen Ausformung hochgradig sein, um für Einflüsse und Abhängigkeiten Belege zu erbringen. Dazu müßte das Beispiel Hamann herangezogen werden, der sich als vielfältiger Liebhaber der Metapher in ihrer nahezu anachronistischen Form erweist[168] und sie Kant geradezu anzubieten scheint. Doch kommt der wirkliche ›Einfluß‹ nicht so aus der Nähe, sondern von einem kühleren Kopf, dem später so genannten Ungenannten der Wolfenbütteler Fragmente Lessings.

---

167 Herder, Sämtliche Werke, ed. B. Suphan, XVIII 314 ff. – Daß Herder zehn Jahre nach dem siebzehnten Humanitätsbrief Campanellas Gedicht »Die Welt und die Bücher« verdeutscht (cf. oben Anm. 76), läßt auch auf Resignation hinsichtlich der Sicherheit schließen, das große Lehrstück der Geschichte werde sich für den deutschen Zuschauer nur jenseits der Grenze abspielen.
168 K. Gründer, Figur und Geschichte. Johann Georg Hamanns »Biblische Betrachtungen« als Ansatz einer Geschichtsphilosophie. Freiburg 1958, 160-163: Gottessprache und ›Buch der Natur‹: *Weil Gott spricht und in Worten schafft, kann die Natur ein Buch heißen... Die Bibel ist der ›Schlüssel‹ für das Buch der Natur wie für das Buch der Geschichte, und alsdann, aber auch erst alsdann, vermögen das Buch der Natur und das Buch der Geschichte ihrerseits ›Kommentare‹ zur biblischen Offenbarung zu sein... Das alles ist Theologie, durch ihre Begründung im Reden Gottes auch die Vorstellung vom ›Buch der Natur‹.* – Hamanns Berührung mit Vico 1777 – er ließ die »Scienza Nuova« aus Florenz kommen – beruhte auf der alsbald enttäuschten Annahme, darin sei über Ökonomie und Physiokratie gehandelt. Erst durch Jacobi entsteht, wie für Giordano Bruno, eine solide deutsche Vico-Genealogie.

XIII
Das Hamburger Buch der Natur und sein Königsberger Reflex

Die Aufklärung, obwohl von der Einheit der Vernunft bei allen Bewohnern des Universums und für alle möglichen Welten durchdrungen, hat doch regionale Züge angenommen; in Deutschland ausgeprägte Enklaven, deren eigentümlichste Hamburg ist. Strenge des Hauptpastorenregiments und Gesellschaftsfähigkeit einer freisinnigen Subkultur bedingen sich gegenseitig. Als der allgegenwärtige Böttiger 1795 Hamburg besucht, muß er zu seinem Verdruß erleben, daß der schönste Sonntagmorgen die beschlossene Promenade am Elbufer nicht zuließ, sofern man mit dieser Absicht in die Sperrzeit der Stadttore während der Gottesdienste geriet. Die Rivalität der beiden Bücher ist zur handgreiflichen Stadtgewalt geworden: *Die Päpste Hammoniens haben gute Gründe, warum sie ihr Wort Gottes nicht mit dem Worte Gottes in der Natur in Streit kommen lassen wollen.*[169]

So vom Zugang zu der einen Art von Literatur ausgeschlossen, erinnert sich Böttiger des Begründers der Hamburger Lokaltradition des Buches der Natur, Barthold Hinrich Brockes, der mit seiner Sammlung »Irdisches Vergnügen in Gott«, vielfach erneuert zwischen 1721 und 1748, meist verbreitet in dem Auszug Hagedorns von 1738, alle *Topoi* des Jahrhunderts von der Wortgewalt Gottes in der Natur vorgeprägt und mit seiner Biederkeit gegen Verdächtigungen abgeschirmt hatte. Diesen Schutzheiligen der Naturfrömmigkeit ruft Böttiger an, als er von innen die Tore verschlossen findet: *Guter Brockes, der du in Hamburg Gott in der Natur sangst, du mußtest dich Sonntags früh davonschleichen, wenn du nicht mit eingepfercht sein wolltest!*

Für Brockes war die Lesbarkeit der Welt der Inbegriff des Beha-

---

169 Karl August Böttiger, Literarische Zustände und Zeitgenossen. Leipzig 1838 (Ndr. Frankfurt 1972), II 63. – Zur Hamburger Aufklärung, am Beispiel der Zeitschrift »Freye Urtheile und Nachrichten zum Aufnehmen der Wissenschaften und Historie überhaupt« (1744-1759): M. Fontius, Voltaire in Berlin. Berlin 1966, 19 f. Man hatte Spinozas Ethik noch gegen Wolff verteidigen können und geraten, auch die Ungelehrten sollten *nicht ihren lateinischen Lehrern in allen Stücken als Orakel trauen.*

gens in ihr gewesen. Die Gemächlichkeit eines wohlversorgten Lebensganges erlaubt ihm, neun umfangreiche Bände nach dem konstanten Grundmuster der Auslegung des Kleinen im Hinblick auf das Größte zu füllen. Zwar beherrscht der deutsche metaphysische Optimismus nach Leibniz und Wolff das Ensemble seiner Voraussetzungen, aber zugleich ist dessen Anschauungsarmut kompensiert durch die für Hamburg immer lebenswichtigen englischen Importe: Empirismus und Sensualismus, sofern man darunter nicht die derart benannten erkenntnistheoretischen Doktrinen, sondern eher Bewertungsstufen der Erscheinungswelt versteht, bestimmten die ihnen gemäße Intensität der Aufmerksamkeit. Mit dem Blick auf Brockes' Distanz zu aller höfischen Verfeinerung und Unnatur, aber auch auf die domestizierte Verfassung einer hamburgischen ›Natur‹ hat Herder von ihm gesagt: *Brockes wählte den Garten zu seinem Hofe.* Eine Reminiszenz an den Garten des Candide, doch ohne dessen erbitterte Resignation. Unter Brockes' »Gartengedanken« findet sich denn auch das Distichon, mit dem er die Weltbuchmetapher auf den Gartenmaßstab bringt: *Dies schöne Weltbuchsblatt, so hier vor Augen lieget, / Liest der zu Gottes Ruhm, der sich daran vergnüget.*

Das Buch der Natur, wie Brockes es lesbar machen wollte, war ein Hausbuch, eine Postille für den unaufgeregten Sinn. Will man seinen literarischen Einfluß auf das Jahrhundert charakterisieren, so hat er barocke Metaphorik und Allegorik gegen alle und durch alle Ernüchterungen und Ermäßigungen hindurch für die deutsche Aufklärung erhalten. Er hat Alexander Popes Lehrgedicht »Essay on man« übersetzt, aber die große Anfechtung dieses Optimismus durch das Erdbeben von Lissabon nicht mehr zu erleben brauchen, da er 1747 starb – der letzte Band des »Irdischen Vergnügen« erschien aus seinem Nachlaß noch rechtzeitig 1748.

Ein Zusammenhang von Lesbarkeitsmetapher und Anthropozentrik ist bei Brockes fast spielerisch und ohne doktrinäre Entscheidung gegeben. Wer das ein Jahrhundert nach der erbarmungslosen Kritik an allen Zweckmäßigkeitsannahmen für infantil hält, sollte mit dem Dichter wahrnehmen, in welchem Maße die Rückkehr der Anthropozentrik in diesem Jahrhundert zur Erträglichkeit der großen Heilsverluste beigetragen hatte, die dem Menschen durch die Aufklärung zugemutet wurden. Gerade wenn die aufklärende

Unterstellung zutreffen sollte, der Gedanke an das Jenseits sei immer nur ein Ausgleich für die drastisch empfundenen und noch drastischer zu empfindenden Miseren des Diesseits gewesen, kann es nicht leicht dabei zugegangen sein, dieses Verhältnis so umzukehren, daß das ›irdische Vergnügen in Gott‹ zum einzigen der noch möglichen Vergnügungen wurde. Die Anthropozentrik ist eine der großen Tröstungen für die fällig gewordenen Abschreibungen. Brockes ist mit pedantischer Emsigkeit dabei, die an den Menschen in der Natur allerorts ausgestreuten Mitteilungen zu sammeln und zu lesen. Rührend ist, wie er dem Vergißmeinnicht den gleichlautenden Zuruf des Schöpfers selbst entnimmt, wo doch alles ringsum gleichermaßen redselig dies verkündet: *Und fand von Kräutern, Gras und Klee / In so viel tausend schönen Blättern / Aus dieses Weltbuchs A B C / So viel, so schön gemalt, so rein gezogene Lettern, / Daß ich, dadurch gerührt, den Inhalt dieser Schrift / Begierig wünschte zu verstehen ... Ein jedes Gräschen war mit Linien geziert, / Ein jedes Blatt war vollgeschrieben; / Denn jedes Äderchen durchs Licht illuminiert, / Stellt' einen Buchstab vor. Allein, / Was eigentlich die Worte sein, / Blieb mir noch unbekannt ...*[170]

Nun ist der Gartenherr der Gräser, Blüten und Insekten doch nicht nur Kleinmeister. Er hat die größten Vorwürfe nicht gescheut; er dichtet an die Sonne, die Zeit und schließlich sogar die Welt. Nichts sei ihm zu klein, hat man gesagt; aber auch, nichts ist ihm zu groß, bleibt richtig. Das Welt-Gedicht stellt Brockes vor ein Problem, dem er nur als ›Kleinmeister‹ ausweichen konnte: Der betrachtende Mensch, für den der Dichter steht, ist nicht nur der separate Zuschauer und Nutznießer des Universums, sondern dessen Bestandteil und integriertes Element; da aber erweist sich, wenn die Welt im ganzen betrachtet wird, das subjektive oder auch projektive Moment als nicht eliminierbar, nicht überschreitbar, und das bedeutet, daß die Welt des Zuschauers durch eben den Part bestimmt ist, den er sich in ihr spielen sieht. Sie ist etwas, was überhaupt nur metaphorisch erfaßt werden kann, wobei jeder ›seine‹ Welt auf ›die‹ Welt projiziert: Der Kaufmann hält sie für ein einziges Kontor, der Handwerker für eine Werkstatt, der Arzt für ein Spital, der Philosoph für ein System, wobei die Erde als Planet

---

170 Brockes, Irdisches Vergnügen in Gott, ed. A. Elschenbroich, Stuttgart 1963, 12.

sich so dreht, daß sie *oft in Hitz' und Frost, in Licht und Schatten stecket, / Woran der äußre Rand mit Narren ganz bedecket*.[171] Doch zieht der Idylliker sich sogleich von solchem pluralistischen Subjektivismus wieder zurück und läßt dem Frommen allein das Recht der wahren Ansicht ›vom höheren Standpunkt‹, *es sei die Welt / Ein Buch, das göttliche Geheimniss' in sich hält: / Ein Buch, das Gottes Hand, aus ewger Huld getrieben, / Zu Seines Namens Ehr, und unsrer Lust, geschrieben*. Ein unbegreifliches Buch freilich, wie die nächste Strophe fortfährt, ein *Wunder-A, B, C! / Worin als Leser ich und auch als Letter steh!* Brockes ein Kleinmeister – aber wo wäre vor Herder je die implizite Verwicklung der Lesbarkeitsmetapher in einer einzigen Zeile, in einem Wortspiel wie diesem gefaßt worden, der Mensch stehe im Weltbuch als Leser und als Letter: *Laß, großer Schreiber, mich im Buche dieser Erden / Zu Deines Namens Ruhm ein lauter Buchstab werden!*

Entgegen dem Verdacht von Böttiger, der arme Brockes habe sich in Hamburg am Sonntagmorgen wie sein Nachfolger am Ende des Jahrhunderts von der Natur ausgesperrt und zum Kirchenkult verurteilt gefunden, ist von ihm zuverlässig überliefert, daß er *seinen sonntäglichen Naturgottesdienst regelmäßig durch Teilnahme an dem christlichen eingeleitet habe*.[172] Darum treffe uns wie ein Blitz aus heiterm Himmel, schließt David Friedrich Strauß an diese Mitteilung an, die ebenso verbürgte Nachricht, jener naturwie gottselige Dichter sei einer von zwei oder drei Männern in Hamburg gewesen, denen ihr Landsmann Hermann Samuel Reimarus geheime Kenntnis von seinem Werk gegeben habe, das durch die von Lessing daraus bekannt gemachten Fragmente die Christenheit *als ein Äußerstes von Gottlosigkeit* erschrecken sollte.

Um so interessanter ist die Feststellung, daß der Verfasser der »Schutzschrift für die vernünftigen Verehrer Gottes«, deren kryptische Schicksale erst 1972 durch eine vollständige Ausgabe abgeschlossen sein sollten, nicht nur Brockes in seinem geheimen Buch gegen *das* Buch lesen ließ, sondern auch seinerseits Leser im Buch

---

171 Brockes, Die Welt. In: Irdisches Vergnügen in Gott, bestehend in Physikalisch- und Moralischen Gedichten (1721-1748). Erster Teil, 492 f. (nicht in der Auswahl von A. Elschenbroich).
172 David Friedrich Strauß, Gesammelte Schriften. Bonn 1876, II 8 (nach einer Mitteilung von J. A. H. Reimarus, in: Zeitschrift für historische Theologie XX, 1850, 520).

der Natur nach Art des Brockes war. Schon Strauß hat bemerkt, daß die »Abhandlungen von den vornehmsten Wahrheiten der natürlichen Religion« des Reimarus ein Seitenstück zum »Irdischen Vergnügen in Gott« von Brockes sind, obwohl seit dessen Tod acht Jahre vergangen waren, als sie erstmals erschienen: eines der erfolgreichsten Werke der deutschen Aufklärung, 1791 in Hamburg in sechster Auflage aufliegend.

Der Weltansicht des Reimarus fehlt es an Üppigkeit im Kleinen wie im Großen; er übernimmt die Anthropozentrik des Buchs der Natur, aber äußerst sparsam, nämlich bezogen allein auf das, was unentbehrlich für den Menschen ist und daher an Klarheit nichts zu wünschen übriglassen darf: *Der Hauptzweck und gleichsam der ganze Inhalt und allgemeine Titel des Buchs der Natur und derer Capitel, die uns am meisten betreffen, steht uns doch allemal klar vor Augen.* Was aber ist für den Menschen notwendig? Er muß sich der Gesinnung sicher sein können, mit der er in die Welt gesetzt worden ist, und dafür muß einem jeden der Anblick der Natur aufs deutlichste einstehen: *Es sind Dinge in der Natur, die auch den Einfältigsten eine leserliche Schrift werden, daraus sie den Verstand und die Gesinnung erkennen können und sollen.*[173]

Klarheit also muß in allem bestehen, was uns notwendig angeht. Andererseits gibt das, was mit aller Klarheit in der Natur ablesbar ist, genügend Zutrauen zur Anlage des Ganzen, um auch bei anderem, was weit von uns entfernt und dem Auge schwer zugänglich oder ganz entzogen ist, auf die wohltätigste und vernünftigste Einrichtung zu setzen. Diese Überlegung wendet Reimarus mit aller Selbstverständlichkeit auf die Frage der Bewohntheit anderer Planeten an: Wer sie bloß deswegen leugnen wollte, weil kein Fernrohr sie entdecken konnte, der würde der menschlichen Erkenntnis sogleich andere offene Wege versperren. Da müsse eben die Vernunft erschließen, was das Auge nicht erreichen kann, und sich dabei der Analogie und der Wahrscheinlichkeit bedienen. Das einmal zur Natur gefaßte Zutrauen führt weiter, das Bekannte eröffnet den Zugang zum Unbekannten: *Die völlige Übereinstimmung mit allem, was wir sonst von Gott, der Welt und besonders unserem Erdboden wissen, deschifrirt dem Verstande so gut, als*

---

[173] Hermann Samuel Reimarus, Abhandlungen von den vornehmsten Wahrheiten der natürlichen Religion. Hamburg ¹1754, IV § 12, p. 223-225.

ein gefundener Schlüssel zur verborgenen Schreibart, die Heimlichkeiten der Natur.[174] Es ist das Verfahren, für welches der Philologe das Beispiel des Sokrates nach dem Bericht des Diogenes Laertius anführen kann. Jener habe auf die Frage nach seiner Bewertung der Schriften des Heraklit gesagt, was er verstehen könne, sei vortrefflich, und darum vermute er, auch was er nicht verstehen könne, werde von dieser Art sein: *Sollten wir nicht so billig und bescheiden von den göttlichen Werken urteilen, als Sokrates von den dunkeln Schriften des Heraklitus?*

Reimarus mag wirklich seinen Freund Brockes in dessen Garten vor Augen gehabt haben, als er sich mit Hohn über den Verfasser von »L'homme plante«, Seitenstück zu »L'homme machine«, beide von 1748, äußerte. La Mettrie hatte sich an der von Reimarus umständlich zitierten Stelle über alle Nachfolger der Theodizee ausgelassen, die der wunderbaren Größe und Gerechtigkeit in der Natur bis in die Sphäre der kleinsten Lebewesen und geringsten Einzelheiten, bis zum Ungeziefer, nachgegangen waren. Er ziehe es vor, hatte La Mettrie geschrieben, der tätigen Natur im Großen und im Allgemeinen und aus der Ferne zuzusehen. Darauf nun Reimarus: *Gewiß, ein großer Geist, ein großer Philosoph! der das Buch der Natur lesen und verstehen kann, ohne sich um die elenden Kleinigkeiten der Buchstaben zu bekümmern; der nur ein Paar allgemeine Titel flüchtig übersehen darf, und dann schon besser weis, was der Inhalt sey, und was man davon urtheilen müsse, als andere, welche sich die unnütze Mühe geben, es stückweise mit Bedacht durchzugehen.*[175]

Es verwundert nicht, wenn wir Reimarus so vertraut mit der Metaphorik der Lesbarkeit der Natur für den Menschen sehen, daß er darin auch das Korrelat seiner Bibelkritik fand. So klar und öffentlich die Natur vor den Augen von jedermann liegt, so unmöglich ist es, daß eine angenommene Offenbarung jemals für jedermann annehmbar sein könnte. Was Reimarus für die Offenbarung bestreitet, ist gerade die Negation alles dessen, was er für die Natur behauptet: *Da nun Gott nach seiner Weisheit und Güte, wenn er alle Menschen selig haben will, dasjenige nicht zum notwendigen und einzigen Mittel der Seligkeit machen kann, welches*

---

174 Reimarus, Wahrheiten der natürlichen Religion. Abhandlung III p. 157.
175 Wahrheiten der natürlichen Religion. Abhandlung V § 4, p. 283 Anm. 2.

denen allermeisten schlechterdings unmöglich fällt, zu bekommen, anzunehmen und zu gebrauchen: so muß gewiß die Offenbarung nicht nötig, und der Mensch für keine Offenbarung gemacht sein.[176] Daran schließt sich sofort die umkehrende Folgerung: *Es bleibt der einzige Weg, dadurch etwas allgemein werden kann, die Sprache und das Buch der Natur, die Geschöpfe Gottes, und die Spuren der göttlichen Vollkommenheiten, welche darin als in einem Spiegel allen Menschen, so gelehrten als ungelehrten, so Barbaren als Griechen, Juden und Christen, aller Orten und zu allen Zeiten, sich deutlich darstellen.* Da hätte Reimarus die Konsequenz aus Brockes gezogen. Die Hamburger Aufklärung hatte sich für das öffentliche Buch der Natur entschieden, während sie gleichzeitig das Buch der Bibelkritik, die »Schutzschrift« des Reimarus, geheim hielt, wie er es gewünscht hatte. Niemand wußte, daß Lessings Fragmente aus Hamburg kamen, und niemand hätte es wohl ernstlich vermutet. Als Mandatar der listig werdenden Vernunft hatte er sie im Schutz des herzoglichen Privilegs der Zensurfreiheit als Fund aus der Wolfenbütteler Bibliothek ausgegeben. So konnte es nicht ausbleiben, daß den Außenstehenden die Hamburger als rückständig in Aufklärung erschienen. Dennoch nimmt des Reimarus »Vernunftlehre« von 1756 ihren Weg auf den Gipfel der Aufklärung, nach Königsberg.

Die erste Spur, daß Kant sie benutzt und genutzt hat, findet sich in seinem »Versuch den Begriff der negativen Größen in die Weltweisheit einzuführen«, der 1763 in Königsberg erschien. Was er bei Reimarus fand, würde ich gern die ›säkularisierte‹ Fassung der Rede vom Buch der Natur nennen, wenn es seine Absicht gewesen wäre, den Begriff der Erfahrung so zu beschreiben, daß sie – obwohl nicht mehr Kenntnisnahme von einer Mitteilung durch Schöpfung – bei der Grundform des Lesens bleiben müsse und bleiben werde. Tatsächlich aber liegt die Metaphorik des Lesens aus Gründen ganz nahe, die nichts mit solcher Herkunft zu tun haben, wohl aber die Auseinandersetzung mit den Errungenschaften des Sensualismus und Empirismus gegenwärtig zu halten nötigen.

---

176 Reimarus, Apologie oder Schutzschrift für die vernünftigen Verehrer Gottes. Zuerst von Lessing herausgegeben unter dem Titel: Aus den Papieren des Ungenannten (seit 1774). Zweites Fragment (1777): Unmöglichkeit einer Offenbarung, die alle Menschen auf eine gegründete Art glauben könnten (Lessing, Gesammelte Werke, ed. P. Rilla, VII 686-734; hier: 734).

Kant gibt in seiner Abhandlung so etwas wie die Anwendung des Trägheitssatzes Newtons auf die Vorstellungen des Bewußtseins: Keine kann, sobald sie einmal realisiert und gegenwärtig ist, von selbst wieder vergehen. Wir wären, heißt das, nur eines einzigen Gedankens fähig, wenn es nicht negative Akte der Herabstimmung der einen Vorstellung zugunsten der nächsten, als einer positiven Handlung, gäbe. Zwar gibt es Beispiele für solche negativen Akte in der inneren Erfahrung: nicht nur den Widerstand gegen Trübsal oder Lachreiz, noch bekannter den gegen Triebe und Begierden, auch den Vorgang der Abstraktion als Abwendung der Aufmerksamkeit von aller anschaulichen Fülle – aber die Beispiele innerer Erfahrung reichen offenkundig nicht zur Allgemeinheit der These aus, die Folge der Vorstellungen könne darin bestehen, daß die eine die andere gleichsam verdrängt, ohne daß es mehr als dieser Mechanik der Affektion bedürfte. In solcher Allgemeinheit kann sich die These nicht auf die Selbsterfahrung berufen; sie muß in Ermangelung dieses Nachweises Analogien beibringen, die zeigen, *welche bewunderungswürdige Geschäftigkeit ... in den Tiefen unseres Geistes verborgen ist, die wir mitten in der Ausübung nicht bemerken, darum weil der Handlungen sehr viel sind, jede einzelne aber nur sehr dunkel vorgestellt wird.*[177] So beschrieben, sei es jedermann bekannt aus Handlungen, *die unbemerkt in uns vorgehen, wenn wir lesen.* Dazu gehöre eine Fülle notwendiger Einzelhandlungen, über deren einsichtige, aber unbeobachtbare Funktion man nichts anderes als staunen könne. Dies genau ist der Punkt, über den sich näher zu unterrichten auf *die Logik des Reimarus* verwiesen wird, *welcher hierüber Betrachtung anstellt.*

Der Hinweis auf Reimarus ist aufschlußreich, weil er sehen läßt, was Kant vor Augen hatte, als er auf der niedersten Ebene der Bewußtseinsvorgänge, auf der bloßer Vorstellungsfolgen durch Affektion, einen unerläßlichen ›Eingriff‹ der Negation erschloß, durch den die ›Trägheit‹ jeder Besetzung des Bewußtseins aufgehoben werden mußte, um der Affektionsbereitschaft Raum zu verschaffen. Gerade durch die Heranziehung eines so elementaren Vorgangs vermeintlich reiner Rezeptivität wie des Lesens gewinnt die Erschließung negativer Handlungen an Plausibilität.

---

[177] Kant, Versuch den Begriff der negativen Größen in die Weltweisheit einzuführen (Gesammelte Schriften. Akademie-Ausgabe II 191).

Es ist nicht ganz selbstverständlich, daß Kant wußte, wem er das wichtige Beispiel von den unbemerkten negativen Handlungen beim Lesen verdankte. Denn die »Vernunftlehre« des Reimarus erschien in ihren ersten drei Auflagen 1756, 1758 und 1766 nur unter den Initialen des Verfassers, dessen Ruhm und Erkennbarkeit freilich schon durch die »Abhandlungen von den vornehmsten Wahrheiten der natürlichen Religion« seit 1754 vorbereitet waren. Auch Reimarus verwendet den Vorgang des Lesens zur Erläuterung und Absicherung seiner Darstellung einer hochgradigen Komplexion im Bewußtsein: das Ineinander von Intention und Reflexion, von Gegebenheit der Sache und Bewußtsein dieser Gegebenheit. Es gehören, nach Reimarus, *viele Veränderungen und Handlungen dazu, ehe ein solch einzeln Bemußtseyn unsrer Vorstellung und der vorgestellten Sache in uns entstehen kann.*[178] In zehn Stufen wird die Erzeugung von Deutlichkeit des Bewußtseins durch den schließlich und endlich reflektierten Zustand seiner Vorstellungen beschrieben, wobei wir nur auf dieser letzten Stufe *wissen, daß wir uns etwas, und was wir uns vorstellen.*[179]

Ohne die Umschaltung von der analytischen Betrachtung auf eine genetische ausdrücklich anzukündigen, verweist Reimarus den Zweifler an seiner zehnfachen Schichtung auf die Kinder, die eine Fertigkeit erst erlernen müssen, die der Erwachsene besitzt, *diese Handlungen in der größten Geschwindigkeit, und gleichsam in einem Augenblicke, zu verrichten.*[180] Bei der Fertigkeit des Lesens werde eine ganze Zeile durchgesehen, ohne zu merken, *daß wir bey jedem Buchstaben so viel gethan, um uns dessen bewußt zu seyn.* Die genetische Erfahrung beim Kind zeigt, wie sich in der Zeit auseinanderlegt, was im erlernten Vollzug als konstitutiver Anteil nur noch erschlossen werden kann.

Das Lesenlernen ist schließlich nur ein schematisches Modell für die Erlernung der Begriffsbildung: *Denn es gehören einige Jahre dazu, ehe ein Kind so viele Erfahrung von den Hauptarten sinnlicher Dinge erhalten und darüber reflectirt, auch so viele Zeichen der*

---

178 Reimarus, Die Vernunftlehre, als eine Anweisung zum richtigen Gebrauche der Vernunft in der Erkenntniß der Wahrheit, aus zwoen ganz natürlichen Regeln der Einstimmung und des Wiederspruchs hergeleitet. Hamburg 1756, § 50 (Ndr. ed. F. Lötzsch, I 55).
179 Reimarus, Vernunftlehre § 60.
180 Vernunftlehre § 61.

Wörter gelernet hat, daß es die Dinge in seiner Vorstellung zu dem Ähnlichen hinbringen, und von andern unterscheiden kann.[181]

In der dritten Auflage der »Vernunftlehre« von 1766 ist das Beispiel des lesenlernenden Kindes abgewandert: von der Verdeutlichung des Ganzen der Begriffsbildung auf einen ihrer Teilaspekte, den der undeutlichen Vorstellungen. In der ersten Auflage war dies die dritte Stufe des Prozesses der Begriffsbildung. Zu undeutlichen Vorstellungen werden Gesamtheiten von Wahrnehmungen integriert, wie Landschaften, Situationen, Weltausschnitte: *So wird auf einmal ein ganzes Feld mit Pflanzen, Bäumen und Thieren, zugleich auch der Gesang der Vögel, der Geruch von den Bluhmen, die Kühlung des Windes, als außer uns, aber in Eins und undeutlich vorgestellet; dabey sich ein Kind noch keines Dinges recht bewußt ist, und also noch nichts recht siehet, höret, riechet oder fühlet.*[182] An diese Stelle ist in der dritten Auflage das Exempel vom Lesenlernen vorgezogen: Das Kind müsse sich erst Begriffe von Buchstaben machen und diese aus der Gesamtheit der Eindrücke, die ihm gleichzeitig zuströmen, mühsam auslesen und isolieren. Das Kind *stellet sich alle Buchstaben des geöffneten Lesebüchleins, nebst vielen andern Dingen im Zimmer, nach dem Bilde, das davon in die Augen fällt, auf einmal, außer sich vor. Zugleich menget sich unter diese Vorstellung der Schall im Zimmer und auf der Gassen, welcher in die Ohren dringt, der Druck mancher Körper an seinen Leib und Glieder, und der Geruch, welcher sich etwan in der Luft ausgebreitet hat.*[183]

Während in der ersten Auflage der »Vernunftlehre« alles auf die *synthetische* Leistung der Herstellung des Wahrnehmungsfeldes, des Totaleindrucks, abgestellt ist, um die ›undeutliche Vorstellung‹ zu erläutern, zielt der Vergleich für diese Stufe der Begriffsbildung in der dritten Auflage ganz auf die *analytische* Leistung der Aussortierung des Gleichartigen aus dem Gleichzeitigen. Lesen kann erst beginnen, wenn die Elemente des Lesbaren nach dieser Spezifität ausgesondert und vom Gesamteindruck abgezogen sind.

Als Kant seine einzige Verweisung auf Reimarus niederschreibt,

---

181 Vernunftlehre § 62.
182 Vernunftlehre § 53.
183 Vernunftlehre ... Dritte verbesserte und zu Vorlesungen eingerichtete Auflage. Hamburg 1766, § 35 (Ndr. ed. F. Lötzsch, II 27).

kann ihm nur die erste oder zweite Auflage der »Vernunftlehre« zur Hand sein. Die Klaue des Löwen wird bei der Aneignung des Vergleichs unverkennbar, wenn man nüchtern betrachtet, was dort und hier herausgebracht ist. An diesem Paradigma abgelesen, erscheint der Weg von Reimarus' »Vernunftlehre« zu Kants »Versuch« weit im Vergleich zu dem, immerhin ein Vierteljahrhundert überspannenden, von Kants »Versuch« zu seinen »Prolegomena«. Erst hier findet die Metapher ihren reinsten und knappsten Ausdruck: den für ihre Unentbehrlichkeit im orientierenden Hintergrund von Kants Erfahrungsbegriff. Durch sie wird die entscheidende Differenz markiert zwischen der psychologischen Erklärung der empirischen Kausalität als geregelter Abfolge der Erscheinungen und der als ihrer notwendigen Verknüpfung zur Identität einer Erfahrung durch reine Verstandesbegriffe, deren reiner Gebrauch zugleich ausgeschlossen sein soll: *Sie dienen gleichsam nur, Erscheinungen zu buchstabiren, um sie als Erfahrung lesen zu können* . . .[184]

Von der Metapher ist jedes Pathos abgefallen, so als hätte es das ›Buch der Natur‹ nie gegeben. Dieses konnte sich auch nicht ohne Verwerfungen mit Kants Einschränkung der theoretischen Vernunft auf Erscheinungen vertragen, während es zum Faktum der praktischen Vernunft nicht hinreichte, lesbar bereitzuliegen. Insofern brauchte sich Kant beim Lakonismus der Buchstabiermetapher in den »Prolegomena« nicht im geringsten daran erinnert zu haben, wie ihm Johann Georg Hamann, der diese Metapher favorisierte, ihren Gebrauch in großer Suada angeboten hatte: *Die Natur ist ein Buch, ein Brief, eine Fabel (im philosophischen Verstande) oder wie Sie sie nennen wollen. Gesetzt wir kennen alle Buchstaben darinn so gut wie möglich, wir können alle Wörter syllabiren und aussprechen, wir wissen so gar die Sprache in der es geschrieben ist – – Ist das alles schon genung ein Buch zu verstehen, darüber zu urtheilen, einen Charakter davon oder einen Auszug zu machen. Es gehört also mehr dazu als Physik um die Natur auszulegen* . . .[185] Nicht

---

184 Kant, Prolegomena zu einer jeden künftigen Metaphysik die als Wissenschaft wird auftreten können (1783). Akademie-Ausgabe IV 312.
185 Kant, Briefwechsel. Akademie-Ausgabe X 28. – Hamann hat seine Briefe an Kant, datiert 1759, in »Fünf Hirtenbriefe das Schuldrama betreffend« 1763 abgedruckt als »Zugabe zweener Liebesbriefe an einen Lehrer der Weltweisheit, der eine Physik für Kinder schreiben wollte«. Für Gelehrte zu schreiben, sei

einmal für den »Versuch« über die negativen Größen reicht dies aus, ›Einfluß‹ auf Kants Metaphernwahl festzustellen.
Immerhin hat gerade in diesem Jahr 1763 Hamann selbst die beiden Briefe an Kant veröffentlicht, in denen er auf die »Kinderphysick« drängt und diese der Funktion wie der Schreibart nach mit dem Buch der Natur vergleicht. Für die von Hamann publik gemachte Behauptung, Kant habe eine Physik für Kinder schreiben wollen, gibt es sonst keinen Beleg. Man tut sich schwer, ihn als Autor in der Tradition des Jahrhunderts, Lehrbücher der Naturgeschichte für Gräfinnen und Frauenzimmer zu verfassen, nun bei den Kindern angekommen zu sehen, denen die schönsten Lernerfolge zuzutrauen der Rousseauismus Erwartungen geweckt hatte. Hamann hatte es gegenüber Kant darauf abgestellt, die Natur selbst ihrer Anlage nach schon als ein Kinderbuch aufzufassen. Gott habe es aus *Liebe gegen uns Säuglinge der Schöpfung* verfaßt; unmöglich hätte der Baumeister der Welt aus Vernunft und nüchterner Absicht darauf kommen können, die Menschen über sein Werk aufzuklären, *da kein kluger Mensch sich leicht die Mühe nimmt Kinder und Narren über den Mechanismus seiner Handlungen klug zu machen.*[186] Entsprechend solle sich der dazu nun von ihm ernannte *Philosoph für Kinder* selbst fragen, ob er Herz genug habe, *der Verfasser einer einfältigen, thörichten und abgeschmackten*

ohne Reiz, *weil die meisten schon so verkehrt sind, daß der abenteuerlichste Autor ihre Denkungsart nicht mehr verwirren kann.* Kant werde wissen, daß *mehr dazu gehört für Kinder zu schreiben als ein Fontenellischer Witz und eine buhlerische Schreibart.* Man möchte etwas darum geben, noch ermitteln zu können, ob Hamann sein Ansinnen an Kant gestellt hat in Kenntnis der »Allgemeinen Naturgeschichte und Theorie des Himmels«, die 1755 anonym in Königsberg erschienen war, wegen Bankrotts des Verlegers aber nicht zur Auslieferung gelangt war. Das Mißverhältnis zwischen dem, was Hamann Kant zutraute, und dem, was dieser tatsächlich schon getan hatte, ist ein Paradestück von Komik. Kants Stillschweigen ist vielsagend, denn Hamann beklagt sich im zweiten Brief über das Ausbleiben der Antwort auf den ersten. Das Projekt einer Kinderphysik, ganz der Aufklärung entstammend, bleibt auch in der Nähe romantischer Ansichten der Rousseaudeszendenz unvergessen und mit der Naturbuchmetaphorik verbunden: Joh. P. Pöhlmann, Wie lehrt man Kinder im Buche der Natur lesen? oder: Sokratische Unterhaltungen eines Lehrers mit seinen Schülern über Gegenstände der Natur. Erlangen 1802. Auch Johann Wilhelm Ritter plant 1808 mit Niederer, dem Mitarbeiter und Nachfolger Pestalozzis, eine Kinderphysik: Briefe eines romantischen Physikers, edd. F. Klemm/A. Hermann, München 1966, 52.
186 Kant, Briefwechsel. Akademie-Ausgabe X 20-23. Ebenfalls in: Hamann, Fünf Hirtenbriefe. Werke, ed. J. Nadler, II 374.

Naturlehre zu werden. Denn: *Ein philosophisches Buch für Kinder würde daher so einfältig, thöricht und abgeschmackt aussehen müssen, als ein Göttliches Buch, das für Menschen geschrieben.*
Kant konnte also in diesem Jahr der Einführung der negativen Größen in die Weltweisheit zwei den Blick auf die Kinder lenkende Autoren vergleichen. Er sollte daraus nicht nur die Folgerung ableiten, sich mit dem Hamburger vom Pathos seines Königsberger Landsmannes abzusetzen, sondern die ungleich wichtigere Wendung der ganzen Betrachtungsart nehmen, durch die der Vorgang des Lesens aufschlußreicher erschien als der Inhalt des Gelesenen oder noch lesbar zu Machenden. Nicht ein Buch über die Natur für Kinder trat dabei als Anspruch heraus, sondern das Problem, wie Kinder lesen lernen, um das lesen zu können, was dann zu ihrem Verstand zu bringen die *cura posterior* wird. Die Abwendung vom Buch als Hinwendung zum Leser ist zwar noch nicht die transzendentale Revolution der Denkart, wohl aber deren im metaphorischen Feld ansichtig werdender Probefall.

Nachdem die transzendentale Umkehr vollzogen ist, erscheint die Metapher in der ersten »Kritik« noch nicht im Zusammenhang mit den Kategorien, sondern im Hinblick auf die Begriffe der reinen Vernunft, als welche die platonischen Ideen genommen sind. Zwar wird Plato nicht die Metapher selbst zugeschrieben, wohl aber die Einsicht, zu deren Verdeutlichung sie dient. Dabei dürfe man, ohne sich Ungewöhnliches anzumaßen, für möglich halten, den Urheber solcher Begriffe *sogar besser zu verstehen, als er sich selbst verstand*. Kant im Gewand des Hermeneuten: Alles, was Plato über die Idee gesagt habe, lasse seine Einsicht erkennen, *daß unsere Erkenntniskraft ein weit höheres Bedürfnis fühle, als bloße Erscheinungen nach synthetischer Einheit buchstabiren, um sie als Erfahrung lesen zu können ...*[187] Von der gefährlichen Höhe der Idee her betrachtet, deren Korrelat einmal die Anschauung war und wieder werden sollte, nimmt sich die Differenz von Buchstabieren und Lesen unerheblich aus, da doch beides auf ›bloße Erscheinungen‹ geht. Während alsbald die Kategorien ganz und ausschließlich im Dienst des Übergangs vom Buchstabieren zum Lesen stehen werden, wie es die Formel der »Prolegomena« umbesetzt.

---

187 Kant, Kritik der reinen Vernunft, B 370; A 314 (Akademie-Ausgabe III 246; IV 200).

Auf die letzte Verwandlung, die die Metaphorik des Lesens und seines Textes bei Kant erfährt, bereitet die Formel von der Theodizee als *Auslegung der Natur* im ›authentischen‹ oder ›doktrinalen‹ Verfahren vor, die sich in der Abhandlung »Über das Mißlingen aller philosophischen Versuche in der Theodicee« von 1791 findet. Eben diese Alternative wird sich im »Opus Postumum« wiederholen. *Authentisch* wäre die Auslegung, die ein Gesetzgeber von dem Text seines eigenen Gesetzes gibt. Von diesem Fall her läßt sich durchaus an jenes Verhältnis der beiden Bücher denken, von welchem das der Offenbarung die authentische Auslegung eines Gesetzes ist, welches um der Verantwortlichkeit auch der Heiden willen schon die Natur als Schöpfung enthält. *Doktrinal* ist die am Text des Gesetzes mit Mitteln der Konsistenz zu anderen Äußerungen, Absichten und Handlungen des Gesetzgebers gewonnene Auslegung, die noch nicht in dem Sinn ›hermeneutisch‹ wäre, daß sie einen dem Gesetzgeber selbst verborgenen Willen auffindet und ausbreitet. Die Welt könne von uns, schreibt Kant, als *eine göttliche Bekanntmachung der Absichten seines Willens betrachtet werden*. Darin sei sie allerdings *für uns oft ein verschlossenes Buch*; immer sei sie dies, sofern es darauf ankommen sollte, nicht nur diese oder jene Absichten, sondern *die Endabsicht Gottes,* welche nur eine moralische sein könne, aus der Natur abzulesen. Die Theodizee versuche dies und sei insofern ›doktrinale‹ Auslegung. Doch von den episodisch faßbar werdenden Absichten in jenem oft verschlossenen Buch führt kein Weg zur Ergründung der Absicht des Ganzen.

Dennoch gebe es dazu eine ›authentische‹ Auslegung, in der die gesetzgebende Instanz selbst auch das Prinzip ihrer Interpretation ist: die praktische Vernunft. Es ist dieselbe Vernunft, die vor aller Erfahrung den Begriff Gottes überhaupt zu bilden veranlaßt. Für diese adäquate Instanz der Gesetzesauslegung ist freilich nicht mehr die Metapher von Buchstaben und Buch am Platze, den vielmehr die der Unmittelbarkeit einer Stimme und ihres ›Machtspruches‹ einnimmt: *Denn da wird Gott durch unsere Vernunft selbst der Ausleger seines durch die Schöpfung verkündigten Willens … als die unmittelbare Erklärung und Stimme Gottes …, durch die er dem Buchstaben seiner Schöpfung einen Sinn giebt.*[188]

---

188 Kant, Über das Mißlingen aller philosophischen Versuche in der Theodicee (1791). Akademie-Ausgabe VIII 264.

Fast zu kühn geworden im Abweichen von der traditionellen Metapher des Buches zugunsten der Unmittelbarkeit von Stimme und Spruch, lenkt Kant überraschend zurück zum Buch, zum heiligen Buch, zu dem unter dem Namen Hiob gehenden des Alten Testaments: *Eine solche authentische Interpretation finde ich nun in einem alten heiligen Buche allegorisch ausgedrückt.*

Der letzte einschlägige Text aus dem Lebenswerk Kants hat eine ganz äußerliche Beziehung zu dem ersten insofern, als er die Verbindung zwischen der Aufklärung in Hamburg und der in Königsberg noch einmal, eher ironisch, herstellt: Die Nachlaßmasse des Opus Postumum befand sich, als die Preußische Akademie der Wissenschaften in Berlin an ihre definitive Ausgabe Kants heranging, im Hamburger Privatbesitz und blieb jeder Werbung unzugänglich, bis die Nöte der Inflation auch diesen Widerstand brachen und 1923 die, erst 1936/38 vorliegende, Edition beginnen konnte.

In dem Text nun, der ausdrücklich als »Anmerkung« für das Schlußwerk des Übergangs von der Philosophie zur Physik vorgesehen war, geht es unverkennbar um die apriorische Einführung des Begriffs bewegender Kräfte zur Bewerkstelligung dieses ›Übergangs‹. Wozu aber das Recht nehmen, etwas einzuführen, was weder aus den Bedingungen der Möglichkeit der Erfahrung deduziert, noch in dieser Erfahrung selbst vorgefunden werden kann? Das Argument geht auf die Bestimmung der Physik zum System, das sie erst in der Überschreitung eines bloß empirischen Aggregatzustandes von Erkenntnissen werden kann. Dazu freilich ist mehr nötig, als den ihrer Möglichkeit nach gesicherten Erfahrungen zu entnehmen ist: ein Interpretament auf die mögliche Einheit der Naturerkenntnis hin.

Daß für diese Funktion der Kraftbegriff disponiert wäre, hatte Kant bereits in der Anmerkung der Vorrede zur zweiten Auflage der »Kritik der reinen Vernunft« veranschaulicht, wo er die Einführung von Kraftverhältnissen zwischen den Körpern des Sonnensystems durch Newton als Interpretation ihrer von Kopernikus hergestellten Anordnung erklärte.[189] Die Bewegungsgesetze der

---

189 Kritik der reinen Vernunft, B XXII Anmerkung. Akademie-Ausgabe III 14 f. Zur Stelle: H. Blumenberg, Die Genesis der kopernikanischen Welt. Frankfurt 1975, 698-700.

Himmelskörper hätten nicht nur der kopernikanischen Annahme ihre *ausgemachte Gewißheit* verschafft, sondern zugleich etwas bewiesen, was sonst *auf immer unentdeckt geblieben wäre,* nämlich das einheitsstiftende Moment dieses Systems: die *unsichtbare den Weltbau verbindende Kraft.* Wegen dieses Erfolges macht Kant zum vollgültigen Beweis jener bloßen Umstellung der Ordnungsverhältnisse im Sonnensystem, was für ihn nur durch den hinzukommenden Kraftbegriff den Rang einer ›systematischen‹ Wahrheit erlangen konnte, also für Kopernikus noch Hypothese gewesen sein mußte.

Dieses Verfahren der Systembildung wird mit der Unterscheidung von authentischer und doktrinaler Interpretation eines Gesetz- oder Lehrsystems in Verbindung gebracht. Man habe *die Phänomene durch die sich die Natur vor uns aufdeckt als eine Sprache die sie an uns thut vorgestellt die als Hieroglyphe auszulegen wir aufgefordert werden.*[190] Darauf beruhe, daß sowohl eine authentische als auch eine doktrinale Auslegung möglich sei: ein bloßes Beim-Wort-Nehmen der Einzelerkenntnisse ebenso wie die Herstellung der Konsistenz eines Systems mittels ›authentisch‹ nicht gegebener Begriffe, wodurch rückwirkend wieder die Einzelerkenntnisse einen höheren Grad der Bestätigung erhalten.

Kant war so in der Metaphorik der Sprache verfangen, daß er sich sogleich im nächsten Absatz verschrieb, in dem er von der Natur als einem Ganzen der Erscheinungen nach Gesetzen sagt: *Sie spricht vermittelst unseres Verstandes gewissen Principien gemäß die Wahrnehmungen in ein Erkenntnis ihrer Gegenstände zu verbinden...,* wo doch von ›spricht‹ nicht die Rede sein kann, sondern es wohl ›zwingt‹ heißen sollte. Dies ist ein Versehen, aber es zeigt, wie die einmal gewählte Metapher ausstrahlt.

Gemeint ist, daß das Zusammensetzen der Erkenntnisse zu einem System nicht anders erfolgen kann als das der Wahrnehmungen zu einer Erkenntnis des Gegenstandes. Dabei ist nur dieses konstitutiv und damit ›authentisch‹ gesichert, während jenes eine Art von Auslegung erfordert, die nie andere als ›doktrinale‹ Ergebnisse haben kann. *Die Interpretation des Textes den uns die Natur vorlegt ist authentisch nämlich die Physik selber eine Auslegung der*

---

190 Kant, (Opus Postumum) VIII 5, 4. Akademie-Ausgabe XXII 171-173. Konjekturen des Herausgebers sind einbezogen.

Naturgesetze selbst. Soll aber der Übergang von den metaphysischen Anfangsgründen der Naturwissenschaft zur Physik gefunden werden, so kann dies nur durch Einführung der *bewegenden Kräfte der Materie* möglich gemacht werden, die im ›Text‹ eben nicht stehen und an den ›Gesetzen‹ nicht ablesbar sind – aber die Einheit der Natur herstellen wie die Kategorien die Einheit des Subjekts als des lesenden.

Die in diesem Text mit dem Stichwort *Hieroglyphe* eingeschlagene Richtung wird nicht weiter verfolgt. Die empirische Lesbarkeit des Textes der Natur ist vielmehr als gesichert vorausgesetzt; seine systematische Einheit ist es, was durch Hinzunahme von mehr Apriorität erschlossen werden muß, aber auch den Text nicht dort läßt, wo und wie er da stand. Die Lesemetaphorik hat ihren empiristischen Ansatz, wie er von Reimarus übernommen worden war, hinter sich und unter sich gelassen.

Buchstabieren führt zwar zur Zusammensetzung der Wörter, aber schon deren Verständnis als der Indikatoren dessen, was an Bedeutung das Lesbare ist, erfordert den Besitz eben des Wortschatzes und der sprachlichen Strukturen, die in den Akten des Lesens nur aktualisiert werden. Der synthetisch aufgefaßte Lesevorgang nimmt die Schrift als Lautschrift; doch in diesem Sinne Erscheinungen verbunden zu haben, könnte doch nicht ›Erfahrung‹ und schon gar nicht die im Übergang von der Naturphilosophie erreichbare Einheit der Naturerkenntnis bedeuten. Der Text der Natur muß schon gelesen sein, ehe seine Auslegung im Sinne dessen, was das Ideen-Kapitel der ersten »Kritik« vorgelegt hatte, akut werden kann: *Die Natur ist unsere Aufgabe, der Text für unsere Auslegungen.*

So stand es schon auf einem der losen Blätter aus der engeren Vorbereitung zur ersten Auflage der »Kritik der reinen Vernunft«. Das auf der Rückseite wiederverwendete Blatt läßt sich durch eine Bescheinigung des Dekans der Philosophischen Fakultät, welcher Kant gerade war, auf 1780 datieren. Nicht zufällig schließt Kant mit einer Assoziation auf Epikur unmittelbar an, der ganz sicher die Natur nicht für einen auslegungsbedürftigen Text gehalten hat, dessen Atomistik vielmehr dies immer entgegengehalten wurde: *Wer weiß, was Epikur davon gedacht hat, und was auch seine kauderwelsche Naturerklärungen seyn sollen.*[191]

191 Kant, (Reflexionen) Nr. 5637. Akademie-Ausgabe XVIII 274.

Überblickt man abschließend noch einmal das Verhältnis von Königsberger und Hamburger Aufklärung, so wird man nicht zu dem Resultat gelangen, Reimarus sei ein wichtiger Anreger in der intellektuellen Biographie Kants gewesen. Dennoch mag er, gerade im Kontrast der Gleichzeitigkeit zu Hamanns metaphorischem Verfahren, geholfen haben, das Eigene mit einem offenkundig so gängigen Verständnismittel zu erfassen und erfaßbar zu machen.

Von Verschuldungsverhältnissen zwischen Hamburg und Königsberg wird man also nicht sprechen können. Eine Affinität wäre möglich gewesen, auch wenn man keine ökonomistische Betrachtungsweise auf Stadtgeist und Stadtwirtschaft, auf Außenhandel und Außeneinfluß anwendet. Um so befremdlicher ist, aus der Feder Alexander von Humboldts 1790 zu erfahren, die Hamburger hätten sich gegen die Aufklärung von Königsberg deutlich abgegrenzt: *Klopstock und Reimarus setzen mich oft in Verlegenheit. Dem Lichte, was jetzt so unaufhaltsam (ich möchte sagen aus seinem ehemaligen latenten Zustande) von Norden her einbricht, widersetzen sie sich ritterlich.*[192] Ganz abgesehen davon, daß Humboldt den Einfluß des von Norden einbrechenden Lichtes als ›unaufhaltsam‹ insgesamt falsch beurteilt, weil er den schon einsetzenden Rückschlag der Wirkung Kants nicht wahrnimmt, läßt das Attribut der Ritterlichkeit darauf schließen, Motive seien im Spiel gewesen, die der regionalen Szenerie eine neue Färbung gegeben hatten.

Darauf deutet der weitere Satz hin, mit dem Humboldt die Mentalität der Hamburger zur philosophischen Gesamtlage, wie er sie sieht, in Beziehung setzt: *Was soll aus der deutschen Philosophie werden, wenn man den Namen ›Berlinische Parthei‹ noch immer mit Wohlgefallen ausspricht...* Hier wird die Blickrichtung erkennbar, mit der man von Hamburg aus die Aufklärung sah. Zugleich wird unverkennbar, daß diese unter der unverwundenen Nachwirkung des fünf Jahre zurückliegenden Spinozismus-Streits stand. Das Andenken Moses Mendelssohns, wie er bis auf den Tod die metaphysische Unbescholtenheit Lessings verteidigt hatte, war

---

192 Alexander von Humboldt an Lichtenberg, 30. Oktober 1790; erstmals zitiert: H. Beck, Alexander von Humboldt. Wiesbaden 1959/61, I 34; vollständig in: Alexander von Humboldt, Jugendbriefe 1787-1799, edd. I. Jahn/F. G. Lange, Berlin 1973, 108 f.

vor den Ausblick auf den durch Jacobi ebenfalls des Spinozismus verdächtig gemachten Kant getreten. Das spricht auch Humboldt aus: *Die Wunden, welche der Spinozistische Streit so manchem geschlagen hat, sind hier noch nicht vergessen.* Immerhin lebte außer dem Sohn des Hermann Samuel Reimarus noch dessen Tochter Elise, die Freundin Lessings, ohne deren Mitwirkung weder die »Fragmente eines Ungenannten« noch auch der Ausbruch des Spinozismus-Konflikts denkbar gewesen wäre. Jedenfalls konnte die Verteidigung Lessings gegen den Vorwurf des Spinozismus, auf die Mendelssohn auch seine Hamburger Freunde eingeschworen hatte, nicht bei gleichzeitiger Hinneigung nach Königsberg glaubhaft gehalten werden.

Elise Reimarus hatte am ehesten ein Gespür dafür, daß es um die deutsche Aufklärung nicht gut stand und man durch den Lessing-Streit in eine schiefe Verteidigungsposition gedrängt worden war. Es war jedenfalls kein unmittelbarer Qualitätsentscheid zwischen Königsberg und Berlin, wie er sich Humboldt darzubieten schien. Eher war das Dilemma entstanden, zwischen Wolfenbüttel und Königsberg wählen zu sollen.

Daß die vom Verfasser der verhehlten »Schutzschrift« nach Königsberg gelangte Zutat zur dortigen Aufklärung nicht hatte vervielfacht nach Hamburg zurückerstattet werden können, hat also Gründe, die zur Vorgeschichte der Romantik gehören und, insofern erregte Abwehrgesten gegen den Vorwurf des Spinozismus obligatorisch geworden waren, auch die Wirkung Kants insgesamt schwer beeinträchtigt haben.

XIV
Zeichen an Stirnen, Zeichen am Himmel

Die Lesbarkeitsmetapher ist in der Aufklärung Leitfaden für die Geschichte der ständigen Unterwanderung einer sich als unbestechlich befindenden Vernunft durch die heimlichen Wünsche, die Welt möge mehr Bedeutung für den Menschen haben und ihm mehr zeigen, als vernünftigerweise von ihr erwartet werden darf. Das Sinnverlangen, rational des Feldes verwiesen, schafft sich Zugänge, ist listiger als die sich selbst zur List ernennende Vernunft.

Lichtenberg, der so wortgewaltig den Verführungen der Physiognomik, einer der großen Leichtfertigkeiten des Bedeutungsglaubens, entgegentritt, ist doch voller Glaubensbereitschaft für Winke der Natur, die seine Experimente ihm versagen. Er ist so konzentriert auf die Verweigerung der Gefälligkeiten, die der Mensch seit jeher von der Wirklichkeit erwartet hatte, daß er das Aufkommen neuer Offenheit für Begünstigungen und Vertraulichkeiten nicht bemerkt. Dabei ist Lichtenberg kein pathologischer Sonderling unter den Zeitgenossen der Aufklärung; er vertritt sie nur des Ausdrucks mächtiger.

Was ein aufgeklärter und aufklärender Kopf an der Wirklichkeit noch – wenn überhaupt etwas – für lesbar hält, wird akzentuiert durch das, was er ausdrücklich für unlesbar erklärt hat. Lichtenberg – neben Kant der einzige Repräsentant der deutschen Aufklärung, der nicht nur ihre Erfolge gesehen und genossen, sondern auch ihr Scheitern schon im voraus zu begreifen versucht hat – ließ zwei Bescheide auf Unlesbarkeit ergehen: den der Unerfaßbarkeit menschlicher Gesittung und Innerlichkeit am Äußeren, am Leibe, zumal am Gesicht, und den der prinzipiellen Unverständlichkeit einer Offenbarung – selbst wenn es sie gäbe – im Hinblick auf gerade das, was der Offenbarung bedürftig wäre, weil wir es mit Eigenmitteln nicht erkennen könnten. Beides ist nicht selbstverständlich.

Lichtenberg ist den Hauptweg der deutschen Aufklärung, Bibelkritik vom Inhalt der geheiligten Bücher her zu betreiben, nicht mitgegangen. Für ihn steht vor jeder inhaltlichen Erörterung und Einlassung fest, daß Mitteilungen über das uns ganz und gar Unbekannte niemals von uns verstanden werden könnten und, noch weitergehend, jeder Akt der Unterwerfung der Vernunft unter

Geschriebenes oder Gesagtes mit ihrem Wesen unvereinbar sei. In dieser Schärfe muß das festgehalten werden, weil es über den Rand der theologischen Thematik hinausschießt und das Lesbare jeder Art trifft.

Trotz eifriger Almanach-Verfertigung ist in Lichtenberg eine sokratische Buchfeindlichkeit: Sudelbücher heißen seine Notizhefte nicht zuletzt, weil er mit der Verachtung dessen schreibt, der sich anders in der Schwäche der organischen Speicherkraft nicht zu helfen weiß. Voller Verachtung für die Bücherwelt ist seine kleine ökologische Protoeschatologie, die er in zwei Sätze zu fassen weiß: *Die Wälder werden immer kleiner, das Holz nimmt ab, was wollen wir anfangen? O zu der Zeit, wenn die Wälder aufhören, können wir sicherlich so lange Bücher brennen, bis wieder neue aufgewachsen sind.*[193]

Das Buch der Bücher ist nicht der kritische Sonderfall dessen, was das Aufgebot historischen Scharfsinns erfordert oder gerechtfertigt hätte, sondern nur der repräsentative Fall für die misanthropisch stimmende Beziehung zwischen Vernunft und Buch: *Die größte Inconsequenz, die sich die menschliche Natur je hat zu Schulden kommen lassen, ist wohl gewiß, daß sich die Vernunft sogar unter das Joch eines Buches geschmiegt hat. Man kann sich nichts entsetzlichers denken, und dieses Beyspiel allein zeigt, was für ein hülfloses Geschöpf der Mensch in Concreto, ich meine in diese zweibeinigte Phiole aus Erde, Wasser und Salz eingeschlossen, ist.*[194] Allerdings, man braucht nur einen Satz weiter zu lesen, um die endogene Gefährdung der gegen die Herrschaft des Buches definierten Vernunft vor sich zu haben: *Wäre es möglich, daß die Vernunft sich je einen despotischen Thron erbauete, so müßte ein Mann, der im Ernst das Copernicanische System durch die Auctorität eines Buches widerlegen wollte, gehenkt werden.* Es mag sein, daß den Kopernikaner Lichtenberg nur dieses eine Paradigma von Verstoß gegen die Vernunft bis an die imaginäre Grenze ihres Umschlagens in Terror treiben konnte.

Die Physiognomik, so erfahrungsfreudig sie sich in Lavaters sil-

---

193 Lichtenberg, Sudelbücher F 234 (Schriften und Briefe, ed. W. Promies, I 495). Datierung nach A. Leitzmann für F: 1777-1779.
194 Lichtenberg, Vermischte Schriften, edd. L. C. Lichtenberg/F. Kries, Göttingen 1800/06, II 58 f.

houettierender Betriebsamkeit auch geben mochte, erweist sich als Ausgeburt des Ausschreibens von Büchern aus Büchern, wie die Traumbücher sich fortgezeugt hatten. Das Unbehagen an der Hypertrophie der Bücher findet sie mitten in dem durch ›Sturm und Drang‹ vermeintlich zur Fülle gebrachten Menschenleben. Physiognomik ist das in Buchform geronnene Vorurteil, dessen sich das Handwerk des praktischen Lebens ohnehin ständig bedient.

Es liegt allzu nahe, ein des Ausdrucks so überwältigend fähiges Organ, wie das menschliche Gesicht, zur Quelle der Erkenntnis dessen zu machen, was dahinter liegt; schließlich will das Gesicht dafür selbst genommen werden, wenigstens gelegentlich. Lavater hatte das letzte Drittel des Jahrhunderts der Aufklärung in die Versuchung, sogar in den Überschwang solcher Erkenntnis geführt, und es waren ihm bemerkenswerte Entnüchterungen auf seinen Missionsreisen für die Lesekunst der Gesichter gelungen. Lichtenberg sah diese Triumphe nicht nur mit den Augen dessen, der sich am Befundorgan solcher Erkenntnis benachteiligt glauben mußte, sondern auch mit der Furcht, eben an ihnen sei das Scheitern der Aufklärung als beschlossene Sache der Geschichte manifest geworden. An der begeisterten Einwilligung, das Unlesbare doch lesbar gemacht zu sehen, trat ihm die Urtümlichkeit eines Bedürfnisses entgegen, das mit der Disziplinierung des Wildwuchses der Neugierde durch die Vernunft nicht vereinbar sein konnte, die Kant nicht zufällig exemplarisch zur Forderung des Tages erhoben hatte.

Der Kopernikaner Lichtenberg hielt die menschliche Sinnlichkeit für ein exzentrisches Organ, das den Maßstäben der Wirklichkeit nur durch Gewöhnung sich angemessen wähnen konnte. Nicht der Ausschnitt des Zugänglichen zwischen dem Zu-Großen und dem Zu-Kleinen war zu schmal, sondern die Erfassungsart oberflächlich und vordergründig. Konsequenz des Kopernikanismus mußte sein, daß der Mensch den Gesichtspunkt der Wirklichkeit nicht zu gewinnen vermag, der ihm außer einigen Vermutungen über den *Zusammenhang* der Gegenstände auch noch etwas von deren *Bedeutung* zugänglich machen würde. Überträgt man das auf Menschenkenntnis, zumal jenen ›ersten Blick‹, der in Menschenbeziehungen entscheidet, so begünstigt nichts die Annahme, in dieser Hinsicht könnte der Mensch durch besondere Fähigkeiten ausgezeichnet, durch beschreibbare Merkmale bevorteilt sein.

Zugleich ist hier eine gewisse Ungunst der intellektuellen Ausstattung auch gnädig. Im Erscheinungsjahr der »Sämtlichen Werke« Lavaters, 1777, notiert Lichtenberg: *Wenn die Physiognomik das wird, was Lavater von ihr erwartet, so wird man die Kinder aufhängen ehe sie die Taten getan haben, die den Galgen verdienen, es wird also eine neue Art von Firmelung jedes Jahr vorgenommen werden. Ein physiognomisches Auto da Fe.*[195] Das ist die schärfste Formel – man wird sich daran erinnern, was den Antikopernikanern *per impossibile* von einer Despotie der Vernunft drohen sollte –, und sie verbindet sich mit der Metapher, die Physiognomen würden das *Geheim-Archiv der Seele* nicht erklettern, ohne bei Errichtung des Gerüsts dazu in einer babylonischen Sprachverwirrung zu scheitern.[196] Was er zugesteht, sind die *untrüglichen Spuren ehemaliger Handlungen*, die Geschichte auf den Gesichtern, nicht die Enthüllung in deutungsfähigen Geheimzeichen.

Lichtenberg sieht eine unmittelbare Verbindung zwischen dem von der Aufklärung mühsam zurückgedrängten Zeichenbedarf in und an der Natur und einem neuen Zeichenbedarf an der menschlichen Erscheinung selbst: *Jetzt sind es Zeichen an der Stirne, die man deuten will, ehemals waren es Zeichen am Himmel...*[197] Ihm entgeht nicht, daß diese Art von Zeichenbedarf nicht gleicherweise aus der Welt geschafft werden konnte, wie es mit der Deutung der Kometen gelungen war. Denn die Physiognomik verarbeitet nur, was immer schon geschieht. Was sie vortäuscht und womit sie verführt, ist nur der Grad der Sicherheit, den sie mit dem Aufputz der Theorie für sich in Anspruch nimmt. Der Kritiker, der Aufklärer, wird nicht verhindern, was nur den elementaren Sachverhalt aufschwellen läßt: *Wir urteilen stündlich aus dem Gesicht, und irren stündlich.*[198] In all diesem schlägt die Mißachtung des einen Hauptsatzes durch, den wieder der Kopernikaner sich als Grunderfahrung herausgezogen hatte: *Die Hauptsache ist immer unsichtbar.*[199]

---

195 Lichtenberg, Sudelbücher F 521.
196 Sudelbücher F 525.
197 Lichtenberg, Über Physiognomik wider die Physiognomen (Schriften und Briefe, ed. W. Promies, III 408).
198 Über Physiognomik (Schriften und Briefe III 487).
199 Lichtenberg, Vermischte Schriften, edd. L. C. Lichtenberg/F. Kries, Göttingen 1800/06, IX 305.

Lichtenbergs sokratische Abwendung vom Buch und von der Physiognomik bleibt sokratisch auch darin, daß sie Hinwendung zur Selbsterkenntnis bezweckt, doch nicht als alleinigen und absoluten Endzweck. Aber auch hier gilt, daß etwas getan wird, was nach allem Entwickeln des Gefühls und Studieren der Winke des Selbst im Geschriebenen endet: im *Buch darüber halten*. Gelegenheit zu dieser Erkenntnis sei ohne die Mittel zum Homer und zum Ossian, ohne Griechisch, Latein und Englisch: *Die Natur steht euch allen offen mehr als irgend ein Buch wozu ihr die Sprache 25 Jahr getrieben habt. Ihr seids selbst.* Doch wieder sind die Bücher nicht vergessen, sie sind eher der Hintergedanke aller Hinwendung zur verborgenen Natur des Selbst, die dann ihrerseits dazu verhilft, jene lesen zu können: *Das wird euch weiter bringen als Homer und Ossian, es wird euch Homer und Ossian verstehn lernen.*[200]

Bei einem Autor, der sich dem Vergleich von Natur und Buch ausdrücklich entgegenstellt, könnte die Frage unbeantwortbar sein, von welcher literarischen Qualität die Welt wäre, ließe sie sich mit einem Buch vergleichen. Bei Lichtenberg gibt es Hinweise. Da ist zunächst der wenig schmeichelhafte Vergleich mit Jakob Böhme, unter der bei Lichtenberg nie ganz aus dem Auge gelassenen Voraussetzung, ein intelligenter Kopf könne noch aus dem größten Unsinn Gewinn ziehen: *Wenn man unverständlichen, nonsensicalischen Dingen eine vernünftige Deutung geben will, so gerät man öfters auf gute Gedanken. Auf diese Art kann Jakob Böhms Buch manchem so nützlich seyn als das Buch der Natur.*[201] Daß diese Äquivalenz nicht ganz nebenher aufgestellt wird, belegt ein anderer Vergleich, der von Kant ausgeht. Dieser habe am Leser seiner »Kritik der reinen Vernunft« nicht eben freundschaftlich gehandelt, als er *sein Werk so geschrieben hat, daß man es studieren muß wie ein Werk der Natur.*[202] Auch das ist zwar ein Tadel, doch aus didaktischer Zuneigung: Bei Werken der Natur steht von vornherein fest, daß sie Fleiß und Eifer rechtfertigen, indem das Ganze

---

200 Lichtenberg, Sudelbücher F 734.
201 Lichtenberg, Vermischte Schriften, edd. L. C. Lichtenberg/F. Kries, Göttingen 1800/06, I 398.
202 Lichtenberg, Sudelbücher J 270. – Zum Vergleich: Schopenhauer berichtet, Goethe habe ihm einmal gesagt, wenn er ein Buch von Kant aufschlage, sei ihm, *als trete er in ein helles Zimmer* (Handschriftlicher Nachlaß, ed. A. Hübscher, III 582 [1829]).

der Untersuchung so wert sei wie Kants Buch interessant – mit dem werbungspraktischen Unterschied, daß für *Herrn Kants Buch* dies *nicht jedermann gleich wissen konnte.*

Hinter der Natur sieht Lichtenberg keinen Mitteilungswillen. Sollte es zu stark ausgedrückt sein, sie sei eher ein Text, uns zu verhöhnen, so wäre es doch nicht übertrieben, sie in der Art dem ähnlich anzusehen, was Lichtenberg selbst im »Göttingischen Taschenbuch« seinen Lesern zumutete, wie er diesen oft genug etwas mystifiziert und sie irregeführt hatte. Er setzt voraus, daß der Leser Gegenmittel hat und Umwege kennt. Wie er der Natur gegenüber Orientierungshilfen und Eselsbrücken benutzt: die Genera und Spezies bei Pflanzen und Tieren, die Hypothesen bei der Erfahrung – gleich den Reimen bei Gedichten. *So suchen wir Sinn in die Körperwelt zu bringen. Die Frage aber ist, ob alles für uns lesbar ist. Gewiß aber läßt sich durch vieles Probieren, und Nachsinnen auch eine Bedeutung in etwas bringen was nicht für uns oder gar nicht lesbar ist.*[203] Lichtenberg versteht Kant erweiternd, fast schon wie die ›Philosophie der symbolischen Formen‹. *So sieht man im Sand Gesichter, Landschaften usw. die sicherlich nicht die Absicht dieser Lagen sind. Symmetrie gehört auch hieher. Silhouette im Dintenfleck pp. Auch die Stufenleiter in der Reihe der Geschöpfe, alles das ist nicht in den Dingen, sondern in uns.* Da mündet die Voreiligkeit, in der Natur Bedeutung für den Menschen zu beanspruchen, letztlich doch wieder ein in die ihm allein obliegende Selbsterkenntnis, indem er sich beim Verfahren der Verschaffung von Bedeutsamkeit auf die Spur und die Schliche kommt: *Überhaupt kann man nicht gnug bedenken, daß wir nur immer uns beobachten, wenn wir die Natur und zumal unsere Ordnungen beobachten.* Der Mensch verhält sich da nicht anders als Gott, und gerade so wie sich diesen die Philosophen seit je gedacht hatten: *Gott selbst sieht in den Dingen nur sich.*[204]

Lichtenbergs Mißverhältnis zum Buchtypus dessen, was etwa den Menschen angehen und betreffen konnte, kollidiert mit seinem Bildbedarf für das Mißtrauen, es könne auf den Menschen mit der Welt gar nicht abgesehen, mehr noch: geradezu auf seine Verwirrung und Fehlleitung angelegt sein. Hierfür bot sich freilich die

---

203 Sudelbücher J 392.
204 Sudelbücher J 681.

Metapher eines leichtfertig als Text akzeptierten Musters an, dessen Verlesung unausweichlich würde. Nicht die Majestät schützt sich vor dem Einblick Unbefugter in ihr Werk, sondern ein arglistiger Dämon treibt Verwirrspiele mit schwachen Intelligenzen. Allerdings: Dämonen, so listig sie sind, sind eben auch überlistbar und davor durch keine Sanktion geschützt; nur gerät leicht zu wahnhafter Leichtgläubigkeit, was sich schon der Enthüllung ihrer Hintergehungen sicher ist.

Diese ›Dämonologie‹ ist so abgelegen nicht, wenn man bedenkt, daß von den vielen Definitionen des Menschen, an denen Lichtenberg sich versucht hat, die ihm plausibelste wohl war, er sei das Tier, das der Verstellung fähig ist. Mit entsprechenden Partnern also hatte er es in der Welt zu tun, und deren ›Lesbarkeit‹ gehörte ebenso zum Schein der Verführung wie die Dialektik der reinen theoretischen Vernunft, die Lichtenberg immerhin schon gekannt hatte, als er die Natur mit der Metapher des sich selbst ständig entziehenden Textes beschrieb: *Wir sehen in der Natur nicht Wörter sondern immer nur Anfangsbuchstaben von Wörtern, und wenn wir alsdann lesen wollen, so finden wir, daß die neuen sogenannten Wörter wiederum bloß Anfangsbuchstaben, von andern sind.*[205]

Die Metapher mochte mißlungen sein – Lichtenberg hat kein Satzzeichen an den Schluß gesetzt, also vielleicht noch an Weiteres gedacht –, sie ist ein Beleg für die Anstrengung, das Ideal eines lockenden, zur Anstrengung führenden, aber niemals sich dem Leser ergebenden Textes zu denken. Der mag, auf diese Weise, prinzipiell so unmöglich sein wie ein Code, der nicht geknackt werden kann. Doch nicht auf ein Verhältnis zwischen Autor und Leser kommt es dabei an. Lichtenberg hat es ganz auf die Vergeblichkeit der Situation des Lesers abgesehen, auf die intellektuellen Risiken, die sie enthält und die ihn immer mehr beschäftigt haben als die Teilerfolge, die sie zuzulassen scheint.

Die Anstrengung des vergeblichen Umgangs mit einem solchen Pseudotext kannte Lichtenberg am ehesten unter der ihm ganz hypertroph erscheinenden Gattung des Kommentars – immer ausgenommen den Kollegen am Ort, in diesem Fall den großen

---

205 Sudelbücher J 2154.

Christian Gottlob Heyne. So notiert er sich ins Unreine: *Man kann die Natur erklären wie Minellius den Virgil, aber auch wie Heyne.* Dem 1674 in Rotterdam erschienenen Kommentar zum Vergil nachzueifern: *ad modum Minellii*, galt als Inbegriff einer auf Vokabular und Grammatik fixierten Auslegung, fast als Schimpfwort auf philologische Pedanterie und Sinnblindheit; während der Göttinger Philologe mit seiner in Leipzig 1767-1775 erschienenen Vergil-Ausgabe eine den inhaltlichen Gewinn des Lesers sichernde Kommentierung vorgeführt hatte. Diese Differenz will Lichtenberg auf die Naturerklärung übertragen, wenn er fortfährt: *Mit einem kleinlichen Blick, der sich nicht über die Grammatik hinaus erstreckt, aber auch mit dem großen, der das ganze Altertum und die menschliche Natur umfaßt. Apotheker-Blick.*[206]

Doch rechtfertigt den Kommentar nicht erst und nur der Text, auf den er geht? Nicht ganz; wenn Lichtenberg beim Text angelangt ist, genügt ihm auch dieser nicht, ist schließlich doch nicht das Äquivalent der Wirklichkeit, die hinter jedem Text stehen soll. An Goethes »Werther« ärgert ihn das Lesen im Homer. Es sei *subtile Prahlerei, daß der Mann etwas Griechisches lesen konnte, während andere Leute etwas Deutsches lesen müssen.* Die Schulfüchse auf dem Thron des Geschmacks verordneten den deutschen Schriftstellern, ihre Helden mit einem Griechen in der Hand spazieren zu lassen. Da ist denn doch die Natur naheliegend das einzige Buch, in welches der sich selbst gern als Autor eines Romans sehende Lichtenberg seinen Helden versenkt sein lassen würde. Auch weil es ein Buch ohne Philologie wäre: *Anstatt einen Helden immer in seinem Homer lesen zu lassen, wollte ich ihn lieber in das Buch sehen lassen, aus dem Homer selbst lernte; das wir ganz ohne Varianten, ohne Dialekte vor uns haben. Es ist von diesen tiefen Kennern des Geschmacks gar nicht schön, daß sie eine Kopie studieren, während sie das Original vor sich haben.*[207]

---

206 Sudelbücher J 1758.
207 Sudelbücher G 5. – Ist die Werther-Notiz nach 1779 entstanden, so hat Lichtenberg sich zum Verhältnis Homers zur Natur schon 1766 in seiner frühesten Publikation überhaupt metaphorisch geäußert: *Diese Schriftsteller* (sc. Homer und Virgil) *sind so zu reden Charten von der Natur, auf die man sich fast immer verlassen kann, wenn man in diesem Felde gehen will.* (Von dem Nutzen, den die Mathematik einem Bel esprit bringen kann. Schriften und Briefe, ed. W. Promies, III 313).

Wenn der Aufklärer träumt, leistet er sich eine lesbare Wirklichkeit, einen beinahe redseligen Weltgeist – doch nur, um den Träumer in die Sackgasse seiner heimlichsten Wünsche geraten zu lassen.

Der Traum steht im Zusammenhang einer Reihe von *Betrachtungen*, die im »Göttingischen Taschenbuch des Jahres 1794« der lakonischen Nachricht angehängt sind, es sei einem Engländer geglückt, den bis dahin nur aus dem Kopf der Pottwale zu gewinnenden kostbaren Rohstoff für Wachskerzen künstlich herzustellen.[208] Was Lichtenberg hierzu überlegt, zielt auf das Zentrum seiner Versuche, den Kopernikanismus konsequent zu Ende zu denken, als deren Konsequenz wiederum man sich seine letzte Abhandlung von 1799 über Kopernikus selbst vorstellen darf. Dazu gehört nicht nur, daß die Erde ein unbevorzugter Standort des Weltbeobachters ist, auf dem sich die Erscheinungen der Natur verzerrt und die Optik des Weltalls trübe darstellen, sondern auch, daß dieser Weltkörper, auf dem der Mensch lebt, ihm gleichfalls nur äußerlich, nur auf der schmalen Randzone seiner Oberfläche bekannt ist. So zwischen Höhe und Tiefe lebt der Mensch, und Indiz seiner theoretischen Lageungunst ist seine Chemie. Sie zwingt seine Kenntnis der einschlägigen Prozesse unter die Bedingungen der Lufthülle des Planeten. Wir bleiben gebunden an die *Schicht der Dunstkugel, worin wir leben*. Es sei leichtfertig, diese Chemie der Erdoberfläche zu generalisieren. In der Tiefe der Erde gebe es genauso unbekannte Prozesse und unbekannte Produkte solcher Prozesse, wie es sie in den organischen Körpern gebe, deren Chemie keine Ähnlichkeit mit der anorganischer Vorgänge habe. Da läuft es auf den Walrat zu, den man in England alchimistisch gemacht haben sollte. Er, Lichtenberg, habe immer schon eine gewisse Schüchternheit empfunden vor der Ausübung unserer sogenannten Theorie der Erde und ihrer chemischen Zerlegung der Körper.

Eine Schüchternheit, die vor einiger Zeit *durch einen ganz ärgerlichen Traum* verschlimmert worden sei, den er nun seinen Lesern nicht vorenthalten mag. Er ist umständlich, wie es sich für einen Gelehrten zu träumen gehört.

Ein Greis mit einer Stimme von unbeschreiblicher Sanftheit – es ist der Weltgeist, obwohl der Träumer ihn so zu identifizieren

---

208 Lichtenberg, Nachricht von einer Walrat-Fabrik. Einige Betrachtungen ... nebst einem Traum (Schriften und Briefe, ed. W. Promies, III 108-111).

vermeidet – spricht ihn auf seine Vorliebe für Untersuchungen der Natur an und verspricht, ihm darin behilflich zu sein. Dazu übergibt er ihm *eine bläulich-grüne und hier und da ins Graue spielende Kugel* von etwa einem Zoll Durchmesser. Dann versetzt er ihn in ein perfektes Laboratorium und entfernt sich, um den Träumer der Analyse des Minerals zu überlassen. Dieser verfährt nach allen Regeln der Kunst, notiert sich die Befunde auf einem Zettelchen, ohne zu einem aufregenderen Ergebnis zu kommen als dem, das Ganze sei *nicht sonderlich viel wert*, eher wie die Kugeln für Kinder, die man auf der Frankfurter Messe drei Stück für einen Kreuzer kaufen könne. Als der Weltgeist-Alte zurückkehrt, fällt sein Blick auf den Analysenzettel, und lächelnd fragt er, ob der Forscher denn nun wisse, was er da erforscht habe. Dieser, irritiert durch das überirdische Gehaben des Fragers, will sich auf sein Zettelchen nicht mehr verlassen. Schließlich wird ihm eröffnet, es sei ein Abbild der ganzen Erde gewesen, was er analysiert habe. Als sich der darob Verwirrte nach den Einzelheiten der Oberfläche des Erdkörpers erkundigt, erfährt er zu seinem Entsetzen, er habe schon zu Anfang, vor aller Untersuchung, das Weltmeer mit seinen Bewohnern weggewischt, als er die Kugel gereinigt hatte, wie es sich für die Analyse gehört.

Was der Träumer begreift und zu begreifen aufgibt, ist, daß er sich durch die Penibilität seiner Untersuchung gerade die Integrität des Ganzen seines Gegenstandes und die einmalige Chance des Blicks darauf zerstört hatte. Die Resignation seines Traums ist: *Aber neun Zehnteile meines noch übrigen Lebens hätte ich darum gegeben, wenn ich meine chemisch zerstörte Erde wieder gehabt hätte.* Als sei es zum Ausgleich des Verlustes, schenkt ihm der Alte einen Beutel mit der fast scherzenden Maßgabe, auch hier den Inhalt zu untersuchen, wozu er diesmal länger Zeit haben solle.

Voller Erwartung, einen noch würdigeren Gegenstand seines theoretischen Interesses in dem Beutel zu finden, vielleicht die Sonne oder gar einen Fixstern, öffnet der Träumer ihn und findet darin nichts als ein einfach gebundenes Buch. Obgleich er auf den ersten Blick manches für lesbar hält, erweisen sich doch Schrift und Sprache als unbekannt. Der Träumer ist betroffen: Er soll den Inhalt eines Buches mit den Mitteln des chemischen Laboratoriums untersuchen? *Der Inhalt eines Buchs ist ja sein Sinn, und chemische Analyse wäre hier Analyse von Lumpen und Druckerschwärze.* Doch dann löst sich seine Betroffenheit, und es geht ihm ein Licht auf: *Ich verstehe, ich verstehe! Unsterbliches Wesen, O vergib, vergib mir; ich fasse deinen gütigen Verweis.* Über der Dankbarkeit dafür, begriffen zu haben, erwacht der aufgeklärte Träumer zum Aufklärer seines Lesers, der auch keines Kommentars bedarf.

Nicht Unachtsamkeit hatte dem Träumer die Integrität seines Gegenstandes vor der Exekution der Theorie zerstört, sondern die Unangemessenheit seiner Einstellung zum Gegenstand. Sie erst macht die beiden Vorgänge im Traumlaboratorium vergleichbar: Sowenig man ein Buch exotischer Herkunft durch Chemie auf Lesbarkeit transformieren kann, so wenig läßt sich zur Natur durch eine der üblichen unter ihrem Titel gehenden Disziplinen der Zugang erzwingen. Doch wird der Träumer auch nicht auf eine andere und höhere Form der Erkenntnis verwiesen oder ihm gar eine Offenbarung zugedacht, die alles leisten könnte, was er verfehlt hat. Die ›Offenbarung‹ des Traums besteht gerade darin, die mögliche Erkenntnis mäßig genug einzuschätzen, auf eine andere aber nicht zu setzen, dennoch die Unerfüllbarkeit des Wunsches nach ihr als Versagung im Wesentlichen empfindlich zu machen.

Man kann die Variationsbreite der theoretischen Anstrengungen Lichtenbergs als Inbegriff der Beherzigungen des Traums ansehen. Er hat versucht, das Ganze über den vielen Problemen der Beobachtung und des Experiments, die ihn ständig beschäftigten, nicht zu verlieren. Dem Einfall, die mineralische Kugel zum Gleichnis der Erde zu machen, war lange vorausgegangen, im Erdkörper *eine Turmalin-Verkleinerung* zu sehen[209] – einer aus der langen Reihe der Einfälle, die Verkleinerung zum optischen Prinzip der Erfassung des Ganzen zu machen: Ein höheres Wesen würde die mit Bäumen und Kräutern bewachsene Erde vielleicht für verschimmelt halten. Die menschliche Weltoptik wäre dann aus der

---

209 Lichtenberg, Sudelbücher F 470 (Anfang April 1777). – Vorstufe zum Traum und Beleg für die Stetigkeit der Turmalin-Kugel ist: Sudelbücher J 333 aus dem Frühjahr 1790: *Aus meiner Erde die zu einer Kugel von ¼ Zoll im Durchmesser und meinem Turmalin der eine Welt wird könnte ein guter Traum gemacht werden...* Eine der Verkleinerungsfolgen ist hier, daß es kein Gold in der Erde gibt. Weitere Vorstadien des Traumes: J 1645, J 1719, J 1727. – Zur Idee der optischen Verkleinerung im umgekehrten Fernrohr: Sudelbücher D 469 (1773/75).

Übertreibung des Nebensächlichen erwachsen und durch ein umgekehrtes Fernrohr das Übergewicht der Leere im Universum genauer getroffen, weil in dieser Optik *der schönste gestirnte Himmel schlichtweg verschwinden würde.*

Auch die Vergrößerung ergibt spekulative Analogien. Vor allem der von Lichtenberg wie gebannt wiederholte Blick auf den Planeten Saturn, den er nicht als Ausnahme-, sondern als Normalfall des *Eidos* eines Planeten annimmt. Das führt zu der Vorhersage, auch Jupiter sei dabei, sich ein Ringsystem zuzulegen, und zu der noch kühneren Spekulation, die Erde sei bereits saturnähnlich. Dabei würde sich die ganze Menschenwelt auf der Oberfläche des als erstarrte Schale gedachten äußersten Ringes abspielen; zugleich fiele noch eine Erklärung für den Magnetismus des Erdkörpers ab. Der angenommene Wahrheitsgrad dieser Spekulation ist umständlich genug ausgedrückt: *Es wird wenigstens nicht können unwahrscheinlich gemacht werden, daß in unserer Erde sich noch ein Planete so drehe wie der Saturn in seinem Ring ... dieses könnte der große Magnet sein.*[210] Saturn ist einerseits der Prototyp des Planeten und womöglich des Sonnensystems, andererseits auch ein apokalyptisches Unheilszeichen für das, was aus der angenommenen Entstehung aller Systeme durch Verdichtung und Schrumpfung folgt: *Alles wird dichter, alles fällt zusammen, Häuser, Berge, Brücken, und was ist unser Boden anders als eine Brücke? Saturn ist vermutlich eingestürzt, Jupiter wird einmal einstürzen ... Alles bricht zusammen und ist im Zusammenbrechen begriffen.*[211]

Von dieser prognostischen Nutzung des Saturn als eines innerhalb des Systems versteckten Modells zum System selbst, *welches nun, da es nicht mehr nützt, bei seite geworfen worden ist,* zur Suche nach Zeichen und Bedeutungen am Urtypus ist nur ein Schritt. Der Ring sehe nicht nur aus wie der an mechanischen Modellen für Astronomen angebrachte Horizont, es habe sogar schon einer aus der Zunft behauptet, auf dem Ring angebrachte Zeichen im Fernrohr erkannt zu haben. Dann wäre dort eine *alte Urkunde für die Astronomen* aufbewahrt, die ihren ganzen Nutzen erst bekommen

---

210 Sudelbücher A 255. – Zur Jupiter-Prognose: D 706, D 740.
211 Sudelbücher F 309. – Den nachkopernikanischen Grundsatz der ›Oberflächlichkeit‹ des Menschen hat Lichtenberg am ausführlichsten ausgesprochen in: Einige Betrachtungen über die physischen Revolutionen auf unsrer Erde (Vermischte Schriften, edd. L. C. Lichtenberg/F. Kries, VII 25-30).

werde, *so bald die Ferngläser einmal zu der Güte gediehen sind, daß man die Charaktere auf dem Ring wird lesen können...*[212] Unter der Hand gedeiht dieser Einfall zu einem Stückchen großer Prosa zwischen Schwärmerei und Spott, Metaphysik und Satire. Wo der Schöpfer seine Rumpelkammer habe, entstehe dem Menschen ein *unerschöpfliches Museum*, in dem das Weltmodell selbst als eine Welt, eine lesbare dazu, dem Betrachter bereitsteht: *Saturn – welche Hieroglyphe!* Nur vom Menschen bisher nicht als Fingerzeig wahrgenommen, nicht gelesen als dieses *Licht dem Menschen vom Schöpfer aufgesteckt und vom Menschen in Katheder-Nacht eingehüllt*. Auch hier, wie im Weltgeist-Traum, ein Mangel der theoretischen Einstellung, eine Hemmung der Optik durch die Physik: *Philosophieren können sie alle, sehen keiner.*

Als er in den »Confessions« Rousseaus von dessen abergläubischen Vorstellungen liest, kommt Lichtenberg nicht umhin, für sich selbst das Verhältnis von Aufklärung und Zeichenwilligkeit nüchtern zu betrachten: *Großer Gott, wie oft habe ich Ähnliches getan, ich habe immer gegen den Aberglauben gepredigt und bin für mich immer der ärgste Zeichendeuter.*[213] Der Planet Saturn, unversehens zum Zeichenträger geworden, erfüllt noch eine andere fast magische Sehnsucht Lichtenbergs: die des Stilisten nach der höchsten verbalen Konzentration, die die Abhandlung auf den Aphorismus, den Aphorismus noch einmal auf *ein* Wort herunterschraubt. Sie liegt in der schon ganz romantischen Assoziation auf das saturnische Weltalter und seine Wortmächtigkeit: *Saturn! unter ihm die güldne Zeiten, morgenländische Philosophie. Bücher in e i n e m Wort.* In jener Zeit, ehe die Zeit war, sei die *ungeschändete Vernunft vermählt mit gesundem Ausdruck* gewesen; das führt auf Saturn, damals noch den letzten Planeten, zurück, als das Modell des *Mikrosystema*, so wie der Mensch das letzte Geschöpf und Ebenbild Gottes *Mikrokosmus* sei: *Wo ist Analogie wenn hier keine ist?*

Was sich hier beobachten läßt, ist die Selbstüberschreitung der Aufklärung zur Romantik hin. Sie wird faßbar als Berührung der Schwelle der Magie und des Wunsches nach dem einen Buch und dem einzigen Wort, als sei es der Grenzwert, auf den der Aphorismus ständig schon tendiert – dieser reinste Ausdruck des Glaubens

---

212 Sudelbücher E 368 (1775).
213 Sudelbücher G 38 (1779-1783).

an die literarische Allmacht: *Indem ich jetzt die Feder ansetze fühle ich mich so voll, meinem Gegenstand so gewachsen, sehe mein Buch in dem Keim so deutlich vor mir, daß ich es fast versuchen mögte mit einem einzigen Wort auszusprechen.*[214]
Es gibt also eine präzisere Auslegung dafür, daß Lichtenberg sich auf die Physiognomik so verbissen hatte, als die, er habe sich nur als das Zielobjekt ihrer Insinuationen sehen können. Tatsächlich traf er in ihr auf den Inbegriff seiner heimlichsten Erwartungen gegenüber der Welt: letztlich der Identifikation der Erkenntnis mit dem Weltzweck, wie genau er auch wissen und als kantische Idee begriffen haben mochte, die Welt sei *nicht da um von uns erkannt zu werden, sondern uns in ihr zu bilden.*[215] Die Summe der Wissenschaften werde nicht der Inbegriff des Gewinns sein, den der Mensch schließlich aus der Welt zu ziehen habe, weil er ein Wesen der Oberfläche – auf der Oberfläche und gegenüber den Oberflächen – sei, dem der Durchstoß vom Äußeren aufs Innere versagt bleibe: *Obgleich objektive Lesbarkeit von allem in allem überall statt finden mag, so ist sie es deswegen nicht für uns, die wir so wenig vom Ganzen übersehen, daß wir selbst die Absicht unsers Körpers nur zum Teil kennen. Daher so viel scheinbare Widersprüche für uns überall.*[216]
So etwas wie ein Kompromiß also, abgeleitet aus der kopernikanischen Resignation: Die universale Lesbarkeit der Welt wird nicht bestritten; unser Standort ist nicht der beste, von ihr Gebrauch zu machen. Letztlich besteht sie darin, daß in der physischen Welt nichts spurlos geschieht. Es ist nur eine Sprachform des rationalen Konstanzprinzips, daß alles seine Spur hinterläßt. So gilt es dann sogar für die Physiognomik: Kein Gesicht ist geschichtslos. Gedanken, Neigungen und Fähigkeiten haben ihre Zeichen und Spuren hinterlassen: *An dieser absoluten Lesbarkeit von allem in allem zweifelt niemand.*[217] Doch daraus folgt nichts Tröstliches für die

---

214 Sudelbücher E 224.
215 Sudelbücher J 898 (1789-1793). Dazu gehört auch die Notiz: *Das Bilder-Buch der Welt* (J 702); sie könnte die Kurzformel für seine Erklärung der Kupferstiche von Hogarth sein, zu der er die Idee wohl von derselben Englandreise 1774/5 mitgebracht hatte, bei der ihm die Königin Lavaters »Physiognomische Fragmente« überreicht und so den Physiognomikstreit ausgelöst hatte.
216 Lichtenberg, Über Physiognomik (Schriften und Briefe, III 290).
217 Über Physiognomik (Schriften und Briefe, III 265).

Erkenntnis. Schon gar nicht für die von der Physiognomik versprochene, denn zugleich ist *dieses Lesen auf der Oberfläche die Quelle unserer Irrtümer, und in manchen Dingen unserer gänzlichen Unwissenheit.*

XV
»Wie lesbar mir das Buch der Natur wird...«

Während für den Aufklärer die Physiognomik ist, was er sich nach aller Vernunft untersagen muß, überliefert sich Goethe ihr nicht nur als einem Stück modischer Stürmerei, sondern auch als einer zumindest gedachten Erfüllung seines noch unbestimmten Begriffs von Anschauung. Über den silhouettierenden Wahn findet er ominös zu Charlotte von Stein. Noch bevor er im November 1775 in Weimar eintrifft, hat ihm im Sommer in Straßburg der Hannoversche Leibmedicus Zimmermann den Schattenriß der ›Stallmeisterin‹ von Weimar zugespielt, für die er vielleicht einen intellektuellen Gespielen suchte. Zimmermann berichtet nach Weimar wiederum stilisiert über die Wirkung: Goethe habe drei Nächte lang nicht geschlafen; niemals habe *jemand über einen Schattenriß mit mehr Genie geurteilt.* Das habe in der eigenhändigen Marginalie Ausdruck gefunden: *Es wäre ein herrliches Schauspiel zu sehen, wie die Welt sich in dieser Seele spiegelt. Sie sieht die Welt, wie sie ist, und doch durchs Medium der Liebe.*[218] Ein Jahrzehnt später wird Charlotte von Stein Empfängerin der wichtigsten Äußerungen Goethes zum ›Buch der Natur‹.

Goethes Beziehung zu dieser Metapher konnte nicht eng sein. Die Phänomene der Natur sollten ihm gerade und nur für sich selbst stehen, nicht als Chiffren für anderes. Die metaphysische Übersetzung seines Ideals von Anschauung der Natur findet er in der jeden Hintergrund ausschaltenden Gott-Natur-Identität Spinozas. Goethes Welt soll keine Kulissenwelt sein: Was die Dinge sind, als das sollen sie sich darbieten. Die Theorie darf der Anschauung nichts entziehen. Die Urpflanze ist nicht postuliert, nicht erschlossen, sondern aus dem Vollzug der Anschauung herausgehoben. Ideation ist, was Beharrlichkeit den Phänomenen abgewinnt, nicht was hinter ihnen angenommen oder zugelassen wird, kein Platonismus, der das Phänomen zum bloßen Vordergrund, zum schauseitigen Prospekt der Natur machte. Daher die Abneigung gegen die Instru-

---

218 Johann Georg Zimmermann an Charlotte von Stein, 22. Oktober 1775 (bezieht sich auf Mitte Juli 1775). In: Goethe in vertraulichen Briefen seiner Zeitgenossen, ed. W. Bode, I 141.

»Wie lesbar mir das Buch der Natur wird...«

mente, gegen Mikroskop und Teleskop, gegen Hebel und Schrauben, gegen Prisma und Algebra. Sie verkörpern das Mißtrauen der Vernunft gegen eine ganz andere Natur, der nur List und Raffinement ihr Geheimnis entreißen sollen. Goethes Natur ist von biblischer Aufrichtigkeit. In den mit der Aufschrift »Späne« versehenen Karton, dessen Inhalt viel später zu »Maximen und Reflexionen« angehoben werden sollte, legte er sich den Zettel: *Die Natur verstummt auf der Folter; ihre treue Antwort auf redliche Frage ist: Ja! ja! Nein! nein! Alles übrige ist vom Übel.* Vom Übel war dann alles Rechenkunstwerk der Naturwissenschaft. Rechenhaftigkeit konnte nicht in der Freigebigkeit der Natur gelegen sein. Diese Vorannahme klärt sich in einer Schlüsselerfahrung wenige Monate vor der italienischen Reise.

Im Mai und Juni 1786 nimmt Goethe in Jena Unterricht in der Algebra. Charlotte berichtet er: *Algebra ist angefangen worden, sie macht noch ein grimmig Gesicht, doch dencke ich es soll mir auch ein Geist aus diesen Chiffern sprechen, und wenn ich den nur einmal vernehme; so wollen wir uns schon durchhelfen.*[219] Der Kontrast zur Anschauung baut sich auf. Schon zwei Tage später schreibt er Charlotte, sein Lehrer habe eine treffliche Methode, aber es werde alles darauf ankommen, daß er sich *selbst einen Weeg suche über diese steile Mauren zu kommen*. Das Hindernis scheint der Methode zu trotzen und nur ein unerwarteter Mangel des Widerstands Aussicht zu lassen, ihn zu überwinden: *Vielleicht treff ich irgendwo eine Lücke durch die ich mich einschleiche.*[220] Ergebnis des algebraischen Umwegs wird sein: *Ich werde es zu meinem Wesen nicht brauchen können.*

Erkennbar an dieser Erfahrung des Unzuträglichen formiert, hat sich schon Mitte Juni in Ilmenau die Gegenmetaphorik durchgesetzt: *Wie lesbar mir das Buch der Natur wird kann ich dir nicht ausdrücken, mein langes Buchstabiren hat mir geholfen, jetzt rückts auf einmal, und meine stille Freude ist unaussprechlich.* Weshalb sich ihm auf einmal die Natur so widerstandslos ergibt, daß er viel Neues und doch nichts Unerwartetes findet, dafür hat er den Grund, nicht ohne Bezug auf die Algebra-Erfahrung, zur Hand:

---

219 Goethe an Charlotte von Stein, 21. Mai 1786 (Werke, ed. E. Beutler, XVIII 927).
220 Goethe an Charlotte von Stein, 23. Mai 1786 (Werke XVIII 927).

*... es paßt alles und schliest sich an, weil ich kein System habe und nichts will als die Wahrheit um ihrer selbst willen.*²²¹

Einen Monat später wiederholt sich die Metapher der Lesbarkeit. Ihn verfolge jetzt das Pflanzenwesen und es erfreue ihn am meisten, wie es ihm zu eigen werde: *Es zwingt sich mir alles auf, ich sinne nicht mehr drüber, es kommt mir alles entgegen und das ungeheure Reich simplificirt sich mir in der Seele, daß ich bald die schwerste Aufgabe gleich weglesen kann.*²²² Alles dies ist wie Vorbereitung auf Italien, auf den heimlichen Ausbruch auch in neue Verhältnisse der Anschauung.

Doch selbst der Abwesende und Abgewandte hat von der Eigentümlichkeit seiner Weltzuwendung einen so bestimmten Eindruck hinterlassen, daß Schiller – noch ein Jahr entfernt von der persönlichen Begegnung – an den Verlassenschaften in Weimar feststellen kann: *Goethens Geist hat alle Menschen, die sich zu seinem Zirkel zählen, gemodelt. Eine stolze philosophische Verachtung aller Spekulation und Untersuchung, mit einem bis zur Affektation getriebenen Attachement an die Natur und einer Resignation in seine fünf Sinne; kurz, eine gewisse kindliche Einfalt der Vernunft bezeichnet ihn und seine ganze hiesige Sekte.*²²³

Italien vollendet die Wendung, die seine Anschauungsfähigkeit seit dem vergeblichen Annäherungsversuch an die Algebra und seinem Ilmenauer Fazit genommen hatte. Mit dem Buchstabieren ist es vorbei; die Formel ist nun, er sei fähig geworden, *das Buch der Natur gleichsam vom Blatte zu lesen*. Die Bestätigung für das beruhigte Hinsehen, den Gewinn an Leichtigkeit, findet Goethe in seiner Zuwendung zum Zeichnen, die er unter Anweisung der römischen Künstlerfreunde vollzieht. Sie zielt nicht auf das ästhetische Produkt; die Disziplin der Anschauung selbst läßt ihr das Allgemeine aufgehen.

Ergebnis der römischen Erfahrung wird, daß zu Kunstwerken weniger Unmittelbarkeit möglich ist als zur Natur. Diesen Vorrang hat Goethe in der Metapher des Wortes – diesmal nicht des lesbaren, sondern des hörbaren – ausgesprochen: *Es ist viel Tradition*

---

221 Goethe an Charlotte von Stein, 15. Juni 1786 (Werke XVIII 931).
222 Goethe an Charlotte von Stein, 9./10. Juli 1786 (Werke XVIII 937).
223 Schiller an Körner, 12. August 1787. In: Goethe in vertraulichen Briefen seiner Zeitgenossen, I 338.

»Wie lesbar mir das Buch der Natur wird...« 217

bei den Kunstwerken, die Naturwerke sind immer wie ein erstausgesprochenes Wort Gottes.[224] Er habe den ganzen Tag gezeichnet, berichtet er im Februar 1787 aus Rom: *Es kostet mich Aufpaßens biß ich meine kleinliche deutsche Art abschaffe. Ich sehe lang was gut und beßer ist; aber das Rechte in der Natur zu finden und nachzuahmen ist schweer schweer... Indeßen ist mir das armseelige Bißgen Zeichnen unschätzbar, es erleichtert mir jede Vorstellung von sinnlichen Dingen und das Gemüth wird schneller zum allgemeinen erhoben, wenn man die Gegenstände genauer und schärfer betrachtet.*[225]

Der in Rom nicht erst erdachte, aber doch zuerst praktizierte und sich erfüllende Naturbegriff ist erstaunlich nur vor dem Hintergrund seines Vorgängers, des im ›Sturm und Drang‹ nicht nur aufgekommenen, sondern diesen tragenden Gegenbegriffs von Welt und Natur: zur regelhaften Ordnung und Rationalität, zu tradierten Normen des Verhaltens und etablierter Erfahrung als Sperre neuer Erfahrung. Dieser Naturbegriff, der sich mit der Shakespeare-Begeisterung amalgamiert hatte, war auf die Zurückweisung der Bücher, auf Einfachheit des Rüstzeugs, auf unbegrenzte Fülle nicht nur gewachsener Erscheinungen eingestellt. Im Gedicht »Sendschreiben« von 1774 war dies sein bereits *altes Evangelium*, bestehend aus Gold, Wein, Gesottenem und Gebratenem, Schinkenbein und Pokal, auch Sonnenschein und Bäumen, Meergestad und Träumen, über allem aber der Wärme des Menschenfleischs – insgesamt eine Welt der ungeschmälerten Selbstbedienung bei geringster Eindringtiefe: *Sieh, so ist Natur ein Buch lebendig, / Unverstanden, doch nicht unverständlich; / Denn dein Herz hat viel und groß Begehr...* Man sieht leicht, welcher Bewegungsaufwand des derart begehrenden Subjekts in dem Gedicht steckt; und gerade dieses Moment bestimmt die Differenz zu einer Realität, die vor den Besitz das geduldige Absitzen des römischen Zeichners gesetzt hat.

Tatsächlich war der ›Sturm und Drang‹ viel weniger, als er und seine Beschreiber wahrhaben wollten, eine Freiluftlebensart. Mit dem Faust der Studierstube ist das Milieu präziser getroffen. Oder

---

224 Goethe an die Herzogin Luise, 22. Dezember 1786 (Werke XIX 45).
225 Goethe an Charlotte von Stein, 7./10. Februar 1787 (Werke XIX 65 f.; ich zitiere jedoch nach der Schreibung bei: Goethes Briefe an Frau von Stein, ed. Julius Petersen, Leipzig 1909, 311).

durch die Formel: Stubenhocker, mit dem Gestus gegen die Bücher. Ein Jahrfünft vor dem »Sendschreiben« steht das alles in dem langen Erguß an die Leipziger Freundin Friederike Oeser, Tochter des Akademiedirektors Adam Friedrich Oeser, der erste Hand an Goethes Bild der Antike gelegt hatte. Aus Frankfurt schreibt ihr Goethe, seine gegenwärtige Lebensart sei der Philosophie gewidmet, und zwar so: *Eingesperrt, allein, Circkel, Papier, Feder und Dinte, und zwey Bücher, mein ganzes Rüstzeug. Und auf diesem einfachen Weege, komme ich in Erkenntniss der Wahrheit, offt so weit, und weiter, als andere mit ihrer Bibliothekarwissenschafft.* Man sieht, der alte Antagonismus der Natur und der Bücher gestattet auch das kleine Stück magischer Umkehrung: Wer nur wenig genug Gebrauch von den Büchern mache, dem werde sich ihr Gegenspiel schon ganz von selbst einstellen. *Ein groser Gelehrter, ist selten ein grosser Philosoph, und wer mit Mühe viel Bücher durchblättert hat, verachtet das leichte einfältige Buch der Natur; und es ist doch nichts wahr als was einfältig ist* ...[226]

Kein Blick fällt auf das, was zwei Jahrzehnte später ›Natur‹ heißen wird. Aber schon auf der Schweizer Reise wird sie als das Gegenprinzip zur faustischen Eingeschlossenheit ausgerufen und vor allem an der frischen Luft erkannt. Doch ist das Buch, das sich der Reisende aufschlägt, immer noch eher ein Lehrbuch – wenn auch das Gegenstück aller nicht-metaphorischen Lehrbücher –, um Lebenserfahrung, nicht Anschauung vom Allgemeinen der Natur, zu gewinnen: *Ich habe viel, viel gesehen. Ein herrlich Buch die Welt um gescheuter daraus zu werden, wenns nur was hülfe.*[227] Sogleich nach der Anrede an die ›liebe Tante‹, spätere zweite Frau seines Schwagers Schlosser, tatsächlich Tante Jacobis, steht der triumphierende Ausruf: *In freyer Lufft!* Im übrigen ist die Natur vertreten mit den Blumen, die vom Busen eines Engels namens Louise fallen und die in der Brieftasche verwahrt werden. Trotz der Annäherung an Italien ist Rom noch weit: die Natur als das ruhend Ansichtige, organisch Entfaltete, landschaftlich Ausgebreitete, in dem alles nicht vorkommt, was dem Auge des Zeichners nicht stillhält.

---

226 Goethe an Friederike Oeser, 13. Februar 1769 (Werke XVIII 121).
227 Goethe an Johanna Fahlmer, Straßburg, 24./26. Mai 1775 (Werke XVIII 269 f.).

In seinem Rückblick auf Goethe in der »Romantischen Schule« sollte Heine all das, was er ›Indifferentismus‹ nennt und was besser Zeitgeistgleichgültigkeit genannt werden könnte, auf Goethes Pantheismus zurückführen. Es ist, was seine Eigentümlichkeit durch die Wandlung des Totalitätsbegriffs von der *Weltnatur* des ›Sturm und Drang‹ zur *Naturwelt* der römischen Erfahrung gewonnen hatte. Heine meint als Ursprung des ihm ärgerlichen Indifferentismus wahrzunehmen, wenn alles Gott geworden sei, sei nichts mehr Gott. Das Inventar der Goethe-Welt, ironisch aufgezählt, soll die Verbindung von Anschauung und Distanz als Nivellierung aller Wertmomente belegen, die gleichgültig macht, womit man sich beschäftigt, *ob mit Wolken oder mit antiken Gemmen, ob mit Volksliedern oder mit Affenknochen, ob mit Menschen oder mit Komödianten.*[228] Auf den Tod Goethes also war zu warten gewesen, um so recht das Junge Deutschland werden zu können; aber Schiller war lange genug tot, um ihn zu preisen als den Mann der Geschichte, der *sich für die gesellschaftlichen Fortschritte der Menschheit enthusiasmiert und die Weltgeschichte besingt.* Da kommt der alte Antagonismus der Bücher aufs neue zutage und läßt Heine die Unverträglichkeit der Nachbilder von Goethe und Schiller auf die Formel bringen: Gott manifestiert sich nicht in gleichem Maße in allen Dingen; das *eigentliche Buch Gottes* ist die Geschichte – kein Klassiker mit seinen ›Sämtlichen Werken‹, in denen nur noch nachzulesen und nachzulernen ist, eher die ständig noch für Eintragungen neuer Daten und Taten, für die Zeichen, Spuren und Male von Zukunften offene Chronik.

Sollte ich dieser Konfrontation Goethes mit Schiller weitere Deutlichkeit auf dem Standard der Weltbuchmetapher zu verschaffen genötigt sein, würde ich es mit je einem Epigramm beider versuchen. Zuerst mit dem neunundfünfzigsten der »Venezianischen Epigramme« Goethes: *Seid doch nicht so frech, Epigramme! Warum nicht? Wir sind nur / Überschriften; die Welt hat die Kapitel des Buchs.* Das gehört in die zeitliche Nähe des Beginns der Freundschaft mit Schiller. Bedenkt man, daß ihre erste Unterhaltung in Schillers Wohnung über Kant geführt wurde, so ist die ›Anwendung‹, die der transzendentalen Theorie von Erkenntnis als

---

228 Heine, Die Romantische Schule I (Sämtliche Schriften, ed. K. Briegleb, III 394).

›Handlung‹ in bezug auf die Natur von Schiller gegeben wird, nicht ohne antagonistischen Zug zu Goethes gerade errungener Grundeinstellung der ruhenden Anschauung: *Weil du liesest in ihr, was du selber in sie geschrieben, /Weil du in Gruppen fürs Aug ihre Erscheinungen reihst, / Deine Schnüre gezogen auf ihrem unendlichen Felde, / Wähnst du, es fasse dein Geist ahnend die große Natur.*[229]

Solche Anwendungen wird man anders lesen müssen als Kants eigene Lesbarkeitsmetaphorik. Daß sich der Mensch der Überfülle der Erscheinungen durch Ordnungsleistungen erwehrt – für Schiller exemplarisch in dem, was der Astronom bei der Einteilung des Himmels in Sternbilder tut –, ist noch nichts von dem, was mit der Erfahrung immer schon geschehen sein muß, ehe das Netz der künstlichen Ordnungsformen über die Natur gelegt wird und ehe zum ästhetischen Genuß werden kann, was als unbewältigte Bedrängnis nur zu ängstigen vermocht hätte. Schillers Lesbarkeit der Natur steht dem Kunstwerk – zurückhaltender: dem Ornament – näher als den transzendentalen Vorleistungen des Verstandes für die Erfahrung. Er drängt auf Handlung, auf Reflexion der Freiheit an der Natur, wo sich doch zunächst nur die Notwendigkeit des Bewußtseins vollstreckt, es selbst als dieses im Schauer der Affektion werden und bleiben zu können.

Die Lesbarkeit der Welt ist eine von der Zuverlässigkeit des in ihr sich etwa aussprechenden Weltgrundes unabhängige Qualität geworden. Das verdeutlicht ein Rückblick auf Schillers frühe »Theosophie des Julius«, die dem geplanten philosophischen Briefroman entstammt und zuerst in der »Thalia« 1786 gedruckt wurde. Dort war noch alles darauf abgestellt, den endlichen Verstand dem unendlichen gewachsen zu zeigen. Jener begegnet diesem, wie gegenwärtig lebende Menschen durch einen ausgegrabenen Fund von Herculanum der Gleichartigkeit derer bewußt werden, die einst das Fundstück geschaffen und gebraucht hatten. So ist auch die Natur einmal Gedanke gewesen, und sie wird wieder zum Gedanken, wenn das denkende Wesen versucht, *in diesem vorhandenen Ganzen die erste Zeichnung wiederzufinden*. Die Natur dient dazu, dem Menschen *die mannigfaltigen Äußerungen jenes Wesens symbolisch zu bezeichnen*. Inneres und Äußeres wird auf diese Weise

---

229 Schiller, »Menschliches Wissen« (Sämtliche Werke, edd. G. Fricke/H. G. Göpfert, I 245 f.).

zur *Hieroglyphe einer Kraft*, die nur begriffen werden kann, soweit sie sich als eine dem Menschen ähnliche begreiflich macht. Die symbolische Mediatisierung der Natur war vollkommen: *Die Gesetze der Natur sind die Chiffern, welche das denkende Wesen zusammenfügt, sich dem denkenden Wesen verständlich zu machen – das Alphabet, vermittelst dessen alle Geister mit dem vollkommensten Geist und mit sich selbst unterhandeln.*[230] Eine neue Erfahrung wie die Gravitation, die Entdeckung des Blutkreislaufs, das Natursystem Linnés, bedeutet *in diesem Reiche der Wahrheit* eben nichts anderes als der Fund aus der Antike, und dieser nichts anderes als die Geschichte selbst: *Widerschein eines Geistes, neue Bekanntschaft mit einem mir ähnlichen Wesen.*

Lesbarkeit wird das letzte Gemeinsame von Natur, Geschichte und Kunst: *Ich bespreche mich mit dem Unendlichen durch das Instrument der Natur, durch die Weltgeschichte – ich lese die Seele des Künstlers in seinem Apollo.* Als hätte Vico bei der Entfaltung dieses Begriffs von Lesbarkeit Beistand geleistet, erschließt sich Schiller im Gebrauch der Metapher, an den großen vorgeprägten absoluten Metaphern der Tradition: *Lebhafte Tätigkeit nennen wir Feuer, die Zeit ist ein Strom, der reißend von hinnen rollt, die Ewigkeit ist ein Zirkel, ein Geheimnis hüllt sich in Mitternacht, und die Wahrheit wohnt in der Sonne.*

Schillers theosophische Metaphorik ist konfus gearbeitet: von ›Chiffren‹ zu reden ergibt keinen guten Sinn, wenn man für das Verhältnis zur Natur zugleich die Art des Verständnisses einer antiken Statue zu Hilfe nimmt. Sie hat gerade nichts von der chiffrierten Zeichenhaftigkeit, die immer noch auf eine andere Sprache verweist, während das ästhetische Artefakt nichts mitteilt, was nicht primär Selbstbekundung wäre. Metaphorische Unstimmigkeiten sind metaphorologische Einstiege; hier für die Unentschiedenheit zwischen symbolischer und physiognomischer Lesbarkeit. Es ist nicht gleichgültig, ob dem Menschen etwas mitgeteilt werden sollte, worauf er zu kommen hat, oder ob er als denkendes Wesen teilnimmt an der Selbstbewegung eines anderen denkenden Wesens, das eher vom Typus des aristotelischen unbewegten Bewegers als von dem eines offenbarungswilligen Gottes zu sein schien. Und da liegt die Wurzel von Schillers Unbestimmtheit:

230 Schiller, Philosophische Briefe. Theosophie des Julius (Werke V 344 f.).

Noch wenige Jahre vor den »Philosophischen Briefen« hatte er seinen Gott ganz solipsistisch, ganz selbstbezogen gedacht und – wie anders? – metaphorisch ausgesprochen: *Gott, wie ich mir denke, liebt den Seraph so wenig als den Wurm, der ihn unwissend lobet. Er erblickt sich, sein großes, unendliches Selbst, in der unendlichen Natur umhergestreuet. – In der allgemeinen Summe der Kräfte berechnet er augenblicklich Sich selbst – Sein Bild sieht er aus der ganzen Ökonomie des Erschaffenen vollständig, wie aus einem Spiegel zurückgeworfen und liebt Sich in dem Abriß, das Bezeichnete in dem Zeichen.*[231] Noch ist der Gott allein der Narziß, als den wenig später Novalis den Menschen sehen lassen wird.

Von der Rückseite kann man nicht in den Spiegel sehen; deshalb ist die Metaphorik der Zeichen und Buchstaben nicht geeignet für den indiskreten Einblick, den der Mensch in die Reflexion des Gottes nimmt. Wollte man sagen, was man sucht, ohne es zu finden – wie so oft in der Metaphorologie –, so wäre das ›Buch der Natur‹ zum ›*Journal intime*‹ geworden, in das der Mensch ohne Kenntnis des Schreibers Einblick gewinnt – nur gewinnen konnte, weil er aus ihm nicht einsichtigen Gründen dessen Wesen teilt. Jedenfalls indiziert Schillers Metaphorik, wie unentschlossen sie auch sein mag, ein Wirklichkeitsverhältnis, in dem nichts gerade als das steht und bleibt und sich ausspricht, was es ist, und keiner ›höheren‹ Mediatisierung bedarf. Die nach Goethes Rückkehr aus Rom entstehende Freundschaft mit Schiller gewinnt, auch in diesem Licht, an Erstaunlichkeit.

Zu dem, was man metaphorologisch besser zu verstehen beginnt, gehört Schillers Unzugänglichkeit für den Gedanken, es könne nicht nur die Welt lesbare Züge haben, sondern auch umgekehrt das Lesbare Welthaltigkeit erreichen: ästhetisch beanspruchen, selbst ›eine Welt‹ zu sein. Seit Homer ist das Epos die Gattung, um Welt zu absorbieren, sich der Fülle und dem Realitätsgehalt nach an Stelle der Welt zu setzen, um die Intensität der Wirklichkeitsbeziehung ganz auf sich zu sammeln. Aber dies bedeutet nicht Umsetzung ästhetischer Theorie. Sie kommt erst mit der bewußten Handhabung der Mittel. Beim Roman: mit der Durchbrechung aller Zuständigkeit der Gattung – also der Romantisierung des Romans aus dem Selbstverständnis der Romantik am Roman.

231 Schiller an Reinwald, 14. April 1783 (Werke V 1089).

»Wie lesbar mir das Buch der Natur wird ...«

Sieht man ab von dem, was wirklich zustande gekommen ist, so ist schon Goethes zu Anfang der achtziger Jahre gefaßter Plan eines »Roman über das Weltall« unüberbietbar: sogleich der Griff nach dem, was unvermeidlich im Versagen, als Fragment den Ausdruck seiner Differenz zur Unendlichkeit hätte finden müssen und alsbald, eben als Romantik, finden sollte. Man darf sich nicht verbieten lassen, Goethe als Protoromantiker zu sehen; und nichts ist geeigneter, dies zu tun, als von dem Fast-Nichts unseres Wissens über den Weltall-Roman auszugehen. Er bezeichnet den Umschlag von der Welt, die ein metaphorisches Buch ist, zu dem Buch, das eine metaphorische Welt sein wird.

Der Freund der späten Jahre, Friedrich Zelter, konnte nicht wissen, was so weit vor der Zeit dieser Beziehung lag, als er auf den Werktitel »Wilhelm Meisters Lehrjahre. Ein Roman« reagierte: *Da rate einer! Es ist aber kein Roman; es ist die Welt, die kleingroße, die großkleine Welt.*[232] Daß dies seither eine der geläufigsten Phrasen über Romane geworden ist, darf uns nicht daran hindern wahrzunehmen, welche Schranken das Buch durchbrechen mußte, ehe ihm im bedeutenden oder für bedeutend gehaltenen Fall nachgesagt werden konnte, was es beanspruchte: ›eine Welt‹ zu sein. Ein Äußerstes, denn mehr ließ sich schließlich nicht sagen.

Im September 1780 eröffnet Goethe der Frau von Stein aus Ilmenau seine Absicht, an einem Roman zu schreiben, offenbar einem Briefroman, von dem er schon einige Briefe geschrieben habe und nur vier Wochen Ruhe brauche, *um wenigstens Einen Theil zur Probe zu liefern.*[233] Vielleicht wären wir nicht so begierig, etwas mehr von diesem Projekt zu wissen, wenn die Vermutung grundlos wäre, Alexander von Humboldts Idee einer Gesamterfassung der Natur habe immer noch mit jenem in überzeitlicher Rivalität gestanden. Was das alte ›Buch der Natur‹ mit dem neuen »Roman über das Weltall« formal verbindet, ist die gar nicht auszuschlagende Unizität auf beiden Seiten.

Nach der fraglichen Lesbarkeit in dem einen Buch dort ist nun die Kraftprobe fällig, die in der Darstellbarkeit des Ganzen in einem Stück hier liegen mußte. Denn noch ist es nicht die Natur, die sich

---

232 Friedrich Zelter an Goethe, 21. Mai 1829 (Der Briefwechsel zwischen Goethe und Zelter, ed. M. Hecker, III 160).
233 Goethe an Charlotte von Stein, 9. September 1780 (Werke XVIII 522).

ausspricht und alles tut, um nicht unausgesprochen zu bleiben, sondern noch muß alles *getan* werden, um sie zur Sprache zu *bringen*. Wie weit mochte das wirklich getrieben sein? Mehr als ein Jahr später heißt es: *Meinen neuen Roman über das Weltall hab ich unterwegs noch durchdacht und gewünscht, daß ich ihn dir diktiren könnte, es gäbe eine Unterhaltung und das Werk käme zu Papier.*[234] Für diese Zeit müssen wir für das, was ›Weltall‹ heißt, vor aller italienischen Erfahrung, an die Amtstätigkeit des Bergwerksinspektors denken, der einen Roman dieser Art auf seine Ilmenauer Einblicke bezogen hätte und darin den Salineninspektor Novalis erahnen läßt.

Buffon sollte das Vorbild sein, über die Geognosie im Erzählton zu schreiben, vor allem aber, in Einem Alles zu geben. Immer ist Goethe der Plural der Bücher so zuwider, wie er in der Tradition dem ›Buch der Natur‹ gewesen war. An Merck schreibt er im Oktober 1780, den kleinen Aufsatz »Über den Granit« ankündigend: *Da ich einmal nichts aus Büchern lernen kann, so fang ich erst jetzt an, nachdem ich die meilenlangen Blätter unserer Gegenden umgeschlagen habe, auch die Erfahrungen anderer zu studiren und zu nutzen.* Er habe nicht nur die Möglichkeiten seines Amtes beim Herzog ausgeschöpft, mineralogische Sammlungen anzulegen, sondern sogar einen eigenen Kundschafter beschäftigt, der über das Territorium seiner Zuständigkeit hinaus tätig werden konnte. Also doch Delegation von Erfahrung? Sammler hat der Sammler Goethe lebenslang für sich beschäftigt; Hauptsache war, sie schrieben keine Bücher. Der späte Stürmer und Dränger sah sich immer noch am Anfang des Augenaufschlags gegenüber der Natur. Aber es gab viele und fleißige Vorgänger. Wie benutzt er sie?

Zur Konstruktion eines einzigen, nun wieder zu authentischer Erfahrung fähigen Übersubjekts. Es ist kein kalkulierender Dämon, dennoch etwas wie die Parallele zur Fiktion des Laplace im Medium der Anschauung: *... ich bin überzeugt, daß bei so viel Versuchen und Hülfsmitteln ein einziger großer Mensch, der mit den Füßen oder dem Geist die Welt umlaufen könnte, diesen seltsamen zusammen gebauten Ball ein vor allemal erkennen und uns beschreiben könnte, was vielleicht schon Büffon im höchsten Sinne*

---

234 Goethe an Charlotte von Stein, 7. Dezember 1781 (H. Beck, Alexander von Humboldt, Wiesbaden 1959, I 66 f.).

»Wie lesbar mir das Buch der Natur wird...«

gethan hat... Nun aber die Konvergenz der Absichten mit denen des Intendanten der königlichen Gärten, der zu diesem Zeitpunkt noch lebte, die Revolution gerade nicht mehr erlebte: Franzosen und Deutschfranzosen und Deutsche sagten von ihm, Buffon, er habe *einen Roman geschrieben, welches sehr wohl gesagt ist, weil das ehrsame Publicum alles außerordentliche nur durch den Roman erkennt.*[235] Da scheint so etwas durch wie die Theorie für die Möglichkeit eines Romans, der doch ein identisches Subjekt aller Erfahrung vom Weltall erfordert hätte: eine Art wandernden Wilhelm Meister, zwischen den Bildungsmächten Vulkanismus und Neptunismus zuerst unentschieden, dann in der Abwehr aller Versuchungen vulkanischer Temperamente seine Bildung vollendend. Am Anfang der »Wanderjahre«, im dritten Kapitel, wird ein solches Bildungsprogramm dem Geognosten Montan in den Mund gelegt. Die Lehrsituation ist prägnant: Man befindet sich hoch auf granitenem Felsen, *auf dem ältesten Gebirge, auf dem frühesten Gestein dieser Welt* sitzend, und Montan verweigert Antwort auf die großen Fragen der Ursprünge, um stattdessen, indem er *diese Spalten und Risse als Buchstaben behandelte, sie zu entziffern suchte, sie zu Worten bildete und sie fertig zu lesen lernte,* die Natur für sich selbst einstehen zu lassen. Das Zeugnis des Standorts ist eindeutig: *Die Natur hat nur eine Schrift, und ich brauche mich nicht mit so vielen Kritzeleien herumzuschleppen.* Der unmittelbaren Erfahrung von Festigkeit zu vertrauen, ist in der Zurückhaltung des Montan angelegt, auf Felix' Neugierfragen zu antworten, aber auch in der Skepsis Wilhelms. Ein Risiko wird spürbar in dieser Konfiguration, das tief ins Menschliche hineinreicht. Goethe hat es im Gespräch gegenüber Sulpiz Boisserée beschrieben: *Wunderliche Bedingtheit des Menschen auf seine Vorstellungsart; wie Kant sehr richtig mit Antinomie der Vorstellungsart ausdrückt; so muß es mir mit Gewalt abgenötigt werden, wenn ich etwas für vulkanisch halten soll, ich kann nicht aus meinem Neptunismus heraus...*[236]
Am auffallendsten sei ihm das am Laacher See geworden, wo ihm

---

235 Goethe an Johann Heinrich Merck, 11. Oktober 1780 (Werke XVIII 538). Neben Buffons »Histoire naturelle générale et particulière«, die in schließlich 36 Bänden seit 1749 noch im Erscheinen begriffen war, ist für Goethe auf die »Epoches de la Nature« von 1778 hinzuweisen, die den Epochenbegriff landläufig machten.
236 Goethe zu Sulpiz Boisserée, 2. August 1815 (Werke XVII 584).

alles so allmählich erschienen sei: *das Loch mit seinen gelinden Hügeln* und *Buchenhainen,* der Bimsstein, alles als Wirkung des Wassers allein. Dennoch, die Gewalt, die ihn nötigen könne, Vulkanisches anzuerkennen, gebe es durchaus, *wie bei Nemi in Italien, da bin ich genötigt, überzeugt und überwältigt, da glaube ich; und wenn ich einmal einen Vulkan anerkenne und verteidige, dann will es auch was heißen; so in Böhmen, da habe ich bewiesen, wie ich mich eines Vulkans annehmen kann...* Allerdings, die eigene Evidenz sei niemals die der anderen, weshalb *wir über viele Dinge uns nie ganz verständlich machen können – und ich daher oft zu mir sagen muß: darüber und darüber kann ich nur mit Gott reden. Wie das in der Natur ist und das; was geht es nun weiter die Welt an.*[237] Goethes Idee der Anschauung ist ohne seine unablässige Arbeit am Abbau des Vulkanismus nicht zu fassen.

Am 18. Januar 1784 diktiert er den Aufsatz »Über den Granit« als das einzige zuverlässig zum Weltallromanprojekt gehörende Textstück. Der Granit ist ihm der Inbegriff neptunischer Gestaltung der Erdoberfläche und ihrer Bedeutung von Zuverlässigkeit. Mit Abraham Gottlob Werner, der im Jahrzehnt darauf der Lehrer des jungen Hardenberg werden sollte, läßt Goethe alle Festigkeit der Erde aus dem einen Urmeer hervorgehen, mit dem der ganze Erdball bedeckt gewesen war. Nun sollte man denken, die Bedeutungsträchtigkeit des Gemäßigten am Neptunismus sei für Goethe endgültig dahin gewesen, als das schwierigste Werk seines Weimarer Staatsdienstes, die Wiedereröffnung des Silberbergwerks in Ilmenau 1784 – die zeitlich im engsten Zusammenhang mit dem Granit-Fragment des Weltallromans gestanden hatte –, zwölf Jahre darauf, als man gerade auf Erz gestoßen war, im nicht mehr zu bändigenden Wassereinbruch zugrunde ging. Aber da hatte sich ihm schon die politische Wirrnis eines Jahrzehnts mit dem theoretischen Widerpart des Vulkanismus verbunden. Erst dieser Antagonismus warf Bedeutungsladungen nach beiden Seiten aus. Es ist merkwürdig, wie sich die Tücke des Wassers gegen den eigenen

---

237 Sulpiz Boisserée, Tagebücher, ed. H. J. Weitz, I 226 f. – In diesem Wiesbadener Gespräch am 2. August 1815 auch die ›bücherfeindliche‹ Erwägung, was alles er hätte herausfördern können, *wenn man 40 oder 50 Jahre alles was von außen herkömmt, bei Seite lassen könnte – was möchte daraus geworden sein, wenn ich mit wenigen Freunden vor 30 Jahren nach Amerika gegangen wäre und von Kant usw. nichts gehört hätte?* (a. a. O. 225)

»Wie lesbar mir das Buch der Natur wird...«

Lebenserfolg in Ilmenau dem Blick entzog hinter der drastischen Anschaulichkeit der Gewalt des Feuers, das die Erde erbeben ließ und keinesfalls den Grund des Ganzen gebildet haben durfte.

Die Erfahrung von Ilmenau gehörte zu den Grenzsetzungen der Vernunft am Ende des Jahrhunderts: *es könne keine Geologie geben, denn die Vernunft hat hier nichts zu tun.*[238] Zugleich aber ist dies schon die Entdeckung der romantischen Region, der Erdtiefe, der Höhle: *Wenn man von Uranfängen spricht, so sollte man uranfänglich reden, das heißt dichterisch; denn was unsrer tagtäglichen Sprache anheimfällt: Erfahrung, Verstand, Urteil, alles reicht nicht hin. Als ich mich in diese wüsten Felsklüfte vertiefte, war es das erstemal, daß ich die Poeten beneidete.*[239] Und als Goethe zwischen Jena und Erfurt, 1807, den Damen seiner Mittwochsgesellschaft geognostische Vorträge hielt, notierte er sich als Stichwort: *Trost in der innern Regelmäßigkeit und Konsequenz der Natur.*[240] Trostgründe lagen in der Solidität der Verfahren: Kristallisation das Schlüsselwort für die sanfteste Entstehung des Festesten, Metapher des Wachstums fürs Anorganische; auch Gerinnung, als Metapher dem Marmor abgesehen, und ihr Gebrauch zum Beschluß erhoben.

Die Anschauung ist hier nicht der Triumph der Vernunft, sondern ihre Ohnmacht, die Sprachlosigkeit der Erde im Unterschied zu aller geprägten organischen Form: *Steine sind stumme Lehrer; sie machen den Beobachter stumm, und das Beste, was man von ihnen lernt, ist nicht mitzuteilen.*[241] Diese Stummheit des Anorganischen

---

238 Goethe, (Fragmentarisches) zu Geologie und Mineralogie (Werke XVII 625).
239 Goethe, Werke XVII 627. – Nicht ohne Aufschluß ist, daß die Funktion des Poetischen auf das Areal des definierten Versagens der Vernunft bezogen wird. Der »Roman über das Weltall« konnte, unter dieser Voraussetzung, nicht als eine Art von Fortsetzung des Lehrgedichts mit anderen Mitteln gedacht gewesen sein. Lehrgedichte hatten nie zu sagen gehabt, was sich nicht auch diskursiv hätte sagen lassen, obgleich weniger gefällig. Der Weltallroman muß also auch, wäre er zustande gekommen, die Ablösung der Dichtung von der Rhetorik als der *ars bene dicendi* des ebenso weniger gut Sagbaren markiert haben: das Einspringen der Imagination dort, wo sich die Wirklichkeit ganz und gar versagt.
240 Goethe, Werke XVII 626; XVIII 1135.– Der ›Trost‹, der aus der Endgültigkeit der Verfestigung gewonnen wird, setzt voraus, daß die Erschütterungen da waren und gewesen sind: *Daß die Solideszenz jedesmal mit Erschütterung begleitet war, ist als wichtig zu beachten.* (627)
241 Goethe, Werke XVII 625. – Die Erwähnung des sog. Schriftgranits, der

hat ihre eigene Präsenz und Würde, um zu behaupten: *eine Sache zeige nicht an, was sie sei, heißt ebensoviel als sagen, sie sei nicht, was sie sei* . . .[242] Da hat man alles vor sich, was die Ambivalenz der Metaphorik von Lesbarkeit bei Goethe ausmacht: die Unverträglichkeit mit der reinsten Anschauung bei aller Bedrängnis, dennoch die stumme Lehre zu fassen, den Trost zu empfangen, die Sache sich zeigen zu lassen.

Es kann keine Geologie geben: Dieser Hauptsatz baut sich ganz metaphorisch auf aus der Stummheit der Steine und aus der Stummheit, zu der sie den Beobachter verdammt; sie haben keinen Logos, und folglich gibt es keinen von ihnen. Vielleicht noch deutlicher als an der *Kristallisationslust*[243], die den Granit aus dem Urmeer niederschlagen läßt, wird ihm das anschaulich an der Wolkigkeit des Marmors, an der er die Metapher der Gerinnung abliest: *Augenblicke des Werdens dieser Art finden wir in dem Mineralreich mehr als gewöhnlich gedacht wird, und ich werde künftighin den Ausdruck Geronnenes da brauchen* . . .[244] Diesen *Begriff des uranfänglichen Gerinnens* faßt Goethe unmittelbar am Fundstück und unterläßt nicht zu nennen, was ihm auch sonst zu so vielem verhalf, Glück gehöre dazu, die Musterstücke auszulesen und zu versammeln. Dieses Gerinnen ist nicht Urgeschichte, sondern immerwährende Gegenwart, und durch nichts anderes zugänglich als durch das anschauliche Vorsichhaben: *Einzelne sehr instruktive Exemplare müssen mit Augen geschaut werden.* Immer aber ist diese Anschauung weltenfern von der des Organischen, noch bei all dem, was nur die Erde freigibt: Mineral und Fossil bleiben antipodisch, und Kriterium für diesen Hiatus ist, daß die Vernunft muß vor sich restituieren können, was aus Vernunft hervorgegangen sein soll: *Wenn ich ein zerstreutes Gerippe finde, so kann ich es zusammenlesen und aufstellen; denn hier spricht die ewige Vernunft durch ein Analogon zu mir, und wenn es das Riesenfaultier wäre.*[245] Das Organische ist redend, das Anorganische stumm; darin er-

---

durch Quarzeinlagerung schriftzeichenähnliche Strukturen aufweist, hat Goethe hier ungenutzt zu den Weiterungen gelassen, die Lichtenberg fasziniert hätten – Fall des Negativbelegs.
242 Goethe, Werke XVII 629.
243 Goethe, Das Gerinnen. 1817 (Werke XVII 478).
244 Goethe, Das Gerinnen (Entwurf, vor 1817; Werke XVII 477).
245 Goethe, Werke XVII 625.

»Wie lesbar mir das Buch der Natur wird...«

schließt sich die Wörtlichkeit, mit der genommen sein will, daß es keine Geo›logie‹ geben kann.

Der Vulkanismus mit seinen Eruptionen, Strömen flüssiger Massen und deren sinnwidrigen Erstarrungen ist dann nur die Übersteigerung der anorganischen Unvernunft zur nackten Unmöglichkeit der Geologie, zur Stummheit als Gewalt. Wenn Goethe, nicht lange vor seinem Tod, über seine Unterhaltung mit Alexander von Humboldt schreibt, dessen Ansicht der geologischen Gegenstände aufzunehmen, bleibe seinem ›Zerebralsystem‹ ganz unmöglich, so liegt darin das Anerkenntnis, ihm sei am anderen klar geworden, was Einheit und Verwurzelung einer grundlegenden Überzeugung dieser Art ausmacht: wie das Neptunische hier, das Vulkanische dort nichts anderes sei als große und übergreifende Metapher für Lebensbegriff und Weltbesitz.

Goethe hatte lange geglaubt, daß ein Erfolg in der Auseinandersetzung mit der *sich überall verbreitenden Feuerlehre* möglich sei und er selbst in die Entscheidung eingreifen könne. Aber 1819 schreibt er einen »Abschied von der Geologie«, worin er die Nordamerikaner ironisch dafür preist, daß sie den Stein des Anstoßes, den Basalt, nicht besäßen, wie auch *keine Ahnen und keinen klassischen Boden.*[246] Goethe hätte weder begriffen noch gebilligt, was Nietzsche schließlich zum Thema machen sollte: den Anthropomorphismus unseres Wirklichkeitsbildes. Sonst hätte er sich von der Natur nicht solche Bestätigungen erwarten können, sondern eher als Projektion seiner persönlichen Bedürfnisse an das Firmament oder auf die Gebilde der Erdoberfläche betrachtet, was er doch als Zuspruch der Natur für seine Natur empfand, als Versicherung der tieferen Gemeinsamkeit zwischen den Phänomenen und dem Sensorium, zwischen äußerer und innerer Wahrheit.

Wie hätte er Trost versprechen oder erwarten dürfen, wenn er den projektiven Mechanismus durchschaut oder auch nur für möglich gehalten hätte? Auch wenn er den anderen nur an ein Bild von ihr gefesselt sah und ihn darin gelten lassen mochte, empfand er sich selbst doch als den Günstling der Natur, dem sie sich zeigte, wie

---

246 Goethe, Eines verjährten Neptunisten Schlußbekenntnis. Abschied von der Geologie. 1819 (Werke XVII 614). – Cuvier war mit seinem »Discours sur les révolutions de la surface du globe« von 1812 der maßgebende Einfluß zugefallen.

sie war, und dem sie die Einheit ihrer Zusammenhänge darbot. Es war keine Subjektivität, die er sich gestattete, wenn er schon nach kurzer Zeit der Versetzung auf den Standpunkt des anderen, des Vulkanisten, sich auf seine alte Denkweise zurückziehen mußte, *wenn es einigermaßen behaglich werden soll.*[247]

Von der Zurücknahme großer Erwartungen her gesehen, überrascht nicht mehr, daß die Lesbarkeitsmetapher gerade in der Zeit des Weltallromanprojekts sich einer gewissen Phrasenhaftigkeit genähert hatte. Als Goethe sich am Braunschweiger Hof aufhält, wo man Französisch zu sprechen hatte, ermuntert ihn Frau von Stein, während dieser Zeit den Briefwechsel mit ihr so zu führen. Der historische Betrachter bemerkt nicht ohne Vergnügen, welche Umkehrung der Verhältnisse an diesem Indiz faßbar wird: Beinahe ein Jahrzehnt zuvor hatte Goethe, im ersten Augenblick ihrer Freundschaft, Charlotte dazu gedrängt, in ihrem Briefwechsel der französischen Sprache zu entsagen und sich deutscher Ungeschicklichkeit nicht zu genieren. Nun finden wir, aus Braunschweig kommend, die Formel von der Lesbarkeit der Natur in einer französischen Übungsphrase, die rückzuübersetzen man so wenig riskieren sollte wie bei den von Soret aus Goethes letztem Jahrzehnt bewahrten Äußerungen. Sie ist unmittelbar vor der dritten Harzreise geschrieben, die nichts mehr von dem winterlichen Alleingang auf den Brockengipfel 1777, sondern schon etwas von der hingegebenen Einstellung des Hämmerns und Zeichnens hat: *Les caracteres de la Nature sont grands et beaux et je pretends qu'ils sont tous lisibles.*[248]

Im Ausdruck ›Charaktere‹ ist für Goethe und seine Zeitgenossen noch ein magischer Hintergrund wahrnehmbar, die Aufladung mit der Bedeutung einer dem Wesen der Dinge unmittelbar Ausdruck verschaffenden Signatur, einer ihnen eingegrabenen unauslöschlichen Urschrift, die auch, in den Sakramententraktaten der Scholastik, in den Begriff des *character indelebilis* eingegangen war. Durch Leibniz allerdings war die ›Characteristica universalis‹ zum *Alphabet der menschlichen Gedanken* geworden, zum Zeichensystem für die Herstellung exakter Kalküle und Relationsgefüge aus elementaren Ideen. Will man sich vergewissern, daß

---

247 Goethe, Bedeutende Fördernis durch ein einziges geistreiches Wort (Werke XVI 882).
248 Goethe an Charlotte von Stein, 21./24. August 1784 (Werke XVIII 795).

»Wie lesbar mir das Buch der Natur wird ...«

Goethe mehr als Buchstaben und Zeichen meint, muß man auf den unmittelbar vorausgehenden, noch deutsch geschriebenen Brief an Charlotte zurückgreifen, wo er aus Zellerfeld schon von ›Spekulationen‹ spricht, in denen er sich als glücklich bezeichnet: *... ich finde überall was ich suche und hoffe den Ariadneischen Faden balde zu besitzen mit dem man sich aus diesen anscheinenden Verworrenheiten herauswinden kann.*[249] Wiederum nicht zufällig auf dieser Reise, bei geschehenem Achsbruch des Wagens zwischen Mühlhausen und Dingelstedt, beginnt Goethe das niemals vollendete Rätselepos »Die Geheimnisse«: *Von keinen Worten ist das Bild umgeben, / Die dem Geheimnis Sinn und Klarheit bringen.*

Vom Alphabet hat Goethe im Zusammenhang der Geschichte gesprochen. Der Blick auf Tun und Treiben der Menschen über Jahrtausende lasse *einige allgemeine Formeln* erkennen, die eine Zauberkraft über ganze Nationen wie über die einzelnen ausgeübt hätten. Diese Formeln, *ewig wiederkehrend, ewig unter tausend bunten Verbrämungen dieselben, sind die geheimnisvolle Mitgabe einer höhern Macht ins Leben.*[250] In ihrer ursprünglichen Bedeutung ließen sich solche Formeln nur schwer wiedererkennen, weil sie jeder in die ihm eigentümliche Sprache übersetzt und seinen Zuständen angepaßt hat. Es sind diese allgemeinen und konstanten Muster in der Geschichte, aus denen der aufmerksame Forscher sich eine Art *Alphabet des Weltgeistes* zusammenstellen könne.

Der Berichterstatter weiß dies dahin zu kommentieren, die Weltgeschichte solle, der Idee einer ›Characteristica universalis‹ entsprechend, *in ihre einfachsten Elemente aufzulösen* sein. Andererseits muß der Leser daran denken, daß der Ausdruck ›Weltgeist‹ 1818 schon mit geschichtsphilosophischer Bedeutung aufgeladen war, während er in den Jahren des ›Sturm und Drang‹ noch das Genie überhöht hatte – wie Böttiger berichtet, Goethe habe einen Garten vor der Stadt Weimar haben müssen, um seine ›Geniewirtschaft‹ einrichten zu können, denn als Genie konnte er *seinen Weltgeist (damaliger Modeausdruck) nicht in einer engen Ausdünstungspfütze, vulgo Stadt, gefangen nehmen.*[251]

---

249 Goethe an Charlotte von Stein, 11./14. August 1784 (Werke XVIII 793).
250 Goethe zu Friedrich von Müller, 29. April 1818 (Werke XXIII 33).
251 Karl August Böttiger, Literarische Zustände und Zeitgenossen, ed. K. W. Böttiger. Leipzig 1838 (Ndr. Frankfurt 1972) I 52.

Das *Alphabet des Weltgeistes* wird, so viel später, dem Gedanken des Kalküls doch nicht so nahe gekommen sein, wie der Kanzler von Müller es möchte. Die Verbindung zum magischen Zeichen, das sich einer das Wesen der Dinge beschwörenden Fähigkeit darbieten mag, kann nicht ganz fern gelegen haben: Goethe reißt sich aus diesem Gespräch heraus mit den Worten, er wolle vom Blick auf das Große und Ganze der Geschichte hinuntersteigen zu seiner Gesteinsammlung, *denn nach solchem Gespräch geziemt dem alten Merlin, sich mit den Urelementen wieder zu befreunden.*

XVI
»Die Welt muß romantisirt werden«

Daß ein ›Roman‹ über das Weltall jemals konzipiert werden konnte, sagt über die immanent wahnfähige Tendenz der Gattung ebensoviel wie über das Ausdrucksbedürfnis der Zeit in ihr. Goethes Projekt war zuinnerst romantisch gewesen. Was begünstigt wurde durch den kaum schon wissenschaftsfähigen Zustand seines noch zentralen Anschauungsgebiets; erst Humboldt wird die Oberfläche der Erde, die Landschaft in der Vielfalt ihrer Bedingungen, im Übergangszustand zur Wissenschaft thematisieren. Die eigentümliche Offenheit dessen, was noch nicht theoretische Disziplin geworden ist, begünstigt die offene Konsistenz des Wirklichkeitsbegriffs, auf dem der Roman beruht. Genauso ließe sich sagen, der Totalitätsanspruch der Französischen Enzyklopädie, mit seiner Unentschiedenheit zwischen endgültiger Abrechnung der menschheitlichen Leistungssumme und Grundlegung der Zukunft als des daraufhin Möglichen, oder Lichtenbergs Kommentierung der Kupferstiche des Hogarth als des vorgefundenen *Orbis Pictus* lägen schon vor derselben Schwelle zur Idealisierung der Unbestimmtheit des Romans als der einzig erreichbaren Unendlichkeit, die, wäre sie erreicht, im selben Augenblick zur Substitution des Universums würde. Alexander von Humboldt findet 1796 zu seiner »Idée d'une Physique du Monde«, die ohne den Umgang mit Lichtenberg, Forster und Goethe sowie Herders Schriften nicht gedacht werden kann und im »Kosmos« ihre Vollendung finden sollte. Die Wendungen, die sich hier vollziehen, lassen sich am ehesten im metaphorischen Horizont ihrer Optionen erfassen.

Der metaphernmächtige Francis Bacon hatte, mehr noch als der wissenschaftlichen Methode, der Sprache der Neuzeit in zwei Richtungen vorgearbeitet: einmal, indem der Kronjurist die Vernunft zum höchsten Gerichtshof sowie zum Tribunal der peinlichsten Verhöre machte, dann auch, indem der fast noch mittelalterliche Alchimist und magische Experimentator die Wiederfindung der paradiesischen Sprache für das Wesen der Dinge zur möglichen Wissenschaft der Machtgewinnung über sie erklärte. Zwar hatte sich die Aufklärung für das weite Feld der juridischen Metaphorik entschieden, bis hin zu den von ihr eingesetzten Gerichtshöfen und Urteilssprüchen des Geschmacks; aber der zweite Ansatz, an dem die Aura ursprünglicher Legitimität des menschlichen Weltverhältnisses faszinierte, war nicht endgültig verdrängt.

Die Romantik läßt sich in diesem Horizont der Metaphernwahl justieren, und dies nicht zufällig nach solchen Höhepunkten forensischer Bildprägung wie der Ernennung der Weltgeschichte zum Weltgericht, des Philosophen zum Gesetzgeber, des Experiments zur Folterbank des Gegenstands. Zwar stammte die Formel vom *iudex ratio* schon aus Augustins »Confessiones«, aber auch die längst vergessene Begründung, man dürfe die Welt nicht lieben, um die Unbefangenheit des richterlichen Verhörs ihr gegenüber nicht zu verlieren. Die im Hintergrund stehende Annahme der Gerichtshofmetaphorik, die Welt verweigere sich dem menschlichen Einblick, sollte nicht wahr sein oder jedenfalls ursprünglich nicht wahr gewesen sein. Die Universalität der Romantik geht auf das entgegengesetzte Bild: Alles spricht von sich aus, wenn ihm nur das Gehör nicht verweigert wird.

Friedrich von Hardenberg, ›Novalis‹, hat das in seinen das Projekt der Enzyklopädie an die Grenze des Beziehungswahns treibenden Notizen proklamiert: *Der Mensch spricht nicht allein – auch das Universum spricht – alles spricht – unendliche Sprachen.* Und hinzugefügt ist, wie als Hinweis auf die Unterströmung, aus der das kommt: *Lehre von den Signaturen.*[252] Statt der Gesetzgeber, Ankläger und Richter wurde nun der Liebhaber in den Bezugspunkt der Dinge gestellt: *Die Natur inspirirt gleichsam den ächten Liebhaber und offenbart sich um so vollkommner durch ihn – je harmonischer seine Constitution mit ihr ist.*[253] Die neue Vertraulichkeit mit der Welt sollte weiter gehen als das paradiesische Rufen beim ureigenen Namen; die Betonung liegt auf dem, was jetzt *eine Art von wissenschaftlicher Grammatik* genannt wird, aber auch austauschbar mit *Compositionslehre*.

Die Entsprachlichung der Welt ist für Novalis ein Gebrechen ihres Alters, der bloßen Entfernung von ihrem Ursprung und der zu

---

252 Novalis, Das Allgemeine Brouillon. Materialien zur Enzyklopädistik 1798/99 (Schriften, edd. P. Kluckhohn/R. Samuel, ²Stuttgart 1968, III 267 f.). Die arabischen Ziffern beziehen sich nicht auf die Numerierung der Fragmente, sondern auf die Seiten dieser Ausgabe.
253 Novalis, Das Allgemeine Brouillon (Schriften III 256).

»Die Welt muß romantisirt werden«

diesem gehörigen Deutlichkeit und Bedeutsamkeit aller Dinge. Ein Sündenfall scheint nicht stattgefunden zu haben, und deshalb kann es zur Aufgabe der Historie werden, über die Zeit zu handeln, *wo Vögel, Thiere und Bäume gesprochen haben.* Es ist die Zeit, aus der die letzten verstreuten Spuren im Märchen erhalten sind und in die entgrenzte Aufnahmefähigkeit des Romans, als dessen Romantisierung selbst, hineinragen: *Die Welt des Märchens ist die durchausentgegengesetzte Welt der Welt der Wahrheit (Geschichte) – und eben darum ihr so durchaus ähnlich – wie das Chaos der vollendeten Schöpfung.*[254]

Immer ist aber auch, neben den sprachlichen Quellen und Spuren, die theoretische Anschauung im Spiel. So wenn erwogen wird, die Buchstaben der Schrift könnten ihren Ursprung in den derzeit viel behandelten, zumal von Lichtenberg geschätzten Klangfiguren nach Chladni haben. Novalis besaß Chladnis »Entdeckungen über die Theorie des Klanges« von 1787 und hatte sie gelesen: *Sollten die Buchstaben ursprünglich acustische Figuren gewesen seyn. Buchstaben a priori?*[255] Ihm bedeutete nicht so sehr die experimentelle als vielmehr die musikalische Erzeugbarkeit dieser Harzpudermuster etwas. *Mein magischer Idealismus,* lautet die Selbstbenennung für das, was sich am ehesten durch einen Kontrast der Grundstimmung verdeutlichen läßt: Diese Magie ist nicht faustisch, sie soll Befähigung zum Einklang mit der Natur, zur Hellhörigkeit für deren Selbstdarbietung sein.

Die Bereitschaft der Natur, sich preiszugeben, geht über das hinaus, was in der Metaphorik der Lesbarkeit gesagt werden konnte. Novalis spricht von ›Mystik‹ in Verbindung mit der gedachten Grammatik, wenn er einen solchen Grad von Offenbarkeit qualifizieren will: *Überall liegt eine grammatische Mystik, wie mir scheint zum Grunde – die sehr leicht das erste Erstaunen über Sprache und Schrift erregen konnte. (Die wilden Völker halten die Schrift noch jetzt für Zauberey.)*[256] Das Wort ›Mystik‹ darf nicht sehr spezifisch, und schon gar nicht in Richtung der späteren Konsolidierung

---

254 Das Allgemeine Brouillon (Schriften III 276, 281). Wie Novalis den Bedeutungsgehalt der Märchen verstanden wissen will, erläutert er in einer ausführlichen Notiz, die beginnt: *Bedeutender Zug in vielen Märchen ...* (III 389).
255 Das Allgemeine Brouillon: *Physik und Grammatik* (Schriften III 305).
256 Das Allgemeine Brouillon (Schriften III 267). – Novalis hat zwar den Ausdruck ›grammatische Mystik‹ selbst geprägt, die Grundvorstellung aber

der Romantik genommen werden; es ist eher Ausdruck für die ebenso originäre wie ungehemmte Formation der Wünsche gegenüber der Welt, die die Geschichte nicht hatte ›aufklären‹, sondern, wie es jetzt schien, nur verschleifen und unterdrücken können. Deshalb genügten Signaturen und Alphabete nicht mehr. Alle Art von Wissenschaft sollte der Freilegung der Sprache der Natur dienstbar sein. Etwa: *Vielleicht ist alle mechanische Bewegung nur Sprache der Natur.*[257] Der Grundgedanke wird hin und her gewendet, auch zur Wiederholung der Vorstellung, die Naturlehre werde nichts anderes zu sein brauchen als eine *Dechiffrierkunst*, für die die Körper und Figuren die Substantive, die Kräfte die Verben sein sollen.[258]

Die Vielzahl der Metaphern umschreibt die Ratlosigkeit, wie der Grundgedanke in eine Form theoretischer Entsprechung umgesetzt werden kann, wenn ›magischer Idealismus‹ mehr sein sollte als das Rufen der Dinge bei ihren verborgenen Namen. Seit den Tagen des Athanasius Kircher waren die Hieroglyphen das Exempel einer uralten und im Licht magischer Zusammenhänge stehenden Sprache der Natur selbst. Noch war die Ernüchterung durch Champollion nicht erfolgt, als Novalis sich aufschrieb: *Das wird die goldne Zeit seyn, wenn alle Worte – Figurenworte – Mythen – und alle Figuren – Sprachfiguren – Hieroglyfen seyn werden – wenn man Figuren sprechen und schreiben – und Worte vollkommen plastisiren, und Musiciren lernt. Beyde Künste gehören zusammen, sind unzertrennlich verbunden und werden zugleich vollendet werden.*[259]

Die Romantik hat nicht nur die Grenzen der literarischen Gattun-

---

einem Werk über Geschichte der Arzneikunde entnommen, dem sechsten Abschnitt »Einfluß der morgenländischen After-Weisheit auf die Medicin« von Kurt Sprengels »Versuch einer pragmatischen Geschichte der Arzneikunde« (Halle 1792/94). Der Beleg ist deshalb aufschlußreich, weil er sichtbar macht, wie wenig wirksam die Diskriminierung solcher Einflüsse durch die Aufklärung war. Leicht austauschbar mit ›grammatischer Mystik‹ ist für Novalis ›wissenschaftliche Grammatik‹ (III 376).

257 Das Allgemeine Brouillon (Schriften III 427).
258 Das Allgemeine Brouillon (Schriften III 443).
259 Novalis, Freiberger naturwissenschaftliche Studien 1798/99 (Schriften III 123 f.). – Die Attribute ›hieroglyphisch‹, ›hieroglyphatisch‹, ›hieroglyphystisch‹ sind bei Novalis von höchster Bedeutungsladung: *Das Ich hat eine hieroglyphystische Kraft* (Schriften II 107); *Die erste Kunst ist Hieroglyphistik* (II 571); *Lessings Prosa fehlts oft an hieroglyphischem Zusatz* (II 537); *Die Bedeutung*

»Die Welt muß romantisirt werden« 237

gen verwischt, überhaupt Grenzen zugunsten des Eindrucks oder der Symbolisierung oder auch nur der Illusion von Unendlichkeit – sie hat auch die Differenz von Bedeutung und Bedeutetem aufgelöst zugunsten einer Art von universaler Plastizität, die alles für alles andere eintreten lassen kann. In einer anderen Begrifflichkeit: Die *natura naturata* wird zum bloßen Vordergrund der *natura naturans*. Der mythische Name, der bei Novalis am häufigsten vorkommt, ist der des Proteus. Er markiert die Gleichgültigkeit der faktischen Gestalt der Naturerscheinungen im Verhältnis zu den vermuteten Kräften, die sich nur episodisch in ihnen äußern, wie der Sprechende in einem Wort oder Satz seiner Sprache, der alsbald verklungen ist. Aus der spekulativen Physik Johann Wilhelm Ritters lernt Novalis *Transsubstantiation* als das natürliche Prinzip aller physikalischen und chemischen Vorgänge kennen. Von da war es nur ein kleiner Schritt, auch die Gedanken diesem Prinzip zu unterwerfen, in sein ›Alles aus Allem‹ einzubeziehen.

Mit der Verwechslung von Märchen und Realität wird gespielt: *Sollten die Weltkörper Versteinerungen seyn? Vielleicht von Engeln.* Und dann gar dieses Ganze, auf seine schönste Kurzformel gebracht: *Die Welt ist ein gebundener Gedanke.*[260] Also auch ihre Geschichte, verwechselbar mit dem Roman, indem beide auf einen fernen, im Unendlichen liegenden Punkt konvergieren: *Der Roman ist gleichsam die freye Geschichte – gleichsam die Mythologie der Geschichte.* Einer Geschichte, die folgerichtig eine neue Art von Eschatologie bekommt: *Das ganze Menschengeschlecht wird am Ende poëtisch. Neue goldne Zeit.* Doch auch dabei die Austauschbarkeit der Prädikate, die Unbestimmtheit der Transsubstantiation, wobei eine Auflösungsfähigkeit der anderen ähnelt: die der Realität in Poesie, der Geschichte in den Roman, aller Größen in das, was ›Philosophie‹ heißen soll. *Alles kann am Ende zur Philosophie werden* . . .[261]

der Hieroglyfe fehlt. Wir leben noch von der Frucht besserer Zeiten (II 545). Besonders aufschlußreich die Verbindung zur Physiognomik: *Religiositaet der Physiognomik. Heilige, unerschöpfliche Hyeroglyphe jeder Menschengestalt. Schwierigkeit Menschen wahrhaft zu sehn . . . Einzelne Offenbarungsmomente dieser Hieroglyfe.* (III 566)
260 Novalis, Fragmente und Studien 1799-1800. Physikalische Bemerckungen (Schriften III 595, 597).
261 Novalis, Aufzeichnungen aus dem Sommer und Herbst 1800 (Schriften III 668, 677, 682).

Der ›magische Idealismus‹ als eine Weltansicht der Verwechselbarkeit, der daraus folgenden Vertauschungen, hat der Romantik ihre Affinität zum Christentum vorgegaukelt. Wenn Novalis sagt, Gott hätte, wie er Mensch werden konnte, auch Stein, Pflanze, Tier und Element werden können[262], so ist das nur die Freisetzung einer Redeweise für pagane Metamorphose oder für Spinozismus, die Gott nicht alles dies schon sein läßt und es nur zur jeweiligen Schauseite seines Wesens macht, sondern den Grundgedanken der Inkarnation von der Bindung an die Menschennatur befreit. Sie will die ganze Welt zum Horizont möglicher Verkörperungen der Gottheit machen, um den Menschen aus seiner Begrenztheit herauszunehmen, statt Gott in diese hereinziehen zu lassen.

Das Verhältnis von Welt und Buch läßt sich als bloßer Spezialfall der universalen Disposition zur Magie fassen. Spezialfall des Spezialfalls wäre, die Bibel als ein Äquivalent der Welt zu begreifen und dazu noch als ein solches, welches wiederum zur ästhetischen Idee geworden ist, zum Grenzbegriff dessen, was schlichtweg der Schriftstellerei zugetraut werden darf. Nochmals entspricht der Welt als einer unvollendeten, wie sie Friedrich Schlegel in den Jenaer Vorlesungen über *Transcendentalphilosophie* gefaßt hatte, die Bibel als eine unvollendete, deren Vollendbarkeit Novalis vor sich sieht. Er sagt von seiner geplanten »Encyclopaedistik«, sie solle *eine scientifische Bibel* werden, ein *Keim aller Bücher*; es scheint die endgültige Versöhnung der beiden Bücher zu sein, vor allem aber die Rückgewinnung der Idee einer Enzyklopädie aus dem Alleinbesitz der Aufklärung.

Während sich dort aber die Idee der Einheit von Künsten und Wissenschaften in schließlich vielbändiger Realität dargestellt hatte, heißt es nun: *Alle Wissenschaften machen ein Buch aus.* Andererseits von der Idee der noch zu vollendenden Bibel: *Die ausgeführte Bibel ist eine vollständige – gutgeordnete Bibliothek – Das Schema der Bibel ist zugleich das Schema der Bibliothek.*[263] Das aber, was dem literarischen Typus nach ›Bibel‹ heißen könnte, ist eigentümlich diffus geworden: Einerseits erfüllt es die *Aufgabe – in einem Buche das Universum zu finden*, andererseits impliziert es die

---

262 Aufzeichnungen aus dem Sommer und Herbst 1800 (Schriften III 664).
263 Novalis, Das Allgemeine Brouillon (Schriften III 365).

äußerste Individualisierung: *Jedes Menschen Geschichte soll eine Bibel seyn – wird eine Bibel seyn.*[264]

Die Formeln unterscheiden sich vor allem nach der Möglichkeit, diese *höchste Aufgabe der Schriftstellerey* auch erfüllen zu können. Denn die Idee der ›Enzyklopädistik‹ unterstellt, dieses Werk könne auf dem gerade erreichten Zenit der Geschichte bewältigt werden, während die Individualisierung zu jedermanns Bibel das Unternehmen bis zum Jüngsten Tag offenhielte. Und diese offene Konsistenz entspricht wiederum dem Wirklichkeitsbegriff des Romans, mit dem Novalis ohne zu zögern die unendliche Buntheit des biblischen Vortrags vergleicht. Fortsetzungsfähigkeit ist das gemeinsame Merkmal, zunächst des Romans, dann seiner Welt: *Die Welt ist noch nicht fertig – so wenig wie der Weltgeist –*, also auch des einen Buchs: *Wer hat die Bibel für geschlossen erklärt? Sollte die Bibel nicht noch im Wachsen begriffen seyn?* Konnte mit dieser Bibel, an der alle schreiben, die Geschichte gemeint sein? Vieles deutet dahin; der Historiker *trägt ja Evangelien vor, denn die ganze Geschichte ist Evangelium*.[265]

Kein zeitgenössischer Leser hat diese Notizen vor Augen bekommen; wäre dies geschehen, müßte man sich den Schwerpunkt der Verwunderung bei dem schlichten Element der Besitzanzeige denken. Es ist ›mein Buch‹, welches szientifische Bibel werden soll: das nicht nur ideale, sondern reale Muster und der *Keim aller Bücher*.

Es hat nahe gelegen, Novalis könnte den Grundgedanken der unvollendeten Bibel aus Lessings »Erziehung des Menschengeschlechts« entnommen haben, wo die Gewißheit verkündet worden war, es werde *die Zeit eines neuen ewigen Evangeliums* kommen. Dies war auf den provisorischen Charakter der bisher kanonischen Bibel bezogen, denn jenes neue ewige Evangelium sei *in den Elementarbüchern des Neuen Bundes* nur versprochen gewesen.[266] In den spätesten Aufzeichnungen von Novalis findet sich denn auch der Plan, zu Lessings weltgeschichtlicher Programmschrift eine Fortsetzung zu verfassen. Doch steht alles vor dem Hintergrund eines Platonismus: Entweder hat die klassische Bibel schon das Muster geliefert, nach dem weitere Exemplare angefertigt werden können,

---

264 Novalis, Schriften III 683, 321.
265 Novalis, Schriften III 316, 569, 586.
266 Lessing, Die Erziehung des Menschengeschlechts § 86.

oder ein solches Muster hat sich dort erst angedeutet und muß vom Urheber dieser Kühnheit nun ins Werk gesetzt werden.

Der Gedanke, es könne weitere und neue Evangelien geben, enthält also bei Novalis im Gegensatz zu Lessing einen offenen Plural, der dem Verhältnis der Erscheinungen zur Idee entspricht: *Begriff eines Evangelii. Läßt sich nicht die Verfertigung mehrerer Evangelien denken? Muß es durchaus historisch seyn? Oder ist die Geschichte nur Vehikel? Nicht auch ein Evangelium der Zukunft?* Die Notiz schließt mit der Absicht, sich mit Tieck, Schlegel und Schleiermacher zu diesem Projekt zusammenzutun. Im weiteren wird an die Szene mit Paulus auf dem Areopag angeknüpft, also der missionarische Kunstgriff für die eigene Verkündigung in Anspruch genommen, den Gott noch einmal unbekannt sein zu lassen, den der Apostel den Athenern hatte bekannt machen wollen: *Die Religion des unbekannten Gottes zu Athén.*[267]

Daß unter den Namen möglicher Kontrahenten für das Projekt einer neuen Bibel der Friedrich Schlegels auftritt, geht auf eine für beide überraschende und wohl nur den Einflüsterungen des Zeit- oder Weltgeistes zuzuschreibende Konvergenz ihrer Gedankensprünge zurück. Am 20. Oktober 1798 schreibt Schlegel, er möchte Novalis zu sich nach Berlin ziehen und würde ihn nun besser verstehen, da er die Religion verstehe, denn er habe *in der letzten Zeit manche Offenbarung gehabt.*[268] Die Verwendung des Ausdrucks ›Offenbarung‹ darf nicht von Späterem her aufgeschlossen werden und ist nicht mit Lichtenbergs Maß zu messen. Wir wissen genau, wer offenbarte und was geoffenbart wurde. Es waren einmal die Eröffnungen über Unendlichkeit und Weltgeist, die im Convivium bei morgendlich geöffneter Kammertür von Bett zu Bett Schlegel durch Schleiermacher zuteil wurden; und es war die lebensentscheidende Begegnung mit der Frau, von der er Novalis am 17. Dezember 1798 schreibt: *Ihr ganzes Wesen ist Religion obgleich sie nichts davon weiß*, mit Mendelssohns Tochter Dorothea Veit. Das Wort ›Offenbarung‹ bezeichnet also nur die Höhenlage, in der solche Erfahrungen stattfanden. Es läßt Schlüsse zu auf den metaphorischen Quasi-Ernst, mit dem anderes aus dem Vokabular

---

267 Novalis, Schriften III 557. Datierung ungewiß.
268 Friedrich Schlegel an Novalis, Berlin 20. Oktober 1798 (Novalis, Schriften IV 501 f.).

der Religion und Metaphysik angeeignet wurde, auf die großspurige Attitüde, die weithin die Romantik kennzeichnet und sie zum Ausdruck der Entnüchterung dieses *Fin de siècle* macht.

Fast schon daraus läßt sich die Symmetrie der Sprachwelten von Novalis und Friedrich Schlegel, die Spiegelbildlichkeit ihrer weltumgreifenden und doch so harmlos substantiierten Programme ableiten. Die Strömungen stehen in keinem Verhältnis zum Volumen der Quelle. Die wahnhaften Züge, die Schlegels ›Offenbarungen‹ sogleich annehmen, müssen immer auf der Ebene einer metaphorischen Selbstbespiegelung von nur illusionistischer Kühnheit betrachtet werden: *Was mich betrifft, so ist das Ziel meiner litterarischen Projekte eine neue Bibel zu schreiben, und auf Muhameds und Luthers Fußstapfen zu wandeln.* Dieser Satz ist oft zitiert worden, leider ohne den sogleich folgenden, der die rein literarische Umgebung signalisiert, in der solche Ambitionen aufkommen und aus der sie auf den ›Roman‹ hin determiniert werden: *Diesen Winter denke ich wohl einen leichtfertigen Roman Lucinde leicht zu fertigen.*

Diese Kontextur ist auch dem Adressaten des Briefs sogleich aufgegangen, sogar aufgestoßen. Seine Antwort konzediert zwar die Gleichläufigkeit der beiderseitigen Großprojekte als formale Tendenz aufs Endgültige und Unüberbietbare, Welthafte und Letzte, verweigert aber die Konsequenz, tiefere Übereinstimmung festzustellen. Gemessen an dem, was die überraschende Eröffnung Schlegels im Zeitton ermöglicht hätte, beherrscht Reserve die äußere Zustimmung: Schlegels Brief habe ihn in der Überzeugung von der Notwendigkeit des *Zusammendaseyns* bestärkt; er sei eines *von den auffallenden Beyspielen unserer innern Symorganisation und Symevolution.* Novalis bringt, auf Schlegels Bibelprojekt eingehend, seinen wissenschaftlichen Hintergrund ins Spiel, also das, was bei ihm die Ideen ›Enzyklopädistik‹ und ›Bibel‹ verbindet und worin er sich seit den Jenenser Tagen dem Älteren überlegen weiß. Deshalb der Hinweis auf den eigenen Zugang zum Bibelprojekt:
... und ich bin auf meinem Studium der Wissenschaft überhaupt – und ihres Körpers, des Buchs – ebenfalls auf die Idee der Bibel gerathen – der Bibel – als des Ideals jedweden Buchs.[269]

---

269 Novalis an Friedrich Schlegel in Berlin, Freiberg 7. November 1798 (Schriften IV 262 f.).

Man sollte denken, damit sei jede Nähe zur ›Leichtfertigkeit‹, wie Schlegel sie mit dem Übergang zur »Lucinde« evoziert hatte, abgewiesen. Aber auch die Verbindung von Enzyklopädistik und Bibel ist eher literarisch als theoretisch: mehr Roman als Kompendium. Wenn auch in der Schwebe der größeren Generalisierung gehalten, die dem Gebrauch des Ausdrucks ›Bibel‹ eine am ehesten sprachphilosophische Charakteristik gibt: *Die Theorie der Bibel, entwickelt, giebt die Theorie der Schriftstellerey oder der Wortbildnerey überhaupt – die zugleich die symbolische, indirecte, Constructionslehre des schaffenden Geistes abgiebt.* Was also *Kritik des Bibelprojects* genannt wird, ist Erschleichung der Verfügung über eine literarische Generalvollmacht: Die Kritik ist nichts anderes als *die Einleitung zu einer ächten Encyklopaedistik.* Gedacht sei an die Erzeugung von Wahrheiten und Ideen in großen, genialischen Gedanken, um *ein lebendiges, wissenschaftliches Organon hervorzubringen.* Wie allen, die sich auf die Hochebene der Abstraktionen verloren haben, gerät Novalis die Schlußbehauptung des Briefs zur Triumphgeste der sich selbst überhöhenden reinen Theorie in der Pointe, dies alles erfolge, um *den Weg zur ächten Praxis ... zu bahnen.*

Schlegels Antwort bestätigt seine Verblüffung über die Konvergenz in der Hervorbringung von Totalideen, aber auch die Anstrengung, im Konflux der Zeitgeistströme Distanz und Selbstbehauptung zu wahren. Das absichtslose Zusammentreffen der biblischen Projekte sei – und das ist wohl die hinterhältigste Formel, die sich hier finden ließ – *eines der auffallendsten Zeichen und Wunder unsres Einverständnisses und unserer Mißverständnisse.*[270]

Die Differenzierung der wahnhaften Transzendenzen geschieht jedenfalls nicht im Zugeständnis dessen, was Novalis für sich reserviert glaubte. Mit dem Titel ›Bibel‹ so großzügig wie möglich umzugehen, sei auch sein Weg, läßt Schlegel verstehen: sie als *litterairische Centralform und also das Ideal jedes Buchs* einzusetzen. Damit noch nicht genug, wird nochmals ausgeweitet und abgeflacht, was unter ein solches Ideal fallen könnte: *Auch das Journal, der Roman, das Compendium, der Brief, das Drama etc. sollen in einem gewissen Sinne Bibel sein ...* Machtanspruch und Toleranz-

---

270 Friedrich Schlegel an Novalis in Freiberg, Berlin 2. Dezember 1798 (Novalis, Schriften IV 506-510).

edikt werden ununterscheidbar. Für die eigene Großtat wird jede Aufweichung der Konturen, jede Erlaubnis zum metaphorischen Ausweichen ausgeschlossen, jene ›Wörtlichkeit‹ beansprucht, die immer den Religionsstifter kennzeichnete, also auch seine Simulation standardisiert. Unversehens aus der strengen Observanz entlassen ist damit selbstverständlich eben das, was sich der Freund unter dem großen Stichwort vorgenommen hatte. Er selbst lege es auf etwas an, was *nicht in gewissem Sinne, nicht gleichsam, sondern ganz buchstäblich und in jedem Geist und Sinne Bibel wäre, das erste Kunstwerk dieser Art, da die bisherigen nur Produkte der Natur sind.* Hier nähert man sich dem Kern der Konfrontation, jeder Konfrontation von Absolutismen: dem Metaphernverbot.

Zweifellos geht es in diesem Wettstreit des Wahns auch, wenn nicht vor allem, darum, dem anderen den Schneid abzukaufen: Das Siegel des absoluten Anspruchs ist schon vergeben. Deshalb hat der Freund zu hoch gegriffen; was er ›Bibel‹ nennen will, erreicht nur den Rang eines Plans, den Schlegel selbst an geringerer Stelle verfolgt: *Soviel ich ahnde, hat Dein Werk mehr Analogie mit einem idealen Buch von mir über die Principien der Schriftstellerei, wodurch ich den fehlenden Mittelpunkt der Lektüre und der Universitäten zu constituiren denke.* Der Einspruch ist, daß die Austauschbarkeit der Titel ›Enzyklopädistik‹ und ›Bibel‹ nicht zulässig sei. Die Ebene des Vergleichs wäre nicht die des höchsten Anspruchs, wenn auch immer noch eines von Übergröße nicht freien: *Meine Encyclopädie wird nichts sein als eine Anwendung jener Principien auf die Universität* ...

Für das ganz große eigene Unternehmen, das religionsstifterische, wäre eben ›Enzyklopädie‹ nicht genug: *Mein biblisches Projekt aber ist kein litterairisches, sondern – ein biblisches, ein durchaus religiöses.* Der Paukenschlag, der den Wettbewerb der Unüberbietbarkeiten entscheidet, besteht in einem einzigen Satz: *Ich denke eine neue Religion zu stiften* ... Obwohl die zweite Hälfte des Satzes sogleich an der ersten ein wenig dämpft, das Ganze zur bloßen Konsequenz des Zeitgeists, statt der persönlichen Ambition, macht: ... *oder vielmehr sie verkündigen zu helfen: denn kommen und siegen wird sie auch ohne mich.*

Denkt man daran, daß in eben diesem zu Ende gehenden Jahr die Brüder Schlegel ihr »Athenäum« begonnen hatten, in welchem die romantische Poesie als *eine progressive Universalpoesie* definiert und die Erreichung von – wörtlich! – ›Allwissenheit‹ als Sache gemeinschaftlichen Philosophierens in Richtung auf *eine ganz neue Epoche der Wissenschaften und Künste* ausgegeben worden war, so kann man Friedrichs Religionsstifterbrief als Manöver der Ablenkung vom personellen und sachlichen Kern der Operation oder gar als Zumutung der Resignation lesen. Sogar vom Projekt der zweiten Wahl, dem idealen Buch im Rang der Enzyklopädie, sagt er, es handle sich um *Experimente eines Schriftstellers, der die Schriftstellerei als Kunst und als Wissenschaft treibt oder zu treiben strebt: denn erreicht und gethan hat dies bis jetzt so wenig ein Autor, daß ich vielleicht der erste bin, der es so ernstlich will.* Dies müßte der Empfänger des Briefs doch wohl auf das bezogen haben, was er gerade als seinen eigenen Ernst und Willen mitgeteilt hatte.

Dies alles wäre höchstens von sektiererischem Rang, wenn es nicht Maßstäbe für die Rivalität von Buch und Universum für die Ästhetik der Zukunft gesetzt hätte – und sogar noch für Ironisierungen, Negationen und Abdikationen gegen diese Ästhetik. Ein ästhetisches Programm wiederum könnte nur beschränkte, zunftspezifische Beachtung verdienen, wenn sich in ihm nicht ein Typus von Erfahrung konserviert und destilliert hätte, der aus dem Repertoire menschlicher Wünsche nicht zu beseitigen war und auf alle anderen, zumal die reduktiven, Formen der Erfahrung aus seinem ästhetischen Reservat heraus zurückwirken mußte. Mit diesem ästhetischen Umweg oder Abweg hat man es zu tun, wenn man Vorstadien und Formation des Programms der Romantik betrachtet und sich durch die wahnhaften Verzerrungen, die der Ausdruck der Entbehrung annimmt, nicht irritieren läßt. Es macht deutlicher, was die der Romantik schließlich entspringenden ›Geisteswissenschaften‹ dem Jahrhundert der exakten Triumphe an Kompensation bedeuten und was sie einer fast unübersehbaren, an Erscheinungen kaum klassifizierbaren ›Spätromantik‹ für jedes Interim des Auftauchens aus der wissenschaftlichen Euphorie bereithielten.

Dies alles würde den Betrachter weniger verblüffen, wenn es als Bruch in der Geschichte aufgetreten und vorgestellt worden wäre. Aber wie Novalis die Idee der Enzyklopädie erst recht erfassen

»Die Welt muß romantisirt werden«   245

und vollenden zu können glaubt, so Friedrich Schlegel das erste große Konzept einer Geschichtsphilosophie der deutschen Aufklärung, Lessings »Erziehung des Menschengeschlechts«. Kant und Fichte seien bis auf den Punkt gekommen, wo nur noch übrig und offen gelassen sei, was über Gott zu sagen wäre, *von dem ich eine durchaus neue Ansicht habe,* und Goethes Wirken bewege sich nur und erst in den Vorhallen des Tempels. Allein Lessing sei ganz nahe herangekommen. Lebte er noch, *so brauchte ich das Werk nicht zu beginnen.* Erst in seinen letzten Aufzeichnungen hat auch Novalis sein Konzept ausdrücklich auf die Nachfolge Lessings definiert und zum zweiten Teil der »Erziehung des Menschengeschlechts« angesetzt. Nur bei flüchtigem Hinsehen erscheint die Differenz gering, daß dem Chiliasmus des einen neuen Evangeliums nun der Wirklichkeitsbegriff der offenen Konsistenz entgegentritt: *In den Evangelien liegen die Grundzüge künftiger und höherer Evangelien.*[271] Schlegel sieht es sich schon regen. Die geschichtlichen Ämter lassen sich bereits verteilen. Dem Freund bleibe die Alternative, entweder der letzte Christ und damit der Brutus der alten Religion zu sein oder *der Christus des neuen Evangeliums* zu werden. Damit seinem ›magischen Idealismus‹ das Angebot behagt, wird in einem der mehreren Postskripte des Religionsstifterbriefs verkündet: *Die neue Religion soll ganz Magie sein.*

Man darf sich durch die Kurzlebigkeit und den schnellen Wechsel der romantischen Projekte nicht täuschen lassen: Was auch je an die Stelle eines Vorhergehenden tritt, ist allemal gekennzeichnet durch Maximalismus, durch Umbesetzung der einen Stelle des absoluten Anspruchs. Schon im nächsten Brief an Schlegel ist dem Bibelprojekt ein anderer fulminanter Plan gefolgt, der einer Ordensgründung mit politisch-merkantilen Zügen. Dem gerade noch angesonnen worden war, sich zwischen den Rollen des Brutus der alten und des Christus der neuen Religion zu entscheiden, der ist nun entschlossen, *ein reicher Mann zu werden, hoffentlich nach einem großen Plane...*, beginnend, wie es sich für Wortemacher gehört, mit einer Buchdruckerei und einem Buchhandel: *gemeinschaftlicher Kredit kann den kleinen Zündfunken bald vergrößern.* Man habe

---

271 Novalis, Schriften III 669. Zu dieser Aufzeichnung aus dem Sommer/Herbst 1800 heißt es in einer Marginalie: *Data zum 2ten Theil von Lessings Erziehung des Menschengeschlechts.*

lange genug über Projekte gesprochen; nur das des anderen bekommt noch mit, ihm sei *das Meiste davon cimmerisch dunkel*. Der Weg von den Projekten in die Realität, von der Theorie in die Praxis erscheint dieser euphorischen Phantasie auf einmal kurz: *Man muß in der Welt seyn, was man auf dem Papier ist – Ideenschöpfer.* Was das heißt, bringt der Schluß des Briefes auf die kürzeste Wendung: *Der Kaufmann ist jezt an der Tagesordnung... Das Andre muß warten.*[272]

Schon Anfang 1798 hatte Novalis eine Dichtung »Der Lehrling zu Sais« an Schlegel annonciert, die er nach der Unterbrechung durch den »Heinrich von Ofterdingen« im Jahr seines Todes unter dem in den Plural versetzten Titel zu Ende führen sollte. Der Kult der Isis zu Sais gehört in den platonischen Mythos; zu den Priestern von Sais läßt Plato den athenischen Gesetzgeber Solon gehen, um sich in die Weisheit der Staatsverfassung von Atlantis einweihen zu lassen. Bei Novalis sollte es *ein echt sinnbildlicher Naturroman* werden; aber es ist und bleibt umstritten, was er zum letzten und tiefsten Inhalt des Mysteriums der verschleierten Jungfraugöttin machen wollte. Er mag sich sogar im Zeitraum der Entstehung der Dichtung von der transzendentalen Reflexion Fichtes gewandelt haben zum Liebesgeheimnis der Verbindung mit Julie. Ein Mysterium politischer Weisheit war er jedenfalls nicht mehr. Damit hängt zusammen, welche Lesbarkeit er annehmen konnte.

Offenbar stellen sich in den Lehrlingen der Mysterien von Sais verschiedene Möglichkeiten im Verhältnis des Menschen zur Natur und zu sich selbst dar. Das Fragment »Der Lehrling« bereitet darauf vor: *Mannigfache Wege gehen die Menschen.* Diese Wege verfolgend, sieht der Betrachter *wunderliche Figuren entstehen*. Sie bilden je in ihren Wendungen Muster, die *zu jener großen Chiffernschrift zu gehören scheinen*, wie man sie überall in der Natur antreffe: auf den Flügeln von Vögeln und Insekten, in den Klangfiguren von Chladni und in den Mustern der um die Magnetpole sich ordnenden Feilspäne des Eisens. In all dem *ahndet man den Schlüssel dieser Wunderschrift, die Sprachlehre derselben*. Es bleibt ungewiß, was Chiffre und was Schlüssel dazu ist. Ahndungen sind nur für Augenblicke, nach kurzer Zeit verschwimmt alle Deutlich-

---

[272] Novalis an Friedrich Schlegel in Berlin, Freiberg 10. Dezember 1798 (Schriften IV 267-270).

keit; nichts kommt zu festerer Form, das Geahnte scheint *kein höherer Schlüssel werden zu wollen.* Vielleicht verstehe man die Schrift nicht, weil man die Sprache nicht kennt; sie möge ein Sanskrit sein.

Der Lehrer von Sais widersetzt sich allen hermeneutischen Bedürfnissen seiner Lehrlinge mit dem lapidaren Satz: *Keiner Erklärung bedarf die heilige Schrift.* Es komme nicht darauf an zu lesen, sondern zu leben und des ewigen Lebens voll zu sein; dann sei man durch wunderbare Verwandtschaft mit den Geheimnissen auch der Schrift nahe. Es ist die alte Antwort auf die Neugierde des Adepten, er möge nach den Geboten und Regeln des Gottes leben, dann werde er eines Tages den Gott auch sehen.

Das zweite Fragment »Die Natur« scheint dem Widerspruch gegen das wissenschaftlich-technische Naturverhältnis Ausdruck zu geben, dem Novalis durch seinen Beruf nahe gekommen war. Der kurze Augenblick seines kurzen Lebens, für den er nach seinen Freiberger Studien ins Bergwesen eintritt, ist im Rückblick bedeutungsvoller als vieles andere an dieser Jahrhundertwende: Er bezeichnet die erste ›Energiekrise‹ durch Erschöpfung der Holzkohleressourcen und die Wendung zu den fossilen Brennstoffen, deren Auffindung und Erschließung zunächst Nebenprodukt des Salinenwesens war. Novalis läßt die Züge des Konflikts am menschlichen Naturverhältnis hervortreten; nirgendwo ist so deutlich ausgesprochen worden, daß die Metaphorik von der Lesbarkeit der Natur eine Gegenprägung ist zu allem, was einer der Lehrlinge als den *langsamen, wohl durchdachten Zerstörungskrieg mit dieser Natur* bezeichnet, den zu gewinnen man nicht zimperlich sein darf: *Mit schleichenden Giften müssen wir ihr beizukommen suchen.*

Die Magie war immer schon als List oder gar Gewalttat gegenüber einer sonst undienstbaren Natur gedacht gewesen; insofern war Bacons Gedanke neu, die List des Machtgewinns in den Gehorsam gegenüber der Natur zu verwandeln. Dramatischer Novalis; er läßt den Sprecher seiner Lehrlinge den Naturforscher zum Helden erklären, der sich *in den geöffneten Abgrund stürze, um seine Mitbürger zu erretten.* Die inneren Zwiste der Natur müsse man nutzen, um sie nach Willkür lenken zu können: *Euch untertänig muß sie werden.* Was da mit zynischen Vokabeln proklamiert wird, ist die Novalis ständig vor Augen stehende Verletzung der uralten

Sanktion der *terra inviolata* durch Schächte und Flöze des Menschen. Der Schüler des Neptunisten Werner kann dessen Sprecher nur sich aufbauen lassen, weil er im Hintersinn einen anderen bereit hält: *Mit innerm Triumph laßt uns ihren Verwüstungen, ihren Tumulten zusehn, sie soll an uns sich selbst verkaufen, und jede Gewalttat soll ihr zur schweren Buße werden.* So sprechen die, die als ›Mutigere‹ bezeichnet sind und der *Wut des Ungeheuers* den Tropfen Freiheit einzuträufeln sich trauen, der es auf immer lähmen wird.

Andere, sogar mehrere, setzen dem ein friedlicheres Naturbild entgegen: *Am Quell der Freiheit sitzen wir und spähn; er ist der große Zauberspiegel, in dem rein und klar die ganze Schöpfung sich enthüllt* ... Es ist der Fichtesche Narziß, der im Spiegel dieses Quells nur sich selbst sieht und, was er wahrnimmt, als für ihn bestimmte Mitteilung einer chiffrierten Schrift begreift, zu der den Schlüssel zu besitzen er sicher sein kann. Die Lösung liegt in der Selbstverfremdung, die Fichtes absolutes Ich sich antut, um eine Natur sich entgegenzustellen. Sie muß zugleich das ihm Unbekannt-Zuwidere und das Innerlichst-Vertraute sein. Das Ich ist Verschlüßler seines eigenen Textes; daher steht es diesem mit der Ahnung gegenüber, den Schlüssel zu besitzen, aber auch als sein Selbstwiderstand, ihn zu gebrauchen. Dies hatte Novalis schon in seinen frühesten fichteanisierenden Notizen auf die Formel gebracht: *Das Ich hat eine hieroglyphystische Kraft.*[273] Die Natur trägt nicht nur Charaktere, eingeritzte Zeichen, Hieroglyphen; sie ist selbst das hieroglyphisierte Ich.

Narziß ist zum Typus des Naturforschers geworden, der nun einer anderen Art von Anamnesis als der platonischen nachgeht. Sie präsentiert die Urgeschichte der Dinge als seine eigene: *So ist uns alles eine große Schrift, wozu wir den Schlüssel haben, und nichts kommt uns unerwartet, weil wir voraus den Gang des großen Uhrwerks wissen.* Dieses Wechselverhältnis von Fremdartigkeit und Vertrautheit, von Ohnmacht und Durchgedrungensein bestimmt die Erfahrung als Lesbarkeit im ›magischen Idealismus‹: *Nur wir genießen die Natur mit vollen Sinnen, weil sie uns nicht von Sinnen bringt* ...

Die Verbindung zweier Metaphern, der von Schlüsselschrift und

---

[273] Novalis, Philosophische Studien der Jahre 1795/96 (Schriften II 107).

der vom Gang des großen Uhrwerks, ist verräterisch. Die Metaphorik des Mechanismus, des Uhrwerks, bestimmt einen ganz anderen Typus von Theorie als den der Lesbarkeitsmetaphorik: Die Vorauswisser lassen erkennen, daß sie die Voraussetzungen ihrer Einsicht noch nicht begriffen haben. Sie glauben, sich durch ihren Schlüsselbesitz das fremde Bild der Natur gegen deren Willen zugänglich zu machen. Darin sind sie wie Narziß, der sein Spiegelbild in der Quelle nicht erkennt – so kommt das Uhrwerk hinein. Erst ein anderer, diesmal ein einzelner, ausdrücklich ein *ernster Mann*, tritt auf den Plan und gibt das Geheimnis der Geheimnislosigkeit preis: *Die andern reden irre. Erkennen sie in der Natur nicht den treuen Abdruck ihrer selbst.* Ihre Gedankenlosigkeit hindere sie daran zu wissen, diese Natur sei *ein Gedankenspiel, eine wüste Phantasie ihres Traumes, ... ein entsetzliches Tier, eine seltsame abenteuerliche Larve ihrer Begierden.* Der nüchterne Befund der transzendentalen Erkenntnistheorie, vor ihren spekulativen Wucherungen, verfremdet sich bei Novalis über die alles beherrschende Figur des Narziß: Daß er sich nicht in seinem Bild erkennt, ist geradezu Bedingung dafür, daß er es als das ihm einzig Gemäße und Gefallende ›erkennt‹, als das noch zu Erreichende vor sich sieht.

Zu Hemsterhuis' Dialog »Aristée« von 1779 hatte sich Novalis notiert: *Wir wissen nur, insoweit wir machen.*[274] Das Potential einer solchen Notiz liegt in ihrer Unbestimmtheit; in diesem Fall an zwei Punkten, beim ›wir‹ und beim ›machen‹. Einzig Fichte erlaubte es Novalis, das Subjekt der Handlung als identisch mit dem Gegenstand des Wissens zu nehmen: *Wir können die Schöpfung, als Sein Werck, nur kennenlernen, inwiefern wir selbst Gott sind* – und dann sogleich der Zweifel, ob das genügt: *Kennt sich Gott selbst? Oder haben wir den transcendentalen Gesichtspunct für ihn? Dies ist Unsinn.* Alles läuft darauf hinaus, einen Gott zu denken, dessen Machen zwar dem der Dinge gleichwertig, aber eben doch nicht dieses selbst ist: einen poetischen Gott. Narziß muß der Gott sein, weil er sonst nicht begreift, was er sieht, und er muß doch weniger oder anderes sein, weil er sonst keinen Ausdruck

---

274 Novalis, Schriften II 378. – Zur Datierung auf Spätherbst 1797: H. J. Mähl, Eine unveröffentlichte Kant-Studie des Novalis. In: Deutsche Vierteljahresschrift für Literaturwissenschaft und Geistesgeschichte XXXVI, 1962, 36-68.

findet für das, was er begreift. ›Ausdruck‹ als Attribut eines Gottes wäre ein Widerspruch, indem er dessen gar nicht bedarf, was über die blanke Identität von allem mit allem in ihm hinausgeht. Die Abstammung der Grundformel des ›magischen Idealismus‹ aus der transzendentalen Erkenntnistheorie ist nur Vordergrund; dahinter steht das alte Prinzip aller Magie, Gleichem mit Gleichem zu begegnen. Aus der absoluten Reflexion wird der magische Umgang mit dem Absoluten, etwas, was klingt wie eine der Vorformeln zu Goethes noch nicht geborenem ›ungeheuren Spruch‹: *Gott wird nur durch einen Gott erkannt* . . .[275] Nicht das absolute Ich hat sich zum Poeten transformiert, sondern der Poet hat sich auf das Niveau geschwungen, wo er als ein Gott den Gott erkennt: Narziß ist blöd, deshalb geht er zugrunde.

Das Geheimnis der Lesbarkeit der Welt im ›magischen Idealismus‹ liegt darin, daß Reflexion nicht der Ausnahmezustand eines im übrigen bei seinen Gegenständen außer sich verweilenden Bewußtseins ist. Vielmehr sind seine Gegenstände nur die objektiv-intentional verkleideten Reflexionen des Subjekts. Es klingt wie die endgültige Lösung der von Pascal mit den Ausdrücken ›Unendlichkeit‹ und ›Abgrund‹ eröffneten Schrecknisse der Neuzeit, wenn in den »Lehrlingen von Sais« von dem Ich schließlich gesagt werden kann, es *schwebt mächtig über diesem Abgrund, und wird in Ewigkeiten über diesem endlosen Wechsel erhaben schweben*, es werde *in die Unendlichkeit hinaus stets einiger mit sich selbst und seiner Schöpfung um sich her sein* . . . Wie von selbst werde *die Natur sich vor ihm öffnen* durch die Übung des sittlichen Sinnes. Das letzte Wort für seine Vollendung heißt: *ewiger Meister der Natur*.

Der Lehrling ist durch die Vielfältigkeit dessen, was er gehört hat, verwirrt; jede der Stimmen scheint ihm recht zu haben, und Bangigkeit vor dem, was er daraus lernen kann und soll, erfüllt ihn. Deshalb wird ihm nun das viel berätselte Märchen erzählt, dessen Deutungen hier keine weitere hinzuzufügen ist.

Die Figur des Narziß steht auch für die Übersetzung des Idealismus in ein Konzept der Bildung. Als deren höchste Aufgabe bezeichnet es Novalis, *sich seines transcendentalen Selbst zu bemächtigen, das Ich seines Ich's zugleich zu seyn* . . .[276] In welchem Maße

---

275 Novalis, Das Allgemeine Brouillon (Schriften III 458).
276 Novalis, Blüthenstaub (1798) Fragment 28 (Schriften II 425).

»Die Welt muß romantisirt werden«

die Natur dadurch zum bloßen Prospekt wird, den zu durchdringen, nicht vor sich gelten zu lassen, die Bestimmung des Bildungswegs ist, zeigt die Schlußszene des Fragments der »Lehrlinge«: eine Gruppe von Reisenden auf der Freitreppe zum Garten des Lehrgebäudes angesichts der in schöner Beleuchtung liegenden Landschaft im Gespräch. Erst zu allerletzt tritt der Lehrer mit seinen Lehrlingen hinzu. Allein daran, wie schnell die Gebärde der Anschauung verfällt, läßt der Dichter die Affinität der Natur zur Reflexion faßbar werden. In allem ist sie schiere Gedankenfreundlichkeit.

Der Mensch steht *zwischen zwei Welten in der vollkommensten Freiheit und dem freudigsten Machtgefühl*: einer durchsichtigen Außenwelt und einer Innenwelt des freien Spiels imaginativer Kräfte. Den Inbegriff dessen, was uns rührt, nenne man Natur, und das ist mehr und anderes als die alte Affektion der Erkenntnistheorie: *Unbekannte und geheimnisvolle Beziehungen unsers Körpers lassen unbekannte und geheimnisvolle Verhältnisse der Natur vermuten, und so ist die Natur jene wunderbare Gemeinschaft, in die unser Körper uns einführt, und die wir nach dem Maße seiner Einrichtungen und Fähigkeiten kennen lernen*. Bildung ist Verfeinerung dieses Organs der Natur für die Natur, zugleich Entfaltung seiner Freiheit. Denn Sensibilität und Freiheit konvergieren, sind beide Arten von Leichtigkeit und Beweglichkeit, Anrührungsfähigkeit und Regsamkeit. Ihre ständige Übung ist das ›Gedankenspiel‹, nicht die Anschauung.

Dieses Ineinander von Spontaneität und Rezeptivität geht wie von selbst in die Metaphorik der Lesbarkeit über: *Hätte man dann nur erst einige Bewegungen, als Buchstaben der Natur, herausgebracht, so würde das Dechiffrieren immer leichter von statten gehen, und die Macht über die Gedankenerzeugung und Bewegung den Beobachter in Stand setzen, auch ohne vorhergegangenen wirklichen Eindruck, Naturgedanken hervorzubringen und Naturkompositionen zu entwerfen, und dann wäre der Endzweck erreicht.* Die Metapher der Lesbarkeit ist unspezifisch gebraucht: Elemente und Verschlüsselungen unterscheiden sich nicht, oder ihre Unterscheidung bleibt, vor dem transzendentalen Hintergrund, unproblematisch. Alles kommt darauf an, die Empfänglichkeit und Aufmerksamkeit des in der Natur weilenden, gedankenvoll zu ihr eingestellten, zugleich von ihr abgewandten Subjekts zu beschreiben, das an sich

selbst schon alles besitzt, was durch die äußere Natur nur noch
›gerührt‹ zu werden braucht. Daran liegt auch, daß kein Raum
bleibt, in den die Geschichte etwas hinzubringen könnte, was nicht
im Naturverhältnis schon latent wäre. Daraus resultiert nicht nur
der Primat der Physik vor der Geschichte, sondern die Verdrängung der Geschichte durch die Physik: *Die Physik überhaupt ist
die ursprüngliche, eigentliche Geschichte. Die gewöhnlich so genannte Geschichte ist nur abgeleitete Geschichte.*[277]

Im systematischen Hintergrund der »Lehrlinge« gibt es einen
Rangunterschied zwischen Erkenntnis und Auslegung. Dessen
Parameter sind ähnlich vage wie die traditionelle Differenz von
scientia und *sapientia*, die sich immer neue und doch vergeblich
präzisierende Formeln gesucht hat. Die Romantik hat es insofern
einfacher, als sie den ausdrücklichen und kalkulierten Reduktionismus der neuzeitlichen Wissenschaftsidee vor sich hat. Immer geht
es darum, wie verquer es ausgedrückt sein mag, von der Ursprünglichkeit der Erfahrung oder ihrer finalen Erfüllungsidee her den
Aufopferungen der exakten Methodik etwas oder etwas mehr oder
gar alles wieder abzuringen. Das weitmaschige Netz von Hypothese und System mag für die Erkenntnis der Natur noch so viel
leisten, diese bleibt *noch himmelweit von ihrer Auslegung verschieden.*

Für ein alle Wissenschaft überschreitendes Verfahren solcher ›Auslegung‹ kommt unausweichlich die Metapher der Lesbarkeit ins
Spiel. Doch hier bezeichnet sie überraschend gerade den Rückstand,
der gegenüber dem ›hermeneutischen‹ Verfahren, gegenüber der
Vertrautheit mit der Geschichte der Natur, noch besteht: *Der
eigentliche Chiffrierer wird vielleicht dahin kommen, mehrere
Naturkräfte zugleich zu Hervorbringung herrlicher und nützlicher
Erscheinungen in Bewegung zu setzen, er wird auf der Natur wie
auf einem großen Instrument phantasieren können, und doch wird
er die Natur nicht verstehen.* Hinterbauung und Vorbehalt einer
nochmals höheren Stufe von Einverständnis und Konspiration
gehört zu jedem Mysterienwesen. Die alte Bezeichnung der Naturerkenntnis als Naturgeschichte, die immer unspezifisch im Sinne
einer Versammlung der empirisch angetroffenen Fakten zu nehmen
gewesen war, bekommt die Konnotation des von der Natur selbst

277 Novalis, Das Allgemeine Brouillon (Schriften III 246).

»Die Welt muß romantisirt werden«   253

›Erzählten‹, jedenfalls des nicht nur im Aggregatzustand der nackten Fakten dargebotenen Stoffes: *Dies ist die Gabe des Naturhistorikers, des Zeitensehers, der vertraut mit der Geschichte der Natur, und bekannt mit der Welt, diesem höheren Schauplatz der Naturgeschichte, ihre Bedeutungen wahrnimmt und weissagend verkündigt.*

Daß die Natur Geschichte hat, mehr noch: Geschichte ist, entzieht sie der jederzeitigen Verfügung durch eine Erkenntnis, die sie *zur einförmigen Maschine, ohne Vorzeit und Zukunft, erniedrigt* hat. Es gibt ihr Parität mit dem Subjekt, das auch nicht nur seine Geschichte *hat*, sondern sie *ist*, und seine Frage im jeweils gegenwärtigen Bedürfnis nach einer Antwort stellt, die von der anderen Geschichte als dem ›Ausdruck‹ seiner eigenen herkommt: *Die Natur wäre nicht die Natur, wenn sie keinen Geist hätte, nicht jenes einzige Gegenbild der Menschheit, nicht die unentbehrliche Antwort dieser geheimnisvollen Frage, oder die Frage zu dieser unendlichen Antwort.*

Eine Erfahrung, der ›Bedeutungen‹ wahrzunehmen zugetraut werden kann, assoziiert sich unversehens der Physiognomik, doch in einem metaphorischen Verbund: *Drückt nicht die ganze Natur so gut, wie das Gesicht, und die Gebärden, der Puls und die Farben, den Zustand eines jeden der höheren, wunderbaren Wesen aus, die wir Menschen nennen? Wird nicht der Fels ein eigentümliches Du, eben wenn ich ihn anrede? Und was bin ich anders als der Strom, wenn ich wehmütig in seine Wellen hinabschaue, und die Gedanken in seinem Gleiten verliere?* In der physiognomischen Bedeutung der Natur sucht die Reflexivität des ›magischen Idealismus‹ ihre Bilder. An ihr setzt sie von der Metapher zum Sprung in einen Mythos an, der wie Vermeidung des Dilemmas von Neptunismus und Vulkanismus klingt. Fels und Gestein erscheinen als erstarrte Augenblicke in der Geschichte der Natur: *Könnte die Natur nicht über den Anblick Gottes zu Stein geworden sein? Oder vor Schrecken über die Ankunft des Menschen?*

Im Bruchstück eines Jugendaufsatzes »Skizzen einer Philosophie der Geschichte der Menschheit« – schon an der Überschrift als durch Herder beeinflußt erkennbar – hatte Hardenberg der Geschichte den Gewinn eines imaginären Blickpunkts zugeschrieben: durch sie fühle man sich *über die Atmosphäre der Erde erhoben* und tue *gleichsam einen Blick in das große heilige Buch der Natur.*[278] Das wäre zwar der unbefangenste Anschluß an die Tradition der Metapher, doch durch den imaginären Standortwechsel als Mittelbarkeit des Zugangs zu einer Natur, die sich auf literarische Faßbarkeit hin bewegen mußte. Dabei ist signifikant, in welchem Maße die Metaphorik von Text und Buch bestimmt wird durch die Veränderung der ästhetischen Qualifikationen selbst, die unter dem allgemeinsten Titel des Buches zusammenlaufen. Welche Welt man hat, wird mehr und mehr davon abhängig, welche wirklichen und vor allem welche idealen Bücher man hat und haben zu können denkt. Der hyperbolische Umgang des Novalis mit der Weltbuchmetapher geht aus einem Lebensprozeß hervor, dessen Entelechie er selbst auf die Kurzformel gebracht hat: *Die Welt muß romantisirt werden.*[279]

Romantisierung soll eine bis dahin unbekannte Operation sein, den ursprünglichen Sinn der Welt wiederzufinden, etwas Verlorenes oder Vergessenes: noch nicht die Uroffenbarung, aber etwas einmal mit der Welt selbst offenbar Gewesenes. Faktisch ist es die Projektion des literarischen Gattungstranszenses auf die Wirklichkeit. Die Äquivalenz von Buch und Welt wird nicht nur durch metaphorische Verformung des Weltbegriffs herbeigeführt, sondern auch und gerade durch eine Steigerung und Übersteigerung aller Bestimmungen, die sich mit der Vorstellung ›Buch‹ verbinden. Was auf die Welt projiziert wird, ist eine ästhetische Übertreibung, der hypertrophe Anspruch an ein literarisches Produkt, der sich so wenig abschließend definiert hat oder exemplarisch realisiert hätte, daß die ihm äquivalent zu denkende Welt ebenfalls ganz von Unbestimmtheit bestimmt ist (wenn dies so zu sagen einmal erlaubt sein sollte). Das Substrat der Metapher, ihr Entnahmeort, wird retrovers gemessen an dem Anspruch, dem sie zugewandt wird: Es gibt das noch gar nicht, nach dessen Gleichnis die Wirklichkeit formiert sein soll.

Weshalb aber gibt es dies noch nicht? Weil es sich an der Unend-

---

278 Friedrich Waller (Pseud. für Hardenberg), Skizzen einer Philosophie der Geschichte der Menschheit. 1788/90 (Schriften II 24).
279 Novalis, Logologische Fragmente (Schriften II 545). Das Kunstgebilde ›Logologie‹ ist eine der Iterationen, die den romantischen Grad der Selbsthintergehung ausdrücken sollen, wie ›Ich des Ich‹.

»Die Welt muß romantisirt werden«

lichkeit, Unbestimmtheit, Unfertigkeit der Welt selbst ständig zu messen sucht: *Die Kunst Bücher zu schreiben ist noch nicht erfunden. Sie ist aber auf dem Punkt erfunden zu werden.*[280] Das ist zwar noch ohne jeden Nebensinn für das Buch der Welt, aber doch nicht ohne Stimulierung der Erwartungen für den Augenblick, wo die Äquivalenz von Buch und Welt vollendbar erscheinen könnte. Der künftige Titel ›Bibel‹ für das übergroße Phantom setzt genau an diesem Punkt der noch nicht erfundenen Schreibkunst höchster Stufe an, deren offene Besetzbarkeit jeden Namen rechtfertigt: *Wenn der Geist heiligt, so ist jedes ächte Buch Bibel.*[281] Zu fragen, was ein ›echtes Buch‹ sei, wird zurückgedrängt durch die Bemerkung, daß es davon jedenfalls nicht nur eins geben muß; neben der Äquivalenz von Buch und Welt, die nur im Singular sinnvoll erscheint, steht die von Buch und Leben, die den Plural gestattet und damit auch die Nähe zum Roman wieder herstellt: *Das Leben soll kein uns gegebener, sondern ein von uns gemachter Roman seyn.*[282] Daraus die zwingende romantische Folgerung, man werde *vielleicht einmal in Masse schreiben* ...

Bücherwelt und Realwelt entspringen derselben Quelle. Der ›magische Idealismus‹ läßt das unausweichlich zur Trivialität ersten Ranges werden. Dennoch darf, da es unter dieser Prämisse bloße Fakten nicht gibt, das eine das andere nicht überflüssig machen; deshalb kann abfällig von denen gesprochen werden, die wie die meisten Menschen, sogar die meisten Gelehrten, *nur eine Buchansicht – eine fragmentarische Ansicht der wircklichen Welt* haben. Die Gemeinsamkeit der Quelle verhindert nicht, daß die Bücherwelt *nur die Carricatur der wircklichen Welt* ist – oder richtiger: *noch* ist, denn dies soll nicht ihr endgültiger Zustand sein. Deshalb schließt diese Notiz aus der ersten Hälfte des Jahres 1798 mit der Selbstanweisung, mehr über *das Verhältniß der Buchwelt (Litterawelt) zur wircklichen Welt* nachzudenken.[283]

Resultat solchen Nachdenkens wären dann ›Enzyklopädistik‹ und ›neue Bibel‹. So steht der erste Bezug auf die Enzyklopädie im

---

280 Novalis, Blüthenstaub, Fragment 114 (Schriften II 463).
281 Blüthenstaub, Fragment 102 (Schriften II 457).
282 Novalis, Logologische Fragmente (Schriften II 563; dazu: II 645).
283 Novalis, Schriften II 578 f.: *Die Bücherwelt ist in der That nur die Carricatur der wircklichen Welt. Beyde entspringen aus derselben Quelle* ...

Kontext eines ganz auf die Erwerbung der Philosophie Fichtes bezogenen Fragments, entnimmt ihr die Metapher für die Natur, insofern diese bereits Metapher des Geistes ist: *Was ist die Natur? – ein encyclopaedischer systematischer Index oder Plan unsers Geistes.*[284] Das Fragment weist voraus auf die Doppeldeutigkeit, die der Ausdruck ›Enzyklopädistik‹ annehmen wird: Sie ist literarischer Titel für Universalität ebenso wie Attribut für eine Realität selbst, die als Totalität der Reflexion des Ich entdeckt wird.

Das romantische Fragment nimmt beide Funktionen auf: Anwartschaft auf unendliche Vollendung und Erinnerung an verlorene Totalität. Wenn Novalis notiert, die Kunst des Bücherschreibens sei noch nicht erfunden, verschafft er sich Gewißheit, daß sie auf dem Punkt sei, erfunden zu werden. Er macht einen metaphorischen Sprung in die groteske Zwangsverbindung des Organischen mit dem Inventorischen: *Fragmente dieser Art sind litterarische Sämereyen.* Der vorgelegte »Blüthenstaub« bekommt die Konnotation der aufs Geratewohl ausgeworfenen Saat, der zu erprobenden Fruchtbarkeit.

Der degenerativen Deutung des Fragments als des gedanklichen Splitters ursprünglicher Unversehrtheit entspricht die einer in Märchen und Mythen, in Lied und Epos gerade noch faßbaren verlorenen Totalität. Auch wenn, wie bei Novalis, die Welt selbst die Offenbarung der in ihr sich aufgehenden Subjektivität ist, kann ihr Verständnis entzogen, verloren, vergessen, die Vertrautheit mit dem Ganzen zur Philologie des Buchstabens herabgekommen sein: *Alles, was wir erfahren ist eine Mittheilung. So ist die Welt in der That eine Mittheilung – Offenbarung des Geistes.* Aber das verwendete Präsens täuscht: *Die Zeit ist nicht mehr, wo der Geist Gottes verständlich war. Der Sinn der Welt ist verlohren gegangen. Wir sind beym Buchstaben stehn geblieben.*[285]

Beim Buchstaben stehengeblieben? Oder auf den Buchstaben gekommen? Beides erscheint möglich: die Regression auf den Sinnverlust des Buchstabierens, die Progression auf äußerste Simplizität. Das alphabetische Ordnungsprinzip der Enzyklopädie ist als ödester Pedantismus beklagt und als Durchbruch zur jedermann einleuchtenden Übersicht gepriesen worden; am Erfolg gemessen,

---

284 Novalis, Schriften II 583.
285 Novalis, Schriften II 594.

»Die Welt muß romantisirt werden« 257

ist letzteres gültig geblieben. Von der Französischen Enzyklopädie heißt es in einem der frühesten Texte von Novalis, es seien darin sehr viele unverdaute Artikel, obgleich einige sie für das *Nonplusultra* hielten; doch sei sie zuweilen zum flüchtigen Nachschlagen gut. Solche Distanz dient aber nur zur Heraushebung der frühesten Formel für ein Enzyklopädie-Programm eigener Prägung, das die Höhenlage des späteren Anspruchs vorwegnimmt: *Alles soll zu Encyclopaedieen gemacht werden.*[286] Wenn die Prägung vom ›höchsten Buch‹ Annäherung an das absolute Projekt anzeigt, ist unentschieden, ob dies die raffinierte Gattungsentgrenzung des Romans anstreben soll oder die Kindesfaßlichkeit des ersten Lesebuchs: *Vielleicht gleicht das höchste Buch einem Abcbuch.* Oder: *Ein Roman ist ein Leben, als Buch. Jedes Leben hat ein Motto – einen Titel – einen Verleger – eine Vorrede – Einleitung – Text – Noten – etc. oder kann es haben.* Dann wieder, einem anderen Einfall von romantischer Konsequenz folgend, ist der literarische Habitus gleichgültig, denn der Leser entscheidet: er *macht eigentlich aus einem Buche, was er will.*[287]

Die Konvergenz ästhetischer und theoretischer, vom Urtypus des Romans und von dem der Enzyklopädie ausgehender Ideale stellt sich in programmatischen Äußerungen Hardenbergs als biographische Sequenz dar. Ende 1797 hatte er Friedrich Schlegel, dem *Hypermystischen, hypermodernen HyperCyniker,* als Vertröstung auf Beiträge zum geplanten »Athenäum«, die für ihn spezifische Reihenfolge so angegeben: *Erst Poësie – dann Politik, dann Physik en Masse.* Bei der Physik sei er *noch in der Gährung,* zu einem Traktat vom Lichte sei vieles schon fertig.[288] Kurz darauf wird der Anteil der Physik durch die Freiberger Studien bestimmt, im weiteren Verlauf des Jahres durch die Kenntnis des Werks von Johann Wilhelm Ritter über den tierischen Galvanismus, mit dem er durch Alexander von Humboldts »Versuche über die gereizte Muskel- und Nervenfaser« in erste Berührung gekommen war. Da wir im übrigen Ritters wichtigste Texte erst aus seiner eigenen

---

[286] Novalis (Über Enzyklopädien), Schriften II 18.
[287] Novalis, Teplitzer Fragmente (Sommer 1798), Nr. 82, 22, 79 (Schriften II 610, 599, 609).
[288] Novalis an Friedrich Schlegel in Jena, 26. Dezember 1797 (Schriften IV 241-244).

Ausgabe von 1810 – unter der Fiktion, »Fragmente aus dem Nachlaß eines jungen Physikers« vorzulegen – besitzen, auch mit der gegenseitigen Kenntnis von Handschriften gerechnet werden muß, bleiben die Einflußnahmen zwischen Novalis und Ritter letztlich ungeklärt. Immerhin beruft sich Novalis wiederholt auf Ritter, zumal auf dessen Ansicht, Entstehung und Verschwindung der Stoffe gebe auch *Licht über den Tod*. Damit ist eines der Momente von ›Romantisierung‹ vorbereitet, wonach eben der Tod *das romantisirende Princip unsers Lebens* sei.[289] Vielleicht kann man Ritters Einfluß allgemeiner typisieren, wenn man Novalis' – den Notizen über sein Ausgleichsprinzip der Materie als Analogon des Todes unmittelbar vorangehende – Aufzeichnung heranzieht, die als kaum seriös zu nennende Auffassung über die Physik zu verstehen gibt, sie sei *nichts als die Lehre von der Fantasie*. Das kommt Ritters Gleichsetzung von Physik und Kunst, überhaupt seinem freien Schalten mit dem Namen der Physik, sehr nahe.

Nachdem Novalis dem Physiker im Oktober 1797 in Jena bei dessen Vortrag über Galvanismus zuerst begegnet war, mochte er den Anstoß empfangen haben, noch das ungebundenste Organ des menschlichen Gemüts zur ›objektiven‹ Repräsentanz der Kräfte des Weltalls und ihrer Konstellationen zu machen. Doch auf dieser Bahn gibt es kein Halten. Auf ihr wird Ritter, Jahre nach Hardenbergs Tod, schließlich zu seinem mystischen Siderismus geführt, der ihn – in Umkehrung einstmaliger Legitimationsdienste – auf Novalis als ahnenden Vorgänger zurückblicken läßt.[290] Es bleibt schwer auszumachen, mit wie viel Recht.

Jedenfalls hatte sich Novalis auf Ritter als seine Quelle für die Metaphorik der Lesbarkeit der Welt berufen, auf dessen Panpsychismus als Voraussetzung eines Pansymbolismus, ein totales System konvertibler Bedeutungsfunktionen: *Ritter sucht durchaus*

---

289 Novalis, Schriften III 559 (Datierung: nach dem 18. Juni 1799).
290 Johann Wilhelm Ritter an Karl von Hardenberg, München 5. August 1808 (F. Klemm/A. Hermann, Briefe eines romantischen Physikers. München 1966, 46): *Ich habe alle Papiere von Novalis heilig verwahrt, u. sie ausdrücklich durchgesehen ... eine Menge chemischer, physischer, physiologischer u. dichterischer Fragmente ...* Als fiktiver Editor der »Fragmente aus dem Nachlaß eines jungen Physikers« läßt Ritter den Unbekannten Novalis als einen (neben Herder) nennen, dem er *unendlich viel zu danken habe*, zugleich betonend: *Völlig aus sich selbst hatte unser Freund sich zu dem gebildet, was er etwa war und wurde ...* (Heidelberg 1810, I p. XVI).

die eigentliche Weltseele der Natur auf. Er will die sichtbaren und ponderablen Lettern lesen lernen, und das Setzen der höhern geistigen Kräfte erklären. Alle äußre Processe sollen als Symbole und lezte Wirkungen innerer Processe begreiflich werden.[291] Dieser Panpsychismus führt Ritter zu denselben Folgerungen, die Novalis in den »Lehrlingen« aus Fichtes Idealismus gezogen hatte. Nicht nur, daß jedes Phänomen unmittelbarer Ausdruck eines psychischen Weltprinzips ist; auch die Phänomene stehen füreinander als Ausdruck, etwa die chemischen für die astronomischen, die anorganischen für die organischen, die menschlichen für die kosmischen. Die Tochter Adeline wird Ritter zum Ausdruck dessen machen, was ihn auf der italienischen Reise 1806 an Einflüssen getroffen hatte. Er drückt das in der Metapher des Schriftzeichens aus: *Sie ist durchaus unsre kleine Italienerin, und als ob ich sie in Italien selbst gezeugt, so kommt sie mir vor, denn sie ist die wahre Hieroglyphe von dem, was mich den Monat vor ihrer Geburt dort unter neue Himmel, besonders innere, versetzte.*[292]

Die Theorie zu dieser Deutung der eigenen Vaterschaft hatte Ritter in einer neuen Form von Sprache der Natur gefunden, an die Novalis noch nicht gedacht hatte: in Pendeln, Wünschelruten, Balanciers, Baguetten, Geräten der Anzeige insgesamt, die er auch auf Fragen nach der Zukunft Antwort geben lassen wollte. Im Januar 1808 kommt bei Cotta das erste und dann einzige, von ihm allein verfaßte, doch unter der Fiktion seiner bloßen Herausgeberschaft stehende Heft des »Siderismus« heraus. Was der Titel bedeutet, steht da so: *Siderismus bleibt sein Name, denn wirklich ist es nur der Sternenlauf, der sich in allen jenen sonderbaren Bewegungen ... wiederholt, in dem jeder Körper der anorganischen Natur, in Conflict mit dem vollendetsten Microcosmus, dem Menschen, selbst zu einer, um was immer für ein Centrum als Sonne, laufenden und sich drehenden Erde zu werden sucht.* Der Mensch erweise sich als Lebensspender an der ganzen übrigen Natur, als ihr Beweger; auch als ihr Darsteller, der sich, wo andere Darstellungsformen nicht möglich, in Nachkommen selbst darstellt, wie er die Italienerfahrung in der Tochter wiedergefunden hatte:

---

[291] Novalis, Schriften III 655 (Datierung: nach dem 18. April 1800).
[292] Johann Wilhelm Ritter an Lorchen Schmidt (?), Ende Juli/Anfang August 1808 (Briefe eines romantischen Physikers, 52 f.).

Planetismus verhält sich zum Organismus bloß, wie die Hieroglyphe des letzteren.[293]
An Franz von Baader hatte Ritter begeistert über die Begegnungen mit seinen italienischen Kollegen geschrieben. Sie seien zwar weniger gelehrt, aber *wie für alles Schöne, so auch für das in der Wissenschaft unendlich empfänglicher* als deutsche oder gar französische Gelehrte. Und weiter: *Sie freuen sich an jedem Guten, ohne Theorie. Zwar läßt ihnen das Clima nicht Zeit, den Genuß zu gestalten oder zu bilden. Aber doch genießen sie wirklich, und wissen es andern zu erzählen.* Daraus ergibt sich die Fähigkeit zum Zeugnis für die neue Wunderwelt der elektrischen und magnetischen Sensibilität: *Auch sind uns die Menge der früheren Augenzeugen ein wahres Buch, aus dem wir täglich mehr lernen. Ich bin erstaunt gewesen, zu sehen und zu hören, daß die Leute dieser Gegend fast alles mit Campetti schon vorgenommen haben, was ich irgend in Büchern über diesen Gegenstand fand. Und das alles haben sie, soviel ich wissen kann, von sich selbst gethan.* Hier hat er die neue romantische Gestalt des Originalgenies, diesseits der Bücher und selbst zum Buch der gesammelten Erfahrung werdend, vor sich: *Es ist eine wahre Freude, hier Dinge im Munde des Volkes zu finden, die man im Norden bei den meisten Gelehrten vergeblich sucht.*[294] In der Unmittelbarkeit und Frische der Briefe aus Italien kommt die Erstaunlichkeit des Umspringens der Erfahrung in die sonst bei Novalis und Ritter so schnell spekulativ werdende Metaphorik des Buches eindrucksvoll zur Geltung.

Dennoch ist erschreckend, was aus dem Campetti-Rummel hervorgeht. Darf man sich, muß man sich gar vorstellen, Novalis wäre, hätte er dies erlebt, unter dem Druck der unerfüllten großen Ansprüche schließlich auch am Projekt des Siderismus beteiligt gewesen? Die unter diesem Titel sich sammelnden Verfahren sehen zwar aus wie Anwendungen höchster, mit Seltenheit verteilter

---

293 Ritter an Karl von Hardenberg, München 1. Februar 1807 (Briefe eines romantischen Physikers, 29). – Das Eingehen des »Siderismus« begründet Ritter in einem Brief vom 18. Oktober 1809 auch mit dem Unbehagen des Verlegers: *Selbst der Verleger wurde nicht wie war zu aufgeklärt, solch leichtsinniges verfinsterndes Zeug ferner zu verlegen; es war Cotta zu Tübingen* (zit. a. a. O. 13).
294 Ritter an Franz von Baader, Riva 6. Dezember 1806 und Mailand 17. Dezember 1806 (Franz von Baader, Sämtliche Werke, edd. F. Hoffmann/J. Hamberger, XV 209, 214).

»Die Welt muß romantisirt werden«

Sensibilität und sensorischer Passivität, nehmen aber durch ihre Verbindung zu magischen Erwartungen an die darin hervortretende Verschworenheit der Natur mit dem Menschen den Sprachgestus der Machtausübung an. Ich bin nicht sicher, ob dies genügt hätte, Novalis sich abwenden zu lassen: an der Schwelle zur erneuten Anhebung des Niveaus wahnhafter Selbstermächtigung, an der der Narziß der Enzyklopädistik und der neuen Bibel sich zum Eingriff in die Weltbewegung versucht gesehen hätte.

Ein knappes Jahrzehnt nach des Novalis Tod, nach seinem ›magischen Idealismus‹, ist zwischen Idealität und Magie der Antagonismus aufgebrochen; auch als Ausschließung der Lesbarkeitsmetaphorik sichtbar geworden, die sich nun auf die Zeugen, nicht auf die Phänomene bezieht. Statt dessen schneidet eine der organischen Romantizität fremde mechanistische Metaphorik hart ein, den noch von Novalis in den »Lehrlingen« aufgestellten Gegensatz der Bildwelten bestätigend: *Sie sehen, die Magie fängt wieder an, mit ihr aber auch wieder jene gefährliche Grenze, an der man sich eben so leicht fürs Gute, wie fürs Böse entscheiden kann. Noch sind wir im Beginnen, aber schon sehe ich größere Dinge vor mir ... Der Punkt, den Archimedes forderte, ist gefunden. Wir werden die Erde wirklich bewegen.*[295]

Man denke: Eben wenn der magische Physiker dies an den Bruder des einstigen Freundes niedergeschrieben hat, stößt ihm auf, daß er sich in einer Sphäre bewegt, die jenem unbekannt gewesen sein könnte, vielleicht fremd geblieben wäre. Er bittet den Adressaten um Auskunft, ob nicht auch Novalis die Baguetta divinatoria, das Pendel und die unterirdische Elektrometrik gekannt habe. Es klingt wie Bedürfnis nach Selbstermutigung, wenn er darauf insistiert, im Nachlaß müsse sich ein Anhalt dafür finden lassen: *Und doch ist es unmöglich, daß er nicht bey ihnen besonders verweilte. Wo findet man von ihm darüber, und was wissen Sie, sein treuester Freund, weiter?* Der späte Betrachter, dem vor der magischen Gefährdung des reinen Wunsches nach lesbarer Erfahrung graut, möchte mehr wissen als dies: ob Novalis die Instrumente solcher Magie gekannt hatte. Er möchte wissen, ob jenem diese Sprache erträglich gewesen wäre, dieses: *Wir werden die Erde wirklich bewegen.*

295 Ritter an Karl von Hardenberg, München 1. Februar 1807 (Briefe eines romantischen Physikers, 32).

Da ist es aufschlußreich, daß und wie Novalis die archimedische Formel gebraucht hatte. In den Notizen zur ›Enzyklopädistik‹ steht: *Dos me pu sto im Innern – Formation eines Beobachters – eines unabhängigen Organs* ... Er kannte das Archimedes-Wort, sogar in seiner richtigen Transkription, aus dem Physik-Heft Friedrich Schlegels vom Sommer 1798, das er exzerpiert hatte. Dort fand sich jener spitzfindige Theologenstein, von dem Talmudisten und Scholastiker gefragt hatten, ob Gottes Allmacht zureiche, ihn so schwer zu schaffen, daß sie selbst ihn nicht mehr heben könnte. Nun kehrt er wieder als der urbildliche Monolith der Reflexivität: *Der unendliche Stein kann weder stoßen, noch gestoßen werden. Er stößt und drückt sich wahrscheinlich Selbst.*[296] Archimedes ist nicht vorgestellt, wie er den unendlichen Stein bewegt, sondern als der, der auf ihm steht – wenn auch unbedacht bleibt, für welchen Hebel er diesen festen Punkt bezogen hätte und an welcher Welt er ihn ansetzen sollte. Die Distanz zu Ritters Sprache der siderischen Weltgewalt ist unübersehbar.

Stellt Ritters noch von ihm im letzten Augenblick seines Lebens zum Druck gegebenes Fragmentenwerk nicht, der Fiktion entsprechend, den Nachlaß eines jungen Physikers, sondern die Aufzeichnungen aus Ritters eigener Lebenszeit dar, so läßt sich auch für ihn eine frühere Stufe zwar überhöhter, aber noch reiner Theorie abheben gegen den Potenzwahn des Weltbewegers. Der ›junge Physiker‹ hätte dann noch geschrieben: *So ist die ganze Welt sich Auge, überall Retina und Lichtstrahl. Alles wird gesehen, gewußt. Wer faßt es?*[297] Er hätte, solcher mystischen Weltoptik entsprechend, auch die Metapher der Lesbarkeit für das Verhältnis von Seele und Organismus eingesetzt, wieder nach dem reflexiven Schema der lesenden Selbstwahrnehmung: *Der Organismus, selbst noch in der crassesten Bedeutung genommen, braucht sich blos wahrzunehmen, und wir sind Alles, was wir werden können!* –

---

296 Novalis, Das Allgemeine Brouillon (Schriften III 421). Schlegels Physik-Heft: Kritische Friedrich Schlegel-Ausgabe XVIII 149.
297 Johann Wilhelm Ritter, Fragmente aus dem Nachlaß eines jungen Physikers. Ein Taschenbuch für Freunde der Natur. Heidelberg 1810, I 23. – Das Vorwort, in dem Ritter sich nur als Herausgeber vorstellt, ist datiert auf den 14. September 1809; am 23. Januar 1810 stirbt Ritter. Novalis kannte zumindest seine »Abhandlung über die Muskelkontraktion«, die mit dem Nachlaß verschollen ist (Schriften III 656).

»Die Welt muß romantisirt werden«   263

Und dieser ganze Organismus selbst ist nichts, als Sprache und Schrift. Während bei Novalis die Reflexion den Weg über die Natur nimmt, an ihr die transzendentale Selbstdarstellung des Ich wahrnehmend, bevorzugt Ritter den umgekehrten Weg, an der Selbsterfahrung die Abbildung der Weltgesamtheit zugänglich zu finden: *Und alle Schrift und Sprache wiederholt sich an der unsrigen blos, und so wird sie verstanden. Zugleich entdeckt sich hier, daß die Sprache und Schrift, in und an der wir so eben selbst leben, am schwersten von uns verstanden wird: was hervorgerufen werden soll, ist schon da. So ist überall das uns Nächste das Schwerstverständlichste, weil wir es selbst sind. So müssen wir uns selbst verstehen!* In diesen Kontext gehört das Fragment, das den Menschen zur erläuternden Einleitung des Buchs der Natur macht, von der die Kenntnisnahme des Ganzen auszugehen hat: *Der Mensch ist eine Vorrede zu der Natur. Der Autor hat darin einen hübschen Begriff von letzterer gegeben, er ersucht daher den gütigen Leser, sie ja zuerst zu lesen, es werde eine kleine Erläuterung geben.*[298]

Die Symbolfähigkeit des Organismus beruht darauf, daß er selbst Symbol ist, die primäre Sprache, die von den faktisch entstehenden Sprachen und Schriften nur ›beim Wort genommen‹ wird. Es ist dasselbe Verfahren, mit dem der Romantiker seine Metaphern beim Wort nimmt, indem er ihnen Erklärungsfähigkeit zubilligt für Erfolg wie Versagen im Umgang mit den Phänomenen. Das mag dann auf der Grenze zwischen spekulativer Tiefe und Humor liegen: *Was der Mensch nicht versteht, sieht er für Druckfehler im Buche der Natur an. Naturforscher sind ihm Correctoren in der Druckerey Gottes.*[299] Jederzeit ist der Übergang vom mystischen Universalismus zum ironischen Totalmythos möglich: *Von Zeitschriften erscheint alle Vierteljahre, Monate u. s. w. ein Stück, von Ewigkeitsschriften dagegen alle Ewigkeiten nur eins. Bis jetzt hat blos Gott dergleichen herausgegeben. Kenntlich ist's am Umschlag, an der Natur. Von der Zeit wirds gedruckt, und im Raume verlegt.*[300] Man wird, auch wenns zum vollen Ernst nicht reicht, auf

---

298 Ritter, Fragmente aus dem Nachlaß eines jungen Physikers, II 251 f. – Zu Fragment Nr. 684 cf. W. Hartwig, Physik als Kunst. Über die naturphilosophischen Gedanken J. W. Ritters. Diss. Freiburg 1955, 109, wo mit Novalis' *Wir sind der Entwurf zur Welt* verglichen wird.
299 Ritter, Fragmente II 213.
300 Ritter, Fragmente II 210.

das virtuell mythische ›Bis jetzt‹ achten müssen, das andere Verfasser für ›Ewigkeitsschriften‹ zuläßt und künftig für sie offen hält, Entwürfe neuer Enzyklopädien und Bibeln zu machen, wie die von Friedrich Schlegel und Novalis.

Die Naturanschauung der frühen Romantik war eine Episode. Als Eruption ungestillter Neugierden auf das Wesentliche hinter dem Prospekt der wissenschaftlich approbierten Phänomene war sie ein Symptom ersten Ranges, auch für das, was in Episoden wiederkehren würde. Langfristig unvergleichlich stabiler war die Reintegration des ›finsteren Mittelalters‹ aus der aufklärenden Geschichtskonstruktion mit ihrer allzu späten Morgendämmerung in den lichten Tag der Geschichtswürdigkeit. Dazu hat Novalis 1799 die Programmschrift »Die Christenheit oder Europa« geliefert. Auch der vom Jenenser Kreis der Romantiker angerufene Schiedsspruch Goethes, der das rhetorisch gedachte Stück vom »Athenäum« ausschloß, konnte die Wirkung nicht verhindern: die Aufmerksamkeit der Zeitgenossen auf dieses Programm und seine Wiederentdeckung der poetischen Reize des Mittelalters zu lenken, nachdem man sich mit der Rationalität zu langweilen begann.

Neben dem Romanfragment »Heinrich von Ofterdingen« ist die »Europa«-Rede das wichtigste Zeugnis dafür, wie Novalis sich den Anteil der Historie an einer Ästhetisierung der Welt durch das übergroße Projekt gedacht haben kann. Ludwig Tieck mag übertreiben, wenn er das, was nach dem »Ofterdingen« kommen sollte, beschreibt: Es seien noch sechs Romane beabsichtigt gewesen, *seine Ansichten der Physik, des bürgerlichen Lebens, der Handlung, der Geschichte, der Politik und der Liebe* darzulegen.[301] Es wäre, so steht zu vermuten, die Kraftprobe auf die homogene Lesbarkeit der Welt als Dichtung gewesen – die Poesie als das Wesen der Welt, vorausgesetzt dafür, daß die Welt aufgehen konnte in Poesie. Wieder nach dem Bericht Tiecks: *Darum verwandelt sich Natur, Historie, der Krieg und das bürgerliche Leben mit seinen gewöhnlichsten Vorfällen in Poesie, weil diese der Geist ist, der alle Dinge belebt.*

Die Geschichtsphilosophie zur Rehabilitierung des Mittelalters lie-

---

301 Ludwig Tieck, Bericht über die Fortsetzung (des »Ofterdingen«) in der 1. Auflage der von F. Schlegel und Tieck herausgegebenen »Schriften« von Novalis, Berlin 1802 (Novalis, Schriften I 359-369).

fert Novalis noch nicht oder nur ahnungsweise. Er läßt das Phantastisch-Interessante dieses Stücks totgeglaubter Geschichte wahrnehmen, dessen Schätze alsbald der Sturm der Säkularisierung aus dem Gewahrsam der Kirche und der geistlichen Fürsten herausschleudern wird, nur dem Bewußtsein weniger mit vorbereiteten Sensorien abschätzbar. Die Sensibilisierung leistete zu ihrem Teil die Rhetorik des Novalis, die nichts Menschliches und folglich nichts Geschichtliches sich exotisch vorkommen zu lassen beschwor, nicht einmal den Papst und schon gar nicht das Wunderbare. Durch *die Magie der Phantasie* könne Novalis, so wiederum Tieck, *alle Zeitalter und Welten verknüpfen, die Wunder verschwinden und alles verwandelt sich in Wunder.* Dies ist es, was Goethes Schiedsspruch nicht standhalten konnte und worauf die zweifelnden Romantiker der ersten Stunde erst viel später als auf das ihnen noch Bevorstehende zurückblicken sollten. Jedenfalls war Goethe nicht imstande, die Rolle wahrzunehmen, die Novalis ihm zugedacht hatte, als er an Caroline Schlegel schrieb, jener solle *der Liturg dieser Physik werden – er versteht vollkommen den Dienst im Tempel.*[302] Die Nähe dieser ›Physik‹ zur Rhetorik der Rettung des Mittelalters erkannte Goethe nicht, da er doch nicht einmal den Einfluß seiner Art von Erfahrung der Natur auf die Entstehung der ›neuen Physik‹ akzeptiert hatte. Das übergroße Vorhaben ist nicht mehr traditionell rubriziert; es ist aufs allgemeinste als Poetisierung gefaßt: *Man muß eine poetische Welt um sich her bilden und in der Poesie leben.*

In dem kleinen Essay über Goethe aus der Zeit der Teplitzer Fragmente wird Goethes Naturforschung wohl überhaupt zum ersten Mal in seine Gesamtdarstellung einbezogen. Er ist als *der erste Physiker seiner Zeit* benannt; als das Unvergleichliche seiner Betrachtungsart aber, daß er *die Natur, wie ein Künstler die Antike, betrachtet.*[303] Dieser Ansicht von dem so unzugänglichen Schiedsrichter über das »Europa«-Programm mag es entsprechen, wenn Novalis in wenigstens einer Notiz seine Absichten mit Goethes Namen verbindet: *Göthische Behandlung der Wissenschaften –*

---

302 Novalis an Caroline Schlegel in Jena, Freiberg 20. Januar 1799 (Schriften IV 274-276). – In diesem Brief steht Goethe fast unvermittelt neben Ritter: *Ritter ist Ritter und wir sind nur Knappen.*
303 Novalis, ⟨Über Goethe⟩ 1798 (Schriften II 640).

mein Project.[304] War Goethe fähig, die Natur wie eine Antike zu sehen, mußte sich auf die Natur übertragen lassen, was die neue Sicht den Werken der Antike an Bedeutsamkeit abzulesen vermochte, daß sie, wie Novalis es meint, *eine ächte Offenbarung einer höheren Welt* sei. Womit kraft der Austauschbarkeit der Prädikate von Natur und Kunstwerk folgt: *Man glaube nur auch nicht allzu steif, daß die Antike und das Vollendete gemacht sey – Gemacht, was wir so gemacht nennen. Sie sind so gemacht, wie die Geliebte, durch das Verabredete Zeichen des Freundes in der Nacht – wie der Funken durch die Berührung der Leiter – oder der Stern durch die Bewegung im Auge.*[305] Bis hin zu dem späten Augenblick, in dem das Machen als ernüchternde Phrase gegen ästhetisches Priestertum in die Sprache der Kunstwerkerei zurückkehrt, wird hier eine ästhetische Grundforderung ausgehoben, die nur letzte Verformung des Prinzips ›Nachahmung der Natur‹ war: diese nämlich nicht in ihren Werken, sondern in der Modalität ihrer Hervorbringung nachzuahmen, die erhabene Qualität des ikonischen *Acheiropoieton* zu wiederholen.

---

304 Novalis, Das Allgemeine Brouillon (Schriften III 452).
305 Das Allgemeine Brouillon (Schriften III 411).

XVII
Die Idee des absoluten Buches

Als der selbstbestellte Vollstrecker der Revolution im Frühjahr 1798 den Kirchenstaat in eine Republik umgewandelt, den Papst gefangengesetzt und auf dessen alsbaldigen Tod das Erlöschen der Institution kalkuliert hatte, schien die Aufklärung ihren unwiderruflichen Sieg errungen zu haben. Aber nichts bekommt dem Bestand einer geschichtlich langher legitimierten Institution besser als die Proklamation ihres Untergangs. Kaum ein Jahr nach der Republikanisierung Roms begann die deutsche Romantik das Mittelalter wieder zu entdecken.

Auf die Qualität der Wirkungen hin betrachtet, war es eine gründlichere Renaissance als die der Antike nach der Zuwanderung der Griechen von Byzanz. Denn der Geist des Historismus, der durch das ganze folgende Jahrhundert hindurch den einzigen Widerpart gegen die Naturwissenschaft stellen sollte, fand Erprobung an dem ihm fremdesten Stoff – fremder als Chinesen und Inder der sich auf sie projizierenden Aufklärung geblieben waren –, war Erweckung des gründlichst Untergegangenen, des Mittelalters. Heine sollte die deutsche Zuwendung zum Mittelalter auf den Mangel einer richtigen Aufklärung hierzulande zurückführen, während er an dem gleichartigen Vorgang in Frankreich rein artistische Züge wahrnehmen wollte, womit man sich *ein interessantes Kostüm für den Karneval auszusuchen* bestrebte, sich durch eine Mode *die Lust der Gegenwart zu erhöhen*. Sicher, modische Mitläuferschaft und Verkleidung gab es dort wie hier; aber auch die Wahrnehmung einer sich immer kürzere Kalender setzenden Geschichtslosigkeit, die doch nur den Zweifel wecken konnte, was der Vernunft neuerdings zugetraut werden durfte.

Das Ausspielen der Vernunft gegen die Geschichte, die Ansetzung von Nullpunktsituationen, ist gegen das Vernunftvertrauen nicht nur kontingent, sondern unvermeidlicher Weise ausgeschlagen. Die Selbsterprobung des historischen Vermögens ist immer auch und wesentlich Zuschreibung von Vernunft an das, was gerade als pure Unvernunft diffamiert worden war. Der Historismus rehabilitiert nicht obsolete Institutionen, sondern die Identität der menschlichen

Natur, die jene hervorbrachte und ertragen konnte. Die Wiederherstellung von Identität war als Motiv der Rückwendung zum Mittelalter stärker als die dadurch gebotene Gelegenheit zur Deutschtümelei, die das doch erst im unerwarteten Eintreten der Romantik gegen Napoleon wurde. Auch das hat Heine gesehen: Der Sieg über Napoleon war ein romantischer.

Der Augenblick, in dem die brutale Exekution der rationalen Umwälzung das Jahrhundert seinem Geist der Toleranz zuwider enden ließ und die Epoche um das Bewußtsein ihrer Selbstbegründungsfähigkeit brachte, fasziniert nicht nur den Liebhaber dessen, was wieder zutage trat, sondern noch mehr den Theoretiker der Geschichte, der am Scheitern der Aufklärung in Napoleon, durch Napoleon und gegen Napoleon das Eidos eines historischen Vorgangs wahrnehmen möchte und Antworten auf die Frage erwartet, was geschichtlich möglich ist.

An dieser Jahrhundertwende ist die Wiederentdeckung der Religion durch Schleiermacher, gesteigert durch die »Ideen« von Friedrich Schlegel, ein mit der Vorliebe für das Mittelalter noch nicht koinzidenter Vorgang. *Sogar von Religion ist schon die Rede,* lautet die fast erstaunte Feststellung im ersten Stück der »Ideen«, die 1800 im »Athenäum« erschienen. Der vormalige Atheist, der noch im Sommer 1798 der Stifter einer neuen Moral hatte sein wollen, schwingt sich mit der Legitimation, die Phantasie sei *das Organ des Menschen für die Gottheit,* zum Religionsstifter auf – und, was hier ausschließlich interessiert, zum Stifter einer Buchreligion.

Wie diese Absicht, eine *neue Bibel zu schreiben und auf Mohammeds und Luthers Fußstapfen zu wandeln,* mit dem Überprojekt der Enzyklopädistik des Novalis zusammentraf, wurde schon dargestellt. Für Schlegel beruht die Verbindung von Religion und Buch auf einer Prämisse von virtuell schon ›biblischer‹ Einfalt: *Wer Religion hat, wird Poesie reden.*[306] Dabei ist nicht zu untersuchen, wie ernst der Ausdruck ›Religion‹ im Munde des Romantikers zu nehmen ist. Der Satz mag bösartig klingen; doch ist es vielleicht so falsch nicht, vom religiösen Wesen der Romantik – und gerade der Friedrich Schlegels – zu sagen: Sie glaubt, glauben zu können. Auch das wird ein Phänomen von geschichtlicher Importanz auf den jeweiligen *tabulae rasae* der Folgezeiten.

306 Friedrich Schlegel, Ideen 34 (Kritische Ausgabe II 259).

Die Idee des absoluten Buches

Der Zusammenhang, in dem Friedrich Schlegel vom *absoluten Buch* spricht, ist der einer *großen Auferstehung der Religion*, die ihre Voraussetzung im Bewußtsein des Epochenbruchs durch die Revolution hat. Diese sei *das heftigste Incitament der schlummernden Religion* geworden.[307] Aber nicht die Erweckung der gewesenen Religion, sondern die Suche nach der neuen oder gar deren Stiftung würde Gegengewicht zur Revolution werden. Und nichts sei mehr Bedürfnis der Zeit, als dieses geistige Gegengewicht gegen den Despotismus zu finden, welchen die Revolution *durch die Zusammendrängung des höchsten weltlichen Interesses über die Geister ausübt*.[308]

Dann sei es kein willkürlicher Sprachgestus mehr, für *die Idee eines unendlichen Buchs* das Wort ›Bibel‹ zu gebrauchen. Denn ein solches Buch könne, das liegt schon im Attribut der Unendlichkeit, nicht mehr Mittel zu irgendeinem Zweck werden. Es werde *personifizierte Idee* sein. Um den Begriff der Einheit für dieses Buch zu veranschaulichen, bezieht sich Schlegel allerdings nicht auf das, was die biblischen Bücher zu ihrer Einheit gebracht haben sollte, sondern auf die klassischen Gedichte der Alten. Sie seien insgesamt voneinander unzertrennlich und ein organisches Ganzes – also *richtig angesehen nur Ein Gedicht, das einzige, in welchem die Dichtkunst selbst vollkommen erscheint*. In der Höchstform von Literatur, an die nun wieder zu denken sei, sollten in gleicher Weise *alle Bücher nur Ein Buch* sein.

Unendlich ist dieses nicht nur seinem Gehalt nach, sondern in seinem Verhältnis zur Zeit: als ein ständig noch werdendes Buch. Daß es also nirgendwo und niemals vorfindlich sein wird, widerspricht nicht seiner Ankündigung als *Buch schlechthin, absolutes Buch*. In ihm, dem *ewig werdenden Buche*, würde das *Evangelium der Menschheit und der Bildung* offenbart werden.[309]

---

307 Ideen 94 (Kritische Ausgabe II 265). – Der Begriff des ›Incitaments‹ verweist auf Schlegels angehende Geschichtsphilosophie, von der als seiner *esoterischen Lehre* Carl Friedrich Reinhard aus Köln an Jacobi berichten wird, sie behaupte einen Kreislauf *vom Glauben zum Raisoniren, vom Raisoniren zum Nichts, vom Nichts zum Bedürfniß und zur Wiederherstellung des Guten und Wahren, das immer das Alte ist* (Reinhard an Jacobi, 17. Juni 1808; Aus F. H. Jacobis Nachlaß. Ungedruckte Briefe von und an Jacobi, ed. R. Zoeppritz, Leipzig 1869, II 206 f.).
308 Ideen 41 (Kritische Ausgabe II 259).
309 Ideen 95 (Kritische Ausgabe II 265).

Zur werdenden Buchverfassung des Absoluten gehört die Metapher. Sie macht die Unvollendbarkeit des Unendlichen manifest, wie es als Unform das Fragment tut. Am Schluß der »Ideen«-Sammlung, wo ihr Adressat ausgesprochen und angesprochen wird – Novalis als der, der der Konzeption dieser Stücke am nächsten gestanden habe –, wird von solchen rastlos gesuchten Vorläufigkeiten als den *Bildern der unbegriffenen Wahrheit* gesprochen.[310] Das ist unüberbietbar – sowohl der besonderen Funktion nach in diesem Schlußstück, das Novalis beschwört, als auch in einer Allgemeinheit, die den Sinn von ›Metaphorologie‹ ausmacht.

Die Randnotizen, die der darauf angesprochene Novalis, noch vor dem Druck im »Athenäum«, zu Schlegels »Ideen« auf der Abschrift der Dorothea Schlegel gemacht hat, bezeichnen den Schlußpunkt einer Konvergenz, die durch vielfache Berührungen und Verständigungen vorbereitet worden war, hier aber wie im Zusammenprall der Energien aufglüht – und auch schon verglüht. Kein glücklicherer Fund hätte für diese epochale Signatur der Jahrhundertwende ausgedacht werden können. In der Marginalie zu dem Textstück über das ›absolute Buch‹ logifiziert Novalis zunächst den Sachverhalt: ›Bibel‹ sei nichts anderes als *ein Gattungsbegriff unter dem Büchergeschlecht*. Die Metapher, zu der er greift, ist eher mythologisch als biblisch; Bibeln seien *die Menschen und Götter unter den Büchern*. Ihr Ursprung soll schlechthin unerklärlich sein; man liebe und hasse, vergöttere und verachte sie *wie eigne Wesen*.

Dann für einen Augenblick, der Ernüchterung mit genialischem Trotz zu verbinden scheint, begreift Novalis das Wahnhafte am Konzept des absoluten Buchs, um sogleich gerade dies zum neuen menschlichen Standard zu verallgemeinern: *Eine Bibel schreiben zu wollen – ist ein Hang zur Tollheit, wie ihn jeder tüchtige Mensch haben muß, um vollständig zu seyn.*[311] Programmatisch gewendet, ist das nichts anderes als das Vorspiel zur künftigen Romantik: an die Stelle des Ideals der Persönlichkeit die anonyme Kumulation schöpferischer Kräfte zu setzen, die Mythen und Märchen, Epen und Lieder so hervorgebracht haben, wie sie Geschichte machen –

---

310 Ideen 156 (Kritische Ausgabe II 272).
311 Novalis, Randbemerkungen zu Friedrich Schlegels »Ideen« (1799): zu Nr. 95 (Schriften III 491).

und bei Marx sogar die technischen Erfindungen machen werden, eingehend in *das aufgeschlagene Buch der menschlichen Wesenskräfte*. Alles das war erstmals vorgeführt im Modell der kritischen Zerschlagung des Homer zu vielen blinden Sängern durch Friedrich August Wolf. Die Verfasserschaft des ›absoluten Buchs‹ wird die Stelle der Umbesetzung im frühromantischen Rahmenplan. Das Subjekt, das die neue Bibel, den unendlichen Roman schreibt, ist von derselben Unbestimmtheit wie das, welches im magischen Idealismus die Welt zustande bringt. Daher die Verwechselbarkeit von Welt und Buch. Schließlich ist es nochmals dasselbe Subjekt, welches im absoluten Buch liest, durch sein Lesen, diese kreative Transformation der aufklärerischen ›Kritik‹, das Buch erst vollendet.

Boshafteste Auslegung wäre, die alsbaldige Rückkehr zur alten Bibel sei Einwilligung in die Ohnmacht gewesen, selbst eine neue niederzuschreiben. Ernüchterung konnte nicht ausbleiben nach der vom Vernunftzwang befreienden Euphorie, in der Novalis Schlegel die Berufung zum *Apostel in unserer Zeit* bestätigt, ihn prophetisch als den *Paulus der neuen Religion* erschaut – einer Religion, die zunächst nicht aus dem Mittelalter herkam und nur noch neuer Propheten und Apostel bedurft hätte. Diese sollte diesmal die Geschichte brechen wie jene vormalige nur die Chronologie: *Mit dieser Religion fängt sich eine neue Weltgeschichte an*. Aber es war Imitation von Imitation: Schon die Revolution hatte den Kalender neu beginnen lassen, und es gab keinen anderen Standard, sich mit ihr zu messen, als die Phrase mitzumachen, es werde alles neu, neu gezählt fürs erste. Auch dies bestätigt Novalis dem Freund, den er mit dem Namen Julius als den Erzähler der »Lucinde« anredet, die neue Religion komme aus dem Nichts der Revolution hervor – Bedingung jeder *creatio ex nihilo* –, sei im Grunde das Hervortreten ihres kryptischen Sinns: *Auf dich hat die Revolution gewirckt, was sie wircken sollte, oder du bist vielmehr ein unsichtbares Glied der heiligen Revolution, die ein Messias im Pluralis, auf Erden erschienen ist.*[312] Es zeigt sich schon hier eine Art allegorischer Technik der Geschichtsdeutung. Für sie ist das faktische Datum nur die Übersetzung des heiligen Urtextes in eine weltgeläufige Sprache; sie läßt das wirkliche Ereignis nur ungefähr erahnen, das immer in der Latenz bleibt.

312 Novalis, An Julius (Schriften III 493).

Ein Jahrzehnt später wird Schlegel diese Technik so weit entwickelt haben, um sagen zu können, daß man zwar nicht mehr im faktischen Mittelalter lebe, wohl aber jetzt erst eigentlich in dem wahren. Dieses habe man also *fälschlich in die vergangene Zeit versetzt*. In diesem Kunstgriff liegt, wie das alte Wahre als das Neue erst wahrhaft wahr werden kann. Die genuine literarische Idee, *durch einen Roman das Romantische zu verkündigen*, mußte damit erledigt sein, ist schon in der Pariser Phase *jetzt nicht mehr zureichend*.

Was schließlich Romantik genannt wird, wäre also nichts als ein Zerfallsprodukt jener juvenilen Wahnideen vom ›absoluten Buch‹? Alles Absuchen der Mythologien und Mysterien, Völkermärchen und Liedergüter, des volksgeistigen Mittelalters, sogar der Natur in ihrer exakt-formalisierten Ungelesenheit – all das Substitutionen für das Unerreichbare des literarischen Absolutismus der Anfänge? Äußerliches Symptom des Wandels ist, daß Schlegel das Attribut des Absoluten später nur noch negativ verwendet; vor allem verbunden mit der großen, ›Zeitgeist‹ genannten Gegenmacht, die sich als modische Unzuverlässigkeit schlechthin darstellt. Eben sie wird in ihren jeweiligen Metamorphosen nun rhetorisch als ›das Absolute‹ präsentiert.[313]

In seinen späten geschichtsphilosophischen Vorlesungen und Aufsätzen hat Schlegel die menschheitliche Geschichte in die Epochen: Wort, Kraft, Licht eingeteilt. Die mystisch-spekulativen Hintergründe können hier übergangen werden. Unter dem Aspekt des frühen Anspruchs auf das ›absolute Buch‹ und seine zukünftige Realisierung ist die Voranstellung der Epoche des Worts an den Anfang der Menschheitsgeschichte eine Wendung: Sie ermöglicht zwar die Steigerung zum Licht hin, als Übernahme der Konjunktion von Aufklärung und Erleuchtung, auf die letzte Phase vor dem Weltgericht, vergibt aber, was wichtiger ist, den biblisch-theologischen Zentralbegriff des Wortes für eine andere – Schlegel wohl noch wichtigere – Institution: die der Uroffenbarung. Denn in ihr gründet die Einheit der Menschheitsgeschichte als die einer Tradition, die sich verbirgt, verformt und verliert, aber immer die Chance zu ihrer Wiederauffindung läßt.

---

313 Friedrich Schlegel, Philosophie der Geschichte (1828). Achtzehnte Vorlesung: Von dem herrschenden Zeitgeiste, und von der allgemeinen Wiederherstellung (Kritische Ausgabe IX 412 f., 425, 427).

Die Idee des absoluten Buches

Schlegel sucht nach einem Begriff, den man als ›immanente Uroffenbarung‹ bezeichnen könnte. Jenes ›Wort‹ der ersten Weltepoche ist die Realität der Welt selbst, wie sie in die unbefangene und schlichte Erfahrung einzugehen vermag. Voraussetzung dafür ist der ›literarische‹ Charakter dieser Erfahrung, den Schlegel früh, nämlich in seiner Jenenser Vorlesung von 1800, als ›allegorisch‹ benannt hatte.

Er hatte dort nach einer Begründung dafür gesucht, daß die Welt eine Institution der Umständlichkeit ist. *Warum läuft das Spiel der Natur nicht in einem Nu ab, so daß also gar nichts existirt?* Anders gefragt: Warum genügt nicht die momentane, gleichsam blitzartige Demonstration alles dessen, was sein kann, ohne die Ausbreitung in der Zeit, die Multiplikation der Arten in Individuen, dieser ganzen Überanhäufung des Konkreten? Schlegels Antwort ist, daß Gott die Welt hervorgebracht habe, *um sich selbst darzustellen,* und dies gar nicht anders konnte, als in der Grundform der Allegorie. Das Unendliche, als Welt sich darstellend, ist schon eine Form uneigentlichen Ausdrucks. Wenn *die Welt nur Allegorie* ist, folgt daraus, *daß jedes Wesen nur so viel Realität hat, als es Sinn, Bedeutung, Geist hat . . .* Aber eben auch, daß die Notwendigkeit der Zeit für die Vollstreckung ihres Sinns die Welt in keinem Punkt ihrer Geschichte vollendet sein läßt und immer noch alles zu tun ist, um ihre Funktion zu erfüllen: *Dieser Satz, daß die Welt noch unvollendet ist, ist außerordentlich wichtig für alles.*[314]

Wie es mit der Deutlichkeit jener Bedeutungen für den Menschen steht, ist die geschichtsphilosophisch entscheidende, die Früh- und Spätphase Schlegels unterscheidende Fragestellung. Noch in den zwölf Büchern über die »Entwicklung der Philosophie« von 1804/05 ist Anschaulichkeit eine jederzeit zumindest mögliche. In der Kölner Phase gibt es die gemeinsame Funktionsbestimmung von Gesichtssinn und Sprache durch die Distanz, die sie zu den Dingen schaffen: als Leistungsverbund des nach Freiheit strebenden

---

314 Friedrich Schlegel, Transcendentalphilosophie. 1800/01. I. Theil »Theorie der Welt« (Kritische Ausgabe XII 39-42). Merkwürdigerweise enthält Theil II »Theorie des Menschen« eine andere Erklärung der Verzeitigung der Welt: *Nun ist aber das Spiel der Natur nicht in einem Nu abgelaufen, sondern es ist ein Werden, es muß also ein Wiederstand in die Natur gesetzt werden. Er ist in der Sphäre der Natur das böse Prinzip.* (ed. cit. XII 58)

Menschen, sich *gegen die Übermacht der Welt zu stärken und davon zu befreien*. Dazu verhilft die Optik durch ihre Mittelbarkeit als fundierender Sinn aller Mitteilbarkeit. Jetzt gibt es, ohne epochale Einschränkung auf eine Frühzeit, *eine natürliche Sprache, die sich in der Gestalt der Gegenstände offenbart*.[315] Macht gegen die Übermacht der Welt besteht darin, in den Dingen nicht *etwas von uns ganz und gar Verschiedenes* zu sehen, sondern das, was in emphatischer Sprache *ein uns verwandtes, verborgenes Du* sei. Erfahrung in ihrer unverkürzten Dimension ist vom Typus der Intersubjektivität, so daß *jeder Gegenstand, wenn wir ihn recht anzuschauen wissen, uns in seiner natürlichen Sprache eine höhere Bedeutung offenbaret*. Die menschliche Optik tendiert auf eine Vollendung, in der sie *gleichsam der Sinn für den Sinn* wird. Das Gesicht ist ein Sinn für Sprache als Physiognomie der Dinge selbst, den ›sprechenden‹ Ausdruck an ihnen.

Schließlich scheut Schlegel in den privaten Wiener Vorlesungen über Geschichtsphilosophie zugunsten seiner drei Weltalter nicht mehr vor der Verfremdung und Verschmelzung biblischer Zitate zurück, wenn er sagt: *Im Anfange hatte der Mensch das Wort und dieses Wort war von Gott; und aus der lebendigen Kraft, welche ihm in und mit diesem Worte gegeben war, ging das Licht seines Daseins hervor*.[316] Ausdrücklich heißt es von dieser anthropologisierenden Umkehrung des Johannesprologs, die Anfänglichkeit des Logos ließe sich *ebensogut auch auf den Menschen und seine primitive Beschaffenheit anwenden*.

Doch löst sich Schlegel auch in der späten Spekulation nicht ganz von der Einsicht im Titel jener Streitschrift des Karl Wilhelm Jerusalem, *Daß die Sprache dem ersten Menschen durch Wunder nicht mitgetheilt sein kann*, die Lessing 1776 herausgegeben hatte. Die Sprache ist nur dann legitim mit der menschlichen Natur verwachsen, wenn sie aus der Deutlichkeit der Dinge für den Menschen hervorgegangen ist, deren Verlust alles Mißverhältnis zur Welt und zu sich selbst entstehen ließ. Jedenfalls wäre die menschliche Geschichte auf die unendlichen Mühseligkeiten von Versuch

---

315 Friedrich Schlegel, Die Entwicklung der Philosophie in zwölf Büchern. 1804/05. Zweites, drittes und viertes Buch: Die Psychologie als Theorie des Bewußtseins I. Theorie der Anschauung (Kritische Ausgabe XII 345-347).
316 Friedrich Schlegel, Philosophie der Geschichte (1829), Zweite Vorlesung (Kritische Ausgabe IX 31).

Die Idee des absoluten Buches

und Irrtum nicht angewiesen gewesen, hätte sie dieses Weltverhältnis bewahren können. So aber muß der Bestand an ursprünglicher Einsicht aus seinen Resten, aus der Unzuverlässigkeit der menschheitlichen Tradition zurückgewonnen werden.

Das bleibt der am Ende herausgeschälte Sinn von Schlegels achter Disputationsthese aus dem Jahre 1800, deren überspitzte Wendung gegen das Stichwort der Aufklärung gerichtet gewesen war: *Non critice sed historice est philosophandum.* Erst im Rückblick wird deutlich, wie scharf sich die Romantik mit dieser Formel von der Aufklärung geschieden hatte. In der Sprache der Zeit heißt das Programm *vollständige Wiederherstellung des Bewußtseins.*[317] Vollständigkeit ist das Maß der Adäquanz von Welt und Ich zumal in der Zeitdimension geworden, mit dem Vorzug auf den Anfängen und Ursprüngen. Ob sie verwirklicht werden kann, hängt an der Transportfähigkeit der Tradition. Sie gewährleistet die Lesbarkeit der Welt.

Denn auf die Urkunden der Menschheit ist Verlaß. Die Tradition besteht nicht aus Relikten, sondern aus Testaten und Legaten. Das große Mißtrauen des Zeitalters der Kritik ist vorbei, da man Fremdestes zu lesen gelernt hat. *Ich habe es mir einmal zum unwandelbaren Grundsatz gemacht, überall der historischen Überlieferung zu folgen.*[318] Dazu gehören gleichwertig die Mythen, deren Reichweite bis an die Quelle der Paradiesflüsse heranführt: hin zu der Worthaftigkeit, mit der die Natur sich in der ersten Epoche dem Menschen vorgestellt hatte. Nur im Paradox läßt sich das noch sagen: *Auch die Natur redet in ihrer stummen Bilderschrift eine Sprache; allein sie bedarf eines erkennenden Geistes, der den Schlüssel hat und zu brauchen weiß, der das Wort des Rätsels in dem Geheimnis der Natur zu finden versteht, und statt ihrer, das in ihr verhüllte innere Wort laut auszusprechen vermag, damit die Fülle ihrer Herrlichkeit offenbar werde.*[319]

Unmißverständlich ist das nicht mehr die Sprache der Anschauung aus der Kölner Vorlesung, die eine unmittelbare optische Erfahrung gewesen sein sollte; jetzt bedarf es eines Schlüssels, des Eindringens in ein Geheimnis, das einer verhüllten Innerlichkeit, die

---

317 Philosophie der Geschichte. Vorrede (Kritische Ausgabe IX 5).
318 Philosophie der Geschichte. Erste Vorlesung (Kritische Ausgabe IX 24).
319 Philosophie der Geschichte. Erste Vorlesung (Kritische Ausgabe IX 30).

mehr herzugeben scheint, als es für jene Anschauung versprochen werden konnte. Verliert er das ihm derart *anvertraute Wort des Lebens*, so verspielt der Mensch die Herrschaft in der Natur, um selbst zur Natur herabzusinken und ihr, weil er das Geheimnis vergessen hat, nur noch untertänig sein zu können. Eben dieses sei der Anfang der Menschengeschichte, schließt die erste Vorlesung.

Tröstlich könnte das als Anfang nur sein, wenn die davon gefundene mythische Nachricht nicht auf die Gültigkeit der Prämisse angewiesen wäre, die sie selbst mitteilt. In der Gewalt, unter den Schrecken der Natur erst wird dem Menschen faßbar oder konnte ihm jemals wieder faßbar werden, was die Verdunkelung des frühen Worts bedeutete: ... *die Natur, die anfangs, wie ein heller Spiegel der Schöpfung Gottes, offen und durchsichtig vor dem klaren Auge des Menschen stand, ward ihm nun mehr und mehr unverständlich, fremd und erschreckend.*[320] Es läßt sich absehen, daß die Art von Wissenschaft, die sich mit der Aufklärung verbündet hatte, als Naturwissenschaft, in dieser Perspektive nur eine verfeinerte Form jener Ohnmacht sein konnte und daß sie sich gerade deshalb als Identität von Wissen und Macht vorstellen mußte. Wichtig an diesem Geschichtsgang ist, daß er allmählich degressiv verläuft, der Mensch die anfänglichen Gaben nicht im Fall, *nicht sogleich und ganz allgemein und durchaus mit einem Male verloren hat.*[321]

Die Projektion des großen geheimen Wunsches nach Lesbarkeit der Welt auf die Urzeit zeigt sich gefährdet durch den noch größeren, verwegeneren Wunsch, an Geheimnissen teilzunehmen, für die im Begriff der Anschauung nicht einmal der leiseste Vorgriff und Vorbegriff gegeben war. Hier die Grenzen von Unmittelbarkeit und Penetration zu ziehen, mag kaum möglich gewesen sein; vor allem war Schlegel nicht der Mann, sie ziehen zu wollen. Er erstrebte mehr als den unverstellten Blick auf die Selbstdarbietung der Natur; er wollte eindringen in ihre vermeintliche Innerlichkeit – sah sie, nachdem er ihr einmal Sprache zugesprochen hatte, als Analogon des Subjekts. Dann hatte sie ihre Intimität, ihre Verfahren

---

320 Philosophie der Geschichte. Zweite Vorlesung (Kritische Ausgabe IX 35).
321 Philosophie der Geschichte. Zweite Vorlesung (Kritische Ausgabe IX 43 f.): *Und dieses ist der eigentliche Schlüssel für dieses ganze Thema der Urgeschichte und alles dessen, was uns sonst rätselhaft in ihr erscheint.*

des Schutzes dafür – mit einem Wort: ihre Geheimschrift für ihre Geheimnisse. Ich versuche zu entmystifizieren, soweit der hermeneutische Vorschuß nur reicht. Er reicht nicht weit genug.
Als Champollion 1822 mittels der dreisprachigen Inschrift von Rosette, die schon 1799 nach dem ägyptischen Abenteuer Napoleons aufgefunden worden war, die Hieroglyphen entzifferte, war dies nahezu eine Enttäuschung für den romantischen Geist. Allerdings hätte kein faktischer Text die hochgespannten Erwartungen auf uralte Weisheit jemals erfüllen können, die eben nur als Vermutungen das einst Menschenmögliche vorhalten sollten. Vor allem aber fand sich die Annahme von Naturwüchsigkeit der Zeichen, ihres Heranreichens an den Zusammenhang von Sprache und Wesen, mit den weithin trivialen Auflösungen enttäuscht. Man konnte sich nur helfen, indem man Übersetzung und Deutung trennte, im Hintergrund einer vorfunktionalen Herkunft das Wesenssymbol wenigstens möglich bleiben ließ. Am 27. April 1825 schreibt Friedrich an den Bruder August Wilhelm Schlegel, er habe sich sehr angezogen gefühlt von dem Hieroglyphen-System des Champollion, aber den Eindruck gewonnen, dabei sei der wesentliche Aspekt übergangen worden: *Die andere Seite der Sache, ich meyne die eigentlich symbolischen Darstellungen auf den aegyptischen Denkmahlen, scheint er freylich weniger zu verstehen, und keinen rechten Sinn dafür zu haben.*[322] Aber auch diese andere Seite werde gewinnen, fährt er fort, sobald eben durch das Verfahren der Entzifferung Zeichenfunktion und Symbolik getrennt werden könnten, also *wenn nur erst, was wirkliche Schrift ist und alle Buchstabenhieroglyphen aufgehellt sind und dieses für sich von den eigentlichen symbolischen Darstellungen rein abgesondert dasteht.* Schon ein Jahr später, am 6. Juni 1826, schreibt er wieder dem Bruder

---

322 Friedrich an August Wilhelm Schlegel, 27. April 1825 (Friedrich Schlegels Briefe an seinen Bruder August Wilhelm, ed. O. Walzel, 642). – In welchem Zusammenhang mit dem Tadel für Champollion eine Gedichtfolge »Das Hieroglyphenlied oder Anklänge und Bilder der Zeit und Zukunft« steht, die 1827 veröffentlicht wurde, vier Jahre zuvor niedergeschrieben war, ist den 48 Strophen (Kritische Ausgabe V 489-497) nicht zu entnehmen. ›Hieroglyphe‹ war ein heruntergekommener Titel. Über den theoretischen Hintergrund, J. J. Wagners These vom Aufsteigen der Schrift aus dem Ikonischen über das Symbolische zum Begrifflichen (Ideen zu einer allgemeinen Mythologie der alten Welt. 1808): E. Fiesel, Die Sprachphilosophie der deutschen Romantik. Tübingen 1927, 81 f.

über die Beschäftigung mit Hieroglyphen in den letzten beiden Jahren: *Ich fühle mich sehr von dieser symbolischen Rätselwelt angezogen, die mit vielen Geheimnissen der Seele und des Geistes in Berührung steht.* Es geht dabei nur vordergründig um ein Problem der Sprachgeschichte, der spekulativen Geschichtsphilosophie; dahinter steht ein Ungenügen an der Erfahrung, dessen Erklärung sich ihm aus der geschichtlichen Verkümmerung ergibt. Die Hieroglyphe bleibt eine Metapher für den verlorenen Standard von Erfahrung, was auch immer ein defizienter Gebrauch ihr angetan haben mochte.

Diesen Verlust zu beklagen, ist leichter als auch nur den kleinsten Fingerzeig zu geben, was zurückgewonnen werden könnte, wenn etwas zurückzugewinnen wäre. Nur die eine Konjektur ist möglich, Wiedergewinnung der Urerfahrung wäre Überwindung der in aller Empirie liegenden Kontingenz. 1819 hatte Schlegel in den »Wiener Jahrbüchern der Literatur« J. G. Rhodes »Über den Anfang unserer Geschichte und die letzte Revolution der Erde« einer bedeutenden Rezension unterzogen. Darin war auch von Hieroglyphen die Rede, und zwar im Zusammenhang der These Rhodes von der Einsilbigkeit der menschlichen Ursprache. Schlegel ist gegen jeden Evolutionismus der kleinen Anfänge. Sein Schema ist das umgekehrte: am Anfang die Fülle, die den Abrieb der Geschichte in Spuren überdauert. So werden die einsilbigen Sprachen eher Kümmerformen als Ausgangsformen sein, die Mehrsilbigkeit der Sprache synthetische Leistung, die nicht imitatorisch sein darf, sondern sich auf das uns nicht mehr erreichbare Symbol bezieht.

In dieser Rezension gibt Schlegel wenigstens ein Beispiel, wie er sich Überwindung von Kontingenz in der Erfahrung vorstellt. Anstößig ist ihm dabei die gegenwärtige Verteilung der Landmassen auf der nördlichen Hemisphäre. Sie zu überwinden, erfindet er die Hypothese der Kontinentalverschiebung. Rhode hatte vermutet, eine Verlagerung der Erdachse und damit des Äquators sei durch die Einwirkung eines Kometen erfolgt. Doch gerade dies hält Schlegel für unzulässig: Auch der Anblick der Erde verweist auf eine degenerative Geschichte. So fällt ihm die Bruchlinie auf, an der die Kontinente auseinandergerissen sein müssen. Ihre Zufälligkeit paßt aufs genaueste zu seiner Annahme, der Katastrophe sei eine ursprüngliche Gestalt der Erde vorausgegangen, bei der die gesamte Landmasse eine geometrische Figur gehabt hätte: *Die wesentlichste Frage dieser Art möchte wohl die sein, ob die so ganz unregelmäßige Gestalt des festen Landes nicht überhaupt erst durch die letzte Erdrevolution entstanden, der ursprünglich alte Kontinent aber, das wahre Urland vor der Flut, eine mehr regelmäßige und mathematisch einfachere Form gehabt habe, und welche?*[323] Die faktische Erfahrung ›übersieht‹, was ihr vorliegt und was durch seine Geschichte hindurch auf seinen Urzustand hin zu sehen ist, wo es die Lesbarkeit des Ausdrucks gehabt haben mußte.

Wie obskur der spekulative Zusammenhang gewesen sein mochte, den der Rezensent mit dem Buch seiner Wahl teilte, er hatte der eher abseitig wirkenden Auseinandersetzung zumindest den Anlaß entnommen, die als gottgewollt oder naturgegeben hingenommenen Umrisse der Kontinente unter dem Aspekt einer genetischen Morphologie zu betrachten. Ohne eine Vorläuferschaft zu begründen, tat er das, lange bevor es bessere Gründe gab, es zu tun; etwa von der Drift der Kontinentalschollen zu sprechen, eine Ausdrucksweise, der die Metapher eines Polarforschers zugrunde lag.

Man wird mir nicht unterstellen, ich ließe Alexander von Humboldts authentische Anschauungsweise der Erde aus dem beiläufigen Einfall der Rhode-Rezension Schlegels hervorgehen. Aber diese markiert etwas vom Anwachsen der Bedürfnisse, denen gerade im Jahrhundert der empirischen Triumphe zu genügen war und denen als Meister der empirischen Öffnung aufs noch Ungeschaute genügt zu haben oder näher gekommen zu sein, Humboldt die große Resonanz seiner Weltoptik bestätigt haben wird. Wahrzunehmen, daß das Universum der neuzeitlichen Wissenschaft immer noch – ja im Maße ihrer Erfolge immer mehr – gedachtes, als in Erfahrungsgehalt, Erlebnisfähigkeit, Realitätsbewußtsein, Orientierung und Differenzierung umgesetztes oder noch umzusetzendes Universum war, dazu gehörte ein dem Wissenschaftsprozeß nicht völlig integrierter geschichtlicher Vorgang, der eher die Form episodischer Zweifel, interruptiver Störungen, auch besonnener und auf Besinnung drängender Überblicke über Ertrag und Mißertrag hatte. Humboldts »Kosmos« – dem seit seiner Rückkehr aus Südamerika

---

323 Friedrich Schlegel, Über J. G. Rhode: Über den Anfang unserer Geschichte und die letzte Revolution der Erde 1819 (Kritische Ausgabe VIII 481 f.).

1804 das 35bändige Reisewerk mit seinen 1300 Kupfern vorausgegangen war, mit dessen Abschluß 1834 er das Neuartige begann – ist dafür der unvergleichliche Beleg.

XVIII
Ein Buch von der Natur wie ein Buch der Natur

Humboldts Blick auf die physische Wirklichkeit als landschaftliche ist bestimmt durch die für die frühe Geographie fast selbstverständliche Tatsache, daß der Ertrag seiner Reisen zu einem großen Teil in seinen Zeichnungen bestand. Es wurde noch nicht photographiert, und das bedeutet, daß über den Stil der Wahrnehmung an Ort und Stelle entschieden werden mußte. Er blieb nicht Betrachtern zahlloser Lichtbilder und Tafeln zur jederzeitigen Eigenwahl überlassen. Wieviel Subjektivität eingeflossen sein mochte in die derart protokollierte Wahrnehmung, sie verschmolz mit dem Gegenstand zu einer unwiederholbaren Individualität.

Als Humboldt sich am Ende seiner Reise durch Südamerika und Mexiko und nach seinem Besuch bei Präsident Jefferson im Juni 1804 in Philadelphia vom Kontinent mit einem Vortrag in der Philosophical Hall verabschiedet hatte, bedauerte Thornton in einem Brief an den Sekretär der Philosophical Society, John Vaughn, vom 6. Juli 1804, daß er *ganz Südamerika in die Tasche stecke*, auch weil seine Werke in Europa erscheinen würden.[324] Es entstand also durchaus das Gefühl, das niemand angesichts einer modernen Photographie – und sei es aus dem entlegensten Winkel der Erde – bekommt, die Niederschläge der Forschungsreise könnten nicht jederzeit und von jedermann erneuert werden und seien nur so etwas wie die Vermittlung einer Anwartschaft aufs reproduktive Erlebnis.

Die französische Enzyklopädie hatte in ihren einzigartigen Tafelbänden vorwiegend ein vom Menschen geschaffenes Universum gezeigt und die Natur analog zu den Artefakten als eine Art Metamuseum isolierter Exponate; Humboldts »Kosmos« zeigt die Natur als Einheit der Landschaft, auf Standort und Blick des menschlichen Betrachters bezogen, eine Freilandnatur statt einer Exponatnatur. Wir haben verlernt, darauf zu achten und daran zu glauben, in welchem Maße die Technik der Illustration darüber entscheidet, ob wir die Wirklichkeit als Graphik oder als Nebeneinander von Massen verschiedener Aggregatzustände betrachten.

324 Hanno Beck, Alexander von Humboldt. Wiesbaden 1959/61, I 227.

Die wichtigste Beobachtung, die uns Humboldts »Kosmos« gestattet, ist die der wissenschaftsgeschichtlichen Bedeutung des Zeitpunkts seiner Verwirklichung. Schon drängt der Entwicklungsgedanke auch für die Gestalt der Erdoberfäche sich nach vorn. Er wird die Wahrnehmung physiognomischer Qualitäten der Landschaft durch das Wissen im Hintergrund stören oder gar zerstören, daß dies alles nur der zufällige Synchronismus vieler Stränge langfristig sich vollziehender physikalischer, chemischer und biologischer Prozesse ist. Humboldts mühsame, sich selbst gegenüber gewalttätige Wendung zum Vulkanismus als der nicht mehr auszuschließenden Erklärung vieler Erscheinungen der Erdoberfläche, fast Goethes Widerwillen vergleichbar, war mit dem dann unumgänglichen Zugeständnis verbunden, die Erdoberfläche sei in relativ junger Vergangenheit zu ihrer gegenwärtigen Ansicht geformt worden.

Wie die Gewalt der vulkanischen Kräfte aus dem Erdinnern jetzt gesehen werden mußte, schien sie nicht mehr vereinbar mit dem programmatischen Titel, den Humboldt für sein Lebenswerk gewählt hatte. Denn ›Kosmos‹ hatte für ihn nicht nur klassizistischen Klang, sondern eine sehr spezifische Verbindung zu dem, was ihm an der Weltansicht der Griechen persönlich bedeutsam war. Zu Friedrich Althaus sagte Humboldt 1850: *Die Griechen sind ein anthropomorphistisches Volk, das Alles menschlich zu veredeln, Alles in die Kreise schöner Gestalten zu erheben strebt.*[325] Was in Nietzsches verzweifeltem Rückblick auf die möglich gewesene und unmöglich gewordene Anthropomorphie der Welt zwei Jahrzehnte später nur trotzige Erinnerung sein wird, reicht für Humboldt noch in die eigene Welterfahrung hinein und macht den »Kosmos« zum Monument eines Untergangs.

Man begreift das Werden der Idee des »Kosmos« aus der jugendlichen Begegnung Humboldts mit ihrer Karikatur. Lange vor Goethes berühmtem Besuch im Raritätenkabinett des Helmstedter Professors Beireis im August 1805 war Alexander im Mai 1789 dort gewesen, abgestoßen vom Verfall der Wissenschaft zum musealen Schrott, der doch nur den Zustand der dahinsiechenden Universität abbildete. An den Jugendfreund Wegener schreibt Humboldt hernach aus Göttingen: – – *alles, alles was man sich denken kann.*

325 Gespräche Alexander von Humboldts, ed. H. Beck, Berlin 1959, 288.

Ein Buch von der Natur wie ein Buch der Natur   283

Wer 14 Tage bei Beireis bleibt sieht alles ... Beireis weiß selbst nicht, was er alles hat. Er geht ordentlich in seinem Hause auf Entdeckungen aus.[326] Es wird noch ein halbes Jahrhundert brauchen, bis Humboldt zum Konzept des »Kosmos« gefunden hat, doch kann man den Weg dorthin ausgehen sehen von der Abstoßung an der Moderwelt des Gottfried Christoph Beireis, die so viel zu tun hatte mit dem Niedergang der Universität vor der Reform des Bruders Wilhelm. Zwar ist »Kosmos« schon ein Stichwort des Alters, aber doch das langher kommende Resultat einer in frühen Jahren ausgelösten Bewegung. Sie wird noch spürbar, wenn Humboldt sich im Spätwerk gegen jede Verkennung seiner Absicht, als auf einen *enzyklopädischen Inbegriff der allgemeinsten und wichtigsten Resultate* empirischer Einzeldisziplinen gehend, verwahrt.

Zur Wahl des Titels schreibt Humboldt am 24. Oktober 1834 an Varnhagen von Ense, als ihm seine ursprüngliche Absicht mißglückt war, das Ganze in einen Band zusammenzudrängen und *in dieser Kürze den großartigsten Eindruck* zu bewirken: *Ich hatte vor 15 Jahren angefangen, es französisch zu schreiben, und nannte es »Essai sur la Physique du Monde«. In Deutschland wollte ich es anfangs »das Buch von der Natur« nennen, wie man dergleichen im Mittelalter von Albertus Magnus hat. Das ist alles aber unbestimmt. Jetzt ist mein Titel: »Kosmos. Entwurf einer physischen Weltbeschreibung...«*[327] Der Titel ›Weltbeschreibung‹ habe ihm nicht genügt, weil er aus der Nähe zu ›Weltgeschichte‹, wonach er es geformt habe, die Verwechslung mit ›Erdbeschreibung‹ befürchten mußte. *Ich weiß, daß Kosmos sehr vornehm ist und nicht ohne eine gewisse Afféterie, aber der Titel sagt mit einem Schlagworte ›Himmel und Erde‹ ...*

Für Wirkung und Wirkungsmittel dessen, was er selbst als ›das Werk meines Lebens‹ bezeichnet, gibt er Varnhagen in demselben programmatischen Brief die Formel: *Ein Buch von der Natur muß den Eindruck wie die Natur selbst hervorbringen.*[328] Der spätere

---

326 Jugendbriefe Alexander von Humboldts an Wilhelm Gabriel Wegener, ed. A. Leitzmann, Leipzig 1896, 58: Göttingen Mai 1789.
327 Briefe von Alexander von Humboldt an Varnhagen von Ense aus den Jahren 1827-1858, ed. L. Assing, Leipzig 1860, 21-23.
328 Zur Stelle: A. Leitzmann, Georg und Therese Forster und die Brüder Humboldt. Bonn 1936, 187.

Leser des »Kosmos« wurde von Humboldt an die Quelle für diese Formel hingeführt, wenn er den Einfluß des Imperium Romanum auf die Vorstellungen von der Einheit der Welt beschreibt und dafür den *echten Geist einer Weltbeschreibung* in der »Historia naturalis« des Plinius zum Beleg anführt.[329] Von diesem Werk seines Onkels hatte der jüngere Plinius in einem seiner Briefe geschrieben, es sei *ein inhaltsschweres und gelehrtes Werk, das nicht minder mannigfaltig als die Natur selbst ist*.[330] Man sieht leicht, daß Humboldts Variation der antiken Formel im Brief an Varnhagen diese ins Subjektive verschiebt, im ›Eindruck‹ das konvergente Moment von Buch und Natur findet. Er hatte damit auch auf das vorgegebene *tertium comparationis* verzichtet, es sei die ›Mannigfaltigkeit‹, die die Natur wie ihren Beschreiber auszeichne, da der Ton doch nun auf der Einheit einer ganz von selbst aufgelaufenen Mannigfaltigkeit liegen sollte. Ob diese Einheit mehr der eines Gemäldes (*Naturgemählde*), einer dramatischen Szene (*Poésie descriptive*), eines Gesichtsausdrucks (*Pflanzenphysiognomik*) oder gar einer Idee (*Idee der Welt, des Zusammenhangs aller Erscheinungen*) entsprechen sollte, das war im Brief an Varnhagen vom Oktober 1834, aus der bloßen Erfahrung der Vorträge von 1827/28, noch unentschieden und sollte es weithin bis zum Ende bleiben.

Der Titel »Kosmos« darf nicht allein auf seine historischen Bedeutungen bezogen werden, obwohl die ästhetischen Konnotationen auf die archaische Vorgabe von ›Schmuck‹ hindeuten. Aber ›Ordnung‹ ist nicht vordringlich für Humboldts Ansicht von der Welt und nicht einmal für die Absicht ihrer Beschreibung. Schon gar nicht im Sinne einer Rangskala, wenngleich die Darstellung dem Vorbild des Plinius folgt und vom Weltall her auf die Erde zugeht. Wichtiger ist die Idee einer Durchwirkung von allem durch alles – und ihr ließ sich sogar der Vulkanismus integrieren als *Reaktion des Inneren eines Planeten auf seine Oberfläche*. Das Verfahren

---

329 Alexander von Humboldt, Kosmos, ed. H. Beck, Stuttgart 1978 (Quellen und Forschungen zur Geschichte der Geographie und der Reisen 12), 356.
330 Plinius Secundus, Epistulae III 5,6: *Naturae historiarum triginta septem, opus diffusum, eruditum nec minus varium quam ipsa natura.* Die Übersetzung ist die Humboldts a. a. O. Er brauchte den Schimpf nicht zu fürchten, den Thomas Carlyle in seiner John Sterling-Biographie als dessen Verdikt auf Bayle zitiert: *One would think, he had spent his whole life in the Younger Pliny's windowless study; had never seen, except by candlelight; and thought the Universe a very good raw-material for books.*

ließe sich dem des Anatomen vergleichen, der die Formen der Oberfläche eines Körpers gerade dadurch begreiflich werden läßt, daß er sie transparent macht auf die Verteilung und Funktion der Organe unterhalb der sie verbergenden Haut. Die Arbeit der Wissenschaft soll sich verwandeln in den Genuß des Betrachters; nichts soll erklärtermaßen die stören, die weniger wissen, weil Wissen im Dienst eines anderen Weltverhältnisses steht: *Der eigentliche Zweck ist das Schweben über den Dingen, die wir 1841 wissen.*[331]

Goethe hat das Rhetorische an Alexanders Stil erkannt. Es ist der Preis für den Willen zur Totalität, der sich selbst und die anderen zu etwas antreibt, was nicht eingeholt und nicht eingelöst werden kann, obwohl doch unverzichtbar ist. Humboldt selbst hat das Verhältnis von Redekunstfertigkeit und theoretischem Stoff in seinem Werk keineswegs so beschrieben, als wäre die Wissenschaft nur eingehüllt in ein Beiwerk der Annehmlichkeit: *Dem Oratorischen muß das einfach und wissenschaftlich Beschreibende immerfort gemischt sein. So ist die Natur selbst.* Wieder, in diesem späteren Brief an Varnhagen von 1841 wie in dem früheren von 1834, die Berufung darauf, das Buchwerk müsse und könne so sein und wirken wie die Natur. Diese mische das Gesetzliche und das Genüßliche, die Begeisterung am Funkeln der Sterne mit der Zuverlässigkeit der kreisenden Körper für den Zeitgebrauch.

Der Rhetorik der Erfüllbarkeit entspricht oder dient die Form der Unerfülltheit als die in die Konzeption des »Kosmos« hineinragende Romantik: das Pathos des Fragments. Nochmals an Varnhagen 1841: *Daß ein solches Werk nicht vollendet wird von Einem aus dem Kometen-Jahr 1769 ist sonnenklar. Die einzelnen Fragmente sollen so erscheinen..., daß die, welche mich begraben sehen, in jedem Fragmente etwas Abgeschlossenes haben.* Die Welt ist nicht mehr wie der antike Kosmos der Inbegriff einer vom ruhenden Standort ausgehenden Anschauung, sondern der aus dem Zusammenwirken zahlloser Faktoren integrierte Eindruck, das in den allgegenwärtigen Wirkzusammenhang am beliebigen Ort hereinziehende Erlebnis. Hatte Goethe seit 1781 an den Roman »Über das Weltall« gedacht, so sah Humboldt die Rezeption der Natur durch den Menschen von der Metapher des Romans her. Damit

---

331 Alexander von Humboldt an Varnhagen von Ense, 28. April 1841 (Briefe, ed. cit. 91 f.).

hatte auch die Reise als Handlung der Synthesis eines neuen Zuschauertyps spezifische Bedeutung bekommen. Ihre Voraussetzung war die Verwendung der Meßinstrumente, die Humboldt die Schaffung von Profilen durch ganze Kontinente gestatteten. Was er nicht selbst hatte sehen können, erschloß er sich durch sein weltweites Korrespondentennetz. In seinem Nachlaß fanden sich größere Manuskripte, die nur als Zutragung für den »Kosmos« auf seinen Wunsch verfaßt worden waren. Das steigerte den literarischen Vermittlungsgrad der Naturerfahrung. So lieferte ihm Ernst Curtius 1845 eine Abhandlung »Landschaftliche Schilderungen bei den Alten«, und die Brüder Grimm berichteten über Naturschilderungen in der altdeutschen Dichtung, wie sie aufgefordert waren: *aus freier Hand, ohne gelehrte Zuthat*.[332]

Die geschichtliche Stellung des »Kosmos« wird man am ehesten daran erfassen, daß er fast ein Jahrhundert nach der Französischen Enzyklopädie konzipiert ist und zwischen beiden jenes Allgemeine Brouillon einer »Encyclopaedistik« von Novalis liegt. Aber das Werk, dessen Drucklegung 1834 begonnen hatte, dessen erster Band gleichwohl erst 1845 erschien, ist kein Dokument der Romantik mehr, sondern am ehesten eines der Versöhnung von ›Enzyklopädie‹ und ›Enzyklopädistik‹. Der Mensch ist nicht nur durch seine Artefakte, durch seine Werkzeuge und Industrien vertreten, sondern als der Betrachter selbst, ohne den Natur wie Kultur keine Einheit hätten. Das Verhältnis von Mensch und Natur stand für Humboldt nicht unter dem Aspekt des Anteils der Subjektivität am Objektiven, unter keiner erkenntnistheoretischen Fragestellung. Es war ihm ein Korrespondenzsystem, auch und erst darin ein ›Kosmos‹. Auf der südamerikanischen Reise folgt er jeder Spur, die auf die Veränderungen der Landschaft durch den Menschen führt, auch zu jener Trägheit, die das Angebot der Natur unbeachtet, das Quellwasser drei Meter unter dem dürren Boden der Llanos ungenutzt läßt. Die Einwirkung der Natur auf den Menschen ist sein frühestes Thema gewesen, die Richtung seiner Fortbewegung von einer noch teleologischen Anthropozentrik des

---

332 H. Beck, Die Brüder Grimm über Naturschilderungen in der ältesten deutschen Literatur. Zwei Briefe der Brüder Grimm an Alexander von Humboldt. 1955, 252. Zum Zuträgersystem insgesamt: H. Beck, Alexander von Humboldt. Wiesbaden 1959/61, II 230.

›Nutzens‹ der Welt für den Menschen, der er botanisierend sogar im Berliner Tiergarten abliest, welche ›Kräfte‹ *die gütige Natur zur Befriedigung unserer Bedürfnisse in das Pflanzenreich legte*[333], hin zu einer nicht nur ästhetischen Auffassung vom *Einfluß auf den empfindenden Menschen*[334], den er, sucht man nach einem Extremwert, in den Berichten über die großen südamerikanischen Erdbeben von Cumana und Caracas als lebensweltliche Totalereignisse zwischen Himmel und Unterwelt beschrieben hat: *Das Volk schrie laut auf der Straße*. Dies wird die Endgestalt seiner Weltansicht, am Menschen ohne idealistische Zutaten die Konvergenz von Stellarität und Vulkanität als Erlebnis wahrzunehmen – nicht den Erzeuger, wohl aber den Einiger der Wirklichkeit als ›Kosmos‹. Die großen theoretischen Panoramen Humboldts erscheinen als Ausbreitung der Schauplätze, auf denen das, was dem Beobachter zufällt, in Form der Episode, ja der Verdichtung zur Anekdote, auftritt. Dabei wird die faktische Position der ›Zuträger‹ in Zeit und Raum gleichgültig; auch die historische Dimension liefert, was dem Menschen die Welt war und bedeutete, wieviel ferner ihm auch die Fernen gewesen sein mochten, die der Reisende nun in sein Netz der Vergleichbarkeiten einbezog, das er über die Kontinente legte.

Die in den ersten beiden Bänden behandelte Geschichte des Naturbewußtseins ist nicht die bloße Vorgeschichte eines gegenwärtigen Zustands der Naturwissenschaft aus vorwissenschaftlichen Motivationen heraus, als Geschichte dann nur gerechtfertigt durch das ganz unerwartete Resultat einer Wissensqualität, die nicht Motiv gewesen sein kann, weil sie nicht zu erwarten war. Eher war zeitweise behindert und verborgen, was in ihren Fakten steckte. Doch Humboldts Enthusiasmus konnte nicht wiederholt werden, und die Geschichte der Naturwissenschaft konnte so niemals wieder geschrieben werden – durfte es auch nicht ohne die Gunst jenes

---

333 An Wilhelm Gabriel Wegener, 25. Februar 1789 (Jugendbriefe an Wilhelm Gabriel Wegener, 43 f.): er arbeite an einem *Werke über die gesamten Kräfte der Pflanzen (mit Ausschluß der Heilkräfte).*

334 An Carl Pfaff, 12. November 1794, zit. b. H. Beck, a. a. O. I 256: *Ich arbeite an einem bisher ungekannten Theile der allgemeinen Weltgeschichte ... Es sollte eine Darstellung der Pflanzenwelt unter Einbezug aller Nachrichten über die Ausbreitung der Gewächse auf dem Erdboden sein, kein Vorgriff auf die Entwicklungstheorie, sondern ein auf den Deckungsraum historischer Quellen beschränktes Unternehmen.*

Augenblicks zwischen den Zeiten, zwischen der Romantik und dem Positivismus. Es war wohl auch nicht nur Bindung an Plinius, wenn Humboldt den deskriptiven Teil seines Werkes mit der Darstellung der Sternenwelt begann, um *durch die Sternschicht* zur Erde zu kommen. Pathos der Objektivität drückt sich darin aus, gerade das, dem er die ganze Mühe seines reisenden und forschenden Lebens zugewandt hatte, als die nur zufällig erreichbare Stelle des Universums darzustellen. Er konnte nicht wissen, daß dieser zurückgewendete Blick auf die Erde jemals menschenmöglich werden sollte, als ihn alle Welt durch die astronautische Optik ins Haus getragen erhielt.

Man kann Humboldts Ansicht der Natur ganz auf das fast ironische Datum beziehen, daß er den Zugang zum Entwicklungsgedanken noch nicht gefunden hat und wohl auch nicht gefunden hätte. Es bedurfte der handgreiflichen Evidenzen, um ihn an Stelle des subtilen Zusammenspiels neptunischer Kräfte wenigstens für die Auffaltung der Gebirgsketten die eine gewalttätige Urkraft des Vulkanismus setzen zu lassen: auf dem Rücken der Anden hatte er mit Bonpland Versteinerungen von Seemuscheln gesammelt, und dafür erschien ihm nun doch die alte Mythe von der allgemeinen Überflutung unzureichend; diese Lebensspuren mußten *durch vulkanische Hebungskräfte in diese Lage gekommen* sein.[335] So etwas wie Versöhnung mit dem Vulkanismus hatte wohl schon auf Teneriffa eingesetzt, als sich Humboldt im Ineinander von Fruchtbarkeit und Bedrohlichkeit der Existenz auf dem vulkanischen Boden ein Lebensmuster darstellte, das sich nicht ins Exotische abdrängen ließ. Südamerika wird ihm zeigen, daß der vermeintlich feste Boden die Konvulsionsarten des Meeres annehmen kann. Der theoretischen Annäherung an den Vulkanismus, als Verabschiedung des noch Goethe möglichen Naturvertrauens, ist die literarische Hinbewegung zum »Kosmos« gegenläufig: Die Natur ist so, daß sie *gerade noch* beschrieben werden kann, und es qualifiziert sie, daß daraus ein Buch wie der »Kosmos« hervorgehen wird. Aber es ist ein Alterswerk, ein Werk nicht der Ruhe, sondern des Zur-Ruhe-gekommen-seins. Der »Roman über das Weltall«, dessen Typus hinter dem »Kosmos« erahnbar würde, wäre ein Bildungsroman: von der Veränderung des Betrachters, der

---

335 Alexander von Humboldt, Kosmos, ed. H. Beck, 18.

aus seinen Selbstverständlichkeiten gerissen wird. Dafür steht, daß sogar der Sternhimmel seine Vertrautheit verliert. *Nichts mahnt den Reisenden so auffallend an die ungeheure Entfernung seiner Heimat, als der Anblick eines neuen Himmels.* In der Nacht vom 4. zum 5. Juli 1799 sieht Humboldt zum ersten Mal das Kreuz des Südens. Ein Jugendtraum erfüllt sich. Was tut er? Er spricht die Verse Dantes beim Wiederanblick des Himmels, und er wird sich bewußt zu wissen, daß das Kreuz des Südens auch einmal am heimischen Himmel gestanden hatte und wieder stehen würde. Wie jedes seiner Erlebnisse, ist auch dieses nicht ›momentan‹. Deren Integration ins Bewußtsein ist es vor allem, die er mit der Sprache der Emotionalität, des ›Gemüts‹ als eines Titels für die Gesamtheit der Regungen, belegt: *Die Natur muß gefühlt werden* ...[336]

Es ist nicht die Schwäche so unbestimmter Titel wie ›Gemüt‹ und ›Gefühl‹, daß sie die Metaphorologie stimulieren: Welche imaginative Richtung wird unter ihnen eingeschlagen? Zwar soll Humboldts letztes Buch aufs Gemüt wirken wie die Natur – aber seine Natur wirkt nicht wie ein Buch, sondern ganz überwiegend wie ein ›Gemählde‹. Trotz seiner Fähigkeit zur hochdramatischen Beschreibung – etwa der Jagd nach Zitteraalen (Gymnotus) mit wilden Pferden in den Llanos bei Calabozo – tendiert er auf das Bild der Landschaft, auf ihr Physiognomisches. Darin liegt Abweisung von Spiritualisierung. Kein Gott blickt ihn jemals an, und keinen denkt er hinter dem Prospekt. Wilhelm hat den Bruder charakterisiert, er *verstehe* nicht die Natur, so kühn und schrecklich das zu sagen sei, da er doch täglich in ihr Entdeckungen mache. Und: *Von Religion wird es weder sichtbar, daß er eine hat, noch daß ihm eine mangelt.* Das wäre nur eine Feststellung ohne die Genauigkeit der Begründung: *Sein Kopf und sein Gefühl scheinen*

---

336 An Goethe, 3. 1. 1810 (Briefe an Goethe, ed. Mandelkow, II 34). – Die Betonung von ›Gemüt‹ kommt sogar in seiner späten Distanz zu den Vereinigten Staaten zum Vorschein, deren Bild zunächst ganz unter dem Eindruck seines Besuchs bei Jefferson – in Erwartung der *großen Schritte der Vervollkommnung seines sozialen Zustandes entgegen* – gestanden hatte, wie er im Abschiedsbrief dem Präsidenten am 27. Juni 1804 schrieb. Ein halbes Jahrhundert später bietet sich ihm von dort der *Anblick, daß die Freiheit nur ein Mechanismus im Elemente der Nützlichkeit* ist, nicht das anregend, was doch *der Zweck der politischen Freiheit* sein solle: *das Geistige und Gemüthliche* (an Varnhagen, 31. Juli 1854; Briefe, ed. cit. 295).

nicht bis an die Grenze zu gehen, wo sich dies entscheidet.[337] Dieses Sich-fernhalten von der Grenze, trotz des Drangs über alle jeweiligen Horizonte hinaus oder gerade deswegen, ist überall auch für die Metaphernwahl bestimmend. In dem für Alexander so wichtigen Jahr 1789 hatte der Bruder an Georg Forster etwas geschrieben, was eine Verschiedenheit wie von *Menschen in verschiedenen Weltkörpern* indiziert, weil Alexander es niemals hätte schreiben können: Möge auch viel Schwärmerei darin liegen, die Sinnenwelt nur als einen Ausdruck, eine Chiffre der unsinnlichen Welt anzusehen, die wir zu enträtseln hätten, bliebe diese Idee doch immer interessant, schon als *Hoffnung, immer mehr zu entziffern von dieser Sprache der Natur, dadurch – da das Zeichen der Natur mehr Freude gewährt als das Zeichen der Konvention, der Blick mehr als die Sprache – den Genuß zu erhöhen, zu veredeln, zu verfeinern...*[338]

Wir kennen ungefähr, was Wilhelms Äußerung an Forster vorausgegangen sein kann: Alexander wollte die Unmittelbarkeit der Wirkungen aus der Natur auf den Menschen nicht ›literarisiert‹, nicht auf die Mittelbarkeit der Sprache bezogen wissen. Er gestand nicht zu, daß die Gemütsgewalt der Natur über den Menschen erst durch die andere hindurch verstanden werden könne, die der Mensch auf den Menschen über die Sprache ausübt. Von allem, was auf den Menschen wirke, sagt er zu Wilhelm, sei *das Hauptsächlichste eigentlich die physische Natur,* und diese Wirkung werde dadurch, daß ihre Ursachen unbekannt seien, um so stärker. Von diesem Sachverhalt habe Francis Bacon gewußt, doch hätte er ein größerer Kopf und vielseitigerer Mensch sein müssen, wenn er *nur den Umriß hätte richtig zeichnen sollen.* Daraus erwächst der Selbstvergleich, die Erfassung der eigenen Lebensaufgabe. Es sei *dieses Studium noch gar nicht behandelt, die Art des Einwirkens auf den Menschen ... nicht einmal der Gattung nach ungefähr bekannt.* Sie zu erforschen, müsse man die physische mit der moralischen

---

[337] Wilhelm von Humboldt an seine Frau Caroline, zit. b. H. Beck, Alexander von Humboldt, II 43 f. – Als Alexander seinen ersten »Kosmos«-Vortrag gehalten hat, schreibt Caroline an ihre Tochter Adelheid am 6. November 1827, man habe in die *wunderbare Tiefe des menschlichen Fassungsvermögens* geblickt und geahnt: *nach außen und innen gleiche Unendlichkeit – ach, und doch nicht glücklich* (zit. b. H. Beck, a. a. O. II 82).
[338] Wilhelm von Humboldt, Gesammelte Schriften, ed. A. Leitzmann, I 284 f.

Ein Buch von der Natur wie ein Buch der Natur

Natur verbinden, um *in das Universum, wie wir es erkennen, eigentlich erst die wahre Harmonie zu bringen, oder wenn dies die Kräfte Eines Menschen übersteigen sollte, das Studium der physischen Natur so vorzubereiten, daß dieser zweite Schritt leicht werde . . .*[339] Ursprüngliches Ziel Alexanders ist also die *Erforschung* der Natureinwirkungen auf den Menschen unter Wahrung ihrer Unmittelbarkeit, nicht die *Herstellung* solcher Wirksamkeit mit deskriptiven und agogischen Mitteln. Auf seinen Reisen wird er sich selbst zur bevorzugten Versuchsperson seiner Theorie. Beim »Kosmos« wird ihn die Frage der Übertragbarkeit beschäftigen, denn der Erfolg der Berliner Vorträge hat ihn von dem Zweifel nicht befreit, ob mehr als Wissen, ob etwas von genuiner Erfahrung induziert werden könne: *An ferne Wanderungen gewöhnt, habe ich ohnedies vielleicht den Mitreisenden den Weg gebahnter und anmutiger geschildert, als man ihn finden wird. Das ist die Sitte derer, die gerne andere auf den Gipfel der Berge führen. Sie rühmen die Aussicht, wenn auch ganze Teile der Gegend in Nebel verhüllt bleiben.*[340] Dieses Rühmen der Aussicht, war es nicht doch Alexanders eigene Methode? Auch die Ursache seiner Wirkungslosigkeit für die zweite Jahrhunderthälfte, die verstören kann, wenn man bedenkt, daß um den »Kosmos« *wirkliche Schlachten geschlagen* wurden, für die Priorität beim Bezug es *selbst an Bestechungs-Versuchen nicht gefehlt* hatte.[341]

Was wie ein Triumph aller Ansprüche des Menschen auf Ergiebigkeit der Welt zu seinen Gunsten ausgesehen hatte, erwies sich bald als das Symptom einer Wende zum gänzlichen Abgeschlagenwerden solcher Ansinnen an die Realität. Was Humboldts »Kosmos« dennoch unvergänglich gemacht hat, brachte ihn in seinem Jahrhundert um die Wirkung: der Versuch, das theoretische Subjekt der Wissenschaft zu trennen vom ›erlebenden‹ und dieses jenem als Zuschauer überzuordnen. Die Voraussetzung, es könne *den naturwissenschaftlichen Bestrebungen ein höherer Standpunkt angewiesen* werden, von dem her *alle Gebilde und Kräfte sich als ein durch innere Regung belebtes Naturganzes offenbaren* würden[342], erwies

---

339 Gespräche Alexander von Humboldts, ed. H. Beck, 6 f.
340 Kosmos, ed. cit. 27.
341 Briefe an Cotta, edd. M. Fehling/H. Schiller, III 32.
342 Kosmos, ed. cit. 27.

sich deshalb als illusionäre Verheißung, weil sich die ›innere Regung‹ alsbald nicht vom ›höheren‹, sondern vom niedersten aller denkbaren Standpunkte her zugänglich machen sollte: von dem der Evolution. Humboldt hatte sie durchaus im Spiel gehabt, aber als Besiedlungsgeschichte der Erde mit organischer Bildung – und als solche schien sie ganz zuzulaufen auf das Bedürfnis des durch ihn repräsentierten Zuschauers nach vollendeter Mannigfaltigkeit bei gestaltender Einheit. Ausgenommen, daß er einmal beinahe von Paris in einer Montgolfiere mitgeflogen wäre, hatte er keine andere als metaphorische Aussicht auf Verwirklichung des Wunsches nach einer ›Optik von oben‹, nach dem, was er gegenüber Varnhagen als *Schweben über der Beobachtung, wenn ich eitel so sagen dürfte*, bezeichnet hatte. Er meinte sein Publikum als den Zuschauer eines Zuschauers; so wie er selbst nie versäumt hatte, die Betroffenheit der von ihm Beobachteten durch die Natur eindringlich, teilnehmend, mittelbar betroffen zu beschreiben. Als ihm das Kreuz des Südens zum ersten Mal aufgeht und ein Jugendwunsch sich erfüllt, entgeht ihm doch nicht, daß von der Besatzung des Schiffes solche, die schon auf der Südhemisphäre gelebt hatten, eine ganz andersartige Grunderfahrung machen: *In der Meereseinsamkeit begrüßt man einen Stern wie einen Freund, von dem man lange Zeit getrennt gewesen.*[343] Das Physiognomische, wie es Humboldt sieht, ist Annäherung an Vertrautheit des Unselbstverständlichen und hat seinen Ausgangswert in Landschaften wie den Llanos, die nur den Fremden beeindrucken, die Bewohner aber durch Eintönigkeit in ihrer Trägheit versinken lassen.

Hier gibt es einen Antagonismus zwischen den langmütigen Verfahrensweisen der Natur bei der Umbildung ihrer ›Physiognomien‹ und den kurzfristigen Bedürfnissen des Menschenlebens nach Anregung und Erregung, nach dem Erlebbaren. Ohne Spürbarkeit verlaufen die *sanften und fortschreitenden Oszillationen* des Erdbodens, auf denen das Bewußtsein von Zuverlässigkeit der natürlichen Grundlagen des Lebens beruht, während die spektakulären Erscheinungen aus der *öden Einförmigkeit* herausreißen, die *verarmend auf die physischen und intellektuellen Kräfte der Menschheit einwirkt*, zugleich an die *Unbeständigkeit der gegenwärtigen*

---

[343] Südamerikanische Reise, ed. K. L. Walter-Schomburg, 60 f.

Ordnung der Dinge mahnend.[344] Doch macht eben das, was den Menschen am meisten erregt und beunruhigt, die Qualität in den Wirkungen der Natur nicht aus; ein Aspekt ihrer Unerlebbarkeit, den sie nicht mehr dem Schauenden, sondern nur dem Wissenden eröffnet. Humboldt hat diesen Sachverhalt in der Überlegung ausgesprochen, die mächtigsten Gebirgsketten seien zwar *Zeugen großer Erdrevolutionen*, doch sei *im Ganzen die Quantität der gehobenen Massen im Vergleich mit dem Areal ganzer Länder* gering. Bedenkt man, was in Humboldts Erlebnisbesitz die Ersteigung der großen Gebirge in allen Kontinenten bedeutete, so erkennt man, daß sein Verfahren der Naturansichtigkeit gerade darin besteht, das Erlebnis auf das Wissen – am Exempel: den einsamen Berggipfel auf das Kontinentalprofil – zu beziehen; nicht um die Subjektivität des Augenblicks zu zerstören, sondern um sie zu integrieren.

Um zu erfassen, was für Humboldt die ›physiognomische‹ Qualität der Weltansicht gewesen sein kann, muß man den Ausgangspunkt einer sterilen Normalität wählen, die sich als platonische Idealität ausgeben mag: Leonardo da Vinci sah den Sinn aller Verwitterungen und Erosionen darin, schließlich die Erdfigur der vollkommenen, rings mit Wasser bedeckten Kugel wiederherzustellen, wie sie vor dem ersten Schöpfungstag bestanden hätte, bevor Meer und Land geschieden waren. Eine Welt hochgradiger Einförmigkeit und ›Ausdrucksarmut‹ wäre die eines zum Äquator überall parallelen Verlaufs der Verbindungslinien gleicher klimatischer Werte: der Isothermen, Isotheren und Isochimenen. Deren System hatte Humboldt selbst 1817 erfunden, um daran eine vergleichende Klimatologie zu entwickeln, nachdem er überhaupt den ersten umfassenden Klimabegriff definiert hatte. ›Klima‹ wurde zum Inbegriff von Humboldts anthropotroper Naturauffassung, indem er *alle Veränderungen in der Atmosphäre, die unsere Organe merklich affizieren*, umfaßt, von der Temperatur bis zur *Heiterkeit des Himmels* alles, was *auch für die Gefühle und ganze Seelenstimmung des Menschen* wichtig ist.[345]

---

344 Kosmos, ed. cit. 135 f.
345 Kosmos, ed. cit. 152 f. – Auch in Humboldts Konversion zum Vulkanismus, durch die Arbeit seines Freundes Leopold von Buch ausgelöst, spielt das Moment des Überdrusses an der Vorstellung bloßer ›neptunischer‹ Sedimentbildungen mit. Ohne das gewaltige Element würde die Erde *von Pol zu Pol unter*

Mit diesem begrifflichen Apparat ließ sich das Konstrukt einer vollendeten ›Landschaftslosigkeit‹ der Erdoberfläche bilden, wenn überall in gleichen Breiten identische Bedingungen für Absorption und Emission von Licht und Wärme anzunehmen wären. Die Vielgesichtigkeit der Erde beruht auf der Verformung jenes systematischen Netzes: *Von diesem mittleren, gleichsam primitiven Zustand, welcher weder Strömungen der Wärme im Inneren und in der Hülle des Erdsphäroids, noch die Fortpflanzung der Wärme durch Luftströmungen ausschließt, geht die mathematische Betrachtung der Klimate aus.*

Das Physiognomische ist das Faktische, der Niederschlag einer Geschichte, die jeder spekulativen Ableitung trotzt; insofern gehört Humboldt in die Absetzbewegung von der Naturphilosophie, deren idealistische Hypertrophie ihm als *Mißbrauch der Kräfte* in kurzen *Saturnalien eines rein ideellen Naturwissens* erschien. Aber die Abwendung ist behutsam, will das Subjekt in der *Naturanschauung* nicht verspielen, in der, sich *selbst gleichsam unbewußt, die Außenwelt mit dem Innersten im Menschen, mit dem Gedanken und der Empfindung* verschmilzt.[346] Der Betrachter des ›Naturgemäldes‹ kann sich reine Impressionabilität nicht leisten; er durchläuft die Methodik der Erkenntnis, freilich in umgekehrter Richtung: *Die hier geschilderte naturbeschreibende Methode ist der, welche Resultate begründet, entgegengesetzt.*[347] Das gilt gerade für den Zeithintergrund, der in das ›Naturgemälde‹ als dessen faktische Eindrucksmacht aufgegangen ist: Dieses *ganze Erdenleben* erinnert *in jedem Stadium seiner Existenz an die früher durchlaufenen Zustände.* So wirken die geologischen Erscheinungen der Erdoberfläche auf unsere Einbildungskraft *wie Erzählungen aus der Vorwelt. Ihre Form ist ihre Geschichte.*[348]

Diese knappste Formel gilt für den Weltkörper Erde in seiner Gänze, dessen ›Anschauung‹ als eines abgeplatteten Sphäroids doch nur eine höchst mittelbare, aus Vermessungen gewonnene, darin Humboldts Kontinentalprofilen ähnliche ist, in die aber die ›Geschichte‹ der einst flüssigen rotierenden Masse als das belebende

allen Himmelsstrichen das traurig einförmige Bild der südamerikanischen Llanos oder der nordasiatischen Steppen darbieten (Kosmos, 107).
346 Kosmos, 44.
347 Kosmos, 52.
348 Kosmos, 39 f.

Moment eingegangen ist; diese Erdgestalt, *sie ist ihre Geschichte. Ihre elliptische Verformung ist die älteste geognostische ›Begebenheit‹, als solche allen Verständigen lesbar in dem Buch der Natur niedergeschrieben.*[349] Und der Schauder, als ginge die Verformung der Erde noch fort, kommt in den großen Erdbeben, an deren Schilderung Humboldt sich nicht genug tun konnte, zum Bewußtsein als die *Enttäuschung von dem angeborenen Glauben an die Ruhe und Unbeweglichkeit des Starren, der festen Erdschichten,* wo ein Augenblick die Illusion des ganzen früheren Lebens und seiner Beständigkeit vernichtet: *Man traut gleichsam dem Boden nicht mehr, auf den man tritt.*[350]

Und dieser Erdkörper ist nicht mehr nur der das Licht der Zentralsonne reflektierende Planet, sondern selbst ein vielfältige Lichterzeugungsprozesse vereinigendes Weltwesen: Das im Polarlicht am intensivsten auftretende Erdlicht übertreffe noch die Helligkeit des ersten Mondviertels, und am 7. Januar 1831 habe man dabei ohne Anstrengung Gedrucktes lesen können. Dieser winzige anekdotische Zug in Humboldts Weltschilderung vergegenwärtigt ein letztes Mal die von Petrarca geschaffene Prototypik dessen, der es ganz und entschlossen auf die Ansicht der Natur abgesehen hat und dennoch das Buch bei sich trägt, in dem zu lesen ihn selbst der spektakuläre Naturanblick nicht abzuhalten vermag.

Humboldts Synopse der Erde als eines vielfältigen Lichtproduzenten greift mühelos elektromagnetische Ungewitter und organische Phosphoreszenz in den tropischen Ozeanen zu *einer* Emsigkeit zusammen: *Hier gehört der Zauber des Lichts den organischen Kräften der Natur an. Lichtschäumend kräuselt sich die überschlagende Welle, Funken sprüht die weite Fläche, und jeder Funke ist die Lebensregung einer unsichtbaren Tierwelt. So mannigfaltig ist der Urquell des irdischen Lichtes.*[351] Humboldts ›Naturgemälde‹ lebt von der Vollstreckung einer Konsequenz, die immerhin schon das Alter des Kopernikanismus hatte, aber noch nicht annähernd ausgeschöpft zu sein schien: daß auch die Erde ein Stern sei. War es zuerst nur die Teilnahme an den Kreisläufen alles Stellaren gewesen, was sie dazu machte, so alsbald der empirische Beweis

---

349 Kosmos, 62.
350 Kosmos, 76.
351 Kosmos, 63.

ihres Leuchtens am fahlen Neumondlicht. Humboldt sieht überall Inszenierungen dieser authentischen Zugehörigkeit zum Himmel, zuerst auf der Überfahrt nach Südamerika das Meeresleuchten, dann dort drüben die tropischen Leuchtwürmer, die *im heißen Erdstrich der Schmuck der Nächte sind, wo einem ist, als ob das Schauspiel, welches das Himmelsgewölbe bietet, sich auf der Erde, auf der ungeheuren Ebene der Grasfluren wiederholte*.[352]

Aber nicht nur, daß man sich am Ende des Weges angekommen glaubt, an dessen Anfang die Erde noch als Ausbund kosmischer Finsternis und Trägheit zum Bodensatz des Weltalls erklärt gewesen war – man gewahrt darin auch die Anstrengung inmitten der diesen Weg beschreitenden Forschung selbst, ihrer Verdorrung durch den Ausstoß bloßer Daten Einhalt zu gebieten, jenem unbefriedigten *Naturdichter* wie diesem ungesättigten *Sinn der neugierigen Menge* noch einmal ihr Recht zu lassen, denen *heute die Wissenschaft wie verödet* erscheint, da sie *viele der Fragen mit Zweifel oder gar als unauflöslich zurückweist, die man ehemals beantworten zu können wähnte*.[353] Hier wird das ›Naturgemälde‹ zum Dokument eines Trostes, eines Anachronismus, vielleicht einer Verzweiflung.

Erst so gewahrt man, in welchem Maße der Umgang mit Metaphern der optischen Erfassung und malerischen Darstellung bei Humboldt kontrastierende Funktion hat. Oder besser: haben soll – denn der Blick auf dieses große mit der Natur rivalisierende Lebenswerk wäre unaufrichtig, wollte er die Züge der Hilflosigkeit übersehen. Nach dem Tode Goethes: welche Einsamkeit unter der Last des Zeitgeistes, trotz der Allgegenwart des »Kosmos« in der Resonanz des Publikums. Geht es nicht mehr nur um ›das Malerische‹ an der Natur, sondern um dessen Realisierung als Malerei, hat Humboldt technische Grenzüberschreitungen im Auge, die Tafelbild und museale Darbietung hinter sich lassen, um eine Totalität der Einbezogenheit in die Landschaft technisch zu gewinnen: als Runduminszenierung, Panorama, Diorama, Neorama. Daß er damit nur Übergangsformen zur totalen Information ins Auge faßte, Annäherungen an Simulationen der Realität, konnte er nicht ahnen, wenn er glaubte, solche totalisierten ›Naturgemälde‹ könn-

---

352 Südamerikanische Reise, ed. cit. 86.
353 Kosmos, 50.

ten schließlich *die Wanderung durch verschiedenartige Klimate fast ersetzen,* indem der Beschauer, *aller störenden Realität entzogen, sich von der fremden Natur selbst umgeben wähnt.*[354] In dem, was Humboldt den ›magischen Effekt‹ solcher Präsentation nennt, steckt das heimliche Ideal der technisch vermittelten Ubiquität, des gleichen Weltzugangs für alle Subjekte, die eben dadurch erst in den Genuß der ›endgültigen‹ Wirkung von Wissenschaft kämen: *Größere Ausbildung der Wissenschaften leitet wie die politische Ausbildung des Menschengeschlechts zur Einigung dessen, was lange getrennt blieb.*[355] Deshalb sollte es in allen großen Städten neben den klassischen Museen eine Anzahl neuartiger Rundgebäude für panoramatische Darstellungen geben.

Die Vorstufe dazu hatte Humboldt am Ende seiner südamerikanischen Expedition unmittelbar vor der Rückkehr nach Europa in Philadelphia kennengelernt. Hier hatte der Maler Charles Willson Peale 1786 das erste amerikanische Museum für die American Philosophical Society eingerichtet, in dem er die Wirkungsverhältnisse von Natur und Mensch in der Aufstellung seiner Exponate vor gemalten Hintergründen demonstrierte, zumal Tiere in ihrer natürlichen Heimwelt zeigte. Das Museum warb mit der Inschrift: *Schule der Weisheit – Das Buch des Lebens ist aufgeschlagen...*[356] Man begreift, daß Humboldt hier, im Mai 1804, am Ende der

354 Kosmos, 266. – Der Frühneukantianer Otto Liebmann hat eigens einen fiktiven Dämon oder Übermenschen bemüht, um zu zeigen, daß Humboldts »Kosmos« *ein gewisses Etwas fehlt.* Daß die empirische Welt *endlos und unerschöpflich* ist, gibt nicht nur Grund zu menschlicher Resignation, sondern weckt Zweifel am Wert auch der imaginären Vollkommenheit ihrer Erkenntnis in ihren Erscheinungen. Was hätte ein Dämon der Totalität zu gewinnen? Liebmann beantwortet die Frage mit einem bei Humboldt entnommenen Begriff: *Einen Profildurchschnitt, und zwar einen von einer specifischen Geistesconstitution specifisch gefärbten Profildurchschnitt durch das seiner Existenz und seinem Wesen nach unbegriffene Universum. Er hätte die Natura naturata, aber nicht die Natura naturans.* (Gedanken und Thatsachen I, Straßburg 1882; ²1904, 132 f.)

355 Kosmos, 104. – In seinem »Versuch über den politischen Zustand des Königreichs Neu-Spanien« hatte Humboldt über die Akademie der schönen Künste in Mexiko geschrieben: *Es ist tröstlich zu beobachten, daß die Pflege der Wissenschaften und Künste unter allen Zonen eine gewisse Gleichheit der Menschen stiftet, indem sie sie wenigstens für einige Zeit diese kleinen Leidenschaften vergessen läßt, deren Auswirkungen das gesellschaftliche Glück verhindern.* (zit. b. H. Beck, Alexander von Humboldt und Mexiko. Godesberg 1966)

356 Halina Nelken, Alexander von Humboldt. Bildnisse und Künstler. Eine dokumentierte Ikonographie. Berlin 1980, 58.

fünfjährigen Reise, ganz von der Frage erfüllt war, wie der Ertrag dieses Unternehmens einer Welt zugänglich gemacht werden konnte, die eben immer noch eine andere Welt war.

Auch wenn Alexander von Humboldt nicht einer der großen Sprachmeister des Deutschen geworden ist, berührt doch die Diskrepanz zwischen seinen Beschreibungen und den von ihm veranlaßten, induzierten, durch Skizzen vorbereiteten und autorisierten Illustrationen zu seinen Reiseberichten befremdlich. Gleich die erste veröffentlichte Illustration von der Amerikareise, ein anonymer Stahlstich nach einer Zeichnung von Gottlieb Schick »Nächtliche Scene am Orinoco«, ist von rührend gartenmäßiger Harmlosigkeit alles dessen, was im Wort des Berichts die Mächtigkeit des Eindrucks bewahrt hatte; und am meisten verblüfft den Betrachter, wie die beiden europäischen Reisenden Humboldt und Bonpland plaudernd den Urwald durchschreiten, entgegen dem von nackten Wilden bereiteten Mahl mit rostgebratenem Affen – in vollkommener boulevardmäßiger Bekleidung mit Zylinder. Und doch hatte Humboldt gegenüber dem Verleger der »Allgemeinen Geographischen Ephemeriden« ausdrücklich bescheinigt, nach seinen Skizzen und seiner Erzählung sei eine Zeichnung gefertigt worden, *welche in der That im Detail so genau ist, als man es von Darstellungen einer so großen Natur verlangen kann.*[357]

Spätestens als er die Wirkungen der neu entdeckten Länder auf die Malerei für den »Kosmos« untersuchte, hätte Humboldt skeptisch gegen das ›Naturgemählde‹ werden müssen. Die Maler im Gefolge der Expeditionen und Weltumschiffungen hatten keinen achtbaren Ertrag gebracht; vor die exotische Natur gestellt, hätte man sie *unvorbereiteter gefunden als es eine solche Bestimmung erheischt.* Was Humboldt nicht daran hindert, rhetorisch zu fragen: *Warum sollte unsere Hoffnung nicht begründet sein, daß die Landschaftsmalerei zu einer neuen, nie gesehenen Herrlichkeit erblühen werde, wenn hochbegabte Künstler öfter die engen Grenzen des Mittelmeers überschreiten können...?*[358] Daß die Malerei nicht die Mittel der Sprache hat, vergleichende Verfahren, Übertragungen vom Vertrauten aufs Unvertraute anzuwenden, übersieht

---

357 Alexander von Humboldt an F. J. Bertuch, Berlin 21. November 1806 (H. Nelken, a. a. O. 67).
358 Kosmos, ed. cit. 261.

Humboldt; vielleicht auch, weil er selbst seine bei Chodowiecki erlernte Zeichenkunst überschätzte. Seinem eigenen Erfolg mit den »Kosmos«-Verträgen hatte er nicht abgewonnen, daß ein Buch, welches wirken sollte wie die Natur selbst, es gerade nicht durch Annäherung an die Abbildung leisten würde. Die Lehren des Zeitalters der allgegenwärtigen Bildmittel wären ihm unerahnbar geblieben: inmitten der Triumphe der Illustration die geistige Enttäuschung des Verlustes von Erlebnisfähigkeit. Selbst wo sich die Natur mit ihren eigenen Requisiten darstellen konnte, wie im Palmenhaus der Pfaueninsel bei Potsdam, steht sie für Humboldt im Dienst der Illusion, die *größer als bei dem vollkommensten Gemälde* werden könne, weil der Besucher *auf Augenblicke über die Örtlichkeit, in der man sich befindet, vollkommen getäuscht* werde. Störend wirke nur die *Erinnerung an die künstliche Treibhauspflege*, die ihm Gelegenheit gibt, seinen Glaubenssatz zu bekräftigen, daß Freiheit und vollkommenes Gedeihen *unzertrennliche Ideen auch in der Natur* seien.[359]

Nicht zufällig, wenn auch inmitten eines solchen Fortschreitens am ›Naturgemählde‹ überraschend, ist schließlich die Zurückbindung der erwarteten Leistung des Bildes an die des Buches. Unter der Hand des Landschaftsmalers *löst sich (wenn ich den figürlichen Ausdruck wagen darf) das große Zauberbild der Natur gleich den geschriebenen Werken der Menschen in wenige einfache Züge auf.*[360] Die Metaphorik der Lesbarkeit dient nur noch dazu, die Optik des Künstlers zu erläutern; es ist die Schrift, die durch ihre elementare Zerlegung der sprachlichen Lautgebilde der höheren Stufe der bildenden Darstellung vorgearbeitet hat.

---

359 Kosmos, 270.
360 Kosmos, 266.

XIX
Das leere Weltbuch

Die zwischen den Titeln »Enzyklopädie« und »Bibel« schwankende Konzeption der Romantik vom absoluten Buch ist noch durch eine andere Unbestimmtheit gekennzeichnet, die nur der unreife Zustand der ästhetischen Reflexion gestattete oder verzeihlich erscheinen ließ. Die Grundsatzentscheidung jeder Ästhetik war noch zu sehr in der Schwebe, um das absolute Buch späteren Ansprüchen genügen zu lassen: die Entscheidung darüber, ob die Hauptleistung der Erzeugung ästhetischer Wirkung beim Produzenten oder beim Rezipienten des Werks liegen solle. Zwischenstufen wird man für die Idee des absoluten Buchs unbeachtet lassen können. Gerade hinsichtlich dieser Vorentscheidung muß es dem Absolutismus seiner Ursprünge genügen. Entweder dem Autor ist die Erfüllung und Ausfüllung der Aufgabe zuzutrauen, das unüberbietbare Buch zu erzeugen, oder die ganze konstruktive Energie ballt sich beim Adressaten, beim Leser. Er bedarf dann nur der spezifischen Auslösung, um nicht nur dieses oder jenes, nicht nur diese Fiktion oder jene, sondern nicht weniger als eine Welt zu erzeugen. Etwas also, was sich der Autor nicht hätte träumen lassen dürfen, sofern er nur die Armseligkeit der einen Individualität einzubringen hatte. Der Leser, in seinem Plural, vertritt das ganze kreative Potential der Gattung, das aufzuwiegen der Autor jenes Genie hätte sein müssen, mit dessen Geschichte es bergab zu gehen begonnen hatte, als der eine Homer zerschlagen war und kollektive Urheberschaften bis hin zu ganzen singenden und dichtenden Nationen ins Bild rückten.

Versucht man, den Grundgedanken einer Rezeptionsästhetik auf seine Reindarstellung zu bringen, muß man den Anteil des Autors auf die bloße Formalität seiner auslösenden Funktion reduzieren. Man bekommt das Werk, das sich jeder Bestimmtheit der Induktion enthält, die ästhetische *permissiveness*, schließlich das Nichts als vertraute Bedingung jeder *creatio ex nihilo*. Die Fiktion, eine Leserschaft vereinigt am Werk zu denken, steckt schon in der Zeitschrift mit anonymer Verteilung der Beiträgerschaft als exemplarischem Unternehmen der Romantik, wie die großen Hoffnungen erkennen lassen, die die Jenenser in das »Athenäum« setzten und die überlebenden Mitglieder je für sich in ihre mehrfachen Neugründungen übernahmen. Der Antityp zum einsamen Olympier sollte das werden, der sich so erkennbar zu viel zutraute.

Der extreme Gegenentwurf zum Einzigkeitsbewußtsein des Genies steht nicht zufällig in einem Text des Novalis aus dem Spätsommer 1798, der Zusammenhang hat mit dem Plan, über den Naturforscher Goethe zu schreiben: *Journale sind eigentlich schon gemeinschaftliche Bücher. Das Schreiben in Gesellschaft ist ein interessantes Symptom – das noch eine große Ausbildung der Schriftstellerey ahnden läßt. Man wird vielleicht einmal in Masse schreiben, denken, und handeln – Ganze Gemeinden, selbst Nationen werden Ein Werck unternehmen.*[361] Das ungescheute Paradox dieser Konzeption besteht darin, daß ein solches produktives Totalsubjekt auf kein rezeptives Publikum mehr zu rechnen hätte. Doch der Einwand gegen den anderen Vorschlag, jeder solle seine Bibel selbst schreiben: was dieses denn für irgendeinen anderen bedeuten könne, der ebenfalls mit der seinigen beschäftigt wäre, könnte so behoben sein. Welthaftigkeit würde hergestellt durch den Weltanteil aller beteiligten Autoren, und man sieht leicht, daß die Herkunft des Werks allein, nicht irgendeine gedachte Wirkung, den Aufwand rechtfertigen müßte. Läge im Titel ›Dialektik‹ nicht die Verweisung an ein *asylum ignorantiae*, so wäre dieser Rückschlag einer zu Ende gedachten Rezeptionsästhetik in einen neuen Absolutismus der Produktion eine solche.

Die Absurdität, die sich ergibt, wenn alle schreiben, daß sie dann für niemand mehr schreiben können, läßt nach einer anderen Radikallösung des ästhetischen Dilemmas Ausschau halten, bei der zwar alle Aktivität dem Empfänger abverlangt würde, aber nicht die Form des Werks, der Gattungsleistung, des Weltbuchs als des wahren *ens realissimum* annehmen dürfte. Die Lösung kann nur sein, daß der Ertrag dieser ästhetischen Leistung des Rezipienten imaginär zu bleiben hätte, dafür aber auch ganz und gar individuell sein dürfte.

Das unbeschriebene Blatt, die Metapher des *white paper*, stammt aus dem englischen Empirismus, aus Lockes »Essay«. Sie steht nicht, wie es dem Nachkantianer erscheinen möchte, für die blanke

---

[361] Novalis, Schriften, ed. R. Samuel, II 645.

Ohnmacht des Subjekts beim Akt der Erkenntnis, sondern demzuvor noch für seine Unabhängigkeit von einer ihm verborgenen und vorgegebenen Grundausstattung mit eingeborenen Ideen. Obwohl das Subjekt ärmer erscheint als im kontinentalen Rationalismus, ist es in seiner Leistung weniger gebunden an seine Natur. Die anfängliche Leere des Bewußtseins entspricht der gleichzeitigen Zunahme der Leere des Raumes im nachkopernikanischen Bild des Universums. Beides, der leere Raum und das leere Blatt, konvergieren zur ersten Idee des leeren Buches bei Lichtenberg.

Es ist mehr als ein geistreicher Einfall, wie ihn nachträglich jeder glaubt gehabt haben zu können: Ein Gedicht über den leeren Raum wäre möglich. Man denkt an das Lehrgedicht des Lukrez, doch vergeblich, denn ohne das Weltendrama der Atome bliebe zwar der leere Raum Epikurs, aber von dem Lehrbaren des Gedichts nur Sprachlosigkeit. Eine Dichtung über den leeren Raum wäre auf ihre Weise das absolute Buch, da sie nichts über nichts zu sagen hätte. Lichtenberg hatte, ohne sich auf die Beweislast einzulassen, geschrieben: *Ich glaube, daß ein Gedicht auf den leeren Raum einer großen Erhabenheit fähig wäre. Ich glaube wenigstens so, nach allem was ich bisher gelesen habe; vielleicht trägt aber auch meine eigene Disposition etwas dazu bey.*[362] Noch fern aller ästhetischen Theorie bleibt die eher psychologisch gemeinte Notiz: *Über den eigenen Reiz, den ein eingebundenes Buch weißes Papier hat.* Wie so oft hilft sich Lichtenberg mit einer sexuellen Metapher, um zu verdeutlichen, was ihm vorschwebt: *Papier das seine Jungferschaft noch nicht verloren hat und noch mit der Farbe der Unschuld prangt ist immer besser als gebrauchtes.*[363] Macht man die induzierte Schwenkung nicht mit, so sieht man, wie nahe Lichtenberg dem Gedanken gekommen ist, die Demonstration der Möglichkeit sei jedem bloßen Vorzeigen von Wirklichkeit überlegen.

Das Buch der unbeschriebenen Blätter identifiziert den Autor mit seinen Lesern, weil auf beiden Seiten alles möglich bleibt. Die offene Frage, ob jener oder diese der Herausforderung gewachsen sein werden, die in dem weißen Papier liegt, hat nur die Nebenbe-

---

362 Lichtenberg, Vermischte Schriften, edd. J. C. Lichtenberg/F. Kreis, Göttingen 1900/06, II 345.
363 Lichtenberg, Sudelbücher F 513 (1776-1779); Schriften und Briefe, ed. W. Promies, I 531.

deutung der faktischen Randbedingung. Solange man vom Horizont der Möglichkeiten keinen Gebrauch macht, besteht die absolute Potenz fort und scheint die ganze Kraft der Imagination darauf zu konzentrieren, was sein könnte. Wozu eben gehört, daß es niemals sein darf, soll es diese Wirkung nicht verlieren. Dieses Paradox berührt Lichtenberg nicht mehr. Die Virginität ist ihm nur die Bedingung der Möglichkeit der Defloration; er fürchtet den Potenzverlust, den Phantasieverlust nicht.

Der Weg zum leeren Buch, das alles der Unbestimmtheit der Rezeption, dem absoluten Anspruch an seinen Leser überläßt, führt über die Vergleichgültigung der Gegenstände. Es hat nicht mehr viel Witz, das in der Literatur als Parallelaktion zu dem zu beschreiben, was sich in der bildenden Kunst abspielt, die dem, was sie zeigt, im Verhältnis zu dem, was sie evozieren zu können meint, eine vorgeblich magische Vernichtung zuteil werden läßt. Dies alles zehrt noch, durch ein ganzes Jahrhundert hindurch, vom Grundgedanken der Romantik, der als Widerspruch gegen die alleinige Vollmacht des schaffenden Genies entstanden war. Bevor aber die Vernichtung magisch wird, ist sie bloße Nivellierung eines einstmals großen Respekts, erkennbar an der Wiederholung seiner Bezugsrichtungen. Nach einem Waldspaziergang, den er herrlich fand, dem Besuch einer Kirche, deren Farbfenster ihn begeisterten, findet Flaubert an sich die gemeine Gleichgültigkeit, die nichts übrig läßt als die Realität des Appetits auf eine Pastete und auf Wein: *Es ist etwas Seltsames, wie das Schauspiel der Natur, weit davon entfernt, meine Seele zum Schöpfer zu erheben, meinen Magen anregt. Der Ozean läßt mich von Austern träumen, und als ich das letztemal die Alpen überquerte, verursachte mir eine Gemsenkeule, die ich vier Jahre vorher am Simplon gegessen hatte, Halluzinationen. Das ist gemein, aber es ist so.*[364] War der ästhetische Gegenstand ohnehin nur noch Anlaß für seine Isolierung und Anhebung gewesen, bleibt er zunehmend so etwas wie die Parodie auf eine einstmals sakrale Bedeutsamkeit, aber auch auf die spätere weihevolle Salonfunktion. Dann konnte er auch ganz fallen. Es war nur Exekution von Konsequenz, wenn Flaubert zu dem Satz gefunden hatte, ein Buch über nichts sei, was er machen möchte.

364 Flaubert an Louis Bouilhet, 25. August 1856 (Briefe, dt. v. H. Scheffel, Stuttgart 1964, 343 f.).

Die von der Romantik hinterlassene Täuschung besteht gerade darin, daß sie die Sache selbst, das ›Ding an sich‹ haben zu können meinte: in voller Unmittelbarkeit die Sache selbst – dabei aber ein Buch in der Hand zu halten und behalten zu können, im Extremfall ein einziges, das ihr zur Sache selbst geworden sein sollte. Es ist nur Sichtbarmachung dieser Aporie, wenn in der Verlegenheit um die ›Reinheit‹ dessen, was in dem Buch stehen könnte und sollte, dieses schließlich nichts enthält oder über nichts etwas enthält. Im Maße, wie es gelang, den Gegenstand zu vergleichgültigen, trat an seine Stelle, was spätestens seit Kant keiner mehr sein konnte: die Welt.

Weltsüchtigkeit konnte sich im Gestus der Gegenstandsverachtung ausdrücken. Die Welt war durch den leeren Raum, die Spärlichkeit der Massen in ihm, angeschwollen; man konnte sich das nochmals gesteigert denken durch die Geringschätzigkeit gegenüber dem, was geblieben war. Nur durch die Herrschaft über die Negation bestand die ›Lesbarkeit‹ der Welt fort. Mehr noch: Das Buch über nichts ist das schlechthin autarke Buch; es hat nichts nötig als sich selbst. Es ist *nackte* Bedeutung. Da wird der Anschluß erkennbar an die Metaphorik der Welt als Buch: War die Welt eine Mitteilung des Schöpfers an seine Kreaturen gewesen, mußte der Verlust dieser Funktion die entleerte Gebärde der Bedeutung hinterlassen, die Welt als Buch über nichts. Darin nun lag die Vertauschbarkeit der Prädikatsnomina. War die Welt ein Buch gewesen, so konnte das Buch eine Welt sein: *Hic liber est mundus*, hatte E. R. Curtius noch als *elegante Umkehrung*, als ein Stückchen barocker Manier, bei dem Epigrammatiker John Owen gefunden und D. Tschizewskij bei einem *Meister der kleinen Formen* ukrainischer Barockdichtung wiedergefunden.[365]

Flauberts gewaltige Phantasmagorie des »Saint Antoine« scheint alles andere zu sein als ein Buch über nichts, kommt aber einem solchen viel näher, als der gewaltige Aufwand an Vorstudien in Kir-

---

[365] E. R. Curtius, Europäische Literatur und lateinisches Mittelalter. Bern 1948, 324. – D. Tschižewskij, Das Buch als Symbol des Kosmos. In: Aus zwei Welten. Beiträge zur Geschichte der slavisch-westlichen literarischen Beziehungen. 's-Gravenhage 1956, 95. Aus den der westlichen Metapherntradition nicht bekannten Varianten muß wenigstens die eine aus einem Epigramm des polnischen Barockdichters Waclaw Potocki angeführt werden, die angibt, wer das Weltbuch *im grünen Einband* denn nun liest: *Die Zeit ist der Leser dieses Buches.* (93)

chen- und Ketzergeschichten, in Folianten und Creuzers »Mythologie« erwarten läßt. Dies alles ist auf eine vertrackte Art als ›Gegenstand‹ zum Verschwinden gebracht, um Visionen zu beschwören, die das Nichts der ägyptischen Wüste ebenso zur Voraussetzung haben wie das eine Buch des Eremiten, dem sie zu entsteigen scheinen. Das Enzyklopädische und das Biblische, die Gegenpole der Metapherngeschichte, haben einander aufgehoben. Eine der prägnantesten Formeln für Flauberts gescheiterte Welthaltigkeit in diesem Buche hat Michel Foucault gegeben: *Das Imaginäre haust zwischen dem Buch und der Lampe.*[366] Die Erzeugung der Imagination sei hier ein ›Bibliotheksphänomen‹; das Imaginäre konstituiere sich nicht mehr aus seinem Gegensatz zum Realen, um diesem entgegenzutreten oder es zu kompensieren, sondern *es dehnt sich von Buch zu Buch zwischen den Schriftzeichen aus, im Spielraum des Noch-einmal-Gesagten und der Kommentare; es entsteht und bildet sich heraus im Zwischenraum der Texte.* Zwar geht es um das visionäre, halluzinierende Subjekt des Asketen in der Wüste; aber der eigentümliche Mangel an Urwüchsigkeit im Material, dessen Affinität zum Literarischen, läßt wenigstens einen Blick zu auf die ähnliche Beschaffenheit des Materials in der »Traumdeutung« Freuds.

Flauberts gnostische Walpurgisnacht ist ein Buch aus Büchern schon deshalb, weil sie Sterilität der Wüste als Abwehr jeder Kontamination durch die Natur erfordert. Oder anders: Die Welt ist durch die Rivalität der Bücher zur bloßen Natur denaturiert. Die Schöpfung ist das Erschöpfte, seitdem sie dazu gedient hat, die Welt des Buches hervorzubringen. Die »Versuchung des heiligen Antonius« *existiert nur in einer bestimmten fundamentalen Beziehung zu Büchern*, ist das Buch selbst, *in dem es um die Fiktion der Bücher geht.* Nicht ein neues Buch nach anderen auf der Ebene der Bibliotheken ist entstanden, sondern das Buch auf einem anderen und durch seine Vorgänger nur noch getragenen Niveau der Arbeit an einem Werk, *das sich über den ganzen Raum der vorhandenen Bücher erstreckt.*

Flaubert hatte als Kind die Geschichte des Antonius im Marionettenspiel kennengelernt, später die Darstellung durch Breughel den Jüngeren aus der Sammlung Balbi in Genua gesehen; aber ihm ist

---

366 M. Foucault, Nachwort zu: Flaubert, Die Versuchung des heiligen Antonius. Frankfurt 1966, 217-251 (dt. v. A. Botond).

klar, daß nur das Wort leisten kann, was das Bild nicht vermag: die Rivalität der Welt mit dem Buch in der Unbestimmtheit zu lassen, die sie nun einmal erfordert. Kein Maler könnte zeigen, was Flaubert die Königin von Saba zum Eremiten sagen läßt: *Ich bin keine Frau, ich bin eine Welt.* Daß der Heilige mit dem Buch dem Andrang der Gestalten widersteht, hatte ikonisch gezeigt werden können; daß es in jedem Phantasma der Lüste und Todsünden die Welt selbst und im ganzen ist, die ihn verführt und der das Buch die Waage zu halten hat, konnte nur in der Verfügung über das Wort auftauchen. Die hämische Drohung, mit der das Trugbild der Königin von Saba die Szene verläßt, ist die mit der Wiederherstellung der Wüste – Lichtenbergs leerem Raum –, eindringend ins Subjekt auf die einzige Weise, in der Weltverlust erlitten werden kann: als Langeweile. Was sind die Versuchungen, die der Anachoret zu durchstehen hat, im Vergleich zu dem, was sie an Leere hinterlassen – es sei denn, das Buch auf dem Holzpult in der Mitte der Lehmhütte des Heiligen könnte seine Welt sein, wie das Buch des Autors die des Lesers werden soll.

Die Erscheinung des Apollonius von Tyana liefert einen weiteren Schlüssel zu der Art, wie Antonius für den Leser des Werks einsteht. Der falsche Heiland, enttäuscht, daß Antonius ihn nicht zu verwechseln vermag, wendet sich mit der ärgerlichen Feststellung über den störrischen Realismus des Heiligen ab: *Er glaubt wie das Vieh an die Wirklichkeit der Dinge.* Antonius seinerseits, dem die Gefahr der Verwechslung der Heilande schon als die Verdammnis erschienen war, erkennt die Macht des Wortes als das Größere gegenüber den Versuchungen der bloßen Bilder. Von Apollonius sagt er, als spräche er vom Wunsch des Dichters hinter seinem Werk: *Er redet in einer Weise von den Göttern, daß man Lust bekommt, sie kennenzulernen.* Diese Lust, an dem Einen nicht genug zu haben, kommt gerade aus dem Buch in der Schilfhütte als das unstillbare Heilsbedürfnis, dem nichts von den gebotenen Wirklichkeiten genügen kann und das daher den Versuchungen – dieser Revue der Möglichkeiten, sich zu sättigen – offenliegt.

Der Heilige, der Leser, sind Figuren der Versuchbarkeit, die der Autor als seine Herausforderung umkreist, immer weitere Dimensionen geschichtlich gewesener Phantasie in Mythen, Kulten, verrufenen Liturgien, magischen Praktiken zu öffnen. Was aus dem

Buch aufsteigt, lenkt von dem Buch weg, entmachtet seine Ausschließlichkeit in einem Horizont von mythischen Konkurrenzen, diabolischen Parodien, sakralen Simulationen – der ganze religionsgeschichtlich unterbaute Aufwand, der einer Geschichte der menschlichen Imagination dienstbar sein könnte. Aber Thema sind nicht diese Inhalte, sondern ist das Zentrum der Reizbarkeit, auf das sie sich beziehen.

Nun wisse er, wie man es machen müsse, schreibt Flaubert nach der ersten Arbeitsphase am »Saint Antoine«; dieser sei ein Versuch gewesen wie vorher die »Éducation«. Nie werde er solche Berauschungen am Stil wieder erreichen, die er dabei erlebt habe. *Was für ein Schriftsteller wäre ich*, ruft er aus, *wenn ich den Stil schriebe, dessen Idee mir vorschwebt.*[367] Die Summe der ästhetischen Selbsterfahrung ist fällig, und sie wird im Brief an Louise Colet gezogen: *Was mir schön erscheint und was ich machen möchte, ist ein Buch über nichts, ein Buch ohne äußere Bindung, das sich selbst durch die innere Kraft seines Stils trägt, so wie die Erde sich in der Luft hält, ohne gestützt zu werden, ein Buch, das fast kein Sujet hätte, oder bei dem das Sujet zumindest fast unsichtbar wäre, wenn das möglich ist.* Er glaube, daß in dieser Richtung der Kunst liege, was der aus dem »Heiligen Antonius« gezogene Schluß sein könnte.

Dagegen spricht auf den ersten Blick alles; vor allem die Überfüllung und Überfütterung mit Gestalten, Stoff und Doxographie. Aber auf den zweiten Blick ist es die Kultur der Irrealität, die das Resultat dennoch gegen jeden Anschein rechtfertigt: die letzte Behauptung der Wüste, des leeren Raums, des Buches.

Der Stoff der »Versuchung« hat Flaubert über ein Vierteljahrhundert beschäftigt. Zuerst 1849, dann wieder 1856 und 1872 hat er ihn aufgenommen. Auch dies war eine Erscheinung der Wüste, Fata Morgana des ersehnten Buches, die sich ihm immer wieder entzog. Die Einheit des Enzyklopädischen und des Biblischen, die sich zugunsten des göttlichen Buches auf dem Lesepult des Eremiten schon entschieden zu haben schien, wurde noch einmal nach der anderen Seite hin versucht in dem letzten, unvollendeten Projekt Flauberts, in »Bouvard et Pécuchet«.

---

367 Flaubert an Louise Colet, 16. Januar 1852 (Briefe, dt. v. H. Scheffel, 179-184).

Nun sollte die Idee einer Enzyklopädie am Leben oder durch das Leben zweier Schreiberseelen Gestalt gewinnen. Wieder ist es ein aus Bibliotheksmassen destilliertes Buch der Bücher. Und wieder geht es um einen Wahn, um die Verwechselbarkeit von Begriff und Realität, von Theorie und Praxis, von Schreiben und Dasein. Es nimmt sich aus wie eine Folgerung, aus dem Scheitern des »Heiligen Antonius« unmittelbar gezogen. Foucault hat darauf hingewiesen, wie exakt die formale Stellung des vorhergehenden Werks abgedeckt wird durch das neue und letzte. Ich würde gern von einer ›Umbesetzung‹ sprechen, hinblickend auf den durch Aufklärung und Romantik gesetzten Spielraum zwischen den Grundideen Enzyklopädie und Bibel. Auch wenn man sich dieser Konzeption bedient, bleibt Foucaults Beobachtung über den Anschluß entscheidend: *Bouvard und Pécuchet werden unmittelbar von den Büchern in Versuchung geführt, von ihrer unendlichen Zahl, vom Wogen der Bände im grauen Raum der Bibliothek.*

Die Bücherei der wissenseifrigen ›ausgestiegenen‹ Schreiber ist sichtbar wie das eine Buch des Antonius, sie ist darüber hinaus das Reich ihrer Pedanterie. Deren Realität ist die der induzierten Handlungen der beiden, ihrer Wissenschaftsgläubigkeit, ihrer Kurzschlüsse zwischen Einsicht und Ausübung. Diese Bibliothek *braucht, um ihre Faszination auszuüben, weder in einem Buch sakralisiert noch in Bilder umgesetzt zu werden. Ihre Macht beruht allein auf ihrer Existenz – auf der endlosen Wucherung des bedruckten Papiers.*

Fast zehn Jahre lang arbeitete Flaubert an dieser von ihm so genannten *Enzyklopädie als Farce*. Mit ihr führte er einen Grundzug der Enzyklopädie des vorhergegangenen Jahrhunderts *ad absurdum*: die Bestimmung allen Wissens für den Alltag aller. Wissenschaft als Inbegriff von Gebrauchsanweisungen – das ist ihre Irrealität, die auf alles ausstrahlt, was von ihr bedingt zu sein scheint. Die Unbrauchbarkeit der Gebrauchsanweisungen figuriert für die Nichtigkeit ihres Ursprungs wie der Bedürfnisse, denen sie dienen. An die Stelle der Wüste des Antonius mit dem einen Buch, aus dem die Halluzinationen aufsteigen, ist die Banalisierung der Wirklichkeit durch Wissenschaft getreten, während aus den Büchern, aus der Universalbibliothek, die Illusionen einer besseren Welt aufsteigen, die die Verwüstung der faktischen rechtfertigen.

Die beiden Funktionäre der Wissenschaft sind nicht etwa nur faktisch unzulänglich, sondern stehen für die Unzulänglichkeit jeder Funktionalität, die an der Unendlichkeit des Wissens und seines Fortschritts hängt. Diese beiden bleiben Dilettanten, doch stehen sie für ein Zeitalter, dessen Existenzbedingungen einen Dilettantismus erzeugen, der im Kurzschluß zwischen dem Lesbaren und dem Machbaren besteht. Als den beiden Schreibern alles mißrät, was ihnen die Bücher als realisierbar vorgestellt hatten, kehren sie zu ihrem Ausgangspunkt zurück: zur Erzeugung von Lesbarem aus Lesbarem durch Kopieren.

Die Kreisschlüssigkeit der imaginären Odyssee durch die Welt des Gedruckten ist nicht nur formale Pointe, sondern auch eine Art von Hermeneutik dessen, was vorausgegangen war. Der Leser erkennt, daß es die Magie des Leeren, des weißen Papiers gewesen war, auf das zu schreiben zum einzigen Muster der Herstellung von Realität geworden war, das beide gekannt hatten und das sie verleitete, es auf eine alternative Lebensform anzuwenden.

Für die Ontologie ihrer Rückkehr zum Ausgangspunkt, an ihr großes Doppelpult, hat Foucault die paradoxe Spiegelung des Kreisschlusses der Handlung gefunden, daß unter den Büchern, die die beiden Schreiber nun kopieren, auch das Buch »Bouvard et Pécuchet« gewesen sein müsse. Dadurch wäre aus ihrer Betriebsamkeit die Ironie auf den Akt der Selbsterschaffung hervorgegangen als die Existenz des einen Buches, das ihnen Existenz gegeben hatte: *Denn Kopieren heißt: nichts machen, heißt: die Bücher sein, die man kopiert ...*

Die Probe auf die Allmacht des absoluten Buches ist das Verschwinden der Dualität von Leser und Buch, das Aufgehen des einen im anderen. Es ist eine neue Gestalt der Metamorphose. Zwar hatte Flaubert prophezeit, die Literatur werde mehr und mehr das Gebaren der Wissenschaft annehmen[368]; aber er selbst schreibt als sein letztes Werk die Parodie auf diese Prophetie. Er degradiert die Adepten der Enzyklopädie am Ende zu bloßen Durchgangssystemen von Büchern zu Büchern, zu Karikaturen der Art, wie in der Wissenschaft selbst die Sphäre ihrer Sedimente, die Bücherwelt, sich immanent und ohne Zufluß an Erkenntnis reproduziert. Muß man sagen, die Idee des absoluten Buches sei schon hier zum Hohn geworden?

368 Flaubert an Louise Colet, 6. April 1853 (Briefe, 248).

Nein, noch ist die Idee nicht in ihrer Sackgasse. Wenn es richtig ist, daß Flaubert mit dem »Heiligen Antonius« *das erste literarische Werk geschrieben hat, das seinen Ort einzig und allein im Umkreis der Bücher hat*, dann steigert sich dies alles noch in Mallarmés Konzeption, die nackt und ohne Attribut den Titel »Le Livre« trägt, ausgezeichnet allein durch die Bestimmtheit des Artikels.

Hatte Pascal von den Schrecknissen der leeren Unendlichkeit des Universums gesprochen, Lichtenberg von der Erhabenheit einer Dichtung über den leeren Raum, so wird Mallarmé in der Leere das wichtigste seiner ästhetischen Attribute finden: das der Reinheit. Sein Schüler Valéry wird die Mächtigkeit des Nichts umkreisen, die ihm als die einzige Möglichkeit einer nichtkontingenten Welt aus der bloßen Imagination erscheint. Jene zu wagen, verhindert allerdings zugleich diese. Das ist es, was er 1929 in den »Cahiers« mit der Formel *Puissance de l'absence* zu treffen sucht.[369] Die Anwesenheit eines Gegenstandes entlastet den Geist von Ansprüchen, seine Abwesenheit erzeugt den *ennui* des Nichthabens als Auslösung der Einbildungskraft bis zur Raserei, die ein Objekt bewirken kann, welches uns mangelt. Gegen Pascal, hier wie sonst sein Antipode, auf den hin er sich formiert und dessen Verachtung der Malerei, die mühsam etwas vorstellig mache, was sich doch im Original viel besser besehen und besitzen lasse, macht Valéry geltend, die Mächtigkeit der Malerei bestehe gerade darin, uns die Abwesenheit ihres Gegenstandes bewußt zu machen. Dies zu Ende gedacht wäre ein Werk, das die gänzliche Entbehrung einer Welt zu bewirken und die äußerste Besessenheit von dem Bedürfnis nach ihr zu erregen vermöchte.

Von dieser Art muß »Das Buch« gewesen sein, an das Mallarmé gedacht hatte. 1867, noch ein Jahrfünft bevor Flaubert zum dritten Mal Hand an die »Tentation« legte, schrieb Mallarmé an einen Freund, den unter dem Pseudonym Jean Lahor dichtenden Arzt Henri Cazalis, der eine mit Schopenhauer und dem Nirwana versetzte Poesie pflegte: *Und Du mußt begreifen, daß ich die Idee des Universums erfaßt habe durch eine einzige Empfindung (und daß ich z. B., um eine unaussprechliche Wahrnehmung des reinen Nichts zu bewahren, gezwungen bin, mein Hirn der Empfindung der absoluten Leere zu überlassen) ... Ich bin zwei Abgründen*

[369] Paul Valéry, Cahiers 1929 (ed. J. Robinson, Paris 1974, II 953).

begegnet, die mich verzweifelt machten. Der eine ist das Nichts.[370] Erst drei Jahrzehnte später, im Dekadenztaumel des ausgehenden Jahrhunderts, erschien das dieser Verzweiflung vor dem Nichts adäquat gedachte, weil das Absolute ins Nichts setzende, letzte seiner Prosawerke: »Un Coup de dés« in der Zeitschrift »Cosmopolis«.[371] Für dieses Prosagedicht haben wir den von der Rezeptionsästhetik ebenso dringend erwünschten wie zumeist entbehrten Zeugen des ersten Augenblicks. Valéry hat Wert darauf gelegt, der erste Mensch gewesen zu sein, der dieses außerordentliche Werk zu sehen bekam; er hat auch das Datum fixiert, an dem Mallarmé ihm die Probeabzüge vorgelegt und die Frage gestellt hatte: *Ne trouvez-vous pas que c'est un acte de démence?* Es war der 30. März 1897. Valéry hat die Wirkung des Anblicks und der ersten Vorlesung durch Mallarmé beschrieben, sogar den Reflex dieser Wirkung auf ihren Urheber: Er habe sein Erstaunen ohne Erstaunen bemerkt.

Was berichtet wird, ist der Augenblick der Verwandlung eines Stücks Papier in eine kosmische Vision. Wie Faust in das Zeichen des Makrokosmos, versenkt sich Valéry in die magische Konstellation des Textes: *Mir war, als erblickte ich die Gestalt eines Gedankens zum erstenmal im Raume festgelegt. Hier sprach wahrhaftig das Ausgedehnte, hier träumte es, brachte zeitgeborene Formen hervor. Erwartung, Zweifel, Sammlung waren sichtbare Dinge geworden. Mit dem Sinn des Gesichtes umtastete ich körperhafte Pausen des Schweigens.*[372] Um die Bedeutung der Szene und des

---

370 M. Kesting, Der Schrecken der Leere. Zur Metaphorik der Farbe Weiß bei Poe, Melville und Mallarmé. In: Entdeckung und Destruktion. Zur Strukturumwandlung der Künste. München 1970, 94-119. Die hier ausgezogene und im Zitat des Cazalis-Briefs kulminierende Linie führt vom weißen Wal Melvilles über die weiße Antarktis Arthur Gordon Pyms bei Poe zum Würfelwurf im Schiffbruch bei Mallarmé, dessen Augenzahl die Leere und das Absolute verbindet. In diesem Bild habe Mallarmé eine der *Allégories somptueuses du Néant* gefunden, über die ein Buch zu schreiben in einem anderen Brief dieser Zeit an Villiers de l'Isle-Adam die Absicht geäußert ist.
371 Mallarmé, Un coup de dés jamais n'abolira le hasard (Œuvres complètes, edd. H. Mondor / G. Jean-Aubry, Paris 1945, 453-477).
372 Valéry, Variété II. Paris 1929 (Œuvres, ed. J. Hytier, I 624); dt. b. K. Vossler, Mallarmé und die Seinen (1938). In: Aus der romanischen Welt II. Leipzig 1940, 30. Vossler weist auf Mallarmés Bewunderung für Wagner hin, den er *die zusammengefaßte Wirkung* des Weihespielgesamtkunstwerks abzusehen gesucht habe, indem er dem Leser auch eine optische Inszenierung des Textes darbot.

authentischen Berichts darüber zu würdigen, muß man sich vergegenwärtigen, daß die von Mallarmé beabsichtigte definitive Ausgabe des »Würfelwurfs« nicht erschienen ist.

Niemals mögen sich Autor und Auditor über einem Werk, das alle Sinne des Betrachters in Anspruch nehmen sollte, so nahe gekommen sein. Zum Verständnis der Erlebnissituation, ihrer singulären Isolierung von aller Alltäglichkeit im Sommerhaus Mallarmés in Valvins, gehört auch zu wissen, daß der Jüngere in diesem Augenblick schon allen eigenen literarischen Wünschen abgesagt hatte. Dem Meister blieb dies wohlweislich verschwiegen. Kurze Zeit nach der Einweihung in die Vision des »Coup de dés« wird Valéry seinen fast lebenslänglichen Bürodienst im Kriegsministerium antreten. Die Begegnung mit dem von seinem Lehrer und Vorbild letztgültig geprägten Anspruch hatte nichts vermocht gegen die Abkehrung von der Literatur in jener Gewitternacht des Oktober 1892 in Genua, in der Valéry die ungleich stärkere kosmische Dramatisierung seines Entschlusses gefunden hatte, als ihm die Entsprechung des Siebengestirns mit der ›absoluten Zahl‹ des »Würfelwurfs« für dessen Widerruf hätte geben können.

An dieser eigentümlichen Ambivalenz der letzten Begegnungen mit Mallarmé dürfte es gelegen haben, daß mehr als ein Vierteljahrhundert verging, bis Valéry seine Erinnerung daran preisgab. Wie so oft bei ihm, bedurfte es der Pression durch einen Anlaß, einer unausweichlichen Herausforderung: Der Testamentsvollstrecker Mallarmés war eingeschritten, als die Absicht bekannt wurde, den »Würfelwurf« auf das Theater zu bringen, und war dabei in die Bedrängnis mangelnder Autorität geraten. Der Gedanke der Dramatisierung mochte so fern nicht liegen; aber Valéry wußte mehr über die Absichten des Autors und gab davon nun, im Februar 1920, Kenntnis. Wer Zeuge gewesen sei, das ist der Sinn von Valérys Eröffnungen, wie dem Dichter alles auf den Akt des Lesens, der Durchbrechung des bloßen Zeilenbildes, der Aufhebung der linearen Sukzession, die die Sprache erzwingt, angekommen sei, könne die Unzulässigkeit der Rückübertragung in die Zeitform der theatralischen Szene nur als so anstößig empfinden, wie es der Verwalter des Erbes getan habe.

Lesbarkeit war hier nicht nur Medium, sondern das Letzterreichbare. Dafür bot sich Valéry als Zeuge, der verbürgen konnte, wie minutiös Mallarmé die Montage dieser Gleichzeitigkeit der Textgestalt erwogen hatte, *en qui devaient se composer le simultané de la vision avec le successif de la parole* – als hätte das Gleichgewicht der Dinge von den Genauigkeiten der Austeilung von Gedrucktem über weißes Papier abgehangen. Niemals konnte der Gedanke, die Endgültigkeit dieser Realisierung anzutasten, um sie gar zu überbieten, aufkommen, wäre die zwingende Begründung des Vorgegebenen den Urhebern des Theaterplans gegenwärtig gewesen: *Tout ce profond calcul par le hasard!*

Die Unmöglichkeit der theatralischen Umsetzung des Gedichts beruht darauf, daß jede andere Fassung als die der ansichtigen Lesbarkeit den Abgrund des weißen Nichts, über dem sich der Text in seiner Faktizität abhebt wie der Würfelwurf aus dem Schiffbruch, mit Beliebigem zudecken und ausfüllen müßte. Die Sichtbarmachung der absoluten Faktizität erfordert die Weiße des Papiers, um das, was ihm in der Verteilung des bloßen Willensentscheids aufgedruckt ist, erscheinen zu lassen *comme des êtres, tout environnés de leur néant rendu sensible.* Der Vergleich geht vom Druckbild auf den gestirnten Himmel, in dessen Eindruck sich gleichermaßen Zufälligkeit und Endgültigkeit verbinden.[373]

Ein Vierteljahr nach der Epiphanie hatte sich die Korrespondenz von Gedicht und Gestirn nochmals, diesmal in umgekehrter Richtung, hergestellt. Am Abend eines Julitages 1897, als Mallarmé mit dem Jüngeren über den Probeabzügen die letzten Umstellungen beraten hatte, bringt er den Gast zum Bahnhof; durch die Nacht gehen zwei schweigende Raucher unter den Sternbildern der Schlange, des Schwans, des Adlers und der Leier. Dem Jüngeren erscheint jetzt das Weltall als die Art von Text, wie sie ihm gerade noch der Meister vorgelegt hatte, nun das Weltbuch, in dem auch die Augenblicke dieser beiden miteinander enthalten wären: *il me semblait maintenant d'être pris dans le texte même de l'univers silencieux: texte tout de clartés et d'énigmes;*

---

[373] Valéry, Le coup de dés. Lettre au Directeur des *Marges* (Œuvres, I 624): *...là, sur le papier même, je ne sais quelle scintillation de derniers astres tremblait infiniment pure dans le même vide interconscient où, comme une matière de nouvelle espèce, distribuée en amas, en traînées, en systèmes, coexistait la Parole!*

aussi tragique, aussi indifférent qu'on le veut; qui parle et qui ne parle pas; tissu de sens multiples...
Valéry war ergriffen von der Einsicht, die ihm Mallarmés Werk gerade gewährt hatte. Es mußte die höchste Versuchung für den Menschen, den Dichter zumal, sein, die Wirkung eben des gestirnten Himmels aus sich, mit den Mitteln der Lesbarkeit, noch einmal hervorzubringen, auf dem weißen Blatt Papier zu deren Evokation zu machen: *Il a essayé, pensai-je d'élever enfin une page à la puissance du ciel étoilé!* In Valérys Gedächtnisfeier der letzten Augenblicke mit dem Meister klingt durch, daß er den verheimlichten Entschluß zur Abwendung von der Literatur in jener Erfahrung nicht mehr problematisch gefunden hatte. Was er vor sich gehabt hatte, was da gewagt und gewollt worden war, erschien ihm als ein Äußerstes und Unüberbietbares: die Koinzidenz von Universum und Text, in der die Möglichkeiten des Dichters zu Ende gingen. Er war genau der eschatologischen Suggestion erlegen, die der Autor des Gedichts hatte hervorbringen wollen: Weiter sollte es nicht getrieben werden können.

Im Zeitgeist lag, denkt man an die Wirkungen Wagners, für solche Suggestionen der Unüberschreitbarkeit anfällig zu sein. Für Valéry, vor seinen Augen, hatte sich etwas ereignet, woran bis dahin niemand gedacht hatte, daß es unternommen werden könnte, und es sah nicht danach aus, als sei dies nur eine Auswahl aus einem Repertoire von Möglichkeiten: *Einer hatte der sichtbaren Gestalt seines Textes dieselbe Bedeutung und Wirkung geben wollen, die der Text selbst durch das, was er besagte, haben sollte.*[374] Es war wie eine Rückkehr zu den Anfängen der Metapher, zu der ausgebreiteten Buchrolle des Firmaments mit ihren stellaren Zeichen, die am Jüngsten Tag wieder eingerollt werden sollte.

Nicht zufällig ist die Ausgabe letzter Hand des »Würfelwurf« niemals erschienen. So wenig wie im Gedicht selbst die Hand des Meisters auf dem gestrandeten Schiff jemals den Würfel werfen sollte, der die absolute Zahl ohnehin nicht zeigen konnte: *l'unique Nombre qui ne peut pas être un autre...* Das Gewollte hatte im Gedicht wie am Gedicht das Mögliche zu transzendieren. Alles

---

374 Valéry, Dernière Visite à Mallarmé. 1923 (Œuvres, I 630-633): *Nul encore n'avait entrepris, ni rêvé d'entreprendre, de donner à la figure d'un texte une signification et une action comparables à celles du texte même.*

kam darauf an, daß der übergroße, dem Wahnhaften nahe Gedanke einmal gedacht war, dieser Wille einmal sich erhoben hatte, um die Erfahrung der Welt, ihre Erlebbarkeit wenigstens für den jeweils einen Leser zu verändern. Das Scheitern der definitiven Veröffentlichung hatte technische Schwierigkeiten zur Ursache; Valéry hatte bei seinem letzten Besuch im Juli 1898 Mallarmé darüber betroffen, einen Mechanismus zu entwerfen, der die Druckerei instandsetzen sollte, dem Werk die gewünschte Vollkommenheit zu geben. Dies wäre der Erwähnung vielleicht nicht wert, wenn nicht Valéry selbst lebenslang mit den kalkulatorischen Voraussetzungen der Entstehung des Kunstwerks beschäftigt gewesen wäre. Die Enge der Bedingungen, bis hin zur vorgezählten Menge der zulässigen Zeilen und Buchstaben, ist ihm gerade als die mit der Realität konkurrierende Bedingung der Entstehung eines Werks erschienen, der Vollkommenheit des in ihm aufgehenden Kalküls. Es schien ihm Mallarmés Forderung der absoluten Reinheit des Gedichts fortzusetzen, die Entäußerung vom Überflüssigen daran zu demonstrieren, daß es sich in die zufällige Bedrängnis des vorgegebenen Raums einzufügen vermag. Es blieb bei der Aufgabe, die Mallarmé sich mit der Füllung einer Seite durch Buchstaben, Wörter, Schriftgrade sowie den Zeilenfall gestellt hatte. Es ist ein Ritual der Kontingenz. Nicht dieses oder jenes Stück der Welt, nicht einmal diese in allen ihren Stücken sollte dargestellt werden, sondern nur die rastlose Umkreisung ihres unerreichbaren Kerns von Notwendigkeit. Die sie doch gar nicht haben kann, so wenig wie die Gestalt des Gedichts sie hat, die aber um der Erträglichkeit willen als Ziel fingiert werden muß, wie es wiederum die Gestalt des Gedichts tut, indem es durch sie simuliert, so sein zu müssen, wie es doch nur faktisch ist.

1926 spricht Valéry auf dem Festbankett des internationalen PEN von der Seltsamkeit des Eindrucks, den ihm der Anblick einer Tagung von Schriftstellern mache. Sie sei ein Paradox; denn die Sprache, mit der sie es allein zu tun hätten, sei gerade das, was sie auf grausamste Weise voneinander trenne. Diese Trennung steigerten sie noch durch ihre Arbeit der Verfeinerung an ihr. Man müsse schon ein Wunder erwarten, um diesen Prozeß rückläufig zu machen, obwohl es eben dies Wunder gebe, seit Vergil sich auf Homer bezogen habe. Doch gewährt es nicht den vollendeten

Besitz des anderen; es bleibe ein Schleier dazwischen, den niemand zerreißen könne. Dennoch schließt die Rede mit der Erinnerung an die Idee von Mallarmé, an das eine Buch, das die Lösung des Problems der Einheit in aller Vielheit wäre. Der Mann, den er unendlich geliebt und leidenschaftlich bewundert habe, hätte dem Weltall keine andere Bestimmung zuschreiben können als die, schließlich einen umfassenden Ausdruck seiner selbst hervorzubringen: *Le monde, disait-il, est fait pour aboutir à un beau livre* . . .[375]
Diesem Buch gibt nun Valéry die Wendung zur Idee einer Vereinigung der Schriftsteller aller Sprachen: Wenn am Ende alles ausgedrückt sein müsse, dann hätten alle die, die vom Anwachsenlassen der Mächtigkeit der Sprache leben, an eben diesem Werk zu tun. Das eine Buch bestehe aus allen Sprachen. Der Festredner hebt sein Glas und schließt: *Je bois à ce beau livre.* Aus dem Grenzbegriff des Buches ist eine Allegorie für die Internationale der Buchproduktion geworden. Man weiß sich einig mit dem Sinn der Welt und ihrer Geschichte, indem man hervorbringt, was hervorzubringen die Welt existiert und doch allein ohnmächtig ist. Die Literatur ist die bevorzugte Erfüllungsgehilfin der Geschichte.
In dem Jahr der PEN-Ansprache hört in den Räumen der École Normale auch Walter Benjamin einen Vortrag Valérys, in dem er an den ersten Blick auf den »Coup de dés« erinnert: Vierzig Jahre zuvor habe man die großen Ouvertüren Wagners gehört und nach etwas gesucht, was daneben noch aufkommen konnte. Da zieht Mallarmé *die Schrift zur Konkurrenz mit der Musik* heran. In dem, was er eines Tages Valéry gezeigt hatte, war zum erstenmal durch einen Dichter *die graphische Spannung des Inserates ins Schriftbild verarbeitet*.[376] Davon freilich, von dieser dubiosen Herkunft, hatte Valéry nichts gesehen, folglich auch von der ›dialektischen‹ Artung des Vorgangs nichts mitbedacht: *So schlug die absolute Poesie im Extrem ins scheinbare Gegenteil um, was für*

---

375 Valéry, Discours au PEN Club. 1926 (Œuvres, I 1359-1361). Mallarmé selbst war schon mit der Fama seines Ausspruches konfrontiert (den Valéry hier etwas aufgeschönt darbietet), als er 1895 in der »Revue Blanche« schrieb: *Une proposition qui émane de moi – si, diversement, citée à mon éloge ou par blâme – je la revendique avec celles qui se presseront ici – sommaire veut, que tout, au monde, existe pour aboutir à un livre.* (Œuvres complètes, ed. cit., 378)
376 Walter Benjamin, Paul Valéry in der École Normale. Zuerst: Die Literarische Welt II, 1926, 1 (Gesammelte Schriften IV/1, 479 f.).

... *den Denker sie bestätigt.* Die über Valérys Erinnerung an Mallarmé gefundene Einsicht übernimmt Benjamin in den »Vereidigten Bücherrevisor« der »Einbahnstraße« von 1928. Jetzt ist Mallarmé der Untergangsprophet des Buches. Er sah, was kommen würde, als er eben im »Würfelwurf« *die graphischen Spannungen der Reklame ins Schriftbild verarbeitet* und damit in dem *Versuch, der aus dem Innern seines Stils erwuchs,* etwas aufgefunden hatte, was *in prästabilierter Harmonie mit allem dem entscheidenden Geschehen dieser Tage in Wirtschaft, Technik, öffentlichem Leben* stand: die Rückkehr der Schrift aus den Büchern auf die Straßen, von wo sie als Inschrift gekommen war.[377] Was Valéry als kosmische Vision getroffen hatte, hat eine Physiognomie sozialzuständlicher Verweisungen angenommen, die ihren Bezug zum Inhalt der Dichtung vollends abblendet. Die Apokalypse des Buches hat ein graphisches Menetekel.

Valéry hat 1929, im dritten seiner Leonardo-Essays, den Gedanken Mallarmés noch einmal erweitert, indem er die Malerei in die Finalbestimmung der Welt einbezog. Obwohl die bildende Kunst sich in der Befriedigung der Intelligenz nicht mit dem Wort vergleichen könne, treibe dieser Leonardo die Malerei als seine Philosophie: *il parle peinture comme on parle philosophie* ... Die übersteigerte Idee, die er sich von seiner Kunst als dem letzten Ziel der Anstrengung eines universalen Geistes gebildet habe, diese *idée excessive* ziehe den Namen Mallarmé herbei; der habe neuerdings in einzigartiger Weise denselben Gedanken gefaßt: *que le monde était fait pour être exprimé* ...[378]

»Un Coup de dés« ist nicht das, was von »Le Livre« übrig geblieben ist. Im Gegenteil: Es ist so etwas wie Parodie auf den frühen Plan, dessen Umkehrung in die Absage an die Enzyklopädie, Triumph der romantischen Idee, Unendlichkeit lasse sich nur am Fragment, an der Gebrochenheit und Zerbrochenheit geschuldeter und erwarteter, weil ›klassischer‹, Form zeigen. Nun ist »Coup de

---

377 Walter Benjamin, Einbahnstraße (Gesammelte Schriften IV/1, 102-104).
378 Valéry, Léonard et les Philosophes. 1929 (Œuvres I 1259). In generalisierter Lakonik ist das 1932 in »Autour de Corot« ausgesprochen: *Tous les arts vivent de paroles.* (Œuvres II 1307) Doch markiert gerade die Metapher des Buchs auch schon die Distanz der ›Natürlichkeit‹ zur Rhetorik: *La Nature, – dictionnaire pour Delacroix; pour Corot, le modèle. Cette différence, dans l'un et l'autre peintre, des fonctions de ce qui se voit* ... (a. a. O. 1311).

dés« gar kein Fragment; er simuliert nur, es zu sein, wie er die Notwendigkeit des Faktischen simuliert. Geblieben, durchgedrungen ist die Idee der Reinheit, auch und gerade in dieser hartnäckigen Weiße *(cette blancheur rigide)*, die durch die ›Konstellation‹ des Gedichts zwar unterbrochen – wie die Schwärze des Himmels durch die Lichtpunkte des Großen Bären –, aber nicht aufgehoben wird, sondern am Ende wieder da ist, über dem Ende zusammenschlägt als Wiederherstellung des reinen Nichts: *Das Gedicht endet, das Weiße kehrt zurück.*[379] Die Enklave des Sinns verliert nichts durch ihre Endlichkeit; im Gegenteil, sie ist es durch diese. Das Weltbuch ist leer. Darin liegt, daß es das eine Buch sein kann, denn Leere ist so gut wie Leere. Das Gedicht, so notwendig es in der faktischen ›Konstellation‹ sein soll, die ihm Mallarmé zuletzt gibt, ist zugleich Episode: Seine momentane Evidenz ist, was die Leere wiederkehren läßt.

Wieviel Philosophie in all dem investiert sei, ist oft gefragt worden. Die Idee der Reinheit, sagt Gadamer, stamme von Hegel. Um 1862 ist in Frankreich die Beschäftigung mit Fichte, Novalis und Friedrich Schlegel aufgekommen, nicht ohne Beimischungen von Idealismen Berkeleys. Man sollte über den möglichen markanten Einflüssen die konventionellen nie übersehen, die Schullektüre, das nationale Pensum. Sogar bis auf den heutigen Tag gilt, daß alle Descartes gelesen haben, aber keiner ihn nennt, wenn die wichtigen Lektüreerfahrungen aufgezählt werden. Mallarmé hat seine Dämonologie, und die Dämonen der Neuzeit stammen fast alle vom *genius malignus* des Descartes ab. Was man weniger an ihnen, als an dem einen gegen sie aufgebotenen *Apotropaion* erkennt: dem Ich, das ihnen standhält, in Träumen und Täuschungen seinen Dienst nicht versagt. Mallarmé hat das cartesische *Cogito* umgewandelt in die Selbstgewißheit des Schreibens als der einzigen Unbetroffenheit. Es gibt die Welt nicht, und das ist die Chance des ästhetischen Subjekts. Es steht im Ausnahmezustand, und als ästhetisches tritt es aus diesem heraus. Daher sein stoischer Grundzug, die *impassibilité* im Elfenbeinturm, die gnadenlose Kälte seiner Unberührbarkeit. Wie der absolute Zweifel und die absolute Weltgewißheit bei Descartes bedingen sich auch im ästhetischen

---

[379] K. Wais, Mallarmé. Ein Dichter des Jahrhundert-Endes. München 1938, 413: zit. nach Ch. Mauron bei R. Fry, Poems. 1936, 178.

Das leere Weltbuch

Akt die absolute Leere und der Zufallswurf des Absoluten gegenseitig.

Wenn es die Begegnung mit der Philosophie des Idealismus war, was Mallarmé zum Abbruch der »Hérodiade« führte und an deren Stelle das Projekt »Le Livre« treten ließ, spielte sich dies jedenfalls auf dem Fonds der von Descartes her vertrauten großen Bedrohungen der Weltsicherheit ab. In seinem Werk sollten sich Literatur und Traum verbinden, aber das ihre Einheit stiftende Moment sollte die Selbstgewißheit und Identität des Träumers sein: *l'ensemble de travaux littéraires qui composent l'existence poétique d'un rêveur.*[380] Im Frühjahr 1866 hatte er die Arbeit an der »Hérodiade« abgebrochen. Im Juli schreibt er, er habe die Ganzheit eines Werks erkannt, worin alles, was er künftig schaffen werde, seinen Ort und seine Bedeutung finden könne, jedes Erlebnis zur Reife gelangen und sich organisch wie eine Frucht ablösen werde: *Ich habe die Grundrisse eines wunderbaren Werks entworfen... Ich brauche zwanzig Jahre, während welcher ich mich einklostern werde in mich...* Er habe den Plan seines Gesamtwerks entworfen, nachdem er den Schlüssel zu sich selbst gefunden habe, zum Zentrum, wo er *gleich einer heiligen Spinne auf den meinem Geist schon entsprungenen Hauptfäden sitze.* Doch das ästhetische Spinngewebe bleibt Traum, der Plan gerät in die Krise, als habe er damit die Ungeheuerlichkeit gewagt, den schamlosen Blick auf das Absolute zu werfen: *Ich aber habe seit zwei Jahren die Sünde begangen, den Traum in seiner idealen Nacktheit zu betrachten, wo ich doch zwischen ihn und mich ein geheimnisvolles Zwischen von Musik und Vergessen hätte bauen sollen. Und jetzt habe ich bei der entsetzlichen Vision eines Reinen Werks fast den Verstand und den Sinn für die familiärsten Worte verloren.*[381]

Was er das ›Reine Werk‹ nennt, das Paradox von Mallarmés Lösung, besteht in der Darstellung seines Scheiterns. Er projiziert es auf die fiktive Figur des Igitur, eines Faust von apokalyptischer Prägung, mit dem eine Geschichte zu Ende geht. Die Bewegung, die

---

380 K. Wais, Mallarmé, 123, und Nachweise: 473.
381 Mallarmé an Coppée, 20. April 1868 (K. Wais, a. a. O. 124). Dazu: *Diese Sünde der Reinen Schau, die des Jünglings von Sais, ist das furchtbarste Erlebnis Mallarmés gewesen.*

dieses Fragment aus Fragmenten beherrscht, ist gegenplatonisch: ein Abstieg vom Anspruch auf das Absolute zur absoluten Entsagung. Auf die philosophische Tradition bezogen, ist es, als kehre der Entfesselte des Höhlengleichnisses in die Tiefe der Höhle zurück, nicht um die Gefangenen von ihrer Verblendung durch die Schatten zu befreien, sondern weil er selbst sich nach den Schatten zurücksehnt, gescheitert ist an der Aufgabe des reinen Denkens, der Standhaftigkeit gegenüber den Ideen. Das Buch ist der Antipode der Idee. Deshalb ist es wieder eine Apokalypse, in der ein Buch geschlossen wird, zum Ende und Untergang des Geschlechts der Elbehnon.

Anfang ihrer Geschichte war gewesen, daß sie durch einen Schiffbruch, durch das nackte Faktum des verfehlten Ziels, an Land gegangen waren und das Schloß errichtet hatten für diese Geschichte. An deren Ende erlischt die Kerze, die das Buch beleuchtet, das nun geschlossen werden kann, keine Prophezeiung, aber auch keine Historie mehr preisgibt. Das Buch ist die Realität der Geschichte: Keine Zukunft zu haben, ist im Zuschlagen des Buches blanke Wirklichkeit, das Ende aller Lesbarkeit, das es nur gibt, wenn es sie gegeben hat. Das Buch der Geschichte dieses Geschlechts *(le volume de leur destinée)* parodiert die platonischen Ideen, indem es zeitlos ist; es enthält zwar das Ganze der Geschichte, aber nicht die Differenz von Vergangenheit und Zukunft, denn es läßt die Gegenwart unbestimmt. Deshalb entsteht Gegenwart allein und erst, sobald das Buch zugeschlagen ist. Es ist die einzige absolute Aktion, die möglich ist. Das Ende ist das Absolute.

Was hat es auf sich mit dem zugeschlagenen Buch? Zunächst muß man bei jeder Einlassung auf dieses Werk die Vorschrift des Autors beachten, die Erzählung wende sich an die Intelligenz des Lesers, die aus sich selbst die Dinge in Szene zu setzen habe. Es ist keine Vorlage für Hermeneutik, sondern eine der imaginativen Inszenierung. »Igitur« hat einen Untertitel, der aus dem Namen des Geschlechts Elbehnon und dem Wort für ›Wahn‹ besteht. Wörtlich übersetzt ist es »Der Wahn der Gottessohnschaft«.[382] Das zugeschlagene Buch beendet diesen Wahn, und man darf, was es enthält, als dessen Geschichte bezeichnen: Es ist wieder das leere Buch, dem die Unwirklichkeiten der Versuchung des Menschen entsteigen. Das

---

[382] Mallarmé, Igitur ou La Folie d'Elbehnon (Œuvres compl. 423-451).

Buch ist nicht die Chronik des Wahns der Erwähltheit dieser Sippe zum Übermenschlichen; vielmehr ist es selbst das magische Instrument dieses Wahns, das Zentrum und der Inbegriff seiner Energie. Der Name Igitur ist dem Anfang der Bibel, der Vulgata des zweiten Kapitels entnommen, wo das Wort die Schlußformel für das Schöpfungswerk einleitet, die immer schon den Auslegern einen eschatologischen Doppelsinn zu haben schien und nun dazu noch den der ästhetischen Auszeichnung annimmt: *Igitur perfecti sunt caeli et terra, et omnis ornatus eorum.* Igitur ist die Schlußfigur der Schöpfung. Er verkörpert die Sehnsucht nach Überwindung der Geschichte als der Zeitform des Faktischen, nach dem Ruhetag des reinen Genusses an jenem *ornatus*. Deshalb ist der Name Igitur wie das abgebrochene Zitat gerade des Textes, mit dem der siebte Tag der Schöpfungswoche eingeführt wird: Das Ästhetische versteht sich immer als etwas Letztes, als das, was am Ende aller undurchsichtigen Bewältigung des Faktischen dem Ganzen die Qualität der Notwendigkeit gibt.

Mallarmé hat mit der Lösung des Schlusses gezögert und laboriert. Wenn er schließlich nicht die ererbte Phiole das Ende bringen läßt, sondern schon hier den Würfelwurf einführt, so ist dies nicht Beziehung auf das *argument du pari* Pascals, wie Claudel vermutete, sondern der Versuch, die Aktion bei der Überwindung des Faktischen zu verstärken, das Faktische durch das Faktum aufgehoben werden zu lassen. Was den Würfelwurf vor allem von der Wette Pascals unterscheidet, ist die Bestimmung der Situation, in der er vollzogen wird: Er entscheidet nicht unter dem Zwang, überhaupt zu entscheiden, während bei Pascal für das Heilsrisiko des Menschen zwingend vorausgesetzt war, daß schlechthin und unausweichlich gewettet werden muß. Igitur würfelt, um aus dem Überdruß *(ennui)* am Unentschiedenen auszubrechen. Er entscheidet sich für das Beliebige, damit überhaupt entschieden wird. Das Zuschlagen des Buches, des *grimoire*, sollte nicht genügt haben; es war zwar eine Voraussetzung, aber nicht die zureichende.

Die Treppenspirale vom Grabgewölbe bis zum Turmgemach, in welchem sich die Reinigung vom Zufall der Zeit erfüllen soll, ist indifferent gegen Aufstieg oder Abstieg, richtungslos. Der letzte der Epigonen widersetzt sich seiner Aufgabe, seiner Pflicht als Sippenfunktionär, nimmt das Buch und verläßt das Turmgemach, um ins Grabgewölbe hinunterzusteigen. Zwei Möglichkeiten gibt es: Das Buch hat Unrecht behalten, die Geschichte blieb unerfüllt; oder es war die Illusion derer, die das Buch hüteten und überlieferten, daß in ihm diese Geschichte überhaupt enthalten sei, verbunden mit der Zaubermacht, sie zu erfüllen. Das Buch lag aufgeschlagen – aber hat jemals jemand in ihm lesen können oder auch nur lesen wollen? War es dann der Wahn der Elbehnon, unter der Bürgschaft des Buches zu stehen? Auch der Würfelwurf wäre nicht die Durchsetzung des Notwendigen durch das Faktische, sondern die Anmeldung des Faktischen gegen jene magische Notwendigkeit, ein rhetorischer Akt der Auflehnung dagegen, nichts anderes sein zu dürfen als das Subjekt dieser Geschichte. Was bleibt, ist die Höhle der gegenplatonischen Wendung: *Et maintenant il n'y a plus qu'ombre et silence.* Aus der gesollten Bewegung des Aufstiegs, des Übergangs in einen Zustand überirdischer Reinheit, ist der Kreisschluß der Rückkehr zum Ausgangspunkt geworden: *Toutes les choses étaient rentrées dans leur ordre premier . . .*

Mallarmés Mythos des Rückstiegs vom Aufstieg gibt die platonische Voraussetzung preis, im Hintergrund der Schattenwelt gebe es die Welt des reinen Lichts und der unbedingten Wirklichkeit, zwischen beiden einen Weg, den der Wendeltreppe, der als *Paideia* durchschritten werde. Erst die Negation dieser Voraussetzung läßt endgültige Ruhe bei den Schatten finden. Statt des Lichts ist nun das Dunkel rein von allem Bedürfnis nach anderem: *La Nuit était bien en soi cette fois et sûre que tout ce qui était étranger à elle n'était que chimère.*

Wenn vom Ende her die ganze Umständlichkeit der Auf- und Abstiegssage ins Chimärische umschlägt, gerät die Figur des Buches, das zuzuschlagen diesen Entscheid besiegelt, in deutlichste Analogie zum Buch in Flauberts »Versuchung des Antonius«. Beeinflussung gab es nicht, denn Mallarmé hatte die »Igitur«-Stücke schon im Sommer 1870 den Freunden in Avignon vorgelesen; Flauberts Pandämonium erscheint erst im Frühjahr 1874. Von dieser signifikanten Nähe der Ausgangskonzeption geht es aber divergent weiter: Flaubert verfolgt die derealisierende Potenz des Buches bis zum enzyklopädistischen Pseudorealismus seiner beiden letzten Helden; Mallarmé läßt die Vision des geschlossenen Schicksalsbuchs der Elbehnon umschlagen in die ästhetische Konzeption des einen Buches anstelle aller anderen, der er sich in »Un Coup de dés« zu nähern sucht.

In dem als Autobiographie erbetenen und sogleich publizierten Brief an Verlaine hat Mallarmé 1885 die Idee des absoluten Buches auf die Form des Fragments als deren ›adäquaten‹ Ausdruck bezogen.[383] Statt ausgeträumt zu sein, hat sich der Traum vom *Grand Œuvre* ins Asyl des romantischen Fragments zurückgezogen. Jenes ganz auf Abwehr des *hasard*, auf Plan und Durchdachtheit angewiesene Werk werde er nicht als ein Ganzes schaffen – *il faudrait être je ne sais qui pour cela!* –, doch ein Stück seiner Ausführung vorzeigen, damit wenigstens einmal die *authenticité glorieuse* aufleuchte, die etwas vom Ausstehenden erahnen läßt, für das ein Leben nicht ausreiche. Dies soll nicht die platonische Differenz von Idealität und Realität erneuern, denn die endgültige Qualität steht gar nicht infrage, nur das Mißverhältnis von Lebenszeit und Werkanspruch. Die Wirklichkeit dessen, was es zu sein hat, ist leibhaftig vorgewiesen und, wenn auch nicht zuende geführt, doch in Erfahrung gebracht.[384]

Was an allen Äußerungen Mallarmés über das eine und einzige Buch am meisten auffällt, ist die Aussparung der Frage nach dem Leser. Wenn Ausdruck zu finden der Sinn der Welt sein sollte, auf wen sollte sie in der Gestalt ihrer vollendeten Lesbarkeit dann noch Eindruck machen können? Seit die Romantik alle zu Autoren des einen Buches oder jeden zu dem des seinigen hatte machen wollen, besteht diese Frage. Der Adept Mallarmés, der Jahrzehnte nach dessen Tod zur illustren Versammlung der Weltautorenschaft sprechen wird, hat für die Weltleserschaft des immer noch einen Buches kein Wort übrig. Sie ist verschwunden, resorbiert in den

---

383 Mallarmé an Verlaine, 16. November 1885: »Autobiographie« (Œuvres compl. 661-665): *J'irai plus loin, je dirai: le Livre, persuadé qu'au fond il n'y en a qu'un, tenté à son insu par quiconque a écrit, même les Génies.*

384 Mallarmé, Autobiographie (a. a. O. 663): *Prouver par les portions faites que ce livre existe, et que j'ai connu ce que je n'aurai pu accomplir.* – Valéry hat die Idee des ›Fragments‹ auf seinen Begriff der Selbsterkenntnis als *auto-discussion* übertragen: *une tentative pour lire un texte et ce texte contient des foules de fragments clairs. L'ensemble est noir.* (Cahiers 1902; ed. J. Robinson, I 6) Man muß den frühen Verstoß gegen jeden Cartesianismus hierin wahrnehmen, daß das uns nächststehende Erkenntnisobjekt an der romantischen Fragmentarisierung seines ›Textes‹ teilhaben sollte. Als hätte je das ›Buch der Natur‹ oder gar das des Heils ›Fragment‹ gewesen sein können.

Unmaßen des imaginären Produkts, das die Schreibenden in Erweckung der Idee Mallarmés sich vorsetzen sollen. Vollendung der Lesbarkeit liegt in der ausgeschlossenen Rücksicht auf die, die sie zu exekutieren hätten. Ihnen hat der Autor längst den Rücken gekehrt, genau so wie er sich von seinem Werk, damit es eine Welt sein kann, abzuwenden hat. Das ist Attitüde von Weltschöpfern: *Impersonnifié, le volume, autant qu'on s'en sépare comme auteur, ne réclame approche de lecteur.*[385]

Antwort auf die Frage nach dem Leser ist vielleicht am ehesten bei der Unschuld einer jener frühen novellistischen Etüden Flauberts zu erhalten, die durch Sartres gewaltiges Unbewußtseinsepos intensives Interesse erweckt haben. Das Erzählstück »Bibliomanie« stammt aus dem Jahre 1836, also von einem Fünfzehnjährigen. Im Wahn, ein Buch als einziger besitzen zu wollen, begeht der Antiquar Giacomo in Barcelona schreckliche Taten. Schon im Gerichtssaal als des Mordes Beschuldigter, erfährt er, daß jenes durch Verbrechen erworbene Buch des absoluten Verlangens gar kein Unikum sei. Die Pointe der Geschichte liegt in dem, was der Leser sehr frühzeitig erfahren hat: Der infernalische Held kann nicht lesen – er würde das nur in einem Exemplar existierende Buch, wäre es je in seinen Besitz gekommen, nicht gelesen haben können.

Es ist die vollkommenste Geschichte, die sich als Antwort auf die Frage nach dem Leser einziger Bücher erdenken läßt.

---

385 Mallarmé, Quant au livre (Œuvres compl. 372).

XX
Vorbereitung auf die Traumdeutung

Jedem Leser von Stücken beschreibender Philosophie wird aufgefallen sein, wie oft er beispielshalber angehalten wird, für den Akt der Wahrnehmung vorzustellen: *Ich sehe ein Buch*. Wohlgemerkt nicht: *Ich lese ein Buch*, denn das ist eine nicht weniger komplizierte Zumutung als aufgefordert zu werden, sich vorzustellen: *Ich sehe durch das Fenster auf die Straße*. Die philosophischen Beispielwelten sind nicht unbeteiligt an den philosophischen Theorien.

Sollte die schöne Vorliebe für den exemplarischen Sachverhalt: *Ich sehe ein Buch* nicht doch noch ein wenig zu tun haben mit der darin leicht bemerkbaren Geste der Versöhnung? Die alte Feindschaft zwischen Buch und Welt, Literatur und Realität, wird in der Weise des schlichtesten Paradigma ausgeräumt: *Ich sehe ein Buch*, es ist die Wirklichkeit in der unmittelbarsten, unverfehlbarsten Weise von Wahrnehmung als Selbstgebung. Kein Nebengedanke daran, daß der Philosoph gerade und zumeist nichts anderes zur Hand hatte als Aschenbecher, Briefbeschwerer, Federhalter – und eben Bücher. Wenn sogar der Naturforscher als überwiegenden Umgang seiner Wahrnehmung Skalen und Zeiger, Kurven und Diagramme, Zeitschriften und Bücher hat, verliert sich die alte Rivalität. Die Papiergestalt des Wahrgenommenen scheint seine endgültige geworden zu sein.

Petrarca hatte auf dem Gipfel des Mont Ventoux, aus Besorgnis, sich an die irdische Unendlichkeit des Blicks auf die Natur zu verlieren, zum Buch gegriffen, zu den »Confessiones« Augustins. Schopenhauer hat kaum an diese unausdenkliche Szene gedacht, als er den Griff nach dem Buch angesichts der Natur zur polemischen Pointe nun gerade des Selbstverlustes machte. Denn *durch einen einzigen freien Blick in die Natur* könnte sich dieses Selbst aus der Willensgefangenschaft gerissen, das Dasein als Sorge geendigt haben und in der Hingabe an das reine willenslose Erkennen *gleichsam in eine andere Welt getreten* sein. Die bloße Anschauung leistet, was sonst nur Schlaf und Traum gewähren können: das *eine* Weltauge zu sein. Aber solches Verschwindenlassen der

Individuation, das auch die Differenzen von Glück und Unglück, Hoch und Niedrig einebnen würde, scheitert am Mangel reiner ›Objektivität‹, an der Unfähigkeit zum Verweilen im Reich der Sorglosigkeit: *aber wer hat die Kraft, sich lange darauf zu erhalten?* Ausdruck dieser Kraftlosigkeit der meisten ist, daß sie *nicht gern allein mit der Natur sind: sie brauchen Gesellschaft, wenigstens ein Buch.* Aus der frommen Verlegenheit des Petrarca ist die Darstellung der metaphysischen Grundsituation in der umgekehrten Wahl geworden, auf die ›Sorge‹ nicht verzichten zu können: *dadurch erhält in der Einsamkeit auch die schönste Umgebung ein ödes, finsteres, fremdes, feindliches Ansehn für sie.*[386]

Wenn Anschauung und Lesbarkeit, Natur und Buch wieder die große Alternative darstellen, ist es um so erstaunlicher, daß das Buch noch und wieder zur Metapher für die Natur werden kann. Oder doch nicht, wenn man genauer hinsieht und es nur die vergebliche Fruchtbarkeit der Natur ist, ihre Multiplikationen des Idealen, die daran denken lassen, daß das Buch immer ein beliebiges Exemplar einer unbegrenzten Multiplizierbarkeit ist? Als Erscheinung des Willens hat sie das einzige Ziel: *Wiederholung ihrer selbst.* Darin spricht sie *die große Wahrheit* aus, daß nicht die Individuen, sondern nur die Ideen *eigentliche Realität* haben: *Ihr Treiben bis zur Frucht verhält sich zu dieser wie die Schrift zur Buchdruckerei.*[387]

Genauer ist die Passung von Buch und Geschichte, dieser Ausstreckung der Idee des Menschen über die Zeit, wie in ihrem Prokrustesbett. Dieses *Gedränge der Begebenheiten*, als das sich die Geschichte des Menschengeschlechts nun darstellt, ist *der Idee selbst so fremd, unwesentlich und gleichgültig wie den Wolken die Figuren, die sie darstellen.* Das trifft ein philosophisches Interesse tödlich, das sich nicht von der Geschichtsphilosophie auf die Anthropologie zurückzuziehen weiß. Von diesem Standpunkt aus werden *die Weltbegebenheiten nur noch, sofern sie die Buchstaben sind, aus denen die Idee des Menschen sich lesen läßt, Bedeutung haben,*

---

386 Schopenhauer, Die Welt als Wille und Vorstellung III § 38. – Die Verformung des Weltanblicks durch die ›Sorge‹ geht gerade auf deren papierene Darstellbarkeiten: *Im Kopfe des nach Zwecken erkennenden Menschen sieht die Welt so aus, wie eine schöne Gegend auf einem Schlachtplan aussieht.* (Handschriftlicher Nachlaß [1828] III 420)
387 Die Welt als Wille und Vorstellung IV § 54.

nicht aber an und für sich.[388] Noch in dieser Funktion muß die Geschichte zurücktreten hinter der Kunst. Es ist eine der Thesen in Schopenhauers Hauptwerk, daß *zur Erkenntniß der Idee des Menschen die Kunst unendlich mächtiger ist als die Geschichte*, wobei ohnehin *die Geschichte keine Wissenschaft genannt werden darf.*[389]

Sie entspricht ziemlich dem, was das Bewußtsein des Menschen von sich selbst für ihn leistet: nicht seine Identität zu gewährleisten (was der im unveränderlichen Urwillen ruhende Charakter tun muß), sondern ihm seinen Lebenslauf schwächlich gegenwärtig zu halten, von dem wir nicht viel mehr wissen *als von einem längst ein Mal gelesenen Roman.*[390] Die Geschichte in der Funktion des *Selbst-Bewußtseyns des menschlichen Geschlechts* reproduziert nur die Schwäche der individuellen Erinnerung, stellt das historische Subjekt vor ein *Denkmal des Uraltherthums* mit der Verständnislosigkeit des Tiers gegenüber der *menschlichen Handlung, in die es dienend verflochten ist*, oder wie einen Menschen *vor seiner eignen alten Ziffernschrift deren Schlüssel er vergessen hat.*[391]

Der Vorrang der Kunst vor der Geschichte beruht auch darauf, daß jene den Betrachter des Bildwerks von der diskursiven Bewegung des ›Lesens‹ weg- und der stillgestellten Beschaulichkeit zuführt, die der Unruhe des Willens Trotz bietet. Doch ist eben die Kunst, die bildende zumal, nur *fremde Vermittlung* dessen, was unmittelbar vor der Natur erfahren werden kann, *durch rein kontemplative Anschauung der Pflanzen und Tiere*, wobei für diese die Vorschrift hinzukommt, sie seien *in ihrem freien, natürlichen und behaglichen Zustande* zu gewahren. Man sollte denken, solche Kontemplation aus der Ruhelage heraus sei sich selbst im System der Ideen genug,

---

388 Die Welt als Wille und Vorstellung III § 35. – Die Wolken-Metapher nochmals in Aufzeichnungen von 1826 für den Stoff der Geschichte: die *vorübergehenden Verflechtungen und Gestaltungen einer wie Wolken im Winde beweglichen Menschenwelt* (Nachlaß III 277). Doch gibt es für die Geschichte auch die Metapher des bevorzugten Blickpunkts, die sie der Natur gleichstellt: ... *durch die Geschichte erkennt man den Menschen wie man die Natur erkennt durch eine Aussicht von einem sehr hohen Berge* ... (1817; Nachlaß I 474 f.) Die Stelle des Lesbaren ist hier besetzt durch das Buch, das einer selbst über sich geschrieben hat.
389 Handschriftlicher Nachlaß (1826) III 277.
390 Handschriftlicher Nachlaß (1829) III 612.
391 Handschriftlicher Nachlaß (1826) III 278.

und darum überrascht hier die Metapher mehr als sonst, solche Naturbeobachtung sei *eine lehrreiche Lektion aus dem großen Buche der Natur*. Die Erinnerung an Jacob Böhme, dem Betrachter ergebe sich eine *Entzifferung der wahren signatura rerum*, wirkt wie eine unvermerkte und hinterhältige Einmischung eben jenes Willens, der dazu antreibt, der Natur mehr und anderes abzuverlangen, als sie selbst der reinen Anschauung eröffnet.[392] Freilich liegt der Ton auf ›rein‹, und dies überschreitet immer das bloßer Wahrnehmung sich Darbietende. Aber nicht in Richtung auf ›Lektion‹ und ›Entzifferung‹, also aufs Analytische, sondern auf Integration und Fülle. Die Apriorität der ästhetischen Darstellung des Schönen entspringt aus der Identität des Subjekts mit dem Urwillen, der sich in der Natur zur Erscheinung bringt. Daher kann Kunst *Antizipation* der Erscheinung ihrer anschaulichen Inhaltsfülle nach sein, wie sie niemand je ›gesehen‹ hat, weil sie die Natur ›übertrifft‹. Der hier immer noch amtierende Genius ist es, der *gleichsam die Natur auf halbem Worte versteht und nun rein ausspricht, was sie nur stammelt..., ihr gleichsam zurufend:* »*Das war es, was du sagen wolltest!*« *und* »*Ja, das war es!*« *hallt es aus dem Kenner wider*. Aus dem Kenner. Er ist der romantische Rest in dieser Konzeption, die Bildner und Betrachter zu Funktionären der einen Selbstbespiegelung des Urwillens macht, ihnen dieselbe Kompetenz, wenn auch nicht austauschbare Antezedenz gibt. Dieser Kenner liest und rätselt so wenig wie der Genius selbst; beide ›erkennen‹ in dem, was sie sehen.

Man kann nicht übersehen, in welchem Maße durch diese ›Ästhetik‹ die Kunst als Schonraum, als Reservat dessen bestimmt und ausgezeichnet wird, was als Anspruch der Welterfahrung und in dieser nicht, nicht mehr oder immer weniger zu seinem Recht kommt, und dies gerade dadurch, daß die Erfahrung als diszipliniert-entweltlichte sich dem Leben unentbehrlich, zu seiner Bedingung selbst gemacht hat. Der Wunsch hegt sich ein Refugium seiner Erfüllbarkeiten, wo ›Physiognomie‹ behält, was sonst Substrat zu werden droht: Physiognomie aber ist nicht zuerst die Ablesbarkeit des Inneren am Äußeren, das zu durchdringen der Ungeduld angeboten wäre, sondern als Aspekt von ›Schönheit‹ der Vorzug, die Exklusivität der menschlichen. Unüberbietbar Schopenhauer:

---

[392] Die Welt als Wille und Vorstellung III § 45.

Menschliche Schönheit ist ein objektiver Ausdruck, welcher die vollkommenste Objektivation des Willens auf der höchsten Stufe seiner Erkennbarkeit bezeichnet, die Idee des Menschen überhaupt, vollständig ausgedrückt in der angeschauten Form. Sobald ein Wille im Hintergrund stehen soll, muß die Erscheinung mehr als eben dies sein, muß sie übergehen in Ausdruck und Bedeutung. Schönheit ist der Gedanke der Natur als Spezies, individuelle Erscheinung immer Abweichung davon. Gerade diese Abweichung ist, was das physiognomische Interesse nicht nur anzieht, sondern auch legitimiert: Man kann sich nicht leisten, von einer Möglichkeit keinen Gebrauch zu machen, deren Gewißheit darin besteht, daß von ihr jederzeit schon Gebrauch gemacht wird, etwa in der bloßen Neugierde auf das Aussehen eines Menschen, der sich seinen Zeitgenossen in irgend einer Weise als herausragend bemerkbar gemacht hat. Physiognomik ist keine Kunst, sie ist Natur, denn es *prüft im gemeinen Leben jeder jeden, der ihm vorkommt, physiognomisch.*[393] Weil physiognomisches Erkennen ein Naturvorgang ist, kommt es auf die unverfälschte Wahrnehmung des ersten Blicks an – unbefangen der Beobachter, ungekünstelt der Beobachtete: *Denn das Gesicht eines Menschen sagt gerade aus, was er ist; und täuscht es uns, so ist dies nicht seine, sondern unsere Schuld.* Nun ist es für die Übermacht einer alten Metapherntradition der Menschenkenntnis bezeichnend, daß Schopenhauer sie auch gegen den Strich dieser Voraussetzungen aufkommen läßt. Die geforderte

---

393 Parerga und Paralipomena (1851). Paralipomena XXIX § 377: Zur Physiognomik. – Die Metapher ›*Physiognomie der Dinge*‹ hat bei Schopenhauer keine subjektivierende Bedeutung. Im Gegenteil, sie trifft das Objektive, dem sich der Wille entzieht: Nachlaß (1828) III 421. – Eine politische Rechtfertigung der Physiognomik, unter anderen Formen der Ausforschung menschlicher Intimität, gibt Karl August Varnhagen von Ense, indem auch er voraussetzt, daß die Natur dafür alle Vorsorge getroffen hat, dies auch ohne und gegen den Willen geschehen zu lassen: *Der Mensch will gar nichts anderes, als seine Mitmenschen erkennen, und er muß, auch ohne Willen und Bewußtsein, die Ziffern und Buchstaben lesen, welche die Natur ihm überall entgegenhält. Physiognomik, Kranologie, Stimme, Schrift, Ausdrucksweise, Lebensgeschichte, Anthropologie, Weltgeschichte, Dichtung.* Dieses Recht, das Äußere zum Indikator des Inneren zu nehmen, sei unbedingt, begründet im öffentlichen Interesse am Inneren, in der politischen Verwerflichkeit des privaten Vorbehalts: *Der Grundsatz, que la vie privée doit être murée, außerdem, daß er feig und nichtswürdig ist, wird auch im Praktischen nirgends anerkannt, von keiner Behörde, von keiner Gesellschaft, von keinem Einzelnen.* (Tagebücher, ed. L. Assing, I 17 f.: 11. August 1836)

Momentaneität der Evidenz des Inneren am Äußeren interferiert mit der Metapher der Entzifferung als eines linear-diskursiven Verfahrens: *Vielmehr ist jedes Menschengesicht eine Hieroglyphe, die sich allerdings entziffern läßt, ja deren Alphabet wir fertig in uns tragen.* Obwohl das Individuum nur ein Korollarium der Natur zu ihrem Gedanken der Spezies ist, der sich in der Schönheit manifestiert, ist es eben doch darin wert, aufmerksam betrachtet und, darüber hinaus, für wahr genommen zu werden, solange die Gunst des ersten Augenblicks noch nicht verloren ist und anstelle der Natur die Kunst tritt, die nicht mehr gestattet abzulesen, was dasteht. Schon möchte man glauben, die Interferenz der Prämisse mit der Metapher löse sich hier, wo *die Entzifferung des Gesichts eine große und schwere Kunst* nicht von Haus aus ist, sondern wird – da stößt uns die Formel in die ganze Schwierigkeit zurück, angesichts des Gesichts habe das Erkennen *die Möglichkeit seiner Entzifferung, streng genommen, nur beim ersten Anblick.* Bei diesem aber soll, wenn der andere sich selbst überlassen *in der Brühe seiner eigenen Gedanken und Empfindungen schwimmend angetroffen* wird, ein *tief eindringender physiognomischer Blick sein ganzes Wesen im allgemeinen auf einmal erfassen* können. Durch solch interferenten Befund würde die metaphorologische Aufmerksamkeit wohl nicht derart gefesselt, wenn das Problem nicht bei einer anderen Art von Deutungsvermögen wiederkehrte: bei der Traumdeutung.

Nicht mehr das Wunder, der Traum ist die Verunsicherung des Wirklichkeitsbewußtseins der frühen Neuzeit, und diese Unsicherheit erzwingt dessen Neuformierung. Sie kündigt sich in Leibniz' Erwiderung auf Descartes' Zweifel an, ein in sich konsistenter und endloser Traum könnte von der vermeintlich ›verbürgten‹ Wirklichkeit der Welt gar nicht unterschieden werden, es sei denn, wir erwachten aus ihm schließlich doch. So konnte zwischen den Begriffen von Traum und Wachwelt ein kommunizierendes System entstehen, bei dem entweder die Traumsphäre Charaktere der alten ›Realität‹ an sich zieht und an Ernsthaftigkeit gewinnt oder die vermeinterweise ›wirkliche‹ Welt an solcher verliert, um etwa die bloße Selbstbespiegelung eines Urdämons zu werden, der ›Wille‹ heißen kann – oder ›Trieb‹ oder auch ›Leben‹. Dessen Manifest wäre der Traum nicht weniger als die Welt.

Schopenhauer hat, was sich ihm als *der törichte Streit über die*

Realität der Außenwelt darstellt und doch nur den schlichten Sachverhalt verleugnet, daß sich uns die Welt gibt als das, was sie ist, durch das Gleichnis vom Leben als Traum ins Licht zu setzen gesucht: *Das Leben und die Träume sind Blätter eines und des nämlichen Buches. Das Lesen im Zusammenhang heißt wirkliches Leben.*[394] Wenn aber die Lesestunde der Tageszeit zuende sei, die Konzentration nachlasse und in müßiges Blättern im Buch übergehe, verliere die Lektüre an Zusammenhang und Ordnung; doch ob nur hin und wieder ein Blatt, ein gelesenes oder noch unbekanntes, immer ist es dasselbe Buch und fällt gegen die regelrechte Lesungsart nicht einmal so sehr ab, wenn man auf deren faktische Begrenzung achtet, daß nämlich *auch das Ganze der folgerechten Lektüre ebenso aus dem Stegreife anhebt und endigt und sonach nur als ein größeres einzelnes Blatt anzusehn ist*. Gerade das Leibniz-Kriterium der Konsistenz ist hier preisgegeben und nur noch das der ›Lesbarkeit‹ als solcher festgehalten, die nie die eines unendlichen Textes sein kann. Denn der ›Wille‹, der eben dessen transzendentales Prinzip wäre, ist doch zugleich sein Gegendämon in Gestalt einer Daseinssucht, die am Lesbaren nicht genug haben kann und einen härteren Zugriff auf die Dinge betreibt.

Das Leben ist ein Traum, nur ein langer, und die Träume sind von demselben Stoff, nur im kürzeren Schnitt. Nimmt man den *Standpunkt der Beurteilung außerhalb beider*, der Welt wie des Traums, an, so entfällt im Wesen jeder Unterschied; man ist *genötigt, den Dichtern zuzugeben, daß das Leben ein langer Traum sei*. Der Grund dafür liegt in seiner Endlichkeit, darin, daß nicht nur das einzelne Blatt jenes Buches aus dem Zusammenhang genommen werden kann und dann ein Traum *ist*, sondern das Buch selbst *ohne Zusammenhang mit einem vorher oder nachher gehenden* eben *wie alle Bücher aus dem Stegereife* anfängt und beliebig endet.[395] In einem Zusatz zu dieser Notiz gibt Schopenhauer die Situation des Einfalls preis, als er *aus einem Nachmittagsschlafe voller Träume, an einem mir wenig bekannten Ort erwachte, und ernstlich zweifelte ob dies Erwachen noch zu jenen Träumen gehörte, oder zum Traum der Wirklichkeit.*

---

394 Die Welt als Wille und Vorstellung I § 5.
395 Diese geringfügige, aber verdeutlichende Abweichung vom Text des Hauptwerks in dem Entwurf von 1815/16: Handschriftlicher Nachlaß I 340.

Daß Wirklichkeit und Traum nur aus ein und demselben ›Stoff‹ sein können, läßt sich für Schopenhauer noch tiefer begründen aus der absoluten Identität des Subjekts als ›Charakter‹: Es ist *derselbe*, der lebt und der träumt, nicht nur *dasselbe*, was erlebt und geträumt wird. Eben das wertet den Traum in dem Maße auf, in dem es das Wachleben abwertet; in diesem wie in jenem muß der Mensch *die übernommene Rolle ausspielen*, um sich durch dieses ›Ausspielen‹ selbst zu begreifen, *damit er sehe was es sei, das er seyn will, gewollt hat, also will und darum ist*.[396] Außer ›Rolle‹ und ›Spiegel‹ steht dafür noch eine typographische Metapher: *Das Leben ist der Korrekturbogen daran die im Setzen begangnen Fehler offenbar werden*. Wie der Text gesetzt ist, ob in großen oder kleinen Lettern, sei dafür unwesentlich, und das soll nichts anderes metaphorisieren als *die Unbedeutsamkeit der Geschichte*, die doch nur die äußeren Gelegenheiten für das Sichtbarwerden jenes intelligiblen Charakters bietet: die Bosheit als die des Welteroberers, des Gauners oder nur des hämischen Egoisten auftreten läßt – oder gar nicht zur Erscheinung bringt. Im Blick auf den Traum könnte das Repertoire der Möglichkeiten, die Versäumnisse der Geschichte nachzuholen, in jenen noch ungelesenen Blättern des einen Buches liegen und ungeahnt erweitert werden, denkt man den Grundgedanken an der Metaphorik entlang das nötige Stückchen fort. Schon hier kann, wie später bei Freud, die Frage nach der moralischen Verantwortung des Träumers für den Traum nicht negativ beantwortet werden, ohne das Ganze zu zerstören. Wieder in der Metapher der Lesbarkeit: *Die Moralische Bedeutung des Lebens besteht darin daß es das Blatt ist worauf wir schreiben ob wir leben wollen oder nicht: die Moral ist die Auslegungskunst dieser Schrift*.[397] Jenes eine Buch, zu dem die Bibel den Prototyp aller Metaphern gegeben hatte, ist nicht mehr das der Natur, aber auch nicht mehr das der Geschichte, sondern das des Lebens allein, sofern sich in dessen Prägung als ›Moral‹ ein Identitätsprogramm ausdruckt, dessen Herkunft weder die Genese der Gattung noch die des Individuums ist, sondern das Reflexionsbedürfnis eines Urdämons, dessen Namen im Grunde gleichgültig sind, schon weil dessen Qualität jedenfalls Vertrauen nicht verdient. So erstaunlich

---

396 Handschriftlicher Nachlaß (1814) I 91 f.
397 Handschriftlicher Nachlaß (1814) I 166.

es ist und so fatal nach einer der zahllosen angebotenen Säkularisierungen es klingt – es ist wieder ein Buch der Offenbarung, diesmal der ›des Willens‹, die ein Heil selbst dem Gläubigen nicht verspricht. Man liest in ihr wie in einem Dekret von unfaßlicher Grundlosigkeit, aber doch mit der Faszination, die das verlangt, was einem eröffnet, woran man ist. Darin liegt etwas wie Vorwegnahme der imaginären ›Lektüre‹ des genetischen Codes im folgenden Jahrhundert.

Zunächst aber ist zum Lesbaren, der ›Auslegung‹ Bedürftigen, alles geworden, was das Subjekt aus dem ihm unbekannten Biogramm heraus manifestiert, von der Physiognomie bis zur ›Moral‹, von der ›Rolle‹ bis zum Traum. Für den Traum, den er selbst so gern metaphorisch heranzieht, greift Schopenhauer auf eine Metapher Lichtenbergs zurück: *Daß ich der heimliche Theaterdirektor meiner Träume bin*, das sei der Beweis dafür, wie der Wille noch jenseits des Bewußtseins liege, ein Leitfaden für das Verständnis dessen, daß wir als Fremdes erfahren, was das Eigenste ist: im *Traum, wo wir heimlich die Begebenheiten lenken, die scheinbar gegen unsern Willen geschehn, und heimlich denen, welche wir begierig fragen, die Antwort, über die wir erstaunen, eingeben.*[398] Die *disiecta membra* des Traumes, die provozierende Zufälligkeit des Zusammentreffens seiner Inhalte, verlangen nach einer Hermeneutik der *geheimen Verbindung zwischen ihnen*. Sie enthüllt erst die *geheime Macht die sie, und zwar einzig und allein um unsertwillen lenkt und der alle Zufälle des Traums im geheimen gehorchen . . .* Die Traumnatur des Lebens und die Lebensnatur des Traums erschließen sich gegenseitig.

Nicht mehr Götter oder Dämonen, das versteht sich, machen den Traum, aber auch nicht die rüde Physiologie; er ist ein Gebilde von Sinnhaftigkeit, wenn auch von gebrochener. Auch wenn keine Anstrengung gemacht wird, ihn zu ›lesen‹, ist seine Lesbarkeit schon ein Befund ersten Ranges. Die Quelle der Träume hat eine Eigenschaft, die Freud später metapsychologisch für das ›Es‹ konstitutiv finden sollte: Sie entzieht sich anarchisch der Zeitordnung. Hat der Traum die ihm seit Urzeiten zugetraute divinatorische Bedeutung, so ist das nur ein faktisches Derivat seiner Unzeitlichkeit, Ordnungswidrigkeit: Unter diesem und jenem aus dem

---

398 Handschriftlicher Nachlaß (1828) III 392.

Biogramm kommt eben auch das Futurische zutage. Das verhindert die Erneuerung der Traumdeutung klassischen Typs; und an ihr kann Schopenhauer nichts liegen, weil das Subjekt ein anderes, seine metaphysische ›Situation‹ explizierendes Interesse hat, dem der *Schlüssel des Hieroglyphenalphabets* nicht dienen kann: *Dennoch bleibt die Voraussetzung höchst wahrscheinlich, daß die Wahl und Succession dieser Bilder nicht ohne Bedeutung seyn kann* . . .[399] Da kristallisiert eine Erwartung neuer Art.
Wenn man eine Schrift findet, deren Alphabet unbekannt ist, so versucht man so lange die Auslegung, bis man auf eine Annahme der Bedeutung der Buchstaben geräth, unter welcher sie verständliche Worte und zusammenhängende Perioden bilden; dann aber bleibt durchaus kein Zweifel an der Richtigkeit der Entzifferung . . .[400] Dies nun ist kein Ansatz zur Traumdeutung. Es ist vielmehr eine Spur der Äquivalenz von Welt und Traum, auch in der Vertauschbarkeit der absoluten Metaphorik: Könnten wir Träume lesen – und nicht nur gewiß werden, daß sie lesbar sind –, so würden wir mit ihnen verfahren wie mit der Welt: *Die Entzifferung der Welt muß sich aus sich selbst bewähren durch die Uebereinstimmung in die sie alle Seiten der Welt zu einander bringt, welches nur durch ihre Vermittelung geschehn kann.* Was sollte der Erfinder eines philosophischen Systems dem noch hinzufügen als die Erklärung, seine Entzifferung sei *ein Exempel das aufgeht*? Man muß sich darauf gefaßt machen, daß die kommende Thematisierung des Traumes auf der Jahrhundertscheide durch Freuds »Traumdeutung« ganz unter dem Einfluß des in ihr so unerwartet abschließenden Jahrhunderts der Ernüchterungen steht. Blickt man auf dieses Ereignis von Schopenhauer her voraus, so fällt auf, daß Freud den verborgenen und aufzudeckenden Hintergrund des manifesten Trauminhalts als den ›Traumgedanken‹ bezeichnet. Er ist es, der durch die listigen Manipulationen der ›Traumarbeit‹ hindurch an der Kontrolle des Ich vorbei in die bunte und wirre Welt der geträumten Inhalte umgesetzt wird. Was hier vorerst die Aufmerksamkeit an sich zieht, ist der Zusammenhang mit dem philosophischen Jahrhundertproblem von Denken und Anschauung, dessen schärfste Formulierung eben immer noch

399 Handschriftlicher Nachlaß (1828) III 502.
400 Handschriftlicher Nachlaß (1822) III 156-158.

Schopenhauer zuzugestehen ist. Die »Traumdeutung« kehrt den Weg vom Denken zur Anschauung um, so scheint es, aber sie setzt ihn als den eigentlichen Inhalt der ›Arbeit‹ des Subjekts voraus. Der Traum ist prinzipiell und noch vor jedem Einzelerfolg ›lesbar‹, weil er im Hintergrund ›Denken‹ ist.

Dies ins Auge gefaßt, möchte man doch, wenn zugänglich, noch etwas wissen über Schopenhauers erstes ›Einrasten‹ auf die Metaphorik der Lesbarkeit. Am Anfang der »Parerga« von 1851 steht eine erkennbar sehr frühe »Skizze einer Geschichte der Lehre vom Idealen und Realen«, in der er auf Schelling und damit auch auf seine *Tollhäuslerwuth gegen die 3 Sophisten* des deutschen Idealismus[401] zurückkommt, die in seinem Werk auf Schritt und Tritt ihre Spur hinterlassen hat. Zum Thema dieses Traktats der »Parerga« besaß Schopenhauer Schellings »Über das Verhältniß des Realen und Idealen in der Natur« von 1806 in einem Sammelband, zu dem es Aufzeichnungen aus der ersten Jahreshälfte 1812 gibt.[402] Was Schopenhauer erregt, ist nicht die Überschätzung der Anschauung, sondern die Unterschätzung des Begriffs, die Leichtfertigkeit der Annahme, der Übergang von diesem zu jener werde die Abstraktionen der Philosophie auflösen *in die unmittelbare freundliche Anschauung.*[403] Das wäre zwar das Wünschbare, aber es ist nicht das Erreichbare; denn *so steht es nicht mit uns: dem Denken läßt sich nicht so die Türe weisen.*[404] Das Rätsel der ernsten alten Sphinx ist so nicht lösbar, nicht als *ein Spiel der Lust und Einfalt*, wie Schelling verheißen hatte, wo *das Schwerste leicht, das Unsinnlichste sinnlich* werden sollte. Dies in der alten Metapher ausgesprochen, um die Wendung ins Neue ganz als ›Umbesetzung‹ auszugeben: *der Mensch dürfte froh und frei im Buche der Natur lesen.* Weiter sollte Schopenhauer nicht zitieren, aber Schelling hatte hinzugesetzt: *in dem Buch der Natur selbst..., dessen Sprache ihm durch die Sprachenverwirrung der*

---

401 Schopenhauer an Frauenstädt, 14. September 1853.
402 Handschriftlicher Nachlaß (Studienhefte 1811-1818) II 315-340.
403 Schelling, Darlegung des wahren Verhältnisses der Naturphilosophie zu der verbesserten Fichteschen Lehre. 1806 (Werke, ed. M. Schröter, III 658 f.). Diese Schrift gehörte zum Sammelband Schellings in Schopenhauers Bibliothek mit zahlreichen Marginalien: Handschriftlicher Nachlaß V 144 f.
404 Schopenhauer, Parerga und Paralipomena (Sämtliche Werke, ed. W. v. Löhneysen, IV 38 f.).

Abstraktion und der falschen Theorien längst unverständlich geworden war.[405]

Hier also konnte Schopenhauer die Metapher, wenn nicht ›kennengelernt‹ – denn dazu fehlte es ihr wahrhaftig an Abgelegenheit –, so doch in einer Wendung ihres Gebrauchs ins Übermütige fixiert haben, der er sich auch dann zu widersetzen gedachte, wenn er in der Sache nahe an solche Formeln für den Vorrang der Anschauung vor dem Denken herankam. Es war das Versprechen des spielerisch-leichten Übergangs, was ihn provozierte, und man kann dies als den Abstoßungspunkt sehen, der alten Metapher eine Vertiefung in Richtung aufs bisher Ungelesene, erst lesbar zu Machende zu geben – und wenn es der Traum sein sollte.

---

405 In seinen Jenenser Vorlesungen »Über die Methode des akademischen Studiums« von 1802 (publ. 1803) hatte Schelling die Metapher für die innere Verbindung von Sprachstudium und Naturstudium, ganz in der romantischen Tonart, verwendet: *Es ist unmittelbare Bildung des Sinns, aus einer für uns erstorbenen Rede den lebendigen Geist zu erkennen, und es findet darin kein anderes Verhältnis statt, als welches auch der Naturforscher zu der Natur hat. Die Natur ist für uns ein uralter Autor, der in Hieroglyphen geschrieben hat, dessen Blätter kolossal sind, wie der Künstler bei Goethe sagt ... Die Erde ist ein Buch, das aus Bruchstücken und Rhapsodien sehr verschiedener Zeiten zusammengesetzt ist. Jedes Mineral ist ein wahres philologisches Problem. In der Geologie wird der Wolf noch erwartet, der die Erde ebenso wie den Homer zerlegt und ihre Zusammensetzung zeigt.* (Dritte Vorlesung)

XXI
Die Lesbarmachung der Träume

Wem auch immer die Germanistik am jüngsten ihrer Tage das kostbare Prosastück »Die Natur« zugeschrieben haben wird, Sigmund Freud hielt es für einen Aufsatz Goethes und datierte vom Tage seiner ersten Kenntnis die eigene Entscheidung für die Naturforschung.

An Sonntagen hielt der Professor für Zootomie Carl Brühl populäre Vorträge zur Aufklärung durch Darwinismus. Unter seinen Werbemitteln war auch der in den Ausgaben Goethes stehende Text, der schwärmerisch die Zugehörigkeit des Menschen zur Natur und ihrer ewig sich erneuernden Gestaltenfülle feiert. Dabei war die Fremdheit und Befremdlichkeit des Menschen inmitten dieser Natur, der er ganz gehören sollte, nicht verschwiegen. Was Freuds theoretische Neugierde ein Leben lang reizen sollte, das psychische Ineinander von Verbergung und Entschleierung, war der Natur selbst als ihr durchtriebenes Verfahren zugeschrieben: *Sie spricht unaufhörlich mit uns, und verräth uns ihr Geheimnis nicht.* Dieses, daß unaufhörlich gesprochen und doch nichts vom Wesentlichen gesagt wird, es sei denn, es würde ein Verfahren gegen das Verfahren der Natur gefunden, ist die Vorformel für Freuds Selbstbestimmung seiner theoretischen Einstellung.

Auch wenn der eine Satz, mit dem Freud 1925 in seiner »Selbstdarstellung« die ›Bekehrung‹ durch Goethe lakonisch berichtet, zur sorgfältigen Stilisierung gehören sollte, die seinen Selbstdarstellungen nicht fremd gewesen ist und zu den Listen des Umgangs mit Freunden wie Feinden gehörte, ist dieses Element seiner Biographie seit dem überraschenden Fund des Briefwechsels mit dem Jugendfreund Emil Fluß zuverlässig bestätigt. Wie Freud gegenüber Wilhelm Fließ das Datum seiner Entdeckung der Traumdeutung auf den 24. Juni 1895 fixiert haben wollte – dies ihm allerdings mit einer Verspätung von fünf Jahren am 12. Juni 1900 anvertraut –, so hat er ein Vierteljahrhundert zuvor dem Freund im heimatlichen Freiberg die Konversion mit allen Anzeichen der ihr beigelegten Bedeutsamkeit zuerst angekündigt, dann eröffnet: *Von mir könnte ich Ihnen eine Neuigkeit melden, die wohl die größte meines armseligen Lebens ist,* schreibt er am 17. März 1873. *Wenn das letztere je einen Wert haben wird, so wird dieses Ereignis ihm denselben gegeben haben.*[406] Der Freund muß mit einer merkwürdigen Fehlleistung der Verlesung geantwortet haben, aus der Freud hier noch nicht recht etwas zu machen weiß: *Von welchem ›Verhältnis‹ habe ich nach Ihrer Schätzung so de- und wehmütig gesprochen? Sollte ich es nicht ein ›Ereignis‹, einen Plan genannt haben?* Erst jetzt könne er frei mit der Sprache herauskommen, weil er sich bis dahin selbst noch nicht ganz geglaubt habe, was inzwischen feststehe wie nur irgendein menschlicher Plan: *Wenn ich den Schleier lüfte, werden Sie nicht enttäuscht sein?? Nun versuchen Sie: ich habe festgestellt, Naturforscher zu werden* ...[407] Die Differenz in der Benennung der Beschlüsse, hier Naturforschung, ein halbes Jahrhundert später Medizin, darf man nicht zu stark betonen. Für Freud ist nicht nur die Medizin, sondern auch seine Art von Psychologie immer Naturforschung geblieben.

Ungleich wichtiger für das Interesse einer Metaphorologie ist die Differenz zwischen dem die Bekehrung auslösenden Text und Freuds eigener Imagination von Naturforschung. Hatte Freud Goethe sagen hören, jene Natur spreche mit dem Menschen unaufhörlich und überlasse ihm ihr unaufgelöstes Geheimnis, so sieht er sein eigenes Verfahren zunächst in der Kontinuität des ursprünglichen Entschlusses, Jurist zu werden, wofür er dem Freund das Versprechen abgenommen hatte, ihm alle seine Prozesse zu überlassen. Nun brauche er diese Zusage nicht mehr. Er werde sich mit Akten und Prozessen anderer Art beschäftigen. Schriftform und Lesbarkeit sind das überbrückende Moment zwischen dem alten und dem neuen Lebensplan: *Ich werde Einsicht nehmen in die Jahrtausende alten Akten der Natur, vielleicht selbst ihren ewigen Prozeß belauschen und meinen Gewinst mit jedermann teilen, der*

---

406 Jugendbriefe Sigmund Freuds. In: Psyche XXIV, 1970, 768-784; 775. Vorausgegangen war die Veröffentlichung durch E. L. Freud in: Die Neue Rundschau 1969, 678-693.
407 Freud an Emil Fluß, 1. Mai 1873 (Jugendbriefe, 777). – Nicht mehr haltbar ist nach Kenntnis der Fluß-Briefe, was Freuds erster und ungebetener Biograph über die Naturbekehrung durch Goethe schrieb: *Diese Mitteilung macht deutlich den Eindruck einer ›Deckerinnerung‹.* (Fritz Wittels, Sigmund Freud. Leipzig 1924, 13)

lernen will. Die Metapher ist eine eher scherzhaft gefundene Umbesetzung in dem Goethe zugeschriebenen Text. Aber ihre Wahl bleibt nicht zufällig, belegt Affinität zu einer bestimmten exegetischen Erfahrungsart an der Natur, die den der Psychoanalyse von Anfang an mitgegebenen Konflikt zwischen der Intimität von Analyse bzw. Selbstanalyse des Therapeuten – analog der Vertraulichkeit der Aktenkenntnis – *und* der Öffentlichkeitspflicht des Theoretikers vorwegnimmt.

Als Freud 1930 den Goethe-Preis der Stadt Frankfurt erhielt, nahm der Sekretär des Preiskuratoriums, Alfons Paquet, in seiner Benachrichtigung ausdrücklich Bezug auf die frühe Wendung zur Naturforschung unter dem Einfluß Goethes, ohne die Zweifel der Philologen an der Authentizität des schicksalhaften Textes zu erwähnen.[408] Die Ansprache im Frankfurter Goethe-Haus, die Freud durch seine Tochter Anna verlesen lassen mußte, bemühte sich jedoch um den Nachweis nie gebrochenen Gehorsams gegenüber dem Stifter dieser Lebensbindung an die Forschung. Die Gelegenheit der für Freud einzigartigen Ehrung sollte wahrgenommen werden, nicht nur *Goethes Beziehungen zur Psychoanalyse* zu behandeln, sondern auch die Analytiker gegen den Vorwurf zu verteidigen, daß *sie durch analytische Versuche an ihm die dem Großen schuldige Ehrfurcht verletzt haben.* Während er den Widerstand seiner Zeitgenossen als schon theoretisch unausweichliche Reaktion auf seine Zumutungen zu sehen gelernt und gelehrt hatte, denkt er ganz unbefangen daran, in Goethe die mögliche – und nur faktisch nicht erreichbar gewesene – Ausnahme von solchem Widerwillen gegen sein Werk hinzustellen: *Ich denke, Goethe hätte nicht, wie so viele unserer Zeitgenossen, die Psychoanalyse unfreundlichen Sinnes abgelehnt.* Im umgekehrten Verhältnis habe die Psychoanalyse für das Verständnis der Größe Goethes nichts Vergleichbares wie in anderen Fällen ihrer ästhetischen Deutungslust geleistet. Dafür weiß Freud am Ende der Goethe-Rede eine Erklärung, die nicht ohne Projektion auf ihn selbst gehört worden sein kann und erst recht nicht im Rückblick gelesen werden dürfte: *Aber ich gestehe, im Falle von Goethe haben wir es noch nicht weit gebracht. Das rührt daher, daß Goethe nicht nur als Dichter ein*

---

408 Freud, Goethe-Preis 1930. In: Gesammelte Werke XIV 543-550. Der Brief von A. Paquet: 545 f. Anm. Freuds Antwort: 545 f.

großer Bekenner war, sondern auch trotz der Fülle autobiographischer Aufzeichnungen ein sorgsamer Verhüller.

Auf Freuds gelegentlich so genannte ›Privatlektüre‹ zurückzugehen, bedeutet etwas anderes als Aufdeckung von Quellen. Das Beispiel von »Über die Natur« belegt schon, welcher Intensität der Erfahrung er mit dem Gelesenen und Lesbaren fähig war. In dieser Hinsicht hat uns der Jugendbriefwechsel mit dem Freund Fluß noch in anderer prospektiver Weise belehrt, wie eng sich mythisch-literarische Vorprägung und autoptische Erfahrung bei Freud verzahnen. Ganz am Ende, im »Mann Moses«, wird der gesamte psychische ›Befund‹ in den Aggregatzustand von ›Literatur‹ zurückkehren. In jenem frühen Brief vom 17. März 1873, in welchem sich die Ankündigung der Berufsbekehrung findet, ist auch etwas über eine Lektüre gesagt, was für einen Matura-Aspiranten ganz selbstverständlich klingt: *Ich muß manches von griechischen und lateinischen Klassikern für mich lesen, darunter König Ödipus von Sophokles.* Als er dann am 16. Juni dem Freund über die Reifeprüfung berichtet, steht da, was wir auch aus dem gedruckten Jahresbericht des Gymnasiums für 1873 gewußt hatten, daß für die schriftliche Leistung im Griechischen dreiunddreißig Verse aus dem König Ödipus zu übersetzen waren und Freud dies am besten bewältigte: *... ich hatte die Stelle ebenfalls für mich gelesen und kein Geheimnis daraus gemacht.*[409] Nach allem, was wir von Freuds Bereitschaft wissen, Bedeutsamkeit und Zeichenhaftigkeiten bis hin zum Fatalismus ernstzunehmen, kann ihn die an Vorahnung grenzende Einstellung auf die Prüfungsaufgabe nicht unbetroffen gelassen haben. Beinahe jedes Kind weiß heute, in welcher Weise Freud auf diesen Urstoff seiner theoretischen Imagination zurückkommen sollte. Nun wissen wir noch dazu, wie nahe der literarischen Urform der Naturzuwendung der ebenso literarische Urtypus ihrer ›Geheimnisse‹ auftaucht. Im Briefwechsel mit Wilhelm Fließ findet sich dann aus Freuds Selbstanalyse der Konflikt: Liebe zur Mutter, Eifersucht auf den Vater; ein Konflikt, in dessen Allgegenwart die Erklärung für die *packende Macht* der Tragödie des

---

409 Freud an Emil Fluß, 16. Juni 1873 (Jugendbriefe, 779 f.). Faksimile des Matura-Briefs und des Jahresberichts sowie des Protokolls der mündlichen Prüfung: E. Freud / L. Freud / I. Grubrich-Simitis, edd., Sigmund Freud. Sein Leben in Bildern und Texten. Frankfurt 1976, 74-77. Dort ersichtlich, daß es sich um die Verse 14-57 der Tragödie handelte.

König Ödipus gesehen wird. Aber erst 1910 hat Freud die folgenreichste seiner Namengebungen für den zuvor so benannten ›Kernkomplex‹ vollzogen.

Nochmals ein Jahrzehnt später veröffentlicht Freud eine theoretische Erfindung, die zwar nicht ganz den Ruhm des Ödipuskomplex erreichen sollte, doch diesen an Zweifelhaftigkeit noch übertraf: die des Todestriebs im neuen Dualismus der Triebe. Es ist bekannt und braucht nicht in Erinnerung gerufen zu werden, daß er sich auch hier des literarischen Hintergrunds versicherte durch die Umbildung eines Shakespeare-Zitats aus »Heinrich IV.«, das er bereits in der »Traumdeutung« für den Parzentraum herangezogen hatte.[410] Der eigenwillige Umgang mit diesem großen Wort hat überdeckt, daß der Grundgedanke zum ›Todestrieb‹ sehr viel weiter zurückführt und in der Nähe der Maturität mit dem Aufsatz »Über die Natur« konvergiert. In jenem Text, dessen Vorlesung der Siebzehnjährige hörte, steht neben dem Wort von der unaufhörlich zum Menschen sprechenden und doch ihr Geheimnis wahrenden Natur das andere, daß *der Tod ihr Kunstgriff* sei, *unaufhörlich neues Leben hervorzubringen*. Eben dies, daß die Natur an List reich sei, sich zur Erreichung ihrer Ziele des Wahns und der Neurosen bediene, und was sie nicht offen anbieten kann, in vielfältigen Verschlüsselungen an der Zensur des Subjekts vorbei zutage fördere, steckt schon in der Formel vom Tod als dem Kunstgriff der Natur, die Freud schließlich zum Inbegriff der Triebschicksale machen sollte.

Verhältnisse von Durchtriebenheit und Kunstgriffigkeit bestehen vor allem im Zusammenhang von Ich und Es, von Bewußtsein und Unbewußtem. Man könnte das als Mythos vom psychischen Apparat auf sich beruhen lassen, wenn nicht die Chancen der Theorie, an innersubjektive Vorgänge und Inhalte heranzukommen, gerade auf dem Verfahren der Überlistung des als Zensurinstanz fungierenden Ich beruhten. Denn erst dadurch, daß die Zensur umgangen oder unterlaufen werden muß, entsteht die Nötigung zur Verschlüsselung von Inhalten, die als latente Traumgedanken so wenig für einen außenstehenden theoretischen Betrachter zugänglich wären, wie es Gedanken eines anderen gemeinhin sind. Erst dadurch, daß sie gezwungenermaßen den Aggregatzustand der Lesbarkeit,

410 H. Blumenberg, Arbeit am Mythos. Frankfurt 1979, 105.

der, wenn auch verschlüsselten, Manifestation annehmen müssen, werden sie einigermaßen objektiviert oder objektivierbar. Lesbares kann eben *mitgelesen* werden.

In allen analytischen Verhältnissen handelt es sich nicht um ursprüngliche Lesbarkeit, sondern um sekundäre *Mitlesbarkeit*. Das ist schon deshalb nicht selbstverständlich, weil die Geschichte der Psychoanalyse bekanntlich mit der Paradoxie einer Selbstanalyse, der ihres Begründers, beginnt, von der gesagt wurde, sie sei die einzige, die jemals zu Ende geführt worden ist.[411] In seiner autobiographischen Darstellung hat Freud dieses Gründungsfaktum der Schule unerwähnt gelassen; und für diesen späten Zeitpunkt wird man zugestehen müssen, daß die Zugewinne über die analytische Grundsituation, zumal die Übertragung, jene Münchhausiade ins Reich der Gründermythen verwiesen hätten. Dennoch ist für den Erfahrungsbegriff, der mit der »Traumdeutung« entsteht, der Sachverhalt der Selbstanalyse von unvergleichlicher Bedeutung. In seinem Zusammenhang steht all das, was mit der Metaphorik der Lesbarmachung zu tun hat.

Dennoch würde ich nicht so weit gehen zu sagen, Lesbarkeit sei das Ideal der in der Psychoanalyse auftretenden und aufzubauenden Erfahrung. Das wurde schon angedeutet mit der Metapher der List: Lesbarkeit entsteht durch einen sekundären Kunstgriff, der seinerseits durch eine Behinderung des Primärvorganges überhaupt erst gültig wird. Lesbarkeit als Darbietungsform des Gegenstands der Erfahrung ist ein Artefakt, ein Derivat aus einem Kompromiß.

Wenn das so ist, wird man weiter fragen müssen, ob es denn einen Zugang zur Idealität der psychoanalytischen Erkenntnis gibt. Es gibt ihn, aber die Lösung mutet enttäuschend an. Sie führt die Psychoanalyse nicht zu ihrer Vollendung, sondern zu ihrem Funktionsverlust, der nur deshalb nicht drohend über Freuds Erwartungen stand, weil er das Ideal für unerreichbar, wohl nicht einmal für annäherungsfähig hielt.

---

411 *Zu Ende analysiert ist bisher ein Patient auf der Welt.* Dieses wahrhaft schuldogmatisch anmutende Apophthegma stammt von Paul Federn, wie wir noch nicht lange aus den Protokollen der Diskussionen der Psychoanalytischen Vereinigung in Wien wissen (Jahrbuch der Psychoanalyse X, 1978, 190). Freud hat sich selbst 1937 in »Die endliche und die unendliche Analyse« anders geäußert. Die Differenz hat durchaus mit dem ›provisorischen‹ Charakter der Psychoanalyse zu tun.

Ideal ist die Auflösung aller psychischen Vorgänge in chemische Reaktionen, der Inbegriff ihrer Beeinflußbarkeit als der durch chemische Faktoren. Seele ist ein provisorischer Begriff für das, was sich als chemischer Komplex unserer reellen Analyse noch zu weit, vielleicht endgültig entzieht. Dieser Sachverhalt ist bei Freud nur gelegentlich angedeutet. Aber doch deutlich genug. Man kann ihn nicht einfach beiseite und auf sich beruhen lassen, weil er in der Grundfigur nicht auf die Psychoanalyse beschränkt ist, sondern auch in der Metaphorik der Lesbarkeit für das genetische Substrat wiederkehrt: *Das Lehrgebäude der Psychoanalyse, das wir geschaffen haben, ist in Wirklichkeit ein Überbau, der irgend einmal auf sein organisches Fundament aufgesetzt werden soll; aber wir kennen dieses noch nicht.* Das ist in der großen Doppelvorlesung des Ersten Weltkriegs gesagt und ein Jahrzehnt nach der Aufnahme der ›Pubertätsdrüse‹ in den Abschnitt über die chemische Theorie der ›Sexualstoffe‹ der dritten der »Abhandlungen zur Sexualtheorie« von 1905.[412]

Bei diesem für Freud utopischen Funktionsverlust der Psychoanalyse im vollendeten Allchemismus geht es nicht nur um Anpassung an den theoretischen Standard der Naturwissenschaften, zu denen Freud die Psychologie bis zuletzt gerechnet hat: *Was sollte sie denn sonst sein?* Es geht um die Korrektur der entscheidenden perspektivischen Verzerrung, die im Verhältnis von Bewußtsein und Unbewußtem, von Ich und Es angetroffen wird – und vom therapeutischen Interesse der Analyse mitgemacht werden muß, insofern hier das Es der Störfaktor des Ich ist, dem beigekommen werden muß. Aber theoretisch gilt das Umgekehrte: Unbewußt ist die ganze Natur in allen ihren Prozessen, und Bewußtsein ist da allenfalls eine Eskapade mit ungewissem Ausgang, die in jenen vermeintlichen Störungen gleichsam zur Ordnung gerufen, zur Gattungsallgemeinheit zurückbeordert wird. Die Theorie des Psychischen muß ausgehen von der Normalität des Unbewußten, so peinlich es dem Subjekt sein mag, sich seinerseits an die Unzweckmäßigkeit seiner Ansprüche auf Sinnwissen erinnern lassen zu

---

412 Freud, Vorlesungen zur Einführung in die Psychoanalyse, 24. Vorlesung (1917). Fischer Taschenbuch-Ausg., 305. – Drei Abhandlungen zur Sexualtheorie III. Die Umgestaltungen der Pubertät (1905). Fischer Taschenbuch-Ausg., 83-86.

müssen, die seine Dienstbarkeit gegenüber dem Gattungswillen nur stören. Auch insofern ist der Schlaf exemplarisch, der Wachzustand das Interim, der Traum die Anmeldung des tieferen Interesses gegen die drohende Weckung. Noch zu Beginn der zweiten Fassung des »Abriß der Psychoanalyse«, schon in London 1938 angegangen, schreibt Freud, das Psychische sei, was immer seine Natur sein mag, *unbewußt wahrscheinlich von ähnlicher Art wie alle anderen Vorgänge in der Natur, von denen wir Kenntnis gewonnen haben.* Diese Zurechtsetzung der objektiven Sachlage ändere freilich nichts daran, was die Differenz von Unbewußtem und Bewußtsein *für uns* als die mit dem Faktum Bewußtsein Begnadeten oder Geschlagenen nun einmal bedeute – und Freuds Metapher verrät, wie er den Wertakzent gesetzt wissen will: *Die Qualität der Bewußtheit ... bleibt das einzige Licht, das uns im Dunkel des Seelenlebens leuchtet und leitet.*[413]

Wenn Freud mehr als drei Jahrzehnte zuvor vom *organischen Fundament* seines Lehrgebäudes und von dessen Chemismus gesprochen hatte, war seine Orientierung vor allem die an der Symptomatik bestimmter Neurosen, die Ähnlichkeit zeigen mit Zuständen unter chronischem Einfluß bestimmter Gifte und deren akuter Entziehung; aber auch mit Erscheinungen, die bereits als Folgen im Körper selbst produzierter Stoffe bekannt sind wie Morbus Basedow. Man könne sich der Analogie gar nicht entziehen, auch die Neurosen als Folgen von Störungen in einem noch unbekannten Sexualstoffwechsel zu sehen. Doch sei ein solcher Titel wie »Chemismus der Sexualität« *ein Fach ohne Inhalt.*

Das hat Konsequenzen für die Therapie. In keinem strikten Sinne ist die Psychoanalyse ein kausales Verfahren. Damit hängt zusammen, daß sie sich im Gegenzug gegen die Kunstgriffe der Natur selbst der List bedienen muß, etwa mit der immer wichtiger gewordenen Ausnutzung der ›Übertragung‹ in der analytischen Situation. Sie war zunächst nur als Störmoment des Widerstands gesehen worden, bis sich zeigte, daß die bloße Mobilisierung der Erinnerung des Patienten noch nicht ausreiche, den fehlgeleiteten Energiebetrag flottzumachen.

---

413 Freud, Abriß der Psychoanalyse. Zweite Fassung (Gesammelte Werke XVII 141-147). Für den Grundgedanken, *das Unbewußte sei das eigentlich Psychische,* ist auf Theodor Lipps (*ein deutscher Philosoph*) als Urheber verwiesen.

Was aber wäre kausale Therapie? Freuds Antwort darauf ist die Fiktion, *es wäre uns etwa auf chemischem Wege möglich, in dies Getriebe einzugreifen, die Quantität der jeweils vorhandenen Libido zu erhöhen oder herabzusetzen oder den einen Trieb auf Kosten eines anderen zu verstärken, so wäre dies eine im eigentlichen Sinne kausale Therapie...*[414] Was wäre dann die Leistung der Psychoanalyse gewesen oder noch wert? Sie wäre immer noch und bis auf weiteres *die unentbehrliche Vorarbeit der Rekognoszierung* für den chemischen Eingriff. Da man von solcher Beeinflussung ganz und gar entfernt sei, greife die psychische Therapie an einer anderen Stelle an, die nicht mit der Kausalität der pathologischen Erscheinungen gleichzusetzen sei, *nicht gerade an den uns ersichtlichen Wurzeln der Phänomene, aber doch weit genug weg von den Symptomen, an einer Stelle, die uns durch sehr merkwürdige Verhältnisse zugänglich geworden ist.*

Auch in den kühnsten Ausuferungen der Spekulation über die Triebschicksale bleibt der Vorbehalt gegenwärtig, dies alles komme aus dem Mangel einer reellen Kenntnis der zugrunde liegenden Vorgänge. Wenn Freud 1914 den Terminus Narzißmus übernimmt, um bestimmte Abwendungen von der Wirklichkeit energetisch zu erklären, erinnert er ausdrücklich daran, daß *all unsere psychologischen Vorläufigkeiten einmal auf den Boden organischer Träger gestellt werden sollen.*[415] Bis aber die Stoffe und chemischen Prozesse bekannt seien, welche die Wirkungen der Sexualität ausüben, müsse der Wahrscheinlichkeit ihrer Existenz Rechnung getragen werden, *indem wir die besonderen chemischen Stoffe durch besondere psychische Kräfte substituieren.* Dem chemischen Korrelat der Triebe und Triebschicksale entspricht das anatomische der psychologischen Topik. Hier klaffe eine Lücke, *deren Ausfüllung derzeit nicht möglich ist*; sie bestehe darin, daß die Schematik der räumlichen Verteilung im psychischen Apparat *vorläufig nichts mit der Anatomie zu tun* hat.[416]

---

414 Vorlesungen zur Einführung in die Psychoanalyse, 27. Vorlesung. 1917 (Fischer Taschenbuch-Ausg., 342).
415 Freud, Zur Einführung des Narzißmus. In: Das Ich und das Es und andere metapsychologische Schriften. Frankfurt 1978, 23. – Für den Chemismus der Sexualfunktion Berufung auf Paul Ehrlich: Triebe und Triebschicksale (1915), a. a. O., 49.
416 Freud, Das Unbewußte (1915). In: Das Ich und das Es, ed. cit. 80.

Von dieser ausdrücklichen, gelegentlich sogar betonten Vorläufigkeit hat Freud allerdings einen abstinenten Gebrauch gemacht. Vielleicht kann man das nicht eindrucksvoller belegen als durch die Abwesenheit des Terminus ›Hormon‹ – den es immerhin seit 1906 (Bayliss, Starling) gab – in seinen sämtlichen Schriften. Nur einmal, wo er 1932 von der zwar nicht theoretischen, aber faktischen Ausschließlichkeit der Psychoanalyse gegenüber allen anderen Verfahren psychotherapeutischer Art spricht, zugleich vor dem Glauben an ihre Allmacht warnt – der doch darauf beruhe, Neurosen für etwas Überflüssiges zu halten, was kein Recht zu existieren habe – und nochmals die Unzugänglichkeit der Psychosen für sein therapeutisches Verfahren feststellt, überhaupt über dessen Wirkungsbreite einer gewissen Skepsis Raum gibt, spricht er von der ›Zukunftshoffnung‹, die sich aus der Kenntnis der ›Hormonwirkungen‹ ergibt – *Sie wissen, was das ist.*[417]

Die erkennbare Resignation dieses kurzen Abschnitts ist, denkt man an Freuds Herkunft aus der klassischen Physiologie, doch bemerkenswert. Es ist eine gewollte, das eigene Werk schützende Unwissenheit, die sich als Skepsis nach allen Seiten vorwurfsfrei zu halten sucht, auch in der unverkennbaren Furcht vor der Gefahr, daß strengere Erkenntnis im Gehege der Naturwissenschaften Verlust an *Sinnqualität* bedeuten müßte. Die strenge Observanz, der Problemstellung zu genügen und die disziplinierteste Antwort zu geben, schneidet, so befremdlich es klingt, die Zugänge zu anderen Antworten ab, die das fragliche ›Objekt‹ nicht so scharf ausgrenzen, daß es dem Subjekt in seinem Selbstverständnis nicht mehr integriert werden könnte. Dem Patienten zu sagen, wie tief sein Leiden in seiner eigenen, doch unverfügbaren Lebensgeschichte begründet sei und durch sie verständlich werde, hätte jede Bedeutung verloren, wenn man seine Symptome kausal entwurzeln könnte. Dieses Provisorium ist eine Gnadenfrist: *Die Unbestimmtheit all unserer Erörterungen, die wir metapsychologische heißen, rührt natürlich daher, daß wir nichts über die Natur des Erregungsvorganges in den Elementen der psychischen Systeme wissen und uns zu keiner Annahme darüber berechtigt fühlen. So operieren wir*

---

417 Freud, Neue Folge der Vorlesungen zur Einführung in die Psychoanalyse (1932), 34. Vorlesung: Aufklärungen, Anwendungen, Orientierungen. (Fischer Taschenbuch-Ausg., 125 f.)

also stets mit einem großen X, welches wir in jede neue Formel mit hinübernehmen.[418] Freuds Metaphorik hat aufs engste zu tun mit seiner ganz eigenen ›Endgültigkeit des Vorläufigen‹.

Noch deutlicher gemacht, aber auch präziser neutralisiert, hat er diese Sachlage in einer weiteren Bemerkung der für seine theoretische Entwicklung epochemachenden Schrift »Jenseits des Lustprinzips« von 1920. Gerade hat er aus der Identität von Fortpflanzung und Untergang beim Protozoon die Folgerung gezogen, diese beiden elementaren Vorgänge dem Leben selbst zu integrieren, die Mehrzelligkeit als einen libidinösen Umstellungsvorgang der Selbsterhaltung zu beschreiben, in welchem sich *die chemische Affinität der unbelebten Materie fortsetzt,* da diszipliniert er sich auch schon mit der Frage, ob er denn selbst solchen Extrapolationen glaube. Um sie zu beantworten: er wisse nicht, wie weit er das tue. Was bleibe, sei ein *kühles Wohlwollen für die Ergebnisse der eigenen Denkbemühung,* was, wie sich für den Zuchtmeister der Schule versteht, *durchaus nicht zu besonderer Toleranz gegen abweichende Meinungen verpflichtet.*

Der tiefere Grund für solche Genügsamkeit mit dem selbsterreichten Vorläufigen wird an der wichtigen Bemerkung über die Sprache greifbar, die in diesem Zusammenhang folgt. Ohne die *Bildersprache der Psychologie* ließen sich die einschlägigen Vorgänge überhaupt nicht beschreiben, würden nicht einmal wahrgenommen werden können. Zwar würden die Mängel der Beschreibung wahrscheinlich verschwinden, wenn *wir anstatt der psychologischen Termini schon die physiologischen oder chemischen einsetzen könnten*; doch wäre dies noch nicht der Sprung aus jeder Bildersprache heraus. Auch die Sprache der Physiologie und Chemie sei eine Bildersprache, deren Vorzug allein darin bestände, daß sie uns seit längerer Zeit vertraut und vielleicht auch einfacher sei als die psychologische Bildersprache.[419] Diese prinzipielle Gleichsetzung der Sprachniveaus dämpft die große Erwartung, jenseits der Metapsychologie stände eine Erkenntnis ganz anderer Qualität zu erwarten.

Die Psychoanalyse ist nicht von der Art, daß sie erfolgreich wäre,

---

418 Freud, Jenseits des Lustprinzips (1920) IV. In: Das Ich und das Es (ed. cit. 141).
419 Jenseits des Lustprinzips VI (ed. cit. 166).

wenn der psychologische Überbau abgetragen und das biochemische Fundament der Triebproduktion freigelegt wäre. Weil dies aber als konservative Utopie behandelt werden darf, verbietet es sich, den Ausdruck ›Analyse‹ anders als metaphorisch zu nehmen. Sonst nämlich baute sich die Vermutung einer der Analyse entsprechenden Synthese auf. Diese Gefahr für den im übrigen berechtigten Vergleich der ärztlichen Tätigkeit mit der chemischen Arbeit veranlaßt Freud, es trotz der »Wahlverwandtschaften« *eine gedankenlose Phrase* zu nennen, die *inhaltsleere Überdehnung eines Vergleiches*, oder auch die *unberechtigte Ausbeutung einer Namengebung*. Die Häufung der Formeln für das Unberechtigte ist im Stil Freuds ungewöhnlich. Was auch immer im Unterbau des Psychischen an organischer Chemie zutage kommen mag, fürs erste ist dieses Psychische *etwas so einzig Besonderes, daß kein vereinzelter Vergleich seine Natur wiedergeben kann*.[420] Der Vergleich der psychoanalytischen Arbeit mit der chemischen Analyse finde seine Grenze dort, wo man es mit der Beständigkeit der isolierten Elemente zu tun habe, die niemals dem *Zwang zur Vereinheitlichung und Zusammenfassung* unterliegen, der nichts anderes ist als die synthetische Kraft der *Libido* selbst.

Es gibt keine Psychosynthese als Pendant zur Psychoanalyse. Nichts Zerlegtes wartet hier auf seine erneute Zusammensetzung, sondern dies ist die Natur der psychischen Energie selbst – zumindest noch in diesem Augenblick, vor Freuds Eintreten in die Phase des dualisierten Triebschicksals. Derselbe Freud, der sich seit den Anfängen seiner Theorie und Praxis von dem Anflug auch nur der Gewaltsamkeit im Verfahren entfernt hatte, wehrt sich gegen das Aufkommen demiurgischer Tendenzen in und neben seiner Schule; die breitere Basis der Vergleiche neben dem der chemischen Analyse, die er ausbreitet, ist dennoch durch das Übergewicht an Technizität gekennzeichnet: das Eingreifen des Chirurgen, die Einwirkung des Orthopäden, die Einflußnahme des Erziehers.

Im Hinblick auf das, was Freud als theoretische Endgültigkeit in der Behandlung psychischer Probleme angesehen hätte, erscheint so etwas wie Deutung von Träumen als eine Art Ersatzhandlung. Etwas, was stattfindet anstelle von etwas anderem, was nicht statt-

---

420 Freud, Wege der psychoanalytischen Therapie. 1919 (Gesammelte Werke XII 185 f.).

finden kann. Lesbarmachung und Lesen, das heißt hier eben auch, es nicht mit ›der Sache selbst‹ zu tun zu haben. Der latente Traumgedanke, wie immer er beschaffen sein mag und welche Ähnlichkeit oder Unähnlichkeit er mit den im Bewußtsein vertrauten Vorstellungen haben könnte, ist nicht selbst und unmittelbar das, was am manifesten Trauminhalt lesbar gemacht wird, sondern immer etwas daraus nur Erschließbares.

Man wird die »Traumdeutung« von 1899 nicht als Dokument einer Weise von Erfahrung würdigen können, ohne die Eigentümlichkeit ihres Ursprungs zu verstehen. Man braucht Freuds eigenen Vorschriften für den Umgang mit solchen Sachverhalten gar nicht zu folgen, um den Nachrichten zu mißtrauen, die das Ursprungsdatum der Psychoanalyse behandeln. Bei einem Werk dieses Ranges versteht sich das Maß an Inspiration und Genialität fast von selbst, und es ist keine Erniedrigung durch den Historiker, wenn man die Umstände der Entstehung von den Maßen des Naturereignisses auf die der Verlegenheit herabsetzt.

Versucht man sich zu vergegenwärtigen, worum der Universitätsdozent für Neuropathologie am meisten verlegen gewesen sein kann, so ist die Antwort schlicht diese: um demonstrierbare Patienten. Was auf Freud in seiner Bildungsgeschichte den größten Eindruck gemacht hatte, die von ihm in Paris regelmäßig besuchten Demonstrationen der Hysteriker durch Charcot, ließ sich nach Erlangung der Dozentur auch nicht im kleinsten Rahmen nachbilden, weil ihm jeder Zugang zum Krankengut der Klinik verweigert worden war. Im Wintersemester 1892/93 hatte Freud erstmals »Lehre von der Hysterie« angekündigt, in den darauffolgenden Sommersemestern anspruchsvoller als »Theorie der Hysterie«, 1896 und 1897 nur mit dem Schlagwort »Hysterie«; seit dem Wintersemester 1895/96 auch »Die großen Neurosen«.[421] Dies alles aber, ohne daß ihm die schaukräftigen ›Fälle‹ zur Verfügung standen, mit denen allein der Eindruck der Meisterschaft zu machen war. Deshalb war es methodisch wie ›didaktisch‹ der große Sprung, sich selbst, vielfach verhüllt, als Rundumobjekt der Analyse vorzuführen – durch bloße Traumliteratur. So wird im Sommer 1899 wie 1900 erst- wie letztmalig »Psychologie des Traumes«

---

421 Die Daten zu Freuds akademischer Lehrtätigkeit bei: J. und R. Gicklhorn, Sigmund Freuds akademische Laufbahn im Lichte der Dokumente. Wien 1960.

angekündigt. Letztmalig wohl deshalb, weil im Sommer 1900 nur vier Hörer belegt hatten. Man wird daraus schließen dürfen, daß das Thema außerhalb aller soliden Erwartungen lag. Es ist einer der seltenen Fälle der völligen Indisposition des akademischen Zeitgeistes für eine regelwidrige Leistung. In der Folge heißt es wieder konventionell »Einführung in die Psychotherapie«, bis der Name der eigenen »Psychoanalyse« erstmals für das Wintersemester 1909/10 gebraucht wird.

Trotz der Vertrautheit der Bezeichnungen steckt also in dieser Folge ein markanter Bruch: Eine »Psychologie des Traumes« ließ den Mangel von Demonstrationen unbemerkbar werden. Die zu studierenden ›Symptome‹ hatten ganz die Qualität der Lesbarkeit angenommen. Freud hatte aus der Not durch eine überraschende Wendung den Vorteil gezogen, wenn auch einen seinen Zeitgenossen widerstrebenden. Es war ihm gelungen, dennoch etwas Authentisches vorführen zu können, indem er einen erstaunlichen und seinen Hörern wie Lesern noch gar nicht durchsichtigen Kunstgriff gemacht hatte: Objekt und Subjekt eins werden zu lassen.

Man muß sich vergegenwärtigen, wie schwierig es war, für eine Theorie, die dem Unbewußten eine überragende Funktion zuwies und die Sexualität zum Angelpunkt fast aller psychischen Störungen gemacht hatte, den Dozenten als Patienten vorzuführen. Sollte er seine Anamnese vortragen, die infantilen Traumata seinen Hörern enthüllen? Hatte Charcot seinem Auditorium beweisen können, daß die hysterischen Symptome nicht organisch bedingt waren, weil sie durch Hypnose identisch gesetzt werden konnten, so war durch Freuds Preisgabe der Hypnose als eines zulässigen Verfahrens der letzte Rest von Vorführbarkeit der Phänomene getilgt. Die freie Assoziation der Analyse ließ sich nicht demonstrieren. Sie war endgültig der theoretischen Intersubjektivität entzogen. Zum ersten Mal in der Geschichte der Medizin war ein diagnostischer und therapeutischer Vorgang dem Zuhören und Zusehen prinzipiell verwehrt: Jeder Zeuge hätte die ›Gefühlsbindung‹ des Patienten an den Arzt zerstört. Zwar war aus der praktischen Not des Dozenten eine theoretische Tugend geworden, aber aus dieser wiederum eine radikalere Not: die der wissenschaftlich unerläßlichen Objektivierung. Die Theorie des Traumes war in diesem Dilemma wohl die einzige Lösung, ein gehöriges Maß von ›Intersubjektivität‹ herzustellen. Hier war das Material verfremdet genug, um die Situation im Hörsaal wie die mit einem unbestimmten Publikum von Lesern nicht mit Heimlichkeiten über Gebühr zu belasten. Im Traum stellte sich das Unbewußte in seiner eigenen und konzentrierten Ausdrucksform dar, ohne der Zufälligkeiten und Unwägbarkeiten der analytischen Situation zu bedürfen. In der Traumdeutung ergab sich Konvergenz der Bedürfnisse des von allen Voraussetzungen eindrucksvoller Demonstrationen abgeschnittenen Dozenten und der Entwicklung seiner Theorie zu dem Punkt, an dem sie sich nahezu unabhängig von ihren pathologischen und therapeutischen Funktionen als ›reine Theorie‹, als Psychologie, darstellen konnte. Die Psychoanalyse war, wie Freud selbst es in der großen Einführungsvorlesung gesagt hat, *im strengsten Sinne des Wortes nur vom Hörensagen* kennenzulernen.

Die Psychoanalyse ist durch Parthenogenese entstanden. Man kann so weit gehen zu sagen, sie hätte unter den Bedingungen ihrer Theorie gar nicht entstehen können. Das große Rätsel der Schulgeschichte, wie das unter den Voraussetzungen des Systems dennoch möglich war, hat eine Antwort eben in Gestalt der »Traumdeutung« gefunden. Der Traum ist die einzige Möglichkeit, das eigene Unbewußte in einer auslegbaren Sprache vor sich zu haben und zu lesen. Es ist die einzige Möglichkeit des psychischen Subjekts, bei ausgeschlossener Reflexion sich hinter seinem eigenen Rücken zu objektivieren, indem es sich einen lesbaren Text über sich selbst liefert.

Freuds Selbstanalyse hat ein Jahrzehnt, von 1892 bis 1902, gedauert. Systematisch wurde sie ab 1897; frei von Zweifeln an ihrer Möglichkeit wurde sie nie. Hier ist allein die eine Folge dieses Verfahrens zu betrachten, die den Zustand des Traummaterials und dessen öffentliche Darbietungsfähigkeit angeht. Dieser analytische Robinson, als den Freud sich verstand, objektivierte sich durch ein Verfahren der Protokollierung und Übersetzung der Trauminhalte, aber auch ihrer Integration in eine teils sorgfältig verfremdete, teils als Preis für Zustimmung bekenntnishaft angebotene Autobiographie. Das wichtigste Merkmal dieser Qualität des Traumresultats ist die kanonische Wörtlichkeit, in der die Exegese es nimmt und nur nehmen kann.

Die »Traumdeutung« ist Produkt der Selbstanalyse. Das Festhalten an der Selbstanalyse hat Freud einmal als ein Stück Widerstand gegen die Analyse bestimmt. Das ist bei ihm in der bezeichnenden Szene auf der Amerika-Reise mit Jung 1909 zutage getreten, als man sich gegenseitig Träume deutete, wohl ohne sich strikt an die Regeln der Schule zu halten. Jung berichtet, er habe *einige wichtige Träume* gehabt, mit denen Freud jedoch nichts hätte anfangen können. Als Freud einen Traum hatte, zu dem Jung einige Details aus Freuds Privatleben in die Deutung einbeziehen wollte, bekam das Verhältnis wohl seinen entscheidenden Stoß. Freud habe ihn, so berichtet Jung im Rückblick, merkwürdig angesehen, mit einem Blick voll Mißtrauen, und gesagt: *Ich kann doch meine Autorität nicht riskieren!* In diesem Augenblick habe er sie verloren gehabt.[422] Obwohl die Szene nicht ganz den Eindruck des zuverlässig Überlieferten macht, läßt sie doch erahnen, in welchem Maße das Material der »Traumdeutung« durch eine Domestizierung gegangen ist, die so etwas wie die mehrfache Wiederholung der Traumzensur gewesen sein muß.

Freud hatte in Wien Umgang mit dem einzigen bedeutenden klassischen Philologen der Jahrhundertwende, der sich für die Befassung mit einer so obskuren Sache wie der antiken Traumdeutung nicht zu schade gewesen war. Theodor Gomperz hat Freud auf das »Traumbuch« des Artemidor von Daldis hingewiesen, und das ist nicht deshalb wichtig, weil es die »Traumdeutung« angeregt hätte – was sicher nicht zutrifft –, sondern weil es Freud einen vollkommenen Typus von Theorie über den Traum vorstellt, an dessen ›Stärke‹ er sich zu messen hatte: *Der Glaube der Alten, daß der Traum eine Sendung der Götter sei, um die Handlungen der Menschen zu lenken, war eine vollständige Theorie des Traumes, die über alles am Traum Wissenswerte Auskunft erteilte.*[423]

---

422 C. G. Jung, Erinnerungen – Träume – Gedanken, ed. A. Jaffé, Zürich 1962, 162.
423 Freud, Die Traumdeutung I. Die wissenschaftliche Literatur der Traumprobleme (Fischer Taschenbuch-Ausg., 71). – Noch ›vollkommener‹ wäre dann die Traumtheorie der Ägypter gewesen, wenn man Warburton folgen dürfte, daß sie ihre Götter sowohl die Träume als auch das Traumdeutungsinstrument anhandgeben ließen: Da auch die Hieroglyphenschrift Göttergeschenk war, konnten deren Zeichen als ›Lexikon‹ für die analogen Inhalte der Träume verwendet werden. (William Warburton, The divine legation of Moses. London 1742, IV 4. Dt. v. Johann Christian Schmidt 1751-1753. Ndr. ed. P. Krumme, Frankfurt 1980, 146-151): *Dieser Grund der Auslegung konnte dieser Kunst*

Wenn die Götter durch Träume den Menschen Lebenshilfe gewährten, konnten diese nicht bloße Bildeindrücke von der Art der Erinnerung oder Phantasie sein. Eine Weisung mußte die Seinsart der Bedeutung haben, wie schwierig immer es sein mochte, sie herauszubekommen. Dann aber gab es die Äquivalenz von Tages- und Traumwirklichkeit nicht, die die Philosophen irritieren sollte.

Der ›Einfluß‹ dieser Traumlehre auf Freud läßt sich nur negativ bestimmen: Sie gab ihm einen Typus von Deutung vor, zu dem er auf Distanz gehen mußte, obwohl er die Bedeutungsimplikation mitmachte. Deutung bestand für Traumbuchverfasser in der Zuordnung fester Inhalte zu einem atomistischen Katalog von ›Zeichen‹. Der Deuter schlägt nach, wie in einem Wörterbuch einer fremden Sprache, unter dem Stichwort, das ihm vom Traum geliefert wird, und findet die von altersher gültige und bewährte, nur einzusetzende Bedeutung des zumeist zukünftigen Ereignisses. So wollte Freud nicht gedeutet wissen. Im Grunde wollte er überhaupt nicht deuten, sondern eine Geschichte lesen, keine zukünftige, sondern eine vergangene. Daß diese Differenz in der Zeitrichtung der Deutungsintention von geringem Gewicht sein könnte, wird der Psychoanalyse erst aufgehen, wenn sie als Metapsychologie dem Erzeuger der Träume, dem Es, neben aller Logik sogar die Zeitstruktur absprechen wird. Die wichtigere Differenz zur klassischen Traumdeutung besteht in dem, was man inzwischen eine immanente Interpretation zu nennen gelernt hat. Sie bewegt sich linear auf der Ebene der Trauminhalte und bezieht sich nicht von Element zu Element vertikal auf die latente Gedanklichkeit des Unbewußten. Die Metaphorik der Lesbarkeit ist in dieser Verfahrensdifferenz des linearen Nachvollzugs begründet.

Dies wäre so interessant noch nicht, wenn die Psychoanalyse nicht eine Tendenz in retrograder Richtung auf den Katalog deutbarer Figuren hin eingeschlagen hätte. Das wäre schon aus den Unvermeidlichkeiten einer Schulkonstitution, unter dem Druck der Forderung nach festen Anwendbarkeiten naheliegend genug, wenn nicht in Freuds Theorie selbst der Antrieb zu dieser Entwicklung gelegen hätte. Die Prämisse dazu, so ließe sich vereinfachend

das größte Ansehen zu wege bringen, und so wohl dem Wahrsager, als dem Rathfrager, ein Genügen thun: Denn zu der Zeit glaubte man durchgehends, daß die Götter die Hieroglyphische Schreibensart eingegeben.

sagen, war bei dem alten Haeckelianer Freud und dem ihm eingewachsenen biogenetischen Grundsatz angelegt, nach welchem die Ontogenese die Wiederholung der Phylogenese ist, das Individuum also der Spiegel der Geschichte seiner Art. Dies auf den Traum bezogen, führt zur Einwanderung menschheitsgeschichtlicher Elemente in das individuelle Unbewußte und damit zur Annahme und unverfehlbaren Auffindung symbolischer Konstanten. Dann aber ist man, mit aller theoretischen und technischen Verfeinerung, im Prinzip wieder bei dem Verfahren der klassischen Traumbücher, ihrem Übersetzen Wort für Wort, Zeichen für Zeichen, Bedeutung für Bedeutung. Der theoretische Universalismus, auf den Freud seit »Totem und Tabu« hin zum »Mann Moses« die Richtung eingeschlagen hatte, war insofern für die *Via Regia* der Psychoanalyse destruktiv. Sie degenerierte gerade deshalb, weil ihr zentrales Interesse nicht mehr das Individuum sein konnte, sobald dieses zur Lagerstätte gattungsgeschichtlicher Sedimente geworden war. Die theoretische Neugierde wurde über die Rekonstruktion der privaten Lebensgeschichte des Analysanden hinweggelockt, wenn nicht hingerissen zu den größeren und großen Menschheitsfragen, deren bloße Repräsentanten in den Traumnächten des privaten Lebens anzutreffen waren.

Daß die Selbstanalyse des Begründers der Schule der gattungsgeschichtlichen Dimension der Trauminhalte noch nicht nachgegangen war, versteht sich schon daraus, daß der meisterhafte Träumer ganz durch die Konsistenz von Leben und Traum okkupiert war. Freud hat die Selbstanalyse nur an zwei Stellen seines Werkes erwähnt und darauf hingewiesen, zu ihren Bedingungen gehöre neben einer nur mäßigen Abweichung des Analysanden von der Norm, daß er ein guter Träumer sei. Ihn selbst habe eine Serie von Träumen durch alle Begebenheiten seiner Kinderzeit geführt. Noch 1909 verallgemeinert er ohne Einschränkungen und ohne Hinweis auf die Lehranalyse: *Wenn ich gefragt werde, wie man Psychoanalytiker werden kann, so antworte ich: durch das Studium seiner eigenen Träume.*[424] Wie aber kommt der Traum zu seinem Deuter, wenn er ein von ihm selbst geträumter ist?

Die Verunsicherung, die in dieser Frage nach dem Transport und der Fixierung steckt, stammt aus der dem ganzen Theorem zu-

---

424 Freud, Über Psychoanalyse. 1909 (Gesammelte Werke VIII 32).

Die Lesbarmachung der Träume

grunde liegenden Auffassung vom Traum als einer nur durch Umgehung der Zensur, der Herrschaft des Ich, als Konterbande möglichen Äußerung des Unbewußten, die nicht nur der Entstellung bedurfte, um die Kontrolle zu passieren, sondern auch danach noch eingeholt werden kann von der Tücke und Gegenlist ihres Unterdrückers. Die Wahrscheinlichkeit, daß das erwachende und wache Bewußtsein in den vollen Besitz und Genuß seiner manifesten Trauminhalte kommt, ist in diesem Drama gering. Dabei ist noch ganz außer acht gelassen, was geschieht, wenn der Traumtext intersubjektiv transportiert wird, vom Träumer zum Deuter. Daß die ›Übertragung‹ mitgeträumt wird, versteht sich fast von selbst, ist Fehlerquelle im objektiven Sinn, dann aber auch Quelle zusätzlicher Deutungsmittel, sobald als Vehikel von Gefälligkeiten oder deren Gegenteil erkannt. So weit also reicht der Arm der Arbeit an den Traumgedanken, aber eben auch am manifest gewordenen Inhalt.

In einem kleinen Aufsatz hatte Freud 1911 den Analytikern davon abgeraten, ihre Patienten die Träume nach dem Erwachen schriftlich protokollieren zu lassen. Habe man, so begründet Freud seinen Rat, durch Niederschrift *mühselig einen Traumtext gerettet, der sonst vom Vergessen verzehrt worden wäre*, sei für den Analysanden damit noch nichts erreicht, weil die fixierte Lesbarkeit das freie Spiel der Assoziation und Erinnerung blockiere: *Zu dem Text stellen sich die Einfälle nicht ein, und der Effekt ist der nämliche, als ob der Traum nicht erhalten geblieben wäre.*[425] Man kann leicht sehen, daß dieses Resultat auf die Selbstanalyse kaum anwendbar gewesen wäre.

Karl Abraham hat aus der eigenen Praxis einiges zu Freuds Resultat beigetragen, was an Hintertreibung der Solidifizierung der Traumvorlage über die bloße Sterilität, die Freud festgestellt hatte, weit hinausgeht.[426] Der erwachte Träumer greift sogleich nach dem Schreibzeug, um seinen Traum zu protokollieren, dessen Wichtigkeit für die Analyse ihm schon bewußt war. Als er dem Analytiker eine seitenlange Aufzeichnung vorlegt, erweist sich diese als fast völlig unleserlich. Ein kleiner Triumph für den Arzt, denn er hatte

---

[425] Freud, Die Handhabung der Traumdeutung in der Psychoanalyse. 1911 (Gesammelte Werke VIII 349).
[426] Karl Abraham, Sollen wir die Patienten ihre Träume aufschreiben lassen? In: Internationale Zeitschrift für Psychoanalyse I, 1913, 194-196.

verboten, die Träume aufzuschreiben. Die List der Verdrängung hatte den Kunstgriff der Erinnerung eingeholt und durchkreuzt.

Ein anderer Patient benutzt ein frühes Modell eines Geräts zur Aufzeichnung von Diktaten, vergißt aber, was ihm durchaus bekannt war, daß das Gerät schon seit Tagen nicht mehr funktioniert hatte. Ein dritter Analysand hat einen über Wochen sich wiederholenden Traum, der jedoch nicht im Wachzustand erinnert werden kann. Der Widerstand macht sich auf diabolische Weise bemerkbar, als gegen die Weisung des Arztes eines Nachts die Niederschrift versucht wird. Das Blatt, nicht nochmals angesehen, wird dem Arzt überreicht. Darauf stehen, schwer leserlich, die Worte: »Traum aufschreiben gegen Vereinbarung.« Der Analytiker sieht das nicht mehr als *seinen* Triumph an: *Der Widerstand hatte gesiegt.* Abrahams eigene Entdeckung, der von ihm hier so geschriebene ›Narzissmus‹, spielt in das Verhältnis der Träumer zu ihren Träumen und deren Konservierung hinein: *Sie bewahren sie vor der Vergessenheit, weil sie in ihnen Kostbarkeiten sehen.*

Es muß also in Kauf genommen werden, daß der Traum eine längere Geschichte hat als die zwischen dem latenten Traumgedanken und dem manifesten Trauminhalt. Die Ungeschütztheit noch des letzten Wegstücks mag Freud in der Tendenz bestärkt haben, die leicht identifizierbaren, also weniger verletzbaren symbolischen Gattungsgehalte des Traumes zu reaktivieren. Zunächst mußte ihre ›Übersetzung‹ vom Analytiker gegeben werden, der sie *selbst nur empirisch, durch versuchsweises Einsetzen in den Zusammenhang* finden konnte. Später ergab sich dann, daß im menschheitlichen Kulturgut, in der Sprache, im Mythos und der Folklore vielfältige Analogien zu den Konstanten des Traumes lagen. Gerade die Symbole, an die sich die interessantesten Fragen knüpften, schienen *ein Stück uralten seelischen Erbgutes* zu sein. Freuds These hierzu ist schließlich: *Die Symbolgemeinschaft reicht über die Sprachgemeinschaft hinaus.*[427] Die aus der phylogenetischen Latenz heraufkommenden Elemente steigern die Lesbarkeit des Traumtextes, weil sie in einem raumzeitlich ungeheuren Feld von Relationen liegen, während die auf den individuellen Kontext gerichtete frühe Traumdeutung auf das Tageserleben des Subjekts, auf seine Erinnerung und seine Assoziation, schließlich noch auf sei-

427 Freud, »Psychoanalyse« und »Libidotheorie« (Gesammelte Werke XIII 218).

nen faktischen Sprachbesitz angewiesen blieb, wie im Fall ›Frauenzimmer‹ (der Otto Rank nicht ruhen und ihn das ›Weibsbild‹ für eine konstante Verbindung heranziehen ließ).
Freud hat keinen Gott gehabt. Hätte er sich einem Gott ergeben, so wäre es ein schlafender gewesen. Denn der Schlaf ist die einzige von der Realität ungetrübte, unbehinderte, ungestörte Form des Lebens. Deshalb ist die Verteidigung des Schlafes etwas, was zum Wesen des Lebens gehört, und nicht nur so etwas wie seine Unterbrechung. Die Funktion des Traumes ist die Verteidigung des Schlafes. Weil aber der Schlaf diese auf Realität unbezogene Daseinsform ist, kann sich in ihm der Traum als Wunscherfüllung abspielen. Die Wünsche freilich, die sich der Traum zu erfüllen vermag, entnimmt er der Geschichte des wachen Lebens, auch dem geheimen Fundus dessen, was das wache Subjekt sich als Wunsch nicht einzugestehen wagen würde. Darauf beruht der Konflikt zwischen dem Traumgedanken und seinem Zensor.
Der Traum enthält eine Implikation der Kontingenz. Er drückt aus, daß es eine Welt als Inbegriff der Beschränkung unserer Möglichkeiten nicht geben muß. Der Traum ist, wenn man das so sagen darf, nur das Zweitbeste zum Nicht-wachen-müssen. Er ist Illusion, aber Illusionismus ist besser als Realismus. Verwerflichkeit der Illusion gilt nur dort, wo sie die Selbsterhaltung im Konflikt mit der Realität gefährdet. Den schlafenden Gott beschwört das *Bild der seligen Isolierung im Intrauterinleben* allnächtlich wieder herauf: *Beim Schlafenden hat sich der Urzustand der Libidoverteilung wiederhergestellt, der volle Narzißmus, bei dem Libido und Ichinteresse noch vereint und ununterscheidbar in dem sich selbst genügenden Ich wohnen.*[428] Kein Theologe könnte die vollkommene Seligkeit seines Gottes präziser beschreiben, als es durch dieses Konzept des genuinen Narzißmus geschieht. Die Gottähnlichkeit jedes Schlafenden als Erinnerung an die reine Wunscherfüllung im Mutterleib ist nichts geringeres als einer der Akte von Sinngebung, die die Psychoanalyse vollzogen hat – und das für einen Zustand, der im Verdacht steht, bloße Unterbrechung des sinnbesetzten Lebens und darin das bloße Mittel zum Zweck seiner Wiederherstellung zu sein.

---

428 Freud, Vorlesungen zur Einführung in die Psychoanalyse. 26. Vorlesung (Fischer Taschenbuch-Ausg., 327).

Der traumlose Schlaf also ist es, der dem Traum als seiner Dienstbarkeit den Sinn gibt. Und dies ganz unabhängig davon, wie der Traum zu seinen Inhalten kommt und welcher Sinn wiederum diesen abgewonnen werden kann. Es ist eben auch nur ein Faktum, daß der Traum zu seiner ›Versorgung‹ angewiesen ist auf die Vorräte des psychischen Apparats. Es findet sich keine kreative Ursprünglichkeit bei der Verfertigung der Träume, und gäbe es sie, hätte Freud jedenfalls nicht an sie geglaubt. Erst die Trennung von Funktionsfrage und Inhaltsfrage macht es möglich, der Lesbarmachung des Traumes ihre Autonomie zu gewinnen.

Die beim Angebot einer ›Traumdeutung‹ am Anfang des zwanzigsten Jahrhunderts nächstliegende von allen Fragen ist am schwersten zu beantworten: Wozu bedarf es der Traumdeutung? Das uralte Motiv, den Göttern ins Handwerk, wenn nicht zu pfuschen, doch wenigstens zu blicken, gilt nicht mehr. Auch das pathologisch-therapeutische Interesse trägt das Unternehmen nicht, abgesehen davon, daß Freuds ärztliches Pathos so stark nicht gewesen wäre. Meine Hypothese über die Erklärung, die Freud gegeben hätte und mehrfach angedeutet hat, lautet: Das Ärgernis der Sinnlosigkeit, die am manifesten Trauminhalt auftritt, ist unerträglich genug, um jede Anstrengung der Sinnfindung zu rechtfertigen.

Zum Vergleich erinnere ich daran, daß genau gleichzeitig die Phänomenologie Husserls entstanden ist, um gegen den Psychologismus das Ärgernis der Assoziation als einer mechanischen Koppelung von Vorstellungen aus der Welt zu schaffen und durch einsichtige Sinnbildungen zu ersetzen. Insofern ist die »Traumdeutung« zuerst und vor allem im Rechtsanspruch der Vernunft auf reine Theorie begründet. Nicht erst der Patient hat Anspruch darauf zu erfahren, was in seiner Geschichte sein Leiden geschaffen hat, sondern jeder darf von der Theorie eines so elementaren und allgemeinen Phänomens der Psyche erwarten, daß sie ihm verständlich macht, was ihm sonst in peinigender Befremdlichkeit widerfährt. Daß der Traum auch so etwas wie die erste Irregularität des psychischen Lebens ist, worauf *sein theoretischer Wert als Paradigma* für das Verständnis schwerer wiegender Pathien beruht, ergibt sich aus der Voraussetzung, daß die Störung des Schlafes den Traum evoziert. Erst dessen ›sekundäre Rationalisierung‹ ist die Wunscherfüllung, die der Gattungswille sich gegen das Individuum bereitet.

Die Lesbarmachung der Träume

Nicht zulässig ist mithin, die »Traumdeutung« als Instrument niederen handwerklichen Ranges im Dienst höherer humaner Ziele zu sehen. Vielmehr gilt für sie Freuds sehr viel späteres lapidares Wort: *Die Psychoanalyse war vor allem eine Deutungskunst*.[429] Aber auch, wenn es heißt, sie sei *ein Werkzeug, welches dem Ich die fortschreitende Eroberung des Es ermöglichen soll*, besagt dies mit hoher Allgemeinheit, daß die Quelle von sinnwidrigen Erfahrungen des Menschen mit sich selbst dem Anspruch auf Sinnhaftigkeit zunehmend und womöglich endgültig unterworfen werden soll.[430] Die Lesbarmachung des Traumes gehört in den Zusammenhang der Arbeit an allen menschlichen Urkunden, die nicht verstehen zu können den Anspruch der Theorie an sich selbst noch niemals hat ruhen lassen. Das Wort des Philosophen wie des Apostels, nichts Menschliches sei ihm fremd, ist mehr als ein freundliches Zugeständnis an die Bedrängnisse der anderen; es ist das Postulat einer Vernunft, die die reine nicht sein kann. Man hat es mit einer obskuren Sache zu tun, aber kapituliert nicht vor ihr, wenn im Resultat des von Freud vorgeschlagenen Verfahrens *jeder Traum sich als ein sinnvolles psychisches Gebilde herausstellt, welches an angebbarer Stelle in das seelische Treiben des Wachens einzureihen ist*.[431] Umkehrung der ›Naturordnung‹ ist also der Preis für Lesbarkeit.

Sinngebung kann man auch verstehen unter dem Axiom: Es geht nichts verloren. Man sieht dann die Geschichte, die des Einzelnen und die der Gattung, nicht vorzugsweise unter dem Aspekt des Unheils, das sie der Zukunft hinterläßt: der Urszenen, Hordenvatermorde, unverwundenen Kränkungen, Ödipusrelationen, Todeswünsche. Die Erinnerung ist eine unvergleichliche Macht des Widerstands gegen das Nichts. Die Traumdeutung hat sich die Wertfreiheit des Positivismus herausgenommen, die zutage geförderten Befunde zunächst ganz unabhängig von ihrer pathogenen Rolle als dem Verschleiß des Vergessens und der Verdrängung abgerungene Bestandsstücke des Lebens zu betrachten. Von dem, worin die Erinnerung versagt, unterscheidet sich der manifeste Traum dadurch, daß er nicht nur zufällig defekt, fragmentarisch,

---

429 Freud, Jenseits des Lustprinzips III (ed. cit. 130).
430 Freud, Das Ich und das Es. 1923 (Fischer Taschenbuch-Ausg., 205).
431 Freud, Die Traumdeutung I (Fischer Taschenbuch-Ausg., 13).

selektiv ist, sondern das Produkt einer gekonnten, kunstfertig ausgeführten, auf Unkenntlichkeit geradezu angelegten Entstellung. Rückgewinnung des ursprünglichen ›Gedankens‹ ist mehr als Zugewinn an Deutlichkeit, als Ergänzung von Bruchstücken zum Vollständigen. Die kürzeste und metaphorisch prägnanteste Beschreibung dessen, was die Traumdeutung im Gegensinn zur Traumarbeit zu überwinden hatte, geht davon aus, daß Traumgedanken und Trauminhalt uns *wie zwei Darstellungen desselben Inhalts in zwei verschiedenen Sprachen* vorliegen. Kaum hatte Freud so begonnen, muß ihm die Äquivalenz von latenter und manifester Traumseite als ›Sprachen‹ nicht behagt haben. Er korrigiert sich mit einem: *Oder besser gesagt*, und läßt den Trauminhalt erscheinen als eine *Übertragung der Traumgedanken in eine andere Ausdrucksweise, deren Zeichen und Fügungsgesetze wir durch Vergleichung von Original und Übersetzung kennen lernen sollen*.[432] Doch dann folgt ein rätselhafter, obwohl trivial anmutender Satz: *Die Traumgedanken sind uns ohne weiteres verständlich, sobald wir sie erfahren haben*. Natürlich, eine ›Deutung‹ ist Verständlichmachung von zuvor Unverständlichem, und es ist klar, daß sie nicht anders vorliegen kann als in der Sprache des Deuters, auch wenn es die des Selbstanalytikers ist. Für die Deutung gilt, was schon für das Traumprotokoll gilt, denn es ist auch in der Sprache des Träumers verfaßt, ob geschrieben oder ungeschrieben. Aber der Traumgedanke, welchen Aggregatzustand hat er?

Ein Vierteljahrhundert später wird Freud der traumproduzierenden Instanz, dem ›Es‹, alle Logizität ebenso wie die Zeitstruktur abgesprochen haben, Negation ebenso wie Widerspruchsfreiheit, so daß die ›Traumarbeit‹ an Entstellung gar nicht so Einschneidendes zu leisten braucht. Es ist viel wahrscheinlicher geworden, daß der Traumgedanke selbst imaginativ ist, und das entspricht durchaus der frühesten Annahme, er gewähre die von der Tagesrealität versagten Wunscherfüllungen. Denn eine Wunscherfüllung kann ja wohl nicht ein bloßer Gedanke ans Erwünschte sein; sie muß einen intensiveren Grad der Präsentation bereithalten, und dem entspricht durchaus die gegnerische Intensität der Zensur. Die Imagination rückt auf die Seite der genuinen Traumproduktion; gegen sie kann das Resultat der Traumarbeit ›sophistisch‹ erschei-

432 Die Traumdeutung VI (ed. cit. 234).

nen. In »Das Ich und das Es« wird Freud 1923 schreiben: *Das Denken in Bildern ist also ein nur sehr unvollkommenes Bewußtwerden. Es steht auch irgendwie den unbewußten Vorgängen näher als das Denken in Worten und ist unzweifelhaft onto- wie phylogenetisch älter als dieses.*[433] Die Leistung der Analyse wird nun eben dadurch bestimmt, daß dem Inhalt des ›Es‹ allererst Logizität, zumal Zeitbestimmtheit, zu geben, seine ›Wildheit‹ ihm dadurch zu nehmen ist. In der »Traumdeutung« hatte es noch umgekehrt ausgesehen: Sobald man auf den Traumgedanken stößt, befindet man sich vor zumindest Verständlichem, wenn auch immer noch Befremdlichem. Hier wird der manifeste Trauminhalt, der *gleichsam in einer Bildersprache gegeben* ist, auf sein ›Original‹ hin erschlossen, das homogener sein muß als der geträumte Inhalt, in dem eidetisch und verbal, dialogisch und monologisch, Gedachtes und Gelesenes vorgestellt wird. Die Traumgedanken erscheinen dagegen einheitlich als Gedachtes, obwohl eben das nicht hinreichen könnte, Erfüllungen irgend welcher Art zu bieten. Etwa die Befriedigung, die von der Ausübung des *ius talionis* durch den Traum bewirkt wird; dieses vollkommene Instrument der Rachsucht kann nicht zureichend als ›Gedanke‹ beschrieben werden. So wenig wie der künstlich durch stark gesalzene Speisen induzierte Dursttraum, in dem das reelle Trinken durch geträumtes erspart wird, um das Erwachen zu vermeiden. Solange es nur um den Wunsch ginge, könnte er gedacht wie gesprochen sein; seine Erfüllung erfordert das ›stärkere‹ Mittel, obwohl beim Mißerfolg das Erwachen ohnehin die Befriedigung diskreditiert.

Freud hat die Verbindung der Traumdeutung zur Auflösung hysterischer Symptome hergestellt, bei der *die Richtigkeit des Verfahrens durch das Auftauchen und Schwinden der Symptome zu ihrer Stelle gewährleistet wird, wo also die Auslegung des Textes an den eingeschalteten Illustrationen einen Anhalt findet.*[434] Die Mittel, deren sich die Traumarbeit bei der Entstellung des Traumgedankens bedient, sind vielfältig, fast zu vielfältig, um nicht alles und jedes möglich werden zu lassen. Besonders in der Oberflächlichkeit der assoziativen Verschiebung, die sich bis in das Gebiet des Kalauers hinein der bloß lautlichen Ähnlichkeit von Wörtern

---

433 Freud, Das Ich und das Es II (ed. cit. 178).
434 Die Traumdeutung VII A (ed. cit. 430).

bedient. Der Traumdeuter darf vor keiner Lächerlichkeit zurückscheuen. Die Arbeit am Traum stößt auf ihre Verschiebungsmittel wie der, der im Wörterbuch nachschlägt, und Freud hat in einer Anmerkung auf das Nachschlagen im Lexikon als den aus der Zeit der Pubertätsneugierde vertrauten Vorgang hingewiesen, der das Bedürfnis *nach Aufklärung der sexuellen Rätsel gestillt* hätte.[435] Freud hat eine verblüffende Analogie zum literarisch-philologischen Pedantismus der Traumtransformation geliefert in einer Notiz von 1911, die aus der Arbeit am Tabu-Thema stammen dürfte. Die Verbergung von Namen hinter Deckgebilden, die nur die Vokalfolge mit ihnen gemein haben, setzt eine Art Sortierverfahren voraus, das nur am Schriftbild operieren kann. Und in eine Schriftreligion gehört konsequent Freuds überragendes Paradigma: das alttestamentliche Verbot, den Gottesnamen zu sprechen oder zu schreiben. Das konsonantische Tetragrammaton wird denn auch vokalisiert durch Übernahme vom nicht verbotenen Ersatznamen Adonai, als ›Herr‹ wahlweise auch in die nachchristliche Rede von und an Gott eingegangen. So käme es zum Jehovah, und so käme der Traum zum Ersatz der ihm vom Zensor verbotenen Namengebungen.[436] Im datierten Schlüsseltraum vom 23./24. Juli 1895 ist das höchst schwierige Trimethylamin durch seine chemische Formel vertreten, und zwar *fett gedruckt* geträumt, und dieser Name stammt aus den Spekulationen von Wilhelm Fließ über die Chemie der Sexualität, kommt aber in den Traum durch den Vortagsgeruch eines minderen Likörs über die Reihe Amyl-, Propyl-, Methyl.[437] Es wirft nicht nur ein Licht auf die Art von graphischen Materialien, die Freuds Aufmerksamkeit fanden, sondern auch auf die Komplexion von Buchstäblichkeit und Umständlichkeit, wenn man statt eines Traums des Selbstanalytikers eine viel spätere Fehlleistung seiner Korrespondenz betrachtet. In keiner der brieflich dokumentierten Beziehungen ist der Misanthrop Freud für uns so deutlich greifbar wie in der Korrespondenz mit Arnold Zweig, in der Freud gleich zu Anfang von seinen *unfreundlichen Vorurteilen in Betreff der lieben Menschheit* spricht und von dem

---

435 Die Traumdeutung VII A (ed. cit. 433 Anm.).
436 Freud, Die Bedeutung der Vokalfolge. 1911 (Gesammelte Werke VIII 347). Die Schreibung des Gottesnamens als *Jahve* hat Freud erst im »Mann Moses« angenommen.
437 Die Traumdeutung II (ed. cit. 105 f.).

im großen ganzen doch elenden Gesindel, das die Menschen seien. Auch anläßlich der Glückwünsche Zweigs zum Goethe-Preis will Freud von einer *Versöhnung mit der Zeitgenossenschaft* nicht recht etwas wissen; dafür sei es reichlich spät, und am *endlichen Durchdringen der Analyse lange nach meiner Zeit habe ich nie gezweifelt.*

Was Freud nun an dem wohlwollenden Außenseiter Zweig irritierte, war dessen Insistenz auf den Zusammenhängen der Psychoanalyse mit Nietzsche. Es war ihm unbehaglich, in welchem Maße Zweig in seiner Lehre die Vollendung von Intuitionen Nietzsches sah, etwa der »Geburt der Tragödie« in »Totem und Tabu«, aber auch der Umwertung aller Werte, der Überwindung des Christentums, der Befreiung des aufsteigenden Lebens vom asketischen Ideal und der Gestaltung des wahren Antichrist. Freud sah sich gern gepriesen, aber nicht gern in bestimmte systematische Deszendenzen gestellt. Er reagierte mit einer magistralen Pedanterie.

Genau in diesen Zusammenhang der Zurechtweisung gehört das Beispiel buchstäblicher Fehlleistung, das mit Freuds Danksagung für die Zusendung von Zweigs »Bilanz der deutschen Judenheit 1933« beginnt. Er bittet darum, den Ausdruck ›das Unterbewußte‹ schulgerecht zu ersetzen durch ›Unbewußtes‹ sowie zwei Namen von Prominenten der Schule zu korrigieren. Aber damit beginnt dieser kurze Brief nicht, sondern mit der Erinnerung an die alte Geschichte der Zehntausend, von deren Rückzug durch Kleinasien Xenophon erzählt hatte. Jeder, der auf dem Gymnasium die »Anabasis« gelesen hatte, kannte ihren erschütterten Ausruf beim ersten Anblick des Meeres: *thalassa, thalassa.* Freud hat das, wie sich versteht, griechisch geschrieben und dem historischen Augenblick die anekdotische Erweiterung des vorweggenommenen Schulmeisters gegeben: Xenophon – der doch in Wirklichkeit die Rufe seiner Leute aus der Ferne für Kriegsgeschrei hielt – habe dabeigestanden und bemerkt, man könne auch *thalatta* sagen. Nachdem sich Freud diesen humanistischen Vorläufer gegeben hat, spricht er seinerseits die schon genannten Berichtigungswünsche aus.[438] Dies wäre noch wenig aufregend, hätte er nicht schon am folgenden Tag dem Brief einen weiteren nachgesandt: Ihm sei

---

438 Freud an Arnold Zweig, 3. und 4. April 1934 (Briefwechsel Freud – Zweig. Frankfurt 1968, 81 f.).

eingefallen, daß er am Tage zuvor das Wort *thalassa* falsch, nämlich mit doppeltem *Lambda*, geschrieben habe. Wie es sich für den Selbstanalytiker gehört, hat er auch schon das Motiv für die Fehlleistung aufgedeckt: den Ärger über die Unrichtigkeiten in der Abhandlung von Zweig, die falsche Benennung des Unbewußten und seiner Schüler. Diesen von ihm anderwärts so benannten ›Narzißmus der kleinen Differenzen‹ hatte er indirekt, über die Anekdote von Xenophon, aussprechen wollen, doch ist dem Schulmeister der pädagogische Eros dazwischen gekommen, den Adressaten entschuldigend: *Wahrscheinlich sind Sie an diesen kleinen Verstößen unschuldig, Sie haben es ja nicht so leicht wie andere mit Korrekturen.* Und so arbeitete das verborgene Subjekt weiter. Es gewährte dem Getadelten zugleich Genugtuung, indem der Tadler ein Stück eigener, wenn auch kleiner Unwissenheit preiszugeben schien, gegen den Stolz auf den *reichlichen Niederschlag des Griechischen* verstoßend. Dies sollte dem anderen auffallen und ihm Gelegenheit geben, es seinerseits dem vorzuhalten, den er brieflich mit ›Vater Freud‹ anzureden begonnen hatte.

Die Pointe dieser Geschichte für denjenigen, der beide Briefe empfing oder jetzt vor Augen hat, ist, daß Freud eine Fehlleistung über seine Fehlleistung unterlief: Er hatte durchaus richtig geschrieben. Man möchte etwas darum geben, zu diesem Befund nochmals den Selbstanalytiker zu hören. Aber ganz offenkundig hat Zweig die Gelegenheit ausgelassen, indem er seinerseits die Fehlleistung beging, die Korrektur als Autorität zu nehmen und nicht nachzuschauen, ob der Fehler auch wirklich gemacht worden sei. Glücklich darüber, daß Freud ihm die Vaterseite zukehrte, möchte er an die Fehlleistung glauben, und so antwortet er: *Und daß Sie die kleine Fehlleistung des einen Briefes im nächsten so prompt deuteten, und zwar so, das ist wahrhaft väterlich und entzückend von Ihnen...*[439] Der Betroffene war zu seinem Glück kein Analytiker, sonst hätte er die Deutung Freuds vom Obsiegen des Eros über die Pedanterie gegen ihn kehren müssen: Es gab keine Fehlleistung, also auch keinen Eros. Die Selbstkorrektur und deren Selbstauslegung akzentuierten diesen Mangel aufs peinlichste. Xenophon hätte immerhin nur dadurch Anstoß erregen können, daß er in einem Augenblick höchster Begeisterung den Nüchternen mit einer

439 Arnold Zweig an Freud, 23. April 1934 (Briefwechsel, 84).

Bemerkung zu den Differenzen der Aussprache unter den Griechen machte. Der späte Leser bemerkt durchaus, daß der Adressat hätte bemerken müssen, wie wenig wohlwollend Freud die Anekdote ausschöpft, die doch ein Moment von Liberalität enthält, das Freuds Korrekturen nicht zulassen; es gibt im Gebrauch der Ausdrücke und Namen seiner Orthodoxie keine Toleranz.

Um dem etwa aufkommenden Vergnügen des Zuschauers an der Verstrickung des Selbstanalytikers in den Maschen seines systematischen Netzes zu begegnen, muß auf der Differenz von Schriftlichkeit und Mündlichkeit bestanden werden, durch die allein die Episode aufschlußreich wird. Die nostalgische Griechenszene am Pontus ist von bloßer Mündlichkeit. Was dem Athener Xenophon hätte anstößig werden können, um inmitten des Jubels zu nörgeln, war ihm und allen hörbar. Was Freud als vermeintliche Fehlleistung in seinem Brief nicht auf sich beruhen zu lassen vermag, die Verdoppelung des Lambda, wäre im Ausruf der Zehntausend unbemerklich gewesen und hätte folglich, wie auch immer der Autor geschrieben haben mochte, für deren Verständnis keinerlei Bedeutung. Es ging nicht um den Idiomatismus der Griechenstämme, sondern um den Orthographismus von Humanisten, die sich allerdings erbitterter als jene seit je etwaige Mängel anzukreiden pflegen. Erst die analytische Überdeutung macht aus dem harmlosen Versehen die hinterhältige Bosheit jenes Unbewußten, dessen Einmischung die Vermutung der nackten Wahrheit für sich haben soll. Den Adressaten allerdings schützt wiederum sein perfekter Mechanismus des Drüberwegsehens, den ganzen Zusammenbruch von Väterlichkeit zu bemerken. Da es sich hier um einen in mehreren Schritten über Zeit und Raum hinweg erstreckten Prozeß handelt, kann jenes Unbewußte, dessen Falschschreibung durch Zweig alles in Gang gesetzt hatte, sein Raffinement, den Charme seiner Bosheiten, nur im Medium der Schriftlichkeit entfalten. Als These ausgedrückt: Es gibt eine Affinität des psychischen Apparats, wie Freud ihn verstanden wissen wollte, zur Schriftlichkeit.

Schreibfehler in Traumprotokollen sind so etwas wie Überarbeitungen der Traumarbeit. Aus der diplomatischen Genauigkeit, mit der Freud seine Niederschriften in der »Traumdeutung« abdruckt, kann man entnehmen, mit welcher Endgültigkeit ihm der Text aus der Erinnerung die Erinnerung selbst vertrat. Im von

Aufsässigkeit getönten Westbahnhof-Traum gibt es am Anfang den Auftritt eines Demagogen in einer Studentenversammlung, der sich höhnisch über die Deutschen ausspricht, worauf der Träumer so reagiert, daß er sowohl im Traum auf seine Reaktion reflektiert als auch im Protokoll diese durch einen Schreibfehler akzentuiert: *Ich fahre auf, fahre also auf, wundere mich aber doch über diese meine Gesinnung.* Dazu nun hat Freud in einer Anmerkung hinzugefügt, die Wiederholung sei ihm *scheinbar aus Zerstreutheit* unterlaufen, habe sich *in den Text des Traumes eingeschlichen*, werde aber von ihm so belassen, da die Analyse zeige, *daß sie ihre Bedeutung hat*.[440] Abgesehen davon, daß die Erinnerung am Traumbestand manipuliert, machen sogar Störungen im Schreibvorgang nochmals so etwas wie Stellungnahmen erkennbar. Die von diesem Vorgang distanzierende Anmerkung ist ihrerseits mehr als ungenau, nämlich von präziser Flüchtigkeit, indem sie dieses eine Mal vom *Text des Traumes* spricht, statt vom Text der Notiz über den Traum. Nicht zufällig ist gerade dies ein Traum von so kühnen Reihenbildungen der Wortassoziation, daß noch der Leser des gedruckten Textes, dem alle möglichen drucktechnischen Hilfen gegeben werden, Mühe hat zu folgen.

So hatte jener Demagoge am Anfang den *Huflattich* höhnisch zur Lieblingsblume der Deutschen erklärt; der Traumdeuter findet darin nicht nur den unanständigen *Flatus*, sondern auch den erhabenen Anfang der Inschrift auf einer Medaille zur Erinnerung an die Vernichtung der Armada: *Flavit et dissipati sunt.* Dieser Kraftspruch ohne Subjekt, bezogen auf den Sturm, der die spanische Flotte vertrieben hatte, gehörte in Freuds Lebensplan; er sollte *zur halb scherzhaft gemeinten Überschrift des Kapitels ›Therapie‹* dienen, wenn er zur ausführlichen Darstellung seiner Auffassung und Behandlung der Hysterie kommen sollte. So jedenfalls teilt er es in der »Traumdeutung« mit und läßt offen, ob die Geschlagenen die Gegner seiner Theorie oder die Symptome der Leidenden sein würden.

Nun ist es das Schicksal der Erfinder analytischer oder hermeneutischer Verfahren, daß eines Tages sie selbst zum Gegenstand der Erprobung ihrer Methoden werden. Freud hat immer unwillig darauf reagiert, wenn er in den Lichtkegel seiner eigenen Auf-

440 Die Traumdeutung V B (ed. cit. 180 A. 1).

klärung geriet. Einer der frühen Schüler Freuds, Nr. 22 auf der ersten Mitgliederliste der Wiener Ortsgruppe der Internationalen psychoanalytischen Vereinigung, Fritz Wittels, wurde nicht nur zum Urheber der Feindschaft des »Fackel«-Kraus, sondern auch Autor der ersten biographischen Darstellung Freuds mit indiskreten Beobachtungen vermeintlicher und wirklicher Fehlleistungen des Meisters. So muß dieser 1925 in einem Zusatz zur Deutung des Westbahnhof-Traumes den Vorhalt des *ungebetenen Biographen* (eine nicht unbedenkliche Kategorisierung) vermerken, er habe den Kraftspruch jener englischen Gedenkmünze verlesen oder verfälscht, indem er das auf der Medaille genannte Subjekt des machtvollen Sturmhauches ausgelassen habe: den Gottesnamen Jehovah. Darüber brauchte man sich bei dem gestandenen Atheisten Freud nicht zu verwundern, hatte er doch sogar im Shakespeare-Zitat der Deutung des Parzen-Traumes den Namen Gott durch den der Natur ersetzt.

Was nun den Armada-Spruch anging, wollte Freud den Vorwurf nicht auf sich sitzen lassen, sich aber auch nicht auf das Nennungsverbot des Gottesnamens berufen, das er doch schon in der Notiz von 1911 behandelt hatte. Er erweiterte 1930 den Zusatz von 1925, indem er sich auf die Gestaltung der Denkmünze berief. War es ihm jetzt so viel wichtiger geworden, seinen Umgang mit dem Gottesnamen aufzuklären? Jedenfalls sei, so schrieb er, auf der Medaille der Name Jehovah in hebräischen Buchstaben enthalten, und zwar auf dem Hintergrund einer Wolke, wodurch die Beziehung des Namens zur Inschrift derart offen blieb, *daß man ihn ebensowohl zum Bild als zur Inschrift gehörig auffassen kann.*[441] Wundern wird man sich weniger, daß Freud sich für die prägnante Lesung entschieden hat, als vielmehr darüber, daß er die

---

441 Die Traumdeutung V B (ed. cit. 183 A. 2). – Eindeutig und apodiktischer im Herkules-Gulliver-Gargantua-Traum (VI H IV; ed. cit. 383): *Daß aller Kot vor dem Strahle so rasch verschwindet, das ist das Motto: Afflavit et dissipati sunt, mit dem ich einmal den Abschnitt über Therapie der Hysterie überschreiben werde.* Fast ominös berührt, daß den Medaillenspruch auch Daniel Paul Schreber kennt, in dessen »Denkwürdigkeiten eines Nervenkranken« der Satz *Gott macht auch das Wetter* damit illustriert wird. Freud kam erst 1910 in den Besitz des 1903 erschienenen Buches, das ihm die Analyse seines einzigen psychotischen Falls ›aus den Akten‹ ermöglichte (1911). Die aufregende Vermutung, Schreber könnte die »Traumdeutung« gelesen haben, wird durch die Abweichung zunichte: *Deus afflavit et dissipati sunt.*

Vorhaltung einer Gegenwehr für bedürftig hielt, die ihn gerade dessen überführte, was er bestreiten wollte. Wer so viel über die Hinterhältigkeit jenes Unbewußten zu wissen glaubt, das die Rolle des *genius malignus* übernommen hat, wird seine Fehler schon aus Furcht davor machen, sie zu machen.

In der »Selbstdarstellung« hat Freud das Ergebnis seiner Theorie des Traums kurz dahin zusammengefaßt, der manifeste Traum sei zwar *nur eine entstellte, verkürzte und mißverstandene Übersetzung* jenes ›Gedankengebildes‹, das sich latent halte, doch *zumeist eine Übersetzung in visuelle Bilder*.[442] Der Leser der »Traumdeutung« wird zögern, diese Feststellung den Materialien adäquat zu finden. Zwar spielen sich die Träume in visuellen Umgebungen ab, aber die Traumhandlungen sind weit überwiegend Sprachhandlungen mündlicher und schriftlicher Natur. Das ist nicht erst eine Sache der Metaphorik, sondern schon der Inhalte selbst. Die persönliche Eigenart des Träumers Freud spielt da sicher eine Rolle. Die Frage, ob es wesentlich zum Traum gehört, Gedanken in Bilder zu verwandeln, die man sensorisch zu erleben meint, beantwortet Freud konsequent, daß *nicht alle Träume die Umwandlung von Vorstellung in Sinnesbild zeigen*, es vielmehr Träume gebe, die *nur aus Gedanken bestehen, denen man die Wesenheit der Träume darum doch nicht bestreiten wird*.[443] Beispiel dafür sei der eigene Traum unter dem Titel des sonst unbekannten, obwohl sich gut humanistisch anhörenden Wortes ›Autodidasker‹.

Der Umgang der Traumdeutung mit Namen setzt voraus, daß diese nicht nur gehört, sondern buchstäblich gesehen werden können, etwa der Übergang von ›Knödel‹ im Parzen-Traum zu ›Knödl‹ (Affäre Knödl), um von ihr die ›Wortbrücke‹ zum Namen eines verehrten Lehrers Fleischl zu finden, dabei in der ›Wortbrücke‹ auch noch den des anderen Lehrers Brücke, in dessen Institut Freud seine glücklichsten Stunden verbracht zu haben ausdrücklich vermerkt. Erweckt der Mißbrauch mit Namen Unbehagen, entschuldigt Freud dies, ganz gemäß der von ihm im Traumleben entdeckten Rachsucht, als einen ›Akt der Vergeltung‹ dafür, daß auch sein eigener Name *unzählige Male solchen schwachsinnigen Witzeleien zum Opfer gefallen* war. Das wiederum gibt Gelegenheit, an

---

442 Freud, Selbstdarstellung V (Fischer Taschenbuch-Ausg., 72).
443 Die Traumdeutung VII B (ed. cit. 436).

Goethe zu denken. Anläßlich eines Spottverses von Herder über seinen Namen habe er einmal gesagt, man sei für seinen Namen so empfindlich, weil man mit ihm verwachsen ist wie mit seiner Haut. Dies leitet auf eine der wenigen Stellen hin, an denen es dem Autor selbst, wenn auch noch nicht zu viel wird, so doch als Unüberbietbarkeit freier Gedankenspiele erscheint, in deren Zentrum eines seiner eigenen Lebensprobleme überraschend aufgetaucht war: *Ich merke, daß die Abschweifung über den Mißbrauch von Namen nur diese Klage* (sc. über den Mißbrauch des eigenen) *vorbereiten sollte.*[444]

In diesem Zentrum kann auch etwas auftauchen, was der Deuter preiszugeben sich nicht entschließen mag, *weil die persönlichen Opfer, die es erfordern würde, zu groß sind.* Wobei der Leser zu unterstellen hat, daß der Autor die Deutung besitzt, während es im noch schwierigeren Fall in jenem Zentrum einen Widerstand gibt, den auch der Deuter nicht überwinden zu können eingesteht. Sogar für den Urtraum »Irma« gilt, daß der Deuter an einer Stelle gesteht, er ahne, daß *die Deutung dieses Stücks nicht weit genug geführt ist, um allem verborgenen Sinn zu folgen.* Da ist nicht der Widerstand, etwas preiszugeben, sondern jedem Vordringen Halt geboten. Eine solche Zone von Dunkelheit sei für jeden Traum anzunehmen: *Jeder Traum hat mindestens eine Stelle, an der er unergründlich ist, gleichsam einen Nabel, durch den er mit dem Unerkannten zusammenhängt.*[445] Die Metapher von der unauflösbaren Dunkelstelle des Traums als ›Nabel‹ ist mehr als der Grenzwert der Traumdeutung, mehr als das Eingeständnis des Haltmachens vor dem letzten Rätsel, das auch der durchdringende Anspruch des Aufklärers auf Sinngebung nicht antasten darf. Es nimmt sich aus wie die imaginative Behauptung eben dieses Ungeklärten als des Zentrums der Verbindung zwischen dem manifesten und dem latenten Traum. Vielleicht ist es der durch die Traumarbeit unberührbare Kern des ebenso unverkleideten wie deshalb unverständlichen Traumgedankens selbst, des ›An sich‹ der Träume.

Für diese Verbindung der Lesbarkeit des Traums mit einem Hintergrund von Unergründlichkeit scheint es in der zugehörigen Theorie keinen Rückhalt zu geben. Denn: Was sollte Unergründ-

---

444 Die Traumdeutung V B (ed. cit. 179).
445 Die Traumdeutung II (ed. cit. 101 A. 2).

lichkeit bei einem Instrument, das sich der psychische Apparat schafft, um seinen Gedanken, wenn auch verschlüsselt, an den Adressaten zu bringen, damit dieser sich als dessen Leser erst vollends in den Besitz seiner selbst bringt? Es scheint der Systematik dieser Theorie zu widersprechen, einen nicht nur vorläufigen, sondern endgültigen Rest der Traumdeutung zu postulieren. Was hier aber ›wesensgemäß‹ heißen darf, kann nur in bezug auf die Funktion des Traumes als Wunscherfüllung entschieden werden. Darf es bei dieser die undurchdringliche Dunkelheit geben?

Nicht einmal geklärt ist, wie sich die Hauptformen der Deutbarkeit, Bildlichkeit und Schriftlichkeit, zur Funktion der Wunscherfüllung verhalten. Sieht man in der Traumdeutung primär die Wiedereingliederung eines resistenten und schwer faßlichen psychischen Ereignisses in den Erlebniszusammenhang des Subjekts, so genügt für den Erfolg allemal, daß der Traum als Bildung von Identität über die ihr gefährliche Spanne des Schlafes hinweg verstanden werden kann. Die Traumdeutung hätte zu zeigen, daß da nichts Fremdes dem Selbst entgegentritt, nur das Vertraute im unvertrauten Habitus. Bei dieser bescheideneren Auffassung von Wunscherfüllung als bloßer Ausfüllung und Auffüllung der Identität hat die Deutung des Traums nichts anderes zu besorgen, als *ihn durch etwas zu ersetzen, was sich als vollwichtiges, gleichwertiges Glied in die Verkettung unserer seelischen Aktionen einfügt.*[446] Der Differenz von Bildlichkeit und Schriftlichkeit brauchte sie keinen größeren Aufwand zu widmen. Man kann noch weiter gehen: Schon die *Theorie* des Traumes – als Erfüllungsform des Wunsches nach Selbstbehauptung – würde genügen, über die Irritation der Träume zu beruhigen; die Lesbarmachung einzelner Träume hätte nur die Bedeutung, die Theorie in kraft zu setzen und zu halten. Die Spezifikation der Wunscherfüllungen geht über das allgemeine Verlangen des Subjekts hinaus, nichts Sinnloses dürfe ihm zustoßen. Es wäre, zugespitzt gesagt, ganz überflüssig, eigene Träume zu deuten oder deuten zu lassen, wenn man sicher sein könnte, sie seien nicht ›transzendente‹ Ereignisse. Die Angst, die nicht nur abgeträumt wird, sondern im Phänomen des Traums selbst begründet liegt, ist die, wir könnten von anderem als von uns selbst beherrscht werden.

446 Die Traumdeutung II (ed. cit. 89).

Genau an dieser Stelle mündet Freuds Traumtheorie in die alten philosophischen Besorgnisse um das Prinzip des *nexus idearum*, nach dem jede Vorstellung im Bewußtsein durch die ihr vorausgehenden herbeigeführt und durch Konsistenz mit ihnen abgesichert sein muß. Dieses Prinzip könnte durch den Traum unterlaufen werden. Die Integration des Traums in die Geschichte des Individuums hat zur Voraussetzung, daß die ›Lesbarkeit‹ des Traums nur für den Träumer selbst besteht, er also zur ›Selbstanalyse‹ angehalten werden muß. Ebenso klar ist, daß dies nicht allemal geleistet werden kann, daß die ›Deutung‹ lehrbar und praktizierbar werden muß. Dazu dient die Resymbolisierung des Traumes aus den Beständen der Phylogenese. Sie erleichtert es dem Analytiker, den fremden Traum lesbar zu machen, mindert aber die Versicherungen der Theorie für die Autogeneität der Träume als des Zutagetretens des ältesten Sinnprinzips, daß nichts vergeblich geschieht und nichts verloren geht.

Unversöhnlich stehen damit gegeneinander: der Traum als Sinnbrücke der einen Identität und einen Geschichte über den Abgrund des Selbstverlustes im Schlaf hinweg *und* der Traum als Eingehen der menschheitlichen Identität und Geschichte in das individuelle Bewußtsein, das in dieser zweiten Hinsicht keine Chance zum aufgehenden Selbstverständnis hat. Vielleicht illustriert diese Antinomie, daß Freud die Erfolglosigkeit der »Traumdeutung« mit der innigen Abhängigkeit des Traums von der Sprache in Zusammenhang brachte, für jede Sprache eine ihr zugehörige Traumwelt postulierte und daraus auch die Unübersetzbarkeit der an seine Selbstanalyse gebundenen »Traumdeutung« folgerte: *Ein Traum ist in der Regel unübersetzbar in andere Sprachen und ein Buch wie das vorliegende, meinte ich, darum auch.*[447] Das allerdings sei inzwischen widerlegt worden.

---

447 Die Traumdeutung II (ed. cit. 91 f. A. 2).

XXII

Der genetische Code und seine Leser

Nicht zufällig hat ein theoretischer Physiker, Erwin Schrödinger, zuerst im Februar 1943 in Dublin, dem Ort seiner politischen Verschlagung, in Vorträgen über das ihm fachfremde Thema »What is Life?« den Gedanken ausgesprochen, die Erbsubstanz der lebenden Zelle, das vollständige Potential der zukünftigen Entwicklung eines Organismus, lasse sich in den Chromosomen des Zellkerns nach der Art einer verschlüsselten Schrift begreifen. In dieser Auffassung sollten zwei Bedingungen erfüllt sein, die das Phänomen des Organischen bestimmen: einmal die der hochgradigen Stabilität des Erbfaktors gegen die vielfältigen mikrophysikalischen Einflüsse seiner Umwelt, zumal durch die unablässige Wärmebewegung der Atome; zum anderen ein langfristig nicht geringfügiger Grad von Veränderungsfähigkeit als Ermöglichung einer selektiven Evolution. Dieser müsse dennoch so begrenzt sein, daß er nicht auf das Ganze oder dessen lebenswichtige Teilfunktionen ausgreift. Ich vermute, daß die Metapher der Lesbarkeit von dieser zweiten Bedingung her eingesprungen ist, indem der Grad der Störanfälligkeit eines Textes durch die in ihm zufällig auftretenden Fehler die eigentümliche Funktion des genetischen Apparats besser beleuchtet als irgendein anderer elementarer Sachverhalt.

Zu beachten für die Genese dieses folgenreichen Einfalls ist, daß Schrödinger sogar unabhängig von der Problematik des Genoms den alten metaphorischen Komplex gegenwärtig hat, in den ein neues unerwartetes Stück zu integrieren er eben im Begriff ist. Wenn er dazu ansetzt, die Stabilität von Molekülen als abhängig von ihrem energetischen Zustand darzustellen, Identität wie Mutabilität also als zumal temperaturabhängige Größen, drückt er die dafür maßgebende Entdeckung in einer anachronistisch anmutenden Formel aus: *Die große Enthüllung der Quantentheorie lag in der Entdeckung von Unstetigkeiten im Buch der Natur, und zwar gerade in einem Zusammenhang, in dem nach den bis dahin herrschenden Ansichten alles außer der Stetigkeit unsinnig erschien.*[448] Man kann vielleicht sagen, diese Bezugnahme auf eine

[448] Erwin Schrödinger, What is Life? The Physical Aspect of the Living Cell.

große Metapherntradition lag nahe, weil sich eine Änderung im Schriftbild der Natur herausgestellt hatte, deren Tragweite nur durch einen epochalen Vorgang in der Darstellung geistiger Überlieferung angemessen verdeutlicht werden konnte: durch den Übergang von der linearen Stetigkeit im Schriftbild aller antiken und frühmittelalterlichen Handschriften zur Schreib- und schließlich Druckweise einer diskreten, wortgegliederten Artikulation.

An der Wiederaufnahme der Lesbarkeitsmetaphorik hatte vor Schrödinger schon Max Planck mitgewirkt.[449] Zwar sei das ideale Ziel des Physikers die Erkenntnis der Außenwelt, aber seine quantitativen Forschungsmittel sagten ihm über diese nie etwas unmittelbar, sondern seien für ihn *immer nur eine gewisse mehr oder weniger unsichere Botschaft oder, wie es Helmholtz einmal ausgedrückt hat, ein Zeichen, das die reale Welt ihm übermittelt und aus dem er dann Schlüsse zu ziehen sucht, ähnlich einem Sprachforscher, welcher eine Urkunde zu enträtseln hat, die aus einer ihm gänzlich unbekannten Kultur stammt.* Wie nun der Philologe einfach voraussetzen müsse, daß das Schriftstück einen vernünftigen Sinn haben werde, noch bevor er davon etwas herausbekommen hat, so unterstelle auch der Physiker, daß die Natur sich als unter Gesetzen stehend erweisen werde, noch bevor er solche Gesetze oder diese vollständig kenne.

Was Plancks Metapherngebrauch von der Tradition der chiffrierten Natursprache unterscheidet, ist die doppelte Annahme, daß niemand etwas mitteilen, aber auch niemand etwas verbergen wolle. Die alte Urkunde ist ein Relikt, das der Nachwelt nicht ›hinterlassen‹ worden ist, kein Denkmal, sondern eine Spur; und ihre Rätselhaftigkeit ist in Bedingungen begründet, die keinen Menschenwillen je ausgemacht haben, sondern schicksalhaft am Zeitverlauf hängen. Aber vergessen muß zunächst sein, was soll wieder entdeckt werden können. So hängt auch die Fähigkeit des Physikers, Naturforschung zu betreiben, an der ungeheuren Distanzierung von jeder Unmittelbarkeit zur Natur, aus der die organische und kulturelle Evolution den Menschen herausgeführt hat. Als

---

Based on Lectures delivered under the auspices of the Institute at Trinity College, Dublin, in February 1943. Cambridge 1944. Dt. Bern 1946; ²München 1951, 70.

449 Max Planck, Positivismus und reale Außenwelt. Vortrag 1930. In: Wege zur physikalischen Erkenntnis I. Leipzig 1933; ³1943, 174.

Mitglied jener untergegangenen Kultur, der die Urkunde entstammt, hätte man die Art von Verständnis nicht nötig gehabt, aber auch nicht gewinnen können, die sich dem Philologen und Historiker erschließt. Als Zeitgenossen sind wir in gewisser Weise blind für das, was den Zeitgeist ausmacht, obwohl er uns beherrscht; und als Naturwesen hätten wir keine Chance, über die Natur zu wissen, was Theorie über sie zu wissen ermöglicht. Wir hätten vor allem die Motive dazu nicht. Nicht nur die *Memoria* macht uns zu Lesern der menschlichen Realität, sondern auch die *Oblivio*, das Vergessen. So hat uns nicht erst die Wissenschaft von der vermeintlichen oder wirklichen Unmittelbarkeit der Naturerfahrung getrennt, sondern diese Trennung mußte vorausgegangen sein, um uns zu Subjekten für theoretische Objekte zu machen. Betroffen von den Verzichten, die dieser Gewinn zunehmend auferlegt hatte, suchte sich das theoretische Subjekt als den mit Sinnzuweisung bedachten Leser im Buch der Natur vorzustellen, dem das Ineinandergreifen von Vergessen und Erinnerung wenigstens eine Minderung der Mittelbarkeit gewähren würde.

Für die Übertragbarkeit der Lesbarkeitsmetaphorik des Physikers auf den biologischen Sachverhalt, der Schrödinger ein Jahrzehnt nach Plancks erkenntnistheoretischem Vortrag beschäftigen sollte, war wesentlich, daß der genetische Text zwar in allen Zellen des Organismus enthalten, aber für eine kritische Strecke des Übergangs von Individuum zu Individuum in der Fortpflanzung nur mit einem einzigen Exemplar vertreten ist, so daß – in der Metaphorik gesprochen – nicht durch den Vergleich von Handschriften auf einen identischen Urtext geschlossen werden kann. Es bedeutet angesichts dieses Engpasses wenig, daß in einem erwachsenen Säugetierorganismus 10^{14} Zellen mit identischem Informationsbestand enthalten sind. Sogar die Zelle selbst ist noch nicht die letzte Größe bei dieser Verengung: Die zentrale Steuerung der Zelle ist im gesamten Volumen des Zellkörpers nochmals von verschwindendem Anteil. Dennoch besitzt *eine solche Zentralstelle eine derartige Macht über die einzelne Zelle, daß wir sie ruhig mit einer örtlichen Regierungsstelle vergleichen dürfen, die mit den anderen gleichartigen Ämtern, die über den ganzen Körper verteilt sind, mühelos mittels der gemeinsamen Schlüsselschrift verkehrt.*[450]

[450] E. Schrödinger, Was ist Leben? ²München 1951, 112.

Für so viel Popularität glaubt sich der Redner ausdrücklich entschuldigen zu müssen: dies sei eine etwas phantastische Darstellung, *die vielleicht weniger zu einem Mann der Wissenschaft als zu einem Poeten paßt.*
Schrödinger ist in erstaunlicher Weise spekulativ verfahren, ausgehend von bloßen Erwägungen quantenphysikalischer Art. Das konnte auch gar nicht anders sein. Ihm war über den Chemismus der Erbsubstanz und deren Funktionsweise nichts bekannt. Es ist aber wohl kein Zufall, daß in dem Jahr der Dubliner Vorträge Schrödingers die für jene Frage entscheidende Entdeckung erfolgte: Der Bakteriologe Oswald T. Avery entdeckte 1943, daß die bestimmten Bakterien entnommene Kernsubstanz in anderen Bakterienzellen Transformationen bewirken kann, durch die Eigenschaften der Ausgangszelle implantiert werden. Die Erklärung dafür, daß sich die Substanz DNA, aus der das Gen besteht, an die Stelle von DNA der Wirtszelle setzen kann – fast so, wie in alten Codices eine Randbemerkung bei der Abschrift in den Text eindringt, dort wie hier aus dem Unverständnis des Abschreibers für Sinn und Verstand des Zusammenhangs –, war Avery noch unbekannt.
Schrödinger, der von dieser Entdeckung nichts wußte, war zwar in der Wahl seiner Metaphorik langfristig erfolgreich, im Augenblick aber nicht ganz sicher: In seinem letzten Vortrag nahm er Zuflucht zu einer, so sollte man denken, nahezu antinomischen Metapherntradition. Der Organismus sei dem Uhrwerk ähnlich, möge auch seine Steuerungsfeinstruktur irgend etwas mit Schrift und Lesbarkeit zu tun haben.[451] Die Zeitgenossen, der künftigen Virtualität der Verschlüsselungsmetapher noch ganz ungewohnt, dürften aufgeatmet haben, als es von der eher okkult anmutenden Vergleichswelt von Schrift und Buch wieder zurückging zu der über ein halbes Jahrtausend bewährten Anrufung des Uhrwerks. Es mochte da für einen Augenblick spürbar werden, wie feindlich diese beiden Bildwelten in ihren Implikationen einander waren.
Schrödinger also wußte von der chemischen Natur, von der eigentümlich linearen Polymerität der Gen-Moleküle, noch nichts, obwohl er über die Gestalt der Chromosomen und die Lage der Erbfaktoren auf ihnen klare Vorstellungen hatte. Daher konnte er

---

[451] E. Schrödinger, Was ist Leben? ²München 1951, 120 f.

das Verhältnis von Stabilität und Mutabilität des Genoms noch nicht als Befund des Ineinander von höchster Primitivität und äußerster Komplexität des Chemismus begreifen. Durch Kombinationen von Primitivität Komplexität zu erreichen, sollte heißen, die Lücke zwischen Metapher und Modell zu schließen, den genetischen Code seiner *metaphorischen* Herkunft zu entziehen und ihn zum *hypothetischen* Schema zu machen. Abschlägig beschieden war erst damit ein für allemal die Erwartung oder Befürchtung, der immensen Vielfalt erblicher Eigenschaften müsse oder könne eine ebenso immense Vielfalt von chemischen Spezifitäten in Genomen entsprechen. Das Kettenmolekül aus einer kleinen Zahl spezifischer Monomere zwang der Erwartung eine andere Richtung auf.

Wenn Schrödinger die Gesamtheit der genetischen Faktoren im Zellkern als codierte Schrift ansah, wer war dann der metaphorisch unvermeidliche Leser ihres Textes? Es ist von höchstem Interesse, daß der Physiker dafür auf eine alte Paradefigur seiner Disziplin zurückgriff, obwohl diese im Jahrhundert der quantenmechanischen Statistik ihre Geltung nicht hatte behaupten können: auf den Laplaceschen Dämon.

Die fiktive Weltintelligenz, die nur den Grenzbegriff der Leistungsfähigkeit einer deterministischen Physik hatte darstellen sollen, wird zum Leser des Chromosomen-Codes. Es wird das Gedankenexperiment einer Instanz gemacht, die anhand der genetischen Anlage das Endprodukt der Ontogenese ablesen und voraussagen könnte. Unter den Bedingungen des Laplace hätte das bedeutet, daß der Dämon die Gesamtheit des genetischen Potentials als voll determinierten Zustand eines physikalischen Systems hätte vor sich haben müssen, aus welchem er jeden anderen Zustand dieses Systems mittels Differentialgleichungen voraussagen konnte, gleichgültig ob in Vergangenheit oder Zukunft zum gegebenen Zeitpunkt.

Der Laplacesche Dämon mißt zwar oder läßt messen, was ihm gegenwärtig ist, aber sein Verfahren für jeden anderen beliebigen Zeitpunkt ist das einer kausalen Erschließung. Er betrachtet, was er vor sich hat, genau so als Resultat eines Prozesses wie das, was er vorauszusagen hätte – wobei ihm der Begriff des ›fertigen Organismus‹ keinerlei ausgezeichneten Zustand des Systems bedeuten würde. Dessen Zustände sind ihm sämtlich schlechthin gleichwertig.

Der von Laplace einmal vorgestellte Geist, dem *jegliche kausale Beziehung sofort offenbar wäre*, könnte, das chromosomale Material vor sich, *aus dieser Struktur voraussagen, ob das Ei sich unter geeigneten Bedingungen zu einem schwarzen Hahn, einem gefleckten Huhn, zu einer Fliege oder einer Maispflanze, einer Alpenrose, einem Käfer, einer Maus oder zu einem Weibe entwickeln werde.*[452]
So also Schrödingers Variante von Laplace.

Wenn das so wäre, bliebe das Genom ein Bündel kausaler Faktoren, und seine Vorstellung als die einer verschlüsselten Schrift wäre ganz und gar unzureichend. Denn eine Schrift bewirkt als solche nicht den Zustand, der durch sie beschrieben oder vorgeschrieben wird. Sie ist so etwas wie eine Hilfseinrichtung, das Rezept, nach welchem ein anderer Mechanismus die Wirkungen hervorbringt, die sie beschreibt. Die Herbeizitierung des Laplaceschen Dämons ist fehl am Platze, weil er nur für geschlossene Systeme seine Allwissenheit entfalten kann. Die Schlüsselschrift des Genoms ist aber nicht das geschlossene System, dessen Transformationen schließlich in den ausgereiften Organismus münden, sondern die Rezeptur, deren Anwendung auf das metabolische Material den morphologischen Makroeffekt bewirkt.

Erneut ein Anhaltspunkt dafür, daß Schrödinger zwar die folgenschwere Metaphorik erfindet, aber nicht so zu ihr steht, als hätte er daran eine ganz neuartige Konzeption abgelesen, ist die Erweiterung, die er sogleich nach dem Blick auf den Laplaceschen Dämon vornimmt: die Chromosomen seien *zugleich Gesetzbuch und ausübende Gewalt, Plan des Architekten und Handwerker des Baumeisters*. Als Begründung folgt, Delbrücks Molekülmodell des Gens sei so allgemein gehalten, daß es keinen Hinweis darauf enthalte, *wie die Erbsubstanz eigentlich arbeitet*. Schrödinger fügt hinzu, er erwarte auch gar nicht, daß die Physik *in nächster Zukunft* dazu etwas erbringen werde – die Fortschritte müßten *von der Biochemie unter der Führung von Physiologie und Genetik* kommen.[453]
Und von dort kamen sie auch.

Nicht zuletzt dadurch, daß Schrödingers metaphorischer Einfall beim Wort genommen wurde. Vielleicht am ehesten in der Gestalt, die er ihm gegen Ende seines Zyklus gegeben hat: in der Analogie

---

452 E. Schrödinger, Was ist Leben? ²München 1951, 33 f.
453 Was ist Leben? 95.

zum Morseschlüssel. Die Zahl der spezifischen Atome brauche in einer solchen Kodierung *nicht sehr groß zu sein, um eine beinahe unbegrenzte Zahl möglicher Anordnungen zu gestatten.* Die Verwendung von nur zwei Zeichen, wie Punkt und Strich im Mosealphabet, gestattet *in Vierergruppen bereits dreißig verschiedene Abwandlungen.* Benutze man noch ein drittes Zeichen und lasse Zehnergruppen zu, so könne man 29 524 verschiedene ›Buchstaben‹ bilden. Auch die für fünf Zeichen und Gruppen bis zu 25 sich ergebende achtzehnstellige Zahl führt Schrödinger noch vor. Man sieht, er ist den tatsächlichen ›Tripletts‹ — den ›Codons‹ aus drei der vier Nukleinsäurebasen — sehr nahe gekommen, ohne über den Vorzug der größeren Einfachheit irgend eine Entscheidung treffen zu können. Gerade die Vorsicht und Zurückhaltung seines Anspruchs hielt die weiteren Wege offen; ihm ging es nur darum zu zeigen, daß es mit dem molekularen Bild des Gens *nicht unvereinbar* ist, wenn *der Miniaturschlüssel einem hochkomplizierten und bis ins einzelne bestimmten Entwicklungsplan genau entspricht und irgendwie die Fähigkeit hat, seine Ausführung zu bewerkstelligen.* Dabei ist dieses ›irgendwie‹ doch schon kausal definiert durch die Formel, daß *die Schlüsselschrift selber der wirksame Faktor sein muß, der die Entwicklung hervorruft.*[454]

1869 hatte der Basler Physiologe Friedrich Miescher die Nukleinsäure entdeckt und zumindest als eine der in Zellkernen vorkommenden Substanzen nachgewiesen. Weniges ist so in Vergessenheit geraten, was von vergleichbarem Rang und von vergleichbaren Folgen war. Wie weit Miescher noch von der adäquaten Bewertung seiner Entdeckung entfernt war, wie weit er sich in seiner Lebensarbeit ihr noch nähern konnte, wird zu zeigen sein, wenn der Standpunkt seiner ›Wirkungsgeschichte‹ gewonnen ist. Der Zeitbedarf für den Weg von der Entdeckung dieser Substanz zur Aufdeckung ihrer Funktionsweise betrug acht Jahrzehnte, in denen die genetische Theorie den Stand erreichte, der ihren Spielraum für den biochemischen Apparat genügend reduzierte. Das macht die strikte Gleichzeitigkeit von Schrödingers Entwurf und Averys Entdeckung weniger verblüffend. Aber gerade wegen dieser Gleichzeitigkeit der ›Spekulation‹ des Physikers und der Manipulation des Bakteriologen entging Oswald T. Avery der Deutungsvorschlag

454 E. Schrödinger, Was ist Leben? ²München 1951, 88.

für seinen Übertragbarkeitsbefund, der ihn hätte verstehen lassen, wie die Abbildung der Artmerkmale mit den Mitteln dieser Substanz erfolgte. Es ist dieser letzte Schritt, für den Schrödingers Metaphernwahl wichtiger wurde als vielleicht jemals eine metaphorisch faßbare Entscheidung zuvor.

Schrödinger war gewiß nicht ein Naturforscher von dem Reflexionsgrad, daß er, vor die Wahl gestellt, zwischen Erklären und Verstehen der Natur hätte entscheiden oder auch nur die Zumutung der Entscheidung für wichtig halten können. Aber mit dieser Differenz ist die Neigung verbunden, die Metapher der genetischen Schlüsselschrift anders aufzufassen als Schrödinger dies tat: die Implikationen der Redeweise vom verschlüsselten Text und den Verhaltensweisen zu einem solchen ernstlicher, also beim Wort, zu nehmen. Wenn ein Chemiker sich bei seinem Festvortrag zur hundertsten Wiederkehr des Datums jener Entdeckung der Nukleinsäure die Abschweifung herausnimmt, die Natur könne auf vielen Niveaus erforscht werden und es hänge von person- wie zeitbedingten Faktoren ab, auf welches man sich begebe: auf das des Verstehens oder das des Erklärens, so wird man ihn noch nachträglich im Verdacht haben, Schrödingers Metaphernwahl anders gelesen haben zu wollen, als sie beabsichtigt war: *Den einen erscheint die Natur in lyrischer Intensität, den andern in logischer Klarheit, und sie sind die Herren der Welt.*[455] Wir könnten alles erklären, aber nur wenig verstehen. Der Streit darüber, wofür wir uns angesichts dieser Alternative zu entscheiden hätten, werde niemals ganz entschieden sein.

Es klingt nicht gerade vertrauenerweckend, wenn auf der einen Seite dem Verstehen der Natur lyrische Intensität zugeschrieben wird, andererseits nicht ausgeschlossen bleibt, daß bei rechtzeitiger Einsicht in die Textqualität der Nukleinsäuren die epische Dimension hätte erreicht werden können: *Hätte man schon in der Frühzeit die Nukleinsäuren als einen Text betrachtet – man war weit davon entfernt –, so könnte man sagen, daß in weniger als dreißig Jahren aus einem kurzen Aphorismus ein riesiges Epos geworden ist.* Aber man wußte nur, daß beide Nukleinsäuretypen, DNA und RNA, in allen lebenden Zellen vorkommen; man wußte nicht,

---

455 E. Chargaff, Vorwort zu einer Grammatik der Biologie. Hundert Jahre Nukleinsäureforschung. In: Experientia 26, 1970, 810-816.

in welcher Funktion diese Allgegenwart begründet lag, und man wußte nicht, wie ihr Vorkommen strukturell beschaffen war. Heute weiß das, fast möchte man sagen: jedes Kind – und diese Plausibilität hat mit der Metaphorik des Codes, der Grammatik von DNA, mit der Botschafterqualität von RNA etwas zu tun. Es ist, worin die Metaphorik zu ihren Ursprüngen zurückkehrt, ein rhetorischer Vorgang von hoher Suggestivität.

In dem selben Jahr also, in dem eine Physik der Vererbung als des zentralen Regulationsvorganges des Lebens und seiner Evolution durch Schrödinger versucht wurde, begründete ein anderer die Chemie der Vererbung. Denn daß der Chemismus der Nukleinsäuren eben dies und nichts anderes war, ergab sich aus Averys Entdeckung der Erbkonstanz seiner Transformation eines Pneumococcus: nicht nur eines Individuums, sondern der von ihm abhängigen erblichen Linie. Bezeichnend ist, daß Averys Entdeckung auf einen Chemiker faszinierend und lebensbestimmend wirkte, nicht auf einen Biologen; nur der Chemiker konnte für seine Disziplin die Öffnung in das zukunftsträchtigste aller Gebiete, das der Genetik, erkennen.

Averys wortkarge Mitteilung im »Journal of Experimental Medicine« von 1944 machte, so berichtet Erwin Chargaff ein Vierteljahrhundert später, wahrscheinlich auf niemand als auf ihn einen tieferen Eindruck: *Denn ich sah vor mir in dunkeln Umrissen die Anfänge einer Grammatik der Biologie.* Es ist, ohne die Verwendung der Lichtmetapher oder der anderen der Inspiration, die Datierung einer wissenschaftlichen Konversion. Nicht zufällig beruft sich Chargaff auf den Titel des Buches eines berühmten religiösen Konvertiten, des Kardinals Henry Newman »The Grammar of Assent«. Und Chargaff hatte wiederum nicht von ungefähr in demselben Centenarvortrag die Aufforderung der Natur an den Forscher mit jener geheimnisvollen Formel artikuliert, durch die Augustin zum Aufschlagen der Bibel evoziert worden war: *Tolle, lege!* Das sei auch der Natur *ewige Mahnung.*

Dergleichen hatte zwar Avery nicht gehört, wohl aber freigelegt: als Lesbarkeit der Natur. Der implizite Appell, zu nehmen und zu lesen: *Avery gab uns den ersten Text einer neuen Sprache, oder richtiger, er zeigte uns, wo wir ihn zu suchen haben. Ich nahm mir vor, diesen Text zu suchen.* Zur Bekehrung gehört das Stehen- und

Liegenlassen von allem anderen, das Herumwerfen des Steuers – und der Berichterstatter gesteht, sich noch oft gefragt zu haben, ob er damit nicht falsch gehandelt habe, *ob es nicht besser gewesen wäre, der Faszination des Augenblicks nicht zu erliegen*. Das alles, Plötzlichkeit der Wendung, Bedenklichkeit ihrer Folgen, spätes Unverständnis für die Besinnungslosigkeit, gehört zur rhetorischen Stilisierung der momentanen Evidenz dessen, was sich da an Möglichkeit auftat. Es ist auch ein Stück von Aufteilung der Verantwortung für die Neugierde des Forschers, wenn es die Nötigung und Selbstdarbietung der Natur als Lesbarkeit gewesen war, was ihn antrieb.

Was ist nun das Eigentümliche an der ›literarischen‹ Bestimmung der Wirksamkeit von DNA im Lebensprozeß? Da Erbgänge nicht nur von artspezifischer Konstanz, sondern auch von fester Prägung der die Individualität ausmachenden Varianten sind, wäre die nächstliegende Folgerung aus der Entdeckung eines chemisch so eng abgegrenzten Wirkstoffs, jeder auftretenden erblichen Eigenschaft eine feststellbare chemische Abwandlung von DNA zuzuschreiben. Schrödinger hatte mit seinen Überlegungen dem Chemiker diesen Weg offengelassen, indem er das Genom als ein physikalisches System wie jedes andere und den Organismus als einen seiner Folgezustände betrachtete. Die Einführung der Schriftmetapher hatte deshalb bei ihm auch nur illustrative, nicht theoretische Bedeutung gewonnen.

Die andere dem Chemiker offenstehende Option war, den der Mannigfaltigkeit erblicher Eigenschaften entsprechenden Chemismus nicht durch eine äquivalente Mannigfaltigkeit von unterscheidbaren Substanzen, sondern durch die Variabilität der Anordnung weniger Substanzen zu erreichen. Dieser Weg ist es denn auch, der die Heranziehung der Schriftmetapher theoretisch tragfähig macht. Dieses erste und eine Mal fand das Verfahren der Schrift eine präzise Entsprechung in der Natur: eine beinahe unbegrenzte Vielfalt von Variationen der Bedeutung mit einem kleinen Satz von Elementen darzustellen und die Darstellung nur mittelbar zur ›Ursache‹ der Herstellung zu machen – nämlich insofern sie eben ›Darstellung‹ *ante rem*, Schrift als Vor-Schrift, war.

Chargaff war es, der diese Option wahrnahm und aus Averys Entdeckung folgerte, daß der Reichtum der biologischen Aktivität von Nukleinsäuren *nicht auf dem Vorkommen immer neuer, noch unerkannter Bestandteile* beruhte, sondern auf spezifischen Sequenzen immer derselben Bausteine, also der Dreierfolge der vier bekannten Nukleotide. In seinem Bericht hat er diesen Unterschied in einem einzigen Satz veranschaulicht: *Der Prototyp der Verschiedenheit wäre demnach ›Roma-Amor‹ und nicht ›Roma-Rosa‹.* Dies war es, was hinter der Behauptung stand, die biologische Aktivität der Erbsubstanz beruhe auf ihrem Gehalt an ›Information‹.

Nun war zwar deutlicher und beim Wort genommen, worin die Lesbarkeit der eigentümlichen genetischen Substanz des Zellkerns bestand, aber in der Frage nach ihrem Leser und nach dem Vorgang des Lesens war damit noch nichts erreicht, was über Schrödingers Heranziehung des Laplaceschen Dämons hinausgegangen wäre. Immer noch war der Leser die Fiktion eines außerhalb des physikalisch-chemischen Systems stehenden Beobachters, dessen Akt des Lesens in der Leistung eines vollkommenen Rechenautomaten bestand, der für jeden gegebenen, vollständig einen Systemzustand beschreibenden Datenkomplex jeden beliebigen anderszeitigen desselben Systems liefern konnte.

In dieser Frage führte erst eine kurze Mitteilung weiter, die Chargaff 1950 in der Zeitschrift »Experientia« unter dem Titel »Chemical specificity of nucleic acids and mechanism of their enzymatic degradation« machte. Es war die Verlautbarung über bestimmte Verhältnisse von Komplementarität im Auftreten der Sequenzen von DNA, *eine Art von Gleichgewicht zwischen den verschiedenen Bestandteilen einer DNA, wie es noch an keinem andern Polymer beobachtet worden ist.* Diese Komplementarität der Nukleotide Adenin und Thymin einerseits, Guanin und Cytosin andererseits ging unter dem Begriff der Paarigkeit der Basen, des *base-pairing*, in die ersten Modellvorstellungen von der Doppelsträngigkeit der DNA ein. Sie hatten noch keine funktionale Basis, beruhten vielmehr auf rein quantitativen Resultaten über die Häufigkeiten des Vorkommens der Nukleotide in bestimmter Gleichgewichtigkeit.

1953 führten diese Befunde über die Komplementarität der Basen, die Äquivalenz von Purinen und Pyrimidinen, zur ersten Modellvorstellung über die sekundäre Struktur der DNA durch Crick und Watson, zur Doppelhelix, dem gewendelten Doppelfaden des repetitiven Polymers. Dieses Modell muß das Gen mit seinen Eigenschaften: der Fähigkeit zur Reproduktion, Rekombination und zur funktionellen Steuerung des Stoffwechsels darstellen. Das Gen muß sich selbst wiederholen, mit anderen Genen Kombinationen eingehen und die in ihm gespeicherte Information als Funktionsbefehl an den Organismus weitergeben können. Während bei seiner Selbstvervielfältigung das Gen als Matrix wirkt, indem es als Positiv ein Negativ, vom Negativ wiederum ein Positiv entstehen läßt und so die Information im Erbgang identisch weitergibt, erfolgt die Weitergabe an den identischen Organismus als Transkription in entsprechende RNA-Moleküle, dieser Enzyme wiederum in die die Zelle aufbauenden Proteine. Die Leser sind dabei die ebenfalls weitbekannten Messenger-RNA-Moleküle, die die Anordnungen über den Aufbau von Enzymen und anderen Proteinen an die dafür zuständigen Ribosome übermitteln: *Jeder dieser Boten trägt den Schlüssel für zumindest ein Protein, den er von der DNA des Genoms abgelesen hat.*[456]

Am Ende so ungehemmter Benutzung der Metaphorik von Lesbarkeit und Leser ruft sich der Berichterstatter erschrocken zur Ordnung: Ob wir denn auch nur ahnten, in welch unerlaubter Weise wir da eine *anthropomorphische Hypostase* vorgenommen hätten und zu – Gnostikern geworden seien. Aber die Gnostiker haben nicht dort hypostasiert, wo sie sich gar nicht anders zu helfen wußten, sondern im Überschwang ihres Bedürfnisses, die gähnende Leere zwischen dem Absoluten und der Welt anzufüllen. Die metaphorische Verlegenheit, *die Größe der kryptographischen Leistung* im Erbvorgang zu beschreiben, mag anthropomorphisch sein, gnostisch-hypostasierend ist sie so wenig, wie es die Dämonen von Laplace und Maxwell waren. Es mag Anlaß zur Beruhigung des Menschen über die Beständigkeit der Natur geben, sogar zur Freude, daß sie *so viel besser ist als Shakespeare, dem Dr. Johnson vorwarf, er habe keine 6 Zeilen ohne Fehler schreiben können*. Die Metaphorik der biologischen Grammatik hat nicht nur die verwegene Spekulation geweckt, künftige Wissenschaftler würden der Natur neue und eigene Texte schreiben können, sie hat auch unseren Einblick, meinetwegen wiederum rhetorisch, vertieft in das Verhältnis von Einsatz und Gewinn, auf dem die Existenz des

[456] E. Chargaff, Vorwort zu einer Grammatik der Biologie, 815.

Menschen beruht: Jeder Rigorismus in der Reproduktionsfähigkeit der Natur, schon eine wesentlich gesteigerte Texttreue in der Punkt-für-Punkt-Weitergabe von Information, hätte die Evolution des Lebens gehindert, die Existenz des Menschen in Reichweite seiner Geschichte kommen zu lassen. Die Evolution wäre in ihren Anfängen steckengeblieben. Der Zeitbedarf der Lebensgeschichte wäre im Zeithorizont der Planetengeschichte nicht aufgegangen.

Das ist die eine Seite: die der Ungewißheit, der Unsicherheit des Bodens, auf dem wir als Produkte der Evolution stehen. Die andere Seite ist die der hochgradigen Zuverlässigkeit dieses Mechanismus der Replikation, bei der der Text erkennbar bleibt, auch wenn einzelne seiner Elemente verändert werden. Konstanz wie Veränderung der genetischen Faktoren hätte keine Weltintelligenz des Laplace vorhersagen können, deren Leistungsfähigkeit sich gerade mit Zunahme der Entropie, mit dem Erfolg des Todestriebs, ihrem Maximalwert nähert. Dieser Laplace-Maximalwert bedeutet: Es gibt keine relevanten Urkunden mehr, das Lesbare geht im Ableitbaren als bedeutungslose Redundanz unter. Das Leibniz-Dilemma wäre wieder da.

Das Bild des Biochemikers von dem Resultat, zu dem seine Entdeckung einer genetischen Grammatik geführt hat, ist düster. Er sieht am Ende stehen eine *neue dogmatische Biologie*, deren Angebot, alles zu erklären, gerade den metaphorischen Anstoß jener Entdeckung übersehen oder gar verwischt hat. Der Schlüssel zum genetischen Code erweist seine metaphorische Äquivokation, indem er als Schlüssel zu einem sehr kleinen Schloß gesehen wird, das am Ende nur ein Luftschloß sei. Ich zitiere das ungern, weil es wirklich schlecht ist, aber als Rhetorik des ›tragischen Weltgefühls‹ in dieser Sicht eines kurzen Stücks von Wissenschaftsgeschichte doch auch seiner logischen Qualität nach die Typik des ›reuigen Adels‹ beleuchtet. Es erscheint im nachhinein als höchst zweifelhaftes Verfahren, eine Nukleinsäurekette abgelesen, kopiert oder übersetzt werden zu lassen: *Sind dies nicht alles Ausdrücke, die, wenn wir sie zu Ende zu denken versuchen, das erkenntnistheoretische Zwielicht unserer Naturwissenschaften nur noch fahler erscheinen lassen? Wir postulieren Intelligenz, wo wir sie gleichzeitig verneinen. Wir haben die Dinge vermenschlicht, aber den Menschen verdinglicht.*

An dieser Stelle empfiehlt sich dem metaphorologischen Betrachter ein Exkurs auf das Ereignis selbst, dessen Hundertjährigkeit Anlaß zum ›tragischen Weltgefühl‹ des Festredners in der Aula der Universität Basel gab: auf Friedrich Mieschers Entdeckung des ›Nukleins‹ im Jahre 1869, *so zwischen Tübingen und Basel.* Gerade in der sprachlichen Nüchternheit, die den Physiologen von seinem biochemischen Memorialisten drastisch unterscheidet, tritt der Anteil einer sich mühsam abgerungenen Metaphorik an der Begriffsbildung des neuen Sach- und Forschungsgebiets unübersehbar heraus.

Seit 1868 hatte Miescher an Eiterzellen mit einem neuen präparativen Verfahren die Zellkerne vom übrigen Zellinhalt isoliert und eine phosphorhaltige Substanz dargestellt, die er als ›Kernstoff‹ (Nuklein) bezeichnete. Eiterzellen hatte Miescher wegen ihrer strukturellen Einfachheit gewählt. Mit einer kriegsbedingten Verzögerung erschien der Bericht »Über die chemische Zusammensetzung der Eiterzellen« 1871 in Hoppe-Seylers »Medizinisch-chemischen Untersuchungen«.[457] Die Verzögerung der Publikation hatte die Tragweite des Ergebnisses schon deutlicher werden lassen; deshalb reichte Miescher im Oktober 1870 dem Herausgeber »Nachträgliche Bemerkungen« ein, die jedoch ungedruckt blieben. Inzwischen hatte der gewissenhafte Editor an Hefezellen nachgeprüft und bestätigt gefunden, was Miescher publiziert wissen wollte. Daraufhin riskierte dieser die erste Verallgemeinerung, die wiederum Hoppe-Seyler nicht aufnehmen wollte: *Der Begriff des Kernes wird von Äußerlichkeiten losgelöst werden können, die bloße Schlüsse per analogiam erlauben, wie Form, Größe, Lichtbrechung, Löslichkeitsverhältnisse; man wird die Kernnatur fraglicher Gebilde an solchen Eigenschaften erkennen können, die in einem tieferen Zusammenhang mit ihren physiologischen Leistungen stehen.*[458]

Für jeden Liebhaber von Theorien über den Hergang wissenschaftsgeschichtlicher Wendungen wird es der Delikatesse nicht entbehren, gerade hier den Ausdruck ›Paradigma‹ auftauchen zu sehen. Man werde sich hüten müssen, schreibt Miescher im Ungedruckten,

---

457 Friedrich Miescher, Die histochemischen und physiologischen Arbeiten. Gesammelt und herausgegeben von seinen Freunden. Leipzig 1897, II 3-23.
458 F. Miescher, Nachträgliche Bemerkungen (Arbeiten II 33).

bei der Beurteilung der Natur eines untersuchten Gebildes *sich knechtisch an ein bestimmtes Paradigma, etwa das Eiternuclein, als an das allein maßgebende zu halten.* Er wollte nicht so verstanden werden, als habe er das Paradigma schon gefunden – was sich als richtig herausstellen sollte –, es jedoch ebensowenig ausschließen, um den Fortgang der Forschung nicht zu hemmen, diesem auch nicht die Orientierung zu nehmen: *Man wird so viel als möglich immer zurückgehen müssen auf solche Grundzüge, die, allen derartigen Körpern gemeinsam, ein unzweifelhaftes Kennzeichen ihrer inneren Konstitution sind.*[459]

Dennoch wird sich Miescher der Bedeutung dessen, was er begonnen hatte, gegen Ende seines Lebens sicher sein. Es würde in ein neues Gebiet der Erkenntnis führen, ohne daß dessen Umrisse schon deutlich waren. Er weiß und sagt es, daß seine *Histochemie nur eine erste Vorarbeit für eine zukünftige Biochemie* sei. Vorarbeit nur wegen der noch fehlenden Beziehbarkeit auf die Herkunft seines ›Nukleins‹ aus dem lebendigen morphologischen und funktionalen Zusammenhang; denn das Material, das er analysiere, habe *gerade die wesentlichsten chemischen Wirkungskräfte und Eigenschaften nicht mehr, auf denen das Spiel des Lebens beruht.*[460] Da ist er, wegen seiner mechanistisch-dynamischen Seitenblicke, vorsichtiger als nötig gewesen wäre.

Die unter ruinösen Bedingungen von Miescher durchgestandene Isolierung ausreichender Mengen an Zellkernen vom Protoplasma bis zum analysefähigen Reinheitsgrad war die entscheidende, noch fern aller ›reinen‹ Theorie liegende ›Arbeits‹leistung, die den Übergang von einer Histochemie der Zelle zu einer des Zellkerns ermöglichte. Noch ohne die Möglichkeit optischer Auflösung der Strukturen im Zellkern tastete sich Miescher an dessen Bedeutung für die Fortpflanzung heran, deren Grundlage er ausschließlich im Chemismus des Zellkerns zu erfassen begann. Es war diese ›Bedeutung‹ seines Objekts, die es zu seiner schließlich letalen Lebensaufgabe werden ließ. Wichtig war, daß er rasch den Übergang zu neuem Untersuchungsmaterial fand und dabei sowohl die Probe auf die großen spezifischen Differenzen machte als auch die auf die geringen. Das anfängliche Mißtrauen seines Lehrers Hoppe-Seyler,

---

459 Nachträgliche Bemerkungen (Arbeiten II 34).
460 F. Miescher an W. His, 28. Juli 1893 (Arbeiten I 121).

das auch noch einer weiteren Arbeit über »Die Kerngebilde im Dotter des Hühnereies« galt, trieb ihn voran, zugleich mit dem Allgemeinheitsgrad seiner Entdeckung auch die Voraussetzung für den Differenzierungsgrad zu finden, der zu erklären zuließ, hier sei *wieder ein neuer Factor gewonnen für das Leben der niedersten wie der höchsten Organismen*. Der Stand im Oktober 1870 war, daß *zwischen Kern und Protoplasma ein tieferer, trotz mancherlei Abweichungen im Ganzen, bei allen Organismen übereinstimmender chemischer Gegensatz sich findet*. Die makroskopische Metapher des ›Kerns‹, die man sich noch nicht so gesichert vorstellen darf, wie das im Umgang mit dem des Atoms geläufig geworden ist, suchte Miescher rasch in Richtung auf einen *präcisirten Kernbegriff* zu überschreiten. Für die *Kernnatur* waren Merkmale zu sichern, die *in einem tieferen Zusammenhang mit ihren physiologischen Leistungen* standen.[461] Der Übergang zur Untersuchung der Spermatozoen des Lachses und später der Forelle war ein nicht nur wegen der lokalen Begünstigung des Materialzugangs glücklicher Griff. Dabei war die Wahl von nahe verwandten Arten noch ganz von der Erwartung bestimmt, *kleine, aber schon merkliche chemische Unterschiede* in den Spermatozoenköpfen würden sich als ursächlich für die spezifische Differenz erweisen lassen. Schon dies war nicht die naheliegende Annahme, denn die unter dem Einfluß naturphilosophischer Spekulation verbliebene Theorie der Vererbung blockierte solche Erwartungen, entmutigte sogar die Chemiker, die *für solche kleinen Differenzen noch wenig Sinn und noch weniger Erkennungszeichen haben*.[462]

Noch 1895, am Ort seines letzten Leidens, in Davos, steht Miescher der Einfluß spekulativer Theorien der Vererbung auf sein Lebensthema vor Augen. Über die ›Biontentheorie‹ von Altmann schreibt er, keiner der Befunde über die Entwicklung des Spermatozoenkopfes rechtfertige es, von einer das individuelle Leben überdauernden Kontinuität und Identität von Zellkörpern durch Generationen hindurch zu sprechen: *Es gibt keine morphologische Continuität der Nucleingranula, sondern nur eine chemische*.[463] Solche Granula

---

461 Nachträgliche Bemerkungen (Arbeiten II 34).
462 F. Miescher an W. His, 13. Oktober 1893 (Arbeiten I 122).
463 An W. His, 6. August 1895 (Arbeiten I 127 f.). – Der hier apostrophierte Altmann war es, der die Namensänderung für Mieschers ›Nuclein‹ durchsetzte: Über Nukleinsäure. In: Du Bois-Reymonds »Archiv für Physiologie« 524. Da

seien *Produkte der Differenzierung bei der Entwicklung der einzelnen Zelle*, machten höchstens deren Teilungen mit, aber ihre *Existenz als morphologische Einheiten erleidet von Zeit zu Zeit eine Unterbrechung*. Der Transport der Art über die Zeit ist keiner materiellen Substraterhaltung zuzuordnen. An diesem Endpunkt seines theoretischen Weges bringt Miescher seine Fragestellung auf das Konzentrat der Formel: *Ist es bloß die Substanz, oder ist es die Form als solche, die sich vererbt?*

Das beherrschende, seine Einzelforschungen zum Kernchemismus integrierende Problem war für Miescher das der Befruchtung. Einem interessierten Publikum der Stadt Basel, deren Lage dem Physiologen so große Mengen an reifen Geschlechtsprodukten des Rheinlachses zuführte, konnte er einen Nebenertrag dieser Begünstigung vorführen, indem er sich zum *Grundprinzip des Zeugungsvorgangs* äußerte.[464] Die vorherrschende Meinung, ein Ferment vom Typus der Verdauungssekrete sei der Wirkstoff der Befruchtung, sah dessen Entsprechung im Ei als so etwas wie die Gerinnung eines zuvor strukturlosen Substrats. Auch Miescher orientiert sich an Vertrautem; er neigt dazu, den strukturbildenden Prozeß aus der Analogie zur Kristallisation und der Rolle des ›Kerns‹ dabei begreifen zu können. Dagegen sprach massiv alles, was schon lebensweltlich als Erbe auch der Väter an den Nachkommen erkannt worden war und keinesfalls auf einer bloßen Induktion von Gerinnung oder Kristallisation beruhen konnte. Das ›Nuclein‹ schien in solcher ›Rolle‹ zudem unterschätzt zu sein: *Wie soll nun das Hinzutreten von einem Minimum einer Substanz, die in reichlicher Menge bereits vorhanden ist, so entscheidend in den ganzen Haushalt des Eies eingreifen?* Das war es, was Miescher unmittelbar vor das Mysterium brachte, daß die Befruchtung durch den Spermakopf dem Ei chemisch nur das zuführte, was dieses schon besaß, so daß chemische Gleichartigkeit auf beiden Seiten bestand.

Doch zunächst blieb nichts übrig, als überhaupt dem Chemismus die ausschlaggebende Determinante abzusprechen: *In der Tat, nicht*

auch Miescher den Säurecharakter seines Nucleins erkannt hatte, war es eine Entscheidung, die am Vorrang und Prestige der Schulen und ihrer Publikationsorgane hing. Namengebungen sind Vorrechte, die man nicht leicht vergibt.
464 F. Miescher, Die Spermatozoen einiger Wirbelthiere. In: Verhandlungen der Naturforschenden Gesellschaft in Basel IV/1, 1874, 138-208 (Arbeiten II 55-107).

*in einer bestimmten Substanz kann das Rätsel der Befruchtung
verborgen liegen; das läßt sich schon jetzt mit großer Wahrscheinlichkeit behaupten. Nicht ein Teil, sondern das Ganze als solches
ist wirksam, durch das Zusammenwirken aller seiner Teile.*

Was gegen die Annahme eines eigenen ›Befruchtungsstoffes‹ in der
Samenzelle sprach, war die unzweifelhafte *fast völlige Gleichberechtigung zwischen dem Samen und dem Ei.* Was Miescher für
ein entschiedeneres Urteil in dieser Frage, für ein deutlicheres Angebot an seinen Scharfsinn fehlte, war die Kenntnis von quantitativen Sachverhalten über Vererbung. Von dem, was der Mönch
Gregor Mendel ein Jahrzehnt zuvor einschlägig zutage gebracht
hatte, fehlte der wissenschaftlichen Zeitgenossenschaft jede Kenntnis – auch deshalb, weil es keinen akuten theoretischen Anlaß gab,
die Aufmerksamkeit auf Erfahrungen solcher Art zu richten. Da
schuf gerade das erst Wandel, was Miescher über die chemische
Unspezifität des Erbsubstrats bekanntmachte. Daß es ihm an gesicherten phänomenalen Gesetzmäßigkeiten mangelte, um seine
Befunde zu verstehen, hat er ausgesprochen: *Weder die Ethnographen noch die Tierzüchter haben bis jetzt vermocht, über diese
Vererbungsverhältnisse Regeln von irgend allgemeinerer Tragweite
aufzustellen.* Daß es ein schlichter Erbsbeetpfleger war, der dies
schon getan hatte, blieb noch bis nach Mieschers Tod, bis zur Jahrhundertwende, im historischen Untergrund verborgen.

Die mit Entschiedenheit ausgesprochene Hauptthese Mieschers, daß
es spezifische Befruchtungsstoffe nicht gab, ja die chemischen Tatsachen unter einem höheren Gesichtspunkt von sekundärer Bedeutung sein konnten, verband sich bei ihm mit der Entdeckung, die
dem Chemiker allein wohl kaum gelungen wäre, daß nicht nur
die Ausstattung des Spermakopfes, als eines fast isolierten Zellkerns, mit Nuklein die befruchtende Funktion ausübt, sondern die
nur in einem bestimmten Stadium der Ausreifung des Spermas
beobachtbare Anordnung dieses Stoffes entscheidend ist. Es genüge
nicht, das Material der Zellkerne gefunden und als in deren Veränderungen identisch ermittelt zu haben. Damit sei die morphologische Frage erst halb gelöst. *Vom höchsten Interesse wäre es
nun, zu wissen, ob durch alle diese Abweichungen hindurch das
wichtigste Grundprinzip der Kernstruktur sich verfolgen läßt,
irgend eine gesetzmäßige räumliche Anordnung gewisser typischer*

Bestandteile, durch deren Zusammenwirken der Kern zu einem so wichtigen Organ des Elementarorganismus wird.
Zu dieser Frage lasse sich noch nichts sagen, weil *die Histologie gar kein durchgreifendes Prinzip der Kernstruktur kennt.* Was Kern sei, was nicht, sei vom Kriterium schwankender Äußerlichkeiten zu lösen und nur im Hinblick auf die am Spermatozoon gesicherte physiologische Funktion dessen chemischer Zusammensetzung zuzuschreiben. Man sieht, daß es zuerst und zunächst immer um den Begriff des Zellkerns geht, in einer noch vagen und diffusen optisch-analytischen Forschungslage, die sich in ungefährer Gleichzeitigkeit durch Flemming und Strasburger ändern sollte. Bei Miescher war es geradezu ein Prozeß der empirisch-terminologischen Wechselwirkung, wenn das nach dem mikroskopischen Sachverhalt des Kerns benannte Nuklein seinerseits zum beherrschenden Kriterium für die Definition dessen wird, was Kern heißen soll. Die Entdeckung, die dazu überleitet, ist die der fast völligen Identität von Spermakopf und Zellkern.
Wenn aber nicht der Chemismus, sondern die auf diesem beruhende Struktur der Spermazelle das spezifische Wirkmoment in der Befruchtung darstellt, wie muß dann diese Wirkung vorgestellt werden? Alle Überlegungen Mieschers gehen zwar von der chemischen Gleichartigkeit der Eizelle und der Spermazelle aus, sehen aber die funktionelle Differenz darin, daß die Eizelle von hochgradiger Beständigkeit und Trägheit, die Spermazelle von kurzfristiger Funktionstüchtigkeit ist. Auf dieser Differenz, die man als Unterschied der Mobilität bezeichnen könnte, beruhen Überlegungen, die in dem Einfluß des Spermatozoon doch wieder eine Art von Anstoß sehen. In einem frühen Brief hat Miescher für die aufkommende Verlegenheit einer funktionellen Erklärung der Differenz von Sperma und Ei die erste und bezeichnenderweise ganz mechanistische Metapher gefunden. Er fragt: *Wenn nun der Begriff des Eies gegenüber der gewöhnlichen Zelle darin bestände, daß aus der Reihe der Faktoren, welche die aktive Anordnung bedingen, ein Glied herausgenommen ist?*[465] Was er vor sich sieht, ist, als hätte man *die sonst intakte Maschine stillgestellt, weil eine Schraube fehlt.*
Daraus ergibt sich dann, was im Vorgang der Befruchtung ge-

---

465 F. Miescher an Boehm, 2. Mai 1872 (Arbeiten I 70-73).

schehen könnte. Die Metapher geht auf zum Gleichnis: *Das Spermatozoon fügt an einem Punkte diese Schraube ein und vervollständigt die aktive Anordnung. Mehr braucht es aber nicht. An diesem Punkte ist der chemisch-physikalische Ruhezustand nun gestört, fängt die Maschine wieder an zu arbeiten, jede Zelle liefert Protamin für ihre Nachbarzellen und so breitet sich die Bewegung nach bestimmten Gesetzen aus.* Bei einem in der ganzen organischen Welt so übereinstimmenden Vorgang müsse die Vorstellung des zu seiner Funktion nur noch eines Ersatzteils bedürfenden Mechanismus, schon ihrer Einfachheit wegen, etwas für sich haben. Daraus erst folgt Mieschers weitere Erwägung, ob etwas von dem Ort im Ei, an dem das Sperma eindringt und zur Ruhe kommt, abhängen könne. Hier scheint der aus der Metapher gezogene Vergleich in Schwierigkeiten zu geraten. War er davon ausgegangen, daß es nur eine bestimmte Schraube ist, deren Mangel die Eizelle zum Stillstand verurteilt hätte, sah es nun so aus, als könnten an verschiedenen, durch das Eindringen des Sperma faktisch bestimmten Orten Schrauben ›zusätzlich‹ eingebracht werden: *Denn die ganze Bewegungsgleichung der Entwicklung muß sich ändern, sobald sich der Ort ändert, wo die Schraube sich einfügt.* Lokalität wäre der Faktor von Spezifität geworden. Dann müsse noch die Bewegung des Sperma geprüft werden, in welcher Richtung und wie tief sich verschiedene Spermaarten in protoplasmatische Massen einbohren. An diesem Punkt scheint Miescher sich der Leistungsfähigkeit seiner Metapher nicht mehr sicher zu sein, denn er schließt den neuen metaphorischen Schlenker an: *Das sind so ungefähr die Hauptluftschlösser, an denen ich herumbaue.* Darauf mochte bezogen sein, was er schon 1873 geschrieben hatte: *Kurz, es ist gut, daß es eine Analyse gibt, welche gewisse Luftschlösser rechtzeitig wieder umreißt.*[466]

In der die frühen Forschungen zusammenfassenden Abhandlung über die Wirbeltierspermatozoen von 1874 sucht Miescher wieder nach einem Vergleich, nun schon zurückhaltender in der Präzision der imaginierten Mechanik. Es bleibe nichts übrig als *das Bild eines Apparates, der eine Bewegung irgend einer Art erzeugt oder umwandelt.* Es sei an ein zusammengesetztes Ganzes zu denken, das nicht durch etwas einzelnes an oder in ihm wirksam wird, sondern

[466] F. Miescher an W. His, 29. Januar 1873 (Arbeiten I 73).

durch seine Zusammensetzung. Es erzeuge eine Bewegung, die zahlloser Abänderungen fähig sei, *in den feinsten Abstufungen und großer Mannigfaltigkeit, je nach Substanz, Form, Größe, gegenseitiger Lage der Teile.* Es könne gedacht werden an eine Bewegung, die die Samenzelle bereits besitze und auf die Eizelle übertrage, oder an eine solche, die erst infolge des Kontakts von Samen und Ei entstehe. Im ganzen und unabhängig von Zusatzfragen sei *die Auffassung der Befruchtung als eines physikalischen Bewegungsvorganges die einzige, welche nicht mit feststehenden Tatsachen in Widerspruch sich befindet.* Doch denkt Miescher auch an einen organischen Vorgang, dessen Mechanismus mit dem der Bewegungsübertragung auf das Ei vergleichbar sei: den der Erregung von Nervenzellen. Sie könnten ein höchst verallgemeinerungsfähiges Modell auch für andere organisierte Substanzen abgeben: *Nirgends als auf diesem Gebiet kennen wir so große Wirkungen, eingeleitet durch Anstöße von so unmeßbar kleinem Betrag an lebendiger Kraft. Wie der Muskel bei der Erregung seines Nerven, so wird auch das Ei bei der ihm adäquaten Erregung chemisch und physikalisch ein ganz anderes Ding...*[467]

In der abschließenden morphologischen Erörterung der histochemischen Befunde läuft alles darauf hinaus, daß dem Ei, obwohl es eine Zelle wie andere sein soll, etwas fehlen muß, *was zur Ausrüstung einer vollgültigen lebenden Zelle gehört.* Es müsse doch einen Grund haben, weshalb bei den höheren Tieren *eine unzweifelhaft protoplasmatische Masse in einen trägen Ruhezustand verfällt, aus welchem sie erst durch den Samen wieder erweckt wird.* Sollte der Nachweis gelingen, daß der Hinzutritt des Samens zum Ei dem eines physiologisch vollgültigen Zellkerns zur Masse des Eies gleichwertig sei – dessen Mangel also im Nichtbesitz eines solchen Kerns bestanden hätte –, so hätten wir *ein unnachahmliches natürliches Experiment* vor uns, das über die Rolle des Kerns für die Zelle generell Aufschluß geben müßte. Dann bekäme die Untersuchung des Sperma eine über die Frage der Zeugung weit hinausreichende Bedeutung, wie sie sich alsbald bestätigen sollte: *Denn hier bietet uns die Natur in einer für die Zerlegung zugänglichen Form eine jener einfachen fundamentalen aktiven Anordnungen dar, welche im Stande sind, Spannkräfte in die spezifische*

---

467 F. Miescher, Die Spermatozoen einiger Wirbelthiere (Arbeiten II 98).

Form vitaler Bewegungsvorgänge umzusetzen.[468] Dieser letzte Satz der großen Abhandlung gibt durch die sonst bei Miescher nicht beobachtbare Verwendung des Ausdrucks ›Spannkräfte‹ einen weiteren Hinblick auf seine Hintergrundmetaphorik frei, an der er sich, aufs noch Unzugängliche vortastend, orientiert.

Sie gehört in den durch das Stichwort ›Lebensenergie‹ bezeichneten Zusammenhang. Als eine der Fassungen von Uhrwerkmetaphorik verbindet sie sich mit der Annahme einer Komplementarität von Sperma und Ei, die Miescher in der einseitigen Entwicklung der beiden Zellformen vorbereitet sieht, *und zwar nach verschiedenen Richtungen, so daß jeder für sich die physiologische Vollwertigkeit abgeht, die Bedingung der vollen Lebensenergie ist. Das Fehlende könnte beim Ei der vollgültige Kern sein, es könnte aber auch irgend ein anderer molekulärer Bewegungsimpuls (Unruhe der Uhr), es könnte sogar ein bestimmter Stoff sein . . .*[469] Beide bei der Befruchtung zusammentretenden Zellen sind jetzt also unvollkommen; erst ihr Kontakt oder ihre Mischung läßt die vollgültige Zelle entstehen, *deren Lebensenergie sogar größer sein kann, als die einer Zelle, die immer in einem gewissen Gleichgewicht aller vegetativen Funktionen gewesen ist.*

Die Folgerung aus dieser Annahme der Integrationsbedürftigkeit beider Zellen ist, daß Miescher nach der Forschung am Sperma die Thematik der Befruchtung am liebsten zunächst von der Eizelle her in Angriff nehmen möchte, ein Programm, das er dann tatsächlich nicht durchführen sollte. Es macht verständlich, wie er die ihn treibende Frage metaphorisch formuliert: *Was ist der Fundamentalunterschied zwischen dem Ei und der vollgültig lebenden Zelle? Warum steht das Ei chemisch und physikalisch still, wie eine unaufgezogene Uhr?*

Nun wäre der Gebrauch mechanischer Metaphern für organische Prozesse, als etwas von altersher Geübtes und zumal gegen spiritualisierende Lebensauffassungen polemisch Eingesetztes, in diesem Zusammenhang nicht von solchem Interesse, daß er eingehender Vorführung bedürfte, wenn nicht Miescher gegen Ende seines

---

468 Die Spermatozoen einiger Wirbelthiere (Arbeiten II 105 f.).
469 F. Miescher an W. His, 1. Dezember 1875 (Arbeiten I 79 f.). Die in den »Arbeiten« genannte Jahreszahl »1895« ist falsch, denn Miescher ist am 26. August 1895 gestorben. Aber auch sachlich gehört das im Brief ausgesprochene Programm nicht in die späteste Phase seiner theoretischen Entwicklung.

Lebens und schon nach dem Ende seiner Arbeit auf andere Möglichkeiten der Veranschaulichung gesonnen hätte. Nicht ohne erkennbaren Verdruß an den bis dahin gewählten Bildern.

Wir wissen nicht und werden nicht wissen, was ihm in den letzten Monaten in der Einsamkeit seines Davoser Krankenzimmers vorschwebte, als er dem Freund schrieb, in den schlaflosen Stunden der letzten Nächte seien *auf einmal meine Spermaarbeiten ganz unwillkürlich in meinem Kopfe lebendig* geworden. Ohne die geringste Notiz oder Zahl zur Hand zu haben, hätte sich ihm *der größte Teil des Textes meiner beabsichtigten Arbeit über Nukleinsäure* im Kopf zusammengebaut.[470] Das wäre nur durch das Zahlenmaterial nach den Notizen noch zu ergänzen und niederzuschreiben. Dieser letzte Erfolg war ihm versagt. Er hatte in der Zeit, die ihm noch blieb, alle Mühe mit der Atmung, die das andere große Thema seiner Neugierde gewesen war. Einer seiner Schüler hat ihn und seine Lebensarbeit einem mit kostbaren Schätzen beladenen Schiff verglichen, das beim Einlauf in den Hafen versinkt.

Um so unersetzlicher sind die Andeutungen für einen Wandel der Hintergrundmetaphorik, die wir in späten Briefen finden. Die geschlechtliche Zeugung sieht er 1892 ganz als Zusammentritt äquivalenter Zellkerne, die durch *eine Art Umprägung von gewöhnlichem Zellenkernmaterial in Keimsubstanzen* entstanden sind.[471] Die Fundamentalsubstanzen der männlichen Zelle seien *auf den keimfähigen Zustand reduziert und präpariert*, und als solche würden sie *mit den entsprechend präparierten Keimsubstanzen der weiblichen Zelle* zusammengebracht. Was sich dabei abspielt, erfordert den Griff nach einer Metapher, weil es sich offenkundig der Beschreibung entzieht, aber die Imagination eines bedeutungsvollen Rituals nahelegt. Jene reduzierten Keimsubstanzen der männlichen und der weiblichen Zelle würden sich, sobald zusammengebracht, *unter irgend welchen karyokinetischen pantomimischen Tänzen vereinigen*.

Zwei Monate später hat sich da noch etwas geklärt. Miescher ist seiner Vorliebe für die Lektüre pflanzenbiologischer Literatur nachgegangen und hat, wie er schreibt, dort gefunden, was er *die grund-*

---

470 An W. His, 15. Juni 1895 (vom Empfänger in der Einleitung zu den »Arbeiten« zitiert).
471 An W. His, 13. Oktober 1892 (Arbeiten I 116).

legendsten, allgemeinst gültigen Gesichtspunkte über Sexualität nennt und was am tiefsten bei Darwin über Kreuz- und Bastardbefruchtung bei Pflanzen zu finden sei. Der entscheidende Gedankenschritt ist, daß die Bindung bestimmter erblicher Eigenschaften an je ihnen zugeordnete chemische Stoffe aufgegeben werden müsse. Es sei ganz überflüssig, aus der Ei- oder Spermazelle, oder der Zelle überhaupt, *eine Vorratskammer zahlloser chemischer Stoffe zu machen, deren jeder der Träger einer besonderen erblichen Eigenschaft sein soll.*[472] Gerade das sei Resultat seiner Untersuchungen, daß weder Protoplasma noch Kern der Zelle aus zahllosen chemischen Stoffen beständen, vielmehr aus *ganz wenigen chemischen Individuen, von allerdings vielleicht sehr kompliziertem chemischen Bau.* Der Schlüssel zur Sexualität liege für ihn in der Stereochemie. Die leichten Bindungen in den asymmetrischen Verteilungen der Kohlenstoffatome organischer Substanzen machten verständlich, daß schon geringfügige Ursachen Änderungen in den Verteilungen bewirkten, durch die allmählich Fehler in die Organisation kommen. Dies mache die Sexualität als eine Einrichtung zur Korrektur solcher unvermeidlichen stereometrischen Architekturfehler in den organisierten Substanzen verständlich.

Die Überlegung, welche Funktion die stereochemischen Varianten spezifisch identischer Verbindungen bei Zellvermehrung wie Befruchtung haben könnten, führt Miescher auf eine ganz andere als die bis dahin durchprobierte Metaphorik: Die enorme Größe und Kompliziertheit der beteiligten chemischen Bauformen erlaubten eine so kolossale Menge von Stereoisomerien, daß *aller Reichtum und alle Mannigfaltigkeit erblicher Übertragungen ebenso gut darin ihren Ausdruck finden können, als die Worte und Begriffe aller Sprachen in den 24-30 Buchstaben des Alphabets.* Diese kombinatorische Disposition der Kohlenstoffatome in asymmetrisch gebauten organischen Großmolekülen ist es, die Miescher die Annahme spezifisch differenter Erbfaktoren als überflüssig und den Chemismus des Zellkerns auf eine große Einfachheit chemischer Grundmuster reduziert ansehen läßt.

Es ist erstaunlich, daß in den Erinnerungen an Miescher anläßlich der Centenarien seiner Entdeckung der Nukleinsäure dieser doch schon 1897 veröffentlichten wichtigsten seiner Äußerungen keine

[472] An W. His, 17. Dezember 1892 (Arbeiten I 116 f.).

Erwähnung getan wird. In der Mühsal des metaphorischen Durchbruchs vom ›Uhrwerk‹ zum ›Sprachwerk‹ steckt der ganze Scharfsinn eines Vorgriffs auf theoretische Zukunft.

Vergessen wir nicht, Miescher hat über die Metapher der alphabetischen Kombinatorik von Wörtern und Begriffen den Ausweg aus seiner bloß mechanischen oder motorischen Auffassung des Verhältnisses von Sperma und Ei gefunden. Die als Korrektur von Verstellungen im stereometrischen Gefüge der Moleküle aufgefaßte Sexualität hatte zur Voraussetzung, daß auf beiden Seiten der fortpflanzenden Kopulation der Erbanteil voll ausgedruckt war. Nur so konnte das korrigierende für das erratische Element eintreten. Dazu mußte Miescher die frühere Auffassung überwinden, die zur Vereinigung kommenden Sexualprodukte seien beiderseits oder zumindest auf der Seite der Eizelle reduziert. Was sie ja für die spätere Genetik hinsichtlich des Chromosomensatzes tatsächlich sind, aber vor der Einsicht in die Notwendigkeit der Reduktionsteilung nicht sein durften, wenn nicht falsche Folgerungen aus der partiellen Minderung für den Augenblick der Befruchtung gezogen werden sollten. Durch seine Forschungen am Sperma konnte Miescher die von der ›Trägheit‹ des Eies ausgehende Auffassung entkräften: Sie beruhe darauf, daß im Sperma *alles auf die eigentlich aktiven Substanzen reduziert* sei, wobei noch hinzukomme, daß diese *gerade in dem Moment ertappt werden, wo sie ihre höchste physiologische Funktion ausüben, daher auch nicht der leiseste Verdacht einer Degradation bestehen kann.*[473] Hier habe man die Substanz *in ihrer Echtheit und wirksamsten Phase vor sich.* Der vermeintliche und die Theorie zunächst ins mechanische Modell fehlleitende Überschuß des Sperma an ›Spannkräften‹ ist also tatsächlich die Erscheinungsform seiner äußersten substanziellen Reduktion, aber auch seiner Erfassung im Zeitmoment seiner vollen Funktionstüchtigkeit.

Vom wissenschaftsgeschichtlichen ›Ereignis‹ der Nukleinsäureentdeckung zur Würdigung seiner Hundertjährigkeit zurückkehrend, läßt sich mit geschärftem Sensorium wahrnehmen, daß Mieschers Metaphern verschwunden sind, ausgenommen die des biochemischen Alphabetismus. Aber dieser hat, im Jahr des Centenarvortrags von Chargaff, seinen Zenith der Vorgabe von Orientierung

---
473 An W. His, 22. Juli 1893 (Arbeiten I 117 f.).

und Modellbildung schon überschritten, um sich auf dem Nebenschauplatz einer blasphemisch-apokalyptischen Visionsbildung bemerkbar zu machen. Es ist die der Aussicht auf den Menschen als den Umschreiber des Buchs der Natur.

Nun mag ja wirklich die Genetik das zentrale Stück der Götterdämmerung der Wissenschaft sein, nachdem es die Physik, dem ersten Anschein nach dazu prädestiniert, nicht geworden ist. Aber die Düsternis des Ausblicks auf genetische Eigenmacht an den metaphorischen Anthropomorphismus anzuknüpfen, halte ich für einen rein literarischen Einfall. Das bedarf in einer Metaphorologie der Begründung. Chargaff preist aufs höchste Averys Entdeckung von 1943. Aber bei dieser Entdeckung war bereits zum ersten Mal ein manipulativer Eingriff in das Genom eines Pneumococcus vom Typus III erfolgt, und dies keineswegs am Leitfaden der biologischen Grammatik. Die Entdeckung beruhte auf der Transplantation von genetischem Material, obwohl Avery zunächst noch nicht genau wußte, daß er es mit solchem zu tun hatte. War hier schon, wo der rückblickende Kritiker noch in höchsten Tönen preist, der *point of no return*? Ich stelle diese Gegenfrage nicht, um dem Kritiker, dem so hochkompetenten, in den Arm zu fallen, sondern nur, um ihn auf die Willkürlichkeit des Schnitts hinzuweisen, den er in das Stück Wissenschaftsgeschichte legt, das er überblickt.

Die große Frage, die sich hier erhebt, ist doch, ob wir fähig sind, *die* Punkte der theoretischen Entwicklung wahrzunehmen und zu bestimmen, an denen Entscheidungen fürs Innehalten oder Weitermachen zu fällen sind, wenn wir denn überhaupt unterstellen wollen, daß sie zu fällen wären. Hätte der Kritiker selbst zögern können angesichts der Beschleunigungen, die auf dem Felde theoretischer Entwicklung erfolgt waren und weiter erfolgten?

Chargaff erzählt, ihm sei die Tragweite der Entdeckung Averys so gegenwärtig gewesen, daß er sich an die Abfassung eines Aufsatzes gemacht habe, der den Titel tragen sollte »Professor Kekulés zweiter Traum«, worin von der späteren Entwicklung vieles richtig vorausgesagt war, der aber niemals veröffentlicht wurde. Müssen wir folgern, daß selbst von einem Autor solcher Klarsicht der Punkt der möglichen Entscheidung nicht erkannt oder trotz Erkenntnis so falsch eingeschätzt wurde, daß er sich im Bann prophetischer Visionen des Unheils daran machte, dieses zu befördern? Mit der

Übernahme der grammatischen Metaphorik von Schrödinger hat die Entfaltung des Unheils, wenn es denn ein solches sein sollte, nichts zu tun.

Auf Klärung dieses Sachverhaltes muß gerade im Zusammenhang einer Metaphorologie bestanden werden. Chargaff ist nicht der einzige, der unheilvolle Konsequenzen schon in der Sprache des genetischen Codes oder auch nur in unserer Sprache über den genetischen Code angelegt sein läßt. Aus der Metaphorik entsteht im Handstreich ein Fachidiom zweiten Grades. Voll Skepsis gegenüber den Möglichkeiten der Mikrobiologie schreibt Hans Jonas: *Angenommen, der genetische Mechanismus wäre vollständig analysiert und seine Schrift endgültig entziffert, so könnten wir darangehen, den Text neu zu schreiben.*[474] Das ist die ebenso unerwartete wie bestürzende Wendung der Metapher, deren Rhetorik den Leser vergessen läßt, daß in der theoretischen Anstrengung, den genetischen Text lesbar zu machen, nicht nur vordergründig und vorläufig die Absicht motivierend wäre, die Fehler des genetischen Programms auffindbar und korrigierbar zu machen.

Der besorgte philosophische Betrachter der Entwicklungen in der Biochemie ist ganz fixiert auf eine blasphemische Ungeheuerlichkeit, die nicht nur gefährdender Abweg der Entwicklung, sondern deren heimliche Antriebskraft sein könnte oder gar müßte. In der Geschichte der Medizin hat es immer wieder überspannte Erwartungen von Außenseitern gegeben, die etwa in der Vollendung der Anatomie die Vorlage der Baupläne des künstlichen Menschen erwarteten. Der Homunculus im zweiten Teil des »Faust« ist ein Reflex der Synthese des ersten organischen Stoffes, des Harnstoffes, durch Wöhler 1828.

Was der Skeptiker gegenüber den Erfolgen der Genetik im Auge hat, ist im Grad seines Verdachtes und seiner Furcht kaum verständlich ohne den Rückblick auf das alte Buch der Natur als den von Gott mit sakrosankter Endgültigkeit niedergeschriebenen Text

---

474 Hans Jonas, Philosophical Essays. From Ancient Creed to Technological Man. Englewood Cliffs 1974, 80: *Assuming the genetic mechanism to be completely analyzed and its script finally decoded, we can set about rewriting the text. The specifications for the rewriting can come from any quarter, interest, or well-meaning belief of the hour... But, judging by the rhetoric of its prophets, the idea of taking our evolution into our own hands is intoxicating even to men of science, who should know better.*

der Schöpfung. Deshalb auch ist die Extrapolation auf die Versuchung, den Text neu schreiben zu wollen, gar nicht abgestellt auf die Risiken, die das für Leben und Überleben der Menschheit haben könnte, sondern auf die Rivalität von Technik und Natur. Es zielt auf den Skandal einer Konkurrenz mit dem einen Autor der Welt, der so viel getan hatte, um sich nicht ins Geheimnis seines Werkes blicken zu lassen. Ohne letzten Erfolg. Denn nun hätte der Mensch die Schrift entziffert und damit in seine Verfügung gebracht, sie zu schreiben. Die weitere Konsequenz bedarf gar keiner Begründung, daß er nun daran gehen würde, einen anderen Text als den vorgegebenen, seinen eigenen, vermutungsweise einen schlechteren oder ganz schlechten, abzufassen. Mit anderen Worten: Er würde seine Evolution selbst in die Hand nehmen. Inbegriff des Verdachts ist, es gehe um die Erschaffung des Übermenschen.

Zwischen Sakrileg und nüchterner Abwägung der Chancen und Risiken muß aber unterschieden werden. Jonas sagt mit Recht, er fürchte nicht den Mißbrauch der neuen Möglichkeiten durch böswillige Machtinteressen, sondern gerade den durch die ›besten Absichten‹. Es wären die Projekte jener Förderer der Menschheit, die von der Ausschaltung der Mängel des Sozialwesens Mensch und von der langfristigen Planung seiner Erneuerung träumen, um ihn endlich und endgültig fähig zu machen zur Gewinnung seines Glücks. Nachdem Jonas schon 1974 seine Befürchtungen auf die brisante Verbindung von Biotechnik und Utopie gerichtet hatte, stellt er 1979 sein »Prinzip Verantwortung« geradezu unter die Losung der Gegenutopie. Kurz gesagt, bedeutet diese, es sei Pflicht der Menschheit, vor glückverheißenden Optionen zu zögern, sofern diese unter absoluten Risiken ständen.

Diese Maxime ist hier nur unter dem Gesichtspunkt zu erörtern, ob die Metaphorik der Lesbarkeit den fatalen Drang zur biotechnischen Verfügung stimuliert, wenn nicht gar legitimiert haben kann. Im Hinblick auf den konkreten Fall der Schlüsselschrift des Genoms ist der Mensch, konkreter: der Theoretiker, nur so etwas wie ein Mitleser, der dem Mechanismus von Ablesung und Austeilung der Information über die Schulter sieht. Er ist überrascht, daß die Metapher des Lesens nicht nur eine Bildformel des Anthropomorphismus gewesen sein sollte. Diese Überraschung eröffnet eine Alternative: Der Betrachter nimmt die ihm so adäquat erscheinende Gattung des Textes als Ausdruck einer an ihn adressierten Bestimmung, von den theoretisch erlangten Informationen einen instrumentellen Gebrauch zu machen; oder er liest den Text als Index für ein Dekret zur Absicherung eines ihm sonst unbekannten Willens, dessen Achtung allein der Sinn des Einblicks sein dürfte, den er gewonnen hat. Alles, was wir vom Mechanismus der Evolution wissen, macht es uns schwer, das Dekret wahrzunehmen und zu respektieren, einer Moral der Integrität des Textes der Natur zu huldigen, nachdem diese doch selbst ihre Erfolge wie Mißerfolge nur durch dessen restringierte Sanktion erzielt hat. Der Wunsch, Erfahrung möge nicht nur wissen lassen, was ist, sondern auch, daß es sein soll, wie es ist, wird durch Einblick in das Verfahren der Natur selbst zurückgewiesen.

Wenn der Biologe sich auf Goethe beruft, wird dieses Dilemma besonders deutlich. In Festreden ist oft auf die Zeile in »Urworte orphisch« hingewiesen worden, wo *geprägte Form, die lebend sich entwickelt* das Geheimnis der organischen Welt in eins mit dem der Anschauung Goethes von ihr auszusprechen scheint – aber doch auch das riskante und opferreiche Ineinander von Konstanz und Inkonstanz ihrer Faktoren vorauszuahnen zu sein scheint, das sich im Laufe des Jahrhunderts dem Blick auf die Evolution darzubieten begann. Als vor kurzem ein bedeutender Zoologe die Goethe-Plakette seiner Vaterstadt Frankfurt erhielt, betonte er mehr noch als die letzte Zeile der Strophe deren erste, die beginnt: *So mußt du sein*. Als sei dies die Beschwörung eben jener Sanktion, die die Natur dem gibt, was sie doch nur im ständigen Abweichen vom Müssen der einmal gefundenen Form-Lösung hervorbringen konnte. Der letzte Vers der Strophe, jener von der ›geprägten Form‹, so der Gefeierte, *schließt sogar die Molekularbiologie mit ein*. Jene lebendig entwickelte Form nämlich sei im molekularen Code vorgeprägt, dieser also ein *Befehlstext für das lebendige Geschehen im Raume und in der Zeit.*[475]

Alles deutet darauf hin, daß der Text, von dem da die Rede ist, die Schutzschrift sein soll, die die Natur ihren Kreaturen gegen die Hybris von Theorie und Technik des Menschen ausgestellt hätte. Ich zweifle nicht daran, daß das in einem tiefen Sinne Goethes

---

475 W. E. Ankel, Dankrede nach Verleihung der Goethe-Plakette der Stadt Frankfurt am 29. April 1980. In: Natur und Museum 110, 1980, 279.

Einstellung trifft. Aber Argument ist es deswegen noch nicht. Etwa für den nicht, der sieht, daß die genetische Inkonstanz, sonst der Motor der Evolution, unter dem kulturellen Schutz der Rechtssanktionen und der medizinischen Ethik ein Übergewicht des Unbewährten, ja des Unbewährbaren, über jenes Goethesche *So mußt du sein* bekommen könnte, mit dem Verpflichtungsfähigkeit und Leistungskraft der Gesellschaft innerhalb weniger Generationen nicht mehr fertig zu werden vermöchten. Nüchterner ist das Argument des Reichtums der erprobten Ergebnisse der Evolution: etwas, was weder experimentell noch technisch erneuert oder auch nur wesentlich angereichert werden könnte. Hier liegt die Metapher des literarischen Thesaurus nahe, der Universalbibliothek, deren Elemente nicht mehr die Einheit des alten Buchs der Natur haben können, obwohl sie ihrer Herkunft nach homogen sein müssen: *Die gesamte lebendige Natur, die ganze Artenfülle ist also eine einzige riesige Bibliothek zur selbständigen Erzeugung einer Unzahl komplexer chemischer Stoffe, von denen wir wohl die allermeisten noch gar nicht kennen und von denen wir – wenn überhaupt – sicher nur die allerwenigsten billiger und ebenso verläßlich künstlich herstellen können als die Lebewesen.*[476] Gerade der Sachverhalt der Kontingenz: der systematischen Unableitbarkeit der im Patentamt Natur hinterlegten genomatischen Bauvorschriften, der Unwiederholbarkeit des Prozesses der Erprobung ihrer Produkte, ist es also, was Schonung nicht nur der Produktbestände, sondern der Typenmannigfaltigkeit zum Gesetz der Selbsterhaltung macht. Hier liegt eine gewisse Antinomie zum Aspekt der ›reinen‹ Theorie vor, die sich ihrer morphologischen Tradition zu genieren begonnen hat und den spezifischen ›Fall‹ des Lebendigen zum bloßen Paradigma der einen gefundenen Elementarlösung Leben zu machen geneigt ist. So gewinnt das Air des ›reinen‹ Theoretikers am leichtesten, wer die Bibliotheken links liegen und sich an einem ›Fall‹ von Denken genügen läßt, als Gegner der Morphologie zugunsten des ›Strukturellen‹, dem sich die Geschichte zum Konglomerat des Beliebigen verklumpt. Die Metapher der Natur als Bibliothek wirkt

---

[476] H. Markl, Artenschutz als sittliches Gebot. Ökonomische Argumente für die Ökologie. In: Frankfurter Allgemeine Zeitung, 6. März 1981. Ders., Ökologische Grenzen und Evolutionsstrategie Forschung. In: »forschung«. Mitteilungen der Deutschen Forschungsgemeinschaft 1980, Nr. 3, I-VIII.

da weniger als Hinweis auf Gesetzessammlungen denn als schüchterne Erinnerung an vergessene Kostbarkeiten, deren man in gegebenen Lagen bedürfen könnte.

Rhetorik ist immer gefährdet durch die Weiterungen an den Mitteln, deren Überzeugungskraft sie sich bedient. Die Legitimation der absoluten Metapher von der genetischen Schlüsselschrift ist durch ihre Indienstnahme zum heuristischen Modell erfolgt. Von der Modellfunktion nicht mehr getragen sind die Weiterungen, in denen sich die Metaphern ›Befehlstext‹ und ›Schutzschrift‹ verbinden. Hier zeigt sich, daß die alte metaphysische Eidetik das stärkere Mittel gewesen war, die Unantastbarkeit der Natur zu behaupten, und das ›Buch der Natur‹ seine Erneuerung darin verweigert findet, daß die von ihm zu behauptende Konstanz sich als Produkt von Inkonstanz erwiesen hat.

Mit den Befehlen der Natur zu argumentieren, ist immer bedenklich. Auch wenn es nur darum geht, sie in Ruhe zu lassen. Galilei hatte noch angenommen, die mathematische Verschlüsselung des Textes der Natur sei die Sprache, in der Gott seine Wahrheit über die Natur den Fachleuten vorbehalten wissen wolle. Die Entschlüsselung mußte dann in Reichweite des Menschen liegen und im Zeitrahmen seiner Geschichte zu verwirklichen sein. Für den genetischen Code gilt die überraschende Feststellung, daß er unter den von Schrödinger ins Auge gefaßten Lösungen die einfachste realisiert. Im Rücken seiner stupenden Kompliziertheit hat sich das Leben abgesichert durch einen Kanon von strenger Simplizität, die eben darin besteht, daß es nicht so viel Chemie wie Differenzierung geben muß.

Jeder Code ist prinzipiell zu entschlüsseln, weil es kein irreversibles Verfahren der Verschlüsselung geben kann. Keine Kodierung erreicht je die Zeichenfolge größter Wahrscheinlichkeit, also größter Unordnung. Doch steht die Sicherheit eines Codes in Beziehung zum Zeitbedarf, den seine Entschlüsselung erfordert; überschreitet dieser den Horizont des möglichen Nutzens, ist der Code praktisch bruchsicher. Die ideale Sicherheit fiele mit der realen ›Zufallszeichenfolge‹ zusammen, die als Information nicht mehr zu erkennen wäre. Die raffinierteste Verschlüsselungstechnik simuliert den Zufall, imitiert den Unsinn, ohne ihn jemals erreichen zu dürfen. Von diesem Ideal her betrachtet, ist die Kodierung des Genoms jedenfalls nicht die eines strikten Vorbehalts gegenüber dem Menschen und seiner Theorie. Wollte man schon in der Natur einen Befehlswillen gegenüber dem Menschen ausgedrückt finden, müßte man an die Mittel denken, die der Vollstreckung dieses Willens zur Verfügung gestanden hätten. Die klassische Erwartung der Biochemie, jeder erblichen Eigenschaft würde eine spezifische organische Verbindung entsprechen, hätte eine Barriere von ganz anderer Undurchdringlichkeit vor dem menschlichen Eingriff errichtet. Für den ›Nebenzweck‹ von Befehl oder Verbot, als Abschirmung bloßer Unantastbarkeit, ist das Kodierungsprinzip nicht die stärkste Lösung.

Der Abbau von Zweckmäßigkeitsannahmen gehört ins Zentrum des Anteils der Philosophie am Entstehen der neuzeitlichen Wissenschaft. Am schwersten ist es bis auf den heutigen Tag gewesen, Finalismen aus der Biologie auszutreiben. Daß aber deren Gesamtgegenstand, das organische Leben, Ziel der Entwicklungen im Universum sein müsse, wird sich als heimliche oder offene Erwartung gar nicht austreiben lassen – selbst dann nicht, wenn die ganze Evolution nur als das umständliche Verfahren des Protozoon erscheint, seine Selbsterhaltungstechnik zu verfeinern. Dieselbe Erwartung steckt hinter allen Vermutungen, auf fremden Planeten um irgendeine Sonne unter den Milliarden werde sich wiederum Leben, dazu noch vernünftiges, finden und zur Reaktion auf unsere Signale bringen lassen.

Als Freud 1920 den Todestrieb erfand, war dies nach fast einem Jahrhundert die psychologische Metapher für den Zweiten Hauptsatz der Thermodynamik: Das Leben ist nicht die Erfüllung einer innersten Tendenz aller Materie, denn es hat selbst die innerste Tendenz, zu seinem Ausgangszustand im Pseudopodium, wenn nicht sogar im Anorganischen, zurückzukehren und sich darin als die große, überanstrengte und schließlich für sich selbst unerträgliche Ausnahme zu erweisen. Die Prämie der Lust genügt dem Leben schließlich nicht, seinen vergeblichen Aufwand zu honorieren und für die Vielfalt seines Mißlingens zu entschädigen. Wieder, wie schon in der antiken Metaphysik und der ihr folgenden christlichen Tradition, ist ewige Ruhe der Zielzustand aller Bewegung.

Die Faszination durch den Entwicklungsgedanken, die Perspektive einer sich in unerschöpflichen Glücksmöglichkeiten fortzeugenden

Menschheit, den Übermenschen eingeschlossen, haben noch den Blick auf die Textart bestimmt, die das Phänomen des Lebens ermöglicht, auch auf die, die es bis hin zu seiner Manifestation als Geschichte des Menschen beschreibt. *Entwicklung* hieße, daß am genetischen Text fortgeschrieben wird; *Geschichte* hieße, daß die Annalen des Menschen Epoche um Epoche fortgeführt werden. Wenn ein zeitgenössischer Genetiker Daniel Wilhelm Trillers Dialog des Affen als Buchdrucker mit dem Eremiten zitiert, um zu zeigen, daß die Annahme eines Information verarbeitenden Mechanismus nicht die Konsequenz der klassischen Atomistik heraufbeschwört[477], so ist der Blick auf die in Schriftlichkeit sich darstellende Geschichte des Lebens und des Menschen vorwiegend von der Frage bewegt gewesen, wie dies alles hatte zustande kommen können. Die Bewunderung des Werdens lenkt vom Risiko des Seins ab: Seine Unwahrscheinlichkeit ist das Maß seiner Gefährdung, auch des Aufwands seiner Absicherung gegen sie. Angesichts der Untergangsoptionen, zwischen denen der Mensch noch unschlüssig zu sein scheint, ließ sich sogar das Bedrohlichste mit einer Variante auf die tradierte Metaphernlinie holen: *Es ist nicht einmal ausgeschlossen*, schrieb Maurice Merleau-Ponty vor mehr als einem Vierteljahrhundert, *daß die Menschheit wie ein Satz, der sich nicht zu Ende führen läßt, auf halbem Wege stecken bleibt.*

Die Gesamterscheinung Leben ist, energetisch betrachtet, gegenüber jeder ihrer Umgebungen parasitär. Das lebendige System hält den entropischen Prozeß zu seinen Gunsten und zu Lasten von dessen Beschleunigung in seiner Umwelt auf. Leben erhält sich, indem es Energie verschwendet. Das gilt in höchstem Maße für den Engpaß aller Erscheinungen des Lebens, die Übertragung der genetischen Information im Erbgang.

Die Verderblichkeit der Texte und der Aufwand für ihre Erhaltung sind schon eine kulturgeschichtliche, sogar philologische Tatsache: Je seltener der Bestand einer Bibliothek, umso höher die Kosten für ihre Sicherung und klimatische Begünstigung. Was lesbar ist, das Dokument, ist in seiner Umgebung das schlechthin Unwahrscheinliche; wahrscheinlich ist das Chaos, das Geräusch, die Entdifferenzierung, die Verwesung. Der Todestrieb ist Inbegriff von Verlusten auch an Lesbarkeit, auch des Versinkens von Beson-

---

477 Gerhard Schramm, Belebte Materie. Pfullingen 1965, 41 f.

derheit im Allgemeinen. Nach Analogie jenes unsentimentalen Spruches, das Huhn sei nichts anderes als das Mittel des Eis, ein neues Ei hervorzubringen, ist der Gesamtorganismus die Herstellung und Sicherung der Bedingungen, unter denen sich die Komplexität des genetischen Textes bewahren läßt.

Man muß sich, wenn man den vielleicht menschenfreundlichen Aspekt an der Mitlesbarkeit des Genoms im Auge behält, auch über die Enttäuschungen klar werden, die die Aufdeckung der Trägerschaften des reproduktiven Apparats mit sich gebracht hat. Sie sind oder werden noch vergleichbar der unerfüllten Erwartung des ausgehenden Newton-Jahrhunderts, letztlich würden alle materiellen Strukturen im Universum dem einen Modell des Zentralsystems Sonne-Planeten-Monde folgen. Hintergedanke dabei war, die Welt müsse durchgehend in allen ihren Größenordnungen nach einem schlechthin bewährten Schema gebaut sein, nach dem einen Grundgedanken der Gottheit. Die chemische Schrift gehört offenbar zu diesen elementaren Einfällen der Schöpfung nicht. Dafür ist bezeichnend, daß die Erwartung, Gedächtnisleistungen des Gehirns würden ebenfalls durch nukleinsaure Moleküle mit ›lesbarer‹ Information besorgt, sich nicht bestätigt hat.[478] Die Singularität, die Einsamkeit der genetischen Problemlösung bleibt. Sie sieht, aufs Ganze gerechnet, so aus wie die Improvisation für eine Episode, in der sich ein peripheres Teilchen dem großen Zuge und Entwurf in einem Akt des vergeblichen Aufbäumens widersetzt.

Metaphern sind rhetorische Elemente, die im Milieu angespannter Problemlagen Virulenz annehmen können. Während das zureichend begründende Argument in einem theoretischen Kontext so etwas wie geronnene Disziplin ist, bedarf das rhetorische Element der Problematisierung gerade im Maße seiner Wirkungsfähigkeit: Hilft es nur hinweg über die Verlegenheiten des Unverstands oder treibt es uns voran in die Verdichtung grundloser Scheinevidenzen? Metaphorologie ist ein Verfahren der Sichtung von notwendigen Wagnissen und unverantwortlichen Suggestionen. In der Biochemie und Genetik kann man beobachten, wie der theoretische Fortschritt die metaphorischen Zwischenkonstruktionen, deren er sich so erfolgreich bedient hat, wieder abbaut, an die Stelle der Lesbarkeit

---

478 Salvador E. Luria, Life – the unfinished Experiment. New York 1973. Dt. München 1974, 147.

nichts anderes setzt als die Wechselwirkungen stereospezifischer Erkenntnisseigenschaften von Molekülen, die sie zur Bildung geordneter Aggregate veranlassen. Die Information, das ist die Oberfläche eines globulären Eiweißmoleküls. *Der epigenetische Aufbau einer Struktur ist nicht eine Schöpfung, er ist eine Offenbarung.*[479]

Dreißig Jahre, nachdem es Schrödinger mit dem Dämon des Laplace als legasthenischem oder gar analphabetischem Leser der genetischen Schrift versucht hatte, taucht ein anderer der klassischen Dämonen der Physik in der Sprache der Biologie auf: der Dämon Maxwells. Er ist weniger eine Instanz der Welterkenntnis, als vielmehr ein sortierender Intellekt: Sind zwei Behälter mit einem beliebigen Gas beliebiger Temperatur gefüllt und durch ein Rohr verbunden, dessen Durchgang versperrt werden kann, so sollte ein am Sperrventil postierter Dämon die durchpassierenden Moleküle derart sortieren können, daß er die schnellen anders als die langsamen jeweils nur in einer Richtung durchläßt. Langfristige Ausübung dieser Tätigkeit würde den einen Behälter erwärmen, den anderen abkühlen, und derart ein energetisches Potential aufbauen. Im Gedankenexperiment sieht es aus, als könne durch eine rein theoretische Einstellung Energie gewonnen, der zweite Hauptsatz der Thermodynamik vergessen gemacht werden. Die Auflösung des Paradoxes fand sich darin, daß man die Aufmerksamkeit auf die Voraussetzungen der sortierenden Handlung des Dämons richtete: die für ihn nötigen Meßwerte. Bezogen auf den Dämon des Laplace hatte man nie gefragt, wie er zu den Ausgangswerten für einen zeitgleichen Weltzustand kam, die ihm alles übrige zu leisten gestatten sollten; der Dämon Maxwells mußte sich den Nachweis gefallen lassen, daß die Erlangung der Information über jedes bewegte Molekül ihn Energie kosten würde. Der Betrag dieser Energie müsse schließlich der Zuführung von Ordnungsleistung, also negativer Entropie an das Doppelsystem der Gasbehälter entsprechen.

Trotz dieser Wendung des Problems mußte die Gestalt des sortierenden Dämons für die Biologie faszinierend werden. In energietheoretischer Betrachtung sieht das Gesamtphänomen des Lebens

---

[479] Jacques Monod, Le hasard et la nécessité. Paris 1970. Dt. Zufall und Notwendigkeit. München 1971; ²München 1975, 87.

aus wie der Inbegriff aller Tätigkeiten eines Dämons, der der Entropie entgegenarbeitet, unter welchem Energieaufwand aus der Umwelt auch immer. Sein Ablesen von Meßwerten ist so etwas wie das Urbild eines wissenschaftlichen Mythos, das sich in die Vorgänge umzusetzen scheint, die der Bewahrung des einmal erreichten Lebensstandards über die Generationen der Individuen hinweg dienen. Was aus dem Vorschriftenbestand des Genoms immer wieder das Phänomen des Organismus hervorgehen läßt, ist als Prozeß des Sortierens beschreibbar. Die Ordnung aufbauende Funktion der Enzyme entspricht dem, was Maxwells Dämon hatte leisten sollen: *Sie zapfen das chemische Potential auf den Wegen an, die das Programm festgelegt hat, dessen Ausführende sie sind.*[480] Der Blick auf den sortierenden Dämon macht begreiflich, weshalb die Biochemie keine Entscheidung im alten Streit zwischen Präformation und Epigenesis liefern kann, der so lange die Antithese von Demiurg und Schöpfer wachgehalten hat. Der negentropische Dämon erfindet nichts, aber er findet auch nicht nur sein ›Programm‹ vor. Seine *triage* verbindet Lesen im Konzept und Auslesen im Substrat, dessen assoziative Eigenschaften die Morphogenese nicht weniger bestimmen als der kodierte Prozeßbefehl. Wollte man das Sensorium des sortierenden Dämons metaphorisch neu bestimmen, so wäre es kein optisches, sondern ein haptisches, auf stereospezifische Merkmale bezogenes. Dies erst vollendet die Erschöpfung der metaphorischen Lesbarkeit, daß ›Gestalt‹ nicht am Ende der Ontogenesen steht, sondern schon deren Anfang ermöglicht.

Man kann den Maxwell-Dämon als Gegenspieler des Laplace-Dämon vorstellen. Das Idealsubjekt der Physik kennt keine Organismen, keine konkreten Gestaltungen, nur flutende Massenpunkte, nur Gewölke, vibrierend vor Bereitschaft, im Raum zu diffundieren. Für die ›reine‹ Erkenntnis wird es gleichgültig, daß es Lebewesen im All gibt. Der Maxwell-Dämon ist zwar auch kein Biologe, aber er arbeitet der Diffusion entgegen, schafft Differenzierung. Ohne vom Leben zu wissen, tut er etwas, was auch das Leben tut. Doch muß man darauf achten, daß den Bedingungen dieses Gedankenexperiments überall der Zusatz ›beliebig‹ gegeben ist. Es kommt auf die Morphologie der Ausgangssituation wenig an; nur muß

[480] J. Monod, Zufall und Notwendigkeit, 66 f.

›sortiert‹ werden können. Wie die Behälter aussehen, welcher chemischen Natur das Füllgas ist, was mit dem aufgebauten Potential geschehen könnte – das alles ist gleichgültig.

Nun treibt auch die Biologie im Maße ihrer Chemisierung und Physikalisierung auf das Desinteresse am Morphologischen zu, von dem doch ihr ganzer theoretischer Antrieb ausgegangen war. Daran ist auch die Simplizität der Darstellung des Genoms und ihre Unizität im gesamten Organismenreich schuld. Die Formen- und Artenvielfalt ist nicht nur funktional der instrumentelle Behelf der uniformen Genome, sich über die Zeit durchzusetzen, sondern auch das theoretisch Sekundäre: Eine einzige Spezies würde ausreichen, um Biologie zu machen, und eine einzige selektiv behauptete Mutation, um eine Entwicklungsmechanik zu etablieren. Es wäre grotesk zu sehen, daß der ganze ungeheure Aufwand der organischen Natur den Biologen kalt läßt, weil er sich ihm nur als Sammlung beliebiger Exempel für immer denselben Grundvorgang darstellt. Wie der Dämon des Laplace keinen Blick für die Welt hätte, deren Totalwissen er zwar nicht besitzt, aber jederzeit produzieren kann, fände der Biologe immer nur als bizarre Äußerlichkeit, was er längst von innen weiß: daß dies alles möglich ist, aber auch anderes noch möglich gewesen wäre, weil es die Nukleotide gibt und ihre Kombinatorik. Vor der Einfalt der Präskription verliert die Vielfalt der Deskription ihren Eigenwert, auf dem nur eine widerspenstige Metaphorik besteht: die von Reichtum, Ausdruckskraft, Schatz, Sprache und Buch. Darin lag die Faszination der Metapher von der Lesbarkeit des genetischen Codes; es war, als sperrte sich die Natur gegen die Endgültigkeit ihrer Verwissenschaftlichung, gegen die ›Reinheit‹ der Theorie als das Kriterium ihrer Autonomie.

Die Theorie bricht die Eselsbrücke der Veranschaulichung, welchen Dienst immer sie bei der Modellbildung geleistet haben mag, hinter sich ab, sobald sie analytisch und funktional vorangekommen ist. Wenn begriffen ist, wie das Genom es ›macht‹, ständig identische Spezialitäten von Eiweißen produzieren zu lassen, braucht es nicht mehr als der Text betrachtet zu werden, nach dessen Rezeptur verfahren wird. Wissenschaft zerstört unausweichlich den Fundus ihrer Rechtfertigungen, die immer anthropotrope Elemente enthalten. Lesbares zu lesen heißt, daß der Adressat sich dem nicht verweigert, was ihn betrifft oder betreffen könnte, auch wenn er nicht mehr glauben mag, er könne ›gemeint‹ sein. Das läßt sich durchaus mit der Entzifferung der Schriften versunkener Kulturen vergleichen, denn nicht alles, was jemals in Schrift gebracht wurde, ist der ›Nachwelt‹ hinterlassen, für sie bestimmt. Zumeist ist es bloß ›Überrest‹. Aber der Historismus hat den Begriff des ›Denkmals‹ mit Recht nivelliert: Denkwürdig ist, was Menschen je gedacht haben; es zu lesen, wo es lesbar gemacht werden kann, ein Akt von ›Solidarität‹ über die Zeit. Lesbarkeit dorthin zu projizieren, wo es nichts Hinterlassenes, nichts Aufgegebenes gibt, verrät nichts als die Wehmut, es dort nicht finden zu können, und den Versuch, ein Verhältnis des Als-ob dennoch herzustellen. Gibt sich die Theorie als Auslegung solchen Verlangens, gibt sie sich her zum kurzen Interim seiner Befriedigung, so kann sie die Verstörung nicht vermeiden, die der Logik ihrer Durchstreichung hilfreicher Metaphern folgt. Was sich als lebensweltlicher Rückbezug auf vertraute Erfahrungstypik angeboten hatte, wird von der wissenschaftlichen Erkenntnis als Gerüst in ihrem Rücken abgebrochen, dem nachsetzenden Mitvollzug der Zeitgenossenschaft unbegehbar gemacht.

Namenregister

Abraham, Karl 355, 356
Alanus de Insulis 51
Albertus Magnus 283
Alexander der Große 70
Althaus, F. 282
Anaxagoras 39
Anaximander 37
Ankel, W. E. 400
Antonius Eremita 58, 59, 305, 306, 308
Apollonius von Perge 75
Apollonius von Tyana 306
Aquino, Thomas von 56, 57, 127
Archimedes 261, 262
Aristophanes 40
Aristoteles 18, 22, 54-56, 70, 72, 76, 81, 82, 100, 175
Artemidor von Daldis 352
Augustinus 29-31, 48-50, 52, 56, 92, 97, 234, 380
Avery, Oswald T. 375, 378, 380, 381, 397

Baader, Franz von 260
Babrius 31
Bacon, Francis 55, 86-91, 95, 96, 121, 163, 233, 247, 290
Bayle, Pierre 284
Beck, Hanno 193, 281, 286, 287, 290, 297
Benjamin, Walter 316, 317
Beireis, Gottfried Christoph 282, 283
Berkeley 150-161, 318
Berti, D. 82
Bertuch, Friedrich Justin 298
Bloch, Ernst 84
Boethius 148
Böhme, Jacob 203, 328
Boisserée, Sulpiz 225, 226

Bolingbroke, Henry St. John 59
Bonaventura 53, 54, 56, 62
Bonpland, Aimé 288, 298
Borelli, Johann Alfons 99, 100
Böttiger, Karl August 180, 183, 231
Bouilhet, Louis 303
Brahe, Tycho 74
Breughel der Jüngere 305
Brockes, Barthold Hinrich 180 bis 186
Browne, Thomas 97, 98
Brucker, Jakob 172
Brücke, Ernst Wilhelm von 368
Brühl, Carl 387
Bruno, Giordano 35, 90, 91, 179
Buch, Leopold von 293
Buffon, George Louis Leclerc 224, 225
Bultmann, Rudolf 24

Caesar 70, 71
Calderón 116
Campanella, Thomas 78-80, 82 bis 84, 179
Campetti 260
Carlyle, Thomas 284
Cassirer, Ernst 20, 76
Cazalis, Henri (Jean Lahor) 310, 311
Champollion, Jean-François 169, 236, 277
Charcot, Jean Martin 349, 350
Chargaff, E. 379-383, 396-398
Charron, Pierre 63
Chladni, Ernst Florens Friedrich 235, 246
Chodowiecki, Daniel 299
Christine von Schweden 99
Christine von Toscana 72

Namenregister

Cicero 41
Clarke, Samuel 63, 122
Claudel, Paul 321
Colet, Louise 307, 309
Columbus 83
Comenius, Johann Amos 59
Coppée, François 319
Coste, Pierre 121
Cotta, Johann Friedrich 259, 260, 291
Creuzer, Georg Friedrich 305
Crick, Francis H. 382
Croce, Benedetto 174
Cues, Nikolaus von 59-65, 96
Curtius, Ernst 286
Curtius, Ernst Robert 13-15, 25, 33, 35, 54, 60, 69, 116, 304

Dante 35, 289
Darwin, Charles 395
Demokrit 22
Descartes 24, 65, 91-95, 99, 118, 121, 123, 131, 151, 176, 318, 319, 330
Diderot 165-169
Diels, H. 37
Diogenes Laertius 185
Du Bois-Reymond, Emil 387
Du Vair, Guillaume 58

Ehrlich, Paul 345
Elieser, Rabbi 27
Ennius 40, 41
Epikur 22, 196, 302
Euklid 75
Euripides 36
Eusebius von Caesarea 58
Ezechiel 54

Fahlmer, Johanna 218
Federn, P. 342
Fellmann, F. 173
Ferdinand I. von Habsburg 70
Fichte 110, 245, 246, 248, 249, 256, 259, 318

Ficino, Marsilio 64, 65
Fiesel, E. 277
Flaubert 303-310, 322, 324
Fließ, Wilhelm 337, 340, 362
Fluß, Emil 337, 338, 340
Foerster, W. 23
Fontane, Theodor 23
Fontius, M. 180
Forster, Georg 233, 290
Foucault, M. 305, 308, 309
Frauenstädt, Chr. M. J. 335
Freud, Anna 339
Freud, Sigmund 305, 332-334, 337-368, 371, 403
Fry, R. 318

Gadamer, H. G. 12, 318
Gaetani, Bonifazio 78
Galilei 39, 71-80, 82, 83, 92, 94, 99, 101, 108, 154, 402
Gicklhorn, J. u. R. 349
Gilson, E. 92
Glanvill, Joseph 95-97
Godet, A. 95
Goethe 64, 203, 206, 214-220, 220, 222-233, 245, 250, 264-266, 282, 285, 288, 289, 296, 301, 336, 338, 339, 369, 400
Gomperz, Th. 352
Gracián, Baltasar 108, 110-114, 116-119, 121
Granada, Louis de 111
Grassi, Horatio 74
Grimm, Jakob u. Wilhelm 286
Grosseteste, Robert 54, 55
Gründer, K. 13, 179
Guiducci, Mario 74

Hagedorn, Friedrich von 180
Hamann, Johann Georg 13, 91, 177, 179, 190, 191, 197
Hardenberg, Karl von 258, 260, 261
Harder, R. 37
Hartwig, W. 263

Namenregister

Hegel 110, 111, 121, 318
Heine 32, 33, 219, 267, 268
Helmholtz 373
Hemsterhuis 249
Heraklit 185
Herder 84, 176-179, 181, 183, 233, 253, 258, 369
Heyne, Christian Gottlob 206
His, W. 386, 387, 391, 393-396
Hogarth 212, 233
Homer 203, 206, 222, 271, 300, 315, 336
Hoppe-Seyler, F. 385, 386
Hugo von St. Viktor 51, 52
Humboldt, Adelheid von 290
Humboldt, Alexander von 197, 198, 223, 229, 233, 257, 279 bis 299
Humboldt, Caroline von 290
Humboldt, Wilhelm von 283, 289, 290
Husserl 121, 150, 152, 159, 358
Hypatia 46

Jacobi, Friedrich Heinrich 179, 198, 218, 269
Jakob I. Stuart 90
Jefferson 281, 289
Jehuda, Rabbi 28
Jeremias 23, 105
Jerusalem, Karl Wilhelm 274
Jesaja 24, 79
Jischmael, Rabbi 28
Jochanan, Rabbi 26
Johannes Damascenus 55
Johannes Evangelista 24, 25, 29, 30, 54, 79
Johann Friedrich von Braunschweig-Lüneburg 129
Johnson, Samuel 383
Jonas, H. 42, 398, 399
Jose der Galiläer 27
Josua 70
Jung, C. G. 352

Kant 9, 25, 121, 125, 152, 173, 176, 179, 186-201, 203, 204, 219, 225, 226, 245, 304
Kepler 38, 39, 72-75
Kesting, M. 311
Kirchner, Athanasius 236
Klopstock 197
Kopernikus 69, 101, 108, 153, 194, 195, 207
Körner, Christian Gottfried 216
Kraus, Karl 367

La Mettrie 185
Laplace 82, 138, 139, 144, 162, 224, 376, 377, 383, 384, 406 bis 408
Laudan, L. 96
Lavater 200-202, 212
Leibniz 62, 63, 121-124, 126, 127, 129-135, 137-148, 150, 151, 163-166, 176, 181, 230, 330, 331, 384
Leitzmann, A. 283
Leonardo da Vinci 293, 317
Lessing 179, 183, 186, 197, 198, 236, 239, 240, 245, 274
Liceti, Fortunio 75, 76
Lichtenberg 121, 122, 197, 199 bis 207, 209-212, 228, 233, 235, 240, 302, 303, 306, 310, 333
Lidzbarsky, M. 27
Liebmann, O. 297
Linné, Carl von 221
Lippi, Lorenzo 64
Lipps, Th. 344
Locke 152, 156, 301
Louise von Sachsen-Weimar 217
Löwith, K. 38, 173
Lukas 24, 78
Lukrez 37, 302
Lumpe, A. 37
Luria, S. E. 405
Luther 63, 241, 268

Mähl, H. J. 249

Mahnke, D. 121
Mallarmé 310-324
Mann, Thomas 18
Markion 71
Markl, H. 401
Marx 271
Mauron, Ch. 318
Maxwell 383, 406, 407
McColley, G. 78
Meinecke, F. 121
Melville, Herman 311
Mendel, Gregor 389
Mendelssohn, Moses 197, 198, 240
Merck, Johann Heinrich 224, 225
Merleau-Ponty, Maurice 404
Miescher, Friedrich 378, 385-396
Minellius 206
Mohammed 241, 268
Monod, J. 406, 407
Montaigne 59, 65-67, 91, 92
Morhof, Daniel Georg 98, 99
Moses 103, 105
Müller, Friedrich von 231, 232

Napoleon 268, 277
Nelken, H. 297, 298
Newman, Henry 380
Newton 138, 155, 187, 194, 405
Niederer 191
Nietzsche 229, 282, 338, 363
Nobis, H. 49
Novalis 222, 224, 226, 234-242, 244-250, 252-266, 268, 270, 271, 286, 301, 318

Oeser, Adam Friedrich 218
Oeser, Friederike 218
Olschki, L. 76, 77
Origenes 129, 130
Overbeck, Adolf Theobald 134
Owen, John 304

Paquet, Alfons 339
Paracelsus 69
Pascal 82, 109, 205, 310, 321

Paulus 103-105, 240, 271
Peale, Charles Willson 297
Perpeet, W. 14
Pestalozzi 191
Petrarca 61, 92, 295, 325, 326
Peuckert, W. E. 69
Pfaff, Carl 287
Philo von Alexandrien 41, 42
Planck, Max 373, 374
Plato 38, 44, 45, 61, 65, 101, 192, 246
Plinius der Ältere 100, 284, 288
Plinius der Jüngere 284
Plotin 42-45, 64
Poe, Edgar Allan 311
Pöhlmann, J. P. 191
Pope, Alexander 181
Porphyrios 44
Potocki, Waclaw 304
Pythagoras 64, 65

Rad, G. von 24
Rank, O. 357
Raymund von Sabunde 59, 60, 65
Reimarus, Elise 198
Reimarus, Hermann Samuel 41, 183-190, 196-198
Reimarus, Johann Albert Hinrich 183
Reinhard, Carl Friedrich 269
Reinwald 222
Remond 147
Rhetikus, Joachim 69, 70
Rhode, J. G. 278, 279
Ritter, Adeline 259
Ritter, Johann Wilhelm 191, 237, 257-263, 265
Rothacker, Erich 12-15
Rousseau 32, 33, 191, 211

Sartre, Jean-Paul 324
Schalk, F. 84
Schelling 335, 336
Schick, Gottlieb 298
Schiller 216, 219-222

Namenregister

Schlegel, August Wilhelm 277
Schlegel, Caroline 265
Schlegel, Dorothea 270
Schlegel, Friedrich 238, 240-246, 257, 262, 264, 268-279, 318
Schleiermacher 240, 268
Schlosser, Johann Georg 218
Schmitz, H. G. 134
Schopenhauer 36, 109-111, 115, 117, 203, 310, 325-336
Schramm, G. 131, 404
Schreber, Daniel Paul 367
Schrenk, A. 102
Schrenk, G. 24
Schrödinger, Erwin 372, 374 bis 382, 398, 402, 406
Shakespeare 217, 341, 367, 383
Sokrates 38-40, 60, 64-66, 101, 185
Sokrates Scholastikus 58
Solon 246
Sombart, W. 58
Sophokles 340
Soret, Frédéric Jacob 230
Spinoza 35, 101-107, 180, 214
Sprengel, Kurt 236
Starling, 346
Stein, Charlotte von 214-217, 223, 224, 230, 231
Steiner, A. 99
Sterling, John 284
Strauß, David Friedrich 183, 184
Synesios von Kyrene 45, 46

Thales von Milet 40, 44
Thornton, 281
Tieck, Ludwig 240, 264, 265
Triller, Daniel Wilhelm 131, 404
Tschižewskij, D. 53, 59, 304

Valéry, Paul 310-317, 323
Valla, Laurentius 148
Varnhagen von Ense, Karl August 283-285, 289, 292, 329
Vaughn, John 281
Veit, Dorothea 240
Vergil 206, 315
Verlaine 323
Vico, Giambattista 171-177, 179, 211
Villiers de l'Isle-Adam, Philippe Auguste Mathias 311
Viviani, Vincenzio 77, 78
Voltaire 108, 126, 161
Vossler, K. 108, 116, 311

Wagner, J. J. 277
Wagner, Richard 311, 314, 316
Wais, K. 318, 319
Warburton, William 352
Watson, James D. 382
Wegener, Wilhelm Gabriel 282, 283, 287
Werner, Abraham Gottlob 226, 248
Werner, Johannes 70
Wiener, Ph. P. 99
Willey, B. 98
Wittels, F. 338, 367
Wöhler, Friedrich 398
Wolf, Friedrich August 271
Wolff, Christian 180, 181

Xenophon 363-365

Zelter, Karl Friedrich 223
Zimmermann, Johann Georg 214
Zweig, Arnold 362-365

suhrkamp taschenbücher wissenschaft
Philosophie

Adorno: Ästhetische Theorie. stw 2
- Drei Studien zu Hegel. stw 110
- Einleitung in die Musiksoziologie. stw 142
- Kierkegaard. stw 74
- Die musikalischen Monographien. stw 640
- Negative Dialektik. stw 113
- Philosophie der neuen Musik. stw 239
- Philosophische Terminologie. Bd. 1. stw 23
- Philosophische Terminologie. Bd. 2. stw 50
- Zur Metakritik der Erkenntnistheorie. stw 872

Adorno-Konferenz 1983. Hg. v. L. v. Friedeburg und J. Habermas. stw 460

Analytische Handlungstheorie, *siehe Beckermann und Meggle*

Angehrn u.a. (Hg.): Dialektischer Negativismus. stw 1034

Apel: Der Denkweg von Charles Sanders Peirce. stw 141
- Diskurs und Verantwortung. stw 893
- Transformation der Philosophie. Bd. 1/2. stw 164/165
- *siehe auch Kuhlmann/Böhler*

Apel (Hg.): Sprachpragmatik und Philosophie. stw 375

Apel/Kettner (Hg.): Zur Anwendung der Diskursethik in Politik, Recht und Wissenschaft. stw 999

Assmann/Hölscher (Hg.): Kultur und Gedächtnis. stw 724

Bachelard: Die Bildung des wissenschaftlichen Geistes. stw 668
- Die Philosophie des Nein. stw 325

Barth: Wahrheit und Ideologie. stw 68

Bateson: Geist und Natur. stw 691
- Ökologie des Geistes. stw 571

Batscha: »Despotismus von jeder Art reizt zur Widersetzlichkeit.« stw 759

Batscha (Hg.): Materialien zu Kants Rechtsphilosophie. stw 171

Batscha/Saage (Hg.): Friedensutopien. stw 267

Beckermann (Hg.): Analytische Handlungstheorie. Bd. 2: Handlungserklärungen. stw 489
- *siehe auch Meggle*

Benjamin: Gesammelte Schriften I–VII. stw 931-937
- *siehe auch Tiedemann*

Berkeley: Schriften über die Grundlagen der Mathematik und Physik. stw 496

Biervert/Held/Wieland (Hg.): Sozialphilosophische Grundlagen ökonomischen Handelns. stw 870

Bloch: Werkausgabe in 17 Bänden. stw 550-566
- Bd. 1: Spuren. stw 550
- Bd. 2: Thomas Münzer als Theologe der Revolution. stw 551

suhrkamp taschenbücher wissenschaft
Philosophie

- Bd. 3: Geist der Utopie. Zweite Fassung. stw 552
- Bd. 4: Erbschaft dieser Zeit. stw 553
- Bd. 5: Das Prinzip Hoffnung. 3 Bde. stw 554
- Bd. 6: Naturrecht und menschliche Würde. stw 555
- Bd. 7: Das Materialismusproblem. stw 556
- Bd. 8: Subjekt-Objekt. stw 557
- Bd. 9: Literarische Aufsätze. stw 558
- Bd. 10: Philosophische Aufsätze. stw 559
- Bd. 11: Politische Messungen, Pestzeit, Vormärz. stw 560
- Bd. 12: Zwischenwelten in der Philosphiegeschichte. stw 561
- Bd. 13: Tübinger Einleitung in die Philosophie. stw 562
- Bd. 14: Atheismus im Christentum. stw 563
- Bd. 15: Experimentum Mundi. stw 564
- Bd. 16: Geist der Utopie. Faksimile der Ausgabe von 1918. stw 565
- Bd. 17: Tendenz – Latenz – Utopie. stw 566
- Leipziger Vorlesungen zur Geschichte der Philosophie. 4 Bde. stw 567- 570
- Bd. 1: Antike Philosophie. stw 567
- Bd. 2: Philosophie des Mittelalters. stw 568
- Bd. 3: Neuzeitliche Philosophie 1. stw 569
- Bd. 4: Neuzeitliche Philosophie 2. stw 570
- Vorlesungen zur Philosophie der Renaissance. stw 252

Materialien zu Ernst Blochs »Prinzip Hoffnung«. Hg. v. B. Schmidt. stw 111

Zur Philosophie Ernst Blochs. Hg. von B. Schmidt. stw 268

Blumenberg: Die Genesis der kopernikanischen Welt. 3 Bde. stw 352
- Das Lachen der Thrakerin. stw 652
- Die Lesbarkeit der Welt. stw 592
- Der Prozeß der theoretischen Neugierde. (Die Legitimität der Neuzeit. 3. Teil) stw 24
- Schiffbruch mit Zuschauer. stw 289

Böhler/Nordenstam/Skirbekk (Hg.): Die pragmatische Wende. stw 631

Böhme, G.: Philosophieren mit Kant. stw 642
- Der Typ Sokrates. stw 1016

Böhme, H./Böhme, G.: Das Andere der Vernunft. stw 542

Braun/Holzhey/Orth (Hg.): Über Ernst Cassirers Philosophie der symbolischen Formen. stw 705

Bubner: Antike Themen und ihre moderne Verwandlung. stw 998
- Geschichtsprozesse und Handlungsnormen. stw 463
- Handlung, Sprache und Vernunft. stw 382

suhrkamp taschenbücher wissenschaft
Philosophie

Bungard/Lenk (Hg.): Technikbewertung. Philosophische und psychologische Perspektiven. stw 684
– *siehe auch Lenk*
Cassirer: *siehe Braun/Holzhey/Orth (Hg.)*
Castoriadis: Durchs Labyrinth. Seele, Vernunft, Gesellschaft. stw 435
– Gesellschaft als imaginäre Institution. stw 867
Condorcet: Entwurf einer historischen Darstellung der Fortschritte des menschlichen Geistes. stw 175
Cramer/Fulda/Horstmann/Pothast (Hg.): Theorie der Subjektivität. stw 862
Danto: Analytische Philosophie der Geschichte. stw 328
– Die Verklärung des Gewöhnlichen. stw 957
Davidson: Handlung und Ereignis. stw 895
– Wahrheit und Interpretation. stw 896
Picardi/Schulte (Hg.): Die Wahrheit der Interpretation. Beiträge zur Philosophie Donald Davidsons. stw 897
Deleuze: Foucault. stw 1023
Deleuze/Guattari: Anti-Ödipus. stw 224
Demmerling/Kambartel (Hg.): Vernunftkritik nach Hegel. stw 1038
Derrida: Vom Geist. stw 995
Descombes: Das Selbe und das Andere. stw 346

Dewey: Kunst als Erfahrung. stw 703
Dilthey: Der Aufbau der geschichtlichen Welt in den Geisteswissenschaften. stw 354
Materialien zur Philosophie Wilhelm Diltheys. Hg. von F. Rodi und H.-U. Lessing. stw 439
Duerr: Ni Dieu – ni mètre. stw 541
Dummett: Ursprünge der analytischen Philosophie. stw 1003
Durkheim: Soziologie und Philosophie. stw 176
Edelstein/Nunner-Winkler (Hg.): Zur Bestimmung der Moral. stw 628
Euchner: Naturrecht und Politik bei John Locke. stw 280
Ferguson: Versuch über die Geschichte der bürgerlichen Gesellschaft. stw 739
Fetscher: Rousseaus politische Philosophie. stw 143
Feyerabend: Wider den Methodenzwang. stw 597
Fichte: Ausgewählte politische Schriften. stw 201
– *siehe auch Batscha/Saage*
Fischer/Retzer/Schweitzer (Hg.): Das Ende der großen Entwürfe. stw 1032
Foerster: Wissen und Gewissen. stw 876
Forum für Philosophie Bad Homburg (Hg.): Die Ideen von 1789 in der deutschen Rezeption. stw 798
– Intentionalität und Verstehen. stw 856

suhrkamp taschenbücher wissenschaft
Philosophie

- Kants transzendentale Deduktion und die Möglichkeit von Transzendentalphilosophie. stw 723
- Martin Heidegger: Innen- und Außenansichten. stw 779
- Philosophie und Begründung. stw 673
- Realismus und Antirealismus. stw 976
- Zeiterfahrung und Personalität. stw 986
- Zerstörung des moralischen Selbstbewußtseins – Chance oder Gefährdung? stw 752

Foucault: Archäologie des Wissens. stw 356
- Die Ordnung der Dinge. stw 96
- Sexualität und Wahrheit 1. Der Wille zum Wissen. stw 716
- Sexualität und Wahrheit 2. Der Gebrauch der Lüste. stw 717
- Sexualität und Wahrheit 3. Die Sorge um sich. stw 718
- Überwachen und Strafen. stw 184
- Wahnsinn und Gesellschaft. stw 39

Frank, M.: Eine Einführung in Schellings Philosophie. stw 520

Frank, M. (Hg.): Selbstbewußtseinstheorien von Fichte bis Sartre. stw 964

Frank, M./Kurz (Hg.): Materialien zu Schellings philosophischen Anfängen. stw 139

Frank, Ph.: Das Kausalgesetz und seine Grenzen. stw 734

Friedeburg: *siehe Adorno-Konferenz*
Frisby: Georg Simmel. stw 926
Fulda/Horstmann/Theunissen: Kritische Darstellung der Metaphysik. stw 315
Furth: Intelligenz und Erkennen. Die Grundlagen der genetischen Erkenntnistheorie Piagets. stw 160
Gert: Die moralischen Regeln. stw 405
Gethmann (Hg.): Logik und Pragmatik. stw 399
Gethmann-Siefert/Pöggeler (Hg.): Heidegger und die praktische Philosophie. stw 694
Goodman: Tatsache, Fiktion, Voraussage. stw 732
- Weisen der Welterzeugung. stw 863
Goodman/Elgin: Revisionen. Philosophie und andere Künste und Wissenschaften. stw 1050
Haag: Der Fortschritt in der Philosophie. stw 579
Habermas: Erkenntnis und Interesse. stw 1
- Erläuterungen zur Diskursethik. stw 975
- Moralbewußtsein und kommunikatives Handeln. stw 422
- Nachmetaphysisches Denken. stw 1004
- Philosophisch-politische Profile. stw 659
- Der philosophische Diskurs der Moderne. stw 749
- Strukturwandel der Öffentlichkeit. stw 891

suhrkamp taschenbücher wissenschaft
Philosophie

- Texte und Kontexte. stw 944
- Theorie und Praxis. stw 243
- Zur Logik der Sozialwissenschaften. stw 517
- Zur Rekonstruktion des Historischen Materialismus. stw 154
- *siehe auch Honneth/Joas*
- *siehe auch McCarthy*

Hahn: Empirismus, Logik, Mathematik. stw 645

Hampe/Maaßen (Hg.): Prozeß, Gefühl und Raum-Zeit. stw 920
- Die Gifford Lectures und ihre Deutung. stw 921

Hare: Freiheit und Vernunft. stw 457
- Die Sprache der Moral. stw 412

Harman: Das Wesen der Moral. stw 324

Hausen/Nowotny (Hg.): Wie männlich ist die Wissenschaft. stw 590

Haussmann: Erklären und Verstehen: Zur Theorie und Praxis der Geschichtswissenschaft. stw 918

Hegel: Werke in 20 Bänden. stw 601-621
- Bd. 1: Frühe Schriften. stw 601
- Bd. 2: Jenaer Schriften. stw 602
- Bd. 3: Phänomenologie des Geistes. stw 603
- Bd. 4: Nürnberger und Heidelberger Schriften. stw 604
- Bd. 5: Wissenschaft der Logik I. stw 605
- Bd. 6: Wissenschaft der Logik II. stw 606
- Bd. 7: Grundlinien der Philosophie des Rechts. stw 607
- Bd. 8: Enzyklopädie der philosophischen Wissenschaften I. stw 608
- Bd. 9: Enzyklopädie der philosophischen Wissenschaften II. stw 609
- Bd. 10: Enzyklopädie der philosophischen Wissenschaften I-II. stw 610
- Bd. 11: Berliner Schriften. stw 611
- Bd. 12: Philosophie der Geschichte. stw 612
- Bd. 13: Ästhetik I. stw 613
- Bd. 14: Ästhetik II. stw 614
- Bd. 15: Ästhetik III. stw 615
- Bd. 16: Philosophie der Religion I. stw 616
- Bd. 17: Philosophie der Religion II. stw 617
- Bd. 18: Geschichte der Philosophie I. stw 618
- Bd. 19: Geschichte der Philosophie II. stw 619
- Bd. 20: Geschichte der Philosophie III. stw 620
- Bd. 21: Registerband von H. Reinicke. stw 621

Materialien zu Hegels ›Phänomenologie des Geistes‹. stw 9

Materialien zu Hegels Rechtsphilosophie. Bd. 1/2. stw 88/89
- *siehe auch Horstmann*
- *siehe auch Jakobson/Gadamer/Holenstein*
- *siehe auch Jamme/Schneider*

suhrkamp taschenbücher wissenschaft
Philosophie

- *siehe auch Kojève*
- *siehe auch Lukács*
- *siehe auch Taylor*

Hegselmann/Merkel (Hg.): Zur Debatte über Euthanasie. stw 943

Heidegger: *siehe Forum für Philosophie Bad Homburg*
- *siehe Gethmann-Siefert/Pöggeler*

Hobbes: Leviathan. stw 462

Höffe: Ethik und Politik. stw 266
- Die Moral als Preis der Moderne. stw 1046
- Politische Gerechtigkeit. stw 800
- Sittlich-politische Diskurse. stw 380
- Strategien der Humanität. stw 540

Hoerster: Abtreibung im säkularen Staat. stw 929

Hogrebe: Metaphysik und Mantik. stw 1039
- Prädikation und Genesis. stw 772

d'Holbach: System der Natur. stw 259

Holenstein: Roman Jakobsons phänomenologischer Strukturalismus. stw 116
- Menschliches Selbstverständnis. stw 534

Hollis: Rationalität und soziales Verstehen. stw 928

Holzhey (Hg.): Ethischer Sozialismus. stw 949

Holzhey/Rust/Wiehl (Hg.): Natur, Subjektivität, Gott. Zur Prozeßphilosophie Alfred N. Whiteheads. stw 769

Honneth: Kritik der Macht. stw 738
- Die zerrissene Welt des Sozialen. stw 849

Honneth/Jaeggi (Hg.): Theorien des Historischen Materialismus 1. stw 182
- Arbeit, Handlung, Normativität. Theorien des Historischen Materialismus 2. stw 321

Honneth/Joas (Hg.): Kommunikatives Handeln. stw 625

Horstmann (Hg.): Dialektik in der Philosophie Hegels. stw 234

Husserl: *siehe Jamme/Pöggeler*

Jakobson/Gadamer/Holenstein: Das Erbe Hegels II. stw 440

Jamme/Pöggeler (Hg.): Phänomenologie im Widerstreit. stw 843

Jamme/Schneider (Hg.): Mythologie der Vernunft. Hegels »ältestes Systemprogramm des deutschen Idealismus«. stw 413
- Der Weg zum System. Materialien zum jungen Hegel. stw 761

Janich (Hg.): Entwicklungen der methodischen Philosophie. stw 979

Kambartel: Philosophie der humanen Welt. stw 773

Kant: Band I: Vorkritische Schriften bis 1768/1. stw 186
- Band II: Vorkritische Schriften bis 1768/2. stw 187
- Band III/IV: Kritik der reinen Vernunft 1/2. 2 Bde. stw 55

suhrkamp taschenbücher wissenschaft
Philosophie

- Band V: Schriften zur Metaphysik und Logik 1. stw 188
- Band VI: Schriften zur Metaphysik und Logik 2. stw 189
- Band VII: Kritik der praktischen Vernunft. stw 56
- Band VIII: Die Metaphysik der Sitten. stw 190
- Band IX: Schriften zur Naturphilosophie. stw 191
- Band X: Kritik der Urteilskraft. stw 57
- Band XI: Schriften zur Anthropologie, Geschichtsphilosophie, Politik und Pädagogik 1. stw 192
- Band XII: Schriften zur Anthropologie, Geschichtsphilosophie, Politik und Pädagogik 2. Register. stw 193

Kopper/Malter (Hg.): Immanuel Kant zu ehren. stw 61
Materialien zu Kants Rechtsphilosophie. stw 171
- *siehe auch Batscha/Saage*
- *siehe auch Böhme*

Kempski: Schriften 1-3. stw 922-924
- Brechungen. stw 922
- Recht und Politik. stw 923
- Prinzipien der Wirklichkeit. stw 924

Kenny: Wittgenstein. stw 69
Kienzle/Pape (Hg.): Dimensionen des Selbst. stw 942
Kierkegaard: *siehe Theunissen/ Greve*
- *siehe Adorno*

Klibansky/Panofsky/Saxl: Saturn und Melancholie. stw 1010
Kojève: Hegel. Eine Vergegenwärtigung seines Denkens. stw 97
Koppe (Hg.): Perspektiven der Kunstphilosophie. stw 951
Koselleck: Kritik und Krise. stw 36
Kosík: Die Dialektik des Konkreten. stw 632
Kracauer: Geschichte – Vor den letzten Dingen. stw 11
Kripke: Name und Notwendigkeit. stw 1056
Kuhlmann/Böhler (Hg.): Kommunikation und Reflexion. Zur Diskussion der Transzendentalpragmatik. stw 408
Lange: Geschichte des Materialismus. 2 Bde. stw 70
Leist (Hg.): Um Leben und Tod. stw 846
Lenk: Philosophie und Interpretation. stw 1060
- Zur Sozialphilosophie der Technik. stw 414
- Zwischen Sozialpsychologie und Sozialphilosophie. stw 708
- Zwischen Wissenschaft und Ethik. stw 980
- Zwischen Wissenschaftstheorie und Sozialwissenschaft. stw 637
- *siehe auch Bungard/Lenk*

Locke: Zwei Abhandlungen über die Regierung. stw 213

suhrkamp taschenbücher wissenschaft
Philosophie

Lorenzen: Grundbegriffe technischer und politischer Kultur. stw 494
– Methodisches Denken. stw 73
Luhmann/Spaemann: Paradigm lost: Über die ethische Reflexion der Moral. stw 797
Lukács: Der junge Hegel. 2 Bde. stw 33
Mandeville: Die Bienenfabel oder Private Laster, öffentliche Vorteile. stw 300
Marquard: Schwierigkeiten mit der Geschichtsphilosophie. stw 394
McCarthy: Kritik der Verständigungsverhältnisse. stw 782
McGuinness: Wittgensteins frühe Jahre. stw 1014
McGuinness/Habermas/Apel u.a.: »Der Löwe spricht ... und wir können ihn nicht verstehen«. stw 866
McGuinness/Schulte (Hg.): Einheitswissenschaft. stw 963
Meggle (Hg.): Analytische Handlungstheorie. Bd. 1: Handlungsbeschreibungen. stw 488
– *siehe auch Beckermann*
Menke: Die Souveränität der Kunst. stw 958
Merleau-Ponty: Die Abenteuer der Dialektik. stw 105
Millar: Vom Ursprung des Unterschieds in den Rangordnungen und Ständen der Gesellschaft. stw 483
Mises: Kleines Lehrbuch des Positivismus. stw 871

Mittelstraß: Der Flug der Eule. stw 796
– Leonardo-Welt. stw 1042
– Die Möglichkeit der Wissenschaft. stw 62
– Wissenschaft als Lebensform. stw 376
Morris: Pragmatische Semiotik und Handlungstheorie. stw 179
Moscovici: Versuch über die menschliche Geschichte der Natur. stw 873
Münch (Hg.): Kognitionswissenschaft. stw 989
Neurath: Wissenschaftliche Weltauffassung, Sozialismus und Logischer Empirismus. stw 281
Niehues-Pröbsting: Der Kynismus des Diogenes und der Begriff des Zynismus. stw 713
Oelmüller: Die unbefriedigte Aufklärung. stw 263
Pannenberg: Wissenschaftstheorie und Theologie. stw 676
Peirce: Naturordnung und Zeichenprozeß. stw 912
– Schriften zum Pragmatismus und Pragmatizismus. stw 945
– *siehe auch Apel*
Peukert: Wissenschaftstheorie - Handlungstheorie - Fundamentale Theologie. stw 231
Piaget: Einführung in die genetische Erkenntnistheorie. stw 6
– Weisheit und Illusionen der Philosophie. stw 539
– *siehe auch Furth*
Picardi/Schulte: *siehe Davidson*

suhrkamp taschenbücher wissenschaft
Philosophie

Plessner: Die verspätete Nation. stw 66

Polanyi, M.: Implizites Wissen. stw 543

Pothast: Die eigentlich metaphysische Tätigkeit. stw 787

– Die Unzulänglichkeit der Freiheitsbeweise. stw 688

Pothast (Hg.): Freies Handeln und Determinismus. stw 257

Putnam: Vernunft, Wahrheit und Geschichte. stw 853

Quine: Grundzüge der Logik. stw 65

– Theorien und Dinge. stw 960

– Wurzeln der Referenz. stw 764

Rawls: Eine Theorie der Gerechtigkeit. stw 271

Ricœur: Die Interpretation. stw 76

Riedel: Für eine zweite Philosophie. stw 720

– Urteilskraft und Vernunft. stw 773

Riedel (Hg.): Materialien zu Hegels Rechtsphilosophie. Bd. 1/2. stw 88/89

– Hegel und die antike Dialektik. stw 907

Riegas/Vetter (Hg.): Zur Biologie der Kognition. stw 850

Ritter: Metaphysik und Politik. stw 199

Rodi: Erkenntnis des Erkannten. stw 858

– *siehe auch Dilthey*

Ropohl: Technologische Aufklärung. stw 971

Rorty: Kontingenz, Ironie und Solidarität. stw 981

– Der Spiegel der Natur. stw 686

Rusch/Schmidt (Hg.): Konstruktivismus: Geschichte und Anwendung. DELFIN 1992. stw 1040

Sandkühler (Hg.): Natur und geschichtlicher Prozeß. Studien zur Naturphilosophie F. W. J. Schellings. stw 397

Schadewaldt: Die Anfänge der Philosophie bei den Griechen. stw 218

Scheidt: Die Rezeption der Psychoanalyse in der deutschsprachigen Philosophie vor 1940. stw 589

Schelling: Ausgewählte Schriften. 6 Bde. stw 521-526

– Bd. 1: Schriften 1794-1800. stw 521

– Bd. 2: Schriften 1801-1803. stw 522

– Bd. 3: Schriften 1804-1806. stw 523

– Bd. 4: Schriften 1807-1834. stw 524

– Bd. 5: Schriften 1842-1852. 1. Teil. stw 525

– Bd. 6: Schriften 1842-1852. 2. Teil. stw 526

– Philosophie der Offenbarung. stw 181

– Philosophische Untersuchungen über das Wesen der menschlichen Freiheit. stw 138

Materialien zu Schellings philosophischen Anfängen. Hg. von M. Frank und G. Kurz. stw 139

– *siehe auch Frank*

suhrkamp taschenbücher wissenschaft
Philosophie

- *siehe auch Frank/Kurz*
- *siehe auch Sandkühler*

Schleiermacher: Hermeneutik und Kritik. stw 211

Schlick: Allgemeine Erkenntnislehre. stw 269
- Fragen der Ethik. stw 477
- Philosophische Logik. stw 598
- Die Probleme der Philosophie in ihrem Zusammenhang. stw 580

Schmidt, S. J. (Hg.): Der Diskurs des Radikalen Konstruktivismus. stw 636
- Gedächtnis. stw 900
- Kognition und Gesellschaft. Der Diskurs des Radikalen Konstruktivismus 2. stw 950

Schmidt-Biggemann: Theodizee und Tatsachen. stw 722

Schnädelbach: Philosophie in Deutschland 1831-1933. stw 401
- Vernunft und Geschichte. stw 683
- Zur Rehabilitierung des animal rationale. stw 1043

Scholtz: Zwischen Wissenschaftsanspruch und Orientierungsbedürfnis. stw 966

Schopenhauer: Sämtliche Werke in 5 Bänden. stw 661-665
- Bd. 1: Die Welt als Wille und Vorstellung I. stw 661
- Bd. 2: Die Welt als Wille und Vorstellung II. stw 662
- Bd. 3: Kleinere Schriften. stw 663
- Bd. 4: Parerga und Paralipomena I. stw 664
- Bd. 5: Parerga und Paralipomena II. stw 665

Materialien zu Schopenhauers ›Die Welt als Wille und Vorstellung‹. Hg. v. V. Spierling. stw 444

Schulte: Chor und Gesetz. stw 899

Schulte (Hg.): Texte zum Tractatus. stw 771

Schwemmer: Ethische Untersuchungen. stw 599
- Handlung und Struktur. stw 669
- Philosophie der Praxis. stw 331
- Die Philosophie und die Wissenschaften. stw 869

Searle: Ausdruck und Bedeutung. stw 349
- Geist, Hirn und Wissenschaft. stw 591
- Intentionalität. stw 956
- Sprechakte. stw 458

Serres: Der Parasit. stw 677

Siep: Praktische Philosophie im Deutschen Idealismus. stw 1035

Simmel: Aufsätze 1887-1890. Über sociale Differenzierung (1890). Die Probleme der Geschichtsphilosophie (1892). stw 802
- Einleitung in die Moralwissenschaft I. stw 803
- Einleitung in die Moralwissenschaft II. stw 804
- Aufsätze und Abhandlungen 1894-1900. stw 805
- Philosophie des Geldes. stw 806

suhrkamp taschenbücher wissenschaft
Philosophie

- Aufsätze und Abhandlungen 1901-1908. Band II. stw 808
- Das individuelle Gesetz. stw 660
- *siehe auch Frisby*

Skirbekk (Hg.): Wahrheitstheorien. stw 210

Sommer: Lebenswelt und Zeitbewußtsein. stw 851
- Identität im Übergang: Kant. stw 751

Sorel: Über die Gewalt. stw 360

Spierling: *siehe Schopenhauer*

Spinner: Pluralismus als Erkenntnismodell. stw 32

Strauss: Naturrecht und Geschichte. stw 216

Taylor: Hegel. stw 416
- Negative Freiheit. stw 1027

Theorie der Subjektivität. Hg. v. K. Cramer, H. F. Fulda, R.-P. Horstmann, U. Pothast. stw 862

Theunissen: Negative Theologie der Zeit. stw 938
- Sein und Schein. stw 314
- *siehe auch Angehrn*

Theunissen/Greve (Hg.): Materialien zur Philosophie Sören Kierkegaards. stw 241

Tiedemann: Dialektik im Stillstand. stw 445

Toulmin: Kritik der kollektiven Vernunft. stw 437
- Voraussicht und Verstehen. stw 358

Tugendhat: Philosophische Aufsätze. stw 1017
- Selbstbewußtsein und Selbstbestimmung. stw 221

- Vorlesungen zur Einführung in die sprachanalytische Philosophie. stw 45

Turgot: Über die Fortschritte des menschlichen Geistes. stw 657

Varela: Kognitionswissenschaft - Kognitionstechnik. stw 882

Vranicki: Geschichte des Marxismus. stw 406

Wahl (Hg.): Einführung in den Strukturalismus. stw 10

Waldenfels: In den Netzen der Lebenswelt. stw 545
- Phänomenologie in Frankreich. stw 644
- Der Spielraum des Verhaltens. stw 311
- Der Stachel des Fremden. stw 868

Waldenfels/Broekman/Pažanin (Hg.): Phänomenologie und Marxismus. Bd. 1. stw 195
- Phänomenologie und Marxismus. Bd. 2. stw 196
- Phänomenologie und Marxismus. Bd. 3. stw 232
- Phänomenologie und Marxismus. Bd. 4. stw 273

Wellmer: Ethik und Dialog. stw 578
- Zur Dialektik von Moderne und Postmoderne. stw 532

Whitehead: Prozeß und Realität. stw 690
- Wie entsteht Religion? stw 847
- Wissenschaft und moderne Welt. stw 753

Whitehead/Russell: Principia Mathematica. stw 593
- *siehe auch Holzhey/Rust/Wiehl*

suhrkamp taschenbücher wissenschaft
Philosophie

– siehe auch Hampe/Maaßen
Winch: Die Idee der Sozialwissenschaft und ihr Verhältnis zur Philosophie. stw 95
Wittgenstein: Werkausgabe in 8 Bänden. stw 501-508
– Bd. 1: Tractatus logico-philosophicus. Tagebücher 1914-1916. Philosophische Untersuchungen. stw 501
– Bd. 2: Philosophische Bemerkungen. stw 502
– Bd. 3: Ludwig Wittgenstein und der Wiener Kreis. stw 503
– Bd. 4: Philosophische Grammatik. stw 504
– Bd. 5: Das Blaue Buch. Eine Philosophische Betrachtung (Das Braune Buch). stw 505
– Bd. 6: Bemerkungen über die Grundlagen der Mathematik. stw 506
– Bd. 7: Bemerkungen über die Philosophie der Psychologie. Letzte Schriften über die Philosophie der Psychologie. stw 507
– Bd. 8: Bemerkungen über die Farben. Über Gewißheit. Zettel. Vermischte Bemerkungen. stw 508
– Philosophische Bemerkungen. stw 336
– Vorlesungen 1930-1935. stw 865
– Vortrag über Ethik und andere kleine Schriften. stw 770
»Der Löwe spricht ... und wir können ihn nicht verstehen.« Ein Symposion an der Universität Frankfurt anläßlich des 100. Geburtstages von Ludwig Wittgenstein. stw 866
Ludwig Wittgenstein: Porträts und Gespräche. Hg. v. R. Rhees. stw 985
Texte zum Tractatus. Hg. v. J. Schulte. stw 771
– siehe auch Kenny
– siehe auch McGuinness
– siehe auch Wright
Wolf (Hg.): Eigennamen. stw 1057
Wright: Wittgenstein. stw 887

Über sämtliche bis Mai 1992 erschienenen suhrkamp taschenbücher wissenschaft (stw) informiert Sie das Verzeichnis der Bände 1 – 1000 (stw 1000) ausführlich. Sie erhalten es in Ihrer Buchhandlung.

suhrkamp taschenbücher wissenschaft
Wissenschaftsforschung

Bachelard: Die Bildung des wissenschaftlichen Geistes. stw 668
– Die Philosophie des Nein. stw 325
Becker: Grundlagen der Mathematik. stw 114
Böhme, G.: Alternativen der Wissenschaft. stw 334
Böhme, G./Daele/Krohn: Experimentelle Philosophie. stw 205
Böhme, G./Engelhardt (Hg.): Entfremdete Wissenschaft. stw 278
Canguilhem: Wissenschaftsgeschichte und Epistemologie. stw 286
Cicourel: Methode und Messung in der Soziologie. stw 99
Dahms: Positivismusstreit. stw 1058
Daele/Krohn/Weingart (Hg.): Geplante Forschung. stw 229
Dubiel: Wissenschaftsorganisation und politische Erfahrung. stw 258
Fleck: Entstehung und Entwicklung einer wissenschaftlichen Tatsache. stw 312
– Erfahrung und Tatsache. stw 404
Frühwald/Jauß/Koselleck u.a.: Geisteswissenschaften heute. stw 973
Galilei: Sidereus Nuncius (Nachricht von neuen Sternen). stw 337
Gould: Der Daumen des Panda. stw 789
– Der falsch vermessene Mensch. stw 583
– Wie das Zebra zu seinen Streifen kommt. stw 919
Hausen/Nowotny (Hg.): Wie männlich ist die Wissenschaft? stw 590
Helms: Die Militarisierung der Gesellschaft. stw 988
Holton: Thematische Analyse der Wissenschaft. stw 293
Jokisch (Hg.): Techniksoziologie. stw 379
Knorr-Cetina: Die Fabrikation von Erkenntnis. stw 959
Kocka (Hg.): Interdisziplinarität. stw 671
Koyré: Von der geschlossenen Welt zum unendlichen Universum. stw 320
Krohn/Küppers: Die Selbstorganisation der Wissenschaft. stw 776
Krohn/Küppers (Hg.): Emergenz. stw 984
Küppers/Lundgreen/Weingart: Umweltforschung – die gesteuerte Wissenschaft? stw 215
Kuhn: Die Entstehung des Neuen. stw 236
– Die Struktur wissenschaftlicher Revolutionen. stw 25
Maturana: *siehe Riegas/Vetter*
Mehrtens/Richter (Hg.): Naturwissenschaft, Technik und NS-Ideologie. stw 303
Mittelstraß: Die Möglichkeit von Wissenschaft. stw 62
– Wissenschaft als Lebensform. stw 376

suhrkamp taschenbücher wissenschaft
Wissenschaftsforschung

- Leonardo-Welt. stw 1042
- Needham: Wissenschaft und Zivilisation in China. stw 754
- Wissenschaftlicher Universalismus. stw 264
- Nelson: Der Ursprung der Moderne. stw 641
- Nowotny: Kernenergie: Gefahr oder Notwendigkeit. stw 290
- Polanyi, M.: Implizites Wissen. stw 543
- Prinz/Weingart (Hg.): Die sog. Geisteswissenschaften: Innenansichten. stw 854
- Scholtz: Zwischen Wissenschaftsanspruch und Orientierungsbedürfnis. stw 966
- Ullrich: Technik und Herrschaft. stw 277
- Unseld: Maschinenintelligenz und Menschenphantasie. stw 987
- Voland (Hg.): Fortpflanzung: Natur und Kultur im Wechselspiel. stw 983
- Weingart: Wissensproduktion und soziale Struktur. stw 155
- Weingart/Kroll/Bayertz: Rasse, Blut und Gene. stw 1022
- Weingart/Prinz/Kastner u.a.: Die sog. Geisteswissenschaften. Außenansichten. stw 965
- Weizenbaum: Die Macht der Computer und die Ohnmacht der Vernunft. stw 274
- Zilsel: Die sozialen Ursprünge der neuzeitlichen Wissenschaft. stw 152

Über sämtliche bis Mai 1992 erschienenen suhrkamp taschenbücher wissenschaft (stw) informiert Sie das Verzeichnis der Bände 1 – 1000 (stw 1000) ausführlich. Sie erhalten es in Ihrer Buchhandlung.